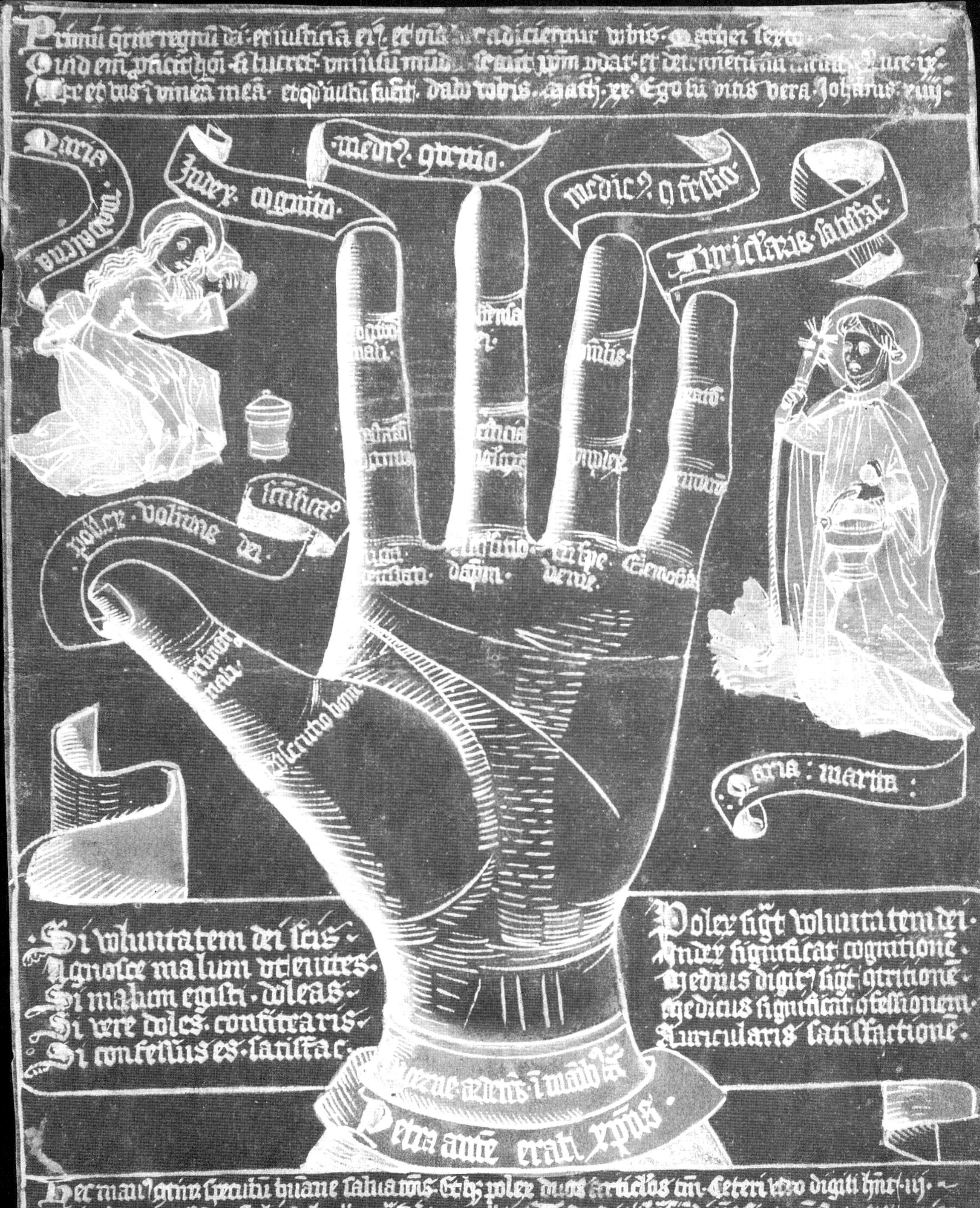

Maria magdalena
Index cognitio
Medius contritio
Medicus confessio
Auricularis satisfac
Pollex voluntas dei
Maria martha
Si voluntatem dei scis
Agnosce malum veniens
Si malum egisti doleas
Si vere doles confitearis
Si confessus es satisfac
Polex signat voluntatem dei
Index significat cognitionem
Medius digitus signat contritionem
Medicus significat confessionem
Auricularis satisfactionem
Petra autem erat Christus

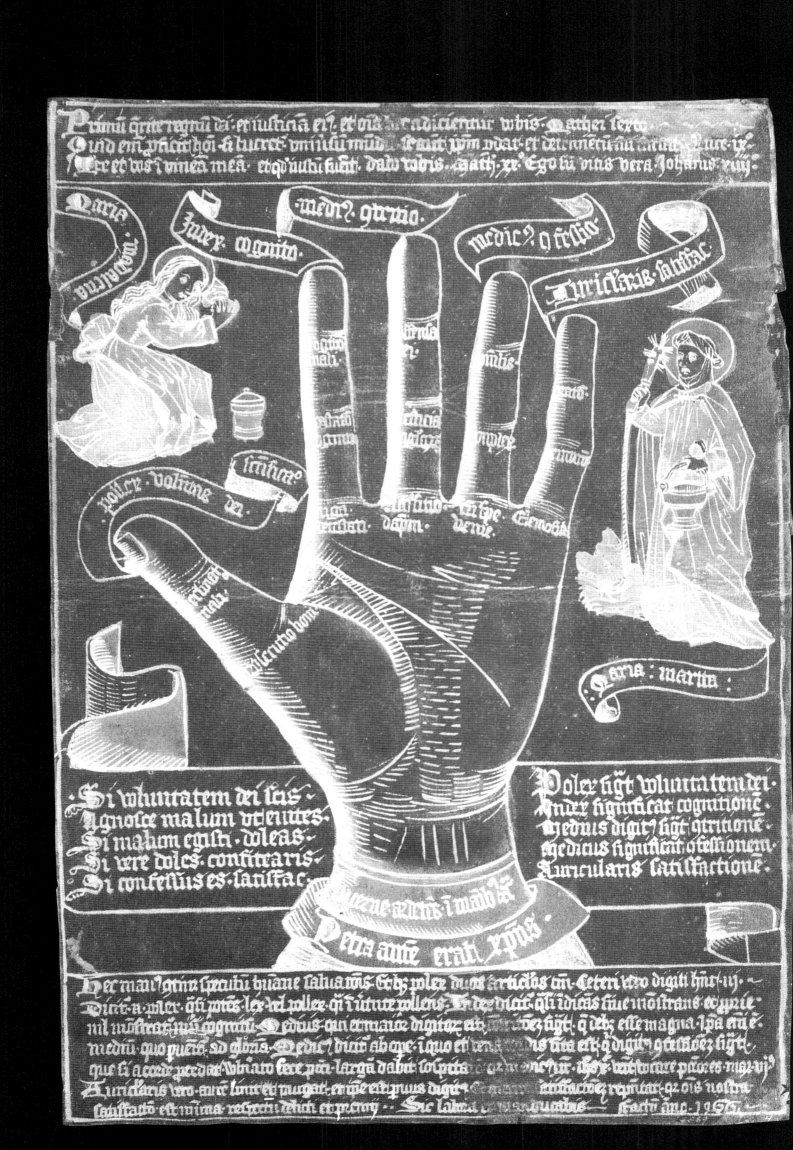

13
SO RA
MN ND
IFE O

Der Blick in die Zukunft

Das große Buch vom Wahrsagen

ALBERT S. LYONS

Mit einer wörtlichen Übersetzung des I Ching
von Han-yu Shen und Albert S. Lyons

DUMONT

Für Barbara

Redaktion: Charles Miers
Gestaltung: Dirk Luykx
Bildredaktion: John K. Crowley
Graphische Darstellungen: Martin Hardy

Umschlag
Die Tierkreiszeichen vom Astrolabium des Honorius Lucidarius, 1479, Holzschnitt
© Bettmann/CORBIS

Seite 1
Die Hand als Spiegel der Erlösung, Deutschland, 1446, Farbholzschnitt, Washington, D.C., The National Gallery of Art, Rosenwald Collection

Frontispitz
Der Berg der Wissenschaften, Illustration zu: Tammaso Sardi, »Anima peregrina«, Rom, Corsini Bibliothek. Dargestellt sind Moses, Nebukadnezzar und Sardi.

Bibliografische Information der Deutschen Bibliothek
Die Deutsche Bibliothek verzeichnet diese Publikation in der Deutschen Nationalbibliografie; detaillierte bibliografische Daten sind im Internet über <http://dnb.ddb.de> abrufbar.

Aus dem Amerikanischen von Beate Felten (Seite 7–10; Seite 197–419) sowie von Klaus Timmermann und Ulrike Wasel (Seite 13–195)

Titel der amerikanischen Originalausgabe: Predicting the Future – An Illustrated History and Guide to the Techniques

Satz der deutschen Ausgabe: Fotosatz Froitzheim, Bonn
Printed in Germany
ISBN 3-8321-7389-7

Inhalt

Georges de la Tour (1593–1652), Wahrsager, Öl auf Leinwand, 102 × 124 cm,
New York, The Metropolitan Museum of Art, Rogers Fund

Vorwort

Kollegen haben mich gefragt, was denn einen Chirurgen dazu veranlaßt habe, ein Buch über Zukunftsdeutungen zu schreiben. Mein Interesse wurde im Grunde durch meine Beschäftigung mit der Geschichte der Medizin und meine Lehrveranstaltungen zu diesem Thema geweckt, denn okkulte Techniken – vor allem die Astrologie – hatten jahrhundertelang in der medizinischen Praxis einen hohen Stellenwert.

Darüber hinaus beeindruckte mich die Bedeutung, die wir als Patienten der Voraussage beimessen (Mediziner bezeichnen dies als Prognose); dabei steht die Prognose in unserer Ärzteskala an letzter Stelle – zuerst erfolgt die Diagnose, dann die Identifizierung der Ursache und schließlich die Reaktion auf die Behandlung. Diese Reihenfolge wird beim Patienten umgekehrt: Zuerst interessiert ihn, wie ernst seine Erkrankung ist (Prognose), dann, was man dagegen unternehmen kann (Behandlung) und was sie verursacht hat (Ursache oder Ätiologie). Erst ganz zum Schluß fragt er nach der Bezeichnung seiner Erkrankung (Diagnose).

Auch in anderen Bereichen haben Menschen immer wieder versucht, die Zukunft mit den Mitteln zu entschlüsseln, die ihnen gerade zur Verfügung standen. Oft nahmen sie dabei Zuflucht zu okkulten Methoden. Ich war daher sehr daran interessiert, die Entwicklung dieser Methoden genauer zu untersuchen. Wenn ich mich in diesem Zusammenhang auch mit dem Fernen Osten beschäftigte, so habe ich mich doch vor allem auf westliche Praktiken konzentriert. Wo es möglich war, habe ich der Primärliteratur den Vorzug gegeben, doch gelegentlich ließ es sich nicht umgehen, den Schwerpunkt auf sekundäre Quellen zu legen, was ich jedoch nur mit aller Vorsicht getan habe.

Der komplexe Bereich der Astrologie erforderte bedeutend mehr Recherchen als die Lektüre der verschiedensten Bücher und den Besuch diverser Veranstaltungen. Mein besonderer Dank gilt hier Faith McInerney, einer professionellen Astrologin, für ihre geduldigen Erklärungen, für die Horoskope, die sie für mich und gemeinsam mit mir erstellt hat, und für ihre detaillierte Besprechung der verschiedenen astrologischen Techniken. An dieser Stelle möchte ich auch dem Astrologen Julian Armistead für seine Vorschläge und Verbesserungen danken, ebenso der Astrologin und Schriftstellerin Rhoda Urman für ihre Überprüfung der technischen Einzelheiten.

John Scarborough, ein bekannter Spezialist im Bereich der Medizin- und Pharmaziegeschichte sowie der hermetischen Lehren, hat die Mühe auf sich genommen, die Textabschnitte, die sich mit der Geschichte der frühen Astrologie beschäftigen, sorgfältig zu überprüfen und zu überarbeiten. Ihm bin ich auch für seine großzügige Hilfe bei anderen Projekten sehr verbunden. Ich möchte allerdings an dieser Stelle ausdrücklich betonen, daß weder die bisher genannten noch andere Personen, die an diesem Buch mitgearbeitet haben, für etwaige Irrtümer, Auslassungen oder die in diesem Buch vertretenen Theorien verantwortlich sind.

Das Kapitel über das I Ching entstand in gemeinsamer Arbeit mit meinem Kollegen und Freund Han-yu Shen, der sich mit großem persönlichen Engagement dieser Aufgabe widmete, als ich ihn um seine Hilfe bat. Aufgrund seines persönlichen Hintergrunds, seiner Bildung, seiner Kenntnis der chinesischen Sprache und seines wissenschaftlichen Ansatzes war er ganz besonders geeignet für die schwierige Deutung der einzelnen chinesischen Schriftzeichen. Ich selbst habe zwar den Text des Kapitels entworfen und ausformuliert, doch es war Dr. Shen, der die einzelnen chinesischen Zeichen in den Hexagrammen studiert und die passende wörtliche Bedeutung herausgearbeitet hat, als wir gemeinsam versuchten, die beste Übersetzung für jedes einzelne Schriftzeichen zu finden. Marion Howe von den Chait Galleries ermöglichte mir den Zugang zur dortigen Bibliothek mit ihren hervorragenden Werken über die chinesische Kultur.

In dem Kapitel über Traumdeutung nahm Arnold Pfeffer zahlreiche Verbesserungen und Überarbeitungen an den Textteilen vor, die sich mit der Freudschen Lehre befassen. Roger Pratt steuerte wertvolle Ergänzungen und Ratschläge zum Kapitel über Tarot-Karten bei. Ohne den Fleiß und die Mitarbeit von Fred Royce Cohen wäre es mir wahrscheinlich nicht möglich gewesen, das Manuskript zu vervollständigen. David Berman machte zahlreiche nützliche Vorschläge und versorgte uns mit dringend benötigtem Spezialmaterial. Ich bin auch vielen anderen Mitarbeitern zu Dank verpflichtet, unter anderem Fred Brown, Alix Cohen, Claire Hirschfield, Saul Jarcho, Alexis Karstaedt, Herbert Kessler, Hans Kleinschmidt, Ellen Lerner, Stanley und Ann Lyons, Demetrius Pertsemlidis, Owen Rachleff, Bruce Ramer, Raul Schiavi, Nancy Siraisi, Marvin Stein und James Yeannakopoulos.

Die Mitarbeiter der Gustave Levy Library am Mount Sinai Medical Center, besonders der Abteilungen für Fernleihe und Literaturrecherchen, waren für unsere Arbeit unersetzlich. Ich möchte mich auch herzlich bedanken bei William Schupbach, Dominik Wujastyk, Nigel Allen und Vivian Nutton von der Wellcome Institute Library in London, wo Teile der Recherchen ausgeführt wurden. Der »Rare Book Room« an der New York Academy of Medicine war ebenfalls eine hervorragende Fundgrube.

Mein hingebungsvoller Lektor Charles Miers zerbrach sich mit mir den Kopf über Aufbau, Formulierungen und Sachfragen; der immer kooperative und findige John Crowley sorgte für das benötigte Bildmaterial, eine Arbeit, die manchmal nur durch hartnäckige Ausdauer zum Ziel führte; dem Designer Dirk Luykx gebührt der Dank für die künstlerische Gestaltung des Buches; dem talentierten Graphiker Martin Hardy gelangen durch sein großes persönliches Engagement überzeugende, ansprechende und informative graphische Darstellungen. Danken möchte ich an dieser Stelle auch Cynthia Deubel für ihre Arbeit an den Abbildungen, als das Projekt noch in den Kinderschuhen steckte, und Carey Lovelace für ihr verantwortungsvolles Lektorat.

Abschließend möchte ich natürlich auch Barbara Lyons danken, die mich wie immer hilfreich und aufmunternd bei meiner Arbeit unterstützt hat.

New York
April 1990

Einführung

Sag mir nicht, welche Wolke das Licht verhüllt,
Noch woher und warum sie dort sein mag.
Sag mir lieber, was meine Nacht erfüllt,
Und ob ich noch lebe am nächsten Tag.

In seinem Roman »You Shall Know Them« aus den 50er Jahren stellt Vercors die Frage, was den Menschen eigentlich vom Tier unterscheide. Die Hauptfiguren des Buches kommen schließlich zu der Schlußfolgerung, daß ein Organismus erst dann als menschlich anzusehen sei, wenn er die Fähigkeit und das Bedürfnis besitze, nach dem Sinn seiner Existenz und der Beschaffenheit der Welt zu fragen, das heißt, wenn er in der Lage sei, diese Frage überhaupt zu stellen. Sprache, Herstellung und Gebrauch von Werkzeugen, Denkfähigkeit und viele andere Merkmale findet man auch in der Tierwelt, einzig die Suche nach Antworten, Erklärungen, gemeinhin Philosophie genannt, ist nur dem Menschen eigen. Ob diese Definition wirklich stimmt, ist zunächst einmal weniger wichtig als die Tatsache, daß die Suche nach Erklärungen in der Vergangenheit, Gegenwart und Zukunft tatsächlich für den Menschen sehr typisch ist.

Unser Interesse gilt vor allem der Zukunft. Wenn wir jung sind, malen wir uns die Zukunft in leuchtenden Farben aus, denken an Liebe, Karriere, eine glückliche Ehe. Mit zunehmendem Alter beschäftigt uns auch die Zukunft nahestehender Menschen, besonders die unserer Familienmitglieder und Freunde. Wenn wir krank sind, interessiert uns vor allem, ob wir wieder gesund werden und wie lange es dauern wird (Mediziner bezeichnen dies als Prognose). Häufig bemühen wir uns auch, der Unausweichlichkeit von Krankheiten durch bestimmte Diäten, durch die Stärkung des Immunsystems oder mit anderen Methoden zu entkommen – wir versuchen somit, Einfluß auf die Zukunft auszuüben.

Schon immer waren die Mittel, auf die Menschen zur Enthüllung der Zukunft zurückgegriffen haben, vom Wissensstand und dem gerade gültigen ›Zeitgeist‹ der jeweiligen Gesellschaft abhängig. Naturvölker, die möglicherweise die Erben prähistorischer Praktiken sind, versuchen durch das Werfen von Steinen und Holzstäbchen Informationen über zukünftige Ereignisse zu erhalten. Im Zweistromland blickte man zu den Sternen auf und deutete die Eingeweide von Tieren. Viele Jahrhunderte lang verließen sich Herrscher und Untertanen auf besonders ausgebildete Menschen, denen die Natur oder die Götter die Gabe verliehen hatten, in die Zukunft zu blicken, ob es nun die biblischen Propheten, die *baru* in Babylonien, die Sibyllen und Seher im antiken Griechenland, die Propheten in Rom oder die Astrologen im Mittelalter waren.

Im allgemeinen unterscheidet man zwischen zwei grundsätzlichen Arten der Zukunftsdeutung – der mystischen (spirituellen) auf der einen, der materialistischen (säkularen) auf der anderen Seite. In den frühen Kulturen waren diese Ansätze noch miteinander verschmolzen – Astronomie, Astrologie und Eingeweideschau gehörten zusammen, manchmal wurden sie gemeinsam von den religiösen und wissenschaftlichen Führern ausgeübt. Während der letzten Jahrhunderte hat jedoch eine Trennung der beiden Methoden stattgefunden. Zu den Vertretern der spirituellen, mystischen, magischen und intuitiven Richtung gehören die Handleser, Numerologen, Deuter von Tarot-Karten und Teeblättern. Die Astrologen nehmen für sich eine eigene Kategorie in Anspruch, doch auch ihr System wird nicht als wissenschaftliche Stern- oder Himmelskunde angesehen, als rein naturwissenschaftlicher Ansatz gilt heute nur die Astronomie. Die ›säkularen Weissager‹ stützen sich auf wissenschaftliche Methoden wie Statistiken, mathematische Wahrscheinlichkeitsrechnungen oder auf Induktionen, denen experimentell gesicherte Fakten zugrunde liegen. In diese Kategorie gehören Vermögensberater, Versicherungsstatistiker, Börsenagenten und sogar Handikapper bei Pferderennen. Dieses Buch konzentriert sich hauptsächlich auf die mystischen Methoden, die auf einem klaren Wahrsageprinzip basieren, die vermittelt und erlernt werden können. Der Bereich der außersinnlichen Wahrnehmung, die außergewöhnliche Intuition, besondere Begabung und spirituelle Fähigkeiten voraussetzt, ist ganz bewußt ausgeklammert worden.

Geschichtliche Abhandlungen über die mystischen Weissagetechniken wurden für gewöhnlich entweder vom Standpunkt der Anhänger dieser Richtungen, die natürlich diverse Beweise für die Richtigkeit ihrer Lehren ins Feld führten, oder von Skeptikern geschrieben, die sowohl die Grundlage als auch die Inhalte der Theorien in Frage stellten. Nur sehr wenige Beschreibungen der jeweiligen Methoden sind wirklich objektiv. Ich bin der Ansicht, daß ein Autor, der sich als Historiker versteht, seine eigene Meinung möglichst zurückhalten sollte, wenn er sich das Ziel gesetzt hat, einen objektiven Überblick über die Methoden zu geben, mit denen Menschen versucht haben, Einblick in die Zukunft zu erhalten.

Es ist sicherlich nicht falsch, etwas zu loben oder zu kritisieren, genausowenig wie es falsch ist, Bewertungen vorzunehmen, allerdings setzen diese Ziele damit bereits die Grenzen für das Projekt, auch wenn das Werk noch so nützlich und informativ sein mag. Von einem Völkerkundler, der die Mythen und Denkweisen einer bestimmten Kultur detailliert beschreibt, erwartet man schließlich auch, daß er das vorgestellte Material vorsichtig und mit dem nötigen Feingefühl vermittelt und nicht etwa von oben herab geringschätzig über die törichten Phantasien eines rückständigen Volkes berichtet. Er muß aus der Sicht der Menschen schreiben, für die die Handlungen und Konzepte lebendige Wirklichkeit sind. Diesem Anspruch hoffe ich mit dem vorliegenden Buch gerecht zu werden. Welche Bedeutung hatten die unterschiedlichen Weissagungssysteme in der Vergangenheit für den Menschen, und wie sehen die Techniken aus, auf die man auch heute noch zurückgreift?

Wir haben sieben der wichtigsten Methoden ausgewählt, ohne sie jedoch gegeneinander abzuwägen oder zu bewerten: Astrologie, Handlesekunst (Chiromantie), Numerologie, Tarot, Traumdeutung, das I Ching und das Lesen von Teeblättern oder Kaffeesatz.

Robert Delaunay (1885–1941), Simultankontraste – Sonne, Mond, 1912, Öl auf Leinwand, Durchmesser 134 cm, New York, The Museum of Modern Art, Mrs. Simon Guggenheim Fund

Gemini
Cancer
Leo
Vrsa maior
Vrsa minor
Ericthonius
Perseus
Draco
Bootes
Virgo

Astrologie

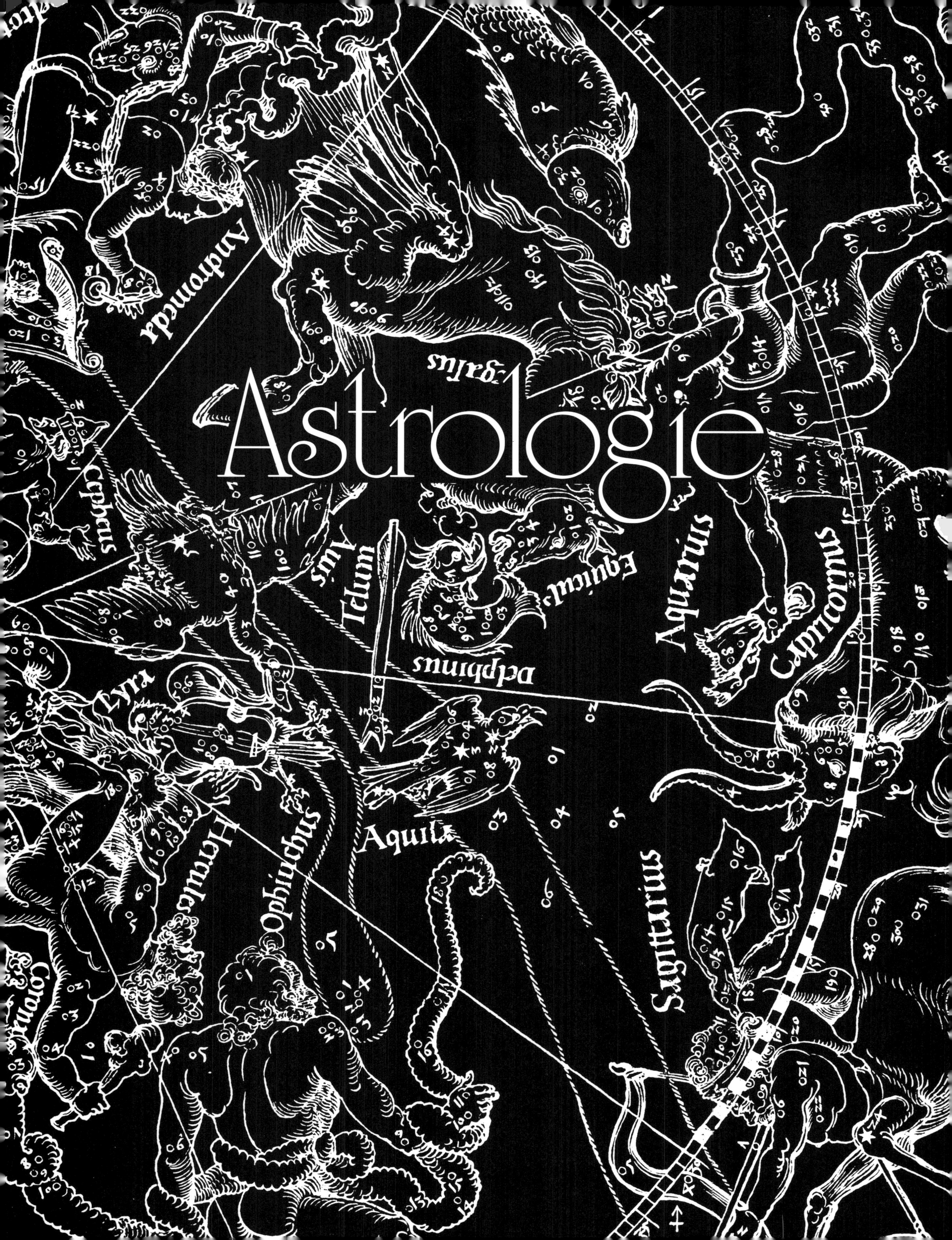
Andromeda
Cepheus
Lyra
Hercules
Ophiuchus
Aquila
Telum
Delphinus
Aquarius
Capricornus
Sagittarius

la victore du temps contre renomee
laurore
le temps
les heures du jour
les heures de la nuit
renomee
pompee
julius cesar

Astrologie

Kleinstes Teilchen, größter Stern am Firmament –
Alles bleibt bewegt, nichts steht jemals still:
Ohnmächtig im Kreis sich drehen – permanent
Wenn ich allein entscheide, was ich will.

Astrologie ist das Studium der Sterne zu dem Zweck, uns selbst zu verstehen und in die Zukunft blicken zu können. Sie geht von der Voraussetzung aus, daß die Stellung der Planeten und anderer Himmelskörper den Charakter jedes Menschen und Ereignisse auf der Erde beeinflussen.

In der Astrologie werden Positionswechsel der Sterne so beschrieben, als ob die Sterne selbst sich bewegten und nicht die Erde, womit man einer Annahme folgt, die seit Tausenden von Jahren tradiert wurde. Spuren von dieser Vorstellung finden sich noch heute: Wir sagen noch immer, daß die Sonne »aufgeht«, »ihren höchsten Stand erreicht« und am Horizont »untergeht«, weil es eben so aussieht und weil es praktischer ist, diese Ausdrücke zu verwenden. Auch moderne Astrologen erkennen an, daß die Bewegungen der Sonne eher augenscheinlich sind als real. Trotzdem benennen sie gleichfalls die einzelnen Positionen der Planeten so, als ob auch sie sich um die Erde bewegten – nicht um die Sonne –, und sie verzeichnen, welche Standorte sie stündlich, täglich, monatlich im Verhältnis zu uns, den Beobachtern auf der Erde, einnehmen. Eine besondere Gruppe von Sternen – die Konstellationen des Tierkreises –, die bestimmte Anordungen aufzuweisen scheinen und sich unablässig und regelmäßig, aber sehr langsam bewegen, spielen auch in der Astrologie eine herausragende Rolle. Da sich die Erde um die Sonne dreht, hat es den Anschein, als bewegte sich die Sonne im Laufe des Jahres nacheinander von dem Bereich einer Konstellation zur nächsten – wenn wir nur in der Lage wären, sie am Tage zu sehen, wenn die Erdoberfläche von den Sonnenstrahlen erfaßt wird.

Die Menschheit blickt ehrfürchtig zum Himmel und zu den Engeln. Der Verlauf der Zeit bestimmt die Sieger auf Erden. Die Tierkreiszeichen markieren die Bahn der Sonne (ihre Reihenfolge ist jedoch astrologisch nicht korrekt). Der Triumph der Zeit über das Schicksal, Illustration zu: Petrarca, »Trionfi« (»Die Triumphe«), französische Handschrift, Paris, Bibliothèque Nationale

Die einzige sichtbare Konstante auf der Erde ist der tägliche Wechsel zwischen Licht und Dunkel. Wenn er auch in verschiedenen Teilen der Welt anders und in unterschiedlichem Maße stattfindet, so tritt er doch in regelmäßiger Folge auf. Die entscheidende Ursache für dieses konstante Muster, die Sonne, von der alles Leben abhängt, wurde, wie früheste Aufzeichnungen zeigen, als Gottheit verehrt. An jedem beliebigen Ort auf der Erde geht die Sonne auf und erreicht am Himmel eine je nach Jahreszeit regelmäßig variierende Höhe. Nach Ablauf einer bestimmten Zeitspanne – die man heute Sonnenjahr nennt – geht die Sonne erneut am selben Punkt am Horizont auf und erreicht dieselbe Höhe wie ein Jahr zuvor. Der Lauf der Sonne ist vorhersehbar, da sie Tag für Tag am östlichen Rand des Horizonts auf- und im Westen untergeht, wobei sie, je nach Jahreszeit und je nach dem Standort auf der Erde, von dem aus sie beobachtet wird, am Mittag höher oder niedriger steht. Diese augenscheinliche Bahn nennt man die Ekliptik.

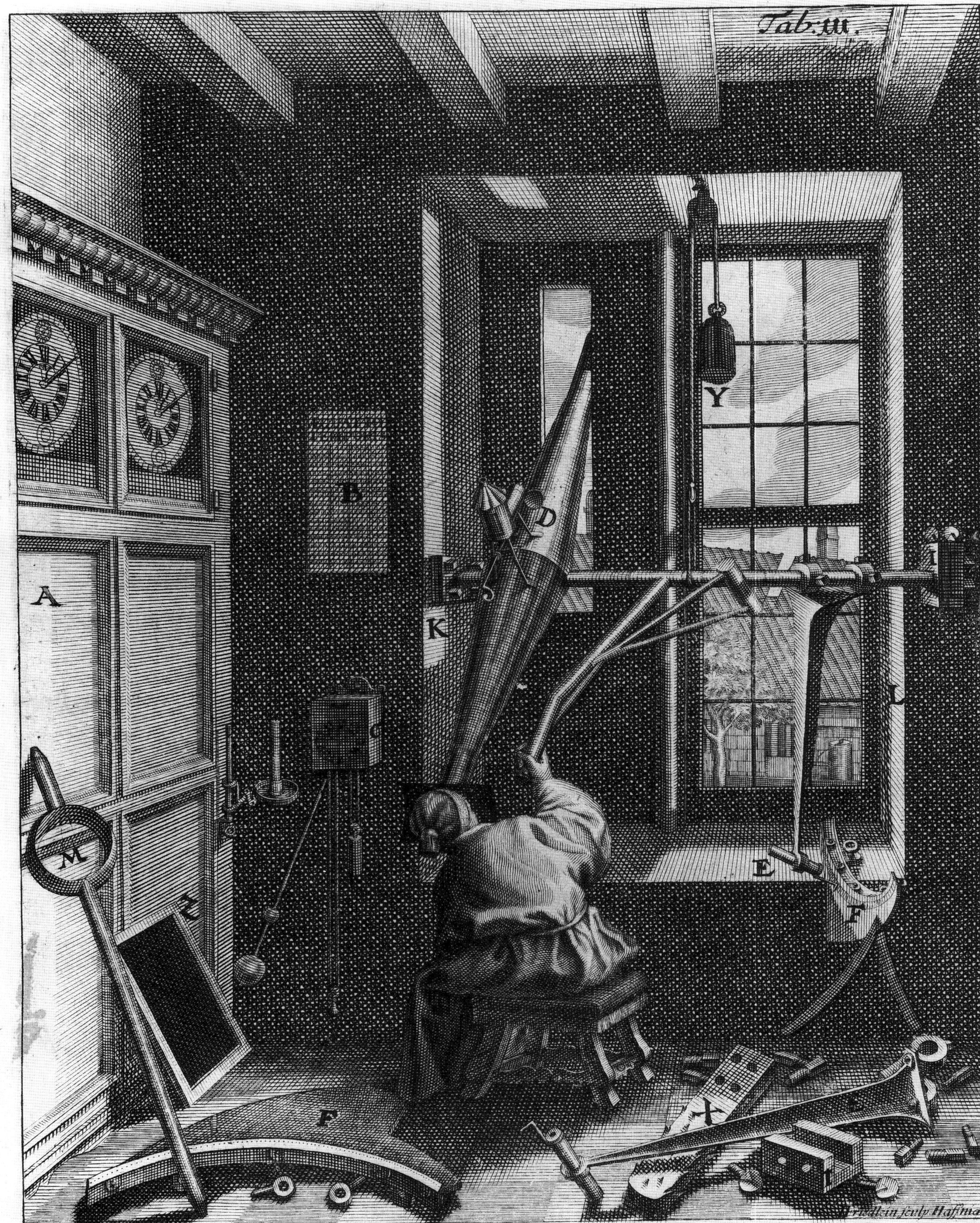
Tab: III.
A
B
D
K
Y
L
E
F
M
F
X
Z

Auch der Nachthimmel ist von hellen Lichtpunkten erfüllt, von einzelnen Sterngruppen, die sich während der gleichen Zeitspanne (dem Kalenderjahr), die die Sonne benötigt, um erneut die Punkte am Horizont zu erreichen, an denen sie ein Jahr zuvor auf- und unterging, langsam über den Himmel ›bewegen‹. Diese Sterngruppen erhielten von verschiedenen Kulturen Namen – manchmal nach ihrer äußeren Ähnlichkeit mit Figuren, manchmal aufgrund von mythologischen Assoziationen. Heute nennt man sie Konstellationen, und in der Astrologie bilden einige davon den Tierkreis, auch Zodiakus genannt (nach den griechischen Wörtern *zōdion:* Tierfiguren und *kiklos zōdiakos:* Kreis von Tierfiguren).

Bei einigen dieser Lichtpunkte hat man festgestellt, daß sie sich schneller und auf unregelmäßigen Bahnen zu bewegen scheinen und daß sie offensichtlich nicht mit der beständigen jährlichen Bewegung der Konstellationen oder gar der Sonne und des Mondes synchron sind. Diesen wandernden Himmelskörpern gaben die Griechen den Namen Planeten (nach *planētes:* Wanderer). Da auch die Sonne und der Mond sich scheinbar unabhängig bewegen, wurden sie nicht zu den Konstellationen, sondern zu den Planeten gezählt. Die Sterne, aus denen sich die ›fixen‹ Konstellationen zusammensetzen, von denen einige den Tierkreis bilden, sind zwar in ihren relativen Positionen zueinander nicht im astronomischen Sinne ›fix‹, doch scheinen die Bewegungen eines jeden einzelnen Sterns aufgrund der gewaltigen Entfernungen zur Erde so gering, daß selbst ein Teleskop sie kaum wahrnehmbar macht.

In Wirklichkeit ist jeder Stern einer Konstellation selbst eine Sonne, und er hat vermutlich seine eigenen ihn umkreisenden Planeten. All diese angrenzenden Sonnensysteme und unser eigenes Sonnensystem bilden zusammen nur eine einzige Sonnen- oder Sternengalaxie, die von Astronomen Spiralgalaxie genannt wird. In der Astrologie spielen hingegen nur die zwölf Sternbilder des Tierkreises eine Rolle.

Ein Stich aus dem 18. Jahrhundert zeigt den dänischen Astronomen Ole Römer (1644–1710) mit seinen wissenschaftlichen Werkzeugen. New York, Bettmann Archive

Unser eigenes Sonnensystem dreht sich um das Zentrum der Spiralgalaxie, genau wie sich Planeten um unsere Sonne drehen. Während unsere Planeten zwischen wenigen Monaten (Merkur) bis zu Hunderten von Jahren (Pluto) unterwegs sind, um auf ihren vorgeschriebenen Bahnen die Sonne einmal zu umkreisen, benötigt unsere Sonne ihrerseits etwa 225 Millionen Jahre, um ihre Reise um das Zentrum der Galaxie zu beenden, die sich wiederum selbst durch den Weltraum bewegt, so wie alle Galaxien.

Die Astrologie geht davon aus, daß die Anordnungen der Himmelskörper in einem beliebigen Moment einen bedeutsamen Einfluß auf Geschehnisse auf der Erde ausüben, insbesondere auf die körperliche und charakterliche Veranlagung sowie auf die voraussichtliche Zukunft einer Person, die in eben diesem Moment geboren wird. Um mit Hilfe der Astrologie Vorhersagen zu machen, ist eine ausreichende Kenntnis der Bedeutung des bestehenden Instrumentariums unerläßlich: Tierkreiszeichen, Planeten, die Bereiche des Himmels (Häuser), das aszendierende Tierkreiszeichen (bei Sonnenaufgang), das deszendierende Zeichen (bei Sonnenuntergang), das *Medium coeli* (die Himmelsmitte), das *Imum coeli* (der Nadir oder die Himmelstiefe), einige andere besondere Punkte und die einzelnen Standorte all dieser Elemente in ihrem Verhältnis zueinander (Aspekte: Winkel der Planeten in Graden ausgedrückt).

Die Stellungen der Tierkreiszeichen und Planeten genau zum Zeitpunkt der Geburt eines Menschen – das Geburtshoroskop – werden dadurch ermittelt, daß man astronomische Tabellen – die Ephemeriden – zu Rate zieht und nach ihnen Berechnungen anstellt oder, was zeitgemäßer ist, indem man diese Fakten von Computern zusammenstellen läßt. Von den in ein kreisförmiges Schema (auch Kosmogramm genannt) eingetragenen Informationen leitet der Astrologe nach Gesetzmäßigkeiten, die von seinen Vorgängern über Jahrhunderte hinweg entwickelt worden sind, günstige oder ungünstige Deutungen ab. Aus diesen Erkenntnissen schließt er dann auf Tendenzen in der Veranlagung einer Person, auf die vermutlichen Entwicklun-

ZAA

Das sechst Cappittel von ☿. vnd was er bedütt .

ES spricht alchabitius das ☿ sig ein ver-
mischter planet vnd ein menlicher vnd ey
tegklicher vnd wirt sin nattur geneigt
durch die anderen planeten. Dann ist
er by einem gůtten So ist sin natur auch gůt
Ist er bey einem bösen So ist sin nattur auch
böss . Ist er aber by einem nechtigen so ist sin
natur auch nechtig Ist er tegig So ist sin
nattur auch tegig Vnd hatt zůbedütte
Die kleineren brůder Dorum ~~fer~~ sich in yemas
geburtt Wie sich ☿ hab mit dem herren des
ersten oder mit dem dritter der geburtt . Wan

gen, die das Leben dieses Menschen nehmen wird, auf die Eignung für bestimmte Tätigkeiten und für persönliche Beziehungen sowie auf die Gefahren, gegen die er oder sie sich schützen oder denen entgegengewirkt werden muß.

Die Astrologen vergangener Jahrhunderte zögerten nicht, aufgrund ihrer Berechnungen ganz genaue Vorhersagen zu machen – wobei es sich häufig um düstere Prophezeiungen handelte. Moderne Astrologen sprechen selten mehr als Vermutungen über wahrscheinliche zukünftige Ereignisse aus, und sie verweisen ausdrücklich auf die Möglichkeit der persönlichen aktiven Einflußnahme auf das im Horoskop Vorhergesagte.

Es gibt mehrere Formen der Sterndeutung. Die natürliche Astrologie beobachtet Phänomene im Universum und sagt sie voraus. Inzwischen hat die Astronomie diese Funktion übernommen. Die kritische Astrologie zielt darauf ab, Geschehnisse auf der Erde entsprechend den Bewegungen der Himmelskörper im All zu deuten und vorherzusagen. Eine Unterdisziplin dieser Beschäftigung ist die Mundan-Astrologie, bei der die zukünftige Entwicklung von Ländern, Herrschern und Weltereignissen vorhergesagt wird. In mesopotamischer Zeit war dies das Hauptanliegen der Sterndeutung. Die Genethlealogie (Individual- oder Geburtsastrologie) konzentriert sich ausschließlich auf die Persönlichkeit einzelner Menschen, indem sie deren Geburtshoroskop interpretiert. Sie stellt heute die verbreitetste Form astrologischer Praxis dar. Eine andere Form der Vorhersage auf der Grundlage von Horoskopen ist die Stunden-Astrologie (Horologie), die Fragen im Hinblick darauf beantwortet, ob ein bestimmtes zukünftiges Verhalten ratsam ist oder nicht. Die jeweiligen Standorte der Planeten und Sternzeichen zu dem Zeitpunkt, an dem eine Frage gestellt wird, werden genau untersucht, um die günstigen oder ungünstigen Eigenschaften auf dem Horoskop festzustellen. Die Stundenwahl-Astrologie (Elektion) versucht, den günstigsten Augenblick zu bestimmen, an dem man eine Unternehmung beginnen oder eine Tätigkeit in Angriff nehmen soll; sie zieht dafür Horoskope zu Rate, die für Tage, Monate oder Jahre im voraus entworfen werden. Die medizinische Astrologie benutzte Horoskope, um Vorhersagen und Empfehlungen im Hinblick auf Gesundheit und Krankheiten auszusprechen.

Guido Bonatti, »Liber astronomicus«, deutsche Handschrift, 15. Jahrhundert, Wien, Nationalbibliothek. Das Blatt zeigt Merkur und, unter ihm, die beiden Zeichen, die er regiert: Zwillinge und Jungfrau.

Niemand kann Astrologe werden, indem er ein paar Abhandlungen oder Bücher studiert – und gewiß nicht allein dadurch, daß er dieses Kapitel liest. Vielleicht enthält es aber genug Informationen, um dem Leser ein angemessenes Verständnis von den fundamentalsten Grundsätzen der Astrologie zu vermitteln: von den einzelnen Elementen eines Horoskops und wie sie interpretiert werden können, von dem historischen Umfeld, in dem astrologische Vorstellungen sich entwickelten und von den zeitgenössischen Einstellungen für und wider die Astrologie.

Die weibliche Gestalt hält das Horn eines Bisons oder aber das Symbol der Mondsichel mit zwölf Einkerbungen, die möglicherweise die Monate darstellen. Spätes Paläolithikum, ca. 15000–10000 v. Chr., Fundort Laussel, Südfrankreich; Bordeaux, Musée d'Aquitane

Geschichte der Astrologie

Der Ursprung der Astrologie liegt in dem alten Glauben, daß die Sterne Gottheiten darstellen, die die Geschehnisse und die Geschicke der Menschen auf der Erde beeinflussen. Die astrologische Praxis hat sich durch die Jahrtausende verändert. Die moderne Astrologie ist sowohl die Akkumulation als auch die Quintessenz sämtlicher Beiträge, die in der Vergangenheit von Philosophen, Theologen, Wissenschaftlern und Astrologen geleistet worden sind. Dennoch wirft eine Entwicklungsgeschichte der Astrologie Fragen auf, die bisweilen sehr unterschiedlich – wenn überhaupt – beantwortet werden: Welcher Teil der überlieferten Kenntnisse über den Sternenhimmel ist der Astrologie zuzuordnen und welcher der Astronomie? Welche Rolle spielte die Astrologie in alten Kulturen?

Man kann die Astrologie definieren als die Beschäftigung mit den Einflüssen bestimmter Planeten und besonderer Sterngruppen innerhalb des Sonnensystems auf menschliche Veranlagungen und Verhaltensweisen. Die Astronomie dagegen beschäftigt sich mit der Beobachtung von Materie und Energie sowohl innerhalb als auch außerhalb des Sonnensystems. Die Astrologie hat zum Ziel, Menschen zu verstehen und ihr voraussichtliches Verhalten vorherzusagen; Ziel der Astronomie ist es, das Universum zu begreifen und die Wahrscheinlichkeit von kosmischen Ereignissen sowie deren Auswirkungen auf natürliche Phänomene vorauszusagen. Und tatsächlich liefern Astronomen seit Jahrhunderten die Berechnungen und Informationen, die von Astrologen benutzt werden.

Es scheint paradox, daß das Wort Astrologie (griech. *astron:* Stern, *logos:* Wort, Bericht) im wörtlichen Sinn das Studium der Sterne bezeichnet und als Terminus eher der Praxis der Astronomie angemessen wäre, die sich mit der Beobachtung von Sternen und mit dem Begreifen der Beziehungen zwischen den festgestellten Daten beschäftigt. Für einen Astrologen steht jedoch der lebendige Mensch im Mittelpunkt des Interesses, weniger das Firmament. Dagegen impliziert das Wort Astronomie (griech. *astron:* Stern, *nomos:* Gesetz), daß auf der Grundlage festgelegter Gesetze und Prinzipien bestimmte Einschätzungen abgegeben werden, was eher in den Bereich der Astrologie fällt. Astronomische Theorien sind Behauptungen, die bei zunehmenden Beobachtungs- und Berechnungsmöglichkeiten überprüft, modifiziert und verworfen werden. Die Gesetze und Grundlehren der Astrologie blieben seit Jahrhunderten unangetastet.

Die Sterngucker früher Zivilisationen waren gleichzeitig Beobachter und Deuter. Es gab keinen Unterschied zwischen Astronomie und Astrologie, denn es schien offensichtlich, daß Sonne, Mond und Sterne nicht nur mit dem Wechsel der Zeiten und Jahreszeiten, sondern auch mit Naturkatastrophen, der menschlichen Biologie und geschichtlichen Umwälzungen in Verbindung standen. Wenn man dazu den Glauben an einen obersten Gott oder an Gottheiten berücksichtigt, die an Orten außerhalb der Erde wohnten, dann ist die Überzeugung, daß die Gestirne alles Irdische beeinflussen, nur folgerichtig.

Nach der endgültigen Trennung von Astrologie und Astronomie übernahmen die Astronomen das Beobachten und Aufzeichnen, während die Astrologen auf der Grundlage dieser Daten Horoskope befragten oder erstellten. Diese Rollenaufteilung begann allmählich, und ihr genauer zeitlicher Ablauf war Gegenstand zahlreicher Diskussionen. Wir wissen, daß sich bereits im Zeitalter des Hellenismus (4. Jahrhundert v. Chr. bis hinein in die christliche Zeitrechnung) einige Wissenschaftler hauptsächlich auf astronomische Vorstellungen und Messungen konzentrierten. Gleichzeitig gewannen astrologische Horoskope zunehmend an Bedeutung. Es muß jedoch einige Menschen gegeben haben, die weiterhin die physikalische Kosmogonie (Astronomie) mit individuellen prognostischen Deutungen verbanden, die auf der Stellung der Sterne basierten (Astrologie).

Prähistorische und präkolumbische Zivilisationen

Der Umfang der astronomischen Kenntnisse, über die prähistorische Völker verfügten, kann nur geschätzt werden, doch bei Ausgrabungen gefundene Gerätschaften lassen vermuten, daß der Wissensstand höher als bislang angenommen war. Offensichtlich wurden Naturerscheinungen auf der Erde mit Bewegungen der Himmelskörper in Verbindung gebracht. Es ist nicht auszuschließen, daß einige der großen prähistorischen Steinsetzungen als Observatorien dienten. Der berühmte Kreis von Stonehenge im Süden Englands kündet möglicherweise von genauen Kenntnissen des Jahreszeitenwechsels, von den Mondphasen und vom Lauf der Sonne. Ringe aus Steinen, Holzpfählen und Erdhügeln in Europa, Afrika sowie Süd- und Nordamerika hatten ebenfalls kalendarische Bedeutung und wurden, nach Meinung neuzeitlicher Archäologen, für religiöse, landwirtschaftliche und gesellschaftliche Zwecke genutzt. Die Menschen der Frühzeit wußten offenbar auch um Sternbilder.

Dennoch ist nicht bekannt, in welchem Maße frühe Kulturen zwischen den Anordnungen am Himmel und menschlichem Verhalten einen Zusammenhang herstellten. Jede Zivilisation, die so weit entwickelt war, daß sie den genauen Zeitpunkt bestimmen konnte, zu dem die Sonne durch eine spezielle Öffnung oder auf einen bestimmten Stein in einem Ring aus Steinen scheinen würde – oder die sagen konnte, welcher Stern zuerst am Himmel erschien – muß sich gleichfalls gefragt haben, woraus die Sterne bestanden und warum sie da waren. Es ist jedoch ungewiß, ob man bereits früher als in den letzten paar Jahrhunderten vor Christi Geburt die Zukunft nach astrologischen Horoskopen voraussagte.

Einige der gegenwärtigen Kulturen, die wir primitiv oder unterentwickelt nennen, können uns vielleicht Hinweise darauf geben, was neolithische Menschen gedacht und geglaubt haben, obgleich diese Vermutungen nur Spekulationen darstellen, da es durchaus möglich ist, daß zeitgenössische Stam-

Links: Die Anordnung der Felsen von Stonehenge in England, errichtet um 1500 v. Chr., ergab ein kompliziertes kalendarisches System, das allem Anschein nach mit der Astronomie verknüpft war und möglicherweise für religiöse Zeremonien benutzt wurde.

Rechts: Eine Illustration aus dem Codex Vaticanus A (16. Jahrhundert) zeigt die aztekische Vorstellung vom ›Tierkreismann‹ *(Melothesia)*, bei der Sternsymbole den Körperteilen zugeordnet sind. Rom, Vatikanische Museen

Unten: Statuette der Ischtar, jener babylonischen Göttin, die mit dem heute als Venus bekannten Planeten in Verbindung gebracht wurde. 3. Jahrhundert v. Chr., Paris, Musée du Louvre

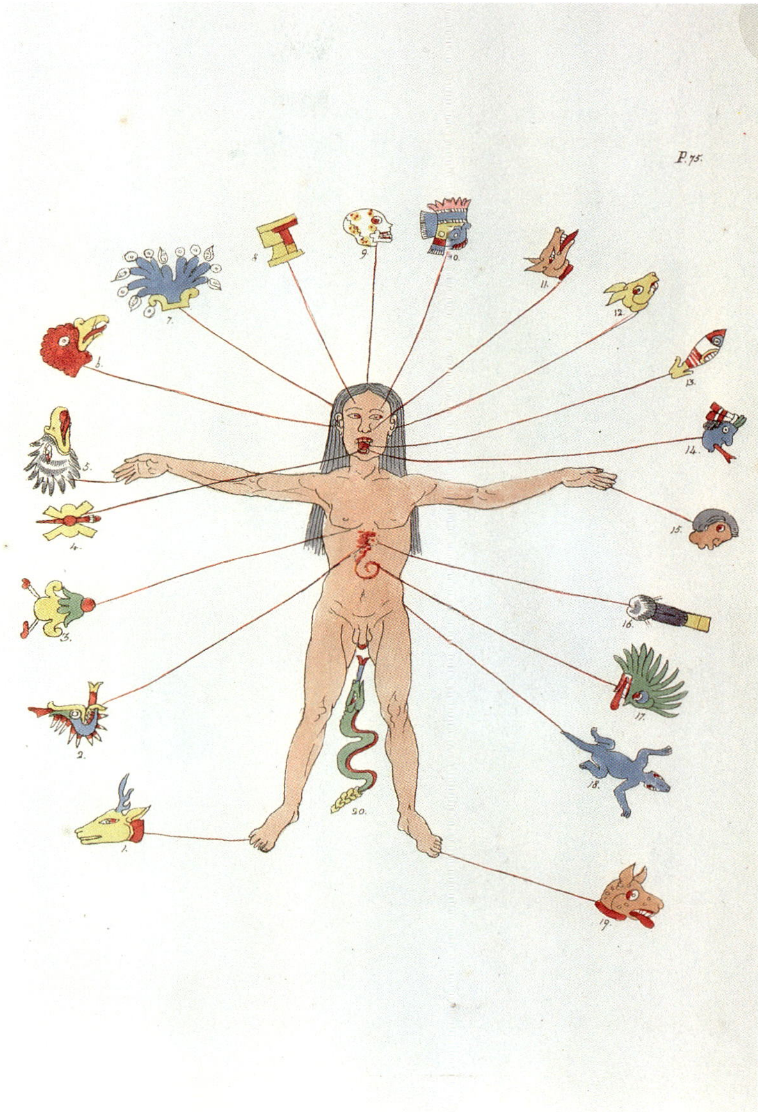

mesvölker ihre Glaubensvorstellungen im Laufe der Zeit entwickelt und verändert haben. In vielen Gesellschaften dieser Art werden Himmelskörper als Götter betrachtet, als Sitz der Götter oder als der Ort, wo die Seelen der Verstorbenen wohnen. Ebenso glaubt man, daß die Bewegungen von Sonne, Mond und Sternen, die zur Bestimmung der Zeit dienen, sowie der Wechsel der Jahreszeiten einen Einfluß auf das Verhalten der Menschen ausüben oder Vorboten kommender Ereignisse sind.

Die Bräuche der präkolumbischen Bewohner Amerikas sind bis heute noch nicht völlig erschlossen. Ihre astronomischen Berechnungen und religiösen Sitten sind von denen europäischer oder asiatischer Völker weiterhin relativ isoliert, und ein Großteil ihrer historischen Kenntnisse wurde aus religiösen und politischen Gründen von den europäischen Eroberern vernichtet. Unsere Quellen sind hauptsächlich archäologische Überreste, die Glypten der Maya-Kultur und einige wenige Schriften von Missionaren und Mönchen. Dennoch kann man daraus folgern, daß das astronomische Wissen in den frühen amerikanischen Zivilisationen recht profund war. Ihre Bauwerke lassen erstaunliche architektonische Bezüge zu Erscheinungen am Himmel erkennen. So wurde zum Beispiel im mexikanischen Chichén-Itzá eine große Pyra-

Links: Auf diesem mesopotamischen Grenzstein präsentiert ein Herrscher seine Tochter einer Gottheit. Die Symbole stehen für Sonne, Mond und Venus (Ischtar). Mesopotamien, um 1200 v. Chr., Kalkstein, Höhe 83 cm, Paris, Musée du Louvre

Rechts: Die babylonische Tontafel verzeichnet in Keilschrift Zukunftsdeutungen, die auf den Stellungen des Planeten beruhen, der unserer Venus entspricht (Ischtar). Um 2000 v. Chr., Höhe 17,8 cm, London, The British Museum

Unten: Das assyrische Astrolabium diente zur Erstellung astrologischer Berechnungen. Ninive, 7. Jahrhundert v. Chr., Durchmesser 13 cm, London, The British Museum

mide gebaut, bei der das Sonnenlicht zur Tagundnachtgleiche genau in einen geheimen Raum fällt. Offensichtlich war den Erbauern der Unterschied zwischen den unveränderlichen Konstellationen (den Gruppen der Fixsterne) und den sich bewegenden Sternen (den Planeten) bewußt. Auf Schreibtafeln und Glypten konnten Wissenschaftler Sternbilder identifizieren, denen günstige oder ungünstige Bedeutungen zugeschrieben wurden.

Trotzdem können wir davon ausgehen, daß die spätere abendländische Astrologie sich in erster Linie aus den Kulturen Mesopotamiens, Ägyptens und Griechenlands entwickelte.

Mesopotamien

Die mesopotamischen Zivilisationen entstanden in dem Gebiet zwischen Euphrat und Tigris (Mesopotamien heißt wörtlich ›Zwischenstromland‹), das im heutigen Irak liegt. Über mehrere Jahrtausende lebten in diesem Teil der Welt die Sumerer, Babylonier, Assyrer, Perser und andere Zivilisationen. Unsere Kenntnis von den Grundlagen der mesopotamischen Sternenkunde verdanken wir den unzähligen mit Keilschrift beschriebenen Tontafeln, die u. a. von Assurbanipal, dem assyrischen König im 7. Jahrhundert v. Chr., in einer großen Bibliothek zusammengetragen wurden.

Die Völker Mesopotamiens glaubten fest an die Macht des Himmels, das Geschehen auf Erden lenken zu können. Priester hatten die Aufgabe, das, was wir heute Astrologie und Astronomie nennen, zu entdecken, zu deuten und ihre Beobachtungen anzuwenden. Da sie die gebildete Klasse darstellten und auf die Einhaltung der religiösen Bräuche achteten, war es selbstverständlich, daß den Priestern die Aufgabe zukam, Himmelsbewegungen zu beobachten und zu berechnen. Theologie, Astrologie und Astronomie waren nicht zu trennen. Die Götter handelten mit Hilfe der Sterne oder waren selbst Gestirne. Alle Naturereignisse standen unter himmlischem Einfluß und gehörten derselben alles umfassenden Disziplin an.

Die Zukunft vorherzusagen, war von größter Wichtigkeit. Und in der Tat genoß von den drei babylonischen Priesterklassen der *baru,* der die Aufgabe hatte, Voraussagen zu machen, das größte Ansehen. Die Zikkurats, die berühmten Bauwerke, die aus stufenförmig angelegten Terrassen

K.160

Das Fußbodenmosaik der Synagoge in Beth Alpha, Israel, vom Anfang des 6. Jahrhunderts zeigt den Tierkreis, im Zentrum die Sonne in Gestalt des Helios und in den Zwickeln die Personifikationen der vier Jahreszeiten.

Sassetta (Stefano di Giovanni; um 1392–1450), Die Reise der Heiligen Drei Könige, um 1432, Tempera auf Holz, 21,6 × 29,5 cm, New York, The Metropolitan Museum of Art. In der Bibel wurden die Heiligen Drei Könige durch den Stern von Bethlehem zu dem neugeborenen Jesus geführt.

Eine stufenförmige Zikkurat bei Ur (im heutigen Irak), die von mesopotamischen Priestern vermutlich zur Beobachtung der Sterne benutzt wurde (um 3500 v. Chr. erbaut)

bestanden, dienten den Priestern möglicherweise als Plattformen zur Erforschung des Himmels. Im Mittelpunkt solcher Vorhersagen standen Dynastien und Länder, nicht die persönlichen Schicksale einzelner Menschen. Die Zukunftsdeutung im Hinblick auf nationale und weltweite Ereignisse wurde später bei den Griechen Mundan-Astrologie genannt. Die genethlealogische (oder Geburts-)Astrologie hatte sich noch nicht entwickelt. Erst im Hellenismus, nachdem Alexander der Große den Osten erobert hatte, entstanden persönliche Horoskope; die ältesten überlieferten stammen aus den letzten Jahrhunderten vor Christus.

Einige Sterngruppen (Konstellationen), die der Bahn der Sonne (Ekliptik) nahe standen, galten als besonders wichtig für die Zukunftsdeutung. Von anderen Sternen, die einer eher zufälligen Bahn zu folgen schienen und keine feststehenden, regelmäßigen Bewegungsmuster erkennen ließen, glaubte man, daß Anu, die von den Sumerern übernommene oberste Gottheit, sie auf ihre exzentrische Reise geschickt habe. Von den Griechen wurden sie später Planeten genannt.

Von allen möglichen Beziehungen zwischen den Standorten zweier Planeten war für die Mesopotamier offenbar nur die unmittelbare Nähe zueinander (heute spricht man von Konjunktion) von Bedeutung. Die uns erhalten gebliebenen Aufzeichnungen deuten nicht auf die Anwendung weiterer mathematischer Winkel (Aspekte) hin, die in der späteren griechischen Astronomie-Astrologie wichtig werden sollten. Dennoch sind die Darlegungen der Mesopotamier über die Sterne und ihre Berechnungen außergewöhnlich, bedenkt man, daß sie ein relativ rudimentäres Instrumentarium besaßen und ihnen nur begrenzte mathematische Methoden zur Verfügung standen. Einige ihrer Beobachtungen waren sogar präziser als die späteren griechischen Berechnungen. Die Mesopotamier stellten umfangreiche Listen von Sternen zusammen, und sie konnten mit bemerkenswerter Genauigkeit die Zeitpunkte vorhersagen, an denen Konstellationen erscheinen und wieder verschwinden würden, wann die Bewegungen der Planeten scheinbar rückläufig (retrograd) wären, wann sie in einer Blicklinie zusammenträfen (Konjunktion) oder wann es zu einer Mondfinsternis kommen werde. Trotz gegenteiliger Behauptungen ist nicht nachgewiesen, daß sie nur deshalb so erfolgreich waren, weil der Himmel über Mesopotamien etwas klarer war als über Ägypten, Griechenland oder anderen Ländern.

Die mesopotamischen Vorstellungen waren nicht statisch. Im Laufe der Jahrhunderte durchliefen sie eine eigene Entwicklung, so daß die von Generation zu Generation überlieferten Kenntnisse der *Enuma Anu Enlil*-Tafeln, die von Assurbanipal im 7. Jahrhundert v. Chr. gesammelt wurden, in den nachfolgenden Jahren, besonders in der Zeit des Hellenismus, viele Zusätze erhielten. Einem babylonischen Priester mit Namen Berossus, der zur Zeit Alexanders nach Griechenland, vermutlich auf eine der Ionischen Inseln, emigrierte, wird ein großer Einfluß auf die Verbreitung der mesopotamischen Astrologie zugesprochen, die derjenigen des Abendlandes neue Impulse verlieh. Selbst lange nachdem die hellenistischen Griechen ihrerseits die Darstellung von Geburtsbildern eingeführt hatten, bezeichneten sie Horoskope noch häufig als ›babylonische Zahlen‹.

Die mesopotamische Astrologie steht auch in Verbindung mit der Sieben-Tage-Woche, die in Babylonien entwickelt wurde und dann über das jüdische Volk Eingang in die christliche Zivilisation fand. Die Benennungen der Tage entstanden aus dem astrologischen System, das jeder der 24 Stunden des Tages einen regierenden Planeten zuteilte, und zwar in der Reihenfolge der Planetenentfernungen zur Erde, wie sie von einem Betrachter auf der Erde wahrgenommen werden. Natürlich sind die heute in verschiedenen westlichen Sprachen gebräuchlichen Tagesnamen griechisch-römischen oder germanischen Ursprungs.

Der Name eines jeden Tages basiert auf dem jeweiligen Planeten, der seine erste Stunde regiert. So unterstand in römischen Zeiten die erste Stunde, mit der die Woche begann, Saturn, die nächste Jupiter und so weiter. Daher war der erste Tag der Woche der Tag des Saturn (engl. *saturday:* Samstag), der nächste der der Sonne (Sonntag). Dann folgten der Tag des Mondes (Montag), des Mars (frz. *mardi;* das deutsche ›Dienstag‹ geht auf Mars Thingsus, den Thingbeschützer, zurück), des Merkur (frz. *mercredi;* der deutsche Name ›Mittwoch‹ wurde von der Kirche gegen die heidnische Bezeichnung ›Wodanstag‹ nach Wodan-Merkur durchgesetzt), des Jupiter (frz. *jeudi;* ›Donnerstag‹ nach dem germanischen Gott Donar) und schließlich der Tag der Venus (frz. *vendredi;* ›Freitag‹ nach der germanischen Göttin Freya).

Ein von Kidinnu, dem babylonischen Astronomen, um 383 v. Chr. entwickelter Zyklus von 19 Jahren, der die Mond- und Sonnenkalender aufeinander abstimmen sollte, wurde schließlich zur Grundlage für nachfolgende Änderungen und Reformen des griechischen, römischen (Julianischen) und auch des heute gültigen Gregorianischen Kalenders. Der Kalender von Meton von Athen, der um 432 v. Chr. in Griechenland entstand (Metonischer Zyklus), geht dem babylonischen zeitlich voraus und hat die Berechnungen des Kidinnu möglicherweise beeinflußt. Der hebräische Kalender benutzte gleichfalls die Grenzen des Tages von Sonnenuntergang zu Sonnenuntergang, wobei das erste Sichtbarwerden der Mondsichel nach Sonnenuntergang – wie in Babylonien – den Beginn eines Monats markierte. Im Monat Nisan, zum Vollmond nach dem Frühlings-Äquinoktium, fügten die Hebräer ebenso wie die Babylonier in unregelmäßigen Abständen einen dreizehnten Monat ein, um Mond- und Sonnenkalender in Einklang zu halten und so das Passahfest immer zur gleichen Zeit im Jahr feiern zu können.

Was den Stellenwert der Astrologie in der jüdischen Geschichte betrifft, so sind die Meinungen sehr geteilt. Das Alte Testament enthält Erzählungen, die sich zweifellos über Astrologen lustig machen, so zum Beispiel wenn Jesaja und Daniel die Hofmagier verwirren. Einige Passagen verurteilen unmißverständlich die Zukunftsdeutungen der benachbarten Babylonier und Assyrer, besonders jene, die sich auf das Pantheon der Götter in den Sternen beriefen. Wiederholt sagten verschiedene Propheten sogar die Vernichtung der Sternanbeter voraus.

Andere Hinweise jedoch scheinen eine Beeinflussung menschlicher Schicksale durch von Gott gelenkte Gestirne zu bestätigen, ebenso wie den weitverbreiteten Glauben, daß Sonnen- oder Mondfinsternisse auf schreckenerregende göttliche Strafen hindeuten. Trotz des in der jüdischen Religion traditionellen Verbots der Darstellung lebender Wesen, wurden seit dem 4. Jahrhundert sogar einige Synagogen mit Tierkreiszeichen geschmückt. Im Mittelalter und in der Renaissance setzte sich bei bestimmten Teilen der jüdischen Kultur die philosophisch-mystische Geheimlehre der Kabbala durch, wobei numerologisch-astrologische Praktiken eine wichtige okkulte Methode darstellten.

Im Neuen Testament wurden die Heiligen Drei Könige, die Maria, Joseph und das Jesuskind in der Krippe in Bethlehem besuchten, von einem Stern dorthin geführt. Dieses Zeichen am Himmel ist auf die unterschiedlichste Art beschrieben worden: eine Konjunktion Jupiters mit anderen Planeten; ein Komet; der ›Jakobsstern‹ (ein heller Stern im Sternbild der Kassiopeia, der im Abstand von wenigen Jahrhunderten erschien, um zu verkünden, daß eine Königin einen Erben gebären werde). Die Haltung der christlichen Kirche solchen Spekulationen gegenüber schwankte zwischen Akzeptanz und Ablehnung.

Obgleich die Namen geändert, die Methoden variiert und die Ziele modifiziert wurden, stellte die mesopotamische Sternenkunde somit die eigentliche Grundlage für die gesamte westliche und selbst für Teile der östlichen Astrologie dar.

Die enge Übereinstimmung zwischen alten erhaltenen babylonischen Keilschrift-Texten und chinesischen Schriften aus späteren Zeiten läßt auf einen großen Einfluß von seiten der mesopotamischen Sternkunde schließen. So stellen zum Beispiel einige babylonische Vorhersagen aus dem Bereich der Mundan-Astrologie eine Verknüpfung zwischen den Bewegungen des Mars in bestimmten Gebieten und dem Auftreten schwerwiegender Ereignisse her: Mars in Venusnähe wird mit Katastrophen in Verbindung gebracht; Mars in Mondnähe zum Zeitpunkt einer Mondfinsternis mit für den Herrscher ungünstigen Geschehnissen; Merkur und Venus nahe beieinander mit Sieg für den Monarchen. Chinesische Vorhersagen beziehen sich auf dieselben Planeten, wobei sie deren chinesische Namen verwenden, aber im Grunde die babylonischen Deutungen paraphrasieren. Offensichtlich war die prognostische Astrologie ein dauerhafter Bestandteil der chinesischen Kultur. Selbst wenn die Einschätzungen von Reisenden, wie

Tierkreisfiguren von der Decke des hellenistisch-ägyptischen Hathor-Tempels bei Dendera, 3. Jahrhundert v. Chr. (nachdem griechischer Einfluß nach Ägypten gedrungen war), Paris, Musée du Louvre

zum Beispiel Marco Polo, übertrieben sind – er sprach von 5000 Hofastrologen –, so muß es doch zumindest Hunderte in Verbindung mit dem königlichen Hof und Tausende im gemeinen Volk gegeben haben. Daß die Popularität der Astrologie andauert, bestätigen die Bemühungen der kommunistischen Regierung in den 50er Jahren, die professionelle Ausübung der Astrologie zu verbieten.

Die babylonischen Beobachtungen und Deutungen der Himmelskörper bereicherten auch die indische Astrologie, obgleich Wissenschaftler die genauen Einflüsse nur schwer bestimmen können, zumal die Datierungen indischer Schriften häufig große Abweichungen aufweisen. Anscheinend wurde vieles, was ursprünglich aus mesopotamischen Quellen stammte in erster Linie aus dem hellenistischen Griechenland übernommen, und zwar nach dem 4. Jahrhundert v. Chr. Obwohl zwischen der indischen und der westlichen Astrologie Ähnlichkeiten bestehen, scheinen andere charakteristische Züge rein indischen Ursprungs zu sein und könnten durchaus schon aus dem 3. Jahrtausend v. Chr. stammen.

Tatsächlich verweist der Veda, die Hymnen und epischen Schriften, auf diese alten Glaubensformen und Bräuche. So mag beispielsweise der Mond und nicht die Sonne eine zentrale symbolische Bedeutung gehabt haben. Dies wird an den Mondhäusern der indischen Astrologie *(nakshatras)* deutlich, von denen es 27 oder 28 gibt. Das indische Wort leitet sich von dem vedischen Begriff ›heller Stern‹ ab, dessen Erscheinen bei Vollmond angeblich den Beginn des Herbstes und in prähistorischen Zeiten den Jahresanfang markierte.

Dennoch datieren die ältesten wirklich astrologischen Texte, die einen Überblick über die indische Astrologie geben, aus der hellenistischen Periode des 4. Jahrhunderts v. Chr. oder aus viel späterer Zeit, nachdem die babylonischen Lehren in die griechischen astrologischen Praktiken Eingang gefunden hatten. Somit ist die mesopotamische Sternenkunde die Vorfahrin fast der gesamten östlichen und westlichen Astrologie.

Ägypten

Die Hieroglyphen-Forschung und die Archäologie haben gezeigt, daß die alten Ägypter bereits mehrere Jahrtausende vor der christlichen Zeitrechnung über astronomische Kenntnisse verfügten. Einige Forscher schließen daraus auf ein schon sehr früh entwickeltes und zu hoher Perfektion gelangtes System der Himmelsbeobachtung; dennoch besteht Uneinigkeit darüber, welche Bedeutung der Astrologie beigemessen wurde. Es ist möglich, daß vieles von dem, was als altes ägyptisches Wissen angesehen wird, tatsächlich ein Spätimport aus Mesopotamien oder das Ergebnis noch späterer romantisierender Zuschreibungen seitens griechischer Autoren zur Zeit des Hellenismus war. So glaubten Griechen und Römer an die Autorschaft früher legendärer ägyptischer Herrscher wie Nechepso oder des Priesters Petosiris bei Texten, die in Wahrheit erst 150 v. Chr. verfaßt worden waren.

Die bildhafte Darstellung von Tieren in Sternbildern bedeutet nicht notwendigerweise die Existenz eines Tierkreises in unserem heutigen Sinne, ebensowenig kann man davon ausgehen, daß diese Darstellungen mit dem, was wir heute Astrologie nennen, zu tun hatten – also mit der Vorhersage von Ereignissen und der Beschreibung von Charakterzügen nach den jeweiligen Konfigurationen am Himmel. Zwar wurden in Ägypten Stier und Löwe, die Tierkreiszeichen späterer griechischer Epochen, im 2. Jahrtausend v. Chr. zwei Sternengruppen zugeordnet, doch andererseits hatten die Ägypter ein weiteres Sternzeichen, das Krokodil, das in keinem anderen Tierkreis auftaucht. Es gibt kaum einen Beleg dafür, daß die Sterne zu anderen Zwecken benutzt wurden als zur Zeitmessung und zur Vorhersage von Naturerscheinungen. Der Stern Sirius (Sothis) zum Beispiel war vermutlich schon seit sehr früher Zeit von großer Bedeutung, denn sein erstes Erscheinen am Himmel fiel zeitlich mit der jährlichen Nilüberschwemmung zusammen, einem Ereignis, das für die ägyptische Landwirtschaft von entscheidender Wichtigkeit war. Fachleute haben aus der Orientierung und der Bauweise alter Tempel und Pyramiden auf andere astronomische Zusammenhänge geschlossen. So verfügt zum Beispiel die Cheops-Pyramide aus dem 2. Jahrtausend v. Chr. über Schächte, die es damals ermöglicht hätten, von innen den Polarstern zu sehen. Die alten Ägypter stellten auch fest, daß es zwei verschiedene Arten von Sternen gab – die ›Unzerstörbaren‹ und die ›Nimmermüden‹, was mit der späteren Einteilung in fixe Sternbilder und Planeten korrespondiert.

Man entwickelte in Ägypten mit der Zeit drei verschiedene Arten von Jahreskalendern, die alle gleichzeitig in Gebrauch waren: eine lunare Gliederung, die auf den Mondphasen beruhte; ein jüngeres, modifiziertes lunares System; und eine sonnenorientierte Einteilung des Jahres in zwölf Monate von je 30 Tagen, wobei fünf zusätzliche Tage am Ende eines jeden Jahres eingeschoben wurden, um den jahreszeitlichen Wechsel konstant zu halten. Von diesem letztgenannten System waren wegen seiner Einfachheit und Regelmäßigkeit spätere Wissenschaftler in aller Welt fasziniert.

Eine andere ägyptische Errungenschaft fand ebenfalls Eingang in die spätere Astrologie und Astronomie: die Einteilung eines jeden Tages von Sonnenaufgang bis Sonnenuntergang in zwölf Abschnitte (und der Nacht von Sonnenuntergang bis Sonnenaufgang in weitere zwölf). Diese Struktur bedeutete, daß die 24 Teile je nach Jahreszeit unterschiedlich lang waren. Im Sommer waren die Tage und ihre jeweiligen zwölf Abschnitte länger; im Winter war es dementsprechend umgekehrt.

Winkelmessung des Polarsterns; die Stirnseite des Turms zur Rechten zeigt eine Tabelle mit den ›Stundensternen‹, die die Nacht einteilen. London, The Science Museum

Dieser ägyptische ›Schattenstab‹ funktioniert nach dem Prinzip der Sonnenuhr; die Markierungen bezeichnen die sechs Vormittagsstunden bis 12 Uhr. Vor dem 8. Jahrhundert v. Chr., Stein, 29,8 cm, Berlin, Staatliche Museen Preußischer Kulturbesitz, Ägyptisches Museum

Diese alte ägyptische Darstellung der Welt zeigt die Himmelsgöttin Nut, die das Universum überspannt; der Horizont erstreckt sich von ihren Fingern bis zu ihren Zehen; der Erdgott Geb, ihr Gemahl, ist die sich zurücklehnende Figur am Boden; der Luftgott Schu steht mit erhobenen Armen zwischen Nut und Geb. Papyrus, Kairo, Ägyptisches Museum

Den stärksten Einfluß übte jedoch der ägyptische Dekan auf die spätere abendländische Astrologie aus. Er bezog sich auf die zehn Tage zwischen dem Erscheinen verschiedener Konstellationen am Himmel und war gleichzeitig eine Einteilung der Nachtstunden. Jeder Dekan wurde von einer anderen Gottheit regiert. Die Griechen benutzten sehr viel später eine ähnliche Methode, indem sie jedes Tierkreiszeichen in drei Abschnitte von je 10° einteilten und jedem Teil einen Gott zuwiesen. Die Römer übernahmen das System und führten den Begriff Dekan ein (griech. *déka:* zehn). Dieses ägyptische Verfahren, jedem Dekan einen Gott zuzuweisen, führte dazu, daß spätere Kulturen jede Stunde einer Gottheit unterstellten und schließlich jeden Tag der Woche nach dem Gott der ersten Stunde benannten.

Bis zum 6. Jahrhundert v. Chr. hatte sich offenbar ein hochentwickeltes sternenkundliches System etabliert. Mesopotamische Astrologen brachten ihre Kenntnisse wahrscheinlich nach der persischen Eroberung im Jahre 525 v. Chr. nach Ägypten. Zu diesen Verfahren kamen griechische Einflüsse, nachdem Alexander der Große im 4. Jahrhundert v. Chr. Ägypten erobert hatte. Der Überlieferung zufolge wurde die Entwicklung der babylonisch-griechischen Astrologie in Ägypten durch die Lehren Manethos beschleunigt, eines ägyptischen Priesters aus dem 3. Jahrhundert v. Chr., der seine Kenntnisse von den Babyloniern erlangt haben soll. Man nimmt gleichfalls an, daß es weiterhin die Priester waren, die den Kalender bestimmten, günstige und ungünstige Tage festlegten und Vorhersagen trafen.

Das überlieferte Wissen ägyptischer Priester, mesopotamische Sternkunde und -deutung sowie mit den Eroberungen Alexanders des Großen ins Land gekommene Kenntnisse griechischer Astrologen verschmolzen miteinander zu einer umfassenden Lehre, die dann zur Zeit des griechischen Hellenismus, seit dem Ausgang des 4. Jahrhunderts v. Chr., in der griechischen Welt weite Verbreitung fand.

Griechenland

Für unsere Zwecke können wir die griechische Astrologie in die vor-hellenistischen (bis zur zweiten Hälfte des 4. Jahrhunderts v. Chr.) und die hellenistischen Systeme (seit der zweiten Hälfte des 4. Jahrhunderts v. Chr.) unterteilen, wobei aber die Anhäufung von Wissen und die Entwicklung bestimmter Vorstellungen erst allmählich erfolgte. Es gab keine unvermittelten Anzeichen, die den Beginn einer neuen geistigen Strömung verkündeten. Kenntnisse und Hypothesen über die Beschaffenheit des Kosmos wurden seit Homer (um 800 v. Chr.) über Hesiod (um 700 v. Chr.), Thales von Milet (um 650–560 v. Chr.), die vorsokratischen Philosophen (im 6. bis zum 4. Jahrhundert v. Chr.) bis hin zu Platon (427–347 v. Chr.) überliefert. Es scheint, als hätten die frühen Griechen ihre Erklärungen von empirischen Daten und nicht-religiösen Spekulationen abgeleitet. In diesem Sinne unterschieden sie sich von den Mesopotamiern und Ägyptern. Doch von unserem Standpunkt aus betrachtet enthält zum Beispiel die Spekulation Platons über den Kosmos ebenso viele religiöse und mystische Elemente wie säkulares, logisches Denken.

Die wissenschaftliche Grundhaltung der Griechen läßt sich vielleicht in einer Äußerung zusammenfassen, die der aus Alexandria stammende Ptolemaeus (um 90–um 160) in seiner »Megale syntaxis« (auch »Almagest«) macht: »Wir empfinden es als richtig, Phänomene mit Hilfe der einfachsten möglichen Hypothesen zu erklären, vorausgesetzt, daß sie zu den Beobachtungen nicht auf irgendeine bedeutsame Weise in Widerspruch stehen.« Viele griechische Wissenschaftler akzeptierten die Realität einer kugelförmigen Welt, obwohl die herkömmlichen Beobachtungen darauf schließen ließen, daß sie eine Scheibe sei. Somit übten sich die Griechen sowohl im Denken (das Ziehen von Schlüssen aus gewonnenen Daten) als auch im Beobachten (das Sammeln von Daten), jenen beiden Elementen, mit denen Wissenschaft erst möglich wird.

Pythagoras (um 570–497/496 v. Chr.), der auf Samos und anschließend in Kroton lebte, hat der Astrologie (wie auch der Numerologie und Medizin) fruchtbare Anstöße gegeben. Die Kosmologie des Pythagoras und seiner Nachfolger postulierte, daß es im Mittelpunkt des Universums ein Feuer gebe, um das alle anderen Himmelskörper kreisten. Diese Anordnung wird in der Literatur zuweilen als ein Vorläufer des heliozentrischen Systems betrachtet, doch um das zentrale Feuer, das Pythagoras – und besonders sein Schüler Philolaos (um 530–um 470 v. Chr.) – beschrieb, drehten sich nicht nur die Erde und die fünf bekannten Planeten, sondern auch der Mond und die Sonne. Da die rotierenden Gestirne und das zentrale Feuer zusammen nur neun zählten, in der pythagoreischen Philosophie aber die Zehn die ideale Zahl darstellte, fügte man einen hypothetischen zehnten Körper, eine ›Gegen-Erde‹ hinzu, die ebenfalls um das mythische Feuer kreiste. Die pythagoreische Vorstellung vom Universum war eindeutig kein heliozentrischer Kosmos. Dennoch nahm die Astrologie einige Ideen des Pythagoras auf (vier Elemente, drei Qualitäten, zwölf Zeichen und zwölf Häuser).

Für die Zeit vor Alexander dem Großen läßt sich praktisch nicht nachweisen, daß die Griechen persönliche Horoskope erstellten – noch nicht einmal, daß sie historische Ereignisse aufgrund der Anordnung von Himmelskörpern vorhersagten, was in den mesopotamischen Kulturen der Fall gewesen war. In der Tat mag die Erstellung und Interpretation eines Geburtshoroskops erst nach Alexanders westasiatischen Eroberungen im späten 4. Jahrhundert v. Chr. entwickelt worden sein. Selbst in den babylonischen Gebieten entstand das älteste erhaltene Geburtshoroskop erst einige Zeit nach Alexanders Herrschaft.

Eine Astrologie nach heutigem Verständnis hat sich aus den ursprünglichen in Mesopotamien betriebenen Beobachtungen der Sterne zu religiösen, kalendarischen, landwirtschaftlichen und politischen Zwecken vermutlich erst im hellenistischen Alexandrien zu einer komplexeren Geburtshoroskopie entwickelt, die dann wieder ihren Weg zurück nach Babylonien fand. Wie die Kenntnisse und Praktiken in Indien und China entstanden oder dorthin gelangten, ist nach wie vor unklar, aber einige einflußreiche Querverbindungen sind offensichtlich. Durch syrische, hebräische und arabische Übersetzungen von erhalten gebliebenen alten griechischen und lateinischen Manuskripten wurden astrologische Kenntnisse aus dem heidnischen Osten auch im christlichen Westen verbreitet. In der hervorragenden Bibliothek des alten Alexandria wurde über Jahrhunderte hinweg ein Großteil der bedeutenden geistigen Leistungen der Vergangenheit aufbewahrt und ergänzt. Und ebendort stellten die berühmtesten Wissenschaftler der Welt Beobachtungen an, spekulierten, experimentierten und lehrten. Und wenn sie nicht persönlich dort arbeiten konnten, dann gelangten ihre Erkenntnisse früher oder später in Form von Abschriften in die umfassende Bibliothek.

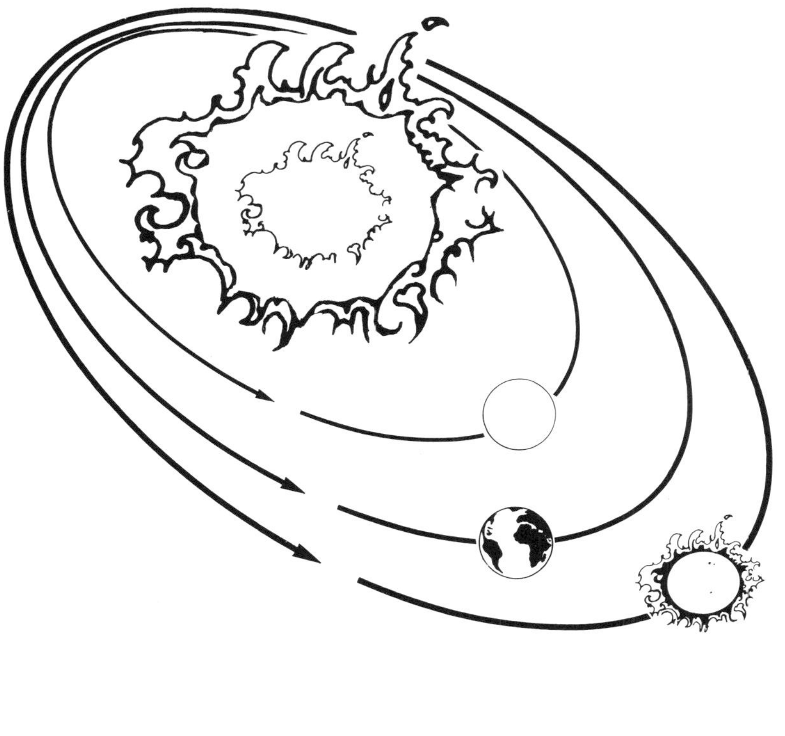

Die Pythagoreische Vorstellung des Kosmos ging von einem zentralen Feuer aus, um das alle Planeten kreisten, einschließlich der Erde und der Sonne.

Gewöhnlich wird die Auffassung vertreten, die abendländische Philosophie habe mit Sokrates ihren Anfang genommen, mit jenem großen griechischen Denker des 4. Jahrhunderts v. Chr., den wir vor allem durch seinen Schüler Platon kennen. Platon (427–347 v. Chr.) – und somit vermutlich Sokrates (470–399 v. Chr.) – war der Überzeugung, daß Wahrheit allein durch logisches Denken erreicht werden kann. Und doch sind seine Vorstellungen in »Timaios«, »Phaidon« und anderen Werken durchdrungen von einer mystischen Qualität: Himmel, Erde und Planeten, Materie und Geist, das Göttliche und das Materielle, alles wird in einer universalen lebendigen Seele vereint. Der Geist jedoch gilt als losgelöst und jenseits von der physischen Realität. Dennoch sind Beobachtungen und Messungen wichtig, um eine mathematische Grundlage für das Universum zu konstruieren, denn wie bei der pythagoreischen Philosophie bilden die Zahlen den Ursprung aller Dinge. Von jedem Planeten wird angenommen, daß er sich in einer transparenten Sphäre befindet. Jede Sphäre dreht sich um ihre eigene Achse und bewegt sich in einem räumlichen Verhältnis zu den angrenzenden Sphären. Dahinter liegen die Fixsterne, die von einer riesenhaften äußeren Sphäre umschlossen sind. Das ganze System kreist um die im Zentrum befindliche Erde.

Auch Eudoxos (1. Hälfte 4. Jahrhundert v. Chr.), ein Zeitgenosse Platons, und Kallippos von Kyzikos (Mitte 4. Jahrhundert v. Chr.), ein Schüler des Aristoteles, verwendeten dasselbe Modell konzentrischer Sphären, die um die Erde kreisen. Eudoxos mutmaßte, daß jeder Planet innerhalb der Sphären wiederum in vier Sphären eingehüllt war – der Mond in drei –, womit er ihre wechselhaften Bewegungen und Positionen zu erklären suchte. Er unterschied sich jedoch von Platon insoweit, als er einer der ersten war, der rein mathematische Erklärungen, ohne jede mystische Philosophie und Metaphysik, für die beobachtete Mechanik der Planetenbewegungen entwickelte.

Aristoteles (384–322 v. Chr.), der Schüler Platons, unterwarf sich im allgemeinen nicht dem Mystizismus seines Lehrers, obgleich man meinen könnte, Aristoteles habe den Platonischen Mystizismus nur durch seinen eigenen ersetzt. Er

Die antiken griechischen und römischen Philosophen und Wissenschaftler, wie sie auf einem in Pompeji ausgegrabenen römischen Mosaik dargestellt sind (von links nach rechts): Theophrast, Aristoteles, Platon, Sokrates, Epikur, Pythagoras und Zenon, der Begründer der Stoa. Neapel, Museo Nazionale

faßte Vorangegangenes zusammen, und wie schon Platon versuchte auch er, seine Beobachtungen an ein hypothetisches Idealmodell anzupassen (die »Phänomene zu bewahren«). Doch im Gegensatz zu Platon sprach er den belebten und den unbelebten Dingen eine unabhängige Existenz zu. In Aristoteles' zweigeteiltem Kosmos war eine Ebene die unbeständige, vergängliche irdische Welt; die andere war der beständigen, unvergänglichen himmlischen Harmonie des Universums vorbehalten. Beides funktionierte nach unterschiedlichen Gesetzen. Der Himmel war ewig, ohne Anfang und Ende. (Dieser Glaube an einen fundamentalen Unterschied zwischen dem Himmel und der Erde war einer der Grundsätze, die es der christlichen Kirche Jahrhunderte später ermöglichten, die Aristotelische Philosophie anzuerkennen.)

Die Eroberungen Alexanders des Großen prägten die gesamte im vierten vorchristlichen Jahrhundert bekannte Welt. In Alexandria, der Stadt, die seinen Namen trug, wurden astrologische Individualhoroskope populär.

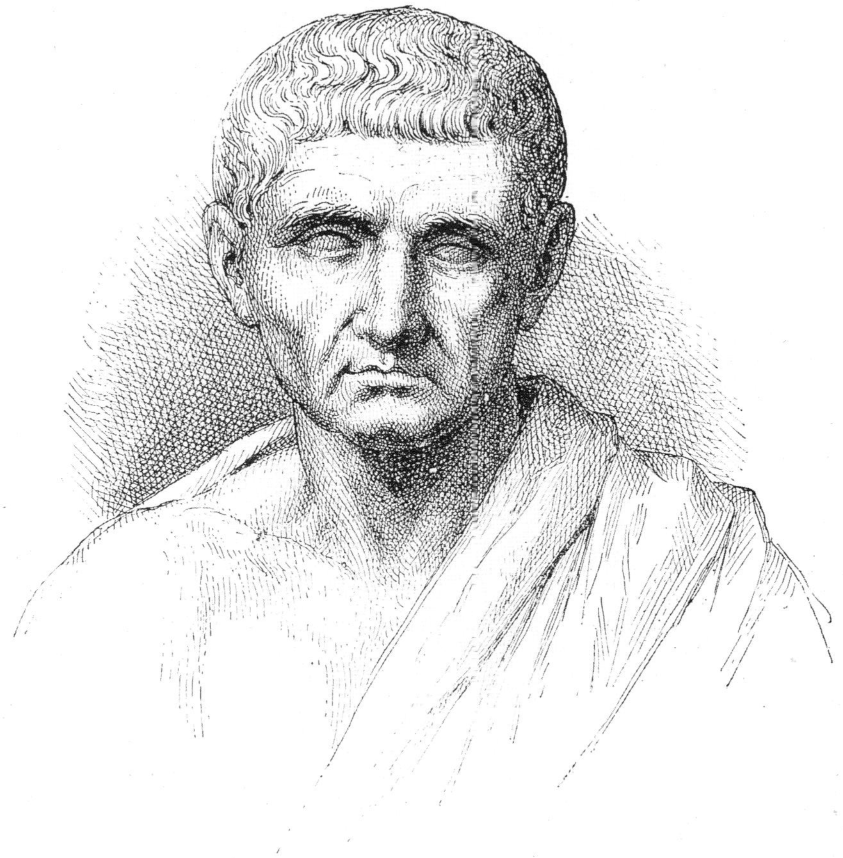

Fig. 69 Aristote

Aristoteles (384–322 v. Chr.) war Lehrer Alexanders des Großen und blieb über zwei Jahrtausende lang die geistige Autorität. Seine Theorie des Universums ging von transparenten, konzentrischen Sphären aus, die um die Erde kreisen.

In diesem Ausschnitt aus Raffaels Fresko »Die Schule von Athen« (1509–1510) wird Platon (links) dargestellt, wie er zum Himmel (Geist) zeigt und Aristoteles, der zur Erde (die Sinne) deutet, wodurch ihre unterschiedlichen Schwerpunkte symbolisiert werden. Rom, Vatikan, Stanza della Segnatura

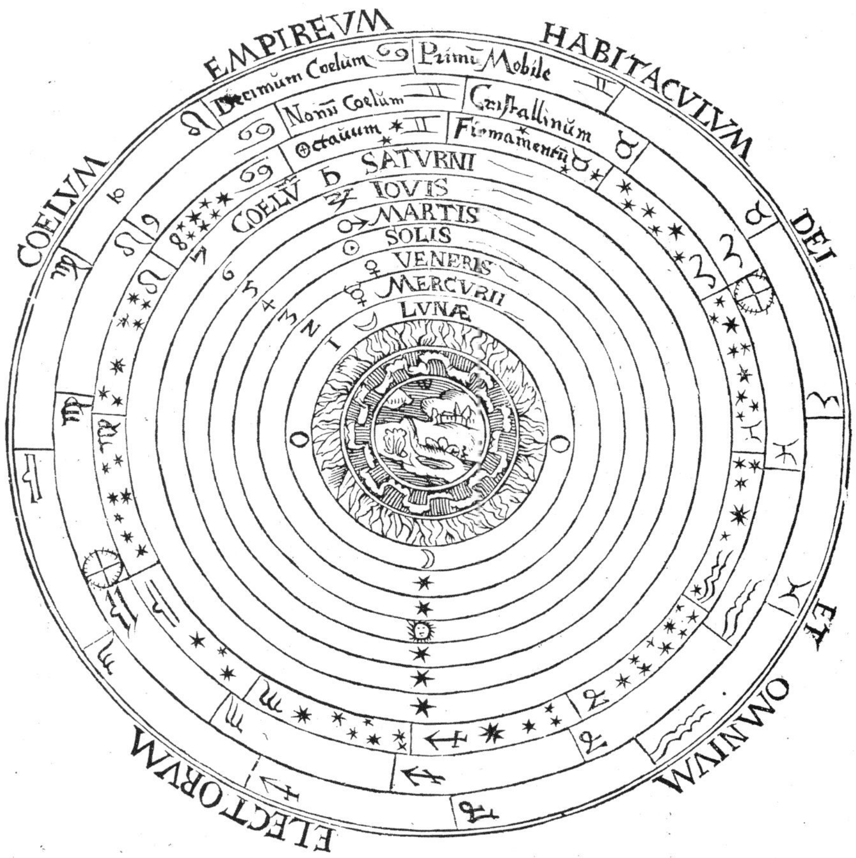

Das Aristotelische Weltbild, so wie es Peter Apian in seiner »Cosmographia« (Antwerpen, 1539) darstellt, besteht aus zehn konzentrischen Sphären: Erde, Sonne und Mond befinden sich im Zentrum, das *Primum mobile* (das allen übrigen Sphären seine Bewegung mitteilt) liegt in der äußersten Sphäre.

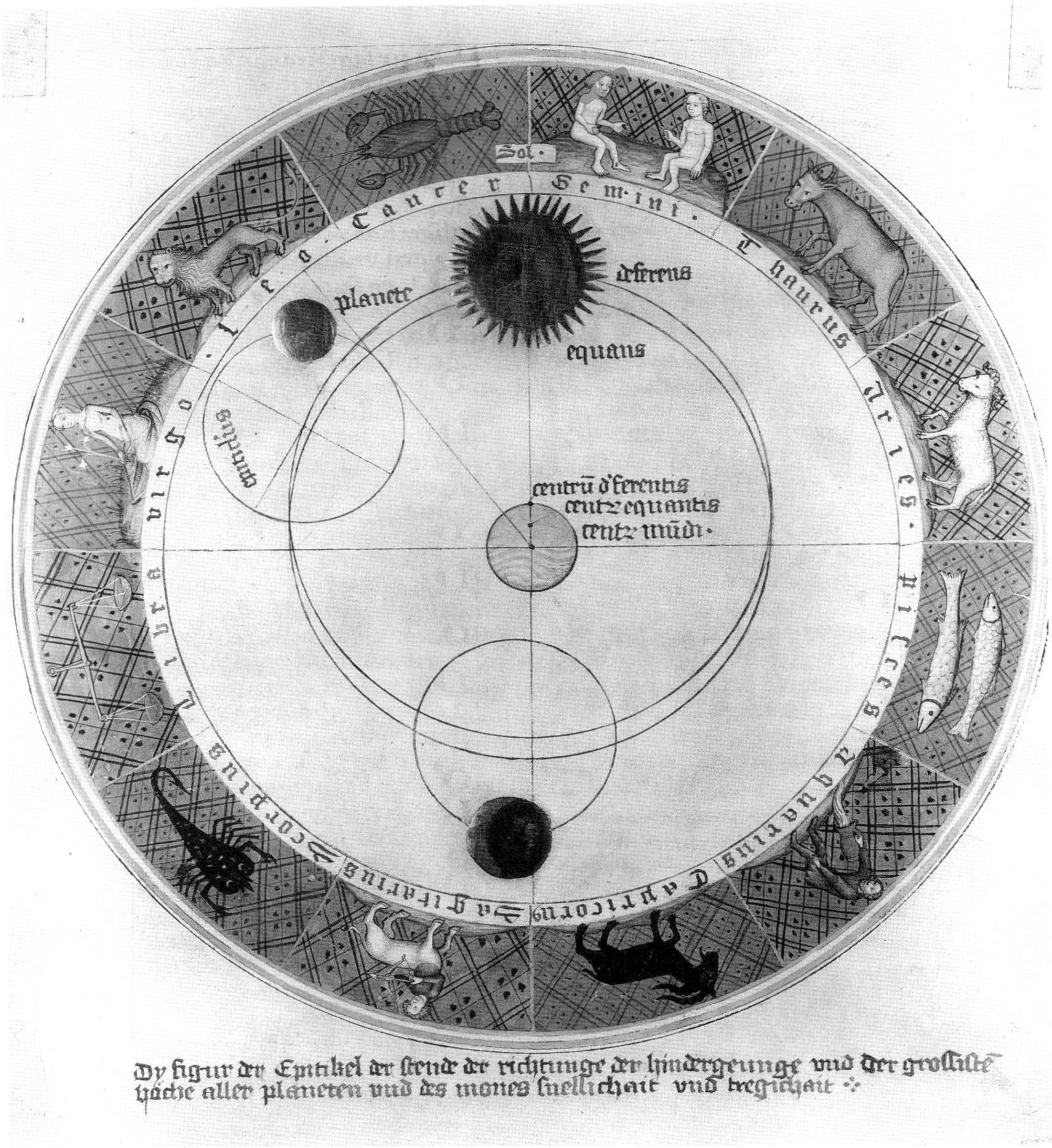

Links: Die Miniatur illustriert die griechische Vorstellung des Kosmos: Die Erde im Zentrum wird von der Sonne und von den Planeten umkreist, die sich zusätzlich in Epizykel oder kleineren Kreisen drehen. Auf der Peripherie sind die Tierkreiszeichen, die die Sternbilder repräsentieren, dargestellt. Illustration zu: »Sphaera mundi«, deutsche Handschrift, 1. Viertel 15. Jahrhundert, New York, The Pierpont Morgan Library

Rechts: Die Skizze verdeutlicht die Präzession der Äquinoktien: Um 2000 v. Chr. stand das Tierkreiszeichen Widder (nicht abgebildet) im Frühling neben der Sonne. Seit Beginn der christlichen Zeitrechnung hat man als Beobachter auf der Erde (der durch den Punkt auf der durchgezogenen Linie repräsentiert wird, die den Erdumfang darstellt) im Frühling an dieser Stelle aufgrund der Schwankungen der Erdachse das Zeichen der Fische gesehen. Im nächsten Jahrtausend wird es so aussehen, als stünde die Sonne zu Frühjahrsbeginn im Wassermann. Dieser Übergang in ein neues Tierkreiszeichen wird ungefähr alle 2200 Jahre stattfinden.

Aristoteles übernahm Eudoxos' System der kreisenden transparenten Sphären, die die Sterne und Planeten enthalten, und die damit verbundene Vorstellung, daß die Himmelskörper und der sie umgebende Raum aus der besonderen ›fünften Essenz‹, der *quinta essentia,* bestanden, die sich von den vier Grundelementen Luft, Wasser, Feuer und Erde unterschied. Diese fünfte Substanz war der ›Äther‹. Der Ursprung dieser Idee, daß die gesamte Materie in vier Elemente aufgeteilt werden kann – Wasser, Luft, Feuer, Erde –, ist nicht bekannt, doch häufig wird dem griechischen Wissenschaftler Empedokles (um 490–430 v. Chr.) das Verdienst zugeschrieben, diese Doktrin zusammenfassend formuliert zu haben, wenn sie auch bereits hundert Jahre zuvor allgemein anerkannt war.

Somit unternahmen Platon, Aristoteles und ihre Schüler mit ihren Lehren den Versuch, konkrete Beobachtungen mit Theorien über die idealen astronomischen Bewegungen am Himmel in Einklang zu bringen. Sie stellten die Erde in den Mittelpunkt des Universums und schrieben den kosmischen Erscheinungen gewisse Einflüsse auf die physische Erde und deren Bewohner zu.

In jenen als wissenschaftlich einzustufenden Manuskripten, die sich in der Bibliothek von Alexandria anhäuften, trat mit der Entwicklung der Mathematik des Euklid (um 300 v. Chr.), des Apollonios von Perge (2. Hälfte 3. Jahrhundert v. Chr.) und des Archimedes (um 285–212 v. Chr.) eine allmähliche, aber anhaltende Verlagerung von der reinen Beschreibung bestimmter Phänomene hin zu ihrer Quantifizierung. Einige Arbeiten dieser Mathematiker haben eine unmittelbare Bedeutung für die Astrologie und Astronomie, so zum Beispiel die Hypothese der Epizykel, die zur Erklärung der rückläufigen Bewegungen einiger Planeten am Himmel herangezogen wurde. Da es für einen Beobachter auf der Erde den Anschein hat, daß Planeten in regelmäßigen Abständen ihre Bewegung in eine Richtung stoppen, um auf ihrer Bahn zurückzuwandern (sich rückläufig zu bewegen), bevor sie schließlich ihre ursprüngliche Bewegung wiederaufnehmen, folgerte Apollonios, daß jede Planetensphäre sich in einem kleinen Kreis bewege (einem Epizykel), während wiederum der gesamte Epizykel um die Erde kreise. Sein geniales Modell erklärte die rückläufigen Bewegungen der Planeten auf mathematische Weise.

Vier der bedeutendsten Männer, die zu unserem Wissen über die Sterne beigetragen haben, waren Herakleides (388–310 v. Chr.), Aristarchos von Samos (um 310–um

230 v. Chr.), Eratosthenes (um 284–um 202 v. Chr.) und Hipparchos von Nikaia (tätig zwischen 161 und 127 v. Chr.). Herakleides folgerte, daß, obwohl der Sternenhimmel im großen und ganzen fest sei, zwei Planeten, Merkur und Venus, um die Sonne kreisen, wodurch er ihre scheinbar erratischen Bewegungen erklärte. Aristarchos von Samos hebt sich als Außenseiter ab, denn er mutmaßte einen heliozentrischen Kosmos – das heißt ein Universum mit der Sonne als Zentrum, das von den Planeten einschließlich der Erde umkreist wird. Unser Wissen über Aristarchos stammt u. a. von dem großen Mathematiker Archimedes, seinem jüngeren Zeitgenossen. Aristarchos entwickelte sein Modell, um die offenbar eigentümlichen Planetenbewegungen am Himmel zu erklären. Seine Schlußfolgerungen führten darüber hinaus zu der Annahme, daß die Sternenpracht hinter der Sonne, dem Mond und den Planeten sehr viel weiter entfernt sein mußte, als man bis dahin geglaubt hatte. Aristarchos berechnete auch die Entfernung von der Erde zum Mond und zur Sonne. Heutige Astronomen mögen auf die Ungenauigkeit seiner Ergebnisse hinweisen, doch seine Fehler sind im Grunde relativ geringfügig, so daß seine Berechnung ein erstaunliches Meisterstück darstellt,

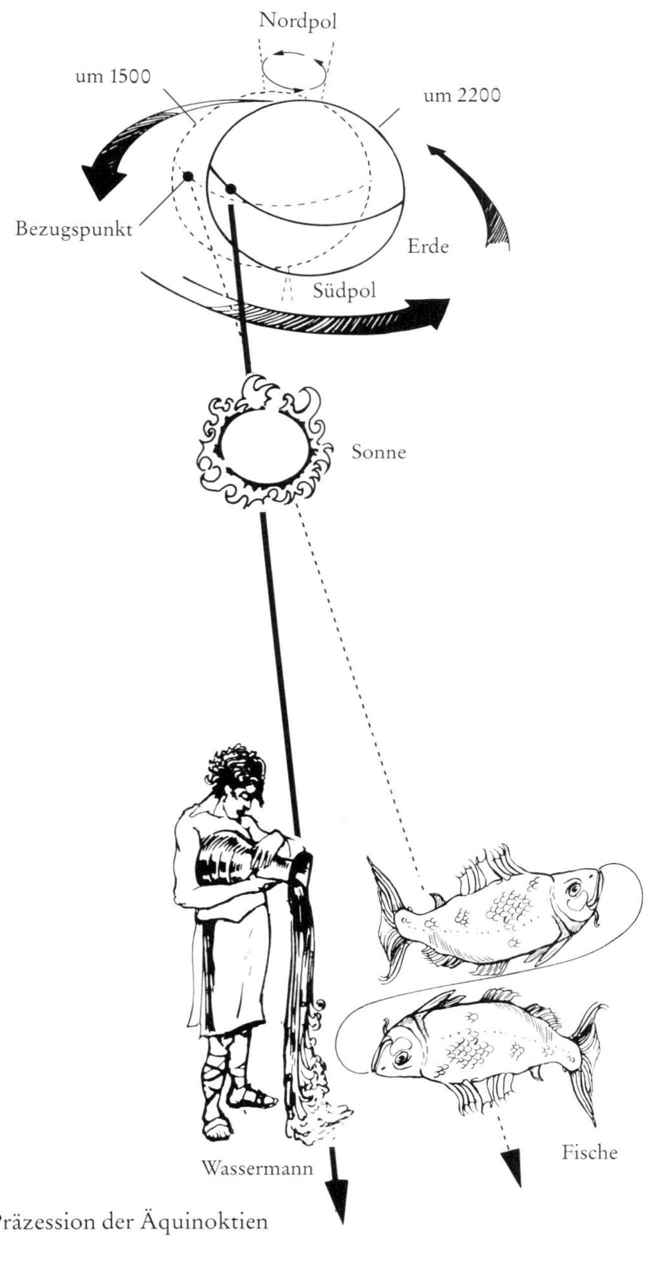

Präzession der Äquinoktien

besonders wenn man bedenkt, welch begrenztes Wissen und welch eingeschränkte Hilfsmittel ihm zur Verfügung standen.

Eine weitere bedeutende Berechnung, die in Alexandria angestellt wurde, war das Messen des Erdumfangs durch Eratosthenes, lange bevor der größte der Teil der Erde kartographisch erfaßt worden war oder den Griechen und Römern überhaupt bekannt war. Eratosthenes, seit 246 v. Chr. Vorsteher der Bibliothek von Alexandria, erfand ein bemerkenswert originelles System, um seine Messung vorzunehmen. Wenn man in der Lage wäre, so folgerte er, die Längenunterschiede der Schatten genau zu bestimmen, die von der Sonne zur gleichen Zeit an zwei unterschiedlichen Orten geworfen werden, deren exakte Entfernung voneinander bekannt ist, dann könnte, unter der Annahme, der Globus sei eine gleichmäßige Kugel, der Gesamtumfang der Erdoberfläche durch simple Geometrie berechnet werden.

Zwei geeignete Orte waren rasch gefunden. Die Stadt Syene (Assuan), wo, wie man wußte, die Sonne am längsten Tag des Jahres zur Mittagszeit unmittelbar auf den Grund eines bestimmten Brunnens schien, und Alexandria, dessen Entfernung zu Syene genau vermessen worden war. Eratosthenes mußte nur den Schatten messen, der in Alexandria geworfen wurde, denn in Syene fiel mittags überhaupt kein Schatten in den Brunnen. Jedermann wußte um die Geschwindigkeit des Laufs der Sonne am Himmel, und so konnte die Kalkulation ohne Schwierigkeiten angestellt werden. Die Berechnung ergab 252 000 Stadien. Leider ist diese Zahl nicht exakt umzurechnen, da die altgriechische Maßeinheit ›Stadion‹ in unterschiedlichen Längen zwischen 164 m und 192 m überliefert ist und nicht bekannt ist, welche davon Eratosthenes benutzte. Doch auch im ungünstigsten Fall liegt sein Wert nur um rund 8 300 km über dem heutigen Umfang.

Ungefähr ein Jahrhundert später trug Hipparchos von Nikaia drei besonders wichtige Gesichtspunkte zum astronomischen Wissen bei. Der eine war die bis auf die Sekunde genaue Korrektur der von den Mesopotamiern hinterlassenen Kalender. Als zweites trennte er das siderische Jahr (die Zeit, die die Sonne benötigt, um alle Tierkreiszeichen zu durchlaufen) vom tropischen Jahr (die Zeit, die die Sonne benötigt, um alle Jahreszeiten zu durchlaufen). Obwohl die Differenzen relativ geringfügig sind, haben sie für die Kalender und deren Exaktheit über längere Zeiträume hinweg eine große Bedeutung. Der dritte Beitrag, weshalb man sich seiner wohl am ehesten erinnert, war seine Feststellung, daß die Erde bei ihrer Rotation ›schlingert‹, was man die Präzession der Äquinoktien nennt. Hipparchos mag zu dieser Schlußfolgerung gekommen sein, indem er die Sternformationen, wie sie von den alten Mesopotamiern aufgezeichnet worden waren, mit Anordnungen verglich, die er beobachten und katalogisieren konnte. Er erkannte, daß nur eine allmähliche Verschiebung der Erdachse die Diskrepanz erklären würde.

Diese Verlagerungen sind für die Gültigkeit der Astrologie von fundamentaler Bedeutung. Wenn die Sonne beispielsweise zu Ptolemaeus' Zeiten, im 2. Jahrhundert n. Chr., im April (Frühlings-Äquinoktium) in einem bestimmten Tierkreiszeichen stand, und dies heute, im 20. Jahrhundert, von ihrer Tierkreisposition im April abwiche, dann wären alle Horoskope, die das Sonnenzeichen und das aszendierende Tierkreiszeichen benutzen, um ca. ein Tierkreiszeichen ver-

Oben: Ein etruskischer Bronzespiegel zeigt einen Eingeweide-Schauer *(haruspex)* bei der Deutung einer tierischen Leber.

Oben rechts: Diese römische Münze von ca. 19 v. Chr. trägt auf der einen Seite das Symbol des Steinbocks, wobei es sich vermutlich um das Sonnenzeichen des Kaisers Augustus handelt, der auf der anderen Seite der Münze dargestellt ist. London, The British Museum

schoben. Die meisten astrologischen Systeme weisen dem heutigen Nativen noch immer das alte und inzwischen unrichtige Sonnenzeichen zu. Angesichts des Präzessionsphänomens nennen viele Astrologen ganze Epochen nach dem Tierkreiszeichen, in dem die Sonne zum Frühlings-Äquinoktium steht. In frühen prähistorischen Zeiten befand sich die Sonne zu diesem Zeitpunkt im Sternbild des Stier. Daher nannte man diese Epoche das Zeitalter des Stier. Ungefähr um 2000 v. Chr. stand sie im Widder; seit der christlichen Zeitrechnung im Zeichen der Fische. In naher Zukunft wird sie das Sternbild des Wassermann erreichen.

Rom

Während der römischen Hegemonie über die abendländische Welt wuchs das Interesse an Astrologie, ungeachtet der nie verstummenden kritischen und ablehnenden Stimmen, denn selbst zu Zeiten, als philosophische, politische und religiöse Strömungen der Astrologie feindlich gegenüberstanden, war die unausgesprochene Akzeptanz der astrologischen Grundlehren unangefochten. Die Bedeutung der Astrologie läßt sich an der Vielzahl von Wahrsagern, die mit Hilfe der Sterne Vorhersagen machten, ebenso ablesen wie an der großen Anzahl von Schriften, die sich mit astrologischen Praktiken auseinandersetzten. Die gebildeten Schichten schenkten gewöhnlich den magischen Formen der Zukunftsdeutung wenig Vertrauen. Doch da der Kenntnisstand der damaligen Astronomie der Astrologie als Basis diente und die Erstellung der Horoskope rechnerische Genauigkeit voraussetzte, erhielt diese Weissagungsform einen eher wissenschaftlichen Charakter. Darüber hinaus, so argumentierten die Befürworter, hatten griechische Philosophen den Sternen schon immer Einfluß auf das Schicksal eines Menschen zuerkannt.

Obgleich die Wahrsagerei aus alter etruskischer Zeit überliefert worden war, faßte das astrologische System der Vorhersage anhand des Geburtsmoments erst um 300 v. Chr. Fuß, als andere östliche Systeme und Philosophien in das römische Bewußtsein drangen.

Für die Römer war die Astrologie, so wie einige andere Kultformen, die im Reich der Blüte gelangten, immer in eine orientalische oder griechische Aura gehüllt, was zwar durchaus eine gewisse mystische Anziehungskraft ausübte, die Astrologie aber andererseits in manchen Kreisen suspekt erscheinen ließ. Als sich jedoch der einflußreiche und ganz und gar römische enzyklopädische Schriftsteller Publius Nigidius Figulus (um 100–45 v. Chr.) der astrologischen Lehre uneingeschränkt anschloß, erhöhte sich ihre Akzeptanz.

Einer der Gründe für die Anerkennung der Astrologie mag die römische Neigung zur praktischen Anwendung von gewonnenem Wissen gewesen sein. Die Horoskope schienen die Möglichkeit zu eröffnen, die Zukunft vorherzusagen. Man konnte besser überleben, wenn man wußte, welche politischen Führer die Sterne auf ihrer Seite hatten und wessen Geburtshoroskop eine ungünstige Konstellation der Himmelskörper aufwies. Für jene, die Führungspositionen innehatten, wurde das Horoskop zum Machtinstrument, da es zum einen in gewissen Grenzen Vorinformationen lieferte, zum anderen bei günstiger Vorhersage die Anhängerschaft festigen konnte. Gleichzeitig wurde das Horoskop eine Quelle der Furcht, denn eine nachteilige öffentliche Prognose konnte das genaue Gegenteil bewirken.

So ehrte zum Beispiel Octavian (63 v. Chr.–14 n. Chr.), der im Jahre 31 v. Chr. Marcus Antonius besiegte und später als Kaiser Augustus bejubelt wurde, den Astrologen Theagenes, der aus Octavians Geburtshoroskop dessen zukünftige Laufbahn richtig vorhergesagt hatte. Der Kaiser ließ sogar sein Sonnenzeichen, den Steinbock, auf Münzen prägen, die während seiner Regierungszeit in Umlauf waren. Offiziell jedoch verbannte er Astrologen aus Rom, vielleicht gerade weil er an sie glaubte und ihren Einfluß fürchtete. Auch Nero (37–68) hatte seinen eigenen Privatastrologen, und es wird berichtet, er habe den astrologisch günstigsten Moment abgewartet, um die

Auf diesem Mosaik aus Pompeji sucht eine Kundin bei einer Wahrsagerin Rat. Neapel, Museo Nazionale

Kaiserwürde zu übernehmen. Von dem jungen Septimius Severus (146–211) behauptet man, daß er sich, lange bevor er Kaiser wurde, bei der Wahl einer Gattin von den Horoskopen der in Frage kommenden Kandidatinnen beeinflussen ließ. Er entschied sich schließlich für eine Syrierin, weil in ihren Sternen stand, sie werde einen Mann heiraten, der eines Tages König würde. Wie man zugeben muß, eine höchst umsichtige Art, das Erreichen seines größten Zieles zu gewährleisten. Kaiser Tiberius (42 v. Chr.–37 n. Chr.) ließ Astrologen, die politische Vorhersagen machten, sogar hinrichten, damit ihre Deutungen nicht bekannt wurden. Es heißt, Thrasyllus, einer dieser Wahrsager, die Tiberius ermorden lassen wollte, habe

Oben: Darstellung von Claudius Ptolemaeus aus den »Nativitäten« von Placidus. Ptolemaeus, der im 2. Jahrhundert n. Chr. die traditionelle Astrologie begründete, ist hier mit einem Kreisdiagramm zu sehen, auf dem die Standardaspekte und Tierkreissymbole eingezeichnet sind.

Links: Eine satirische Darstellung zweier römischer Auguren, die sich gegenseitig auslachen. Nach einem Gemälde von Léon Gérôme (1824–1904)

seinen eigenen unmittelbar bevorstehenden gewaltsamen Tod vorausgesagt, als der Kaiser ihn bat, sein persönliches Horoskop zu lesen. Von der Ehrlichkeit des Thrasyllus beeindruckt, schonte Tiberius daraufhin sein Leben und vertraute ihm von da an. Einige Kaiser erkannten die Astrologie uneingeschränkt an, wenn auch nur, um so ihre eigene Göttlichkeit untermauern zu können. Ob wahr oder nicht, diese und viele andere Anekdoten zeigen, welchen Einfluß die Astrologie auf Volk und Herrschende ausübte, selbst wenn sie mit einem Anflug von Mißtrauen betrachtet wurde.

Die griechisch-römische Philosophie war in puncto Astrologie in zwei Lager gespalten. Zu den Befürwortern gehörten auch Anhänger der Stoa, deren Auffassung des Universums als untrennbare, durch Feuer gefestigte Einheit und des menschlichen Körpers als Manifestation dieses Feuers mit den Lehren der Astrologie in Einklang gebracht werden konnte. Poseidonios (um 135–51 v. Chr.) war zweifellos einer der Hauptvertreter dieser Richtung, obgleich wir seine Gedanken nur aus den Schriften anderer kennen. Zu den weiteren Befürwortern zählte Marcus Manilius (1. Jahrhundert n. Chr.), der ein Lehrgedicht verfaßte, das zu einer wichtigen Untermauerung für die Techniken und Prinzipien der Astrologie wurde. Die Theorie der *Melothesia,* nach der jedem Körperteil und Organ des Menschen eines der zwölf Tierkreiszeichen zugeordnet ist, wurde auf das »Astronomicon« des Manilius zurückgeführt. Die Vorstellung als solche war sicherlich schon vorher verbreitet, doch Manilius' Beschreibung gilt als die vollständigste und einflußreichste Version. Sein Werk und die Schriften von Claudius Ptolemaeus entwickelten sich zu den wichtigsten Grundlagen für spätere Beiträge zur astrologischen Methodologie.

Die Gegner der Astrologie stammten überwiegend aus den Reihen der Epikureer, der Anhänger der Lehre des Philosophen Epikur (341–271 v. Chr.). (Doch auch Nicht-Epikureer lehnten astrologische Grundsätze ab, so zum Beispiel im 2. Jahrhundert v. Chr. Panaitios, Hauptvertreter der mittleren Stoa.) Was die Epikureer vor allem störte, war die Bedeutungslosigkeit der freien Willensentscheidung des Menschen, die in den Geburtshoroskopen zum Ausdruck kam. Schon die Vorstellung, daß das menschliche Schicksal allein in der Macht der Sterne oder kosmischer Geister lag, war für die Epikureer undenkbar. Der Satiriker Juvenal (um 60–um 140 n. Chr.) schrieb beißende Kritiken, in denen er sowohl die Astrologie als auch die Astrologen lächerlich machte.

Marcus Tullius Ciceros (106–43 v. Chr.) Einwände gegen die Astrologie beruhten auf einer logischen Analyse. In seinem »De divinatione« wandte er sich gegen jede Form der Wahrsagerei, doch besonders gegen die Astrologie, indem er gegen jeden ihrer Grundsätze eine Reihe von Argumenten vorbrachte. Wie viele Menschen durch sein Denken beeinflußt wurden, ist nicht bekannt. Die Art und Intensität seiner Auseinandersetzung läßt jedoch darauf schließen, daß die Astrologie sowohl unter römischen Intellektuellen als auch in weniger gebildeten Schichten weit verbreitet gewesen sein muß – was sich an seinen Verweisen auf die Astrologie im römischen Recht erkennen läßt.

Claudius Ptolemaeus

Zu den bedeutendsten Autoren in der langen Geschichte der Astrologie zählt wahrscheinlich Claudius Ptolemaeus (um 90–um 160). Zwar gab es auch unter seinen Zeitgenossen Gelehrte, die Schriften zu diesem Thema verfaßten, zum Beispiel Vettius Valens, eine einflußreiche Autorität auf diesem Gebiet, der vielgelesene, sorgfältig ausgearbeitete Horoskope aufstellte, doch niemand legte die Vorstellungen und Methoden der astrologischen Lehre mit einer solchen Klarheit, Verständlichkeit und Systematik dar wie Ptolemaeus. Selbst vereinzelte Kritiker (wie zum Beispiel Robert Newton, ein zeitgenössischer Astronom und Historiker), die sowohl Ptole-

Dieser kolorierte Stich zeigt das Ptolemaeische Universum: Die Erde steht im Zentrum und wird von den sieben Planeten umkreist, um die sich wiederum der schräg verlaufende Ring der Tierkreiszeichen dreht. Illustration zu: Andrew Cellarius, »Atlas coelestis seu Harmonia macrocosmica«, um 1660, London, The British Library

NETARUM
PLECTEN
GRAPHIA.
AEQUINOCTIALIS
ARIES
TAURUS
GEMENI
PISCES
FIRMAMENTUM STELLARUM FIXARUM SEDES
Orbis Saturni
Via Iovis
Orbita Martis
Venus et Mercurius circa Solem
Terra
Luna
HYPOTHESIS BRAHEA,
in quâ centrum Lunæ et Firmamenti est Terra, reliquorum quinque Planetarum Sol.

maeus' Genauigkeit als auch seine Intention in Frage stellen, müssen seinen nachhaltigen Einfluß anerkennen. Der Aufbau der neuzeitlichen Astrologie beruht im wesentlichen auf dem System, das von Ptolemaeus aufgestellt, entwickelt und kodifiziert worden ist.

Ptolemaeus' wichtigste Beiträge zur Astrologie und Astronomie finden sich in seinen beiden großen Werken »Megale syntaxis« (später »Almagest« genannt) und »Tetrabiblos«. Trotz der einsichtigen Vermutung des Aristarchos von Samos im 3. Jahrhundert v. Chr., daß die Erde und zumindest einige Planeten sich um die Sonne drehten, blieben die Gelehrten, und mit ihnen Ptolemaeus, bei ihrer geozentrischen Wahrnehmung. Dennoch hatte Otto Neugebauer, ein Wissenschaftshistoriker des 20. Jahrhunderts, der die gesamte Astrologie mißbilligend als ein »erbärmliches Thema« bezeichnete, eingeräumt, daß man, um die astronomischen Schriften von Kopernikus und selbst die von Kepler lesen und begreifen zu können, den »Almagest« von Ptolemaeus kennen und verstehen müsse. Wie viele vor ihm, bemühte sich Ptolemaeus darum, »die Phänomene zu bewahren« –, das heißt, seine Beobachtungen mit Hypothesen in Einklang zu bringen, um ein Idealmodell des Universums zu beweisen. Dies hatte spürbare Fehler zur Folge, doch eine solche Auffassung ist typisch für das intellektuelle Klima seiner Zeit. Die Erkenntnis, daß Beobachtung zur Theoriebildung führt, ist jüngeren Datums.

Für Ptolemaeus waren Astronomie und Astrologie (um die heute gebräuchliche Terminologie zu benutzen), wie seit den Anfängen der Himmelsbeobachtung, untrennbar miteinander verbunden, doch zwischen den Zeilen scheint er auszudrücken, daß die Astrologie ein unabhängiges System darstellt, mit dem sich aufgrund von Kenntnissen der Astronomie die Zukunft deuten lasse. Die Mehrzahl der astrologischen Grundsätze von Ptolemaeus sind in den »Tetrabiblos« (um 150 n. Chr.) enthalten. Dort postuliert er nicht nur die zentrale Bedeutung der Sonne für alles Stoffliche auf der Erde, für Belebtes und Unbelebtes, ebenso wie für Jahreszeiten, Fruchtbarkeit und Fortpflanzung, sondern hebt auch den unterschiedlichen Einfluß des Mondes (zum Beispiel auf die Gezeiten und biologischen Kreisläufe) hervor. Darüber hinaus bemerkte er, daß die Sterne und Planeten, während sie sich über den Himmel bewegen, Veränderungen auf der Erde bewirken. Ptolemaeus kodifizierte die geometrischen, angularen Beziehungen von Planeten und Tierkreiszeichen in einem System von ›Aspekten‹, das, abgesehen von einigen wenigen Abwandlungen, bis heute in Gebrauch ist, und er wies jedem Aspekt eine bestimmte Bedeutung zu. Nach seiner Überzeugung konnten die Sterne durch ihre Anordnungen und Eigenschaften die mentale und physische Veranlagung der Menschen bestimmen, und Kometen, Sonnen- und Mondfinsternisse, Blitze und andere Naturerscheinungen sah er als Vorboten zukünftiger Ereignisse auf der Erde. Ptolemaeus' Schriften weisen darauf hin, daß manches in der menschlichen Natur und an Ereignissen zwar festgelegt und unveränderlich sei (»primäre Ursachen«), vieles aber entweder durch Zufall oder menschliches Handeln verhütet oder gemildert werden könne (»sekundäre Ursachen«).

Es gibt in den Texten Anhaltspunkte für die Vermutung, Ptolemaeus habe um die tatsächlichen ungleichen Dimensionen der beobachteten Konstellationen gewußt, aber dennoch den traditionellen bekannten Tierkreis mit seinen zwölf gleich großen Teilen benutzt. (Wir wissen nicht genau, wann die Praxis, den Himmel in zwölf Häuser aufzuteilen, zum ersten Mal auftrat. Vor Ptolemaeus, im 1. Jahrhundert n. Chr., zur Zeit des Manilius, war die Ekliptik in acht Häuser unterteilt. Manilius numerierte sie im Uhrzeigersinn. Spätere Häuser-Systeme, einschließlich dem des Ptolemaeus, wurden entgegen dem Uhrzeigersinn numeriert.)

Tatsächlich gibt es kaum etwas im Rüstzeug zeitgenössischer Astrologen, was nicht schon in den Arbeiten von Ptolemaeus angesprochen wurde. Die Methoden der modernen Astrologie sind im Grunde sein Vermächtnis.

Frühes Christentum

Zu Beginn der christlichen Zeitrechnung hatte die Astrologie bereits eine lange Geschichte. (Selbst die Bibel enthält viele Verweise auf himmlische Zeichen und Omen, und in einigen Übersetzungen des Neuen Testaments waren die Heiligen Drei Könige Astrologen). Da die geistigen Vorreiter des Christentums mit unterschiedlichen und manchmal widersprüchlichen Meinungen unter ihren eigenen Anhängern zu kämpfen hatten, war die Haltung der Kirche gegenüber der Astrologie ambivalent und permanenten Veränderungen unterworfen.

Die zwei philosophischen Systeme, die im frühchristlichen Denken eine hervorragende Bedeutung einnahmen, waren der Gnostizismus und der Neuplatonismus. Beide betonten die Vorherrschaft des freien Willens über die Prädestination. Die Gnostiker standen astrologischen Praktiken zwar ablehnend gegenüber, akzeptierten aber, daß die Sterne das Schicksal beeinflussen könnten. Das Ziel der Gnostiker war es, durch wahre Erkenntnis das göttliche Reich außerhalb des stofflichen Universums zu erreichen. Die Einflüsse der Planeten, die stofflich und physisch waren, behinderten den Triumph des göttlichen Geistes im Menschen, deshalb mußten – und konnten – sie überwunden werden. Für die Neuplatoniker, die Erben der Platonischen Tradition, übten die Sterne sowohl in stofflicher als auch geistiger Hinsicht Einfluß aus, aber sie beherrschten oder bestimmten das menschliche Schicksal nicht. Der freie Wille versetzte die Menschen in die Lage, die Konfigurationen am Himmel als Wegweiser zu betrachten, die man befolgen oder mißachten konnte. Die Schriften des Alexandriners Plotin (um 205–270) erfuhren unterschiedliche Interpretationen. So argumentierte zum Beispiel Plotins Zeitgenosse Porphyrios (um 233–um 304) gegen die Bedeutung der Astrologie. Ein Jahrhundert später erklärte Julius Firmicus Maternus (um 350), daß ein Astrologe ein tugendhaftes Leben führen und in gewissem Sinne als Vermittler zwischen den menschlichen Seelen und den himmlischen Wesen fungieren müsse.

Die christliche Kirche ließ auch im Verlauf ihrer weiteren Geschichte meist eine ambivalente Haltung gegenüber der Astrologie erkennen. Ein einflußreiches Werk, das vermutlich von dem alexandrinischen Autor Klemens stammt (140/150 bis vor 215/216), gibt einen Überblick darüber, wie die Apologeten des Christentums die Astrologie mit der orthodoxen Theologie in Einklang brachten. Nach Klemens Auffassung standen die Gestirne zwar durchaus in Verbindung mit ver-

Der einflußreiche christliche Theologe Augustinus (354–430) war zunächst ein Anhänger der Astrologie, später jedoch predigte er gegen ihre, wie er sie nannte, schädlichen und häretischen Grundsätze. In diesem Fresko (um 1480) von Sandro Botticelli in der Ognissanti-Kirche in Florenz ist er neben einer Armillarsphäre dargestellt.

Seite: 46/47: Das persönliche Horoskop von Iskandar, Herrscher von Schiras (reg. 1409–1414), das auf der Grundlage von Beobachtungen zum Zeitpunkt seiner Geburt (Montag, 25. April 1348) erstellt wurde, ist auf dieser illuminierten Manuskriptseite, die man auf das Jahr 1411 datiert, detailliert dargestellt. London, Wellcome Institute Library

gangenen, gegenwärtigen und zukünftigen Geschicken der Menschen, doch es bedürfe eines intensiven Studiums und großer Frömmigkeit, um diese Zusammenhänge zu verstehen. Der freie Wille könne indes das Verhalten von Menschen und Völkern, ja selbst einen astrologisch vorgegebenen Ausgang verändern.

Im frühen 4. Jahrhundert verkündete Bischof Synesios von Kyrene ebenfalls, daß die Astrologie eine Verbindung zur höheren Mystik des Christentums habe. Doch zahlreiche andere Kirchenväter wandten sich entschieden gegen die Ausübung der Astrologie. Tertullian (um 160–um 255) zum Beispiel zog wütend gegen Astrologen, Magier und andere Wahrsager ins Feld, die er mit Kupplern und Verbrechern auf eine Stufe stellte. Im Jahre des Herrn 325 wurde die Astrologie auf dem Konzil von Nicaea von den Kirchenvätern offiziell verdammt. Im Jahre 360 verbot die Synode von Laodikeia den Astrologen *(astrologi)* die Zukunftsvorhersage, obgleich andere Sterngucker *(mathematici)* offensichtlich nicht gleichermaßen verurteilt wurden.

Ein nahezu vernichtender Schlag wurde der Astrologie von Augustinus (354–430) versetzt, der einen tiefgreifenden Einfluß auf die christliche Philosophie und das christliche Leben hatte. Zunächst ein Anhänger der Astrologie, lehnte Augustinus später sowohl aus weltlichen wie auch aus theologischen Gründen ihre Grundsätze und Praktiken ab. Er betonte die Bedeutung des freien Willens und die häretischen Irrwege, die den astrologischen Deutungen anhafteten. Sollten die Vorhersagen und Analysen der Astrologen sich zuweilen als richtig erweisen, machte er den Teufel dafür verantwortlich. Indirekt erkannte Augustinus damit an, daß die Astrologie korrekte Vorhersagen treffen konnte.

Die allgemeine Ächtung der Astrologie durch die katholische Kirche führte in den folgenden Jahrhunderten im Einflußbereich des Christentums zu einem spürbaren Niedergang astrologischer Betätigung. Daß die Lehre dennoch fortbestehen konnte, ist vermutlich auf ein gut funktionierendes geheimes Verständigungssystem zwischen Astrologen zurückzuführen.

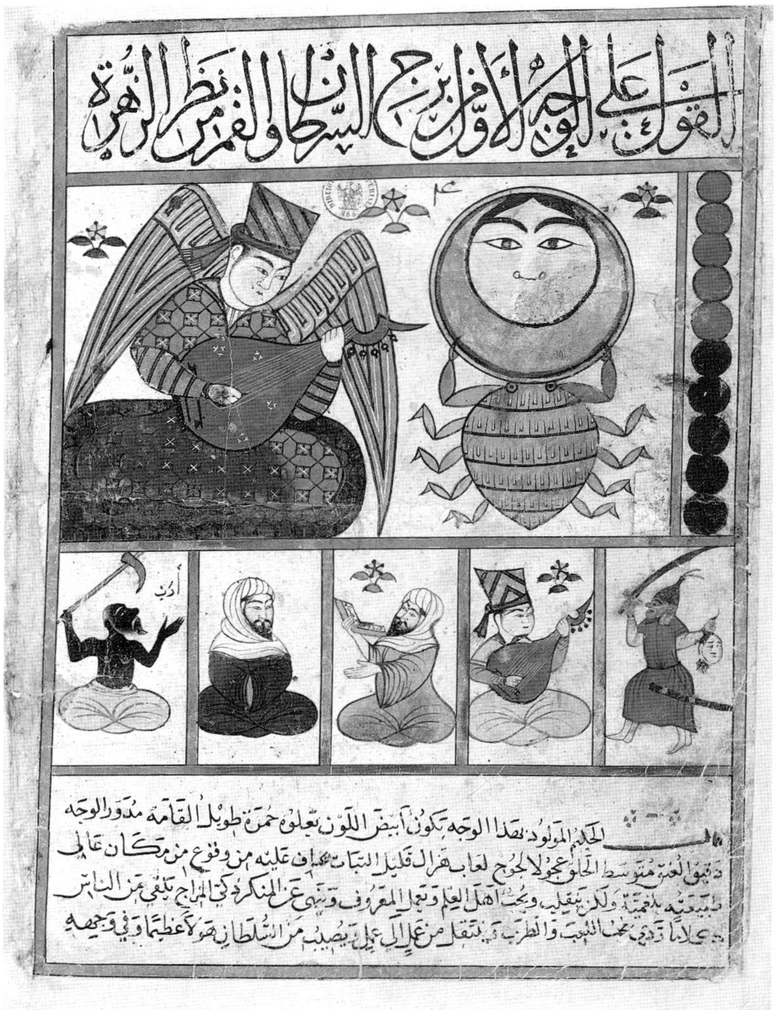

Illustration aus einer astrologischen Abhandlung des 13. Jahrhunderts von Albumasar, dem islamischen Astronomen und Astrologen aus dem 9. Jahrhundert. Mond und Venus stehen im Tierkreiszeichen Krebs. Paris, Bibliothèque Nationale

Islam

Die arabischen Eroberungen in Europa gaben der Astrologie neuen Auftrieb. Der Islam hatte sich im 7. Jahrhundert bis nach Westeuropa ausgebreitet; von Nordafrika kommend, erreichte er um das Jahr 710 Spanien. Nach den Eroberungen im südlichen Mittelmeerraum entdeckten arabische Gelehrte alte griechische und lateinische Schriften, die sie übersetzten und dabei zunächst auch mit nach Spanien brachten. Später, während der Kreuzzüge, fand dann das von den Arabern bewahrte abendländische Wissen auf Umwegen seinen Weg zurück in die abendländischen Kulturen.

Dieser Bücherwanderung mangelt es nicht an Ironie. Die großen Bibliotheken in Alexandria enthielten griechische und lateinische Bücher, die nicht nur die islamischen Eroberer, sondern auch die christlichen Eiferer Jahrhunderte vor ihnen als häretisch verurteilt hatten. Daher waren sie zumindest zweimal das Ziel von Zerstörungswut. Zweifellos konnten jedesmal einige Werke in Sicherheit gebracht werden. Später dann wurden die gleichen Texte von arabischen Gelehrten mit großem Interesse studiert und erweitert, wodurch sie zur eigentlichen Grundlage des intellektuellen Ruhmes des Islams im Mittelalter wurden. Als dann die Kreuzfahrerheere arabische Bücher als Kriegsbeute mit in ihre Heimat zurückbrachten, lieferten die islamischen Feinde des Christentums dem christlichen Abendland u. a. arabische Übersetzungen genau der antiken heidnisch-griechischen Werke, gegen die die katholische Kirche in ihren frühen Jahren gekämpft hatte. Nun sollten diese Arbeiten in Europa wichtige wissenschaftliche Impulse geben.

Zu den erhaltenen und übersetzten Büchern zählten Abhandlungen über Astrologie – insbesondere die »Tetrabiblos« und der »Almagest« von Ptolemaeus. Solche überlieferten astronomischen Messungen und Berechnungen wurden von den arabischen Autoren zusammengefaßt und erweitert. Im Mittelalter waren die Berechnungen und Sterntabellen von al-Khwarismi (auch Chwarismi; † nach 846) eine viel benutzte Quelle (das Wort Algorithmus ist von seinem Namen abgeleitet). Arabische Autoren, das heißt diejenigen, die in Arabisch schrieben, gleichgültig welcher Nationalität sie ursprünglich angehörten, stellten erneut die vier Elemente und vier Qualitäten heraus. Sie führten auch erweiterte Interpretationsmöglichkeiten ein, indem sie rein mathematisch ermittelten Positionen im Horoskop Bedeutung beimaßen. Der *Pars fortuna* (Glückspunkt) ist eine davon. Arabische Astrologen benutzten Horoskope, um Fragen zu beantworten, die darauf abzielten, vermißte Personen und Gegenstände wiederzufinden, Verbrecher zu fassen, Schätze zu entdecken und schwierige Entscheidungen zu treffen. Diese Form der Frage-Astrologie ähnelt der modernen Stunden-Astrologie. Die arabischen Astrologen konzentrierten ihr Interesse ebenfalls darauf, die günstigste Zeit für alle Arten von Tätigkeiten zu bestimmen (unseren Elektionen verwandt), von großen dynastischen Unternehmungen bis hin zu den unbedeutendsten Aktivitäten. Geburtshoroskope zu entwerfen (genethlealogische Astrologie oder Geburtsastrologie) blieb weiterhin die Grundlage allen astrologischen Bemühens.

Auch im Bereich der Alchimie machten arabische Wissenschaftler von der Astrologie Gebrauch. Sie benutzten astrologische Methoden der Vorhersage beim Setzen, Ernten und Präparieren von Pflanzen für medizinische Zwecke. Der Zusammenhang zwischen bestimmten Planeten und Konstellationen und erwünschten therapeutischen Wirkungen, wie er von Galen, der medizinischen Autorität im antiken Griechenland, beschrieben wird, wurde bestätigt und weiterentwickelt.

Die islamische Welt hatte drei wichtige geistige Zentren: Bagdad, Córdoba und Kairo. Im 8. Jahrhundert gründete al-Mansur (712–775), der Kalif von Bagdad, ein Institut, an dem Astrologie gelehrt wurde und in dem der Jude Jakob ben Tarik eine herausragende Rolle spielte. Harun ar-Raschid, der Kalif, der in den Märchen aus »Tausendundeiner Nacht« erwähnt wird, und sein Sohn al-Mamun richteten 830 ein Observatorium (Haus der Weisheit) ein, an dem astronomische Daten gesammelt wurden. Die vielleicht frühesten Autoren, die in arabischer Sprache über Astronomie-Astrologie schrieben, waren zwei im 9. Jahrhundert in Bagdad lebende Juden, die mit ihren arabischen Namen Masha'allah (Messahala) und Abu-Ma^{c}shar (Albumasar) genannt wurden. Ihre Arbeiten waren im Mittelalter maßgebend.

In Westeuropa entwickelte sich Spanien zum Zentrum der islamischen Macht und Gelehrsamkeit, besonders durch die Schriften von Gelehrten wie Avenzoar, Averroës und

Ein von Abd al-Wahid signierter persischer Teller, auf dem die zwölf Tierkreiszeichen dargestellt sind. 1563, Durchmesser ca. 38 cm, Berlin, Staatliche Museen

Links: Der islamische Astronom und Astrologe Takiuddin in seinem Observatorium bei Galata, Illustration zu: »Sahinsahname«, 1581, 355 × 127 mm, Istanbul, Kutuphanesi-Universität

Rechts: Dieses Blatt aus einer Anthologie persischer Dichtung zeigt in drei Szenen die Personifikation des Mondes mit jeweils einem anderen Tierkreiszeichen: Schütze (oben), Steinbock (Mitte) und Wassermann (unten). »Munis al-Ahrar«, mongolische Schule, 1341, Farben und Gold auf Papier, ca. 200 × 140 mm, New York, The Metropolitan Museum of Art, The Cora Timken Burnett Collection, 1957

Eine Darstellung des Astrologen Albumasar mit dem römischen Dichter Vergil (70–19 v. Chr.) aus dem 14. Jahrhundert. Sie scheinen die Geburt des Christuskindes vorherzusagen, wobei Maria auf dem Thron Salomos sitzt. In Wahrheit wurde Jesus viele Jahrhunderte vor Albumasar geboren. Westfalen, 14. Jahrhundert, Leinwand auf Holz, 127 × 244 cm, Berlin, Staatliche Museen

Maimonides. Letzterer, ein weiterer in arabischer Sprache schreibender Jude, lebte im 12. Jahrhundert in Córdoba. Er wurde Leibarzt des ägyptischen Herrschers Saladin, nachdem er wegen religiöser Verfolgung in Córdoba zunächst an die nordafrikanische Küste und dann nach Kairo geflohen war. Maimonides glaubte zwar daran, daß die Sterne das menschliche Geschick beeinflußten, aber er verachtete die astrologischen Verfahrensweisen und die Magie des Okkulten. Ebenfalls in Spanien wurden um das Jahr 1070 die Toledischen Tafeln, ein maßgeblicher astrologischer Kalender, aufgestellt. (Sie wurden später während der christlichen Hegemonie im 13. Jahrhundert von den Alfonsinischen Tafeln ersetzt.)

Von Kairo aus machte Saladin (1138–1193) seinen politischen, militärischen und intellektuellen Einfluß in der gesamten islamischen Welt geltend. Nachdem die christlichen Kreuzfahrer durch die Streitmächte Saladins vernichtende Niederlagen hinnehmen mußten, zogen sie sich aus Ägypten zurück, aber sie brachten viele der alten griechisch-römischen Werke, die von den Gelehrten des Islams bewahrt und übersetzt worden waren, wieder mit zurück nach Europa.

Die arabischen Autoren, Wissenschaftler und Ärzte waren im Bewußtsein der mittelalterlichen westlichen Welt so eng mit der Astrologie verknüpft, daß diese gemeinhin als die ›Methode der Araber‹ bezeichnet wurde. Und in der Tat ist der heute noch gebräuchliche Terminus judizielle Astrologie möglicherweise von dem arabischen Wortstamm *hkm,* was soviel heißt, wie »die Erklärung einer gelehrten Person«, abgeleitet worden. *Ahkam* (oder *hukm)* gewann schließlich die Bedeutung »maßgebliche Stellungnahme«. Der zeitgenössische Historiker Richard Lemay vermutet, daß Johannes von Sevilla im 12. Jahrhundert das Wort mit dem lateinischen *iudicia:* Urteile übersetzte. Davon abgeleitet wurde *iudices:* Richter, diejenigen, die Urteile sprechen. Die Äußerungen von *iudices* waren *iudiciales:* judiziell, und daher wurde das System der Astrologie, das anhand der Sterne Urteile fällte und Bewertungen gab, unter dem Namen judizielle Astrologie bekannt.

Das Spätmittelalter

Im christlichen Abendland hatte die Astrologie weiterhin Anhänger und Gegner, existierte aber überwiegend im Verborgenen. Gelegentliche Bereicherungen durch von arabischen Gelehrten bewahrtes Wissen trugen besonders zur Zeit der Kreuzzüge dazu bei, die astrologische Lehre lebendig zu halten. Im 10. Jahrhundert wurde der Gelehrte Gerbert d'Aurillac zum Papst Sylvester II. (reg. 999–1003) gewählt. Er betonte die sphärische Gestalt der Erde und des Universums und billigte größtenteils die Kosmologie des Aristoteles. Als das Christentum erneut an Einfluß gewann und die muslimischen Zentren Córdoba, Toledo und Sevilla zunehmend an Bedeutung verloren, wurden mehr und mehr arabische Manuskripte ins Lateinische übersetzt. In Toledo fertigte Gerhard von Cremona (1114–1187) umfangreiche lateinische Übersetzungen von Euklid, Apollonios, Ptolemaeus, Avicenna und anderen an. Darüber hinaus gab es vereinzelte Werke über den Kosmos, insbesondere von Wilhelm von Conches (um 1080–1154) und Bernard Silvestris (12. Jahrhundert). Im Zuge der sich ausbreitenden Wissenschaften erschienen zunehmend

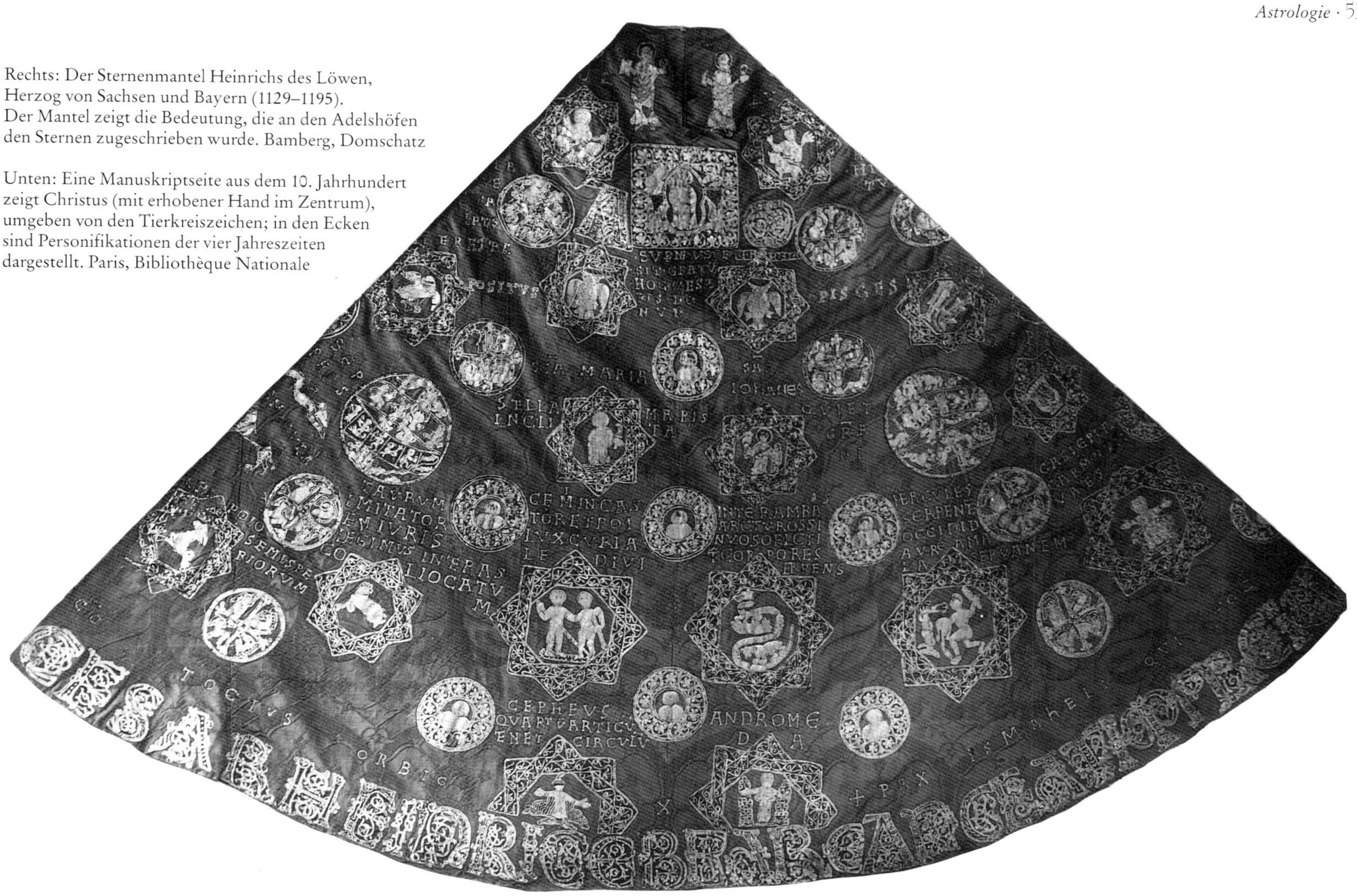

Rechts: Der Sternenmantel Heinrichs des Löwen, Herzog von Sachsen und Bayern (1129–1195). Der Mantel zeigt die Bedeutung, die an den Adelshöfen den Sternen zugeschrieben wurde. Bamberg, Domschatz

Unten: Eine Manuskriptseite aus dem 10. Jahrhundert zeigt Christus (mit erhobener Hand im Zentrum), umgeben von den Tierkreiszeichen; in den Ecken sind Personifikationen der vier Jahreszeiten dargestellt. Paris, Bibliothèque Nationale

auch populäre Arbeiten über Astrologie, von denen sich einige eng an die alten magischen Vorstellungen Ägyptens und des Orients anlehnten.

Im 12. Jahrhundert wurde die Astrologie in Abhandlungen von geachteten Philosophen, Lehrern und Theologen als ernstzunehmender Forschungsgegenstand gebilligt. Die Herrschenden konsultierten mittlerweile ihre Astrologen, wenn es um Politik, Krieg, öffentliche Projekte und persönliche Angelegenheiten ging. Die Oberhäupter von Familien der Oberschicht ließen für ihre Kinder wie für sich selbst Horoskope erstellen. Das Volk las astrologische Almanache und ging zu seriösen Astrologen ebenso wie zu sternguckenden Scharlatanen, um sich Rat zu holen über Liebe, Geld und Gesundheit. Sogar die Krankheiten von Haustieren wurden mit Hilfe der Sternkonstellationen diagnostiziert und behandelt.

Gefälschte Bücher tauchten auf, die angeblich von Aristoteles geschrieben worden waren. Ein besonders einflußreiches Werk war das pseudo-aristotelische »Geheimnis der Geheimnisse«. Auch der ägyptische Gott Thot trat als angeblicher Urheber von okkulten, alchimistischen und astrologischen Traktaten in Erscheinung.

Das Jahr 1186 stand im Mittelpunkt einer düsteren Vorhersage. Da eine Anzahl von Planeten in der Waage (die von Astrologen mit dem Element Luft in Verbindung gebracht wird) in Konjunktion standen, sagte man schreckliche Katastrophen voraus, die mit der Luft zu tun hatten, wie Stürme und Orkane, die ganze Gebiete der Erde verwüsten sollten. Nichts dergleichen geschah, doch wurde später behauptet, daß

Eine Darstellung der Frau von Bath (»im Stier geboren mit dem Mars darin«) aus einer illuminierten Handschrift von Geoffrey Chaucers »Canterbury Tales«, 15. Jahrhundert, San Marino, Kalifornien, Henry Huntington Library

Ein Astrologe erstellt ein Horoskop. Illustration zu: Gautier de Metz, »Image du monde« (»Bild der Welt«), 13. Jahrhundert, London, The British Library

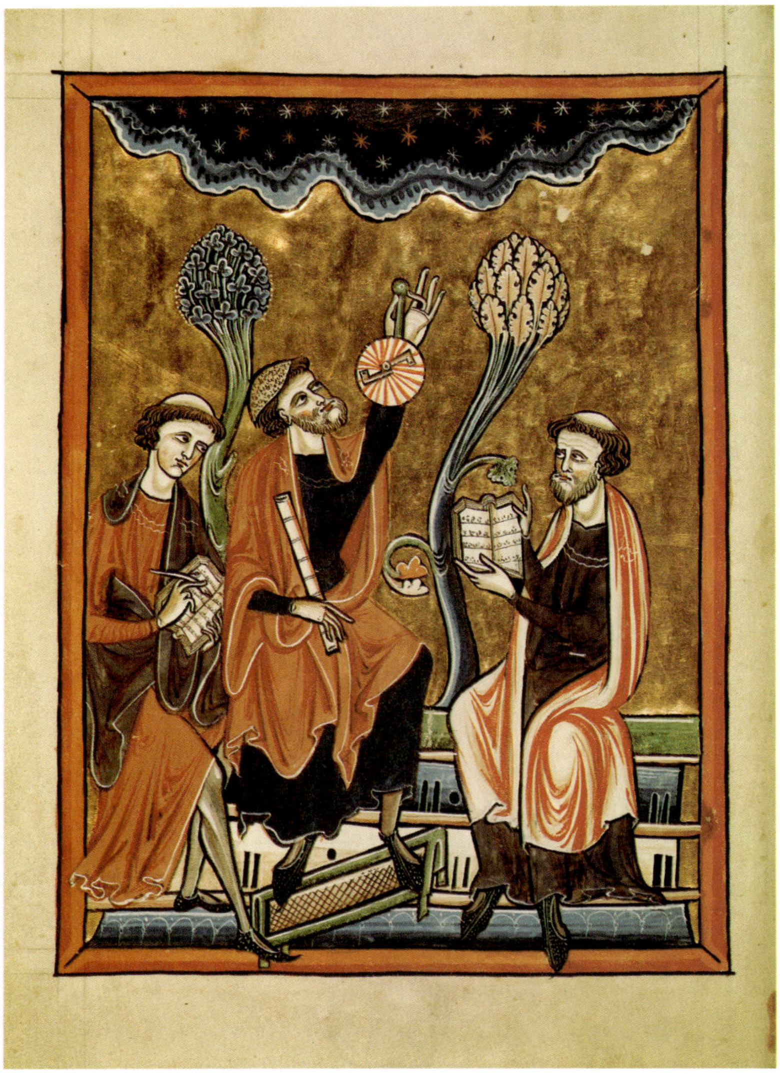

Eine der schönsten Darstellungen der *Melothesia* (›Tierkreismann‹) ist dieses Beispiel aus den »Très Riches Heures« (1413–1416) des Duc de Berry. Jedes Tierkreiszeichen übt auf einen bestimmten Körperteil seinen Einfluß aus. Illumination auf Pergament, Chantilly, Musée Condé

Gegenüber, unten links: Auf dieser Illumination aus dem »Psalter der Blanche von Kastilien« hält ein Astronom ein Astrolabium. Um 1200, Paris, Bibliothèque de l'Arsenal

Gegenüber, unten rechts: Ein Kleriker oder Gelehrter studiert das Firmament. Illustration zu: Gautier de Metz, »Image du monde« (»Bild der Welt«, 13. Jahrhundert, London, The British Library

die verschiedenen Siege der islamischen Heere eben jene vorhergesagten Desaster gewesen seien.

Von Ärzten erwartete man Kenntnisse im Bereich der Astrologie, damit sie mit Hilfe astrologischer Techniken Diagnosen und Prognosen stellen konnten. Man berief sich dabei auf den Ausspruch des Hippokrates: »Ein Arzt ohne Kenntnisse der Astrologie hat nicht das Recht, sich Arzt zu nennen.« Eine Krankheit, die beispielsweise durch ein Übermaß an Schleim *(phlegma),* dem Körpersaft, der kalt und feucht war, hervorgerufen wurde, bedurfte einer Behandlung mit heißen und trockenen Heilmitteln, die folglich zu einem Zeitpunkt geerntet und präpariert werden mußten, wenn ein Feuer-Zeichen (Widder, Löwe oder Schütze) im Aufgehen begriffen war und dessen jeweiliger herrschender Planet (Mars, Sonne oder Jupiter) in einem günstigen Aspekt stand. Jeder Teil des Körpers stand unter dem direkten Einfluß eines besonderen

Tierkreiszeichens. So mußte eine Person, bei deren Geburt die Sonne im Zeichen der Fische stand, darauf gefaßt sein, daß sie anfällig für Fußbeschwerden sein würde; stand die Sonne jedoch im Zeichen der Zwillinge, waren Brusterkrankungen zu erwarten. Es wurde allgemein anerkannt, daß ein Zusammenhang zwischen den Tierkreiszeichen und den einzelnen Körperteilen bestand.

In den »Canterbury Tales« kommt ein »meisterhafter Arzt« vor, der mit den Feinheiten des astrologischen Wissens vertraut ist, die Chaucer offensichtlich selbst sehr gut kannte. Einige Literaturhistoriker vermuten, daß Chaucers Charakterisierungen des Arztes und der »Frau von Bath« satirisch zu verstehen sind, doch ob nun spaßig oder ernst gemeint, diese dichterischen Erzählungen verdeutlichen den hohen Stellenwert der Astrologie im Denken der damaligen Zeit.

Im Rahmen ihrer Lehrpläne schenkten die Universitäten der Astrologie als einem seriösen Wissenszweig zunehmende Aufmerksamkeit. In Bologna wurde im Jahre 1125 eine Fakultät samt Lehrstuhl für Astrologie eingerichtet. Robert Grosseteste (um 1175–1253), der erste Rektor der Universität von Oxford, räumte der Astrologie im wissenschaftlichen Studium hohe Priorität ein, indem er behauptete, daß die Stellung der Sternbilder und Planeten für jede menschliche Unternehmung wichtig sei.

Zahllose Forscher und Gelehrte, die an der Spitze des geistigen Lebens standen, schrieben über dieses Thema. Einige von ihnen, wie zum Beispiel im 12. Jahrhundert John von Salisbury, verurteilten die Astrologie hauptsächlich deshalb, weil ihre Lehren, wenn man sie einmal akzeptierte, die göttlichen verdrängten; andere nahmen aufgrund rationaler, weltlicher Gründe eine ablehnende Haltung ein. Der Dominikaner Albertus Magnus (um 1200–1280) hatte jedoch keinerlei Einwände gegen Geburtshoroskope, die er als Beispiele für angewandte Wissenschaft verstand, und sah keinen Widerspruch zur christlichen Theologie. Seiner Meinung nach beeinflußten die Sterne tatsächlich den Körper und den Willen, doch war die Seele davon ausgenommen, denn sie bewahrte die Kraft, Entscheidungen zu treffen und konnte somit den Zwängen, die von den Himmelskörpern ausgingen, entgegenwirken. Auch Thomas von Aquin (um 1225–1274), dessen philosophische Lehren in diesem Zeitalter weit verbreitet waren,

billigte den astrologischen Grundsätzen Gültigkeit zu und behauptete, daß sie mit den orthodoxen christlichen Anschauungen über den Kosmos übereinstimmten. Er betrachtete die Sterne als Boten zwischen den Engeln und den irdischen Angelegenheiten, die daher Gottes Pläne ausführten. Doch obwohl er in den Himmelskörpern für alles, was auf der Erde geschah, die Ursache sah, vertrat er die Ansicht, daß der menschliche Geist die Sterne beherrschen könne.

Der Franziskaner Roger Bacon (um 1214–um 1292) ging noch weiter, denn er entdeckte Entsprechungen zwischen den Planeten und den christlichen Dogmen. Das Christentum selbst, so glaubte er, stand in Verbindung mit Merkur, was auf zukünftige Schwierigkeiten hindeutete. Im Zuge seiner Arbeiten über Religion, Astrologie und Alchimie stellte er umfassende Studien im Bereich der Naturwissenschaften an – zum Beispiel Optik und experimentelle Chemie (seine Experimente sollen ihn angeblich in die Lage versetzt haben, Schießpulver herzustellen). Doch sein eigener Orden verstieß ihn, die Kirche inhaftierte ihn für 14 Jahre und verbrannte seine Hauptwerke, weil man seine philosophischen Ansichten für ketzerisch hielt.

Die Befürworter der Astrologie konnten auch schlimmere Schicksale erleiden wie das Beispiel von Cecco d'Ascoli (1257–1327) zeigt, der auf dem Scheiterhaufen verbrannt wurde, weil er die Astrologie über die Entscheidung Gottes zu stellen schien. Er behauptete, Christus sei auf die Erde gekommen, weil die Stellung der Sterne für sein Erscheinen genau richtig gewesen sei. Zu den anderen, deren positive Haltung

Links oben: Thomas von Aquin (um 1225–1274) sah die Astrologie mit den christlichen Vorstellungen vom Universum durchaus in Einklang, aber er betonte, daß der Geist den Einfluß der Sterne beherrschen konnte.

Links unten: Vergil führt Dante in die Hölle, wo denjenigen, die die Zukunft vorhergesagt haben, der Kopf nach hinten gedreht worden ist zur Strafe dafür, daß sie sich die Macht Gottes aneignen wollten. Illustration zu: Dante Alighieri, »Divina Commedia«, italienische Handschrift, 15. Jahrhundert, London, The British Museum

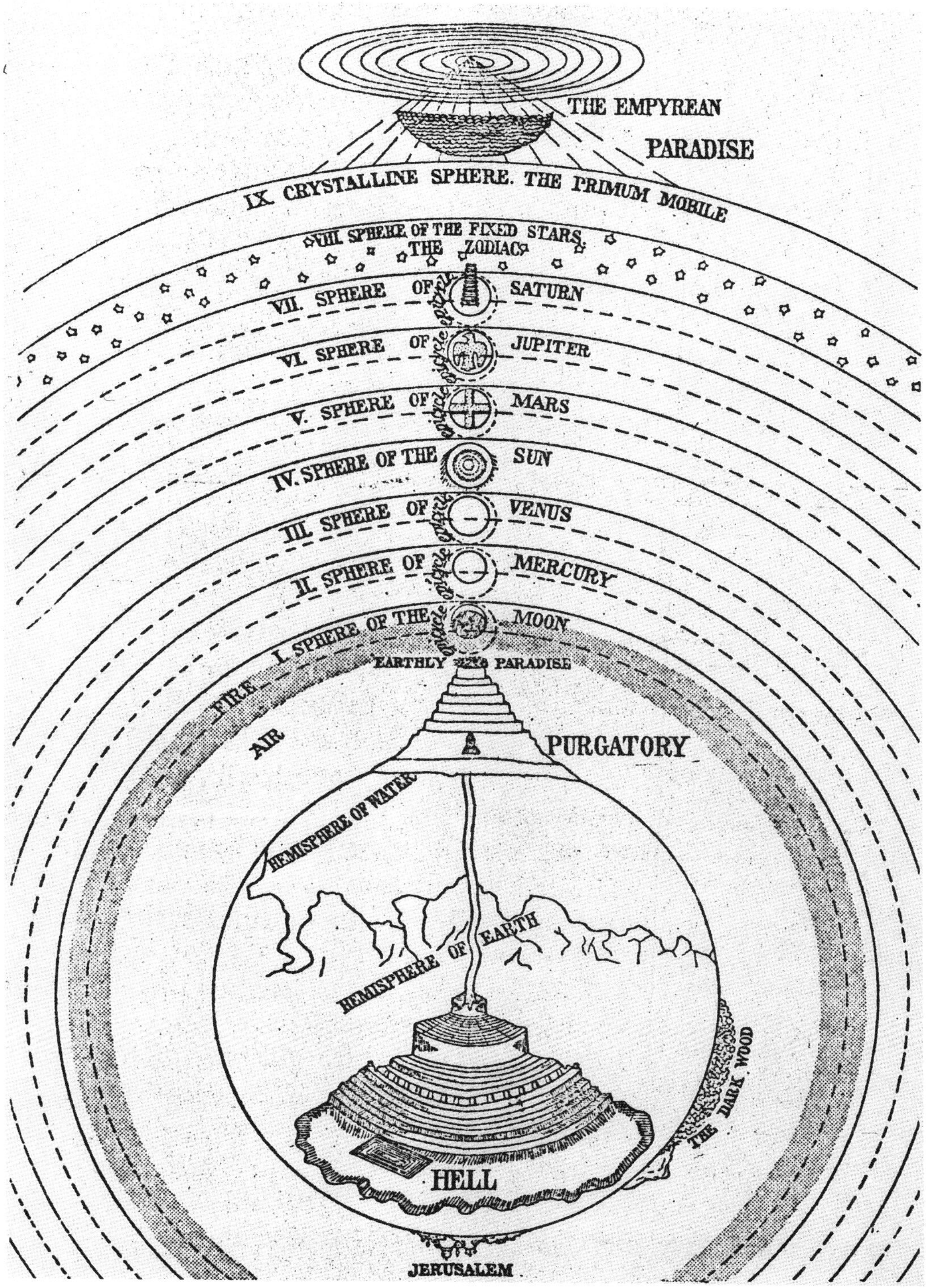

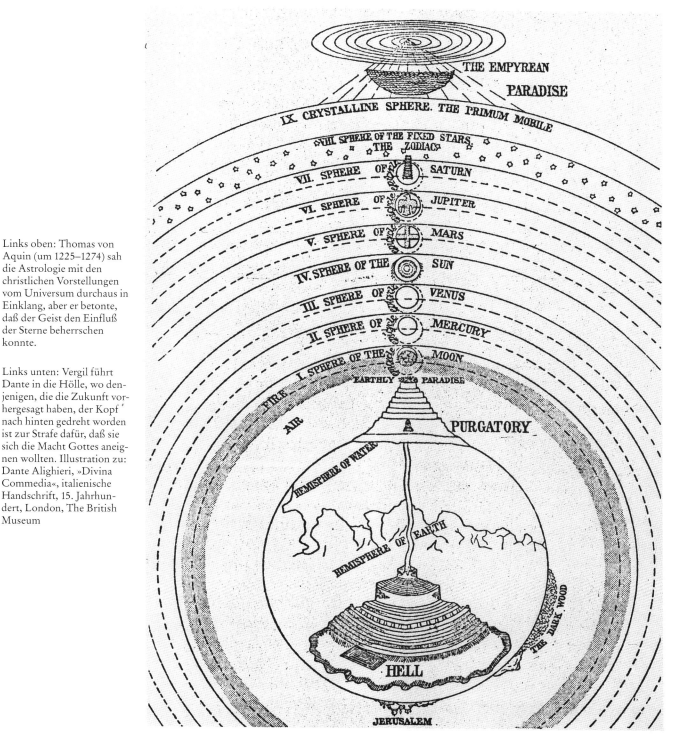

Das Diagramm zeigt Dantes Vorstellung vom Aufbau des Universums: die Gliederung der Unterwelt, die Erde, die Sphären der Planeten und Fixsterne, das *Primum mobile* und darüber das himmlische Paradies. Illustration zu: Michelangelo Cactani, »La Materia della Divina Commedia di Dante Alighieri«, 1855

zur Astrologie das Mißfallen der Kirche erregte, zählte Arnaldus von Villanova (um 1240–1311), einer der bedeutendsten Ärzte seiner Zeit.

Der führende Astrologe in der ersten Hälfte des 13. Jahrhunderts war Michael Scotus. Seine Kenntnisse waren umfassend und erstreckten sich von der Theologie bis zu Medizin, Philosophie, Sprachen und Naturwissenschaften. Seine gelehrten Aristoteles-Übersetzungen aus dem Griechischen sowie seine Averroës- und Avicenna-Übersetzungen aus dem Arabischen wurden von herausragenden Lehrern und Studenten benutzt. Er war in einen religiösen Orden eingetreten, und der Papst höchstpersönlich bot ihm einmal das Amt des Erzbischofs an, was er jedoch ablehnte. Später fiel er beim Papst in Ungnade, als er in Sizilien Hofastrologe von Friedrich II. wurde, einem Widersacher des Heiligen Stuhls. In seinen Schriften gab er eine allumfassende Darstellung über praktisch jedes damals bestehende magische System, wobei unklar ist, ob er diese Praktiken wirklich billigte oder sie lediglich wiedergab.

Die Schriften Dantes (1265–1321) bieten eine Kosmologie, in der ausführlich die damals von der katholischen Kirche anerkannte Auffassung vom Aufbau des Universums behandelt wird. Dantes Kosmos beruht auf dem Aristotelischen System konzentrischer Sphären mit einem äußeren *Primum mobile,* mit dessen Hilfe Gott die Himmel um die Erde kreisen läßt. Dante beschrieb darüber hinaus das Fegefeuer und die Hölle als unter der Erde in einer Unterwelt liegend, wo die Geister der Toten versammelt sind. Dort läßt er einige Berühmtheiten der Vergangenheit in einer ihren Sünden angemessenen Weise auftreten. So wurde zum Beispiel allen

Die zwölf Tierkreiszeichen aus einem italienischen Stundenbuch: Widder, Stier, Zwillinge; Krebs, Löwe, Jungfrau; Waage, Skorpion, Schütze; Steinbock, Wassermann, Fische. Um 1475, New York, The Pierpont Morgan Library, William S. Glazier Collection

Ein Astronom erteilt Unterricht unter Zuhilfenahme eines Astrolabiums. Illustration zu: Maimonides, »Dalalat al-chairin« (»Führer der Unschlüssigen«), hebräische Ausgabe von Levi bar Isaac, 1348, Kopenhagen, Königliche Bibliothek

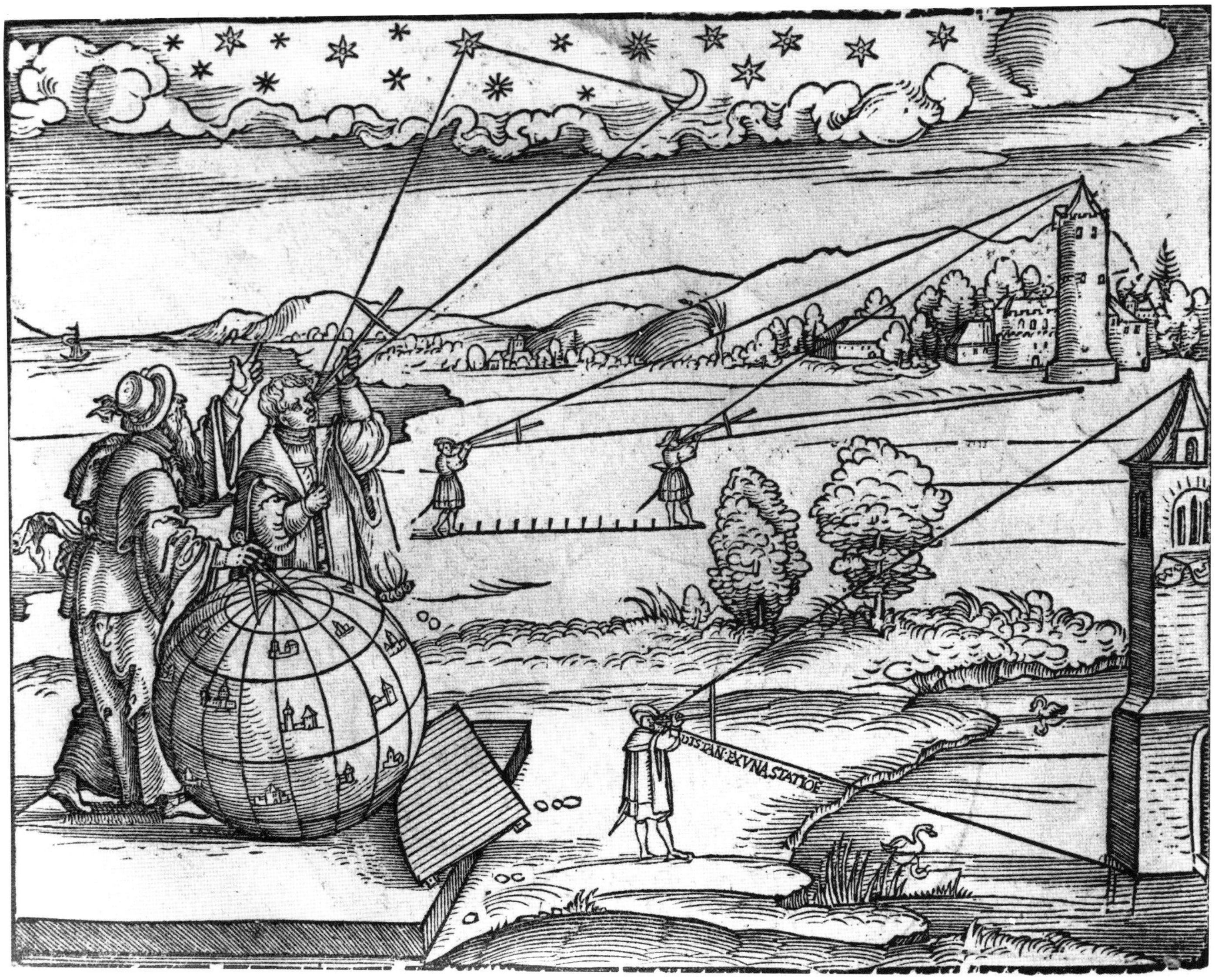

Der Jakobstab (links im Bild), der seit dem Mittelalter in Gebrauch war, ermöglichte es, die Höhe und Entfernung von Gebäuden, aber auch die angularen Entfernungen zwischen zwei Himmelskörpern zu messen. Wien, Nationalbibliothek

Zukunftsdeutern, einschließlich der Astrologen, zur Strafe dafür, daß sie die Zukunft vorhergesagt hatten, der Kopf nach hinten gedreht. (Avicenna jedoch war – in Anerkennung seiner Berühmtheit, obwohl er bekanntlich ein ungläubiger Muslim war – nicht im Fegefeuer oder in der Hölle, sondern in der Vorhölle.) Und doch hat es den Anschein, als habe sich Dante in der astrologischen Lehre ausgekannt und ihr stillschweigend Anerkennung gezollt. Obgleich es ihm widerstrebt, daß sie für sich die Vorsehung in Anspruch nimmt, bezieht er sich auf astrologische Methoden, wenn er den Charakter von Personen, das Schicksal von Dynastien beschreibt oder die günstigen Zeitpunkte für bestimmte Unternehmungen ermittelt.

Die Renaissance und ihre Folgen

Die Renaissance erlebte im Zuge eines wachsenden Interesses am Okkultismus eine Blütezeit der Astrologie. Gleichzeitig jedoch gab es deutliche Reaktionen gegen okkulte Praktiken, einschließlich der astrologischen. Bis zum 17. Jahrhundert hatte sich die Kritik aus der Zeit der Renaissance verstärkt, doch nur wenige Gelehrte verwarfen die Astrologie völlig. Einige der Gegner ersetzten die verschmähten Lehren oftmals nur durch eigene dogmatisch-mythologische Auffassungen, während Okkultisten bisweilen eine aufgeschlossenere Haltung an den Tag legten, wie sie heute gewöhnlich Naturwissenschaftlern zugesprochen wird. Dies zeigt, wie schwer es manchmal sein kann, menschliches Denken und Handeln mit Kategorien zu belegen.

Die nähere Betrachtung einiger Arbeiten von einflußreichen Gelehrten offenbart Absonderlichkeiten, die der rationalen Wissenschaft und dem mystischen Okkultismus dieses Zeitalters innewohnen, zumindest aus unserer heutigen Sicht. Johannes Müller (1436–1476), der sich selbst Regiomontanus nannte (eine lateinische Ableitung von dem Namen seines Geburtsortes Königsberg), verband in seinen Schriften das Studium der Astronomie mit dem der Astrologie. Er publizierte mathematische Neuberechnungen der allgemein anerkannten Alfonsinischen Tafeln, und zusammen mit seinem Lehrer und Kollegen Georg Purbach stellte er astronomische Beobachtungen unterschiedlicher Naturerscheinungen an, wie zum Beispiel von Kometen und Finsternissen; er entwickelte Kalender und Ephemeriden, entwarf Meßinstrumente und erweiterte die Anwendungsmöglichkeiten der Trigonometrie. Papst Sixtus IV. lud ihn nach Rom ein, damit er bei der

Überarbeitung des astronomischen Kalenders behilflich war. Gleichzeitig war er praktizierender Astrologe, vervollkommnete die astrologischen Lehren des Ptolemaeus, verfaßte Schriften, hielt Vorlesungen in ganz Europa und bereicherte die Astrologie um sein eigenes komplexes mathematisches System der Häusereinteilung.

Agrippa von Nettesheim (Heinrich Cornelius; 1486–1535) schuf ein Lehrgebäude, das auf Magie, Wissenschaft und Theologie basierte. Im Verlauf seines wechselhaften Lebens war er Berater eines Königs, Arzt an einem königlichen Hof, Geschichtsschreiber einer Königin und Ehrendoktor der Theologie an der Universität von Dôle in der Schweiz, um schließlich in Schuldhaft zu geraten und vor der Inquisition zu flüchten. Vom Abt Johannes Trithemius und dem humanistischen Gelehrten Erasmus gerühmt, wurde er gleichzeitig als ein Anhänger der Schwarzen Künste angeprangert. Er beschäftigte sich mit Alchimie, berichtete jedoch ironisch, daß die einzige Unze Gold, die er je gemacht habe, aus einer anderen Unze Gold entstanden sei. Er schrieb ausführlich über Magie, besonders über die Kabbala. Einige Historiker bewerten seine Arbeiten eher als Dokumentation der aus der Vergangenheit überlieferten magischen Praktiken denn als Stellungnahme für ihre Anwendung. Eine Zeitlang beschäftigte er sich intensiv mit Astrologie, die er als ›Hilfswissenschaft‹ der Magie unverzichtbar fand, um sich kurz darauf bereits über ihre Lehren lustig zu machen.

Eine andere schillernde Persönlichkeit jener Zeit war ohne Zweifel Theophrastus Bombastus von Hohenheim, genannt Paracelsus (1493–1541). Der berühmte Arzt und Pharmazeut vertrat die Überzeugung, daß persönliche Beobachtung verläßlicher sei als das Dogma anerkannter Autoritäten. Seine Arbeiten waren von unschätzbarem Wert für die Weiterentwicklung der Arzneimittelkunde. In späteren Zeiten wurden die Anhänger seiner Lehren Paracelsisten genannt, in Abgrenzung und Gegnerschaft zu den Galenisten, die an Galens komplexer Therapie festhielten. Die durchaus rationale, pragmatische Wissenschaft des Paracelsus schloß jedoch den Glauben an den mystischen *Archaeus*, jene geheimnisvolle Ur-Lebenskraft, ebenso ein wie die astrologische Vorstellung der *Melothesia*, nach der jeder Teil des Körpers von einem bestimmten Sternbild beherrscht wurde.

Auch die Studien des Astrologen Torella wirken aus heutiger Sicht wie Ironie. Seiner Ansicht nach waren unheilvolle Einflüsse des Planeten Saturn die Ursache für die Syphilis. Da in der Astrologie der Planet Merkur den Einfluß des Saturn abschwächt, wählte er als Therapie für diese Erkrankung das dem Merkur zugeordnete Quecksilber. Und tatsächlich entdeckten Ärzte (vor der Entwicklung der Antibiotika), daß Quecksilberpräparate ein wirkungsvolles Mittel bei der Behandlung von Syphilis waren. In welchem Maße die Medizin der Renaissance durch die Astrologie beeinflußt wurde, läßt sich vielleicht am besten an jenem berühmten Disput ablesen, der im Jahre 1437 an der Universität von Paris über das Thema abgehalten wurde, welche Tage sich besonders gut für den Aderlaß eigneten.

Zwei herausragende Persönlichkeiten verkörpern die unterschiedlichen Einstellungen gegenüber der Astrologie in der Zeit der Renaissance: Marsilio Ficino (1433–1499) und Giovanni Pico della Mirandola (1463–1494). Obgleich die

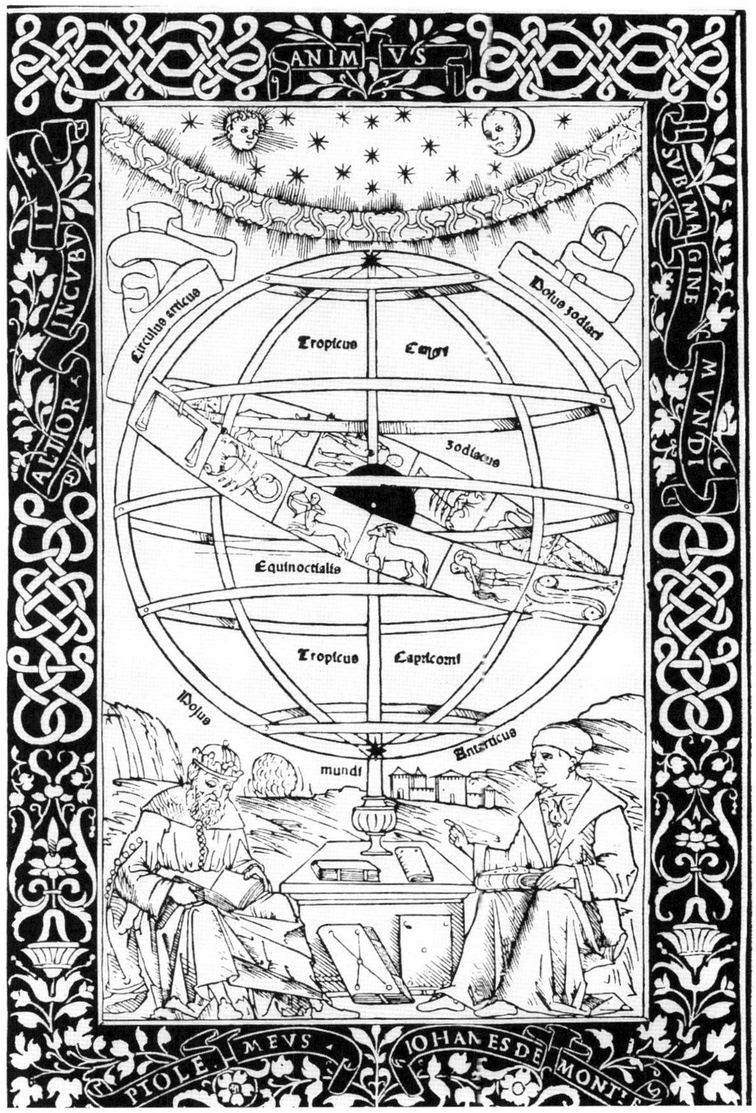

Frontispiz zu: Regiomontanus (Johannes Müller), »Epitome in Ptolemaei almagestum« (»Abriß des Almagest von Ptolemaeus«), Venedig 1496

beiden Freunde und Kollegen in der Frage der Astrologie völlig gegensätzliche Meinungen vertraten, waren sie doch beide Mystiker. Einige Historiker halten sie für die Begründer der neuplatonischen Philosophie in Italien. Ficino glaubte an die Astrologie, lehrte ihre Grundsätze und erstellte Horoskope (zum Beispiel die Geburtshoroskope der Familien von Cosimo und Lorenzo de'Medici). Er war nur einer der Astrologen, die für die Medicis arbeiteten. Ein anderer war Luca Gaurico, der das Geburtshoroskop des jungen Fürsten Giovanni de'Medici richtig deutete, indem er voraussagte, daß er eines Tages zum Papst gewählt würde. Auch Caterina de'Medici, die spätere Königin von Frankreich, war eine überzeugte Anhängerin der Astrologie und Magie.

Auf der anderen Seite zog Pico della Mirandola, der Begründer der Renaissance-Kabbalistik, eine klare Trennungslinie zwischen Astronomie und Astrologie. Letztere verwarf er, weil sie seiner Ansicht nach im Widerspruch zur christlichen Lehre stand. Auf der Basis eigener Beobachtungen lehnte er auch die Möglichkeit der astrologischen Vorhersage ab.

Im 17. Jahrhundert verfaßte der italienische Benediktinermönch und Mathematiker Placidus de Titis (1603–1668) eine Schrift, in der er die von Pico della Mirandola erhobenen

Theophrastus Bombastus von Hohenheim, genannt Paracelsus, ein erfinderischer Arzt, Alchimist, Pharmakologe und Okkultist, verband eigenständige rationalistische Meinungen mit mystischem Denken. Bildnis von Jan van Scorel (1495–1562), Paris, Musée du Louvre

Die in Versform verfaßten Zukunftsdeutungen des Nostradamus, eines Astrologen des 16. Jahrhunderts, wurden und werden von seinen Anhängern als korrekte Vorhersagen zahlreicher historischer Ereignisse interpretiert. Er gilt als einer der bekanntesten Wahrsager, obgleich die Astrologie bei seinen Prognosen keine Rolle spielt. Sammlung Fritz Eichenberg

Einwände gegen die Astrologie zu widerlegen suchte. Um die Kritik zu entkräften, das System der astrologischen Häuser sei eine reine Abstraktion, die jeder realen Grundlage entbehre, entwarf Placidus eine eigene Häusereinteilung, entsprechend dem beobachteten Lauf der Sonne (der Ekliptik). Das System von Placidus bildet noch heute die Grundlage der meisten Horoskope.

Die christlichen Würdenträger blieben in ihrer Haltung gegenüber der Astrologie weiterhin ambivalent. Einige Päpste, darunter Sixtus V. und Urban VIII., waren ihre erbitterten Gegner. Als der Astrologe Pierre de Lorrain den nahen Tod von Papst Paul II. vorhersagte, wurde er ins Gefängnis geworfen. Selbst der kurz darauf erfolgte Beweis der Richtigkeit seiner Vorhersage führte nicht zu seiner Begnadigung. Andererseits befürworteten zahlreiche Inhaber des Heiligen Stuhls die Astrologie uneingeschränkt oder aber standen ihr mit wohlmeinender Nachsicht gegenüber. Torella war der Astrologe von Papst Alexander VI.; Sixtus IV. nahm die Dienste von Regiomontanus in Anspruch; Klemens VII. erkannte astrologische Voraussagen vorbehaltlos an; Julius II. soll

Papst Julius II. (1443–1513), der Michelangelo beauftragte, die Sixtinische Kapelle auszumalen, wählte den Tag für seine offizielle Investitur angeblich auf der Grundlage astrologischer Ratschläge. Raffael, Die Messe von Bolsena (Detail), 1515, Fresko, Rom, Vatikan, Stanza d'Eliodoro

Im Jahre 1582 wird von Papst Gregor XIII. der bis dahin gültige Julianische Kalender (nach Julius Caesar) korrigiert. Für die christliche Welt ist der Gregorianische Kalender seitdem verbindlich. Das Gemälde von Aldo Dulazzi zeigt die Beschlußfassung der Kalenderreform. Siena, Biblioteca Communnale degli Intronati

angeblich den Tag seiner Krönung nach der Stellung der Sterne ausgewählt haben, und Paul III. wartete die astrologisch günstigste Zeit ab, bis er seine Konsistorien einberief – er verlieh seinem Astrologen sogar den Bischofshut.

Protestantische Kleriker der Reformation vertraten hinsichtlich der Astrologie keineswegs eine eindeutigere Position als die katholische Kirche. Im Vorwort zu einem astrologischen Traktat schrieb Martin Luther, obwohl er der Astrologie ablehnend gegenüberstand, daß Zeichen in den Sternen »die gottlosen Länder und Nationen warnen und ermahnen« könnten und »bedeutsam« seien. Der unerschütterliche Reformator Johann Calvin (1509–1564) hingegen verdammte die Astrologie als törichten, teuflischen Aberglauben.

Eines der ersten populärwissenschaftlichen gedruckten Bücher über Astrologie erschien 1493 in Paris und gab eine Zusammenfassung aller traditionellen astrologischen Vorstellungen der damaligen Zeit, so zum Beispiel von der Herrschaft bestimmter Planeten über jede einzelne Stunde, Zusammenhänge zwischen dem Himmel und der Gesundheit, Krankheiten und ihre Behandlung sowie die Verbindung zwischen der äußeren Erscheinung eines Menschen und seinem Sonnenzeichen und dem bei seiner Geburt aszendierenden Tierkreiszeichen. Eine Lawine von Almanachen und Kalendern folgte, die alle astrologische Kenntnisse und Vorhersagen anboten. Aufgrund einer wahrhaft stürmischen Nachfrage wurden diese Publikationen von Franz I. (König von Frankreich, reg. 1515–1547) und einigen seiner Nachfolger verboten, doch es ist anzunehmen, daß weder ihre Produktion noch ihr Absatz spürbar nachließen.

Oben: Ein Holzschnitt aus der Lutherbibel (1543) zeigt eine Version des Kosmos, die auf dem Ptolemaeischen System des 2. Jahrhunderts n. Chr. basiert. New York, The Granger Collection

Albrecht Dürer, Die nördliche Himmelskarte, 1515, Holzschnitt, 430 × 430 mm. Die Karte zeigt die Tierkreiszeichen und andere Symbole von Sternbildern; außerdem finden sich Porträts berühmter Astrologen der Vergangenheit: Aratus, Ptolemaeus, Arabus und Manilius.

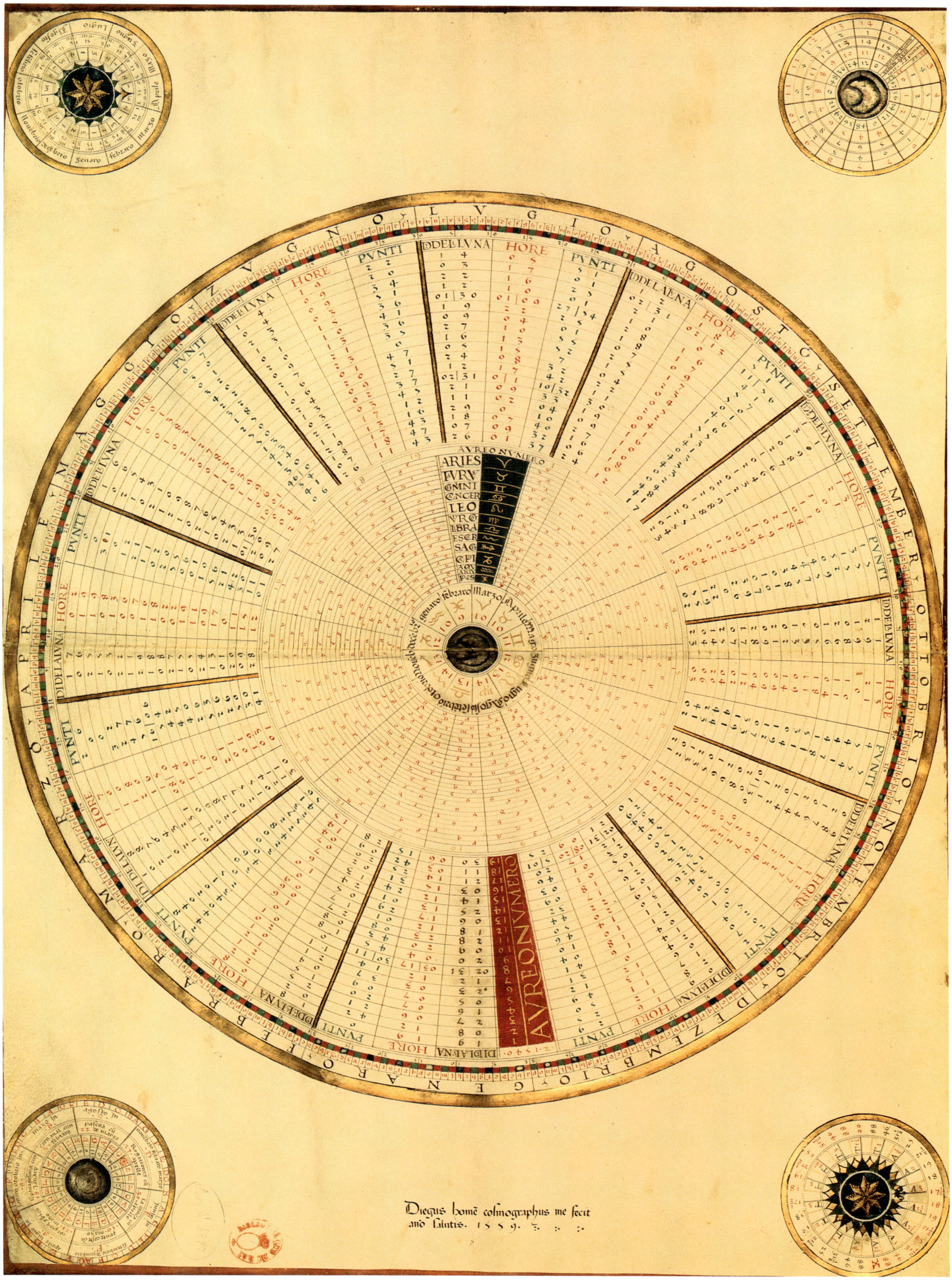

Oben: Ein immerwährender Kalender, der 1559 von dem Portugiesen Diegus Homé für Zyklen von jeweils 19 Jahren entworfen wurde. In den äußeren Ringen sind die Monate und die Daten des Neumonds eingetragen. Die vier Ecken enthalten wichtige Daten wie zum Beispiel religiöse Feiertage. Paris, Bibliothèque Nationale

Links: Die astronomische Uhr von Hampton Court Palace, London, wurde von dem Astronomen Nicolas Kratzer im Jahre 1540 für Heinrich VIII. konstruiert, wenige Jahre bevor Kopernikus sein heliozentrisches Weltbild vorstellte. Daher ist die Erde im Mittelpunkt und wird von Mond, Sonne und den Sternen umkreist. Die Uhr zeigt die Stunden, Tage, Monate und die Positionen der Sonne im Tierkreis.

PLURA LATENT QUAM PATENT
HONI SOIT QUI MAL Y PENSE
GENERAL AND RARE MEMORIALS
pertayning to the Perfect Arte of
NAVIGATION:
Annexed to the PARADOXAL Cumpas, in Playne:
now first published: 24. yeres, after the first
Inuention thereof.
ΙΕΡΟΓΛΥΦΙΚΟΝ ΒΡΥΤΑΝΙΚΟΝ
ELIZABETH
ΕΥΡΩΠΗ
TO THIS
ΦΡΟΥΡΙΟΝ

Links: Titelblatt zu: John Dee, »General and Rare Memorials«, 1577, London, The British Library. Dieses Handbuch über Navigation weist seinen Autor, einen Berater von Königin Elisabeth I., als fähigen Mathematiker und darüber hinaus als überzeugten Astrologen aus.

Ein Astrologe zeichnet ein Horoskop. Diese Darstellung deutet darauf hin, daß Astrologen sowohl den Himmel beobachteten als auch Berechnungen mit Hilfe von Tabellen (auf dem Lesepult) und einem Modell des Globus (auf dem Tisch) anstellten. Illustration zu: Robert Fludd, »Utriusque Cosmi«, um 1617, London, E. P. Goldschmidt & Co. Ltd.

Die Astrologie konnte auch in gebildeten Kreisen weiter Fuß fassen. Michael Servet (1511?–1553), der medizinische Gelehrte, der möglicherweise lange vor William Harvey (1578–1657) die Funktionsweise des Blutkreislaufes verstanden hatte, glaubte an die Astrologie. Auf dem Scheiterhaufen verbrannt wurde er jedoch wegen seiner theologischen Äußerungen, nicht aufgrund seiner astrologischen Praxis. Giordano Bruno (1548–1600), der Philosoph und Kosmologe, befürwortete die Astrologie ebenso wie das Kopernikanische Weltbild, in dem sich die Erde um die Sonne dreht. Auch er wurde verbrannt, nicht wegen seiner astrologischen Neigungen, sondern weil er angedeutet hatte, daß ein heliozentrisches Universum ihn an christlichen Lehren zweifeln ließe.

In England, wo die Renaissance später einsetzte als auf dem Kontinent, waren die Haltungen ähnlich zwiespältig, mit dem Unterschied, daß die Astrologie hier über einen langen Zeitraum hinweg durch ihre fremdartigen Ursprünge besonders belastet schien. Zur Regierungszeit von Heinrich VIII. (1509–1547) waren die einheimischen Astrologen allerdings so zahlreich geworden, daß die Menschen die Voreingenommenheit gegenüber dem ›Fremdländischen‹ langsam aufgaben. Doch die insgeheim genährten Zweifel waren 1541 noch stark genug, um in ein Gesetz gegen Hexerei die Astrologie mit aufnehmen zu lassen. Seine Wirkung scheint jedoch gering gewesen zu sein: Die Astrologie wurde im Verborgenen weiter praktiziert, selbst von Mitgliedern der königlichen Familie. So beschäftigte Elisabeth I. nach wie vor ihren Hofastrologen John Dee (1527–1608), einen außerordentlich klugen Mathematiker und seriösen Astrologen, der auch den günstigsten Tag für ihre Krönung errechnet hat.

Die Rolle der Astrologie zur Zeit von Elisabeth I. wird auch an einigen Stellen in Shakespeares Theaterstücken angesprochen, doch die Literaturwissenschaftler und Historiker sind sich nicht einig über Shakespeares persönliche Einstellung zur Astrologie. Die entsprechenden Passagen bringen eine kompromißbereite Haltung zum Ausdruck, die zunehmend an Bedeutung gewann. Man glaubte an den Einfluß der Sterne, aber nicht an ihre Gewalt über den Menschen:

> Oft ists der eigne Geist, der Rettung schafft,
> Die wir beim Himmel suchen. Unsrer Kraft
> Verleiht er freien Raum, und nur dem Trägen,
> Dem Willenlosen stellt er sich entgegen.
> (Helena in: Ende gut, alles gut 1. Akt, 1. Szene)

Es gibt zahlreiche literarische Anspielungen auf die Astrologie im Elisabethanischen Zeitalter. Die Stücke von Christopher Marlowe enthalten Verachtung und Spott. Der Wahrsager Agrippa von Nettesheim (1486–1535), so heißt es, sei das Vorbild für den törichten Astrologen in Marlowes »Doctor Faustus« gewesen. Andererseits lassen die Schriften des Geistlichen Robert Burton (1577–1640) Begeisterung für die Astrologie erkennen, und auch der Dichter John Dryden (1631–1700) gehörte zu ihren Anhängern – er erstellte sogar selbst Horoskope. Sir Francis Bacon (1561–1626), einflußrei-

Diese Uhr zeigt sowohl die astronomische Einteilung der Zeit als auch die Zeichen des Tierkreises. Caspar Behain zugeschrieben, 1568, Goldbronze und Stahl, 36,8 × 21 × 14,5 cm, New York, The Metropolitan Museum of Art, Schenkung J. Pierpont Morgan, 1917

Oben: Sir William Fetter Douglas, Hudibras und Ralph besuchen den Astrologen, um 1856, Öl auf Leinwand, 65 × 108 cm, Edinburgh, National Gallery of Scotland. Das Gemälde illustriert eine Szene aus dem satirischen Gedicht »Hudibras« von Samuel Butler (1612–1680), in dem er sich über die Astrologie und die Astrologen lustig machte.

Unten: Horoskop für Ludwig XIV., das von seinem Astrologen Jean-Baptiste Morin de Villefranche erstellt wurde. Das Diagramm zeigt die für diese Zeit typische quadratische Form. Aus »Astrologia Gallica«, Den Haag, 1661, Amsterdam, Koninklijke Bibliotheek

cher Lordkanzler und Wissenschaftsphilosoph, verurteilte die Astrologie als Aberglaube und ging mit seinem Intellekt gegen deren prognostischen Anspruch vor. Dennoch akzeptierte auch er einen Einfluß der Sterne auf gewisse irdische Geschehnisse und menschliche Angelegenheiten.

Fortschritte in der Astronomie gegen Ende der Renaissance verschafften dem Himmelsraum größere Aufmerksamkeit und führten dazu, daß praktizierende Astrologen die Anwendungsmöglichkeiten der Astrologie verbesserten, indem sie einige Ungenauigkeiten korrigierten. Weitere Unterstützung kam von medizinischen Gelehrten, die die Bedeutung der Sterne für die Prognose und Behandlung von Krankheiten anerkannten, sowie von Naturwissenschaftlern, die den Einfluß des Mondes auf die Gezeiten bestätigten.

Noch immer erhielten Astrologen von den königlichen Familien Europas Unterstützung, doch deren Förderung hing häufig vom Inhalt der Vorhersage ab, nicht von ihrem Wahrheitsgehalt. Angeblich soll Ludwig XIV. von Frankreich seinem Astrologen Jean-Baptiste Morin de Villefranche Zutritt zur Niederkunft der Königin gewährt haben, damit er für das Horoskop den genauen Geburtsmoment ermitteln konnte.

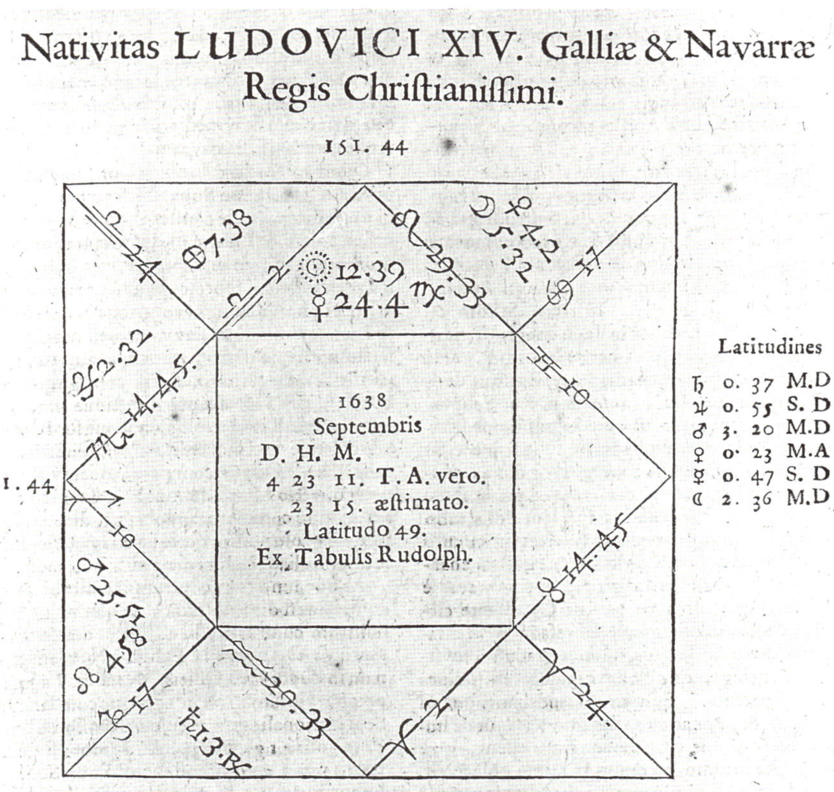

Richard Saunders (1613–1687) war ein einflußreicher Astrologe, dessen Bücher im 17. Jahrhundert in England zu den meistgelesenen astrologischen Veröffentlichungen zählten. London, Wellcome Institute

Oben und rechts: William Lilly (1602–1681) gilt als der bekannteste Astrologe Englands. Er sagte unter anderem das große Feuer von London im Jahre 1666 (rechts) voraus. Als die Katastrophe dann eintraf, wurde er wegen Verdacht auf Brandstiftung vor das Parlament zitiert. London, The British Museum

William Lilly (1602–1681) wurde zum bekanntesten Astrologen Englands. Durch seine vielen erfolgreichen Vorhersagen gelangte er im Volk zu Berühmtheit. Zumindest eine seiner Prophezeiungen über politische Unruhen im Land, angekündigt von Saturn im fünften Haus, entstand, nachdem der englische Bürgerkrieg bereits begonnen hatte. Eifersüchtige Kritiker unter seinen Berufskollegen, so auch der Royalist George Wharton, waren daraufhin schnell bereit, ihn als Scharlatan und Hochstapler zu diffamieren. Als Lilly 1651 vorhersagte, daß es im Jahre 1666 in London ein großes Feuer geben werde, brachte man ihn nach Ausbruch des Brandes wegen möglicher Komplizenschaft vor einen Untersuchungsausschuß. Lilly brauchte einen Freund bei Hofe. Elias Ashmole (1617–1692), nach dem die berühmte Bibliothek der Universität von Oxford benannt ist, trat erfolgreich für ihn ein. Ashmole und Lillys Aussage überzeugten die Richter von seiner Unschuld und vergrößerten noch seinen Ruhm als Astrologe. Das hinderte jedoch Samuel Butler nicht, in seinem satirischen Gedicht »Hudibras« William Lilly und die Astrologie weidlich zu verspotten:

> Und wußte, wann der Mond im rechten Maß
> zum Ähren schneiden oder Aderlaß,
> wann man am besten salbe Schorf und Krätze,
> oder an Beulen Egel setze . . .

Als im 17. Jahrhundert der Arzt Sir Thomas Browne die philosophischen Haltungen des Naturwissenschaftlers gegenüber der Religion zusammenfaßte, erkannte er die Grundlagen der Astrologie an, lehnte jedoch einige ihrer Ansprüche ab. Die ›Royal Society‹ verwarf die Astrologie gänzlich und sah in ihr eine Verleugnung der wahren Herrschaft Gottes. Ein im England des 17. Jahrhunderts besonders bekannter Autor, Nicholas Culpeper (1616–1654), verknüpfte die Planeten und Sternbilder mit sämtlichen Aspekten der Medizin. Da nach Culpeper jede Krankheit, ja selbst jedes Symptom, und alle Pflanzen unter dem Einfluß der Himmelskörper standen, mußte der astrologische Wert eines Heilkrauts auf die Krankheit des betroffenen Körperteils abgestimmt werden, um eine wirksame Behandlung zu erreichen. Culpepers Veröffentlichungen, die auch auf dem Kontinent Beachtung fanden, beeinflußten noch bis weit ins 18. und 19. Jahrhundert hinein die Medikamentierung.

Zustimmung oder Ablehnung der Astrologie waren häufig nicht nur von neuen wissenschaftlichen Erkenntnissen abhängig, sondern auch vom Zusammenspiel der politischen, theologischen und sozialen Kräfte der jeweiligen Zeit. Nach Einschätzung eines namhaften Gelehrten hatte durchschnittlich jede dritte englische Familie vor oder während des Bürgerkriegs zwischen Royalisten und Independenten (1642–1646) mindestens eine Veröffentlichung über Astrologie erworben.

Nach Wiedereinsetzung der Stuarts mit Karl II. (reg. 1660–1685) nahmen die gegnerischen politischen Kräfte unterschiedliche Haltungen ein. Die gebildeten Schichten und die wiedererstarkte Aristokratie verbanden mit der Astrologie einen unerwünschten Anti-Royalismus, Atheismus sowie einen niedrigen sozialen Status. Die vorherrschende Meinung unter Intellektuellen räumte den Sternen weisende, aber keine bestimmende Funktion zu. Die sozial schwächeren Schichten blieben dem Glauben an die Astrologie treu.

Da der neue Geist des Rationalismus und die astronomischen Entdeckungen zuvor akzeptierte Grundsätze in Frage zu stellen schienen, waren die Astrologen mit ihren Meinungen in unterschiedliche Lager geteilt.

Als Reaktion auf das neue geistige Klima versuchten die Erben der astrologischen Tradition, unter ihnen Joshua Childrey und Joshua Goad, eine stärkere Anerkennung ihrer Lehren zu erreichen. Sie deklarierten die Astrologie als rationalen Wissenszweig, der auf dem gründlichen Studium von Ereignissen und Persönlichkeiten beruhe, das mit den Konstellationen der Planeten in bezug gesetzt werde.

Die Astrologen waren jedoch hinsichtlich der Durchsetzung ihrer Reformbestrebungen uneinig. Eine Gruppe versuchte, wissenschaftliche Prinzipien auf der Grundlage des Kopernikanischen heliozentrischen Weltbildes einzuführen. Manche gingen sogar noch weiter und verwarfen die Tierkreiszeichen und andere Elemente der traditionellen Astrologie, hielten jedoch den Grundsatz aufrecht, daß die Sterne das Schicksal der Menschen beeinflussen. Die Arbeiten des Astrologen John Gadbury sind ein gutes Beispiel für die widerstreitenden Kräfte. Seine politischen und theologischen Überzeugungen wandelten sich im Laufe der Jahre allmählich von einer konservativen, der herkömmlichen Astrologie positiv gesonnenen Position zu einer radikaleren Haltung (seine Kritiker bezeichneten sie als durch und durch katholisch). Dennoch widmete er sich unbeirrbar der Beobachtung und Auswertung statistischer Daten, um die Gültigkeit der Astrologie zu erforschen. Die zweite Gruppe von Astrologen, deren prominentestes Mitglied John Partridge war, blieb den ursprünglichen Lehren von Aristoteles und Ptolemaeus verhaftet und verurteilte die neumodische Verfälschung der rein traditionalistischen Lehre.

Somit gab es auch in England unterschiedliche Formen der Akzeptanz und Ablehnung von astrologischen Gesetzen und Theorien, wobei diese Abstufungen bis zu einem gewissen Grad der politischen, religiösen und sozialen Aufteilung der damaligen Gesellschaft entsprachen.

In diesem Holzschnitt von Jost Amman (1539–1591) erstellen Astrologen das Horoskop eines Neugeborenen anhand der Anordnungen der Sterne am Himmel. Illustration zu: »Von der Empfängnis und Geburt des Menschen«, 1587, Philadelphia Museum of Art, Ars Medica Collection

Illustration zu: Andrew Cellarius, »Atlas coelestis seu Harmonia macrocosmica«, um 1660, London, The British Library. Der kolorierte Stich zeigt das Kopernikanische Sonnensystem, in dem die Planeten um die Sonne kreisen.

COPERNICANVM
Systema
TIVS CREATI
THESI
ÇANA IN
EXHIBITVM.
IVPI
TER.

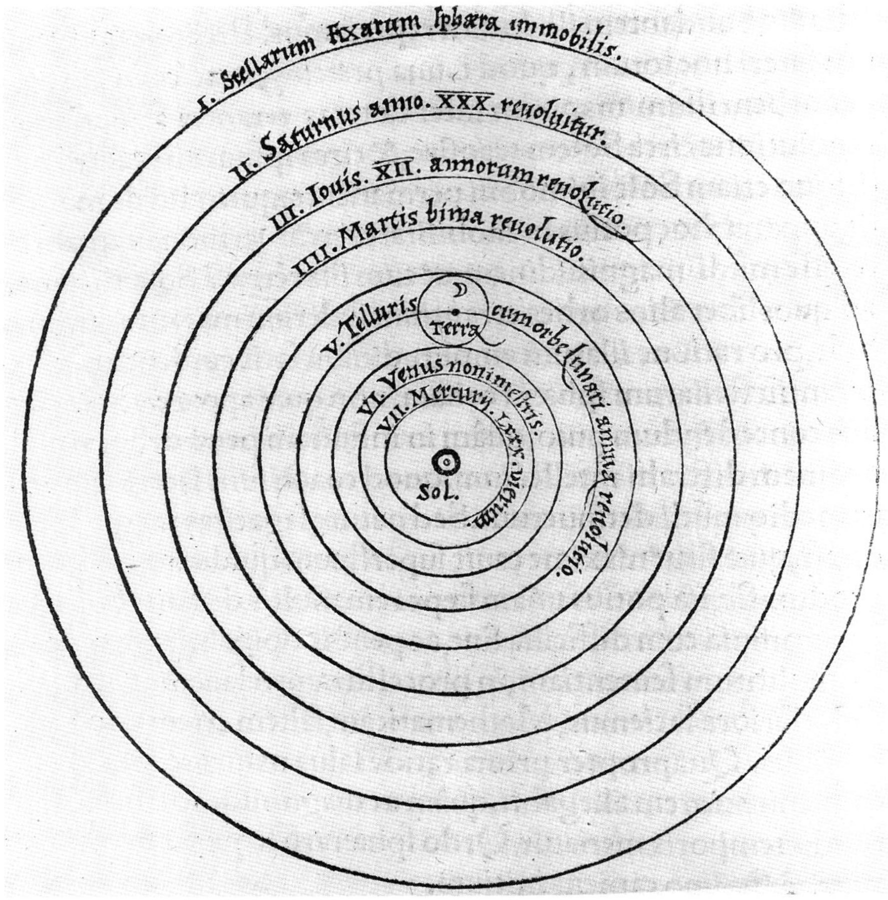

Eine Darstellung des Kopernikanischen Universums mit der Erde und den Planeten, die die Sonne umkreisen, sowie den unbeweglichen Sternen am äußeren Rand. Kopernikus nahm fälschlicherweise an, daß die Bahnen kreisförmig wären. Illustration zu: »De revolutionibus orbium coelestium«, Nürnberg 1543

Die Erde dreht sich um die Sonne

Der Astrologie liegt die Vorstellung zugrunde, daß die Sonne, der Mond und die Planeten sich um die Erde drehen. Beobachter im Mittelalter und in der Renaissance gingen ebenso wie die Menschen in Tausenden von Jahren vor ihnen von einem geozentrischen Universum aus, obgleich Pythagoras im 6. Jahrhundert v. Chr. die Hypothese aufstellte, daß sich die Erde bewegt, und Aristarchos von Samos im 3. Jahrhundert v. Chr. sogar ein Universum entworfen hatte, in dessen Mittelpunkt sich die Sonne befand (ein Gedanke, der wenig Anhänger fand und der seinen Urheber kaum überlebte).

In der Mitte des 16. Jahrhunderts bewies Nikolaus Kopernikus (1473–1543) die Rotation der Erde, und dieser umwälzende Gedanke führte zu einer nicht weniger umwälzenden Erneuerung des Denkens. Die Vorstellungen, die er zum Ausdruck brachte, wurden zunächst nicht allgemein anerkannt, und Kopernikus selbst zögerte ihre Veröffentlichung zehn Jahre hinaus – er schrieb eine Art Zusammenfassung seiner Schlußfolgerungen und anschließend eine längere Arbeit, auf der der veröffentlichte Band basierte. Ein möglicher Grund für seine Vorsicht lag in seiner Abneigung gegen eine Konfrontation mit der Kirche, obwohl anscheinend zu keinem Zeitpunkt eine wirkliche Gefahr bestand, daß er bestraft würde. Für die damalige wissenschaftliche Welt und für die Kirche schien sein Bericht im wesentlichen eher das Modell eines vollkommeneren Kosmos zu sein als die Beschreibung des tatsächlichen Zustands des Universums. Daher sahen die Traditionalisten keinerlei Veranlassung, dem Modell zu widersprechen. Andere Naturwissenschaftler, wie Galileo Galilei (1564–1642) und Johannes Kepler (1571–1630) waren von den Beobachtungen und der Wirklichkeitstreue des Denkmodells beeindruckt. Eine weitere und überdies wahrscheinlichere Erklärung für Kopernikus' Zögern wird in seinem Buch erwähnt – daß nämlich das vermutete heliozentrische System der Bevölkerung absurd und den Intellektuellen unhaltbar erscheinen würde. Letztendlich war es die Kirche selbst, die sich in Ermangelung eines Jahreskalenders, der einheitliche kirchliche Feiertage festlegte, genötigt sah, für die Veröffentlichung einzutreten. Das Werk »De revolutionibus orbium coelestium« (1543) war sogar Papst Paul III. gewidmet. Georg Joachim Rhetikus (1514–1576), ein Mathematiker und Freund von Kopernikus, der als Herausgeber fungierte und für den Druck sorgte, hatte versucht, die Abhandlung zu entschärfen, indem er eine Einleitung schrieb, die astrologische Begriffe und Grundsätze verwendete und die darüber hinaus ausdrücklich betonte, daß die in dem Buch enthaltenen Gedanken eher Vermutungen als Lehrmeinungen seien und das Modell nur eine von vielen möglichen Theorien über den Aufbau des Universums darstellte.

Da Kopernikus sich die Umlaufbahnen der Erde und der Planeten nicht elliptisch, sondern kreisförmig vorstellte, enthielt das von ihm entwickelte System eine Anzahl von Ungenauigkeiten, doch seine Feststellungen und Berechnungen waren in Anbetracht des unausgereiften Instrumentariums sowie der zwangsläufigen Begrenztheit der ihm zur Verfügung stehenden Methoden erstaunlich korrekt. So stellte er zum Beispiel Messungen der Planetenbewegungen an, indem er ihre sich verändernden Positionen durch Sehschlitze beobachtete, die in die Wände seines Hauses eingelassen worden waren.

Seine Grundthese, daß die Erde sich um eine Achse dreht und gleichzeitig zusammen mit allen anderen Planeten um die Sonne kreist, wurde von einigen Mathematikern und Astronomen freudig begrüßt. Andererseits nahmen zahlreiche Intel-

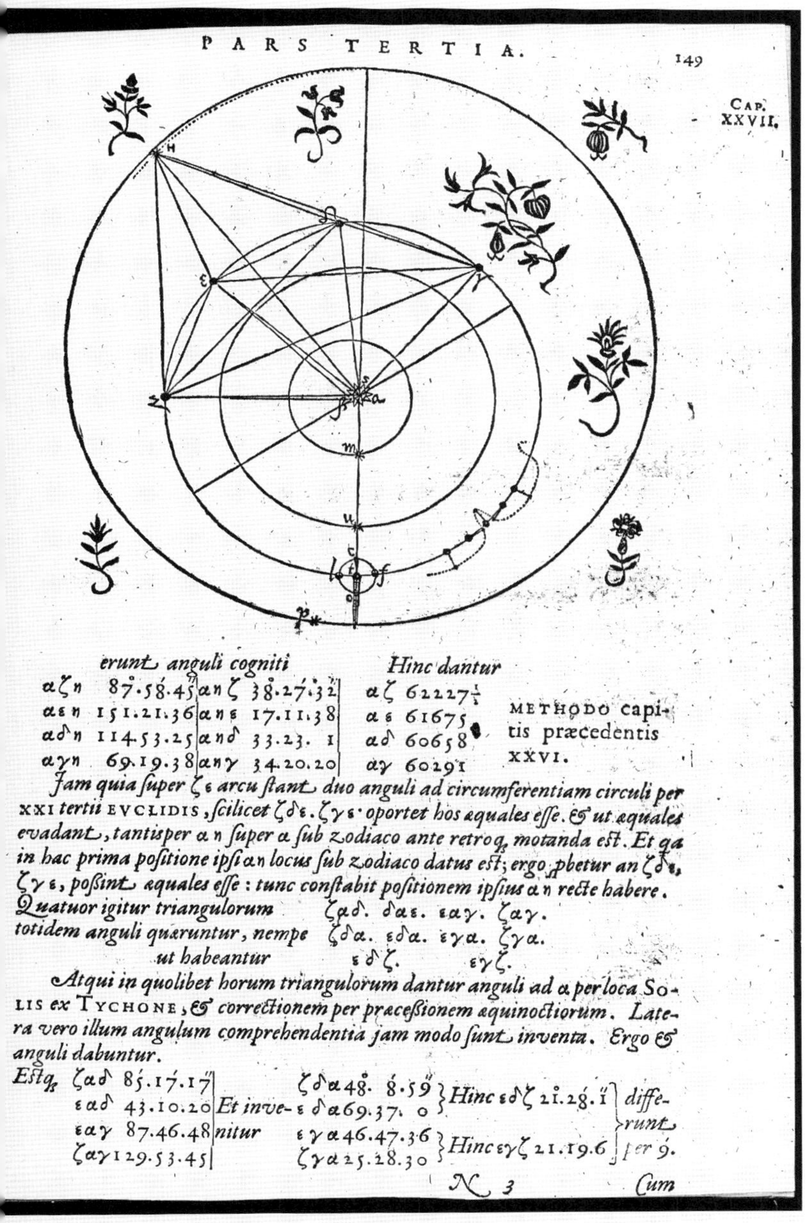

Eine Graphik der Planetenbahnen von Tycho Brahe, die er auf der Basis beobachteter Daten anfertigte.

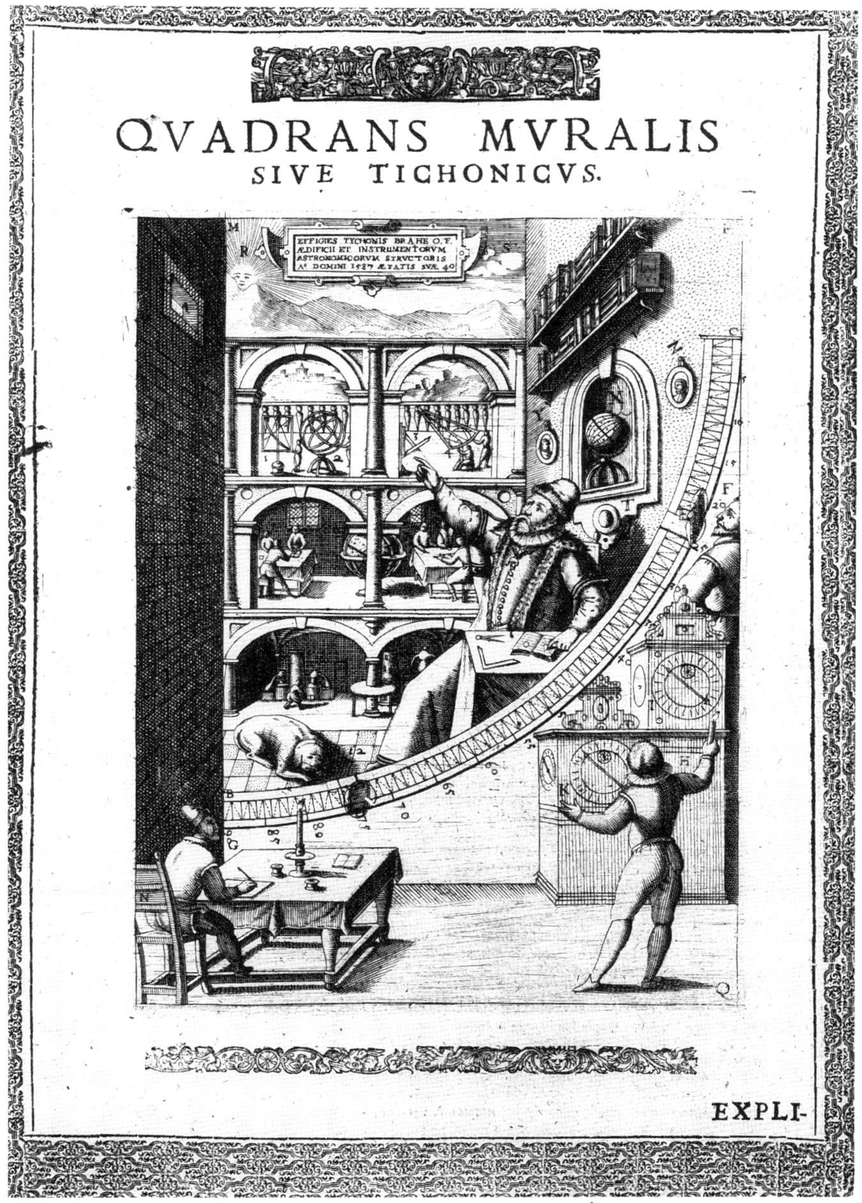

Eine fiktive Darstellung von Tycho Brahe in seinem Observatorium mit Assistenten, Instrumenten und Karten. Illustration zu: »Astronomiae«, Wandsbek 1598, The New York Public Library, Astor, Lenox and Tilden Foundations

lektuelle weiterhin eine unverhohlen kritische Haltung ein. Sogar noch hundert Jahre später verbreitete das Pariser Observatorium, Kopernikus habe sich geirrt. Noch bis ins 18. Jahrhundert hinein wurden an den amerikanischen Universitäten die geozentrischen und die heliozentrischen Theorien nebeneinander als mögliche Erklärungen für den Aufbau des Universums gelehrt. Erst im frühen 19. Jahrhundert erkannte die katholische Kirche die Vorstellung eines Sonnensystems, in dessen Zentrum die Sonne steht, offiziell an, indem sie das Modell in ihren Lehrplan aufnahm.

Im Gegensatz dazu paßten sich traditionelle Astrologen rasch dem neuen Weltbild an, denn es hinderte sie nicht daran, an dem Glauben festzuhalten, daß Planeten und Sterne das Geschehen auf der Erde und das Verhalten der Menschen beeinflussen. Das neue System war nur ein Weg, mit mathematischen und geometrischen Mitteln zu erklären, warum sich die Konstellationen am Himmel von Stunde zu Stunde, von Tag zu Tag und Monat zu Monat veränderten. Die angularen Beziehungen zwischen den Planeten (die Aspekte) waren konstant. Der Tierkreis blieb unverändert. Die theoretische Einteilung des Himmels in Häuser hatte die gleiche Grundlage. Verbesserte Beobachtungen und Messungen vergrößerten das Wissen um das Universum, doch sie änderten nicht unbedingt die fundamentalen astrologischen Grundgedanken.

Ironischerweise stand Tycho Brahe (1546–1601), ein Anhänger der traditionellen Astrologie, der höchst bedeutsame, astronomische Erkenntnisse gewann, auf denen spätere Astronomen wie Kepler und Isaac Newton ihre eigenen revolutionären Entdeckungen aufbauen sollten, Kopernikus ablehnend gegenüber. Seine eigenen außergewöhnlich präzisen Ergebnisse überzeugten ihn davon, daß die Erde im Mittelpunkt des Universums stehe, die Sonne sich in einer Umlaufbahn um die Erde bewege und die fünf bekannten Planeten in einem System von Epizykel um die Sonne kreisten. Für ihn war die Kopernikanische Theorie nicht nur wissenschaftlich töricht, sondern auch im Sinne der Heiligen Schrift falsch.

ATLAS COELESTIS,
seu
HARMONIA
MACROCOSMICA.

Oben: Heinrich Hansen, Tycho Brahes Observatorium bei Nacht, Frederiksborg (Dänemark), National-Historike Museum. Brahes Beobachtungen wurden zur Grundlage für große Bereiche der modernen Astrologie und Astronomie.

Links: Frontispiz zu: Andrew Cellarius, »Atlas coelestis seu Harmonia macrocosmica«, um 1660, London, The British Library. Die Darstellung zeigt (von links nach rechts): Tycho Brahe, Ptolemaeus, Augustinus, Kopernikus, Galilei und Cellarius.

Neben der Entwicklung präziser Instrumente und detailgenauer Beobachtungsmethoden lieferte Brahe neue Kenntnisse über den Lauf des Mondes und erklärte erstmals die irreführenden Erscheinungen der Himmelskörper mittels der Refraktion der Atmosphäre. Darüber hinaus stellte er die Aristotelische Kosmologie gründlich auf den Kopf, als er das plötzliche Auftauchen eines neuen Sterns (einer Nova oder Supernova) entdeckte und bekanntmachte, den er in den Bereich der Fixsterne einordnete, eine Klasse, die bis dahin als unveränderlich angesehen worden war. Trotzdem war er von den Verdiensten der Astrologie überzeugt, und er zeichnete Horoskope für die königliche Familie von Dänemark, die ihm auf einer Insel ein Domizil eingerichtet hatte, wo er seine Himmelsstudien betreiben konnte.

Brahes Leistungen zeigen, daß sowohl Beobachtung als auch hypothetisches Denken notwendig sind, um Wissen zu erweitern. Seine Theorien über den Aufbau des Sonnensystems stellten sich zwar als falsch heraus, doch seine Beobachtungen ermöglichten es seinem Schüler Kepler, durch Berechnungen und Hypothesen die Gesetze der Planetenbewegungen abzuleiten, die für die gesamte nachfolgende Astronomie grundlegend geworden sind. Kepler akzeptierte die heliozentrische Sichtweise von Kopernikus, doch er stellte fest, daß sie aufgrund der unrichtigen Annahme, die Planetenumläufe seien kreisförmig, im Widerspruch zu den genauen Beobachtungen Brahes stand. Als Kepler von elliptischen Umlaufbahnen ausging, paßten plötzlich alle Fakten zusammen. Daran wird deutlich, wie beobachtete Fakten je nach Zeitgeist und persönlicher Überzeugung des Interpretierenden unterschiedlich erklärt und verstanden werden können.

Unsere moderne Sichtweise des Sonnensystems nimmt mit den drei Keplerschen Gesetzen, in mathematische Formeln gefaßt, ihren Anfang. Im wesentlichen besagen sie: 1. alle Planeten kreisen auf elliptischen Umlaufbahnen um die Sonne; 2. jeder Planet bewegt sich auf seiner Umlaufbahn mit unterschiedlichen Geschwindigkeiten, die von seinem jeweiligen Abstand zur Sonne bestimmt werden; 3. die Zeit, die ein Planet benötigt, um einen vollständigen Umlauf um die Sonne zu vollziehen, steht in einem proportionalen mathematischen Verhältnis zu dessen Entfernung zur Sonne.

Keplers Verbindung mit der Astrologie hat unterschiedliche Bewertungen erfahren. Zweifellos hat er gesagt, Astrologie sei die dumme Tochter der weisen Mutter Astronomie, doch später räumte er ein, daß die Erfahrung ihn dazu gebracht habe, an die Einwirkungen der Sternbilder auf die menschliche Natur zu glauben. Er setzte die Anerkennung des Einflusses der Sterne mit dem Glauben an Gottes Weisheit gleich. Offensichtlich entwarf er Horoskope und stellte, vermutlich in erster Linie aus finanziellen Gründen, astrologische Almanache zusammen, die prognostischen Zwecken dienten. Andererseits versuchte er, der vorschnellen Ablehnung der Astrologie seitens einiger Forscherkreise entgegenzuwirken, indem er die rationalen Elemente dieser Disziplin von den magischen trennte. Da auch Kepler die Auffassung teilte, daß die Sterne zwar Anstöße geben, aber nicht zwingen könnten, benutzte er die Astrologie, um Tendenzen und Wahrscheinlichkeiten zu enthüllen, wodurch es dem Individuum ermöglicht werden sollte, von den Gestirnen verursachte negative Einflüsse zu bannen und den durch Horoskope vorhergesagten Gang der Ereignisse zu verändern.

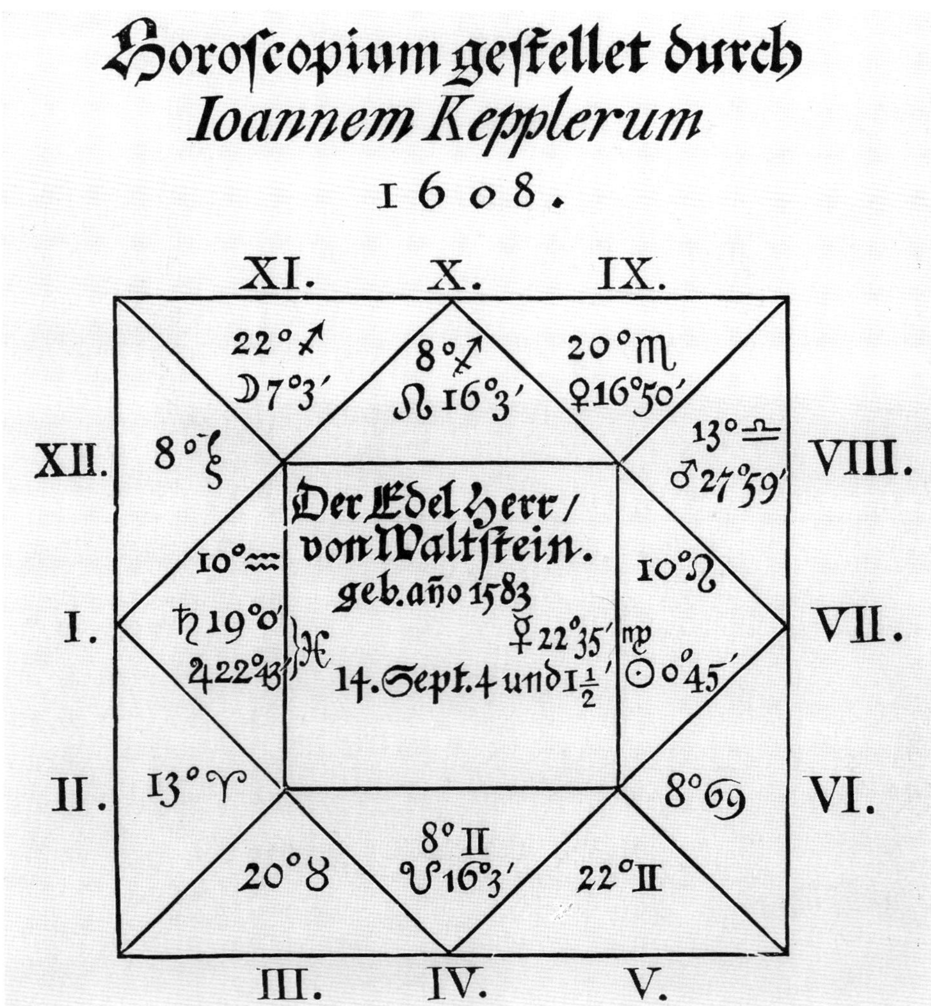

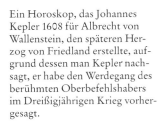

Ein Horoskop, das Johannes Kepler 1608 für Albrecht von Wallenstein, den späteren Herzog von Friedland erstellte, aufgrund dessen man Kepler nachsagt, er habe den Werdegang des berühmten Oberbefehlshabers im Dreißigjährigen Krieg vorhergesagt.

Rechts: Ein Holzschnitt aus Johannes Keplers »Mysterium cosmographicum«, Tübingen 1596, zeigt ein mechanisches Modell seines Planetensystems.

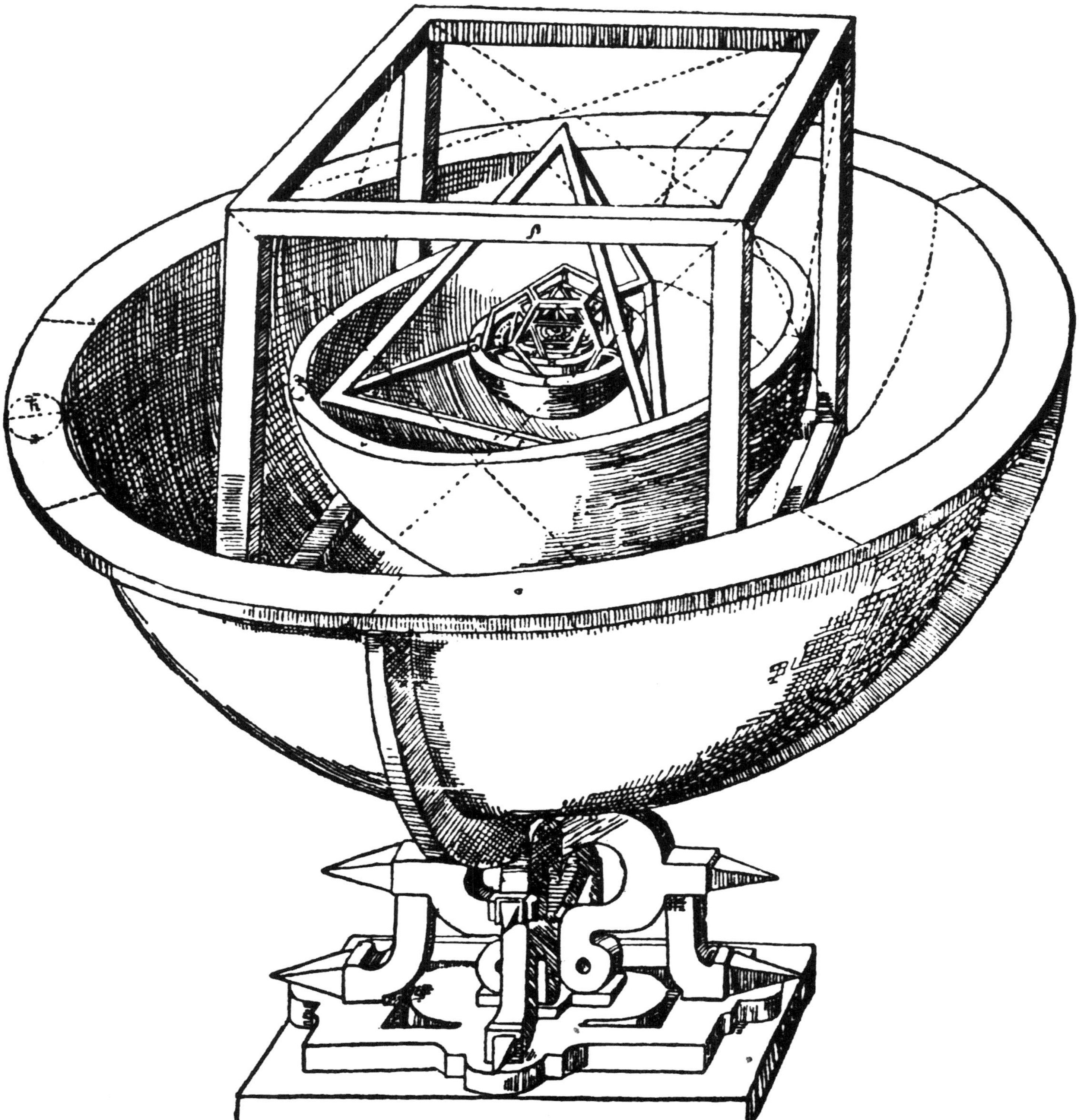

Robert-Fleury (1797–1890), Galilei vor der Inquisition, 1847, Paris, Musée du Louvre

Rechts: Eine Replik des Teleskops, das Isaac Newton für seine wissenschaftlichen Beobachtungen des Himmels benutzte.

Titelblatt zu: Isaac Newton, »Philosophiae naturalis principia mathematica«, Erstausgabe London 1687, Washington, D. C., The Library of Congress. Newtons Werk gilt als Meilenstein in der Entwicklung der Physik.

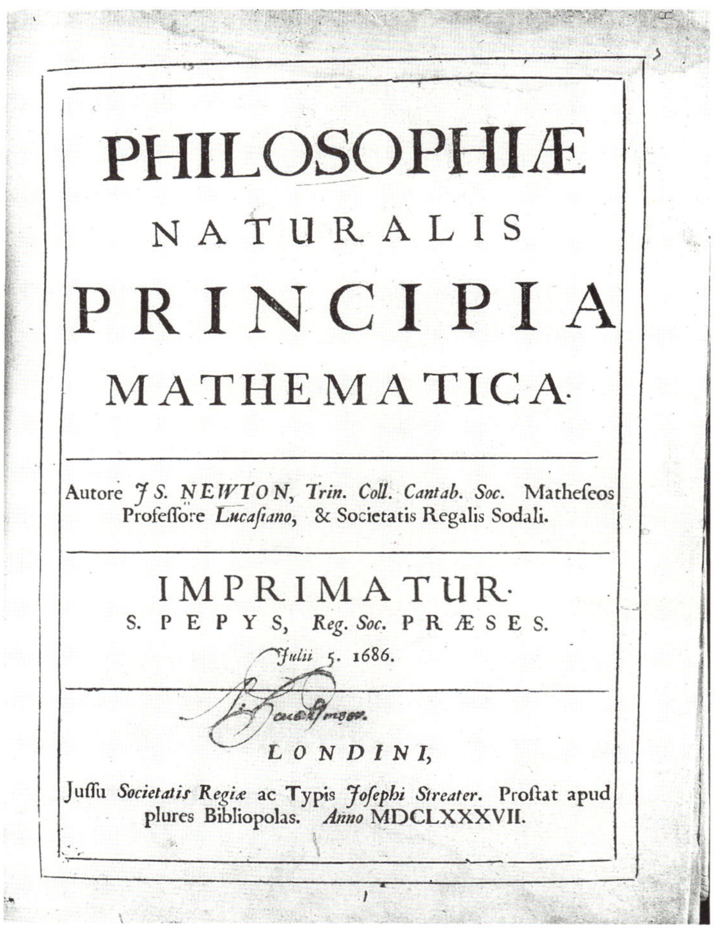

PHILOSOPHIÆ
NATURALIS
PRINCIPIA
MATHEMATICA.

Autore *JS. NEWTON*, *Trin. Coll. Cantab. Soc.* Matheseos Professore *Lucasiano*, & Societatis Regalis Sodali.

IMPRIMATUR.
S. PEPYS, *Reg. Soc.* PRÆSES.
Julii 5. 1686.

LONDINI,

Jussu *Societatis Regiæ* ac Typis *Josephi Streater*. Prostat apud plures Bibliopolas. *Anno* MDCLXXXVII.

Galilei unterstützte die Kopernikanische Theorie. Für seine Beobachtungen benutzte er ein Teleskop, das er bis zu einem hohen Grad an Effizienz verbessert hatte. Er studierte die astrologischen Lehren und liebäugelte mit ihnen, am Ende aber verwarf er sie. Seine Entdeckungen und Veröffentlichungen bestätigten den heliozentrischen Aufbau des Sonnensystems, aber sie brachten ihn auch in Konflikt mit der Kirche. Schließlich zensierte die Inquisition seine Schriften und forderte einen öffentlichen Widerruf seiner astronomischen Erkenntnisse.

Das 18. Jahrhundert

Isaac Newtons Werdegang umfaßt die letzten drei Jahrzehnte des 17. und das frühe 18. Jahrhundert und ist in gewisser Weise typisch für diese beiden Zeiträume. Seine »Philosophiae naturalis principia mathematica«, die 1687 erstmals veröffentlicht wurden, waren eine gelungene Fortführung jener Leistungen, die von anderen im 17. Jahrhundert erbracht worden waren. Keplers Gesetze über die Planetenbewegung ergänzte Newton um die Gesetze der Bewegung, die das riesige Universum als eine physikalische Maschinerie erklärten, die nach den

Oben: Ein Ausschnitt aus dem Teppich von Bayeux, der die Ereignisse um die Eroberung Englands im Jahre 1066 durch Wilhelm den Eroberer darstellt. Ein Komet, der am Himmel erschien, beängstigte die Sachsen und steigerte die Hoffnungen der Normannen auf den Sieg. Stickerei auf Leinen, um 1070–1080, Bayeux, Bischöfliches Palais

Links: Edmond Halley (1656–1742), dessen Beobachtungen und Schriften viele Erklärungen über die bis dahin kaum bekannten Planeten lieferten

Gesetzen der Mechanik funktioniert. Nach Newtons Überlegungen verharrte jede ruhende oder sich am Himmel bewegende Masse in Ruhe oder in geradliniger Bewegung, solange nicht äußere Kräfte auf sie einwirken (Trägheitsprinzip). Er erkannte, daß die Veränderungen im Verhalten der Masse in einem mathematischen Verhältnis zu der von außen einwirkenden Kraft stehen und jede Reaktion eine gleich starke Gegenreaktion hervorruft. Im Gravitationsgesetz formulierte er, wie jede Masse andere Massen anzieht, und zwar direkt proportional der Dichtheit der Materie und entgegengesetzt proportional der quadrierten Entfernung zwischen den betreffenden Massen.

Eine derart mechanistische Auffassung entsprach der im 18. Jahrhundert in allen wissenschaftlichen Disziplinen zu beobachtenden Tendenz, Probleme mit rationalen Argumenten zu lösen, statt sie mit mystischen Erklärungen zu verschleiern. In diesem ›Jahrhundert der Aufklärung‹ distanzierten sich Philosophen wie David Hume, René Descartes, John Locke und andere von jeglichen okkulten und geheimnisvoll religiösen Lehren. Doch Newton war sowohl klar denkender Naturwissenschaftler als auch religiös gesinnter Neuplatoniker, der an die Weisheit der Heiligen Schrift glaubte. Seine Physik wurde der Grundstein für die spätere Astrophysik und viele andere Wissenschaftsbereiche; doch Newton selbst sah seine wichtigste Aufgabe darin, die Wege des Schöpfers des Universums zu erleuchten. Sein Ziel war es, das persönliche Heil zu erlangen.

Edmond Halley (1656–1742), Newtons jüngerer Zeitgenosse und Anhänger, war ein Astronom, der die Astrologie unmißverständlich als Aberglauben bezeichnete. Er begrub auch die Vorstellung, daß Kometen (von denen einer als Halleyscher Komet berühmt wurde) wissenschaftlich unerklärbare Himmelserscheinungen seien. Über Tausende von Jahren hinweg hatte es zahllose Beschreibungen von Kometen gegeben, doch erst Halley verstand die grundlegenden Gesetze der Kometenbewegungen und machte die Öffentlichkeit damit vertraut.

Ihr seltenes Auftreten und ihre außergewöhnliche Erscheinung umgaben Kometen seit Menschengedenken mit einer geheimnisvollen, furchterregenden Aura, so daß es naheliegend war, in ihnen Vorboten von zumeist schrecklichen Ereignissen auf der Erde zu sehen. Als beispielsweise ein leuchtender Komet mit einem hellen Schweif im Jahre 1066 während der Schlacht bei Hastings zwischen dem Normannen Wilhelm dem Eroberer und dem angelsächsischen König Harold erschien, soll der Eindringling ihn als ein Zeichen des künftigen Sieges begrüßt haben. Der Überlieferung nach sah der König ihn als einen Unglücksboten.

Eine Darstellung des Teleskops, das Wilhelm Herschel bei der Entdeckung des Planeten Uranus benutzte. Astronomical Society of the Pacific

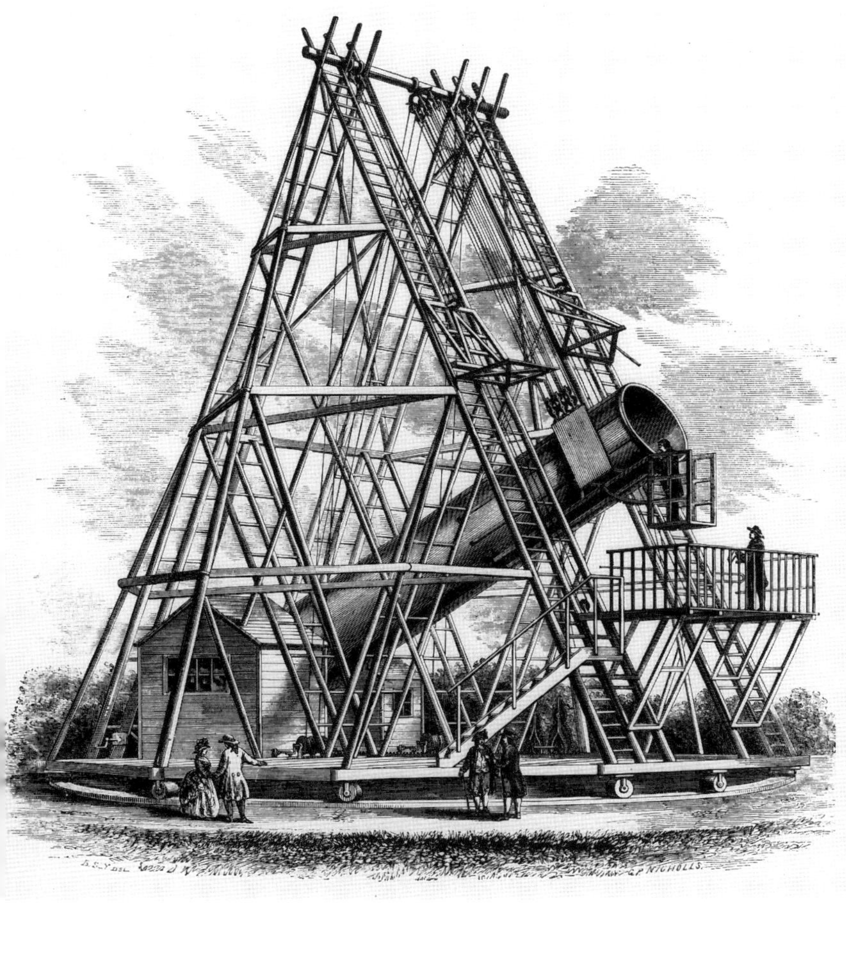

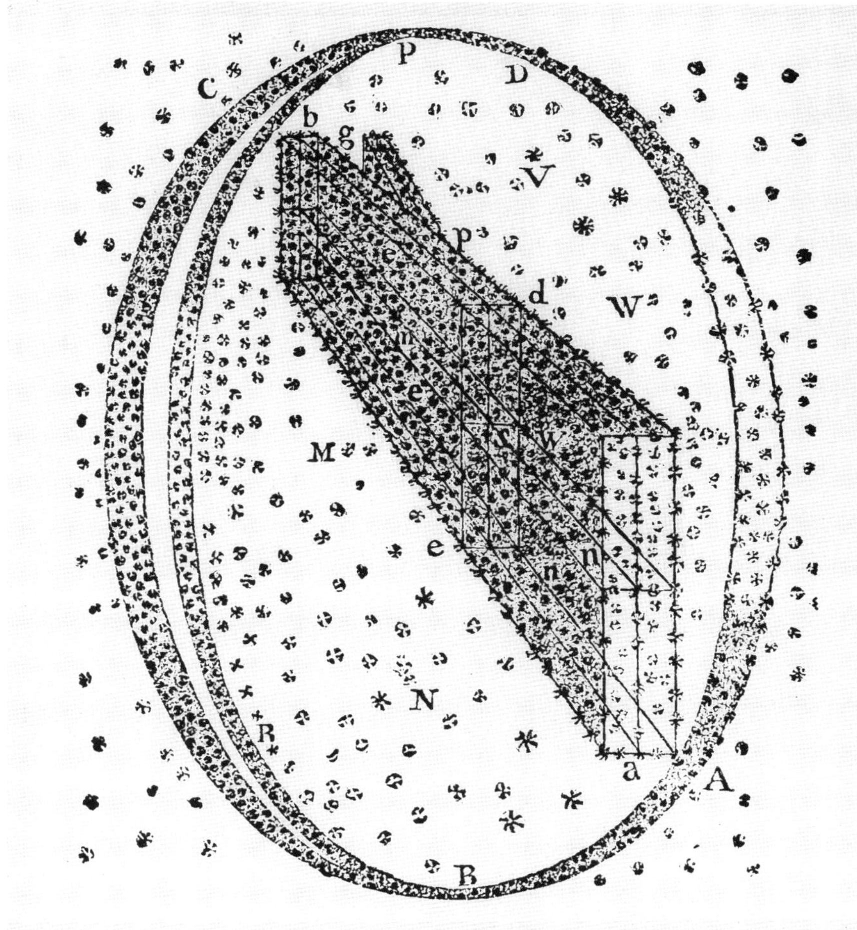

Das Diagramm illustriert Wilhelm Herschels Vorstellung der Milchstraße. Aus: »Encyclopedia Londinensis«, London, um 1810

Eine weitere herausragende Leistung des 18. Jahrhunderts, die einen wichtigen, doch vorübergehenden Rückschlag für die Astrologie darstellte, war die Entdeckung eines völlig neuen Planeten im Sonnensystem durch Wilhelm Herschel (1738–1822) im Jahre 1781. Er wollte ihn zunächst Georgium Sidus nennen, nach seinem König und Gönner George III. Andere votierten für den Namen Herschel, doch schließlich taufte man ihn Uranus, entsprechend dem Pantheon griechisch-römischer Götter, nach denen die anderen Planeten benannt worden waren. Sein Symbol wurde das ›H‹ für ›Herschel‹, mit einem Zusatz: Am Querbalken des Buchstabens hängt ein kleiner Planet.

Die Entdeckung dieses achten Planeten stellte den alten und heiligen Glauben der Astrologie an die Zahl Sieben in Frage und drohte sämtliche Horoskope hinfällig zu machen, die im Laufe der Jahrhunderte aufgestellt worden waren, ohne Uranus zu berücksichtigen. Doch die Astrologen freundeten sich rasch mit der Neuentdeckung an. Sie räumten indirekt die Unvollständigkeit der vergangenen Deutungen ein und wiesen ebenfalls darauf hin, daß frühere Interpretationen dadurch nicht ungültig würden, sondern mit einem erweiterten wissenschaftlichen Kenntnisstand noch bessere Horoskope möglich gewesen wären. Darüber hinaus mache diese Entdeckung die Einschätzungen von Menschen und Ereignissen in Zukunft sehr viel zuverlässiger. Als im 20. Jahrhundert die Entdeckung von Neptun und Pluto bekannt wurde, nahm man auch sie bereitwillig in die Familie der astrologischen Planeten auf.

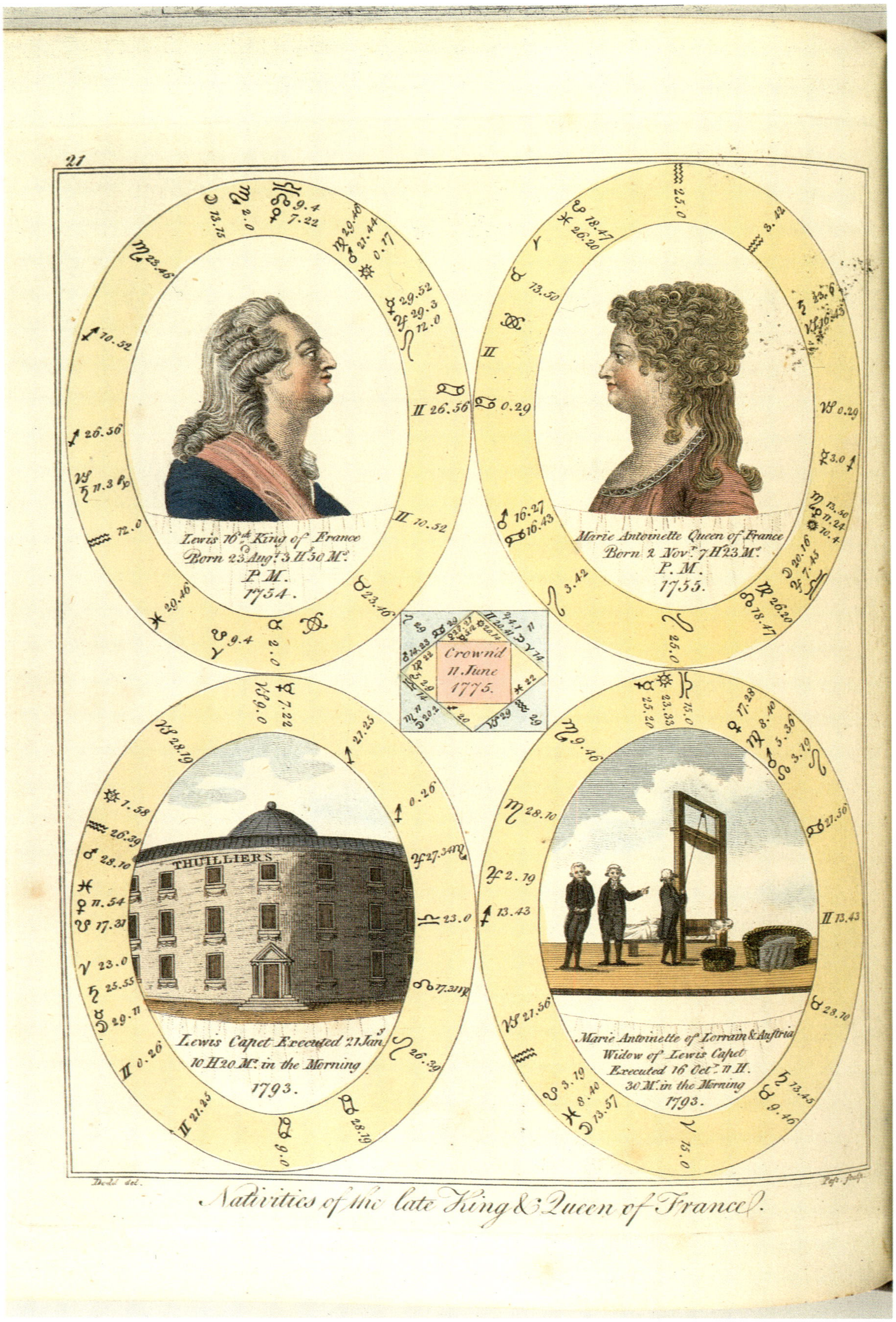

Die Horoskope von Ludwig XVI., König von Frankreich, und seiner Gemahlin Königin Marie Antoinette, die beide an den Einfluß der Sterne auf menschliche Schicksale glaubten. 1794

Rechts: Giuseppe Balsamo (1743–1795), der unter dem Namen Graf Cagliostro im Laufe seiner Karriere als Magier, Astrologe und Wahrsager Menschen aller Schichten in vielen Ländern hinters Licht führte. London, Wellcome Institute Library

Diese neuen Planeten, so argumentierten die Astrologen, bewegten sich so viel langsamer als die anderen, daß ihre Auswirkungen auf das Schicksal sich über längere Zeiträume bemerkbar machten und eher als im Hintergrund wirksame Einflüsse betrachtet werden müßten denn als konkrete Wirkungen. So wurden Horoskope verfeinert und erweitert, doch die Grundinformation blieb unverändert.

Ungeachtet der Bereitschaft zur Anpassung von seiten der Astrologen führten die neuen Enthüllungen über das Universum in Verbindung mit der allgemeinen rationalistischen Geisteshaltung der Zeit zu einer zunehmenden Ablehnung der astrologischen Lehrsätze. Mißtrauen und bisweilen Verachtung wurden offensichtlicher. Laurence Sterne zum Beispiel machte sich in seinem Roman »The Life and Opinions of

Tristram Shandy, Gentleman« über die Methoden der Astrologie lustig. Jonathan Swift dachte sich einen derben Spaß aus, um die Astrologie zu verspotten und um einen ihrer berühmtesten und erfolgreichsten Anhänger in Verruf zu bringen, der populäre Almanache geschrieben hatte und unter dem Decknamen Partridge (sein Familienname war Hewson) unzählige Horoskope erstellte. Swift gab vor, Isaac Bickerstaff, ein konkurrierender Astrologe zu sein, der Partridges prognostische Fähigkeiten kritisierte. Bickerstaff sagte Partridges eigenes Ableben für einen bestimmten nicht allzu fernen Tag voraus. Kaum hatten Bickerstaffs leichtgläubige Leser angebissen, da änderte Swift sein Pseudonym gleichfalls in Partridge und schrieb eine Antwort auf Bickerstaff, nachdem der vorhergesagte Todestag ereignislos verstrichen war. Als Partridge stellte Swift nun Bickerstaff an den Pranger, weil er eine falsche Vorhersage gemacht hätte, und er beklagte die großen Unannehmlichkeiten, die ihm Menschen bereitet hätten, die selbstverständlich von seinem Tod ausgegangen wären, darunter ein Bestattungsunternehmer, der angeblich seine Rechnung bezahlt haben wollte, weil er ihn bestattet hätte. Doch damit war der Scherz noch nicht zu Ende: Mitglieder der Inquisition in Portugal waren gleichfalls auf den angeblichen Bickerstaff hereingefallen und ließen nun seine Vorhersagen öffentlich verbrennen, denn der hatte neben Partridges' Ableben noch weitere Todesfälle und Katastrophen prophezeit.

Dennoch war die Astrologie keineswegs zum Untergang verurteilt. Ihre Anhänger zogen sich zwar auf die Ebene von

Sekten und Geheimbünden zurück, waren aber gleichzeitig bestrebt, das Podium der öffentlichen Diskussion nicht völlig zu verlassen. William Denhams »Astro-Theology« wurde viele Male wiederaufgelegt. Das vielleicht meistgelesene Buch zu diesem Thema war die illustrierte »Celestial Science of Astrology« (1790) von Ebenezer Sibly, einem gutgläubigen Chirurgen und Mitglied der renommierten ›Royal Society‹. Darüber hinaus wurde die Sprache der Astrologie in vielen Ländern zum Bestandteil der Konversationskunst, und sie fand Eingang in viele Werke der Literatur. So beginnt zum Beispiel die Autobiographie Goethes mit dem genauen Zeitpunkt seiner Geburt wie auch mit der Auslegung seines Geburtshoroskops. Einige Astrologen hatten weiterhin wichtige Positionen bei Hofe inne. Sowohl die Herrschenden als auch ihre Untertanen machten Entscheidungen – sei es in bezug auf Politik, Reisen oder Liebe – häufig von astrologischen Vorzeichen abhängig.

Von den vielen mehr oder weniger seriös praktizierenden Astrologen des 18. Jahrhunderts haben zwei es besonders gut verstanden, sich dem staunenden Publikum interessant zu machen: Graf Alessandro di Cagliostro (1743–1795, geboren als Giuseppe Balsamo auf Sizilien) und der Graf von Saint-Germain (geboren um 1710; sein wirklicher Name ist nicht bekannt). Ihre Titel haben sich beide allem Anschein nach selbst verliehen. Nachdem sie sich unabhängig voneinander einen eigenen Ruf erworben hatten, lernten sie sich kennen, möglicherweise auf Sizilien, begründeten eine langjährige Freundschaft, unternahmen ausgedehnte Reisen zusammen und unterstützten sich gegenseitig. Der ältere, Saint-Germain, liebte es, wie ein geheimnisvoller Seher aufzutreten, dem er den rätselhaften Namen Althotas verlieh. Als Kenner vieler okkulter Künste war er möglicherweise der Astrologie-Lehrer seines ergebenen Schülers Cagliostro. Auch Saint-Germains Ruhm als Handleser währte weit über sein Jahrhundert hinaus. Als Geheimagent von Frankreich und gerngesehener Gast an allen europäischen Höfen beeindruckte er die Menschen mit seiner Gelehrsamkeit und seinen besonderen Fähigkeiten. In seinen Memoiren huldigt Cagliostro seinem Freund und Lehrmeister und schildert dessen erstaunliche Fähigkeiten voller Begeisterung.

Cagliostro selbst war eine noch schillerndere Gestalt, und vom europäischen Hochadel und den höheren gesellschaftlichen Kreisen wurde er stark hofiert. Er war als Arzt und Astrologe auf Sardinien, in Rom, Venedig, Neapel, Paris, London, Spanien, Persien, Arabien, Ägypten und auf der Insel Malta tätig. Cagliostro widmete sich allen Spielarten des Okkultismus: der Alchimie, mit deren Hilfe er magische Liebestränke und Jugendelixiere braute, der Geisterbeschwörung und der Astrologie. Sein persönliches Charisma, verbunden mit der Schönheit der Frau an seiner Seite, übten allem Anschein nach einen unwiderstehlichen Zauber aus, denn er verdiente mit seinen Beratungen und Vorhersagen beträchtliche Summen. Er wußte seine zahlreichen Talente auf vielfältige Weise zu nutzen: So unterschlug er zum Beispiel Gelder unter dem Vorwand, mit Hilfe der Alchimie Gold herzustellen; er gründete geheime Sekten mit erotischen Riten und rühmte sich, wundersame Heilungen vollbracht zu haben; wenn es ihm passend erschien, fälschte er astrologische Vorhersagen. Einmal wagte er den Versuch, den französischen

Königshof und dessen Juweliere um ein wertvolles Diamantenhalsband zu betrügen; sein Komplize dabei war Kardinal de Rohan, der ebenfalls seinen Betrügereien zum Opfer fiel. Nachdem er in der Bastille gefangengesetzt worden war, schaffte es Cagliostro, seine Unschuld zu beweisen und, wie so viele Male vorher, der Bestrafung zu entgehen. Sein abenteuerliches Leben endete im Alter von 52 Jahren durch den Arm der Inquisition. Nachdem ihm in Frankreich und England der Boden zu heiß geworden war, floh er nach Rom. Auch hier konnte er es anscheinend nicht lassen, sich selbst in Schwierigkeiten zu bringen. Sein Versuch, unter Mißachtung der römisch-katholischen Kirche eine weitere mystische Sekte zu gründen, brachte ihn vor die Inquisition. Nach einer längeren Untersuchung, die sich über mehr als ein Jahr erstreckte, wurde er schließlich hingerichtet.

In den Augen seriöser Astrologen verkörpern Saint-Germain und Cagliostro jene Art von Scharlatanen und Gaunern, durch die die Astrologie in Verruf geraten ist. Daneben verdeutlichen die Karrieren dieser beiden Männer die offenbar tiefverwurzelte Neigung der Menschen – selbst solcher in hochgestellten Positionen – an Magie und Mysterien zu glauben und auf okkulten Wegen zu versuchen, das Schicksal zu besiegen.

Das 19. und 20. Jahrhundert

Im 19. und 20. Jahrhundert erlebte die Astrologie eine Blütezeit. Überraschenderweise geschah dies zum gleichen Zeitpunkt, als in der Astronomie wichtige Fortschritte erzielt wurden und unter Wissenschaftlern eine wachsende Verachtung der Astrologie um sich griff. Die gesteigerte Leistungsfähigkeit der Teleskope, die es Wilhelm Herschel im 18. Jahrhundert ermöglicht hatte, den Planeten Uranus zu entdecken, verhalf Astronomen in den nachfolgenden zwei Jahrhunderten dazu, die Existenz von Neptun und Pluto nachzuweisen. Angeregt durch eine schwache, aber eindeutige Störung in der Umlaufbahn von Uranus, die von Astronomen und dem Mathematiker Pierre Simon Laplace (1749–1827) ein halbes Jahrhundert nach Herschels Entdeckung festgestellt wurde, suchte man mit Hilfe von Teleskopen nach diesen Planeten. Es sollte zwei Jahrzehnte dauern, bis im Jahre 1846 die Beobachtungen und Berechnungen von John Couch Adams (1819–1892) in England, Urbain J. J. Leverrier (1811–1877) in Frankreich und Johann Gottfried Galle (1812–1910) in Deutschland schließlich zur Entdeckung des weit entfernten Planeten Neptun führten.

Geringfügige Abweichungen in den zu erwartenden Umlaufbahnen von Uranus und Saturn hatten die Wissenschaftler vermuten lassen, daß noch ein weiterer, bislang nicht sichtbarer Körper auf diese beiden Planeten einwirke. Am intensivsten beschäftigte sich Percival Lowell (1855–1916) in Arizona mit diesem Problem. 1905 war er durch mathematische Untersuchungen der Planetenbahnen von Uranus und Saturn zu der Überzeugung gelangt, daß weit hinter Neptun ein Planet X existiere, der für diese Störungsweisen verantwortlich sei. Lowell machte unzählige photographische Serienaufnahmen von dem Gebiet des Universums, wo er den Planeten vermutete, doch er starb 1916, ohne sein Ziel erreicht zu haben. Die Suche wurde erst 1930 wiederaufgenommen, und dieses Mal entdeckte man auf zeitlich abgestimmten Photoplatten einen Lichtpunkt, genau wie Lowell berechnet und behauptet hatte. Neptun, Pluto und Uranus sind inzwischen in die Liste der astrologischen Planeten aufgenommen worden, und man hat ihnen Eigenschaften und beherrschende Einflüsse zugeordnet, die den alten Göttern entsprechen, nach denen sie benannt sind.

Hatten sich bis zum 18. Jahrhundert einzelne Forscherpersönlichkeiten noch gleichermaßen mit Astronomie und Astrologie beschäftigt, so setzte sich die scharfe Trennung dieser beiden Disziplinen in den folgenden Jahrzehnten mehr und mehr durch. Daß es sich in der Tat um unterschiedliche Arbeitsbereiche handelt, dafür hatte man schon in den Schriften von Eudoxos im 4. Jahrhundert v. Chr. und in denen des Ptolemaeus im 2. Jahrhundert n. Chr. Anhaltspunkte gefunden: Schließlich ist die Berechnung von Bahnen und Positionen der Gestirne nicht mit der Interpretation ihrer Einflüsse auf das Schicksal eines Menschen zu verwechseln. Nachdem beide Disziplinen nun klar voneinander abgegrenzt waren, entwickelten sich im 19. Jahrhundert innerhalb der Astrologie konkurrierende Schulen: Traditionalisten, Symbolisten, Mystiker, Statistiker und Psychologen.

Traditionalistische Astrologie

Der Deutsche Julius Wilhelm Andreas Pfaff (1774–1835) kompilierte astrologisches Wissen, in der Hauptsache Zusammenfassungen der Lehren und Kommentare früherer Meister aus vergangenen Jahrhunderten. In England entwickelte James Wilson ein enzyklopädisches Lehrbuch, das auf den konventionellen Ptolemaeischen Lehren aufbaute. Viele andere Astrologen legten zu Beginn des Jahrhunderts Arbeiten zu dem Thema vor und praktizierten mit beträchtlichem Erfolg. Dazu zählte auch Lady Hester Lucy Stanhope (1776–1839), die in ihrem Zufluchtsort im Libanon von Ratsuchenden aus der ganzen Welt aufgesucht wurde.

Mehr und mehr astrologische Almanache wurden veröffentlicht, darunter das bekannte »Horoskop von Napoleon III.«, das von dem Deutschen Johannes Karl Vogt (1808–1873) herausgegeben wurde, und »The Book of Fate« (anonym), in dem ganze Litaneien von Vorhersagen aufgelistet waren. Eine weitere populäre Veröffentlichung des frühen 19. Jahrhunderts war William Simmonites »Meteorologist and Medical Botany or Herbal Guide to Health«. Seit Mitte des Jahrhunderts enthielten Hunderte von Zeitungen in vielen Ländern Tageshoroskope. In Magazinen wurden unzählige Artikel abgedruckt, und es erschienen genug Bücher über Astrologie, um die Seiten eines umfangreichen bibliographischen Kataloges zu füllen.

Die beiden berühmtesten astronomischen Almanache des 19. Jahrhunderts stammten von zwei Engländern: ›Raphael‹ (Robert Cross Smith; 1795–1832) und ›Zadkiel‹ (Lieutenant Richard James Morrison; geb. 1795). »Raphael's Almanac, Prophetic Messenger, and Weather Guide« wurde ein Bestseller und wird noch heute gedruckt. Smith (Raphael), ein Bekannter von William Blake, erstellte für den Dichter das Horoskop und veröffentlichte zusammen mit anderen prominenten Persönlichkeiten Hefte, die sich mit Vorhersagen beschäftigten. Nach Smiths Tod im Jahre 1832 brachten andere den Almanach unter seinem Pseudonym immer wieder auf den neuesten Stand. Zadkiel – den Namen hatte Richard Morrison, ein Offizier der Royal Navy, angenommen – gründete 1832 einen Almanach, der sogar noch einflußreicher wurde als der von Raphael. »Zadkiel's Almanac« erschien über hundert Jahre lang unter einer Reihe von Herausgebern, von denen einer, Alfred Pearce, Lehrbücher zur traditionellen Astrologie verfaßte, in denen er Argumente zu ihrer Verteidigung vorbrachte. Gewöhnlich waren Morrisons Prognosen höchst intellektuell, obwohl er mitunter auch Ratschläge für Investitionen oder Pferdewetten erteilte. Darüber hinaus verfaßte Morrison eine Reihe anderer Publikationen über Astrologie und gründete die ›Astro-meteorological Society‹. Sein Mitarbeiter und Geschäftspartner, der Rechtsanwalt Christopher Cooke, versuchte, das 1824 verabschiedete ›Parliamentary Vagrancy Act‹ (ein Zusatz zu dem aus dem Jahre 1736 stammenden Gesetz gegen Hexerei) anzufechten, das die Astrologie ebenso wie Hexerei und Wahrsagerei verbot. Es sind tatsächlich einige Anklagen wegen astrologischer Zukunftsdeutungen erhoben worden, was schließlich Sir Walter Scott 1829 dazu veranlaßte, die vorgesehene Handlung eines seiner Romane abzuändern, um so möglichen Repressalien von vornherein aus dem Weg zu gehen.

In Frankreich zeichneten die beiden Traditionalisten Faucheux und Formalhaut für ein wachsendes Interesse an der Astrologie verantwortlich. Der Enthusiasmus war jedoch nicht groß genug, um einem Berufsstand professioneller Astrologen eine Existenzgrundlage zu verschaffen. Die meisten von ihnen, darunter Paul Choisnard, Charles Nicoullaud und Henri Selva, mußten ihren Lebensunterhalt mit anderen Tätigkeiten verdienen. Dennoch wuchs die Zahl der Publikationen, die bis in unser Jahrhundert populär blieben.

Obgleich in den letzten beiden Jahrhunderten die Zahl der in den Vereinigten Staaten praktizierenden Astrologen in die Tausende ging, ist kaum anzunehmen, daß mehr als eine Handvoll von ihnen genug damit verdiente, um davon leben zu können. Zwar erhielten einige beträchtliche Tantiemen aus dem Verkauf von Büchern oder durch postalische Beratung, doch die große Mehrheit hat sich entweder mühsam durchschlagen müssen oder ihre astrologischen Aktivitäten als Nebentätigkeit ausgeübt. Doch eine von ihnen, Evangeline Adams (1865–1932), war nicht nur finanziell erfolgreich, sie wurde auch von berühmten Persönlichkeiten der verschiedensten Berufssparten empfangen, darunter ein König, ein Opernsänger, ein Filmstar, ein Finanzier. Nachdem sie 1914 wegen Wahrsagerei verhaftet worden war, wurde ihr – auf ihren eigenen Wunsch – der Prozeß gemacht. Mit ihrer Belesenheit und besonders durch die Erstellung eines nachprüfbar richtigen Geburtshoroskops (wie sich herausstellte, hatte ihr der Vorsitzende das Geburtsdatum seines eigenen Sohnes angegeben) konnte sie das Gericht so verblüffen, daß es zu ihren Gunsten entschied und verkündete, Astrologie, so wie Mrs. Jordan (Evangeline Adams) sie praktiziere, sei als exakte Wissenschaft zu verstehen. So verschaffte Evangeline Adams zwar der Astrologie in der Bevölkerung große Achtung und Glaubwürdigkeit, doch ihre traditionelle Arbeitsweise konnte nichts an der akademischen Ächtung ihres Berufs ändern.

Symbolische und mystische Ansätze

Ein eher symbolischer als wörtlicher Zugang zu den herkömmlichen astrologischen Lehren gewann in den vergangenen zwei Jahrhunderten immer mehr Anhänger. Ein Zusammenhang zwischen Astrologie, biblischen Schriften und apokryphen Texten ist besonders im 20. Jahrhundert von Frances Rolleston, Carl Anderson und Rosa Baughan (die darüber hinaus zwischen bestimmten Methoden der Astrologie und dem Handlesen Verbindungen herstellte) betont worden.

Ein weitgefaßter astrologischer Symbolismus hat sich in Richtung einer eher mystischen Haltung und weg von den herkömmlichen Techniken der Astrologie entwickelt. Gleich zu Anfang des 19. Jahrhunderts hatte Francis Barrett in England diesen Weg eingeschlagen. Obwohl er wie alle mystisch orientierten Astrologen an den Einfluß der Sterne auf die Menschen glaubte, schenkte er den traditionellen astrologischen Methoden wenig Beachtung. Im Frankreich des 19. Jahrhunderts entwickelten einige Außenseiter, zum Beispiel Eliphas Lévi (Alphonse Louis Constant, 1810–1875, dessen »Geschichte der Magie« ein mysteriöses ›Astrallicht‹ mit einer Vielzahl von okkulten Theorien vermischte) und Papus (Gérard Analect Vincent Encausse, 1865–1916), ihre eigenen astrologischen Deutungen. Eine andere Gruppe, darunter Paul Christian (Christian Pitois, 1811–1877), benutzte astrologische Lehren als Unterbau für ihre mystischen Deutungen. Diese Entwicklung zum Okkultismus wurde im 20. Jahrhundert in Frankreich durch Alexandre Volguine weitergeführt, der ein Übermaß an wissenschaftlichen Methoden ablehnte, da er die Stärke der Astrologie gerade in der Intuition und Inspiration erkannte.

Noch immer bedienen sich die meisten Okkultisten zumindest einiger weniger Elemente der Astrologie. Zum Beispiel Aleister Crowley (1875–1947), der Begründer einer okkulten Gesellschaft, die sich ›Hermetic Order of the Golden Dawn‹ nannte, nahm einige astrologische Elemente in seine Lehren auf, doch sein Hauptinteresse galt der Kabbala, dem Tarot und anderen mystischen Methoden. Philosophen, die dem Mystizismus anhängen, befürworten die Grundzüge der Astrologie entweder uneingeschränkt und verwenden Planeten und den Tierkreis als Symbole, oder sie anerkennen zumindest, daß die Sterne bei der Bestimmung des Charakters einer Person beteiligt sind.

Mit der Gründung der ›Theosophical Society‹ 1874/1875 durch Helena Blavatsky und Colonel Henry Steel Alcott in den USA wurden dort der Mystizismus und die Astrologie institutionalisiert. Obwohl die Gründer nur ein sekundäres Interesse an Astrologie hatten, da sie sich hauptsächlich darauf konzentrierten, die Psyche und vergleichende Religionswissenschaft zu studieren, akzeptierten sie die astrologischen Grundlehren ohne Einschränkungen, womit sie dazu beitrugen, daß Astrologie als eine ernstzunehmende intellektuelle Beschäftigung anerkannt wurde.

Unter den herausragenden Astrologen der westlichen Welt unterhielten viele enge Verbindungen zur theosophischen Bewegung. So wurde zum Beispiel zu Beginn des 20. Jahrhunderts in Deutschland der theosophische Verlag von Hugo Vollrath zu einem wichtigen Forum für astrologische Arbeiten. Gegen Ende des Ersten Weltkriegs hatte er zahlrei-

Unten: Titelblatt zu »The Astrologer of the Nineteenth Century« (»Der Astrologe im 19. Jahrhundert«), London, 1825. Bücher über okkulte Wissenschaften waren im 19. Jahrhundert sehr gefragt.

Rechts: Justice (Gerechtigkeit), Illustration zu: »The Prophetic Messenger«, astrologischer Almanach, um 1850, Radierung und farbige Aquatinta, London, Wellcome Institute Library. Die Darstellung faßt Ereignisse des Jahres 1832 zusammen.

Spica
Sol Eclipsed July 27th 1832. Astra Regunt homines.
Ophiucus
Algol
Orion
Andromeda
Pegasi
Fomahant
Alla d'all
Libertas
Vox Populi Vox Dei
Justitia

che Druckschriften und Almanache veröffentlicht, und in ganz Deutschland fanden Versammlungen astrologischer Gesellschaften statt.

In England war Alan Leo (William Frederick Allen, 1860–1917), einer der erfolgreichsten praktizierenden Astrologen und der Herausgeber astrologischer Zeitschriften und Horoskope, begeistertes Mitglied einer theosophischen Gruppe, zu der ihn sein Freund Sepharial (Walter Gorn Old) mitgenommen hatte. Sepharial war selbst ein äußerst bekannter Autor, der für die Börse und Pferderennen viele Vorhersagen machte, wie auch Zadkiel es getan hatte. Weder Zadkiel noch Sepharial kamen mit dem Gesetz in Konflikt, doch Alan Leo wurde verhaftet, angeklagt und wegen Wahrsagerei zu einer Geldstrafe verurteilt.

Dane Rudhyar, ein Astrologe in den Vereinigten Staaten, der in der Zeit nach dem Ersten Weltkrieg arbeitete, empfahl Astrologen, mit den von den Griechen und Römern ererbten Traditionen zu brechen, vor allem mit den Versuchen, Zukunftsprognosen mit Hilfe von Horoskopen aufzustellen, was er mit Wahrsagerei gleichsetzte. Er neigte zu psychologischen und intuitiven Methoden der Astrologie (C. G. Jungs Vorstellungen nicht unähnlich) und bevorzugte eine esoterische Astrologie, die im Gegensatz zur Geburts- und Mundan-Astrologie instinktorientiert ist.

Die Theosophische Gesellschaft steigerte das allgemeine Interesse an Geheimphilosophien und mystischen Gesellschaften in der ganzen Welt. Rudolf Steiner (1861–1925), ein energischer Verfechter der Theosophie in Deutschland, emigrierte in die Vereinigten Staaten, entwickelte um 1912 seinen eigenen Zweig einer mystischen Philosophie, die Anthroposophie, und wurde zu einem angesehenen, einflußreichen Erzieher auf Gebieten, die außerhalb seiner eigenen persönlichen Philosophie lagen. Max Heindel, ursprünglich ein Theosoph und Schüler Steiners, kam gleichfalls in die Vereinigten Staaten, wo er überwiegend als Autor tätig war und mehrere populäre Bücher über Astrologie verfaßte.

Mathematische und statistische Ansätze

Andere Astrologen versuchten die traditionellen Methoden ihrer Disziplin auf festen mathematisch-empirischen Boden zu stellen. Im späten 19. Jahrhundert war Richard Garnett (1835–1906) vom Britischen Museum einer der ersten gewesen, der Horoskopdeutungen wissenschaftlich systematisierte. In Frankreich setzte Paul Choisnard diese Bemühungen fort, indem er Statistiken erstellte, um die Gültigkeit der Astrologie zu beweisen. Im 20. Jahrhundert wandte G. Lakhowski die neuen wissenschaftlichen Erkenntnisse über elektromagnetische Wellen an, um Auswirkungen der Planetenbewegungen auf die menschliche Physiologie zu erklären. Entsprechend argumentierte Wilhelm Hartmann im Jahre 1950, daß die herkömmliche Astrologie auf den Prinzipien der Physik aufbaue. Carl Payne Tobey stufte die Astrologie als eine Unterdisziplin der Mathematik ein. Sie ist auch schon als wissenschaftliche Methode der Wettervorhersage benutzt worden.

In den 50er Jahren untersuchten Michel und Françoise Gauquelin den Zusammenhang zwischen dem Beruf eines Menschen und dem Vorhandensein eines bestimmten Planeten in einem Bereich des Himmels zum Zeitpunkt seiner Geburt. Die Gauquelins versuchten herauszufinden, ob eine bestimmte Konstellation bei der Geburt für die Berufswahl statistisch relevant sei. Eine ihrer Schlußfolgerungen lautete, daß Mars am häufigsten bei der Geburt von Sportlern und Soldaten in einem bestimmten Bereich des Himmels steht; Jupiter war der Planet, der am häufigsten bei Ministern zu finden war. Dennoch zielten sie nicht darauf ab, die Lehren, den Aufbau oder die Vorhersagen der traditionellen Astrologie zu bestätigen oder zu widerlegen.

Psychologischer Ansatz

Eine weitere Richtung bei der Entwicklung der Astrologie war die Betonung der psychologischen Implikationen. André Barbault war ein Vorkämpfer für die besondere Berücksichtigung Freudianischer Prinzipien bei der Erklärung astrologischer Symbole. Seine eigene Deutung des Horoskops von Sigmund Freud fand große Beachtung. Der Schweizer K. E. Krafft (1900–1945) begründete in Deutschland ein eigenes Modell, die Astrobiologie, in der er astrologische mit psychologischen Grundsätzen verband. Er lehnte komplizierte mathematische Prognose-Methoden ab und behauptete, ein wahres Horoskop erfordere persönliche Gespräche, bei denen psychologische Kenntnisse und Einsichten wirksam werden könnten. Margaret Hone beharrte ebenfalls darauf, daß Astrologen die psychischen Empfindungen der Menschen berücksichtigen müßten, um ›blinde‹ Horoskopdeutungen zu vermeiden.

Carl Gustav Jung (1875–1961), ein früher Schüler Freuds, der sich aber später von der psychoanalytischen Hauptströmung abwandte, unterstützte die Astrologie in vielerlei Hinsicht. Er betrachtete etliche der okkulten Traditionen als von der Spezies ererbte gedankliche Muster, die auf der wahren Wahrnehmung der Wirklichkeit beruhten, die ins Unterbewußtsein verdrängt worden war; die Astrologie war ein intuitiver Weg, das menschliche Schicksal zu begreifen. Zum zweiten sah er in dem gleichzeitigen Auftreten mancher Ereignisse eine akausale Beziehung, die sich von einer wissenschaftlichen Erklärung unterschied, aber ebenso bedeutsam war. Dieses verbindende Prinzip nannte er Synchronizität. Sowohl Astrologen als auch Mystiker haben in diesem Gedanken eine Rechtfertigung für ihre Systeme gesehen, denn nach Jung ist die Existenz einer physikalischen oder kausalen Beziehung zwischen Ereignissen nicht von ihrer Nachweisbarkeit abhängig. So mag zum Beispiel die Wissenschaft eines deutlich sichtbaren Einflusses des aufsteigenden Zeichens (Aszendent) der Zwillinge auf ein Neugeborenes bedürfen, um eine Verbindung zu der Intelligenz des Kindes oder dessen Begabung für Sprachen anzuerkennen. Hingegen kann der Astrologe, der Jungs Theorie anwendet, davon ausgehen, daß zwischen dem Geschehen am Himmel und der geistigen Veranlagung des Kindes tatsächlich ein Zusammenhang besteht, trotz des fehlenden Beweises für eine direkte Verknüpfung.

Jung untersuchte Hunderte von Horoskopen verheirateter Paare und fand unter anderem heraus, daß die Konjunktion der Sonne des Mannes mit dem Mond der Frau häufiger auftauchte, als nach statistischer Wahrscheinlichkeit zu erwarten gewesen wäre. Dadurch sahen Astrologen ihre langjährige

Auffassung bestätigt, daß dieser Sonne-Mond-Aspekt für eine glückliche Ehe bedeutsam ist. Jung selbst hingegen betrachtete seine gesammelten Erkenntnisse nicht als endgültig.

Zu denjenigen, die die Jungsche Psychologie auf die Astrologie anwandten, zählte auch Walter Koch, einer der Gründer der Kosmobiologischen Gesellschaft. Von den anderen Mitgliedern unterschied er sich jedoch dadurch, daß er weiterhin an einer persönlichen Methode der Einteilung nach Häusern festhielt – angeblich eine Modifizierung der Systeme von Regiomontanus und Placidus –, während seine Kollegen die Häusereinteilung generell ablehnten.

Der eigentliche Initiator der Kosmobiologie, Reinhold Ebertin, hatte 1928 den Versuch unternommen, viele tradierte Strukturen der Astrologie außer Kraft zu setzen. Er betonte die Anordnungen nach Planeten und dem aszendierenden Tierkreiszeichen, wobei er den übrigen Einteilungen des Tierkreises wenig Beachtung schenkte und die Häuser völlig außer acht ließ. Seine Vorstellungen gingen in mancher Hinsicht zurück auf Methoden, die nach der Entdeckung des Uranus entstanden waren. Die ›Hamburger Schule‹ – in den 20er Jahren von Alfred Witte (1878–1941) und Friedrich Sieggrun entwickelt – ist nur eines von vielen neuen Verfahren, die im 20. Jahrhundert eingeführt wurden. Einige Systeme basieren auf eher heliozentrischen statt auf geozentrischen Himmelskarten. Die überwältigende Mehrzahl der Astrologen in der ganzen Welt entscheidet sich jedoch auch heute noch für die traditionalistische astrologische Methode.

Astrologie in Verbindung mit Mystizismus, Mathematik und Psychologie

Eine Reihe von Astrologen hat Elemente des Symbolismus, Mystizismus, der Mathematik und Psychologie in verschiedene astrologische Methoden integriert. Der Amerikaner Marc Edmund Jones (1888–1980), ein protestantischer Geistlicher, gründete eine Gesellschaft für astrologische Forschung und Lehre mit dem Titel ›Sabian Assembly‹, nach den mittelalterlichen islamischen Sabäern, für die die einzelnen Teile des Kosmos Symbole der Wirklichkeit darstellten.

Sein Protegé Charles Jayne jr. unterstützte Jones' Anschauungen mit einer mathematisch präzisen Methodik. Er versuchte der Astrologie akademisches Ansehen zu verschaffen, indem er Astrologen beschwor, keine Geschäftemacherei zu betreiben und die Verlockungen der Wahrsagerei zu meiden. Für Jayne waren die Zyklen der fünf äußeren Planeten und ihrer Positionen mit historischen Ereignissen verbunden. Neben anderen Erscheinungen signalisierten Kometen bahnbrechende Veränderungen in irdischen Angelegenheiten. Er gab eines der ersten internationalen Journale heraus, das astrologischen Untersuchungen gewidmet war, und setzte sich mit seiner 1970 gegründeten ›Association for Research and Cosmecology‹ für astrologische Forschung ein.

Robert Hand, ein zeitgenössischer Astrologe, praktiziert eine Verbindung von mechanistischen und esoterischen Elementen. Obgleich im Grunde ein Traditionalist, leitet er seine Ideen vom Symbolismus und Mystizismus sowie von der Psychologie und der Mathematik ab. Rupert Gleadow, der die psychologischen Anwendungsmöglichkeiten der Astrologie betont, beschäftigt sich darüber hinaus intensiv mit ihrer Geschichte. Der zeitgenössische Historiker der Astrologie, Fred Gettings, hat die Behauptung aufgestellt, daß es immer zwei parallele astrologische Richtungen gegeben hat: die esoterische, die die Sterne mystisch und symbolisch deutete, und die exoterische, die sich auf die konkrete Anwendbarkeit von Geburtshoroskopen konzentrierte.

Gegner

Auch im 19. und 20. Jahrhundert ist die Astrologie auf Kritik gestoßen. Otto Neugebauer, ein einflußreicher Historiker, der sich mit alter Geschichte und vornehmlich mit der Geschichte der Astronomie und Astrologie beschäftigt hat, bedauerte es, daß er sich überhaupt mit diesem Thema abgeben mußte, um die Geschichte der Astronomie verstehen zu können. Ein weiterer Geschichtsschreiber der Astrologie, Auguste Bouché-LeClercq, hielt deren Ausübung für Zeitverschwendung. Für Carl von Bezold, Bart Bok, Franz Boll, Roger Culver, Franz Cumont, Richard Eisler, Martin Gardener, Philip Ianna, Lawrence Jerome, Fritz Saxl, Aby Warburg und viele andere, die über das Thema geschrieben haben, hat die Astrologie keinerlei Existenzberechtigung, weil sie rationales Denken behindere. Zwei der entschiedensten Widersacher sind das ›Committee for the Scientific Investigation of Claims of the Paranormal‹ (Komitee für die wissenschaftliche Erforschung angeblich paranormaler Erscheinungen) und »The Humanist Journal«, das sich in einer öffentlichen Erklärung gegen die Behauptungen der Astrologie wandte.

Aber noch immer beschäftigt die Astrologie Millionen von Menschen, die Zeitungshoroskope, Zeitschriftenartikel, Bücher und Hefte zu diesem Thema lesen. Statistische Erhebungen zeigen, daß mindestens zwei Drittel der Bevölkerung der westlichen Welt ihr Sonnenzeichen kennen und daß ein großer Teil an den Wahrheitsgehalt der Astrologie glaubt. Die Zahl der Menschen, die tatsächlich bei einem Astrologen Rat suchen, ist nicht bekannt, aber Tausende von praktizierenden Astrologen in der ganzen Welt beraten Menschen beruflich oder privat – 1980 sogar im Weißen Haus, wie man uns glauben machen will.

In östlichen Ländern kommt es wesentlich häufiger vor als im Westen, daß man auf den Rat von Astrologen vertraut. Doch nach der kommunistischen Revolution in China hat man dort die Astrologie verboten, und in der UdSSR wird sie sehr ungern gesehen, obwohl es Versuche gibt, sie im Zusammenhang mit Wettervorhersagen zu nutzen und im Jahre 1988 in einer vielgelesenen Moskauer Zeitung regelmäßig eine Kolumne über Astrologie erschien. Zwar steht die Astrologie in manchen Ländern als eine Form der Wahrsagerei noch immer unter Strafe, aber es kommt kaum zu Verhaftungen.

Doch in der Literatur fast aller Kulturkreise ist astrologisches Gedankengut fest verankert. Mehr und mehr schließen sich Astrologen zu Organisationen zusammen, die Lehrgänge anbieten, Examina abhalten, Zertifikate ausstellen und versuchen, höhere ethische Maßstäbe zu setzen. Darüber hinaus ist die Astrologie Bestandteil vieler okkulter Lehren, so daß ihr Einfluß weitreichender ist, als es auf den ersten Blick erscheinen mag.

Methoden der Astrologie

Das grundlegende Rüstzeug der Astrologie sind die Anordnungen bestimmter Konstellationen von Sternen und Planeten, wie sie von der Erde aus zu sehen sind. Von den Millionen Sternkonstellationen sind für die Astrologie nur zwölf von besonderer Bedeutung. Jede einzelne dieser zwölf Konstellationen (Tierkreiszeichen) scheint etwa einen Monat lang am selben Ort zu bleiben – als ob sie ›neben‹ der Sonne stünde. Astronomisch und astrologisch ausgedrückt, steht die Sonne ›in‹ diesem Zeichen (dem Sonnenzeichen). Die Tierkreiszeichen sind in Wirklichkeit mehrere Milliarden Kilometer von der Sonne, der Erde und voneinander entfernt, doch für uns hat es den Anschein, als läge das Sonnenzeichen im Bereich der Sonne. Das Sternzeichen, das bei Sonnenaufgang oder unmittelbar davor am äußersten östlichen Horizont steht, nennt man Aszendent (das aufsteigende Zeichen). Der Standort dieses Zeichens verändert sich je nach Tageszeit. Der jährliche Lauf der Sonne durch den Tierkreis, wie er sich uns auf der Erde darstellt, wird Ekliptik genannt.

Schon in der Antike hatte man bemerkt, daß einige vereinzelte Sterne nicht immer im selben regelmäßigen Verhältnis zu anderen Sternen oder zur Sonne stehen. Diese ›Wanderer‹ nennt man heute Planeten. Da die Sonne und der Mond gleichfalls eine Eigenbewegung aufweisen, wurden auch sie von den frühen Astrologen als Planeten eingestuft, und man verlieh ihnen das zusätzliche Attribut ›Himmelsleuchten‹, da sie mit ihrer Helligkeit die Oberfläche der Erde erhellen.

In Wirklichkeit ist jeder Stern innerhalb eines Sternbildes selbst eine Art Sonne, da er so wie unsere Sonne sein eigenes Licht erzeugt. Der Mond und die Planeten leuchten nur dann, wenn sie Sonnenlicht reflektieren, doch in der Astrologie werden Sonne und Mond wegen ihrer individuellen Bewegungen am Himmel und ihres wechselnden Verhältnisses zueinander wie Planeten behandelt. Mittlerweile bezieht sich der Begriff Stern auf beide Arten von leuchtenden Himmelskörpern – die Planeten und die Sonnen, aus denen sich die Sternbilder zusammensetzen. Astrologen beschäftigen sich

Links: Meister des Internationalen Stils, Sterndeuter am Gipfel des Berges Athos, um 1400, Silberstift, koloriert; Illustration zu: »Die Reisen des Ritters John Mandeville«, London, The British Library. Die Astrologen benutzen Astrolabien und andere Instrumente zur Sichtung und Messung von Positionen, während ihre Kollegen Aufzeichnungen machen und Berechnungen anstellen.

Jan Vermeer van Delft (1632–1675), Der Astronom, 1668, Öl auf Leinwand, 50,8 × 46,3 cm, Paris, Privatbesitz. Der Astronom studiert den Globus, auf dem Personifikationen von Sternkonstellationen zu sehen sind.

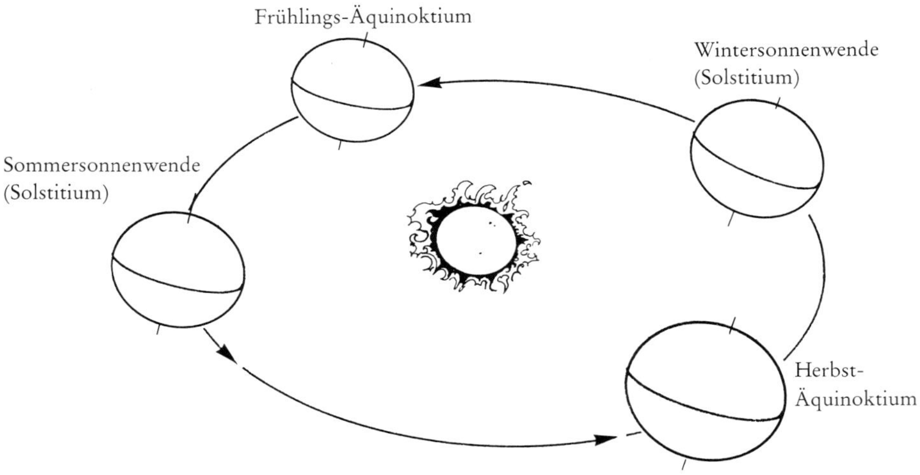

Die Jahreszeiten

Da die Erde auf ihrer Achse geneigt um die Sonne kreist, werden verschiedene Teile der Erdkugel von der Sonne unterschiedlich stark beschienen. Links in der Darstellung (Juni, Juli, August) ist die nördliche Hemisphäre zur Sonne hin geneigt; unten rechts (September, Oktober, November) werden sowohl die nördliche als auch die südliche Hemisphäre gleich stark beschienen; oben rechts (Dezember, Januar, Februar) ist die südliche Hemisphäre der Sonne näher als die nördliche Hemisphäre; oben links (März, April, Mai) wird die Erde wieder gleich stark beschienen.

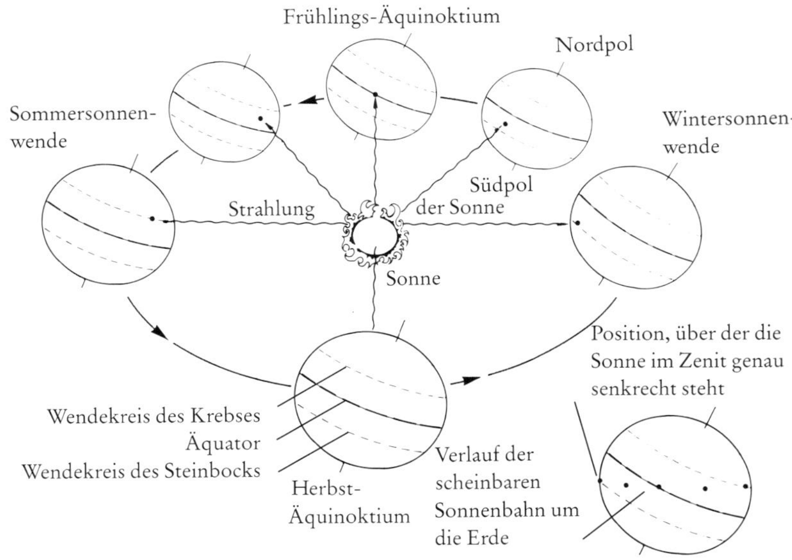

Die Ekliptik

Die Koordinaten der Stelle auf der Erde, über der die Sonne im Zenit genau senkrecht steht, ändern sich im Laufe des Jahres, bedingt durch die Rotation der Erde um die Sonne und die Schräglage der Erdachse. Die Graphik unten rechts zeigt den scheinbaren Lauf der Sonne (die Ekliptik) um die Erde.

hauptsächlich mit den Abbildern der Sterne in graphischen Horoskopdarstellungen statt mit den realen Sternen am Himmel, deren Positionen über Tausende von Jahren beobachtet und überprüft worden sind.

Ein weiterer, äußerst wichtiger Bestandteil im Gefüge der traditionellen Astrologie ist die abstrakte mathematische Einteilung des Himmels in zwölf Sektoren oder ›Häuser‹ bzw. ›Felder‹. Von den zahlreichen Häuser-Systemen ist nur etwa ein halbes Dutzend allgemein gebräuchlich. In keinem dieser Systeme verändern die Himmelshäuser ihren Standort. Wenn die Erde auf ihrer Umlaufbahn kreist, sieht es so aus, als bewegten sich sämtliche Tierkreiszeichen langsam, von Monat zu Monat, das ganze Jahr hindurch, doch die Häuser, die geometrischen Felder, in die der Himmel eingeteilt ist, bleiben, wo sie sind.

Die Anordnungen der Planeten, Sternzeichen und Häuser bei der Geburt eines Menschen (des Nativen) bilden die Grundlage für das Horoskop, das gewöhnlich in Form eines Kreises oder Rades dargestellt wird. Die Grenze, mit der ein Haus oder ein Tierkreiszeichen auf dem Horoskop beginnt, nennt man ›Spitze‹. Die Abstände zwischen den Planeten und zwischen Planeten und Häuserspitzen, die im Horoskop in Winkelgraden ausgedrückt werden, heißen ›Aspekte‹ – wie zum Beispiel Konjunktion (0°–5°), Opposition (180°), Quadratur (90°), Sextil (60°) und Trigon (120°). Die Aspekte bezeichnen also bestimmte Winkel, unter denen die Planeten geozentrisch – das heißt von der Erde als Mittelpunkt aus betrachtet – zueinander erscheinen.

Die Stellung der Planeten bestimmt die Charakterzüge eines Menschen. Die Tierkreiszeichen deuten darauf hin, wie diese Charakteristika zutage treten. Die Häuser stellen die Lebensbereiche dar, in denen sich die Einflüsse der Planeten und Sternzeichen manifestieren. Somit sagen die Planeten *was*, die Tierkreiszeichen *wie* und die Häuser *wo*. So gesehen wären die Planeten mit dem Talent eines Musikers zu vergleichen, das Instrument sind die Tierkreiszeichen und die Kompositionen, die gespielt werden, sind die Häuser. Die Wechselbeziehungen zwischen den Musikern in einem Orchester sind die Aspekte.

Gewöhnlich werden die verschiedenen astrologischen Elemente in einem kreisförmigen Schema skizziert, das in zwölf gleich große Abschnitte unterteilt ist, wobei jedem Tierkreiszeichen 30° zugewiesen werden. Auf diesem Horoskop oder Kosmogramm werden die Tierkreiszeichen mit ihrem jeweiligen Symbol dargestellt, außerdem wird der Grad ihres Standorts im Horoskop angegeben, da die Grenzen der Sternzeichen nicht unbedingt denen der Häuser entsprechen. Jeder Planet, durch sein Symbol repräsentiert, wird, mit der Angabe seines genauen Standorts im Tierkreiszeichen, einem Haus zugeteilt. Diese in Graden und Minuten ausgedrückten Werte finden sich in astronomischen Tabellen, den Ephemeriden. Inzwischen gibt es auch sehr zuverlässige Astro-Software für Personal Computer.

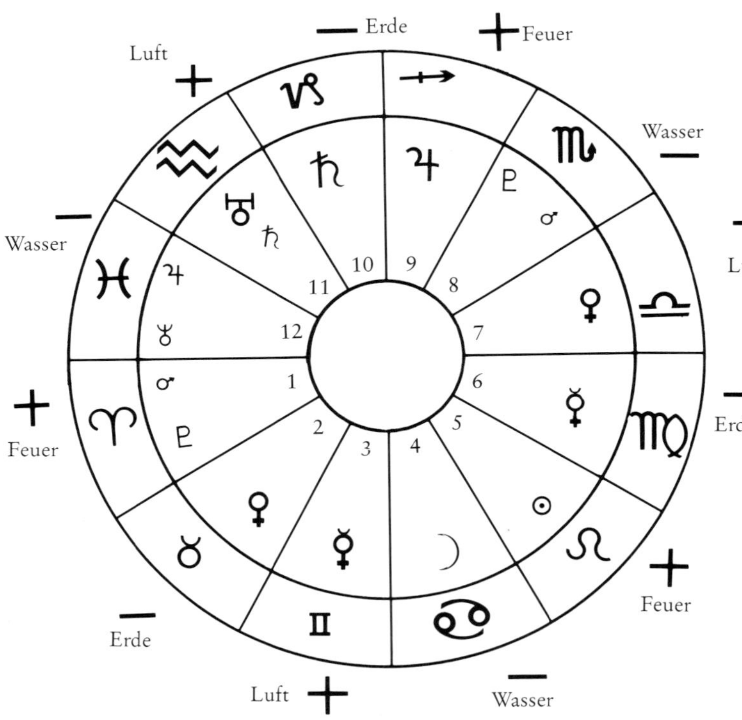

Schematisches Kosmogramm

Ein Kosmogramm, das die Tierkreiszeichen mit den regierenden Planeten, ihren Polaritäten und den Häusern zeigt. Die Elemente der Zeichen (die Triplizität) sind: Feuer für Widder, Löwe, Schütze; Erde für Stier, Jungfrau, Steinbock; Luft für Zwillinge, Waage, Wassermann; Wasser für Krebs, Skorpion, Fische.

Die Planeten

Es gibt zehn astrologische Planeten: Sonne, Mond, Merkur, Venus, Mars, Jupiter, Saturn, Uranus, Neptun und Pluto. Jeder symbolisiert eine Reihe von positiven und negativen Wesenskräften, doch traditionell wurden einige Planeten als vorteilhaft eingestuft (Sonne, Mond, Jupiter), während man bei anderen von einem eher schädigenden Einfluß ausgeht (Mars und Saturn). Die Kräfte des Merkur können sowohl günstig als auch ungünstig sein. Bis heute ist noch keine Übereinstimmung darüber erreicht worden, wie die drei in jüngerer Zeit entdeckten Planeten Uranus, Neptun und Pluto einzustufen sind. Moderne Astrologen sind bestrebt, die definitive Beurteilung eines Planeten als positiv oder negativ zu vermeiden. Statt dessen lassen die gegensätzlichen Eigenschaften nun mehr Raum für individuellere Interpretationen, bei denen die Wesenszüge jedes einzelnen Planeten durch seine Position im Horoskop und sein Verhältnis zu den Tierkreiszeichen und den anderen Planeten beeinflußt oder sogar bestimmt wird.

In der Sprache der Astrologie finden sich Ausdrücke wie ›ein Sonnenmensch‹, ›eine Jupiterfrau‹ oder ›ein Venusmann‹, womit jemand gemeint ist, der angeblich Züge aufweist, die durch den jeweiligen Planeten repräsentiert werden. Natürlich besitzen nur wenige Menschen alle oder auch nur die meisten der Eigenschaften, die mit einem bestimmten Planeten verbunden werden. Die eigentliche Deutung eines Horoskops muß die in dem Schema eingezeichneten Positionen aller Planeten, Sternzeichen und sonstige astrologische Daten berücksichtigen. Auch die tradierte Verbindung von physischen Attributen mit Planeten und Tierkreiszeichen ist in der zeitgenössischen Astrologie nicht ungebrochen fortgesetzt worden. Obgleich einige Astrologen dieses Prinzip nach wie vor befürworten, nehmen andere von den planetarischen Entsprechungen nur dann Notiz, wenn die körperliche Veranlagung eines Menschen mit den traditionellen Verknüpfungen auffallend übereinstimmt.

Die Planeten, die sich schneller bewegen, verbleiben, aus der Perspektive eines Menschen auf der Erde, nur für eine relativ kurze Zeitspanne in einem Tierkreiszeichen: Mond (2,5 Tage), Merkur (ca. 15 Tage), Venus (ca. 20 Tage), Sonne (ca. 1 Monat), Mars (ca. 1,5 Monate). Daher unterliegt ihr Einfluß auf Menschen und Ereignisse einem dauernden Wandel. Die Auswirkungen der langsameren Himmelskörper (Jupiter, Saturn und besonders Uranus, Neptun und Pluto) sind gewöhnlich nachhaltiger.

In der Astrologie ›herrscht‹ jeder Planet über ein oder mehrere Tierkreiszeichen – im allgemeinen das Sternbild mit ähnlichen Eigenschaften. Mars zum Beispiel verkörpert Energie und Tatkraft. Er beherrscht das Tierkreiszeichen Widder, das die aktive Kraft der Begeisterung heraufbeschwört. Wenn Mars im Zeichen der Waage steht, die die entgegengesetzten Tendenzen der Ausgeglichenheit und Ruhe verkörpert, sagt man, Mars sei ›verbannt‹, ›vernichtet‹ oder ›exiliert‹. Darüber hinaus gibt es für jeden Planeten noch zwei weitere besondere Stellungen in den Tierkreiszeichen: die Erhöhung *(exaltatio)*, bei der seine Wirkung gesteigert ist, und die Erniedrigung *(dejectio)*, auch ›Fall‹ genannt, wenn seine Wirkung am schwächsten ist. Steht ein Planet in einem Zeichen, das er weder regiert und durch das er weder vernichtet, noch erhöht oder erniedrigt wird, nennt man ihn einen ›peregrinen‹ oder ›fremden‹ Planeten. Dort ist sein Einfluß schwächer oder ambivalent.

Jeder Planet kreist kontinuierlich um die Sonne, jeder mit seiner ihm eigenen Geschwindigkeit und auf seiner eigenen elliptischen Umlaufbahn, doch wenn man ihn von der Erde aus am Himmel betrachtet, kann es manchmal so aussehen, als ob er seine Geschwindigkeit oder seine Bahn änderte – ja sogar als ob er aufhörte, sich vorwärts zu bewegen, und eine Rückwärtsbewegung ausführte; diese Täuschung basiert auf der im Vergleich zur Erde unterschiedlich schnellen Kreisbewegung jedes Planeten. In diesen Phasen spricht man von ›retrograden‹ oder ›rückläufigen‹ Planeten. Astrologen gehen davon aus, daß diese rückläufige Bewegung die Einflußstärke eines Planeten schwächt oder sogar seine negativen Wesenszüge unangenehm hervorheben kann.

Von bestimmten Beziehungen zwischen Planeten nimmt man an, daß sie eine spezielle Bedeutung haben. So scheint zum Beispiel Merkur nie mehr als 28° von der Sonne entfernt zu sein. Daher sind die Aspekte von Merkur und der Sonne entweder in Konjunktion (das heißt sehr nahe) oder es gibt zwischen ihnen überhaupt keinen Aspekt.

Jedem Planeten ist in der mathematischen Himmelseinteilung der Astrologen ein spezifisches ›Haus‹ als Domizil zugeordnet. Wenn ein Planet in seinem ›eigenen‹ Haus steht, können sich seine charakteristischen Merkmale auf harmonische Art und Weise manifestieren, vorausgesetzt, daß keine anderen Zeichen oder Planeten ihre entgegengesetzten Einflüsse geltend machen können. Ein Planet, der in der Nähe des vertikalen Meridians, auch *Medium coeli* genannt, steht, soll, so wird häufig interpretiert, auf das letztendliche Ergebnis der Entscheidungen und Handlungen eines Menschen hindeuten, auf den Höhepunkt des Lebens.

Ein Astrologe nimmt auf einer Scheibe mit Ziffern, Tierkreiszeichen und Planetensymbolen Messungen vor. Giulio Campagnola, 1569, New York, Public Library

Joseph Cornell, Sun Box, um 1955, bemaltes Holz, Metall, Kork, 19,7 × 32,7 cm, New York, Sammlung Mr. und Mrs. B. H. Friedman

Die Miniatur von Joseph von Ulm (um 1404) zeigt die Mondgöttin mit der Mondsichel sowie verschiedene Tätigkeiten unter dem Einfluß des Mondes. Tübingen, Universitätsbibliothek

Merkur fährt auf seinem von Vögeln gezogenen Triumphwagen; die Räder zeigen die beiden Tierkreiszeichen, die von Merkur regiert werden: Zwillinge und Jungfrau. Fernando Gallegos (um 1440–1507), Deckenfresko der Universitätsbibliothek von Salamanca (Detail), 1493–1506

Mars wird mit den zwei von ihm regierten Tierkreiszeichen, Widder und Skorpion, dargestellt. In seiner Umgebung sieht man militärische Aktionen. Illustration zu: »De sphaera«, 15. Jahrhundert, Modena, Biblioteca Estense

Sonne

☉

Symbol: Geist (Kreis) mit Person im Zentrum (Punkt)
Wochentag: Sonntag
Stunden des Tages: 1., 8., 15., 22.
Durchläuft alle Tierkreiszeichen in einem Jahr, wobei sie ca. einen Monat in jedem Zeichen steht.

Die Sonne ist der mächtigste unter den Planeten, weil sie für die Menschen der wichtigste Himmelskörper ist, denn alles Leben ist von ihr abhängig. Die Sonne verleiht dem Nativen die charakteristischen Züge des Tierkreiszeichens, in dem sie laut Horoskop bei seiner Geburt steht. Dieses spezielle Tierkreiszeichen nennt man auch das Sonnenzeichen des Nativen. Tatsächlich hält der Durchschnittsleser von Zeitungshoroskopen das Sonnenzeichen für das eigentlich entscheidende Merkmal eines Horoskops. So einflußreich diese Prägung durch die Sonne auch sein mag, Astrologen betrachten dieses Element nur als eines von mehreren ebenso bedeutsamen. Die Sonne verstärkt die typischen Eigenschaften des jeweiligen Zeichens, in dem sie steht, oder sie kann umgekehrt die Wirkung des Tierkreiszeichens mildern, abschwächen oder sogar deren Qualität verändern. Gemeinhin wird die Sonne mit Energie, Leben und Kraft in Verbindung gebracht. Der Sonnenmensch ist freundlich, großzügig und gerecht, aber auch abenteuerlustig und hervorragend für Führungspositionen geeignet. Die Sonne erzeugt ihr Licht selbst. Daher symbolisiert sie Selbstbewußtsein und Ausdruck der eigenen Persönlichkeit.

Die Sonne ist für den jungen Erwachsenen (im Alter zwischen 20 und 30 Jahren) besonders wichtig, wenn seine Leistungskraft angeblich am stärksten ist. Wie zu erwarten, ist sie der herrschende Planet für das Feuer-Zeichen Löwe, das Stolz und Selbstbewußtsein symbolisiert, und sie regiert als eigenes Domizil das fünfte Haus, den Bereich der Kreativität und Liebesfähigkeit.

Die mit der Sonne verbundenen negativen Merkmale sind solche, die ihre ansonsten positiven Qualitäten übertreiben, die ›zuviel des Guten‹ sind. Es handelt sich dabei um Stolz, Arroganz, Herrschsucht und Überheblichkeit. Ein sonst freundlicher Charakter kann dann unkooperativ, ungerecht, unbesonnen und zum Spieler werden.

Mond

☽

Symbol: Erfahrung und Gefühl oder Seele (Halbmond)
Wochentag: Montag
Stunden des Tages: 2., 9., 16., 23.
Braucht ungefähr 28 Tage für den gesamten Tierkreis, wobei er ca. 2,5 Tage in jedem Zeichen steht.

In Mesopotamien war der Mond, Sin, männlich und sogar noch mächtiger als Schamasch, der Sonnengott. In der griechischen Mythologie war die Mondgöttin Selene die Schwester des Helios. Seitdem wird der Mond in den meisten Kulturen als weiblich betrachtet.

Dem Einflußbereich des Mondes unterliegen die Veränderlichkeit des Lebens, die Rhythmen der Natur, Gefühle und Gesundheit. Daneben wirkt der Mond auf das Meer, lange Reisen, die Körperflüssigkeiten sowie auf die Organe, die sie hervorbringen. Ebenso soll das Unterbewußtsein unter lunarem Einfluß stehen.

Eine lunare Persönlichkeit ist oft verträumt, und die Träume selbst gehen mit größerer Wahrscheinlichkeit in Erfüllung, wenn der Mond in den Tierkreiszeichen Stier, Löwe, Skorpion oder Wassermann steht. Dieser Planet regiert die Zeit der Kindheit, mitunter auch das frühe Erwachsenenalter. Somit kann auch die Häuslichkeit unter die mondspezifischen Eigenschaften gerechnet werden. Tatsächlich ist das vierte Haus, das eigene Domizil des Mondes, für die häusliche Umgebung, das Land wie auch für Anfänge bedeutsam – Lebensbereiche, die einem Wandel unterworfen sind. Der Mond regiert das Wasser-Zeichen des Krebses.

Da jeder Planet und jedes Zeichen neben den positiven auch negative Eigenschaften hat, kann der Einfluß des Mondes auch zum genauen Gegenteil seiner konstruktiven Elemente führen: schlechtes, statt scharfes Gedächtnis; Vorurteile anstelle von Aufgeschlossenheit; mangelhafte Bindungsfähigkeit. Einige Charaktermerkmale können in übersteigerter Form auftreten und so in Übersensibilität, Wankelmut, Zügellosigkeit oder extreme Verträumtheit münden.

Merkur

☿

Symbol: Seele (Halbmond) über Geist (Kreis) und Materie (Kreuz)
Wochentag: Mittwoch (ursprünglich Wodans-(Odins-)Tag, nachdem Odin gleichgesetzt worden war mit Merkur)
Stunden des Tages: 3., 10., 17., 24.
Braucht ca. 88 Tage für den Tierkreis, wobei er etwa 15 Tage in jedem Zeichen steht.

Die Babylonier nannten diesen Planeten Nabu, Gott des Intellekts und mythischer Erfinder der Schrift, Sohn des Marduk, des Hauptgottes in ihrem Pantheon. In Griechenland war er Hermes, der Bote der Götter und Schutzgott der Kaufleute, der Rede und der Verständigung. Der römische Mercurius hatte die gleichen Qualitäten wie der griechische Hermes, doch waren bei ihm Schnelligkeit, Freundlichkeit und Ausgelassenheit ausgeprägter.

Während der Mond das Unterbewußte beeinflußt, wirkt sich Merkur auf das Bewußtsein aus. Logisch, analytisch und innovativ ist der von Merkur geprägte Mensch. Als Schutzherr der Verständigung herrscht Merkur gleichermaßen über das gesprochene wie über das geschriebene Wort.

Der Einfluß dieses Planeten umfaßt sowohl männliche als auch weibliche Qualitäten. Deshalb weist Merkur gegensätzliche Eigenschaften auf: Er will dienen und bedient werden, erfolgreich sein und doch zu viel versuchen, Informationen empfangen und übermitteln, für das Gemeinwohl schöpferisch tätig sein, aber auch gerissene Betrügereien in Angriff nehmen. Zu den Wesenszügen gehören große Gefühlsschwankungen und Stimmungswechsel, oftmals gemäßigt durch Zurückhaltung oder Taktgefühl. Es ist naheliegend, daß eine Merkur-Persönlichkeit mit diesen Eigenschaften bei Unternehmungen, die besondere Fähigkeiten im Bereich der Kommunikation erfordern, wie zum Beispiel Kunst und Musik, hervorragende Leistungen erbringt.

Merkur regiert die Zwillinge, und der Planet und das Tierkreiszeichen weisen einige augenfällige Übereinstimmungen auf. Einigen Astrologen gilt Merkur auch als der Regent des Sternzeichens Jungfrau.

Die dem Merkur zugeordneten Körperteile sind die Lunge, das zentrale Nervensystem, die oberen Extremitäten und Organe des Bewegungsapparats. Der Zeitraum zwischen dem 4. und 14. Lebensjahr (Kindheit bis Pubertät) steht unter dem Einfluß des Merkur. Der Planet ist auch bedeutsam für Beziehungen zwischen Geschwistern. Seine eigenen Häuser sind das dritte – Familie und Kommunikationsformen – und das sechste – Arbeit und Gesundheit.

Venus

♀

Symbol: Materie (Kreuz) vom Geist (Kreis) gekrönt, womit das Ideelle über dem Praktischen steht.
Wochentag: Freitag (altnordisch für Venus: Freya)
Stunden des Tages: 4., 11., 18.
Braucht ca. 22 Tage für den Tierkreis; steht etwa 2 Tage in jedem Zeichen, es sei denn, sie bewegt sich rückläufig.

In Babylonien war Ischtar neben Sin (Mond) und Schamasch (Sonne) die dritte wichtige Gottheit. Sie konnte sowohl freundlich als auch grausam sein und herrschte über Liebe und Erotik. Ihre Nachfolgerinnen, Aphrodite in Griechenland und Venus in Rom, befaßten sich ebenfalls in der Hauptsache mit Liebesdingen. In der Astrologie ist dieser Planet weniger auf physische Leidenschaft denn auf emotionale Bindung bezogen.

Die wichtigsten Bereiche unter dem Einfluß der Venus sind Liebe, Schönheit und Harmonie. Liebe beinhaltet auch Zuneigung, Romantik, Sanftmut, Genuß und Heirat. Schönheit umfaßt Anmut, Geschmack und Charme, darüber hinaus praktische Aspekte in persönlichen Beziehungen, besonders in Geldfragen. Harmonie meint auch einen Sinn für Wohltätigkeit im sozialen Verhalten.

Venus regiert die Tierkreiszeichen Stier und Waage – das eine erdverbunden, das andere ausgeglichen. Ihre Häuser sind das zweite (Besitz und Geld) und das siebte (Beziehungen, Freunde und Feinde im persönlichen Umfeld). Weibliche Sexualorgane, Haut, Darm und Venen sind Venus zugeordnet.

Im äußersten Fall kann eine von Venus bestimmte Person nachgiebig sein, schwach, wenn es sich um eine Frau, und weichlich, wenn es sich um einen Mann handelt. Bei einer ungünstigen Stellung im Horoskop kann Venus folgende Charakterzüge zeigen: Geiz, Grobheit und Unbeständigkeit.

Mars

♂

Symbol: Geist (Kreis) unterliegt der Materie (pfeilähnliches Kreuz), womit das Praktische über dem Ideellen steht.
Wochentag: Dienstag (dem ›Thingbeschützer‹ Ziu = Mars geweiht)
Stunden des Tages: 5., 12., 19.
Braucht 22 Monate für den Tierkreis und steht etwa 45 Tage in jedem Zeichen, es sei denn, er bewegt sich rückläufig.

In Babylon, Griechenland und Rom war der dem Planeten zugewiesene Kriegsgott eine kraftvolle, brutale Gestalt; in Ägypten war mit Horus ein gütiger und heilender Gott zugeordnet. Die moderne Astrologie ist bestrebt, mehr die heiteren Merkmale zu betonen, dennoch wird der Mars im allgemeinen als eher ungünstiger Planet betrachtet.

Die hervorstechendsten Eigenschaften sind Energie und Aktivität. Darüber hinaus begünstigt die Entschlußkraft des Mars, sich auf Unternehmungen einzulassen. Das sexuelle Verlangen ist ausgeprägt. Kopfmuskulatur, Blut und Geschlechtsorgane sind dem Mars zugeordnet. Die Energie des Mars kann Führungskräfte und Sportler hervorbringen. Eine Person, deren Charakter von Mars bestimmt wird, verfügt über Veranlagungen, die sie zu Entschlußfreude, Überzeugungskraft und gesteigerter Auffassungsgabe befähigen. Menschen über 30, deren Persönlichkeit bereits ausgereift ist, werden von Mars beeinflußt.

Mars regiert Widder und Skorpion. Seine eigenen Domizile sind das erste Haus, das Gesundheit und Auftreten umfaßt, sowie das achte Haus, das sich auf Krieg, Steuern, Schulden, Besitz anderer und Tod bezieht.

Der Mars gilt insbesondere dann als ungünstiger Planet, wenn er nicht durch den stabilisierenden Einfluß anderer Planeten und sonstiger Elemente abgeschwächt wird. Eine stattliche Reihe unangenehmer Neigungen muß im Zaum gehalten werden, wie zum Beispiel Selbstsucht, Eifersucht, Ungeduld, Feindseligkeit, Destruktivität, Brutalität, Überheblichkeit und ein räuberisches Wesen.

Jupiter

♃

Symbol: Materie (Kreuz) und Seele (Halbmond) stehen für Engagement und Ego.
Wochentag: Donnerstag (dem mit Jupiter gleichgesetzten Thor bzw. Donar geweiht)
Stunden des Tages: 6., 13., 20.
Braucht ca. 12 Jahre, um alle Zeichen des Tierkreises zu durchlaufen, wobei er etwa 1 Jahr in jedem Zeichen steht.

Obgleich Schamasch (der Sonnengott) und Sin (der Mondgott) in der alten mesopotamischen Kultur als höchste Wesen verehrt wurden, stand Marduk, die Entsprechung zu Jupiter, im Mittelpunkt, wenn es um menschliche Belange ging. Er war für den Rat der Götter verantwortlich und galt als der weiseste unter ihnen. Seine Funktion übernahm in Griechenland Zeus, in Rom Jupiter, doch hatte dort die Götterfigur etwas von ihrer Güte und Gerechtigkeit eingebüßt.

Dieser Planet besitzt all die Eigenschaften, die mit Aufgeschlossenheit und Großzügigkeit einhergehen: Heiterkeit, Freundlichkeit, Wahrhaftigkeit. Darüber hinaus schützt Jupiter die Rechte anderer und zeigt Mitgefühl für jene, die in Bedrängnis sind. Dieser tugendhafteste aller Planeten ist auch der größte Glücksbringer. Fast scheinen sich alle Einflüsse zu ergänzen, nur um Ambitionen zu befriedigen (die die Jupiter-Persönlichkeit in großem Maße besitzen kann). Weisheit und Führungsqualitäten sind stets unumstritten.

Die Jahre der Reife bis hinauf ins hohe Alter von 50 bis 60 stehen unter Jupiters Schirmherrschaft. Die Sternzeichen Schütze und Fische werden von Jupiter regiert und erhalten seine Qualitäten, wenn sie in günstiger Relation zu ihm stehen. Sowohl auf die positiven als auch auf die negativen Seiten des Jupiters weisen die beiden Häuser hin, mit denen er verbunden ist: das neunte Haus ist der Ort der Philosophie, der Bildung, langer Reisen, der Kommunikation und Religion. Doch auch das zwölfte Haus ist Jupiters Domizil, wo das Okkulte, Geheime, wo verborgene Feinde und kriminelle Aktivitäten zu finden sind.

Auf die Spitze getrieben, kann Großzügigkeit zur Lebensunfähigkeit werden, und Aufgeschlossenheit kann zu Spielleidenschaft, Alkoholsucht und Leichtsinn führen. Die weise, väterliche Figur kann dogmatisch, krankhaft ehrgeizig und langweilig werden. Wie bei allen Grundzügen der Planeten und Sternzeichen lauern darüber hinaus immer die gegensätzlichen Tendenzen im Unbewußten und müssen erkannt und gelenkt werden.Täuschung, Trägheit, Gier und Depression können die Oberhand gewinnen, wenn sie nicht beobachtet und beherrscht werden.

Ein Jupiter-Mensch strebt am besten einen akademischen Beruf an oder engagiert sich im kirchlichen bzw. sozialen Bereich. Die von Jupiter beherrschten Teile des Körpers sind Oberschenkel, Arme, Arterien, Magen, Leber und manchmal die Lunge. Unter den Einfluß des Jupiters fallen Vaterfiguren, sowie Onkel und Tanten.

Saturn

♄

Symbol: Materie (Kreuz) über Seele (Halbmond) und damit Praktisches über Seelischem.
Wochentag: Samstag (der Name des römischen ›Saturnstag‹ hat sich im Englischen und Niederländischen bewahrt)
Stunden des Tages: 7., 14., 21.
Braucht ca. 30 Jahre für den Tierkreis, wobei er 2,5 Jahre in jedem Zeichen steht.

Bis ins späte 18. Jahrhundert war Saturn der letzte der bekannten sieben Planeten, und da er von der Erde am weitesten entfernt war, schien er gewissermaßen als der ›höchste‹ Planet und galt bei den antiken Völkern mitunter als der mächtigste. Als Herschel im Jahre 1781 Uranus entdeckte, verlor Saturn zwar seine Sonderstellung, aber noch immer sprach man ihm Kälte, Langsamkeit und erhabene Stärke zu.

Hausbuchmeister, Die Planetenkinder: Venus, Federzeichnung, Pergament; Illustration im »Hausbuch«, um 1475–1485, ca. 290 × 186 mm, Schloß Wolfegg. Die Reiterin Venus ist mit der Waage, dem von ihr beherrschten Tierkreiszeichen, abgebildet. Darunter sind ihre ›Kinder‹, unter ihrem Einfluß Geborene, charakterisiert.

Eine Darstellung Jupiters mit den seiner Regentschaft unterstellten Berufen, sozialen Stellungen und Sitten und der typischen Kleidung. Illustration zu: »Boke of Astronomy« (»Buch der Astronomie«), spätes 15. Jahrhundert, Oxford, The Bodleian Library

Saturn mit Wassermann und Steinbock, den zwei Tierkreiszeichen, die er beeinflußt, sowie die ihm unterstellten Tätigkeiten. Illustration zu: »De sphaera«, 15. Jahrhundert, Modena, Biblioteca Estense

Jan Harmensz. Müller (1571–1628), Neptun mit seinem Dreizack und Pferden, Feder auf hellbraunem Papier, braune Tinte, Braun laviert, Weiß gehöht, 425 × 292 mm, New Haven, Yale University Art Gallery, Everett V. Meeks Fund

Gegenüber, links: Wilhelm Herschel (1738–1822), der im Jahre 1781 den Planeten Uranus entdeckte.

Gegenüber, rechts: Percival Lowell (1855 bis 1916), der schon im Jahre 1905 davon überzeugt war, daß es einen neunten Planeten – Pluto – geben müsse. Doch erst nach seinem Tode wurden seine Beobachtungen und Berechnungen bestätigt.

Die dem Saturn entsprechende Gestalt im babylonischen Pantheon war Ninib/Niurta, der mit Krieg, aber auch mit Stetigkeit in Verbindung gebracht wird. Die griechische Mythologie setzte den Planeten mit Kronos gleich, dem Titanenherrscher, der seinen Vater Uranus entmannte.

Diesem Planeten wurden besonders im Mittelalter viele negative Einflüsse zugesprochen, die zu den günstigen Wesenszügen des Jupiter im Gegensatz standen. Irrtümlich ist er auch mit Chronos, der Verkörperung der Zeit, in Verbindung gebracht worden. Die frühe Einschätzung des Saturn als furchterregender Himmelskörper ist von gemäßigteren, sympathischeren Zügen verdrängt worden. Manche Astrologen sind der Ansicht, daß Saturn die Exzesse der anderen Planeten in Grenzen halten und ihnen eine Richtung geben könne, wobei er in Konjunktion mit Jupiter Genialität hervorbringt, die Sonne um Philosophie bereichert und ganz allgemein einen stabilisierenden Einfluß ausübt.

Somit ist Stetigkeit seine herausragende Qualität. Die Fähigkeit zur Selbstdisziplin, das Vermögen, eine Sache auf den Punkt zu bringen und eine praktisch orientierte Auffassungsgabe stehen in enger Verbindung mit der Klugheit und der Strategie des Saturn. Eine weitere Qualität ist Beharrlichkeit. Mit ihr gehen Vorsicht und Nüchternheit einher. Konservative, traditionelle und autoritäre Werte herrschen vor.

Entsprechend dem – zwar unrichtigen, aber dennoch offenbar prägenden – Bild des Urvaters der Zeit und des vorsichtigen, weisen Traditionalisten herrscht Saturn über das hohe Alter. Er regiert Steinbock und Wassermann und gehört zum zehnten Haus, dem Haus des Vaters und der öffentlichen Stellung, sowie zum elften Haus, dem der Ambitionen und Freundschaften.

Man geht davon aus, daß die Grundstruktur des Körpers in Form des Skeletts und speziell die Knie dem Einfluß des Saturn unterliegen. Auch der Zustand der Zähne und die Beschaffenheit der Haut seien ihm zu verdanken. Solche Zuordnungen passen zu der traditionellen Vorstellung eines gebeugten, lederhäutigen, zahnlosen, hinkenden alten Mannes.

In der Übersteigerung äußern sich seine Merkmale als Selbstsucht, Unnachgiebigkeit, Schwerfälligkeit, Strenge und Furchtsamkeit. Pessimismus, Schuldgefühle und Neid entspringen einer extremen Egozentrik. Vor Mißtrauen, Falschheit und Boshaftigkeit muß man auf der Hut sein. Heutzutage werden die negativen Züge des Planeten kaum noch berücksichtigt.

Uranus

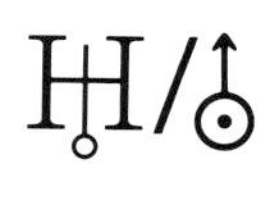

Symbol: Initiale seines Entdeckers Herschel, an der ein neuer Planet hängt.

Braucht 84 Jahre für den Tierkreis, wobei er 7 Jahre in jedem Zeichen steht.

Uranus, Neptun und Pluto haben im babylonischen Pantheon keine Entsprechungen. In der griechischen Mythologie war Uranus das Himmelsgewölbe, als sich das Chaos am Ende in die Mutter-Erde und den Vater-Himmel auflöste. Der Planet wurde zuerst nach seinem Entdecker ›Herschel‹ genannt, dann zu Ehren des englischen Monarchen George III. ›Georgium Sidus‹. Schließlich wurde ihm der Name des griechisch-römischen Gottes gegeben.

Herschels Entdeckung im Jahre 1781 beeinträchtigte die bis dahin magische Zahl der sieben Planeten. Doch die Astrologen stellten sich auf den neuen Himmelsbewohner ein, so wie sie es auch später taten, als sich Neptun und Pluto hinzugesellten. Die bis dahin unbekannte Existenz des Uranus ist jedoch kaum als Erklärung für die in der Vergangenheit aufgetretenen Fehler in den Horoskopdeutungen und Vorhersagen herangezogen worden. Dagegen ist nach dem ›neuen‹ Planeten eine neu entwickelte astrologische Methode, das uranische System, benannt worden.

Weil sich Uranus, ebenso wie die beiden anderen äußeren Planeten, langsam bewegt, geht man im allgemeinen davon aus, daß er seinen Einfluß im Zusammenwirken mit schnelleren Himmelskörpern ausübt. Ereignisse, die eine deutliche Veränderung bewirken, resultieren aus dem Einfluß des Uranus. Dazu gehören Reformen, Revolutionen und das Streben nach Unabhängigkeit, aber auch Gruppenaktivitäten und unerwartete Ereignisse wie Unfälle und Katastrophen. Der unter dem Einfluß des Uranus stehende Geist interessiert sich für Technologie und Fortschritt, besitzt darüber hinaus Intuition, Kreativität und Originalität sowie einen Hang zur Wissenschaft und zur Wahrheitssuche auch auf anderen Gebieten. Zu dieser Kategorie wird oft das Okkulte gezählt wie auch die Astrologie selbst mit ihren intuitiven Aspekten. Uranus legt eine aufgeschlossene Haltung gegenüber neuen Ideen sowie eigenartigen und unkonventionellen Vorstellungen an den Tag. Eine Prägung durch Uranus ist besonders förderlich für Personen, die als Erfinder, Unternehmer, Wissenschaftler und Forscher tätig sind.

Von einigen Astrologen ist Uranus zum Regenten von Wassermann und Steinbock erklärt worden, den gleichen Tierkreiszeichen, die auch Saturn zugeordnet sind. Uranus herrscht im elften Haus (Ambitionen und Freunde).

Der Einfluß des Uranus kann zur unkalkulierbaren Gefahr werden, wenn er in seiner extremen Form als Gewalt, allgemeine Aufsässigkeit, Taktlosigkeit, Verantwortungslosigkeit und ausgeprägte Exzentrizität auftritt. Bei zu starker Konzentration auf Gruppenaktivitäten besteht eine gewisse Tendenz, die Bedürfnisse des Einzelnen zu übergehen und sich rein intellektuellen Interessen ohne das notwendige Einfühlungsvermögen zuzuwenden.

Neptun

♆

Symbol: Meer (Dreizack) über Materie (Kreuz) oder Seele (Halbmond) über Materie (Kreuz)
Braucht ca. 165 Jahre für den Tierkreis, wobei er etwa 14 Jahre in jedem Zeichen steht.

Der Planet Neptun wurde erst 1846 entdeckt. Einigen Astrologen erscheint der ihm von seinen Entdeckern verliehene Name des zornigen Wassergottes aufgrund vieler Eigenschaften dieses Planeten unangemessen. Andere halten die Verbindung mit Wasser für zutreffend, und das von ihm regierte Zeichen Fische stellt zweifellos eine Entsprechung dar. Und doch sind die Wirkungen, die diesem Planeten in der Astrologie zugeschrieben werden, subtil, vergeistigt und ungreifbar, ganz im Unterschied zum Charakter der griechisch-römischen Gottheit. Noch immer herrscht Uneinigkeit darüber, was seine günstigsten Aspekte sind.

Die Grundzüge dieses Planeten lassen sich am besten durch das Wort ›verschleiert‹ mit all seinen Assoziationen beschreiben. Ein weiteres deutliches Zeichen des Neptun ist Phantasie, die mit Kreativität, Ästhetik und Abstraktionsvermögen einhergeht. Auch Musik und Theater werden im allgemeinen Neptun zugeordnet. Daneben gehört alles Verborgene in das Erscheinungsbild des Planeten. Hier findet sich alles, was geheim, hermetisch, mystisch und meditativ ist. Sein eigenes Domizil ist das zwölfte Haus (verborgene Feinde, Okkultes, Verbrechen, Heimlichkeit).

Es erscheint einleuchtend, daß zu den geeigneten Berufen die Lehrtätigkeit gehört, und zwar aufgrund der Ideale und Werte, die sie vermittelt; daneben die Beschäftigung mit den freien Künsten, besonders mit Musik, lyrischer und dramatischer Dichtung; vorteilhaft sind auch Aktivitäten im Hintergrund sowie natürliche Tätigkeiten, die mit Gewässern zu tun haben.

In übersteigerter Form bergen auch die Eigenschaften des Neptun Gefahren. Träumerei kann zu Unsicherheit, Depressionen und zum Rückzug aus der Wirklichkeit führen. Sensibilität kann sich zur Überempfindlichkeit und zu starken Verhaltensstörungen steigern. Eine Neigung zu Geheimniskrämerei kann als Unaufrichtigkeit und Unzuverlässigkeit zutage treten.

Pluto

♇/⯓

Symbol: Die Initialen P. L. für Percival Lowell; oder Geist (Kreis) über Seele (Halbmond) mit Materie (Kreuz) darunter, so daß Tiefen (Kreuz) und Höhen (Kreis) durch Erfahrung (Halbmond) transzendiert werden.
Braucht 248 Jahre, um alle Zeichen des Tierkreises zu durchwandern, wobei er ungefähr 24 Jahre in jedem Zeichen steht.

Pluto war der römische Name für Hades, den griechischen Gott der Unterwelt. Der Planet wurde 1930 in den äußersten Bereichen des damals bekannten Sonnensystems entdeckt, und so schien der Name passend. Etwa 24 Jahre benötigt Pluto, um ein Sternzeichen, vier oder fünf Menschenalter, um den Tierkreis zu durchlaufen.

Je langsamer sich ein Planet am Himmel bewegt, desto geringer ist seine Auswirkung auf die Persönlichkeit und das Leben des Individuums. Daher ist dieser Planet äußerst bezeichnend für die Aktivitäten von großen Gruppen, und sein Einfluß wirkt eher langfristig. Vielleicht fallen aus dem gleichen Grund auch die Großtechnologie und deren angrenzende Bereiche in sein Ressort. Das trifft zum Beispiel auf das Transportwesen zu. Als logische Fortsetzung dieser Beziehung zu großen Gruppen und Massen wird auch die Führung von Ländern, Gruppen, Banden und großen Unternehmen dem Einfluß des Pluto zugeordnet. Astrologen haben dem Planeten auch innovative Kräfte zugeschrieben, was Veränderungen und Erneuerungen impliziert sowie das Zuendeführen und Beginnen von Unternehmungen.

Zur Symbolwelt der mythologischen Gottheit gehören die Unterwelt, das Unerwartete, das Verborgene oder Vergrabene (wie zum Beispiel verhaltene Energie), Unzulänglichkeiten, Erbschaften, Steuern und Unfall- und Lebensversicherungen. Zusätzlich zu Tod wie auch zu Wiedergeburt wird der Planet mit allmählichen Stimmungs- und Gefühlswechseln in Verbindung gebracht. Bisweilen steht Pluto auch für ein unkonventionelles oder aufregendes Sexualleben.

Seine Regentschaften sind noch umstritten. Meist wird er dem Skorpion zugeordnet, manchmal jedoch auch dem Widder. Wieder andere setzen die Fische anstelle des Widders. Seine Häuser sind das erste, das für das Ego, Auftreten und körperliche Gesundheit steht, und das achte, das Haus des Todes, der Steuern, Schulden und der Besitztümer anderer.

Die Eigenschaften von Pluto lassen sich gut mit leitenden Positionen in Wirtschaft und Politik oder mit Arbeit im Versicherungswesen vereinbaren. Ebenso geeignet ist die Psychiatrie, das Ergründen der verborgenen Tiefen des Geistes, die Erforschung der unbekannten Vergangenheit oder fremder Länder.

Die Kombination von Führungsanspruch und Überzeugungskraft kann bei Menschen, die unter dem Einfluß des Pluto stehen, zu Fanatismus, Diktatur und Zerstörung führen. Es besteht die Gefahr des Verrats und geheimer Intrigen. Darüber hinaus stellt die starke Konzentration auf Unpersönliches bis hin zur völligen Aufgabe persönlicher Empfindungen ein weiteres charakterliches Risiko dar.

Der Tierkreis

Die herkömmliche Astrologie stützt sich bis heute auf zwölf Tierkreiszeichen, eine Gruppe von Sternbildern, die – bildlich gesprochen – wie ein Gürtel die Himmelskugel umspannt. Auf dem Tierkreis ist jedem Tierkreiszeichen ein Raum von 30° zugewiesen worden. Diese Einteilung ist nach mathematischen, nicht nach astronomischen Gesichtspunkten erfolgt, denn die eigentlichen Konstellationen sind, von der Erde aus betrachtet, unterschiedlich groß.

Das *tropische* Tierkreissystem mißt das Jahr als Intervall zwischen zwei Durchgängen der Sonne durch das Frühlings-Äquinoktium. (Natürlich dreht sich eigentlich die Erde vor dem Hintergrund der Sternbilder des Tierkreises um die Sonne, von der man als Betrachter auf der Erde nur den Eindruck hat, sie kreise um die Erde.) Obgleich sich dieser Äquinoktialpunkt im Laufe vieler Jahrhunderte allmählich verlagert hat (aufgrund einer schlingernden Kreiselbewegung, die der Erde durch die Anziehungskräfte der Sonne, des Mondes und auch der Planeten aufgezwungen wird; Präzession), so daß der Beginn des Frühlings-Äquinoktiums tatsächlich weit im Sternbild Fische und nicht mehr im Widder liegt, benutzen die meisten abendländischen Astrologen noch immer Widder als Bezugspunkt.

Das *siderische* Tierkreissystem mißt ein Jahr als die tatsächliche Zeit, die die Sonne benötigt, um alle Sternbilder zu durchlaufen. Die meisten hinduistischen und einige wenige westliche Astrologen benutzen das siderische System. Ungefähr zu Beginn der christlichen Zeitrechnung waren beide Systeme deckungsgleich, und sie werden es in cirka 25 800 Jahren wieder sein. In der Zwischenzeit rückt der Frühlingspunkt nach dem tropischen System alle 2 200 Jahre um ein ganzes Sternbild auf dem Tierkreis zurück (um das Jahr 2150 wird er Wassermann erreichen, Steinbock im Jahre 4300 usw.).

Am höchsten Punkt des astrologischen Horoskopschemas liegt das *Medium coeli* oder die Himmelsmitte (MC) und am tiefsten das *Imum coeli* oder die Himmelstiefe (IC). Der aszendierende Punkt befindet sich im Osten (links) des

Oben: Francesco del Cossa (um 1435–um 1477), Das Tierkreiszeichen Stier, Ferrara, Freskenzyklus im Palazzo Schifanoia, Sala dei Mesi, Ostwand (Detail), um 1469
Links: Widder, aus dem »Jamnapattra des Prinzen Navanibal Singh«, 19. Jahrhundert, Papier, London, The British Library

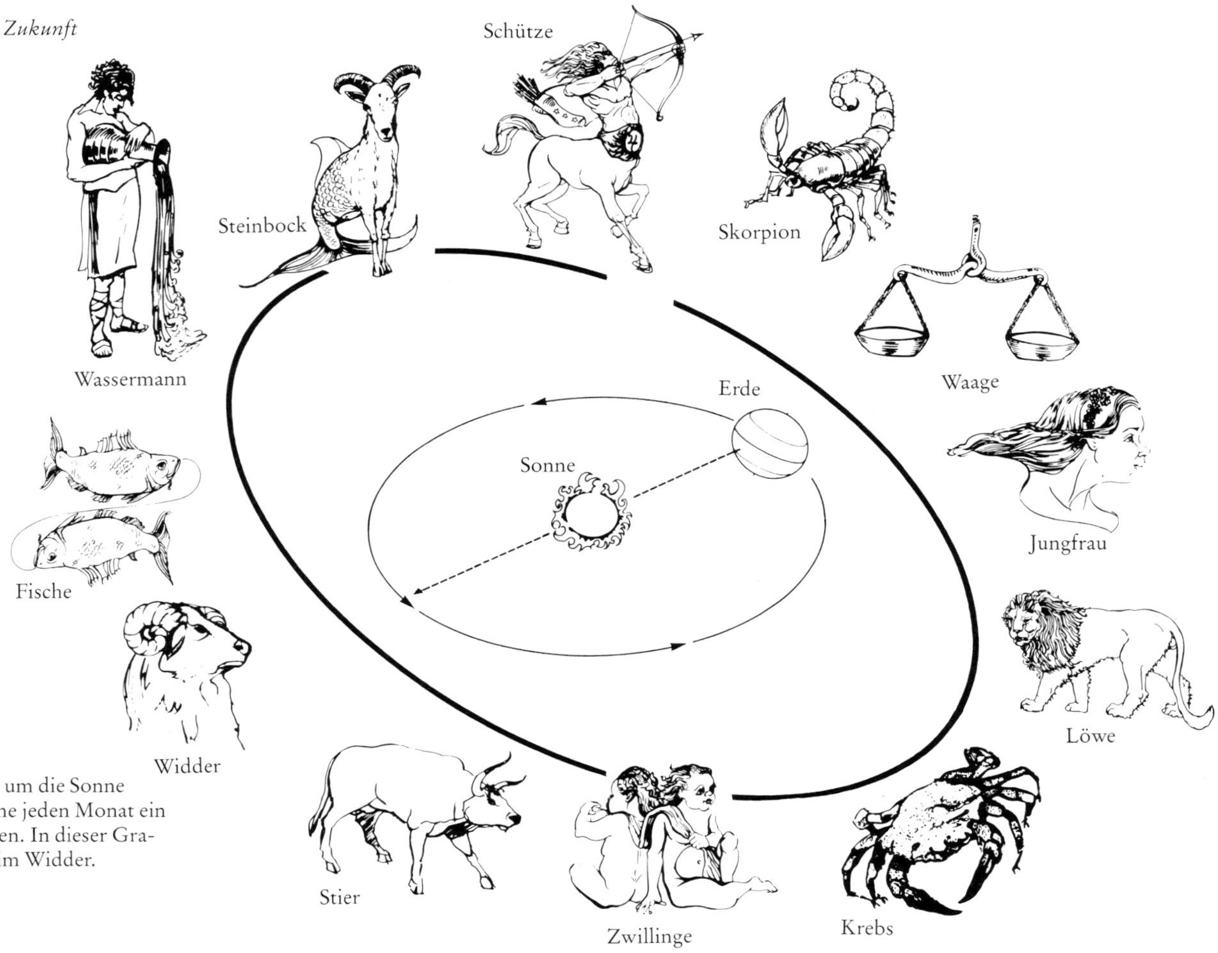

Während sich die Erde um die Sonne dreht, ›betritt‹ die Sonne jeden Monat ein anderes Tierkreiszeichen. In dieser Graphik ›steht‹ die Sonne im Widder.

Schemas, der Deszendent im Westen (rechts). Das Diagramm ist so ausgerichtet, als stünde der Betrachter – den Norden im Rücken – auf dem untersten Punkt des Kreises, der sich vor ihm öffnet. Daher entspricht die untere Hälfte des Horoskoprades der nördlichen Hemisphäre und ihm gegenüber, oben, liegt Süden.

Da sich die zehn astrologischen Planeten innerhalb des geozentrischen Blickwinkels in etwa alle auf derselben Ebene bewegen, durchlaufen sie alle sämtliche Tierkreiszeichen, allerdings in unterschiedlichen Geschwindigkeiten: Mond, Sonne, Merkur, Venus und Mars verändern ihren Standort rasch, Jupiter und Saturn bewegen sich etwas langsamer, Uranus, Neptun und Pluto dagegen scheinen fast stillzustehen.

Während die Planeten mit ihren symbolischen Wesenszügen Einfluß auf die Menschen ausüben, zeigen die Tierkreiszeichen an, wie sich diese Charakteristika im einzelnen manifestieren. Die Position der Sonne im Tierkreis zum Zeitpunkt der Geburt eines Menschen gibt dessen persönliches Sonnenzeichen an, und die diesem Zeichen zugeschriebenen Eigenschaften zählen zu den wichtigsten Bestandteilen der psychischen und physischen Natur dieses Menschen.

Da die Erde sich um ihre eigene Achse dreht (rotiert), erscheint alle paar Stunden am östlichen Horizont ein anderes Tierkreiszeichen, wobei die zeitlichen Abstände an verschiedenen Orten auf der Erde variieren. Dieses Zeichen am östlichen Rand, der sogenannte Aszendent, ist für die Horoskopauslegung mindestens ebenso wichtig wie das Sonnenzeichen.

Die Tierkreiszeichen werden in mehrere Kategorien untergliedert, die der alten Einteilung der Materie in vier Elemente entsprechen, wobei jedes vierte Zeichen einem Element zugeordnet wird: Widder, Löwe, Schütze sind Feuer-Zeichen und stehen für Aufgeschlossenheit; Stier, Jungfrau, Steinbock sind Erd-Zeichen und assoziieren Sorge und Gründlichkeit; Zwillinge, Waage, Wassermann stehen als Luft-Zeichen für Intellektualität; die Wasser-Zeichen Krebs, Skorpion, Fische verweisen auf Emotionalität. Diese Gruppierungen nennt man Triplizitäten. Manchmal findet sich für die drei in einem Element zusammengefaßten Zeichen auch der Begriff Trigon, was sich auf das Dreieck bezieht, das auf dem Kreisschema des Horoskops entsteht, wenn man zum Beispiel beim Feuer-Trigon Widder, Löwe und Schütze mit Linien verbindet.

Die vier Tierkreiszeichen auf den beiden Achsen des Horoskops werden ›kardinale‹ oder ›intitiative‹ Zeichen genannt (Widder, Krebs, Waage, Steinbock). Die vier benachbarten Zeichen – gegen den Uhrzeigersinn gezählt – sind ›fest‹ oder ›fix‹ (Stier, Löwe, Skorpion, Wassermann). Die nachfolgenden Zeichen sind ›beweglich‹ oder ›anpassungsfähig‹ (Zwillinge, Jungfrau, Schütze, Fische). Somit umfaßt jede dieser Qualitäten vier Zeichen, die Quadriplizität.

Darüber hinaus sind die Zeichen in ihrer Abfolge auf dem Horoskopschema abwechselnd entweder positiv oder negativ (früher sprach man auch von maskulin und feminin). Widder hat eine positive Polarität, Stier eine negative, Zwillinge wieder positiv und so weiter bis hin zu den Fischen, dem letzten Zeichen auf dem Tierkreis, das wiederum negativ ist.

Wie bereits erwähnt, wird jedes Tierkreiszeichen von mindestens einem Planeten regiert, der gewöhnlich die gleichen Grundzüge hat wie jene, die man mit dem Zeichen assoziiert und die deshalb verstärkt werden, wenn der Planet in dem von ihm regierten Zeichen steht. Es kommt hinzu, daß jeder Planet gestärkt (erhöht), geschwächt (erniedrigt) oder unterdrückt (vernichtet) werden kann, je nach Standort im Tierkreis.

Die Daten zum Stand der Sonne in den jeweiligen Tierkreiszeichen (s. folgende Auflistung) sind Mittelwerte, denn aus kalendarischen Gründen schwanken sie im Ablauf der Jahre um $\pm$ 1 Tag.

Widder

♈

21. März–20. April
Qualität: kardinal
Element: Feuer
Polarität: positiv

Widder wird gewöhnlich als das erste Zeichen des Tierkreises aufgeführt, denn in mesopotamischer Zeit ging die Sonne am Frühlings-Äquinoktium in der nördlichen Hemisphäre im Widder auf. Im alten Ägypten brachte man den Sonnengott Ra mit demselben Sternbild in Verbindung.

Das Markenzeichen des Widder ist kraftvolle Energie. Enthusiasmus, Aktivität, Leidenschaft, Initiative, Mut und Abenteuergeist sind seine herausragenden Attribute. Sie können sich in Führungsstärke, Ehrgeiz, physischer Kraft und Leistungsfähigkeit niederschlagen. Wie zu erwarten, gehört er zum ersten Haus, wo das Ego im Mittelpunkt steht. Selten hervorgehoben werden der scharfe Verstand des Widders und sein hochherziges Denken, das häufig zum Engagement im Dienst einer guten Sache führt.

Im allgemeinen sagt man, daß der Widder günstige Eigenschaften vermittelt, wenn sein regierender Planet einen vorteilhaften Einfluß ausübt, daß er aber destruktive Züge entwickelt, wenn er zu stark von Sonne und Mars bestimmt wird. Letzterer ist einer seiner Regenten, und dessen Charakteristika stimmen nahezu völlig mit denen des Widders überein. Gelegentlich hat man auch Pluto die Regentschaft über das Zeichen zugesprochen. Wie man vermuten konnte, ist die Sonne im Widder erhöht. Venus mit ihren fast gegensätzlichen Merkmalen ist vernichtet und kann, solange sie im Widder steht, überwältigt und in ihre negativen Eigenschaften verkehrt werden. Einige Astrologen sehen in dieser Kombination eine Quelle von Konflikten; andere begrüßen den mäßigenden Einfluß der Venus. Ebenso kann man Saturn, der im Widder erniedrigt ist, als guten oder schlechten Einfluß betrachten, je nach den anderen Gesichtspunkten des Horoskops.

Werden durch die Konstellation der Planeten ungünstige Einflüsse auf den Widder wirksam, so können sich seine kraftvollen Energien äußern in: Heftigkeit, Ungeduld, Aggressivität, Egozentrik und Sinnlichkeit bis hin zu skrupelloser Dominanz.

In Liebesbeziehungen braucht der ausgeprägte Widder-Typ einen Partner, der sehr tolerant und anpassungsfähig ist. Die emotionalen Bedürfnisse des Widders erfordern warmherzige Erwiderung.

Stier

♉

21. April–20. Mai
Qualität: fest
Element: Erde
Polarität: negativ

In einer babylonischen Sage überredete die Göttin Ischtar den Gott des Himmels, den epischen Helden Gilgamesch, der ihre Liebe zurückgewiesen hatte, durch den himmlischen Bullen töten zu lassen. Als Buße mußte der Stier daraufhin in alle Ewigkeit auf seinem himmlischen Weg einen Pflug ziehen. In der griechischen Mythologie wird Europa von Zeus in Gestalt eines schneeweißen Stiers entführt.

Für die Einschätzung der Wesenszüge dieses Sternzeichens kann es durchaus von Bedeutung sein, ob durch den gehörnten Kreis ein Stier oder eher ein Ochse symbolisiert wird. Bereits die römische Astrologie klärt diese Frage nicht eindeutig, und so ist eine Reihe von Eigenschaften, die dieses Zeichen prägen, eher mit Merkmalen eines Ochsen als mit denen eines Stiers in Verbindung gebracht worden. Doch unter der sanftmütigen Oberfläche eines Stier-Menschen kann ein Selbstbewußtsein verborgen sein, das, einmal herausgefordert, mit der Gewalt eines wütenden Bullen hervorbricht; es kann zwar eine Zeit dauern, bis es zum Vorschein kommt, doch dann ist es bisweilen von geradezu unbändiger Intensität.

Geduld, praktischer Verstand, Entschlossenheit und Besitzgier sind die wichtigsten Charakterzüge, die mit dem Zeichen verbunden werden. Die geduldige Persönlichkeit ist in der Regel gefestigt, ruhig, fleißig, gehorsam, gründlich, schweigsam und nur schwer aus der Fassung zu bringen. Dies beeinträchtigt jedoch nicht den natürlichen Humor. Der Stier folgt lieber, als daß er die Führung übernimmt. Die Entschlossenheit äußert sich in Hartnäckigkeit, Ausdauer, Loyalität und in der Beharrlichkeit, die garantiert, daß Schulden zurückgezahlt und Verpflichtungen erfüllt werden. Die Besitzgier des Stiers, die sich sowohl auf materielle Dinge als auch auf Personen erstreckt, geht mit Zuneigung und Konzentration auf die Familie einher.

Die Persönlichkeit, die durch den Stier symbolisiert wird, ist normalerweise angenehm, freundlich, selbstlos und sieht über geringfügige Kränkungen hinweg. Andererseits kann sie aufbrausend zornig werden, wenn sie an die Grenzen ihrer Geduld getrieben wird. Darüber hinaus besteht immer die Gefahr eines uneinsichtig strengen oder trägen Verhaltens, wenn Entschlossenheit oder Geduld zu extrem werden. Stier-Menschen versuchen, unangenehme Situationen zu vermeiden. Ihr praktischer Verstand kann auch mit Mangel an Phantasie und Ehrgeiz einhergehen. Der Besitzergreifende muß sich vor Eifersucht, Unersättlichkeit und Materialismus hüten.

Der Regent des Stiers ist die Venus, was das Gefühl für Schönheit, Harmonie und Freundlichkeit verstärken kann. Die Emotionalität des Mondes, der im Stier erhöht ist, kann ihm eine phantasievollere Perspektive geben. Wie zu erwarten, ist der Mars mit ihm unvereinbar und daher in diesem Zeichen vernichtet, was zwischen gegensätzlichen Naturen Konflikte ankündigt. Von Uranus sagt man, daß er hier erniedrigt ist, und sowohl der Planet als auch das Sternzeichen können ihre negativen Seiten entfalten.

Zwillinge

♊

21. Mai–21. Juni
Qualität: beweglich
Element: Luft
Polarität: negativ

Schon früh haben Sternleser in diesem Bild zwei menschliche Gestalten gesehen: meistens zwei Brüder, doch bisweilen auch einen Jungen und ein Mädchen. Hindus sehen darin Mithuna; in den Veden wird es als zwei Asvin-Reiter beschrieben; südafrikanische Buschmänner wiederum sehen zwei Frauen. In China symbolisierte diese Sternengruppe schließlich die beiden Grundkräfte des Universums, Yin und Yang. Im Abendland benannte man die Konstellation häufig mit dem lateinischen Namen Gemini, denn man wollte Castor und Pollux, die Zwillingssöhne Jupiters (in Griechenland die Dioskuren, Zwillingssöhne des Zeus), in diesen Himmelsgestalten erkennen. Da die beiden Halbgötter in der griechischen Legende den Argonauten bei einem verheerenden Sturm zur Hilfe kamen, wurden sie zu Schutzgöttern der Seefahrer. Auch in Kriegszeiten suchte man ihre Gunst, denn sie standen im Ruf außergewöhnlicher Tapferkeit.

Praktisch alle Einflüsse, die diesem Sternbild zugeschrieben werden, lassen sich unter den Überschriften Kommunikation, Intellekt und Wandel einordnen. Kommunikation setzt Reden, Schreiben und Lehren voraus. Intellekt beinhaltet Urteilsvermögen, Logik, Studium, Aufnahme von Faktenwissen und einen wachen Verstand. Wandel umfaßt rasches Handeln, Aufgeschlossenheit neuen Ideen gegenüber, Flexibilität, Reisen, den Ehrgeiz voranzukommen und Vielseitigkeit.

Der Planet Merkur, der im wesentlichen die gleichen Anlagen aufweist wie diejenigen, die man dem Tierkreiszeichen Zwillinge zuordnet, ist dessen Regent. Jupiter, der Schütze regiert, ist vernichtet, wenn er in den Zwillingen steht. Darüber hinaus kann die Schattenseite des Jupiter durch den Einfluß der Zwillinge zutage treten. Andererseits können Jupiter und Zwillinge auf solche Weise zusammenwirken, daß aus der Verbindung der hohen Prinzipien des Jupiter mit dem raschen Intellekt der Zwillinge eine abgerundete, faszinierende und gütige Persönlichkeit hervorgeht. Auch Merkur kann, wenn er in den Zwillingen steht, einen zusätzlichen günstigen Einfluß ausüben, indem er die Partnerbeziehung einer Zwillings-Persönlichkeit um Abwechslung und Humor bereichert.

Das Zusammenspiel der Zwillinge mit den meisten Planeten führt zu schnelleren Handlungen und Gedanken. Mond und Neptun verlieren jedoch leicht einen Teil ihrer Sensibilität, was natürlich wiederum für überempfindliche oder überemotionale Menschen von Vorteil sein kann.

Der im Zeichen der Zwillinge Geborene hat häufig eine gutmütige Natur, tritt höflich auf, ist rhetorisch gewandt, bereit, Kritik anzunehmen, und zeigt einen wachen Geist, gepaart mit Erfindungsreichtum. Manchmal jedoch können gerade diese Eigenschaften unangenehm übersteigert auftreten. Ein Zwilling muß sich vor Schwatzhaftigkeit, Nervosität, Unentschlossenheit, Oberflächlichkeit, Gerissenheit, Selbstsucht, Schwäche und Wankelmut in acht nehmen.

Krebs

♋

22. Juni–22. Juli
Qualität: kardinal
Element: Wasser
Polarität: negativ

Die Mesopotamier sahen das Sternbild als Schildkröte, und die Ägypter verehrten es im 2. Jahrtausend v. Chr. als Skarabäus. Die Chaldäer in Babylonien und die Platoniker in Griechenland glaubten, es sei das Tor, durch das die Seelen den Himmel verlassen, um in die Körper von Neugeborenen zu fahren. Mit ihrer schwachen Leuchtkraft ist die Sternformation eher unauffällig.

In der griechischen Mythologie erhob Hera den demütigen Krebs zum Himmel, nachdem Herakles ihn zertreten hatte, weil er von ihm während eines Kampfes in den Zeh gekniffen worden war. Bei den Griechen und Römern sollte sein Zeichen vermutlich schon immer einen Krebs darstellen, doch eine andere Sage bringt es mit den beiden Eseln in Verbindung, die in der griechischen Überlieferung bei der Entstehung des Universums an dem Kampf zwischen Göttern und Titanen teilgenommen hatten.

Oben: Francesco del Cossa (um 1435–um 1477), Das Tierkreiszeichen der Zwillinge, Ferrara, Freskenzyklus im Palazzo Schifanoia, Sala dei Mesi, Ostwand (Detail), um 1469

Rechts: Das Tierkreiszeichen Krebs (Juni, 22. Juni–22. Juli), Illustration zu: »Stundenbuch der Herzogin von Burgund«, um 1450, Miniatur auf Pergament, Chantilly, Musée Condé

Gegenüber: Löwe (und Stachelschwein) aus dem Musterbuch (1230–1235) des Villard de Honnecourt, Paris, Bibliothèque Nationale

Das Hauptmerkmal des Krebses ist seine Emotionalität. Verständnis und Fürsorge für andere sind seine hervortretenden günstigen Eigenschaften. Am ehesten findet man bei ihm eine zärtliche Form der mütterlichen oder väterlichen Liebe. Mit dieser Veranlagung gehen Beschützerinstinkt, Geduld, Patriotismus, Loyalität und eine konservative Grundhaltung einher. Häufig sind bei ihm Häuslichkeit, Interesse an diätetischer Ernährung und Besitzstreben festzustellen. Der Krebs-Mensch ist darüber hinaus eher intuitiv als logisch veranlagt. Er hat ein ruhiges, weiches und sensibles Wesen, aber wie der Krebs verfügt er über eine harte Schale, was ihn zäh und widerstandsfähig macht.

Krebs ist das einzige Tierkreiszeichen, das vom Mond regiert wird. Mond und Krebs beieinander verstärken gewöhnlich ihre jeweiligen positiven Anlagen, obgleich Unreife und eine überstarke Abhängigkeit von Elternhaus und Familie ein Risiko darstellen. Im menschlichen Körper sind Brust, Magen und die Körperflüssigkeiten dem Krebs zugeordnet.

Steht Venus in Krebs, so fördert sie Wärme und Zärtlichkeit. Jupiter, der in dieser Konstellation erhöht ist, trägt zur inneren Sicherheit des Nativen und zu dem für diesen Planeten und dieses Zeichen charakteristischen Engagement für andere bei. Von Neptun und Pluto nimmt man gleichfalls an, daß sie im Krebs günstige Wirkungen entfalten. Merkur mag in seiner Intellektualität beeinträchtigt werden, doch seine Unvoreingenommenheit steigert die Sensibilität und das Erinnerungsvermögen. Die Aggressivität des Mars kann etwas von ihrer Vitalität verlieren, aber diese kann nun auf andere Belange gerichtet werden. Die emotionale Wärme des häuslichen Umfelds hat möglicherweise unter Saturn ein wenig zu leiden. Uranus kann Aufsässigkeit mit sich bringen. Andererseits können sowohl Saturn als auch Uranus im Krebs eine Neigung zu extremer Unabhängigkeit in Grenzen halten.

Die mit dem Sternbild Krebs verbundenen Charakterzüge führen im Berufsleben häufig zu zwischenmenschlichen Problemen: Zurückhaltung kann als Arroganz mißverstanden werden. Doch in der richtigen Umgebung tritt die loyale, rücksichtsvolle Persönlichkeit hervor. Als berufliche Tätigkeiten eignen sich besonders solche, bei denen Freundlichkeit und eine ruhige Auffassungsgabe erforderlich sind. Die Intuition des Krebs erweist sich als vorteilhaft.

Launenhaftigkeit, Übersensibilität, Passivität und Unsicherheit – also eigentlich die gleichen Schwächen, die für den Planeten Mond gelten – stellen Gefahren dar. Er kann ein mürrisches Verhalten an den Tag legen. Der Krebs und sein Regent, der Mond, müssen vor emotionaler Instabilität geschützt werden.

Löwe

♌

23. Juli–22. August
Qualität: fest
Element: Feuer
Polarität: positiv

In Ägypten glaubte man, daß die Sonne zu Beginn der Schöpfung in diesem Zeichen aufgegangen sei, und es symbolisierte die Helligkeit und Hitze der Sonne. Man sah in einigen Sternen aus dem Sternbild Löwe, von dem man damals annahm, daß es weniger Sterne enthielt als die heutige Konstellation, die Form eines Messers (in Mesopotamien war es ein Krummsäbel, in späteren Kulturen eine Sichel). In der ganzen Antike bis hinein in unsere Zeit blieben die Sonne und der Löwe eng miteinander verbunden.

Typisch für den Löwen – und seinen Regenten, die Sonne – ist ihre Energie. Dieses Charakteristikum drückt sich in Begeisterungsfähigkeit, Führungskraft, Würde, Ehrgeiz, Gewissenhaftigkeit und Intensität aus. Fast wie eine Fortsetzung dieses Grundzuges erscheint der Überschwang, der in Großzügigkeit, Vergnügungssucht und Kinderliebe zum Ausdruck kommt. Der Löwe-Geborene hat ein sonniges Gemüt, ist mutig und voller Selbstvertrauen, neuen Gedanken gegenüber aufgeschlossen, optimistisch, und er hat einen Hang zum Dramatischen und Künstlerischen. Als festes Zeichen kann der Löwe über eine bemerkenswerte Entschlossenheit bei der Erreichung und Durchsetzung eines einmal gesteckten Zieles verfügen.

Mit seinen kraftvollen, offenherzigen Anlagen ähnelt der Löwe dem Widder, doch während der Widder selbstbewußt auftritt, ist der Löwe wahrhaft egozentrisch. Der Widder genießt den Wettkampf mit anderen,

der Löwe duldet keine Konkurrenz. Der Widder (ein kardinales Zeichen) nimmt Dinge in Angriff und erreicht seine Ziele. Der Löwe (ein festes Zeichen) führt Dinge bis zum Ende durch. Beide sind hitzige Naturen, aber der Widder beruhigt sich schneller.

Es erstaunt nicht, daß die Sonne den Löwen regiert, dessen würdevolles Auftreten durch sie noch verstärkt wird; ebensowenig verwundert es, daß Saturn, Merkur und eine so kühle Komponente wie Uranus entweder vernichtet oder erniedrigt sind, wenn sie im Löwen stehen. Uranus kann sich zu erhabeneren Gefühlen und Handlungen aufschwingen, die jedoch gleichermaßen aus Edelmut wie aus Arroganz entspringen können. Zwar lassen sich die kommunikativen Fähigkeiten von Merkur noch erweitern, wenn er im Löwen steht, doch ist es ebenso möglich, daß sie in Wichtigtuerei und Geschwätzigkeit umschlagen. Obgleich Saturn zum Löwen auch in einem ungünstigen, konfliktbeladenen Verhältnis steht, kann die für den Saturn typische Schwermut aufgehellt werden. Die Interessen des Mondes werden um Kreativität und um das Streben nach Vergnügen bereichert. Auch Venus wird zu Zuneigungsäußerungen angeregt und in ihrer Genußsucht bekräftigt. Mars kann in seiner beherrschenden Rolle so bestärkt werden, daß seine übermäßigen Energien unter Kontrolle gebracht werden müssen. Löwe befähigt Jupiter, seiner Warmherzigkeit und Großzügigkeit freien Lauf zu lassen und seine Gefühle zu zeigen. Der Idealismus Neptuns kann sich auf weitere Bereiche ausdehnen.

In der heiteren, ausladenden Persönlichkeit des Löwen lauern offensichtliche Gefahren: Arroganz, Herrschsucht, Größenwahn, Eitelkeit und sogar Hybris, die von den antiken griechischen Göttern schwer bestraft wurde. Der überschwengliche Mensch kann rücksichtslos und zu einem ständigen Angeber werden. Ein aufbrausendes Temperament kann destruktive Züge annehmen und Toleranz in Ablehnung verkehren. Gelegentlich kann auf ein Übermaß an Energie eine Phase der Trägheit folgen. Beständigkeit und Willenskraft müssen mit sehr viel Großherzigkeit und Aufgeschlossenheit gepaart sein, um die Entwicklung einer reizbaren Persönlichkeit zu vermeiden.

Jungfrau

♍

23. August–22. September
Qualität: beweglich
Element: Erde
Polarität: negativ

Dieses Sternbild ist immer als eine junge Frau gesehen worden. Gewöhnlich wurde es mit Fruchtbarkeit, Ernte und Unschuld assoziiert.

Die Jungfrau ist stets geduldig und hat die Fähigkeit, sich mit den kleinsten Einzelheiten zu befassen. Perfektion ist ihr höchstes Ziel. Doch gesunder Menschenverstand, ein kühler Kopf und ein Sinn für das Praktische prägen die Meinungen und Entscheidungen der Jungfrau so stark, daß sie engstirnig erscheint. Sie interessiert sich für gesunde Lebensführung, besonders in der Ernährung. Die robuste Natur der Jungfrau schließt jedoch auch solide intellektuelle Grundlagen mit ein. Die Mischung aus Geduld und praktischen Fähigkeiten ermöglicht es ihr, bei geistiger Arbeit differenzierte, analytische Qualitäten auf gesunde und geradlinige Art einzusetzen.

Der Jungfrau-Geborene ist selbstbewußt, aber – anders als beispielsweise der Löwe-Geborene – auch bereit und willig, sich selbstkritisch zu betrachten und seine Schwächen zu erkennen. Die Aktivitäten der Jungfrau werden von Idealismus bestimmt, so daß der Dienst an anderen zu einem grundlegenden Wesenszug wird. Als hilfsbereiter, bescheidener, zuverlässiger und leistungsstarker Mitarbeiter eines Teams brilliert die Jungfrau am ehesten in einer Position, in der sie nicht die ganze Verantwortung trägt.

Angesichts dieser Charakterzüge würde man nicht unbedingt vermuten, daß Merkur ihr Regent ist. Er ist anpassungsfähig, wie die Jungfrau, und seine Einordnung als Luft-Planet impliziert darüber hinaus Intellektualität, doch ist er etwas abgehoben, während das Tierkreiszeichen der Jungfrau erdverbunden ist. Das Ego von Merkur ist auf rasche Vorwärtsbewegung ausgerichtet und weniger darauf, selbstkritisch an einem Ort zu verweilen. Jungfrau ist meist ruhig, geduldig und pragmatisch; Merkur kann kommunikativ, beweglich und weltfremd sein. Man sagt, daß Merkur, wenn er in der Jungfrau steht, in Richtung auf gesunden Menschenverstand und nüchterne Reflexion abgeschwächt wird.

Die lebhafte Vorstellungskraft des Mondes versteigt sich nicht so leicht in Träumereien, wenn der Planet im Zeichen Jungfrau steht. Saturn wird in Jungfrau zur Analyse angeregt. Die Verbindung von Saturn und Jungfrau kann zu einer glücklichen Ergänzung von Denken und Handeln führen. Auch Uranus läßt sich dazu bewegen, seine Originalität für erreichbare Ziele einzusetzen.

Das Tierkreiszeichen der Jungfrau aus einer astrologischen Abhandlung, die auf Albumasar basiert. Um 1403, Miniatur auf Pergament, ca. 245 × 180 mm, New York, The Pierpont Morgan Library

Rechts oben: Das Tierkreiszeichen Waage aus einer astrologischen Abhandlung des Mat as-sa'ada wamanal 'as-Siyada, Türkei 1582, Miniatur auf geglättetem Papier 276 × 178 mm, Ne York, The Pierpo Morgan Library

Rechts unten: Meister von Rohan, D Tierkreiszeichen Skorpion, Illustration zu: »Les Gra des Heures« des Herzogs von Roh um 1418, Miniatu auf Pergament, 254 × 180 mm, Pa Bibliothèque Nationale

Pluto kann von Jungfrau dahingehend beeinflußt werden, einzelnen Menschen Zeit und Aufmerksamkeit zu schenken.

Offenbar werden die übrigen Planeten eher negativ beeinflußt, obgleich auch eine positive Seite möglich ist. Mars läßt sich eventuell von Einzelheiten so stark ablenken, daß er nichts zum Abschluß bringen kann. Aber Mars kann sich auch engagierter für andere einsetzen. Die Aufgeschlossenheit von Jupiter wird möglicherweise erheblich eingeschränkt. Seine Großzügigkeit mag dagegen in vernünftige Bahnen gelenkt werden. Die Diskrepanz zwischen der Unklarheit von Neptun und der Praxisnähe der Jungfrau kann einen destruktiven Konflikt heraufbeschwören oder aber zu einer sonst kaum erreichten Effektivität führen.

Der Teil des Körpers, der vom Zeichen der Jungfrau besonders beeinflußt wird, ist der Darmbereich. Die Geduld und der Ordnungssinn eines Jungfrau-Geborenen kann ihn in einen Eisblock verwandeln, der zwanghaft jede Form der Zuneigung aus seinem Leben ausschließt. Bescheidenheit kann sich zu extremer Schüchternheit, Introvertiertheit und nervöser Schwäche entwickeln. Der größere Überblick kann durch den überkritischen Sinn fürs Detail in den Hintergrund gedrängt werden. Die Neigung, anderen zu dienen und zu helfen, muß von Unterwürfigkeit deutlich abgegrenzt werden.

Waage

♎

23. September–22. Oktober
Qualität: kardinal
Element: Luft
Polarität: positiv

Es ist durchaus möglich, daß die Waage ihren Namen und ihr Symbol bereits zu Zeiten der Chaldäer bekommen hat, obgleich eine Vielzahl anderer Darlegungen folgte. Gewöhnlich wird dieses Sternbild entweder als Joch, Balken (Querbalken einer Waage) oder Waage interpretiert. Auch die Scheren des Skorpion, des benachbarten Zeichens, hat man darin gesehen. Es liegt im Bereich des Herbst-Äquinoktiums, wenn Tag und Nacht gleich lang sind. Als Waage oder als Waagebalken war es Teil des hebräischen und des indischen Sternenhimmels. Schließlich gaben ihm die Chinesen den Namen ›Himmlische Waage‹, nachdem sie es zuvor den ›Stern des langen Lebens‹ genannt hatten.

Das Symbol der Waage versinnbildlicht die Ausgeglichenheit im Wesen der Waage. Sie neigt zu einer unparteiischen Haltung und akzeptiert bei einer Auseinandersetzung beide Seiten, wobei sie Extreme vermeidet. Klarheit und Ordnung – jedoch weniger zwanghaft als bei der Jungfrau – ermöglichen es der Waage, abstrakte Ideen klar zu gliedern, wodurch ein zweiter Charakterzug betont wird, ihre Intellektualität. Ihr Verstand ist zu harter Arbeit fähig und kann sich intensiv auf bestimmte zu lösende Probleme konzentrieren. Ein ausgeprägter Wesenszug der Waage sind zwischenmenschliche Beziehungen. Sie hat ein freundliches, liebenswürdiges, angenehm warmherziges Wesen und verfügt häufig über einen sprühenden Witz. Sie ist auf Hochzeit und enge langlebige Beziehungen bedacht.

Venus ist mit ihrer warmherzigen Emotionalität und Sanftheit ein passender Regent. Die eher wünschenswerten Merkmale des Planeten Venus und des Zeichens Waage werden verstärkt, wenn sie zusammen stehen. Es erscheint merkwürdig, daß ausgerechnet der gewöhnlich düstere und schwerfällige Saturn in der Waage erhöht ist, doch er wird zu größerer Orientierung nach außen angeregt. Sein Pessimismus ist gemildert, während die Waage sich noch stärker in Beziehungen engagiert und Verantwortungen übernimmt.

Der Mond wird in seiner harmonischen Wirkung bestärkt, und die Waage erhält mehr emotionale Breite. Merkur, der dazu angeregt wird, seine Energie sinnvoller einzusetzen, vermittelt der Waage etwas von seiner eigenen Ausdrucksfähigkeit. Wie zu erwarten, wird Jupiters Gerechtigkeitssinn verstärkt und seine Großzügigkeit und Offenheit etwas gemäßigt. Durch die Waage wird die Originalität von Uranus auf die Künste gelenkt. Mars muß mit Schwierigkeiten rechnen, wenn er in Waage steht, wo er vernichtet ist. Unter gewissen Umständen jedoch kann die Härte von Mars etwas gemildert werden, was bessere zwischenmenschliche Beziehungen ermöglicht. Der Idealismus von Neptun kann dazu gebracht werden, sich auf das Erreichen des Friedens zu konzentrieren. Pluto, der Planet, der sich am langsamsten bewegt, stand zwischen 1970 und 1984 in Waage, und einige Astrologen sind der Ansicht, daß sich der Einfluß dieses Planeten in den zahlreichen Scheidungen und neuen Eheschließungen während dieser Zeit niedergeschlagen habe. Pluto hat sich inzwischen weiterbewegt und steht in Skorpion, dem Zeichen, das er regiert. Unter dem Einfluß von Waage stehen Nieren, Hüfte, Rücken und Drüsen.

Skorpion

♏

23. Oktober–21. November
Qualität: fest
Element: Wasser
Polarität: negativ

Skorpion ist eines der am längsten bekannten Sternzeichen und war schon Bestandteil des frühesten Tierkreises, der aus nur sechs Bildern bestand. Im Laufe der Geschichte sind ihm unterschiedliche Symbole zugeordnet worden, wie zum Beispiel im frühen Ägypten ein Adler oder eine Schlange, die mit einem Diadem gekrönt ist. In China trug das Sternbild Namen wie ›Blauer Drache‹, ›Großes Feuer‹, ›Göttlicher Tempel‹ und ›Hase‹, bis man im 16. Jahrhundert die Formulierung ›Himmlischer Skorpion‹ übernahm. In Mesopotamien bezeichnete man ihn meist als stechendes Insekt, wobei das Zeichen auf den Keilschrifttafeln auch als ›Doppeltes Schwert‹ übersetzt worden ist.

Griechen und Römer haben in dem Sternbild immer einen Skorpion gesehen, aber manchmal wurde es von ihren Astronomen auch ›Großes Tier‹ oder ›Großes Zeichen‹ genannt. In der Mythologie tötete der Skorpion den gewaltigen Riesen Orion und bewirkte, daß die Pferde des Apoll durchgingen. Die Tempel der Griechen sollen auf den hellen Antares ausgerichtet gewesen sein, einen leuchtenden Stern im Skorpion am Frühlings-Äquinoktium. In der Nähe des Skorpion sind viele Explosionen von Supernovas beobachtet worden, was ihm neben seinem unheilvollen Eindruck noch ein zusätzliches Maß an Zerstörungskraft verleiht.

Von allen Sternbildern des Tierkreises ist diese Konstellation am weitesten von der Ekliptik entfernt. Tatsächlich ist die Sonne nur neun Tage des Jahres in einem Teil von Skorpion zu sehen, obgleich die Astrologie davon ausgeht, daß sie einen Monat lang in diesem Tierkreiszeichen steht.

Skorpion ist ein festes Zeichen, dessen Hauptmerkmale Entschlossenheit und Zielstrebigkeit sind, mit einer Neigung zu Aggression. Oberflächlichkeit ist ihm fremd, denn seine Gründlichkeit, sein Mut, seine Stärke,

sein Stehvermögen und sein Einfallsreichtum werden durch einen kompromißlos analytischen Verstand ergänzt. Sein Hauptaugenmerk richtet sich auf Dinge, die unter der Oberfläche liegen. Seine Widerstandskraft geht mit festen moralischen Grundsätzen einher.

Entsprechend seiner ausdauernden Intensität im Gefühlsleben sind seine Antriebskräfte ausgesprochen persönlicher Natur und werden durch eine Neugier genährt, die eher intuitiv als analytisch zu nennen ist. Man sagt dem Skorpion nach, daß er eine würdevolle Persönlichkeit habe, Führungscharisma besitze und dennoch sensibel sei. Wie andere feste Zeichen neigt er dazu, seine Leidenschaft im Zaum zu halten, ist diese aber geweckt oder angeregt worden, kann ein faszinierender Charakter zum Vorschein kommen.

In mancherlei Hinsicht ist der Skorpion ungewöhnlich. So zeigen zum Beispiel die beiden anderen Wasser-Zeichen Passivität, während der Skorpion feurig und aggressiv ist. Zudem scheint seine negative Polarität zu seiner aggressiven Energie im Widerspruch zu stehen. Eine mögliche Erklärung dafür ist, daß die Aggression des Skorpion nur dann zum Vorschein kommt, wenn sie provoziert wird.

Seit alters her ist Mars sein Regent, und wenn er im Skorpion steht, kann er sich zu leidenschaftlichen und ehrgeizigen Höhen aufschwingen. Eine feindselige, kraftvolle Persönlichkeit, die normalerweise in sinnvollen Grenzen gehalten wird, kann dann zu Handlungen veranlaßt werden, die einen selbstgerechten, nachtragenden und destruktiven Charakter haben. Nach seiner Entdeckung ist Pluto zu einem zweiten und sogar bedeutsameren Regenten geworden, der das Wesen des Skorpion mit mehr Emotionalität und Sinn füllt.

Der Mond ist im Skorpion erniedrigt, aber die für den Mond typische Passivität und Verdrängung kann großenteils in Tatkraft und Offenherzigkeit umgelenkt werden. Die warme Emotionalität der Venus wird so sehr intensiviert, daß sie zerstörerisch wirken kann; möglicherweise aber wird durch sie der Skorpion-Geborene gleichzeitig dahingehend bestärkt, daß er seine Oberflächlichkeit zugunsten dauerhafterer Beziehungen und Gefühle aufgibt.

Merkur kann in seiner Vielfältigkeit und Objektivität beschnitten werden. Unter Umständen gewinnen seine kommunikativen Fähigkeiten an Leidenschaft, auch wenn seine Bemerkungen bissiger werden sollten. Jupiter wird aufnahme- und begeisterungsfähiger, aber Saturn kann eine übertriebene Sturheit und Vorsicht nach sich ziehen, die möglicherweise bis zur Handlungsunfähigkeit führt. Der Individualismus von Uranus, der in Skorpion erhöht ist, kann noch gesteigert werden. Es besteht die Möglichkeit, daß die Ideale und lockeren Vorstellungen von Neptun mit einer Prise Leidenschaft und Zielstrebigkeit gewürzt werden. Mystische und rätselhafte Dinge faszinieren den Skorpion – sei es nun im Bereich des Okkulten oder in der Philosophie.

Schütze

♐

22. November–20. Dezember
Qualität: beweglich
Element: Feuer
Polarität: positiv

Diese Konstellation ist am häufigsten mit dem Bild eines Bogenschützen dargestellt worden. Die Vorstellung entstand vermutlich in Mesopotamien. Auch für die alten Ägypter scheinen diese Sterne Bilder geformt zu haben, die mit Bogenschießen in Zusammenhang stehen. Die

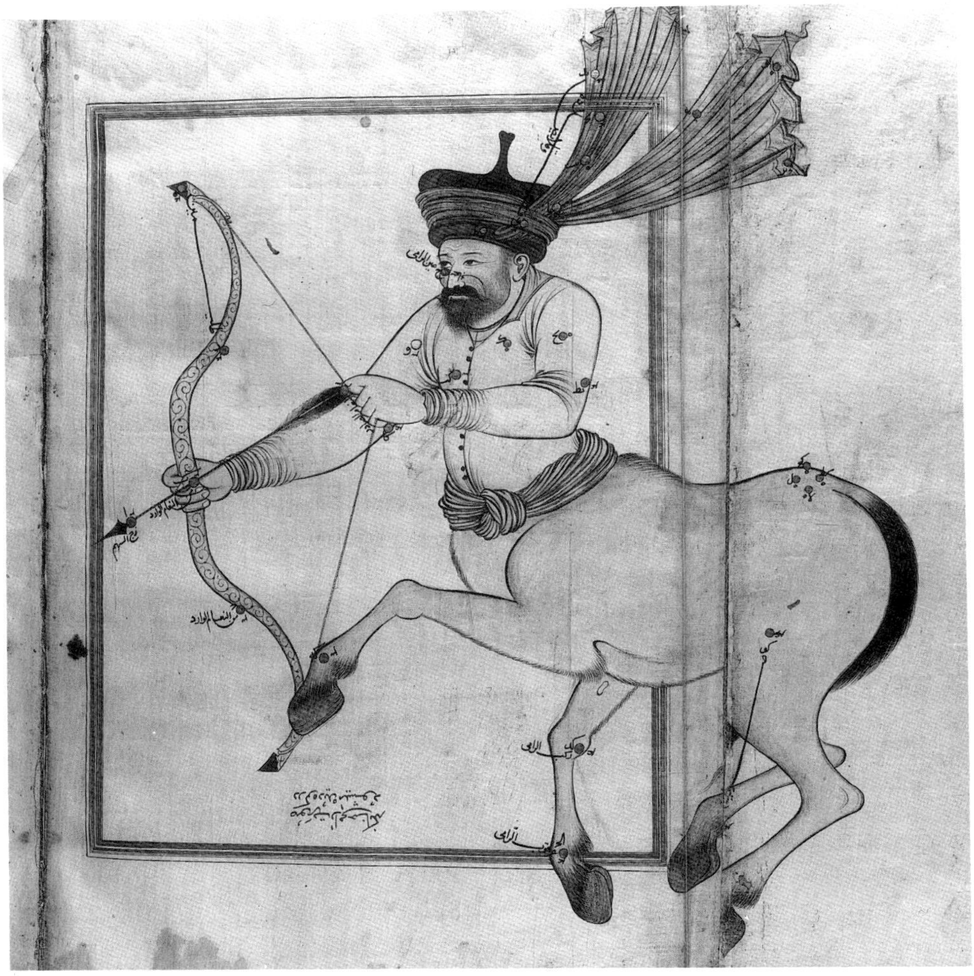

Das Tierkreis
chen Schütze,
stration zu: A
ar-Rahman as
»Das Buch de
ne und Sternb
1690, Miniatu
Seide, 241 × 4
New York, P
Library, Asto
Lenox and Ti
Foundations,
Spencer Colle

Griechen und Römer bleiben bei der Vorstellung des Bogenschützen, und das Sternbild erhielt seinen bis heute gebräuchlichen Namen. Der himmlische Bogenschütze wurde fast immer so dargestellt, als ziele er auf das nahe Tierkreiszeichen Skorpion.

In Indien und in anderen Kulturen wird die Sternengruppe als Pferd oder Reiter gesehen. Das Bild einer Gestalt, die halb Mensch, halb Pferd ist, wurde allmählich zur Norm. Früher einmal wurde in der chinesischen Astronomie ein Teil des Schützen zu den Sternbildern Jungfrau, Waage und Skorpion gerechnet, da sie alle zusammen die Konstellation des ›Blauen Drachen‹ bildeten. Die frühesten Darstellungen in China zeigen ihn jedoch als Tiger, der erst unter dem Einfluß westlicher Missionare zum Zentaur wurde.

Für Griechen und Römer war der Schütze der mythologische Zentaur, Sohn des Titans Kronos, Lehrer von Apoll, Diana und Asklepios. Manchmal war das Mensch-Pferd-Wesen am Himmel ein nicht so edler, aber dafür aggressiverer Satyr, doch in den meisten Fällen herrschte eine positive Symbolik vor, so daß der Schütze in der traditionellen Astrologie durch Aufgeschlossenheit, Anpassungsfreude und Rücksichtnahme charakterisiert ist. All diese Eigenschaften machen die Schütze-Geborenen zu freundlichen Menschen, Führerpersönlichkeiten und nützlichen Partnern.

Glück, gute Laune und guter Wille scheinen von dieser mitteilsamen Natur auszugehen. Außerdem ist für den Schützen ein Hang zu Abenteuer, Unabhängigkeit, Führerschaft, Jovialität und kraftvoller physischer Aktivität kennzeichnend. Begeisterungsfähigkeit und Optimismus sind seine Markenzeichen.

Die Kombination halb Mensch, halb Pferd garantiert Anpassungsfähigkeit (ein Wesenszug der beweglichen Zeichen), denn sie beinhaltet sowohl die wahrnehmungsfreudige Intelligenz des Menschen als auch die rasche Unbesonnenheit des Pferdes (nebenbei ist Schütze an allem interessiert, was mit Tieren zu tun hat). Wenn diese beiden Merkmale harmonisch miteinander verschmelzen, kann sich der Schütze in neue Aufgaben stürzen, ohne unvorsichtig zu werden. Ebenso wie Cheiron, der gelehrte, weise und hochherzige Zentaur, kann der aufmerksame Schütze, der moralische Wahrheiten sucht, in einem Wust von Gedanken das Wesentliche entdecken, obwohl seine Interessen und Ansichten meist eher breit gefächert als detailliert sind.

Sein Regent, der heitere und aufgeschlossene Jupiter, ist, wenn er in Schütze steht, zu Handlungen fähig, die durch die edelsten Beweggründe motiviert sind. Auch der Mond kann ausdrucksfähiger und freier werden. Für Venus besteht die Möglichkeit, ihre Gefühle der Zuneigung offener zu äußern und in Beziehungen weniger gehemmt aufzutreten. Gewöhnlich entwickelt sich auch Mars in Schütze vorteilhaft. Obwohl die gebündelten Energien des Planeten Mars und des Zeichens Schütze außer Kontrolle geraten können, geht die Tendenz doch dahin, sich in sinnvollen Unternehmungen zu engagieren.

Die umfassende Sichtweise des Schützen kann entweder den engen Horizont von Saturn erweitern oder aber dessen herkömmlichem Interesse für Details die Orientierung nehmen. Neptun wird zuweilen ebenfalls als Regent von Schütze angesehen; sein Idealismus wird gestärkt und sein Mystizismus angeregt, doch er bekommt eine expressivere und optimistischere Note. Wenn Pluto um die Mitte des 21. Jahrhunderts in Schütze stehen wird, kann er durch ihn dahingehend beeinflußt werden, daß er gütiger reagiert und seine Energien in einer allmählicheren, nicht so explosiven Art entläd. Merkur ist vernichtet und läuft Gefahr, seine Aufmerksamkeit für Details zu verlieren, im verbalen Ausdruck übertrieben zu agieren und sich doch weniger mitzuteilen. Umgekehrt mag seine Anpassungsfähigkeit wirklich verbessert und sein Verständnis erweitert werden.

Die lebhafte Schütze-Persönlichkeit kann ein ausgeprägter Gourmand und Spieler sein und darüber hinaus extrem aufbrausend und rücksichtslos reagieren. Ihre hochherzige Gesinnung kann zu Selbstgerechtigkeit, übertriebener Kritik und Wichtigtuerei pervertieren. Der tiefe Denker muß sich davor hüten, dogmatisch zu werden. Anpassungsfähigkeit darf nicht zu fehlender Bindungsfähigkeit und Schwäche führen.

Steinbock

♑ ♑

21. Dezember–19. Januar
Qualität: kardinal
Element: Erde
Polarität: negativ

Die längste Zeit seiner Geschichte wurde dieses Zeichen durch die Ziege oder den Steinbock symbolisiert. Einige altägyptische Darstellungen zeigen einen Mann mit Ibiskopf, der auf einer Ziege reitet. Wenn diese Konstellation erschien, ging gleichzeitig der Stern Sirius auf, und der Nil wurde überschwemmt. In Mesopotamien wurde bereits recht früh eine Verbindung zum Meer hergestellt, was sich in Darstellungen der Ziege oder des Steinbocks mit Fischschwanz niederschlug.

In Indien war eine ziegenähnliche Gestalt oder eine Antilope das gebräuchliche Motiv für diese Konstellation, aber es gab auch Kombinationen aus Ziege und Fisch, Ziege und Flußpferd oder auch den Fisch allein. Einige orientalische Mythen berichten, daß der Sonnengott von einer Ziege gesäugt wurde, eine Erzählung, die an die später entstandene abendländische Legende erinnert, nach der Zeus als Knabe mit der Milch der Ziege Amaltheia genährt wurde.

Man mag sich die Frage stellen, wie der Charakter dieses Erdzeichens mit diesen amphibischen Darstellungen korrespondiert. Eine mögliche Antwort könnte lauten, daß Steinbock die ganze Erde umfaßt, die im wesentlichen aus Land und Wasser besteht. In der griechischen mystischen Philosophie wurde Steinbock auch als das Tor zu den Göttern betrachtet, das die Seelen der Verstorbenen auf ihrem Weg zu den Sternen durchschritten, ebenso wie Krebs als Durchgang für die Seelen galt, die sich auf ihrem Weg von den himmlischen Sternen befanden, um die Körper von Menschen zu ›beseelen‹, die gerade geboren wurden.

Dieses Sternbild ist sehr widersprüchlich bewertet worden, gleichermaßen günstig wie ungünstig: ersteres, weil dieses ›Haus der Könige‹ das Sonnenzeichen zweier großer römischer Kaiser war, Augustus und Vespasian; die zweite Bewertung erfuhr es deshalb, weil man es mit Stürmen auf See in Verbindung brachte. Sein Symbol kann von den ersten beiden Buchstaben des griechischen Wortes für Ziege abgeleitet worden sein, von der Form ihres Schwanzes oder aber von der gesamten Gestalt eines Huftieres mit Fischschwanz.

In der traditionellen Astrologie werden dem Steinbock all jene Eigenschaften zugesprochen, die man ganz allgemein als praktisch und verläßlich zusammenfassen kann, doch kommen diese beiden Wesenszüge auf erstaunlich vielfältige Weise zum Ausdruck. Begleitet werden sie von gesundem Menschenverstand, Disziplin, Entschlußkraft und Tüchtigkeit.

Verläßlichkeit, die einerseits natürlich Selbstbeherrschung, Umsicht und Gerechtigkeitssinn impliziert, bedeutet aber auch Selbstverleugnung zum Wohle der Sache, solange das Ergebnis eindeutig nützlich und sinnvoll erscheint. Kein falscher Idealismus oder romantisches Heldentum! Der Steinbock neigt dazu, traditionelle Werte zu achten, denn er braucht soziale Akzeptanz und Anerkennung. Er ist empfänglich für Vaterfiguren und neigt selbst zu autoritärem Verhalten.

Sein Gedankengang kann bedächtig, ja sogar langsam sein, aber er ist feinsinnig und mutig und hat eine würdevolle Ausdrucksweise. Projekte in Angriff zu nehmen, ist eine für die kardinale Qualität dieses Zeichens typische Eigenschaft, aber seine Pläne sind gewöhnlich schon im voraus wohldurchdacht. Amüsement kann im sozialen Verhalten des Steinbock Priorität haben, bleibt aber immer in angemessenem Rahmen. Er macht lieber Witze über sich selbst als über andere. Seine Ausgelassenheit hält sich in Grenzen und verliert selten das Maß. Freundschaften sind tief und dauerhaft und werden ausschließlich mit Menschen geschlossen, die strenge Prinzipien haben.

Saturn regiert den Steinbock, in dem er seine eigene Vorsicht und seinen Pragmatismus steigert. Auch Merkur kann ernsthafter und umsichtiger werden. Die emotionalen Bindungen der Venus sind eher praktisch ausgerichtet, und sie zeigt ihre Gefühle mit etwas mehr Vorsicht. Wenn der Mond, ein weiterer emotional bestimmter Planet, in Steinbock steht, ist er vernichtet, seine Phantasie eingeschränkt, defensiv, und er kann in seinem Selbstbewußtsein verunsichert werden. Auch Jupiter gilt als negativ beeinflußt; seine Großzügigkeit kann eingeengt werden. Wird Jupiter jedoch auf den Boden der Tatsachen gebracht, können seine Interessen eine praktischere Note gewinnen und dadurch letztlich effektiver und erfolgreicher durchgesetzt werden.

Mars hingegen ist erhöht. Seine aufbrausende Aggression wird auf lohnende Ziele gerichtet und sein Ehrgeiz in nützliche Kanäle gelenkt. Unter Umständen muß das intuitive Denken von Uranus methodischer werden und sein Individualismus sozialer orientiert. (Manche Astrologen sind der Ansicht, daß Uranus zusammen mit Saturn ein Mitregent ist.) Neptun ist gerade in Schütze eingetreten und wird erst in sehr ferner Zukunft in Steinbock stehen. Pluto wird das Zeichen erst weit im 21. Jahrhundert erreichen.

Im Gefühlsbereich reagiert der Steinbock zunächst mit Zurückhaltung, die dann allmählicher Begeisterung und sogar Leidenschaft Platz macht. Er ist treu und bleibt es in guten wie in schlechten Zeiten. Ein passender Partner ist gefühlvoll und geduldig zugleich, womit er der Standhaftigkeit des Steinbocks entgegenkommt.

Wenn die für den Steinbock typischen Wesenszüge in extremer Form auftreten, kann sein Pragmatismus in krassen Materialismus und in Gefühllosigkeit umschlagen. Vorsicht kann schließlich zu Ängstlichkeit werden. Unter Umständen wird seine Verläßlichkeit durch Strenge und Steifheit verdrängt. Es muß verhindert werden, daß all diese Eigenschaften sich im Auftreten der Person bemerkbar machen. Unter dem Einfluß von Steinbock stehen Haut und Knochen – besonders die der Knie.

Diese bemalte Fliese von der Decke der Synagoge von Dura Europos zeigt mit dem Zwitterwesen aus Ziege und Fisch die Ursprünge des Tierkreiszeichens Steinbock. 3. Jahrhundert v. Chr., Paris, Musée du Louvre

Wassermann

♒

20. Januar–18. Februar
Qualität: fest
Element: Luft
Polarität: positiv

Seltsamerweise ist der Wassermann als Luft-Zeichen im Verlauf seiner gesamten Geschichte mit Wassersymbolik in Verbindung gebracht worden. In Ägypten wurde er offenbar als Herr der Wasserstraßen verehrt, vermutlich deshalb, weil der Nil Hochwasser führte, wenn die Sonne in diesem Zeichen stand. In Mesopotamien sah man ihn als ›Regen‹, der zeitlich mit dem Monat Januar zusammenfällt, und auch als das ›Meer‹. Selbst im frühen Babylonien wurde er als Mann dargestellt, der aus einem Behälter Wasser gießt. In Indien betrachtete man ihn einst als den Gott der Stürme, und in China bildeten die Zeichen Fische, Wassermann, Steinbock und ein Teil von Schütze das riesige Sternbild, das unter dem Namen ›Dunkler Krieger‹ bekannt war.

Auch in der griechischen Terminologie hatte das Zeichen Konnotationen, die an Wasser erinnern. In Rom wurde es dagegen als buntgefiederter Vogel aufgefaßt, der den Monat der Juno mit seinem Symbol, dem Pfau, repräsentierte, oder aber als Gans, die ebenfalls der mächtigen Königin des Olymps geweiht war. Bisweilen wurde das Sternbild aber auch hier sehr stark mit Wasser assoziiert und als Wasserbehälter oder Wassergießer dargestellt. Die Araber, die aufgrund von religiösen Verboten davor zurückschreckten, eine menschliche Gestalt zu zeigen, stellten die Sternengruppe durch einen Eimer oder einen Weinkrug dar.

Die typischen Eigenschaften des Wassermann entsprechen eindeutig denjenigen des Elements Luft, ganz besonders seine Intellektualität. Gelassen, nachdenklich, einfallsreich – sogar experimentierfreudig – steckt der Wassermann voller Ideen. Sein Geist ist ständig aktiv, aufnahmebereit und kreativ. Seine Gedanken richten sich gewöhnlich auf die Organisation und die Ziele der Gesellschaft. Selbst bei mathematischen und naturwissenschaftlichen Aufgaben behält er weitsichtig die letztendlichen Auswirkungen auf die breite Masse der Bevölkerung im Auge. Die Bedürfnisse und das Wohlergehen der gesamten Menschheit, nicht so sehr des Individuums nehmen seine Aufmerksamkeit in Anspruch.

Obgleich der Wassermann-Geborene gerecht ist, zeigt sich die Entschlossenheit des festen Zeichens in seinem Widerstand gegen jede Art von Kompromiß oder Opposition. Die Bestimmtheit, die ein Merkmal des festen Zeichens darstellt, äußert sich auch in seiner Unabhängigkeit. Im Gegensatz zu Stier, Löwe und Skorpion (den anderen festen Zeichen), ist sein Individualismus nonkonformistisch und widersetzt sich häufig standhaft den Ansprüchen von Tradition und konservativen Grundsätzen. Aber der Wassermann ist engagiert und bleibt dem einmal gewählten Weg treu.

Sein traditioneller Regent ist Saturn, der ebenfalls auf die Interessen von Gruppen ausgerichtet ist, doch läßt sich die unbeirrbare Strenge des Planeten flexibler gestalten, um den radikalen und ungewöhnlichen Ideen, die vom Wassermann entwickelt werden, Raum zu schaffen. Im Gegenzug ist der Wassermann empfänglich für die Geduld und Systematik von Saturn. Viele Astrologen betrachten inzwischen Uranus als den Regenten oder zumindest als Mitregenten. Sie sehen Ähnlichkeiten zwischen dem Planeten und dem Sternzeichen hinsichtlich der innovativen Ansichten und geistigen Unabhängigkeit, die weniger von persönlichen Gefühlen als von umfassenden Vorstellungen bestimmt werden.

Merkur ist in Wassermann erhöht. Sie steigern gegenseitig ihr Interesse an Naturwissenschaften und neuen Erfindungen. Auch Jupiters Aufgeschlossenheit und seine Fähigkeit zum Mitgefühl werden verstärkt. Mars wird dazu angeregt, seine Energien in Bahnen zu lenken, die dem Gemeinwohl zuträglicher sind. Es wird angenommen, daß die Sonne vernichtet ist – was ihre Energie abkühlt, sie aber auch dazu bringt, ihr Licht und ihre Wärme mehr nach außen zu richten. Der Mond kann in Konflikte geraten, da er sich in dieser wenig gefühlvollen und traditionsfeindlichen Atmosphäre unwohl fühlt. Dennoch ist er hier weniger eingeschränkt als im Steinbock, und seine Gefühle können einen objektiveren Charakter annehmen. Auch Venus kann in ihren künstlerischen Urteilen flexibler werden und in ihren Neigungen weniger leidenschaftlich. Neptun hat noch einen langen Weg vor sich, bevor er Schütze und Steinbock durchwandert hat. Vielleicht wird seine wissenschaftliche Vorstellungskraft erweitert, wenn er im Wassermann steht. Pluto ist derzeit noch zu weit entfernt, um irgendwelche Spekulationen anstellen zu können.

Exzentrik, Perversität und Unbeständigkeit stellen Gefahren dar. Möglicherweise dominiert der Kopf so stark über das Herz, daß daraus Gefühlskälte erwächst. Die Sorge um das Wohl der Menschheit kann mit Skrupellosigkeit im Umgang mit einzelnen Personen einhergehen. Wassermänner tun sich besonders in Forschung und Technik, sozialer Arbeit, Städteplanung und im Bereich der zukunftsorientierten Politik hervor. Wassermann beeinflußt den Blutkreislauf, speziell die kleineren Blutgefäße, sowie die Knöchel.

Fische

♓

19. Februar–20. März
Qualität: beweglich
Element: Wasser
Polarität: negativ

Das Sternbild wurde schon immer durch einen oder zwei Fische symbolisiert. Eine griechische Legende erzählt, wie Aphrodite und Eros sich vor dem Ungeheuer Typhon verbargen, indem sie in den Euphrat sprangen und sich in Fische verwandelten, deren Schwänze zusammengebunden waren, damit sie nicht getrennt würden. Eratosthenes vermutete im 3. Jahrhundert v. Chr., daß das Urbild eine syrische Göttin war, von der der Begriff ›Großer Fisch‹ abgeleitet wurde. Die Doppelform resultiert womöglich aus der babylonischen Praxis, alle sechs Jahre den Kalender zu diesem Zeitpunkt des Jahres um einen zusätzlichen Monat zu erweitern, um die fehlenden fünf Tage in ihrem 360-Tage-Jahr auszugleichen, damit er mit dem Sonnenjahr übereinstimmte.

Die Konjunktion von Jupiter und Saturn im Zeichen der Fische im Jahre 747 ließ spätere Gelehrte (Kepler war einer von ihnen) auf den Gedanken kommen, daß diese Sterne dem Stern von Bethlehem entsprachen, der die Heiligen Drei Könige führte. Nachfolgende Erkenntnisse haben diese Auffassung in Frage gestellt, doch die christliche Zeitrechnung und das Tierkreiszeichen Fische sind immer in einem engen Zusammenhang gesehen worden. In rabbinischen Schriften ging man von einer Planetenkonjunktion in Fische vor der Geburt Mose aus, und man sagte eine weitere Planetenkonjunktion in diesem Zeichen voraus, was die Ankunft des Messias ankündigen sollte.

In der Astrologie ist das Zeichen der Fische verbunden mit Sensibilität, Warmherzigkeit, Phantasie, Mitgefühl und Intuition. In der Veranlagung eines Fische-Geborenen spielen das Unterbewußte und unterdrückte heimliche Gelüste eine Rolle. Ständig neigt er zur Selbstkritik. Als bewegliches Zeichen sind die Fische anpassungsfähig, sie verfügen über Vielseitigkeit, Flexibilität und die Begabung zu imitieren. Die Fähigkeit, mitunter auch Gerissenheit, mit nahezu jeder Lage fertig zu werden, wird um den Preis innerer Unruhe erkauft, die aber das gelassene Auftreten selten beeinträchtigt.

Fische neigen dazu, anderen zu helfen, wobei ihre Bescheidenheit manchmal an Selbstverleugnung grenzt. Steht beim Wassermann jedoch die Gesamtheit der Menschen im Mittelpunkt des Interesses, ist es beim Fische-Geborenen eher eine kleine Gruppe von Menschen.

Traditionell werden Fische von Jupiter regiert, was mit der Gutmütigkeit, Großzügigkeit und Hochherzigkeit dieses Zeichens übereinstimmt. Die Fische verleihen der Aufgeschlossenheit von Jupiter Sensibilität. Umgekehrt können der Optimismus und das Talent zum Glück ihnen Heiterkeit und mehr Vertrauen schenken. Um die Mitte des 19. Jahrhunderts aber wurde Neptun zumindest zum Mitregenten, was die Intuition und Sensibilität dieses Zeichens verstärkt. Neptun wiederum wird noch rätselhafter. Der Planet und das Zeichen steigern gemeinsam ihre Kreativität.

Der Mond, der dem Zeichen mit seiner Emotionalität und Phantasie ähnelt, kann dazu verführt werden, den Kontakt zur Wirklichkeit zu verlieren und sich in Traumwelten zu bewegen, andererseits ist ein hoher Grad an Intuition und sensibler Wahrnehmung denkbar. Es besteht das Risiko, sich in unrealistische gefühlsmäßige Bindungen zu begeben. Merkur ist in Fische erniedrigt, was dazu führt, daß er in seiner geistigen Arbeit unklar und im Hinblick auf seine eigenen vielseitigen Fähigkeiten unsicher und richtungslos werden kann. Wenn die Fische hingegen ihre außergewöhnliche Intuition und ihr Mitgefühl mit der umsichtigen Klugheit des Merkur verbinden, kann das Ergebnis durchaus begrüßenswert sein.

Venus ist hier erhöht. Sensibles Künstlertum, verständnisvolle Zuneigung und die Beschäftigung mit ästhetischen Fragen im Denken und Handeln können daraus erwachsen. Mars, der in gewisser Hinsicht der Antipode von Fische ist, kann von ihnen durch eine Abschwächung seiner aggressiven Energien profitieren, wodurch seine Kritik gemäßigt und seine Aktivitäten in sinnvolle Bahnen gelenkt werden. Natürlich kann Mars seiner Vitalität beraubt werden, wenn der Einfluß von Fische zu extrem ist. Die bei Fische nach innen gerichtete Konzentrationsfähigkeit kann durch den Einfluß von Saturn zur Schwermut werden, doch ebenso kann ihre unruhige Emotionalität stabilisiert werden. Die Intuition der Fische verschafft der Beharrlichkeit Saturns größere Effektivität, und der von Vorsicht geprägte Saturn kann befähigt werden, die vor ihm liegenden Schwierigkeiten deutlicher wahrzunehmen und somit seine Ziele schneller zu erreichen.

Wenn Uranus in diesem Zeichen steht, sind innovative Durchbrüche möglich, denn das intuitive Denken sowohl des Planeten als auch des Zeichens wird verstärkt, und die kühle Gleichgültigkeit von Uranus kann um eine emotionale Dimension bereichert werden. Der langsame Pluto ist noch zu weit entfernt, um hier berücksichtigt werden zu können. Bei Darstellungen der *Melothesia* werden die Füße, endokrine Sekrete und die Körperflüssigkeiten den Fischen zugeordnet.

Emotionalität muß in vernünftigen Grenzen gehalten werden, damit sie nicht neurotisch wird. Stets droht die Gefahr der Entschlußunfähigkeit. Selbstvorwürfe können bis hin zu Selbstmitleid und Verzweiflung gesteigert werden. Fische-Geborene müssen sich vor übertriebenen Schuldgefühlen, Schüchternheit und Übersensibilität schützen. Aufnahmebereitschaft darf nicht in Passivität enden. Sie brauchen eine heitere Umgebung und streßfreie Situationen, denn sie neigen dazu, das Negative, das sie umgibt, rasch in sich aufzunehmen.

Die Flexibilität der Fische befähigt sie, in vielerlei Berufsarten Erfüllung zu finden, aber gewöhnlich streben sie bevorzugt in den kreativen, mystischen und phantasievollen Bereich.

inks: Das Tier-
reiszeichen Was-
ermann aus einem
alienischen Stun-
enbuch. Miniatur
uf Pergament, um
475, New York,
he Pierpont Mor-
an Library, Wil-
ams S. Glazier
Collection

echts: Das Tier-
reiszeichen Fische
us einem Buntglas-
nster der Kathe-
rale von Chartres,
rankreich, 13. Jahr-
undert

Die Häuser

Astrologen untergliedern den Himmelsraum in zwölf getrennte Felder, die Häuser, um die Lebensbereiche zu bestimmen, in denen sich die Einflüsse der Planeten und Zeichen auswirken.

Die Häuser kommen mit Hilfe von Berechnungen der sphärischen Geometrie zustande, sie stellen keine sichtbaren Aufteilungen am Himmel dar. Während sich die Planeten und Tierkreiszeichen ständig in Bewegung befinden, ist das System der Häuser unbeweglich – es ist das Gerüst, durch das sich die anderen Teile des Horoskops bewegen. Die horizontale Achse des Horoskopschemas repräsentiert den Horizont, und die darauf eingetragenen Tierkreiszeichen sind die tatsächlichen Sternbilder, die sich zu dem Zeitpunkt, für den das Horoskop erstellt wird, auf beiden Seiten des Horizonts befänden. Die Vertikalachse repräsentiert eine Gerade, die vom Himmel oberhalb der einen Hemisphäre quer durch die Erde bis zum unteren Rand der anderen verläuft. Die Spitze der Vertikalachse heißt Himmelsmitte (das *Medium coeli* oder MC), der unterste Punkt heißt *Imum coeli* (IC). Im Laufe der letzten 2000 Jahre sind etwa zwei Dutzend Systeme der Häusereinteilung entstanden. Zahlreiche Historiker auf dem Gebiet der Astrologie sind der Ansicht, daß es ursprünglich acht Felder gab, doch heute bestehen die meisten Systeme aus zwölf Häusern.

Astrologen, die mit Häusern arbeiten, betrachten sie als unentbehrlich für die Deutung, um die Unterschiede zwischen Personen mit ähnlichen Geburtshoroskopen genauer zu erfassen. Unterschiedliche Zeitpunkte der Geburt, selbst bei Zwillingen, sowie unterschiedliche Geburtsorte können die Planeten und Tierkreiszeichen in andere Häuser rücken. Darüber hinaus ist es durchaus möglich, daß sich Menschen, die in ein und demselben Haus sind, auf verschiedene Tätigkeitsbereiche konzentrieren. Ein eineiiger Zwilling interessiert sich vielleicht für Sport, der andere für finanzielle Spekulationen – wobei beide Bereiche im fünften Haus liegen. Die daraus resultierende Wechselbeziehung zwischen jeder der beiden Personen und ihrer jeweiligen Interessenrichtung (innerhalb eines Hauses) bestimmen die Gedanken, die Handlungen und das Schicksal. Daraus folgt, daß zwei Menschen zwar dieselbe Konfiguration der Planeten, Zeichen und Häuser haben können, der eine von ihnen jedoch zum nichtsnutzigen, aber fröhlichen, unreifen Sportler wird und der andere zum reichen, launischen, unglücklichen Wirtschaftsmagnaten.

Ganz allgemein gesagt, entspricht der jedem einzelnen Haus zugeschriebene Wirkungsbereich den Eigenschaften des Tierkreiszeichens, mit dem das Haus in erster Linie verbunden ist. Beim ›äqualen Häusersystem‹ beispielsweise kann diese Verbindung auf dem Horoskop zum Zeitpunkt des Frühlings-Äquinoktiums abgelesen werden, wenn sich die Grenzen von Widder und dem ersten Haus decken. Zu diesem Zeitpunkt würde Stier mit dem zweiten Haus übereinstimmen, Zwillinge mit dem dritten Haus und so weiter bis zum letzten der zwölf Zeichen und Häuser. Die Häuser enthalten ebenfalls die den Tierkreiszeichen zugeschriebenen Elemente und Eigenschaften. Außerdem ist die Lage jedes einzelnen Hauses auf dem Horoskop von Bedeutung. Die Numerierung der Häuser erfolgt gewöhnlich gegen den Uhrzeigersinn. Die Häuser I, IV, VII und X, deren erste Begrenzung (Spitze; Zählung gegen den Uhrzeigersinn) auf der Horizontachse (Ost-West-Richtung auf dem Schema) und auf dem Meridian (der Vertikalachse) liegen, werden als ›Eckhäuser‹ bezeichnet. Sie werden mit persönlichen Angelegenheiten in Verbindung gebracht. Befinden sich in diesen Häusern Planeten, verstärken sich dynamische astrologische Eigenschaften. Die Häuser 2, 5, 8 und 11, die auf die Eckhäuser folgen, heißen ›nachfolgende Häuser‹ und enthalten Potentiale. Planeten, die sich in ihnen befinden, kündigen in den meisten Fällen stabile Lebensumstände an. Die Häuser 3, 6, 9 und 12 heißen ›fallende Häuser‹ und heben Tätigkeiten hervor, die in Abhängigkeit von anderen stehen. Planeten in einem fallenden Haus deuten häufig auf eine verstärkte Neigung zur Passivität, aber auch auf Anpassungsfähigkeit hin.

Der zeitgenössische Astrologe R. W. Holden hat sich dafür entschieden, die vielen Systeme der Häusereinteilung danach zu kategorisieren, ob sie auf Unterteilungen der Ekliptik oder von Raum beziehungsweise Zeit beruhen. Die Enzyklopädie von Larousse beispielsweise ordnet die Methoden wie folgt: direkte Einteilung der Ekliptik, projizierte Einteilung der Ekliptik, Einteilung beruhend auf der axialen Erdrotation oder topozentrische Einteilung, beruhend auf dem präzisen Geburtsort eines Menschen. Natürlich gibt es noch weitere Methoden.

Die Möglichkeiten der verschiedenen Häusereinteilungen sind begrenzt, und einige Astrologen benutzen überhaupt kein Häusersystem, die Mehrheit jedoch hält sie für wichtig. Johannes Kepler, der Astronom und Astrologe des 17. Jahrhunderts, und andere mit ihm betrachteten sie entweder als irreführend oder ungerechtfertigt. Michel Gauquelin teilte die Himmelssphäre in 36 Abschnitte ein. Moderne Astrologen wie Cyrus Fagan und G. Allen haben eine Aufteilung in acht, im Uhrzeigersinn numerierte Häuser verwendet. Die Abbildung zeigt einige der heute meistbenutzten Systeme.

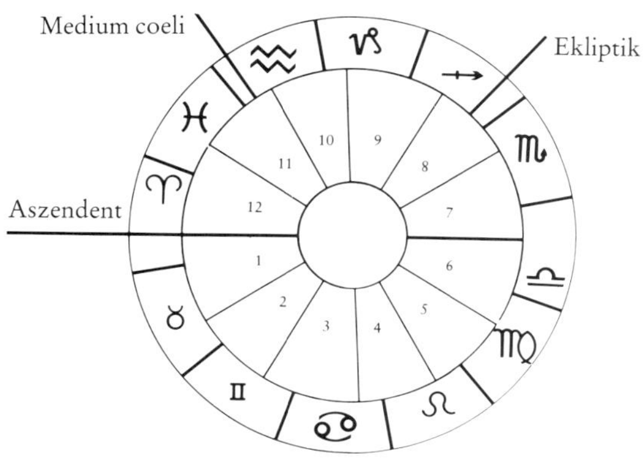

Äquale Einteilung

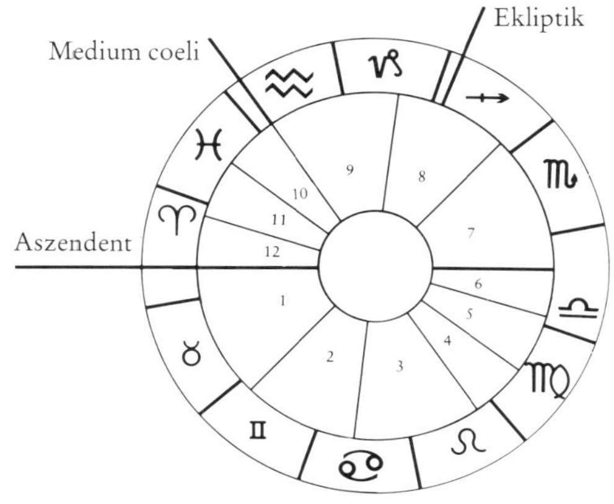

Einteilung nach Porphyrios

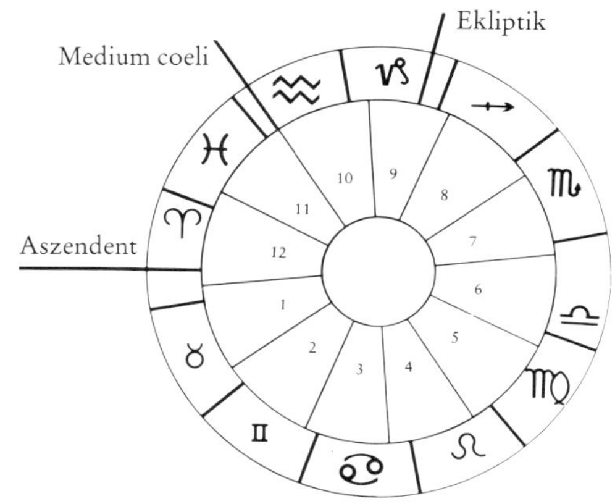

auf die Himmelsmitte ausgerichtete Einteilung

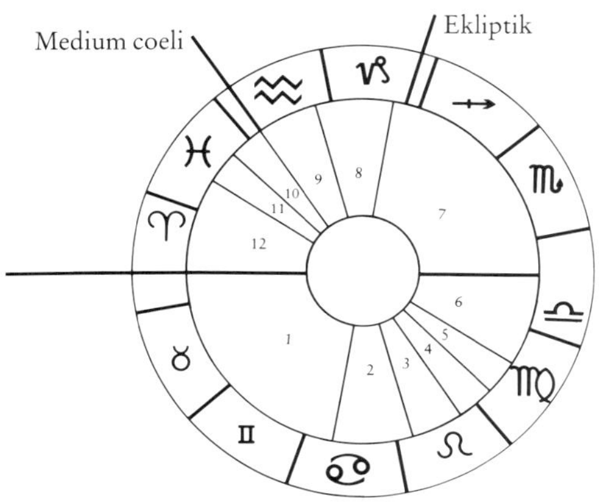

Einteilung nach Campanus

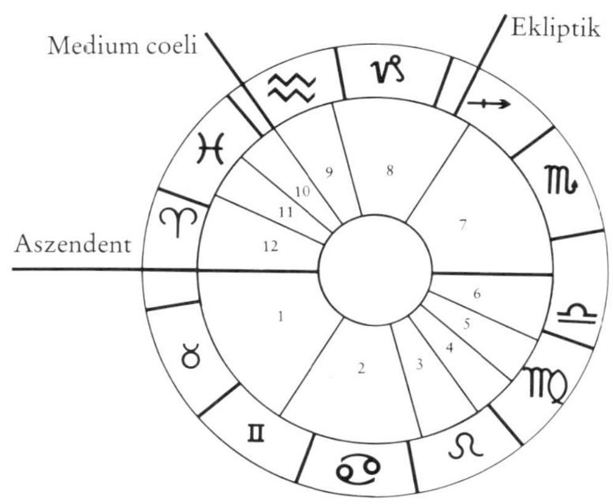

Einteilung nach Regiomontanus

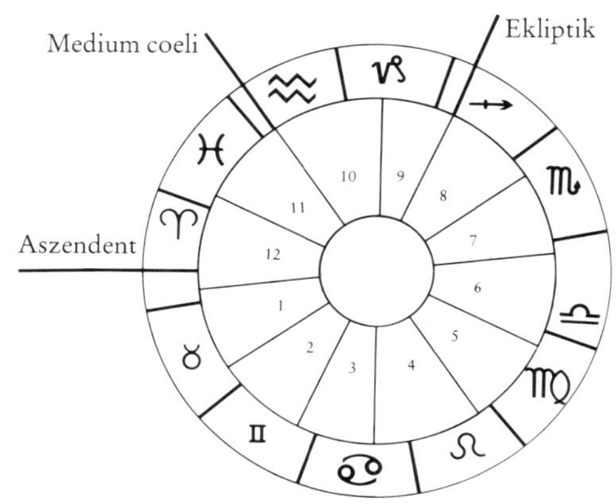

Einteilung nach Morin de Villefranche

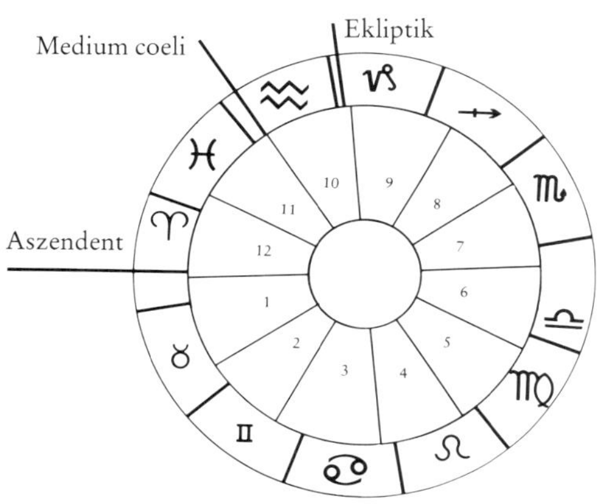

Einteilung unter Berücksichtigung der Erdrotation

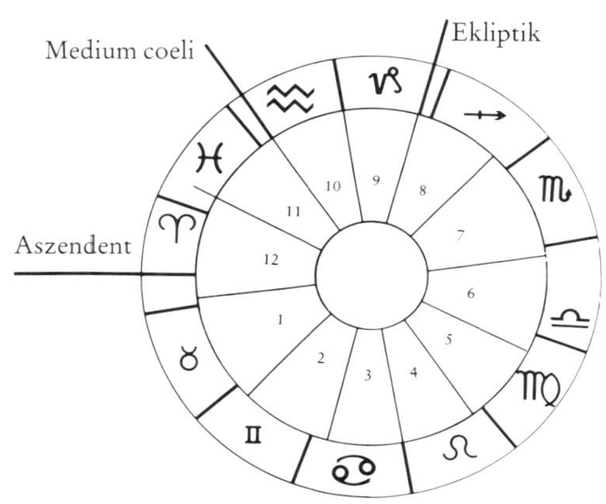

auf den höchsten Punkt senkrecht über dem Beobachtungsort ausgerichtete Einteilung

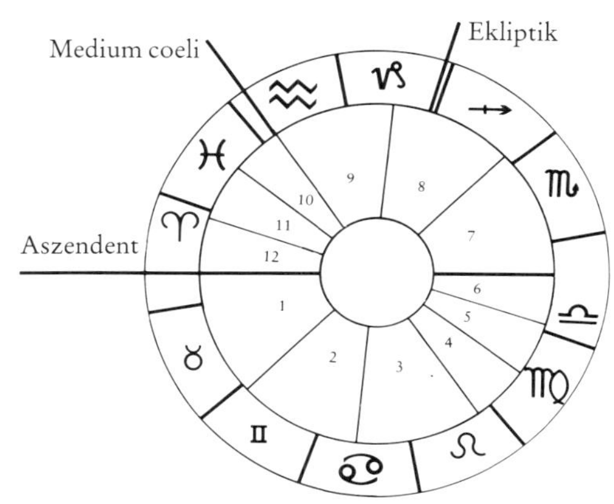

Einteilung nach Alcabitius

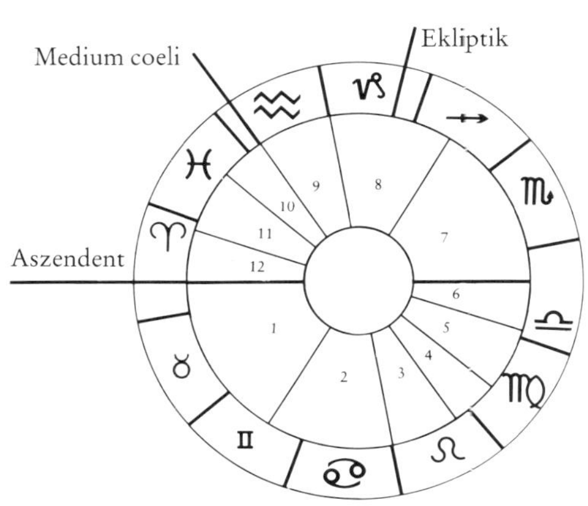

Einteilung nach Placidus

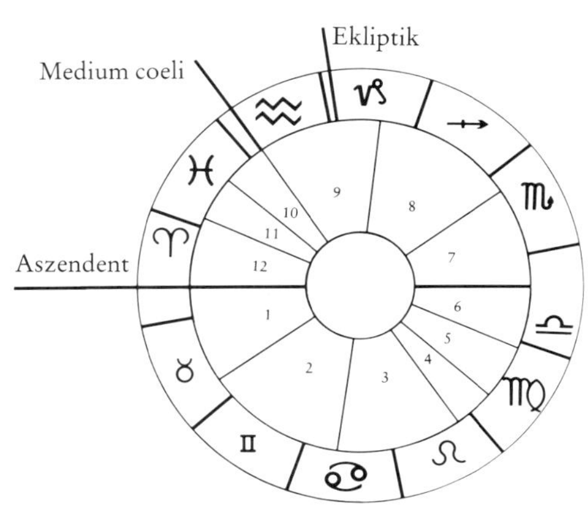

Topozentrische Einteilung

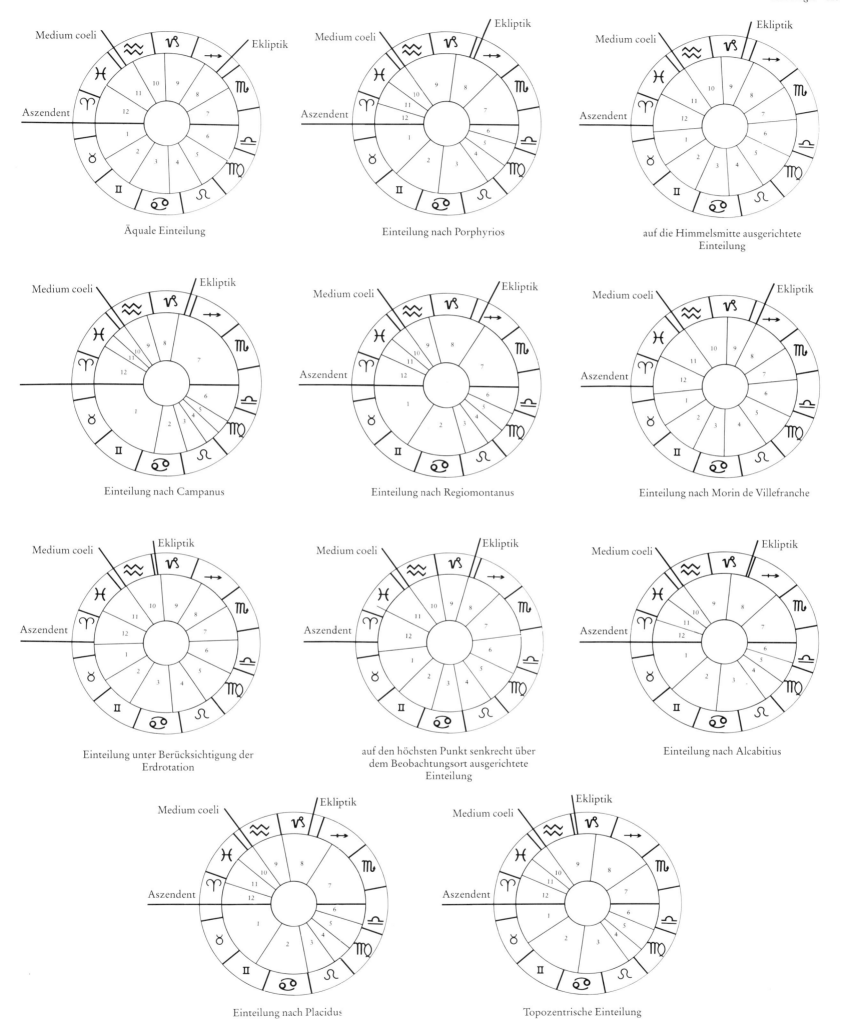

Elf der möglichen Horoskopsysteme als Beispiel für die große Vielzahl unterschiedlicher Häusereinteilungen.

Erstes Haus
Persönlichkeit und Ego

Position: Eckhaus
Qualität: kardinal
Element: Feuer (Beschäftigung mit sich selbst)

Lebensbereiche
Persönlichkeit: Eindruck auf andere, physische Erscheinung, Auftreten, Veranlagung
Ego: Selbstverwirklichung und Selbsteinschätzung, Gesundheit, Vitalität

Einfluß der Planeten
Anhäufung von Planeten läßt auf gesteigerte Selbstdarstellung schließen

Tierkreiszeichen
Widder (und daher von Mars regiert)

Zweites Haus
Besitz, sozialer Status

Position: nachfolgend auf das erste Haus
Qualität: fest (materiell)
Element: Erde (Substanz)

Lebensbereiche
Bindung an Materielles, Wertsachen, Werte
Finanzen: Anlagen, persönliche Schulden, Verbindlichkeiten

Einfluß der Planeten
Anhäufung von Planeten deutet auf großes Interesse an Materiellem und Geld

Tierkreiszeichen
Stier (und daher von Venus regiert)

Drittes Haus
Familie, Kommunikationsformen

Position: fallend zum vierten Haus
Qualität: beweglich (anpassungsfähig)
Element: Luft (persönliche Beziehungen)

Lebensbereiche
Unmittelbare Umgebung: Brüder, Schwestern, Cousins, Cousinen, Onkel, Tanten, Neffen, Nichten, frühe Schulzeit, Nachbarn
Kommunikationsformen: Briefe, Bücher, Verkehr, kürzere Ausflüge, Vorträge

Einfluß der Planeten
Anhäufung von Planeten deutet auf gesteigerte Aktivität in hauseigenen Bereichen

Tierkreiszeichen
Zwillinge (und daher von Merkur regiert)

Viertes Haus
Anfänge, Abschlüsse, Privatleben

Position: Eckhaus
Qualität: kardinal
Element: Wasser (Sensibilität)

Lebensbereiche
Anfänge: frühe Einflüsse, Eltern, häusliche Umgebung, Gemeinschaft, Häuser, Land, Meer; ererbte Anlagen, Familiengeschichte
Abschlüsse: Alter, Aktivitäten nach der Zeit der Reife, Machtverlust, Ende einer Karriere
Privatleben: persönliche Angelegenheiten, vertrauliche Belange

Einfluß der Planeten
Anhäufung von Planeten unterstreicht Bindung an Familie, enge Freunde, unmittelbare Umgebung, Sicherheitsgefühl

Tierkreiszeichen
Krebs (und daher vom Mond regiert)

Fünftes Haus
Kreativität und Liebesfähigkeit

Position: nachfolgend auf das vierte Haus
Qualität: fest (materiell)
Element: Feuer (Beschäftigung mit sich selbst)

Lebensbereiche
Kreativität: neue Unternehmungen mit ihren Risiken, Glücksspiele, selbständige Forschung, Schriftstellerei, künstlerische Ambitionen
Freuden: Kinder, Liebesaffären, Haustiere und Spielzeug, Sport, Urlaub, Theater

Einfluß der Planeten
Anhäufung von Planeten deutet auf verstärkte Konzentration der hauseigenen Bereiche

Tierkreiszeichen
Löwe (und daher von der Sonne regiert)

Sechstes Haus
Arbeit und Gesundheit

Position: fallend zum siebten Haus
Qualität: beweglich (anpassungsfähig)
Element: Erde (Substanz)

Lebensbereiche
Arbeit: Angestelltenverhältnis, Dienerschaft, untergeordnete Positionen, niedrige Hausarbeiten, Arbeitstechniken
Gesundheit: leichte Krankheiten, vorbeugende Medizin, Erhaltung der körperlichen und geistigen Gesundheit, Ernährung

Einfluß der Planeten
Anhäufung von Planeten bedeutet starke Konzentration auf harte Arbeit, Gesundheit und Praxisorientierung

Tierkreiszeichen
Jungfrau (und daher von Merkur regiert)

Siebtes Haus
Nächste, Partner, Wettbewerb

Position: Eckhaus
Qualität: kardinal
Element: Luft (persönliche Beziehungen)

Lebensbereiche
Partnerschaft: Ehe, gesetzliche Bindungen, Geschäftsverbindungen
Wettbewerb: Gegner, Konkurrenten, Gerichtsverfahren, Öffentlichkeit, beratende und beurteilende Tätigkeiten, Krieg, Verträge

Einfluß der Planeten
Anhäufung von Planeten deutet auf ein Bedürfnis nach Zusammenschluß

Tierkreiszeichen
Waage (und daher von Venus regiert)

Achtes Haus
Tod und Erneuerung

Position: nachfolgend auf das siebte Haus
Qualität: fest (materiell)
Element: Wasser (Sensibilität)

Lebensbereiche
Tod: Erbschaft, Vermächtnisse, Besitzanteile, Versicherung, Verbrechen
Erneuerung: neue Projekte, Veränderungen, Geburt von Menschen und Ideen, Sexualität, Finanzen anderer, geschäftliche und kommerzielle Unternehmungen; psychologischer Prozeß (Einsicht)
Das Okkulte: Spiritualität, Spiritismus, innerer Antrieb, geheime Bestrebungen

Einfluß der Planeten
Anhäufung von Planeten bedeutet mögliche Krisen, Umbruch und Wiedergeburt

Tierkreiszeichen
Skorpion (und daher von Mars regiert); auch Pluto wird dem achten Haus zugeordnet

Neuntes Haus
Philosophie, Religion, Reisen

Position: fallend zum zehnten Haus
Qualität: beweglich (anpassungsfähig)
Element: Feuer (Beschäftigung mit sich selbst)

Die Planeten

	Regent von	*erhöht in*	*vernichtet in*	*erniedrigt in*
Sonne ☉	Löwe ♌	Widder	Wassermann	Waage
Mond ☽	Krebs ♋	Stier	Steinbock	Skorpion
Merkur ☿	Zwillinge ♊ Jungfrau ♍	?Wassermann	Schütze	Fische ?Löwe
Venus ♀	Stier ♉ Waage ♎	Fische	Widder Skorpion	Jungfrau
Mars ♂	Widder ♈ Skorpion ♏	Steinbock	Waage Stier	Krebs
Jupiter ♃	Schütze ♐ Fische ♓	Krebs	Zwillinge Jungfrau	Steinbock
Saturn ♄	Steinbock ♑ Wassermann ♒	Waage	Krebs Löwe	Widder
Uranus ♅ ⛢	Wassermann ♒ ?Steinbock ♑	Skorpion	?Löwe Krebs	Stier
Neptun ♆	Fische ♓ ?Schütze ♐	?Löwe ?Krebs	?Jungfrau ?Zwillinge	?Wassermann ?Steinbock
Pluto ♇ ⯓	Skorpion ♏ ?Widder ♈	?Wassermann ?Fische	Stier ?Waage	?Löwe ?Jungfrau

Die Tierkreiszeichen

Haus	*Tierkreis-zeichen*	*Regent*	*Qualität Quadriplizität*	*Element Triplizität*	*Polarität*
I	Widder ♈	Mars ♂	kardinal	Feuer	+
2	Stier ♉	Venus ♀	fest	Erde	–
3	Zwillinge ♊	Merkur ☿	beweglich	Luft	+
IV	Krebs ♋	Mond ☽	kardinal	Wasser	–
5	Löwe ♌	Sonne ☉	fest	Feuer	+
6	Jungfrau ♍	Merkur ☿	beweglich	Erde	–
VII	Waage ♎	Venus ♀	kardinal	Luft	+
8	Skorpion ♏	Mars ♂ Pluto ♇ ⯓	fest	Wasser	–
9	Schütze ♐	Jupiter ♃	beweglich	Feuer	+
X	Steinbock ♑	Saturn ♄	kardinal	Erde	–
11	Wassermann ♒	Uranus ♅ ⛢ Saturn ♄	fest	Luft	+
12	Fische ♓	Jupiter ♃ Neptun ♆	beweglich	Wasser	–

Tabellen mit den Planeten und Tierkreiszeichen

Lebensbereiche
Philosophie und Religion: intellektuelle Erneuerung, Vorhersagen, Publikationen, höhere Bildung, Sprache, religiöse Grundsätze, Träume
Reisen des Körpers und des Geistes: Reisen in unbekannte Gebiete, zu fremden Völkern und Kulturen, angeheiratete Verwandte

Einfluß der Planeten
Anhäufung von Planeten deutet auf eine Neigung zu Reisen, Studium, religiösen Interessen und Jura

Tierkreiszeichen
Schütze (und daher von Jupiter regiert)

Zehntes Haus
Öffentliches Leben

Position: Eckhaus
Qualität: kardinal
Element: Erde (Substanz)

Lebensbereiche
Karriere: Beruf, Ansehen, soziale Stellung, Ambitionen, Ehren, Geschäft
Autoritäten: Arbeitgeber oder Aufsichtsführende, Regierung, Eltern

Einfluß der Planeten
Anhäufung von Planeten deutet auf starke berufliche und gesellschaftliche Ambitionen

Tierkreiszeichen
Steinbock (und daher von Saturn regiert)

Elftes Haus
Empfangene Liebe

Position: nachfolgend auf das zehnte Haus
Qualität: fest (materiell)
Element: Luft (persönliche Beziehungen)

Lebensbereiche
Freundschaften: Freunde, Freundinnen, uneigennützige Pläne, Vereine, Berufsverbände, Geschäftsverbindungen
Ambitionen: gesteckte Ziele, in der Regel in Übereinstimmung mit höheren Grundsätzen

Einfluß der Planeten
Anhäufung von Planeten deutet auf großes Interesse an Freunden und Gruppen hin

Tierkreiszeichen
Wassermann (und daher von Saturn und Uranus regiert)

Zwölftes Haus
Unterbewußtes und Einschränkung

Position: fallend zum ersten Haus
Qualität: beweglich (anpassungsfähig)
Element: Wasser (Sensibilität)

Lebensbereiche
Unterbewußtes: Frustrationen, heimliche Ängste, verborgene Kräfte, geistige Gesundheit, Mystizismus
Einschränkung: Freiheitsstrafe, Freiheitsbeschränkung, Exil, Ungnade, Gerichtsverfahren, schwere Krankheit
Wohltätigkeit: gemeinnützige Arbeit, Institutionen (Schulen, Krankenhäuser). Traditionsgemäß beherbergt dieses Haus praktisch sämtliche unerfreulichen Probleme des Lebens. In jüngster Zeit ist besonderes Augenmerk darauf gerichtet worden, wie man sich in diesen Bereichen verhalten soll; indem man Gefahren voraussieht und Risiken bannt, lassen sich Belohnung und Sicherheit erreichen. Wohltätigkeit und gemeinnützige Arbeiten bilden daher einen festen Bestandteil des zwölften Hauses.

Einfluß der Planeten
Anhäufung von Planeten deutet auf Krisen und zu lösende Schwierigkeiten hin

Tierkreiszeichen
Fische (und daher von Jupiter und Neptun regiert)

Die Aspekte

Die Planeten beeinträchtigen gegenseitig ihre Einflußkräfte, wenn sie in angularer Beziehung zueinander stehen. Diese Beziehungen oder Aspekte im Horoskop drücken aus, wie dicht die Planeten, von der Erde aus gesehen, am Himmel beieinander stehen. Sieht man also den Mond in einer bestimmten Nacht nahezu direkt über sich, blickt gleichzeitig zum westlichen oder östlichen Horizont und bemerkt den Planeten Venus unmittelbar über dem Horizont, so würden der Mond und die Venus als im rechten Winkel zueinander stehend gelten. Auf dem Horoskop wird eine derartige Beziehung in Graden ausgedrückt. Im beschriebenen Fall liegen Mond und Venus ungefähr 90° voneinander entfernt; diese Stellung wird Quadratur genannt.

Die Aspekte, die traditionell als besonders wichtig angesehen werden, sind Konjunktion (0°–5°), Opposition (180°), Quadratur (90°), Trigon (120°) und Sextil (60°).

Diese Hauptaspekte drücken entweder günstige, harmonische (Sextilaspekt und Trigonalaspekt) oder ungünstige, disharmonische (Opposition und Quadratur) Beziehungen aus. Eine Konjunktion läßt, je nach den beteiligten Planeten, auf günstige oder ungünstige Situationen schließen.

Da zwei Planeten selten in einem exakten Aspekt zueinander stehen, wird jedem ein gewisser Spielraum (der Orbis) zugesprochen, etwa 5° in jeder Richtung. Folglich werden zwei Planeten als in einem Trigonalaspekt (120°) stehend betrachtet, wenn sie sich irgendwo im Horoskop zwischen 115° und 125° voneinander entfernt befinden. Je ›enger‹ aber der Orbis ist, desto größer ist angeblich der Einfluß des Aspekts. (Der Sextilaspekt wird mitunter auf einen kleineren Orbis begrenzt als die übrigen Hauptaspekte.)

Der Einfluß der Aspekte richtet sich darüber hinaus nach der Natur der beteiligten Planeten. Jene Planeten, deren charakteristische Merkmale nicht miteinander harmonieren (Mond und Mars; Venus und Saturn), verstärken die ungünstigen Aspekte; Planeten mit ähnlichen Eigenschaften (wie zum Beispiel Venus und Mond) schwächen sie ab. Dagegen wirken sich zwei Planeten mit übereinstimmenden Merkmalen in einem günstigen Aspekt vielleicht übertrieben positiv aus: So könnte etwa der Mond im Trigonalaspekt (120°) mit Venus den Nativen unvorsichtig oder überempfindlich machen.

Einige Nebenaspekte gelten ebenfalls als bedeutend: insbesondere das Semiquadrat (45°), das Sesquiquadrat (135°) und das Semisextil (30°) wie auch das Quintil, Biquintil, Septil, Oktil und das Quinkunx. Der bei diesen Aspekten erlaubte Orbis beträgt gewöhnlich 2° oder weniger.

Astrologen vermeiden es in der Regel, Planeten in ungünstigen Aspekten eine festgelegte Bewertung zuzuschreiben, sondern ziehen es vor, auf mögliche Schwierigkeiten hinzuweisen und die Notwendigkeit einer Lösung hervorzuheben. Ebenso besteht bei Planeten in günstigen Beziehungen die Gefahr der Selbstgefälligkeit, während diejenigen mit konfliktreicheren Verbindungen eine Spannung erzeugen können, die zu großen Leistungen führen kann.

Konjunktionen (0°–5°): Wechselnder Einfluß ☌

Planeten in Konjunktion beeinflussen einander je nach ihrem Grad an Übereinstimmung. Gewöhnlich werden Konjunktionen zwischen Sonne, Mond, Merkur, Venus und Jupiter günstige Einflüsse zugesprochen. (Sonne, Merkur und Venus, die, von der Erde aus gesehen, immer relativ nah beieinander stehen, befinden sich häufig in Konjunktion.)

Jede beliebige Kombination von Planeten in Konjunktion kann günstig sein, wenn dieser Aspekt den Nativen zu einer Denk- oder Handlungsweise führt, die sich die Merkmale der beteiligten Planeten zunutze macht – oder die bewirkt, daß er sich vor möglichen destruktiven Einflüssen schützt. Sonne (Ego, Energie) in Konjunktion mit Venus (Emotion, Zuneigung) kann eine warmherzige Veranlagung verstärken; in Konjunktion mit Saturn (Schwierigkeiten, Verzögerungen) dagegen ist eine negativere Wirkung möglich. Steht die Sonne in Konjunktion mit dem Mond (Subjektivität), kann der Einfluß unterschiedliche Formen annehmen: Entweder wird die Sensibilität des Mondes verstärkt oder das Licht und die Hitze der Sonne erhält einen Hauch von lunarer Phantasie.

Opposition (180°; ungünstig) ☍

In dieser Stellung sind Konflikte zu erwarten und negative Eigenschaften werden besonders in zwischenmenschlichen Beziehungen verstärkt. So erzeugt beispielsweise der Mond in Opposition zu Mars eine Spannung zwischen eigenbestimmter Sensibilität (Mond) und Neigungen zu Aufdringlichkeit und Extravertiertheit (Mars). Steht der Mond in Opposition zu Jupiter, einem Planeten, mit dem er in der Regel übereinstimmt, kann das aufgeschlossene Wesen von Jupiter eingeengt werden, während negative lunare Neigungen möglicherweise durch die Überheblichkeit eines Jupiter-Geborenen überbetont werden – was zu Dogmatismus und sogar zu einem Hang zum Glücksspiel führen kann. Stehen Mond und Merkur, zwei Planeten mit einer neutralen Beziehung, in Opposition, wird der Native entweder durch die Hypersensibilität des Mondes oder die Trägheit des Merkur beeinflußt. Dennoch läßt sich ein Gleichgewicht erzielen, wenn der innere Konflikt erkannt, energisch in Angriff genommen und konstruktiv genutzt wird.

Trigonalaspekt (120°; günstig) △

Dieser Aspekt verstärkt die positiven Eigenschaften von Planeten. Venus im Trigonalaspekt mit Jupiter – zwei Planeten, die ausgesprochen gut zusammenpassen – betont Freundlichkeit, guten Geschmack und das Fehlen von Mißgunst. Die

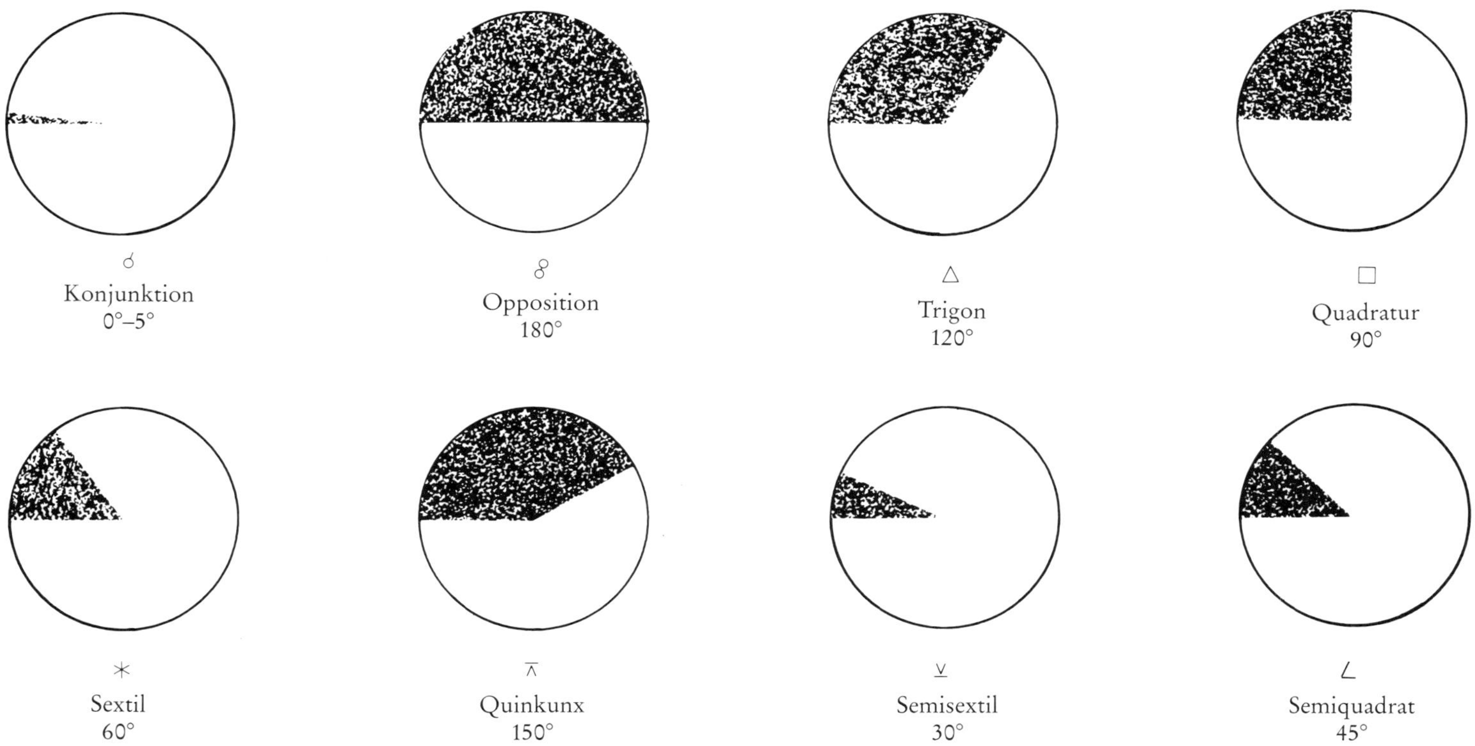

Die Aspekte und ihre Symbole. Obere Reihe von links nach rechts: Konjunktion, Opposition, Trigon, Quadratur; untere Reihe von links nach rechts: Sextil, Quinkunx, Semisextil, Semiquadrat

unvereinbaren Wesensarten von Venus und Saturn wirken sich günstig aufeinander aus; die leidenschaftliche Venus ist zu pragmatischeren, aber dauerhaften Gefühlsbindungen fähig, und der kühle, analytische Saturn wird warmherziger und etwas gefühlsbetonter.

Ein möglicher Nachteil in Trigonalaspekten ist eine Neigung zu einem falschen Sicherheitsgefühl, das den in diesem Aspekt Geborenen dazu verleiten kann, gegenüber Problemen, die dringend erledigt werden müssen, in Passivität zu verharren.

Quadratur (90°; ungünstig) □

Unruhe, Widerstand und Umwälzungen kündigen sich an, wenn zwei Planeten zueinander in Quadratur stehen. Unvereinbare Planeten wie Mars und Uranus neigen dazu, destruktive Eigenschaften zu entwickeln, indem sie Veränderungen herbeiführen wollen, aber zu keiner zweckmäßigen Handlungsweise gelangen. Der aggressive Mars in Quadratur mit Jupiter, mit dem er gewöhnlich übereinstimmt, kann Jupiters Unparteilichkeit gefährden und durch die dem Jupiter eigene Selbstherrlichkeit zu Habgier getrieben werden. (Auch hier gilt, daß ein erkannter ungünstiger Einfluß konstruktiv genutzt werden kann: Gewinnsucht und Parteilichkeit der Jupiter-Mars-Quadratur könnten sich im Beruf des Rechtsanwalts oder für eine Karriere in der Finanzwelt positiv erweisen.)

Sextilaspekt (60°; günstig) ⚹

Die Bedeutung des Sextilaspekts gleicht dem des Trigonalaspekts, doch sein Einfluß ist weniger stark; gute Ergebnisse erfordern mehr Elan. In einem Sextilaspekt ermöglicht die harmonische Beziehung zwischen Mond und Uranus, daß sich Phantasie und Urteilsfähigkeit verbinden. Bei einer Beziehung von Mars und Saturn, die gewöhnlich unvereinbar sind, kann die Energie des Mars die analytischen Neigungen des Saturn beleben, während die für Mars typische Rücksichtslosigkeit begrenzt und sinnvoll eingesetzt werden kann.

Nebenaspekte

Über den Wert der verbleibenden Aspekte sind die Meinungen geteilt. Quinkunx (150°) wird sowohl als günstig wie auch als bedingt ungünstig eingestuft. Der Semisextilaspekt (30°) gilt als gemäßigt günstig, da viele Astrologen das Semiquadrat (45°) und das Sesquiquadrat (135°) für leicht belastend halten. Zuweilen werden aber gerade diesen ›kleineren‹ Beziehungen besonders prägnante Einflüsse zugesprochen.

Großer Trigonalaspekt

Man spricht von einem großen Trigonalaspekt oder großen Trigon, wenn drei Planeten jeweils zueinander im Trigonalaspekt (120°) stehen. Wenn diese Konstellation in einem Horoskop erscheint, wird sich jeder der drei Planeten in der Regel in einem Zeichen befinden, das demselben Element zugeordnet ist (Feuer, Erde, Luft oder Wasser). Obwohl Trigonalaspekte eine harmonische Verbindung von Eigenschaften der in diesem Verhältnis stehenden Planeten bedeuten, kann diese Steigerung des Trigons zu einem ungünstigen Ungleichgewicht bestimmender Elemente führen.

ثاني وجه
من ثاني وجه
قال صاحب الكتاب ابو معشر صاحب هذا الطالع يكون اسمر اللون يعلوه حمرة حسن الراي غليظ

Oben: Im Erntemonat Oktober steht Jupiter im Zeichen des Skorpion. Auf diesem flämischen Wandteppich wird eine Ernte-Szene vom ganzen Tierkreis umfaßt. Um 1525, New York, The Metropolitan Museum of Art, Vermächtnis Mrs. August D. Juilliard, 1916

Links: Die Planeten Mond und Jupiter im Tierkreiszeichen Schütze. Miniatur aus einem arabischen Manuskript (13. Jahrhundert), der Abschrift einer astrologischen Abhandlung von Albumasar aus dem 9. Jahrhundert. Pergament, ca. 290 × 247 mm, Paris, Bibliothèque Nationale

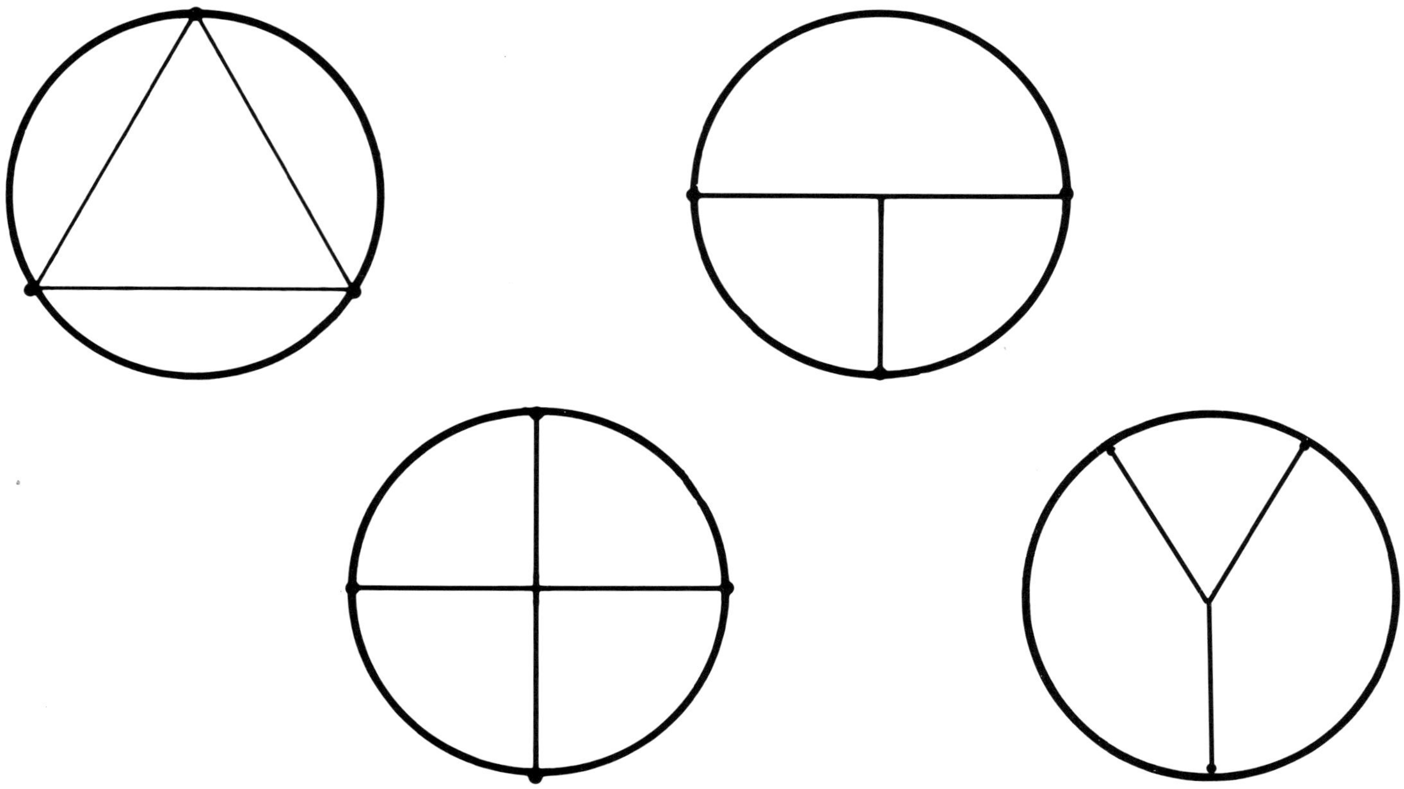

Besondere Planetenaspekte. Oben: großer Trigonalaspekt, T-Kreuz; unten: großes Kreuz, Yod

T-Kreuz

Im T-Kreuz stehen zwei Planeten zueinander in Opposition, während sich ein dritter dazu in Quadratur befindet. Dieser dritte Planet wird von den anderen stark beeinflußt.

Großes Kreuz

Von vier Planeten steht jeder einzelne in Opposition zu einem der übrigen Planeten und in Quadratur zu zwei anderen. Diese Kombination führt zu einer kraftvollen Verstärkung der Wechselbeziehungen zwischen den Planeten.

Yod

Der Aspekt Yod (genannt nach dem hebräischen Buchstaben) liegt vor, wenn drei Planeten im Horoskop ein Y bilden, wobei der Planet am Fuße des Y in Quinkunx (150°) zu jedem der beiden anderen steht. Das Tierkreiszeichen und das Haus, in dem sich dieser Planet befindet, deuten den wahrscheinlichen Verlauf an, den das Schicksal des Nativen nehmen wird.

Sonstige Konfigurationen

Es gibt einige andere Aspekte, wie zum Beispiel den großen Quintilaspekt und den Drachen, die einen stärkeren Einfluß eines oder mehrerer Planeten innerhalb der Konfiguration bedeuten; sie werden jedoch nur selten von Astrologen benutzt.

Parallelaspekte

Zwei Planeten stehen dann parallel, wenn sie sich nördlich (oder südlich) des Himmelsäquators auf demselben Breitengrad befinden. Liegt ein Planet nördlich und der andere südlich vom Äquator auf demselben Grad, sind sie kontraparallel – das heißt sie stehen auf gegenüberliegenden Seiten der Äquatorebene. Ein Parallelaspekt hat angeblich dieselbe Auswirkung wie die Konjunktion; die Kontraparallele entspricht der Opposition.

In vielen Arbeitsmaterialien werden diese Aspekte berücksichtigt, andernfalls können die notwendigen Positionen mit komplizierten mathematischen Berechnungen ermittelt werden. Bei diesen beiden Aspekten handelt es sich eigentlich um Deklinationen, ein präziser astronomischer Begriff, der sich auf den Winkelabstand vom Himmelsäquator bezieht.

Antiszie (auch Solstitialpunkt genannt)

Eine weitere arithmetische Gruppe von Aspekten, die Antiszien, gewann in der arabischen Astrologie große Bedeutung. Diese Aspekte werden von zwei Planeten gebildet, die im Schema von einem Tierkreiszeichen des Solstitiums, des Wendepunkts der Ekliptik zurück in Richtung Äquator (Krebs oder Steinbock), gleich weit entfernt stehen. Die Berechnungen schließen entweder das nördlichste Tierkreiszeichen ein (Krebs), die Sommersonnenwende, oder das südlichste (Steinbock), die Wintersonnenwende. Liegt die Spitze von Krebs oder Steinbock in der Mitte (oder am Mittelpunkt) zwischen zwei Planeten, dann befinden sich diese Planeten zueinander in Antiszie. Angeblich verstärkt dieser Aspekt die charakteristischen Eigenschaften jedes einzelnen Planeten. Manche Astrologen sind der Meinung, daß auch dann eine Antiszie vorliegt, wenn das Tierkreiszeichen Widder oder Waage ist, doch die Spitzen dieser Zeichen repräsentieren Äquinoktial-, keine Solstitialpunkte.

Sonstige Punkte im Horoskop

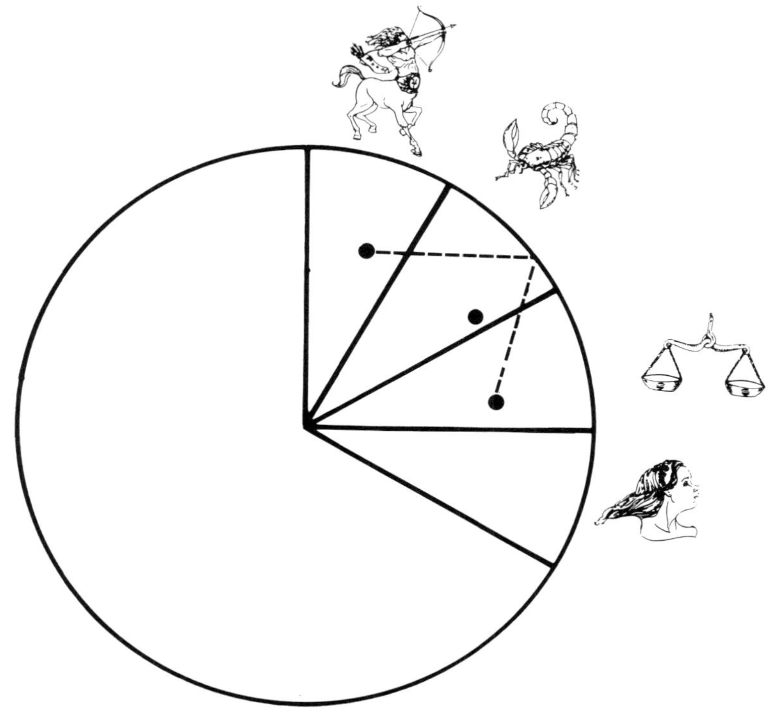

Eine Darstellung des Mittelpunkt-Aspekts, der sich ergibt, wenn ein Planet in einer ungefähr gleichen angularen Entfernung zwischen zwei anderen Planeten steht.

Aszendent

Zu den wichtigsten und einflußreichsten Punkten im Horoskop gehört der Aszendent, das Tierkreiszeichen, das im Augenblick der Geburt am östlichsten Punkt liegt – dem Ost- oder Sonnenaufgangshorizont (womit er in den meisten Häusereinteilungen der Spitze des ersten Hauses entspricht). Viele Astrologen halten den Aszendenten für wichtiger als das Sonnenzeichen. In einigen Phasen der Geschichte bezog sich das Wort Horoskop (von dem griechischen Wort für Stundenschauer) tatsächlich in erster Linie auf die Berechnung der Position des Aszendenten, des Sternbildes im Tierkreis, das als erstes am Horizont erscheint.

Als Markierung des allerersten Augenblicks, in dem das vollständig entwickelte Neugeborene aus dem Schoß der Mutter in die Welt tritt, symbolisiert der Aszendent die Art von Eindruck, den der Mensch auf andere macht; seine oder ihre Persönlichkeit wird von der Welt wahrgenommen. Einige Astrologen bezeichnen jedoch den Augenblick der Empfängnis und nicht den der Geburt als den eigentlichen Zeitpunkt zur Bestimmung des Aszendenten.

Der Aszendent beeinflußt alle Elemente des Horoskops. Der Planet, der den Aszendenten gewöhnlich regiert, gilt oftmals als Regent des gesamten Schemas, ganz gleich welches andere Zeichen die Planeten noch beherrschen mögen. Ist jemand beispielsweise im aufsteigenden Stier geboren und befindet sich die Sonne im Sternbild Waage (wodurch Waage zum Sonnenzeichen wird), so bleibt Venus als Regentin des Aszendenten Stier der einflußreichste Planet im Horoskop.

Himmelsmitte

Der lateinische Begriff für Himmelsmitte ist *Medium coeli* (MC). Es ist der Schnittpunkt des vertikalen Meridian mit der Ekliptik, der Punkt, an dem die Sonne zur Mittagszeit steht. Dies gilt natürlich nur für die obere, die südliche Hemisphäre des Horoskops. In der nördlichen Hemisphäre ist es umgekehrt: Das *Medium coeli* wird zur ›Himmelstiefe‹, zum *Imum coeli* (IC). An den meisten Orten erreicht die Sonne mittags nicht die äußerste Spitze des Himmels, und ihr höchster Punkt variiert je nach Jahreszeit. Der unmittelbar über dem jeweiligen Beobachter an einem beliebigen Ort auf der Erde gelegene höchste Punkt wird als ›Zenit‹ bezeichnet. Die Mittagssonne kann nördlich oder südlich des ›Zenit‹ stehen, je nachdem, wie weit man vom Äquator entfernt ist. Die Himmelsmitte ist in einigen Systemen die Spitze des zehnten Hauses, doch keineswegs in allen.

Die Himmelsmitte verweist im wesentlichen auf den Status, den der Native in der Öffentlichkeit genießt. Planeten, die zu diesem Punkt in einem Aspekt oder ganz in dessen Nähe stehen – vor allem, wenn es sich um den regierenden Planeten des Horoskops handelt –, gelten gewöhnlich als primäre Faktoren bei der Wahl einer Laufbahn. Das Tierkreiszeichen, das sich ganz oben im Horoskop befindet, zeigt auch den Leistungsbereich an.

Mittelpunkt

Dieser Aspekt entsteht, wenn ein Planet sich in einer Position befindet, die annähernd gleich weit von zwei anderen Planeten entfernt ist, wodurch alle drei miteinander verbunden sind, selbst wenn zwischen ihnen kein anderer Aspekt besteht. Der mittlere Planet kann auf ein außergewöhnliches Ereignis oder eine außergewöhnliche Beziehung hinweisen, und die beiden Planeten, die er verbindet, sind daran beteiligt. Einige Astrologen messen den Mittelpunkten in der Interpretation eines Horoskops besondere Bedeutung zu.

Knoten

Als Knoten bezeichnet man die Schnittpunkte der Umlaufbahnen zweier Planeten. Da jeder der beiden Planeten sich nahezu kreisförmig dreht, werden sich die Umlaufbahnen irgendwann an mindestens zwei Punkten überschneiden. Meistens sind nur die Knoten des Mondes für die traditionelle Astrologie von Bedeutung. In Wirklichkeit kreuzt die Mondbahn die Bahn des Planeten Erde, während der Mond die Erde umkreist. Von der Erde aus gesehen, scheint er jedoch den Lauf der Sonne (die Ekliptik) zu kreuzen.

Die Stelle, wo der Mond die Ekliptik in nördlicher Richtung überquert, wird als aufsteigender Knoten ☊ bezeichnet, überquert er sie in südlicher Richtung, spricht man vom absteigenden Knoten ☋. Da eine Sonnen- oder eine Mondfinsternis eintritt, wenn der Neumond oder Vollmond einem der Knotenpunkte sehr nahe kommt, sind die Knoten mit Drachen verglichen worden, die die Sonne oder den Mond verschlingen. Deshalb bezeichnete man den aufsteigenden Knoten häufig auch als ›Drachenkopf‹ *(Caput draconis)* und den absteigenden Knoten entsprechend als ›Drachenschwanz‹ *(Cauda draconis)*.

Den Knoten des Mondes wird keine genau festgelegte Bedeutung zugeschrieben. Im Altertum betrachteten Astrologen den aufsteigenden Knoten als vorteilhaft, den absteigenden als nachteilig. Anhänger der Reinkarnationslehre sprechen dem aufsteigenden Knoten unentwickelte Eigenschaften aus früheren Leben zu, die es aufzudecken gilt. Im absteigenden Knoten sehen sie die Verkörperung ungünstiger Merkmale aus der Vergangenheit, die durch ein besonders tugendhaftes Verhalten in der Gegenwart beseitigt werden müssen, um die nächsthöhere Existenz erlangen zu können.

Moderne Astrologen machen den aufsteigenden Knoten gemeinhin für die Bildung von Freundschaften und für Selbstlosigkeit verantwortlich, den absteigenden Knoten für die Aufhebung von Verbindungen und sogar für Unzufriedenheit mit sich selbst.

Sensitive Punkte

Wert und Bedeutung einiger Horoskopbestandteile sind äußerst umstritten. Dazu zählt auch der *Pars fortuna,* der häufig in Interpretationen auftaucht. Er gehört zu einer Reihe mathematisch abgeleiteter Punkte, die sogenannten sensitiven Punkte, die nicht durch Planeten, Tierkreiszeichen, Häuser oder Winkel dargestellt werden. Der *Pars fortuna* entsteht aus der Addition der Längengrade des Aszendenten und des Mondes, wovon der Längengrad der Sonne abgezogen wird. Eine Vielzahl von Interpretationen wird diesem Punkt gewidmet, je nachdem, welche Zeichen und Planeten zu ihm Aspekte bilden, doch immer bedeutet er Glück und günstige Ergebnisse. Sein Symbol ist ⊗.

Obwohl man einige dieser hypothetischen Punkte gelegentlich auch ›arabisch‹ genannt hat, liegen ihre Ursprünge Jahrhunderte vor Christus, in einer Zeit weit vor der arabischen Astrologie. Die *hylegialischen Orte* aber sind tatsächlich persischen Ursprungs. Es sind weitere hypothetische mathematische Orte im Horoskop, die in dem Ruf standen, Aussagen über die Länge des Lebens – indirekt also über den Zeitpunkt des Todes – zu machen. Moderne Horoskope enthalten diese Punkte selten.

Möglichkeiten der Vorhersage

Vorhersagen lassen sich in der Astrologie mittels zahlreicher Methoden erstellen. Die erste und wichtigste besteht darin, das Schema des Geburtshoroskops zu befragen, auf dem die Anordnung der Sterne und Planeten auf zukünftige Entwicklungen schließen lassen. Heutzutage verzichten Astrologen darauf, sich mit konkreten Aussagen festzulegen. Statt dessen weisen sie auf drohende Gefahren hin, auf Schwächen, die es zu überwinden gilt, und auf die Stärken und Begabungen, die entwickelt werden sollten.

Speziellere Systeme berechnen die zukünftigen Konstellationen am Himmel, um Aufschluß über die voraussichtlichen Geschehnisse sowie über die günstigsten und ungünstigsten Umstände zu erhalten. Diese Methoden haben das Ziel, Fragen in bezug auf künftige Ereignisse zu beantworten, die geeigneten Zeitpunkte zum Handeln zu bestimmen und die Beziehungen einzuschätzen, die von Vorteil sein könnten.

Techniken der astrologischen Vorhersage

Zwei der am häufigsten angewandten schematischen Techniken sind die Sekundärprogression und die Transite.

Progressionsmethoden

Eine allgemein gebräuchliche astrologische Methode ist die Tag-für-Jahr-Progression, bei der man das Horoskop so anlegt, als ob jeder Tag im Leben eines Menschen wie ein Jahr gerechnet wird. Wenn also das in Frage stehende Datum 20 Jahre nach dem Geburtsdatum der Person liegt, werden die Planeten- und Zeichenkonstellationen, die 20 Tage nach dem Geburtsdatum bestehen, eingezeichnet und mit dem Geburtshoroskop verglichen. Diese Positionen lassen sich leicht aus einer astronomischen Ephemeride ersehen.

Nach der Erstellung des Diagramms werden das progressive Schema und das Geburtshoroskop miteinander verglichen. Auf diese Weise kann der Astrologe feststellen, welches Verhältnis zwischen den fortgeschrittenen Planeten und den Planeten auf dem Geburtshoroskop besteht. Die Tag-für-Jahr-Progression wird mitunter auch als Sekundärprogression oder Sekundärdirektion bezeichnet. (Es gibt darüber hinaus Progressionen, bei denen ein Tag nach der Geburt des Nativen als Äquivalent für einen Monat gilt; bei der Tertiärprogression entspricht jeder Monat einem Jahr.)

Progressionsmethoden beruhen auf dem Umlauf der Planeten um die Sonne. Das Vorhersageverfahren, das sich auf die offensichtliche tägliche Bewegung der Planeten stützt, wie sie sich in den 24 Stunden darstellt, in denen die Erde sich um ihre eigene Achse dreht, ist das Direktionssystem. Die Primärdirektion zählt also jeden weiteren Grad auf der Tabelle als ein Jahr, während sekundäre Progressionen Tage oder Monate anstelle von Graden verwenden.

Den Progressionen und Direktionen liegt die Vorstellung zugrunde, daß das Wesen eines Menschen oder einer Gruppe von Menschen in enger Beziehung zu den Bewegungen der Himmelskörper vor und nach der Geburt steht. Diese Bewegungen und Veränderungen sind mit der Umlaufbahn der Erde und der Planeten verknüpft, der täglichen Rotation der Erde um die eigene Achse und den Beziehungen aller Himmelskörper und Sterne untereinander.

Im folgenden wird an einigen Beispielen verdeutlicht, wie ein Progressionsschema, gleich wie es zustande gekommen ist, interpretiert werden kann.

Steht die Sonne in einem Progressionsschema in Konjunktion mit dem Mond im Geburtshoroskop, weist dies auf eine Zeit der Veränderung hin. Günstige Aspekte, wie Trigonal- und Sextilaspekt, lassen auf erfolgreiche Unternehmungen schließen. Ungünstige Aspekte (Quadratur und Opposition) deuten die Möglichkeit privater Spannungen an.

Die Sonne des Progressionsschemas in einem beliebigen Aspekt zu Merkur kann auf ein literarisches oder finanzielles Ereignis hinweisen, wobei die Art des Aspekts anzeigt, ob dieses Ereignis positiv oder eher negativ sein wird.

Die Sonne des Progressionsschemas in einem Aspekt zum Geburtsaszendenten deutet auf eine starke Entwicklung der Persönlichkeit hin. Auch hier ist die nähere Einschätzung der Situation von der Art der Aspekte abhängig.

Transite

Bei der Vorhersagemethode mit Hilfe von Transiten wird ein Horoskop für den Tag in der Zukunft entworfen, der für die Analyse ausgewählt wurde. In ähnlicher Weise wie bei der Interpretation von Progressionen werden die übertragenen Planeten in ihren Beziehungen zu den Planeten des Geburtshoroskops ausgewertet.

Gewöhnlich verbleiben die schneller laufenden Planeten – Mond, Merkur, Venus und Mars – relativ kurze Zeit in ihrer jeweiligen Position. So verändert der Mond beispielsweise seinen Standort binnen Stunden. Ein beliebiger Transit der Venus (ihr bestimmter Platz auf dem Horoskop) besteht etwa zwei Tage lang. Dagegen bleiben die langsameren Planeten – Saturn, Uranus, Neptun und Pluto – viel länger in ihren Transitbeziehungen zu den Geburtsplaneten. Je mehr Planeten sich in Transitaspekten befinden, desto größer ist die Wahrscheinlichkeit, daß viele wichtige Ereignisse eintreten werden.

So löst zum Beispiel Jupiter in Transitstellung zum Geburtsplaneten Neptun ein größeres Interesse an philosophischen und spirituellen Fragen aus, wenn der Aspekt günstig ist. Ein ungünstiger Aspekt warnt vor Unentschlossenheit, Verträumtheit und wirklichkeitsfremden Gedankenflügen und Handlungen. Jupiter in Transitstellung zum Geburtsplaneten Jupiter bedeutet eine mögliche Verstärkung sämtlicher für Jupiter typischen Merkmale. Die Tierkreiszeichen und Häuser, in denen die beiden Jupiter stehen, zeigen darüber hinaus die zu erwartenden bevorstehenden positiven und negativen Tendenzen.

Den langsameren Planeten wird bei einem Vergleich mit dem Geburtshoroskop gewöhnlich mehr Bedeutung zugemessen als den schnelleren, inneren Planeten.

Ziele der Vorhersage

Die drei wichtigsten Ziele, für die jedes astrologische Vorhersagesystem entworfen wird, lassen sich folgendermaßen klassifizieren:

Stundenwahl-Astrologie (Elektionen)

Die Stundenwahl-Astrologie hilft dem Fragenden, den günstigsten Zeitpunkt für eine bereits beschlossene Handlung auszuwählen: eine Reise, die Eröffnung eines Geschäfts, die Teilnahme an einer Verhandlung. In gewisser Hinsicht sucht der Astrologe eigentlich nach günstigen Transiten. Er studiert die Stellungen von Planeten und Zeichen, die innerhalb des vom Kunden für die geplante Aktivität angesetzten Zeitrahmens zu erwarten sind, um eine Anordnung von Transiten zu entdecken, bei der die Mehrzahl mit den Geburtsplaneten in günstigen Aspekten steht, und bei der ungünstige Aspekte weitestgehend fehlen.

Sollten zum Beispiel die Diagramme von Transiten in den kommenden Wochen und Monaten zeigen, daß Saturn in Quadratur und Opposition zu den Geburtsplaneten des Kunden, Sonne und Mond, oder zu dessen Aszendenten steht, würde der Ratschlag wahrscheinlich lauten, der Kunde solle vor Beginn der geplanten Unternehmung günstigere Stellungen abwarten. Zeigt die Ephemeride dagegen Stellungen, in denen Jupiter in Konjunktion oder im Trigonalaspekt zur Sonne, zum Mond oder dem Aszendenten steht, kann sich der Zeitpunkt für weitere Reisen oder eine neue Unternehmung ausgezeichnet eignen.

Stunden-Astrologie

In der Stunden-Astrologie möchte der Fragende wissen, ob eine bestimmte Handlungsweise ratsam ist. Die genaue Stellung der Planeten und Zeichen wird für den präzisen Zeitpunkt ermittelt, an dem die Frage gestellt wird. Daraufhin werden die günstigen und ungünstigen Eigenschaften dieses Horoskops bestimmt, und zwar im Hinblick auf die geplante Handlung des Fragestellers. Die Frage muß sich auf etwas Materielles beziehen, nicht auf einen Gedanken oder eine Meinung. Dieselbe Frage sollte nicht zu einem anderen Zeitpunkt wiederholt werden. Sie muß einen ganz persönlichen Bezug haben – es kann nicht darum gehen, ob ein Spiel gewonnen wird, sondern vielmehr darum, ob der Fragende sich an dem Spiel beteiligen sollte. Nicht das zukünftige Ergebnis wird erfragt, sondern eine bestimmte Handlungsweise. Zum Beispiel könnte die Frage lauten: »Soll ich ins Verlagsgeschäft einsteigen?«

Für die Antwort muß berücksichtigt werden:

1. Der Mond besitzt die größte Bedeutung. Wenn der Mond zu anderen Planeten keinerlei Aspekte bildet, so ist dies ›ohne Verlauf‹ *(void of course)*, woraus folgt, daß keine Handlung unternommen werden sollte. Dies ist hier nicht der Fall.

2. Ein sich nähernder Aspekt des Mondes hat Einfluß auf den Beginn einer Unternehmung, wobei der günstige oder ungünstige Charakter des Aspekts bestimmt, inwieweit es ratsam ist, zu diesem Zeitpunkt mit dem Unternehmen zu beginnen. Ein sich entfernender Aspekt des Mondes deutet auf den voraussichtlichen Ausgang der Unternehmung hin. In dem Diagramm (Seite 130) nähert sich der Mond einem Sextilaspekt mit Jupiter, gewöhnlich mit ☽20♎✶♃24♐dargestellt, was bedeutet, daß der Mond sich zu 20° in der Waage und im Sextilaspekt mit Jupiter zu 24° im Schützen befindet. Diese Stellung kündet günstige Umstände an.

3. Günstige Mondaspekte zur Sonne (zum Beispiel der Trigonalaspekt) zeigen an, daß der Fragende etwas in Angriff nehmen sollte. Eine ungünstige Quadratur erteilt eine negative Antwort. Im Diagramm befindet sich die zu 23° in den Zwillingen stehende Sonne im Trigonalaspekt zum Mond, der 20° in der Waage steht (☉23♊△☽20♎), was auf gutes Gelingen deutet.

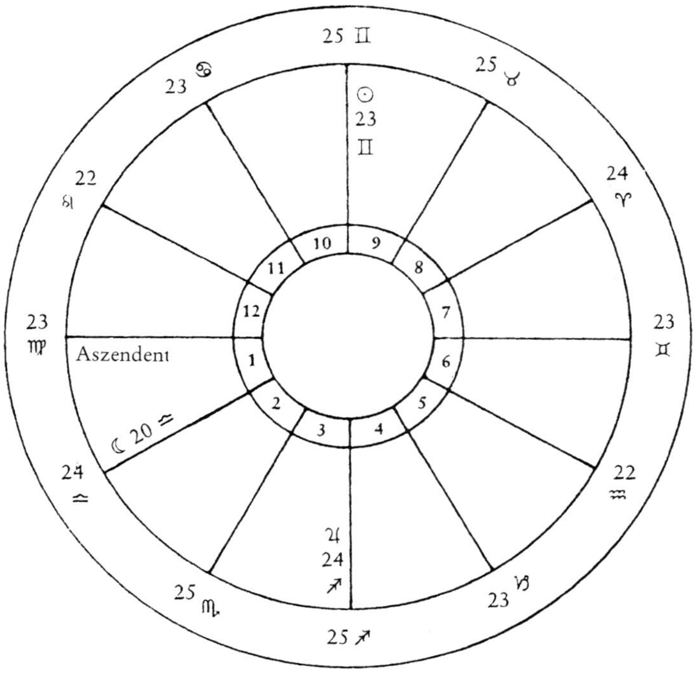

Horoskop der Stunden-Astrologie (Auszug)

4. Auch Aspekte des Mondes zu anderen Planeten (nicht in diesem Schema enthalten) zeigen an, was zu tun ist, je nach Art des Aspekts und dem von dem Planeten beherrschten Bereich. Aspekte des Mondes zu Merkur geben Aufschlüsse über Fragen, die mit Kommunikation zu tun haben; Aspekte zur Venus über Kunst und Liebe; zu Mars über Gewalt, Erregung und Tatkraft. Ein Aspekt zu Jupiter sagt, ob man voller Optimismus fortfahren oder sich vor übersteigertem Selbstvertrauen hüten soll. Saturn drängt zu Vorsicht und wenn überhaupt, dann zu einem allmählichen Anfang. Uranus sagt ein unerwartetes Ereignis voraus. Neptun kann eine Handlung als illusorisch und trügerisch kennzeichnen oder, je nach dem jeweiligen Aspekt, einen einfallsreichen Weg befürworten. Der Mond in Quadratur zu Pluto warnt vor einer gesetzwidrigen Handlung; im Trigonalaspekt prophezeit er, daß unabsehbare Dinge bei der Unternehmung eine Rolle spielen werden. Der Mond im Sextilaspekt zu Jupiter läßt Optimismus zu.

5. Der Aszendent, die Stellung der Spitze des aufsteigenden Tierkreiszeichens zu dem Zeitpunkt, zu dem die Person ihre Frage stellt, ist ein weiteres bedeutsames Merkmal. Befindet er sich in den ersten drei Graden eines Tierkreiszeichens, ist es für die geplante Handlung möglicherweise zu früh, doch die letzten drei Grade deuten darauf hin, daß es zu spät ist. Im Diagramm liegt der Aszendent, der östlichste Punkt, bei 23° im Zeichen der Jungfrau, dem aufsteigenden Tierkreiszeichen in diesem Schema, weshalb der gegenwärtige Zeitpunkt weder zu spät (was bei 27° im Zeichen der Jungfrau oder höher der Fall wäre) noch zu früh ist (läge er bei 3° im Zeichen der Jungfrau oder tiefer).

6. Die Stellung der Planeten in den Häusern ist ebenfalls wichtig. Das erste Haus steht für das Ego, so daß der dort befindliche Planet Aufschluß darüber gibt, ob die Person für das in Erwägung gezogene Vorhaben die geeigneten psychologischen Voraussetzungen besitzt. So offenbart beispielsweise Saturn im ersten Haus, daß die Gemütsverfassung der Person sich nicht für die neue Tätigkeit eignet. Die Sonne in diesem Haus deutet die Begeisterung des Fragestellers an. Der Mond weist auf Niedergeschlagenheit hin; Merkur auf Nervosität; Venus und Jupiter auf eine heitere, optimistische Einstellung; Uranus auf Unsicherheit; Neptun auf eine unrealistische Einschätzung und Pluto auf wichtige Neubestimmungen der eigenen Ziele.

Die von jedem einzelnen Haus abgedeckten Lebensbereiche werden je nach dort anwesenden Planeten in ihrer Wichtigkeit betont oder abgeschwächt. Möchte man Antwort auf eine finanzielle Frage, sollte das zweite Haus besonders genau untersucht werden; das siebte Haus gibt Auskunft über Fragen zu Ehe und Partnerschaft. Enthält ein Haus keine Planeten, betrachtet der Astrologe die Stellung des natürlichen Regenten des betreffenden Hauses und zieht aus dessen Position seine Schlüsse. Das Diagramm zeigt, daß Jupiter im dritten Haus steht, dem Haus der Kommunikation; er gibt somit ein günstiges Zeichen für ein Unternehmen im Publikationsbereich. Als ein weiteres gutes Omen steht die Sonne im neunten Haus (Intellekt, Publikationen, Bildung).

7. Aufgrund widersprüchlicher Merkmale mag der Astrologe das Horoskop als uneindeutig oder verwirrend empfinden. Das Schema gilt in diesem Fall als nicht zu deuten, und die Frage kann nicht beantwortet werden.

Eine endgültige Entscheidung läßt sich natürlich erst dann fällen, wenn das gesamte Schema mit allen Planeten und Bestandteilen studiert worden ist.

Synastrie

Werden die Horoskope zweier oder mehrerer Personen verglichen, spricht man von Synastrie (›Verbindung von Sternen‹). In der Regel betreffen die Fragen Heirat, Beruf oder Kinder. Die Geburtshoroskope werden zunächst mit dem Ziel studiert, eine astrologische Beschreibung jeder der beiden Personen zu erstellen. Dann werden die beiden Kosmogramme verglichen.

Die zum Vergleich untersuchten Merkmale sind die Sonnenzeichen, Aszendenten (aufsteigende Tierkreiszeichen), Himmelsmitten (MC) sowie die Zeichen und Planeten im siebten Haus, dem Haus für Ehe und Partnerschaft.

Professionelle Astrologen mißbilligen im allgemeinen die Entscheidungen, die sich lediglich auf die Klassifizierung vereinbarer und unvereinbarer Sonnenzeichen stützen. Weitaus einflußreicher sind die Beziehungen zwischen dem Sonnenzeichen des einen und dem Aszendenten des anderen Fragenden. Stehen sie nahe beieinander, deutet sich an, daß die Haltungen der beiden Personen miteinander harmonieren. Stehen sie zueinander in Opposition, kann die Bedeutung ungünstig sein, doch wahrscheinlicher ist, daß dies auf eine gute Übereinstimmung hindeutet, wobei jede der beiden Personen die Defizite des anderen ausgleicht. Ein Trigonalaspekt oder ein Sextilaspekt zwischen dem Sonnenzeichen der einen Person und dem Aszendenten des entsprechenden Partners impliziert ganz eindeutig Harmonie.

Doch selbst wenn zwei Sonnenzeichen den allgemein als vereinbar anerkannten Kategorien angehören, können sich Probleme ergeben, falls das Sonnenzeichen der einen und der Aszendent der anderen Person in Quadratur oder im Semisextilaspekt zueinander stehen. Dann muß mit Spannungen gerechnet werden.

: Schematische
·llung des im Text
egten Beispiels
stundenhoroskops.
onne, Mond, Jupi-
Tierkreiszeichen
äuser sind auf die-
oroskop einge-
et, das für den
nkt der Frage
ch ins Verlags-
ft einsteigen?«
: wurde.

Personifikationen von Planeten, die in den von ihnen beherrschten Zeichen aufrecht dargestellt sind. In den Zeichen, zu denen sie in Opposition stehen, von denen sie vernichtet werden, stehen sie auf dem Kopf. Oben links: Saturn in Steinbock, in Krebs vernichtet. Unten links: Mars in Widder, in Waage vernichtet. Oben rechts: unbekannter Planet in Waage, in Widder (?) oder Steinbock (?) vernichtet. Unten rechts: Mond in Krebs, in Steinbock vernichtet. Aus einer astrologischen Abhandlung von Matali as-sa'ada wamanabi 'as-Siyada, Türkei, 1582, Miniatur auf geglättetem Papier, New York, The Pierpont Morgan Library

Weitere Auskünfte gibt ein Blick auf das aufsteigende Zeichen des einen und das Zeichen der Himmelsmitte des anderen. Wenn sie identisch sind oder in einem günstigen Aspekt zueinander stehen, gelten praktisch alle negativen Einflüsse als abgeschwächt. Die gleiche gute Prognose läßt sich stellen, wenn Jupiter, Venus und manchmal der Mond in einem günstigen Aspekt zur Himmelsmitte stehen.

Im allgemeinen besteht für zwei Menschen, deren Sonnen in angrenzenden Tierkreiszeichen (im Semisextilaspekt) stehen, die Gefahr, daß sie nicht zusammenpassen, falls es im sonstigen Schema nicht auch abschwächende Faktoren gibt.

Wenn darüber hinaus das Sonnenzeichen oder der Aszendent der einen Person von demselben Planeten regiert wird wie das Sonnenzeichen oder der Aszendent der anderen, dann ist – auch wenn andere Faktoren negativ sind – eine befriedigende Anpassung zwischen diesen beiden Menschen wahrscheinlich. So kann beispielsweise ein Steinbock-Geborener mit einem angeblich unvereinbaren Wassermann sehr gut auskommen, weil beide Zeichen von demselben Planeten, Saturn, beherrscht werden. Die Traditionsgebundenheit der einen Person und die unkonventionelle Lebensart der anderen können gemeinsam eine dauerhafte Harmonie erreichen. Ähnlich gut ergänzen können sich Stier und Waage (beide werden von Venus beherrscht) oder Widder und Skorpion (Mars).

In der Regel wird ein Astrologe nur dann, wenn praktisch alle Planetenaspekte, Häuser und Sonnenzeichen ungünstig sind, die Anzeichen als ein schlechtes Omen für die Verbindung deuten. Die moderne Synastrie rät von absolut negativen Schlußfolgerungen ab und empfiehlt statt dessen eine Darstellung der möglichen schwierigen Faktoren, die erkannt und überwunden werden sollten.

Sonstige Methoden der Vorhersage

Es gibt noch eine Anzahl weiterer mathematischer Verfahren zur Erstellung von Horoskopen, die man dann mit den Geburtshoroskopen vergleichen kann. Dazu zählen:

Sonnenbogen: Er verzeichnet die Entfernung, die die Sonne in der Tag-für-Jahr-Progression zurücklegt. Mit Hilfe dieser Berechnung ermittelt man den Aszendenten der Progression oder andere Merkmale des Horoskops.

Solar-Horoskop: Das Horoskop wird für den Augenblick erstellt, an dem die Sonne zu ihrer genauen Ausgangsposition bei der Geburt zurückkehrt. Häufig fällt dieser Zeitpunkt nicht mit dem Geburtstag zusammen, und die Stellung der Planeten, Zeichen und anderer Punkte im Schema unterscheidet sich gewöhnlich von der Anordnung bei der Geburt.

Regression: Dieses Horoskop ergibt sich aus der Berechnung mittels der Tag-für-Jahr-Methode, doch werden hierbei die Tage oder Jahre vor der Geburt gezählt.

Uranische Methode: Sie verwendet ein 90°-Schema statt eines 360°-Rades. Besondere Bedeutung wird den Mittelpunkten zwischen Planeten und anderen astrologischen Punkten, einigen bestimmten Aspekten zwischen Planeten und acht hypothetischen unentdeckten Planeten zugemessen.

Interpretation

Sämtliche Informationen des Astrologen über Planeten, Tierkreiszeichen, Häuser, Aspekte und andere Teile des Horoskops richten sich letztlich auf ein Ziel: die Interpretation, das Verstehen der Beziehungen, die in den graphisch dargestellten Konfigurationen ausgedrückt sind.

Ein Astrologe kann verschiedene Programme zur Untersuchung eines Schemas heranziehen, je nach den Merkmalen, die in dem jeweiligen Horoskop zutage treten. Der nachstehende Überblick, mit dessen Hilfe wir ein bestimmtes Horoskop deuten werden, soll nur als Leitfaden dienen. Die Verfahrensweise kann sich nämlich im Verlauf einer Auslegung durchaus ändern.

I. Allgemeine Merkmale
1. Form
2. Einzelne Planeten
3. Stellatium
4. Besondere Konfigurationen
5. Fehlen von Planeten in Häusergruppen
6. Eingeschlossene Zeichen

II. Achsen
1. Aszendent
2. Deszendent
3. *Medium coeli* (Himmelsmitte)
4. *Imum coeli* (Himmelstiefe)

III. Quadriplizität, Triplizität, Polarität
1. Qualitäten
2. Elemente
3. Polarität

IV. Planeten in den Zeichen und Häusern
1. Der regierende Planet im Horoskop
2. Sonnenzeichen
3. Mond
4. Primärkraft (Planet, der unmittelbar vor der Sonne aufgeht; auch genannt: ›Planet, der im Osten erscheint‹)
5. Planeten in gegenseitiger Rezeption
6. Rückläufige Planeten
7. Planeten nahe der Spitze
8. Fehlen von Planeten in Zeichen und Häusern
9. Position jedes einzelnen Planeten: a) in den Zeichen und Häusern; b) Disposition (Regentschaft, Erhöhung, Erniedrigung, Vernichtung); c) Aspekte und das Fehlen von Aspekten

V. Sonstige Punkte
1. Mondknoten
2. *Pars fortuna*
3. Sonstige Elemente

Allgemeine Merkmale

Form
Ebenso wie wir jemanden, den wir neu kennenlernen, aufgrund seiner äußeren Erscheinung und seines Auftretens einschätzen, vermittelt auch das Horoskop durch seine allgemeine äußere Form einen ersten Eindruck. Und ebenso wie wir mehr über die Persönlichkeitsstruktur unserer neuen Bekanntschaft erfahren, so können wir auch die Bedeutungen eines Horoskops ergründen, indem wir die Einzelheiten des Schemas genauer untersuchen.

Eine Planetenkonzentration in der nördlichen (unteren) Hälfte des Horoskops bedeutet, daß private Interessen und Aktivitäten vorherrschen. Eine südliche (obere Hälfte; ›über dem Horizont‹) Konzentration verrät die primäre Bedeutung von öffentlichen Aktivitäten. Befinden sich in der östlichen Hälfte (links) die meisten Planeten, liegt die Betonung auf den Entscheidungen und Handlungsweisen des Fragenden. Die westliche Hälfte gibt Aufschluß darüber, ob andere Menschen am Schicksal des Nativen maßgeblichen Anteil haben. Sind in einer Hemisphäre keine Planeten, so bedeutet dies, daß die Merkmale jener Bereiche bei den Aktivitäten der Person eine geringe oder gar keine Rolle spielen.

Wenn sich zwischen zwei gegensätzlichen Zeichen oder zwei Gruppen von Zeichen sämtliche oder beinahe sämtliche Planeten konzentrieren, deutet dies auf die voraussichtliche Fähigkeit des Nativen hin, beide Seiten eines Problems zu betrachten und seine Energie auf zwei Hauptinteressen zu verteilen. Von Bedeutung ist ebenfalls, wenn fast alle Planeten in zwei angrenzenden Häusern stehen. Enthalten zum Beispiel das achte und neunte Haus viele Planeten, so besteht ein starker Hang zur Philosophie und zum Okkulten. Natürlich signalisiert eine Häufung von Planeten in einem Zeichen oder Haus eine besondere Betonung jener bestimmten Eigenschaften und Aktivitäten. Sind die Planeten gleichmäßig verteilt, so deutet das auf breitgefächerte Interessen.

Einzelne Planeten
Wenn ein Planet, isoliert von allen übrigen Planeten, in einem Teil des Horoskops eine hervorstechende Position einnimmt, wird dem Charakter, dem eigenen Tierkreiszeichen, der Veranlagung und anderen Eigenschaften dieses Planeten bei der Bedeutung besondere Aufmerksamkeit gewidmet.

Stellatium
Das Auftreten von vier oder mehr Planeten in einem Zeichen vergrößert den Einfluß des Zeichens.

Besondere Konfigurationen
Die Bedeutung des großen Trigonalaspekts, des T-Kreuzes und anderer Stellungen und Gruppierungen ist für den Astrologen meist offensichtlich.

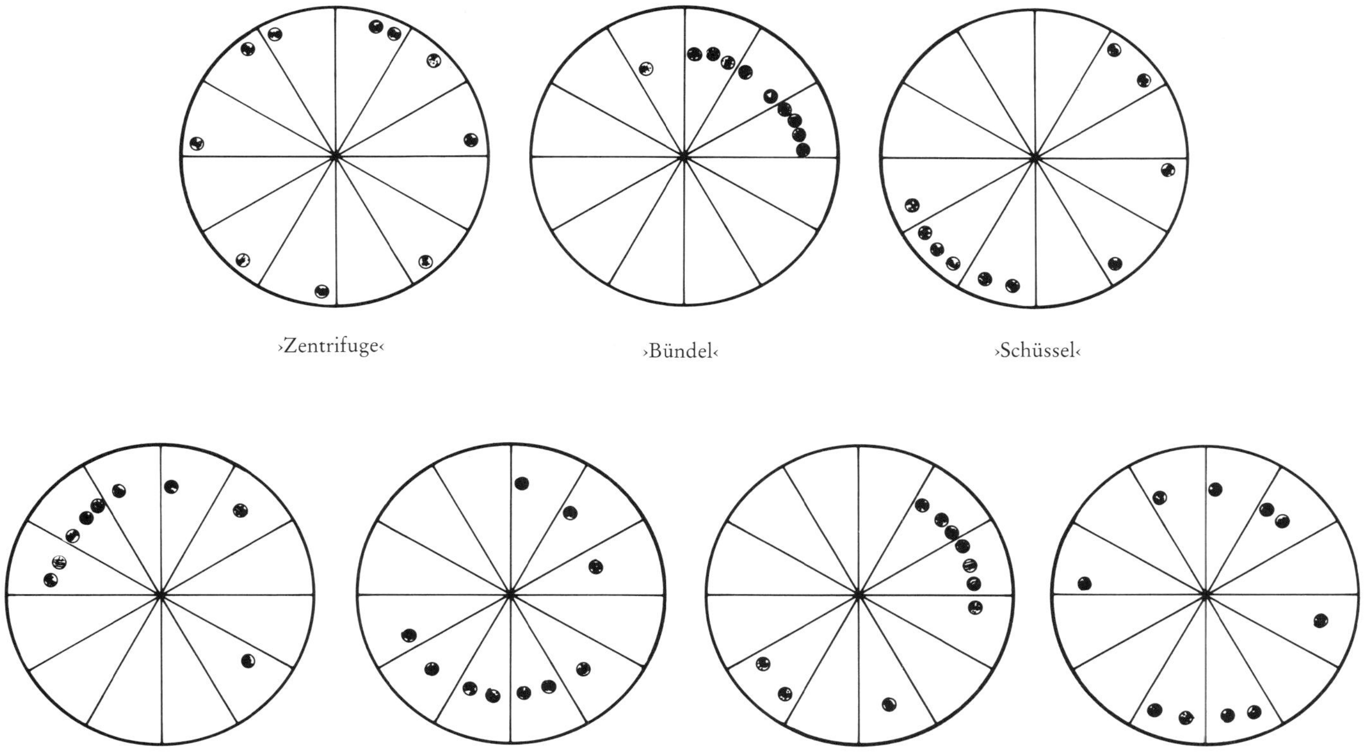

›Zentrifuge‹ ›Bündel‹ ›Schüssel‹

›Schwung‹ ›Schaufel‹ ›Wippe‹ ›Fächer‹

Beispiele für die Deutung der Planetenverteilung im Horoskop, in Anlehnung an die Klassifizierung von Marc Edmund Jones: ›Zentrifuge‹: vielseitige Interessen; ›Bündel‹: einseitiger, zielgerichteter interessiert; ›Schüssel‹: einschränkende Verwicklungen; ›Schwung‹ (vier angrenzende Häuser sind nicht besetzt): Veranlagung zu Tatkraft und Initiative; ›Schaufel‹: Konzentration auf 1–2 Interessengebiete; ›Wippe‹: wechselhafter Charakter; ›Fächer‹: Unabhängigkeit

Fehlen von Planeten in Häusergruppen

Dies kann bedeuten, daß bestimmte Lebensbereiche nicht mit Nachdruck und Interesse angegegangen werden. Eckhäuser (I, IV, VII, X) umfassen Aktivitäten, die auf die Gegenwart ausgerichtet sind; nachfolgende Häuser (2, 5, 8, 11) sind auf die Zukunft hin orientiert; fallende Häuser (3, 6, 9, 12) behandeln Einflüsse der Vergangenheit. Da ein Fehlen von Planeten in allen Häusern einer solchen Gruppe Schwierigkeiten im Umgang mit diesen Bereichen beschreibt, ist es ratsam, daß der Native den möglichen Problemen besondere Aufmerksamkeit schenkt. So sollte etwa eine Person, deren Schema keine Planeten in fallenden Häusern aufweist, daran erinnert werden, daß vergangene Erfahrungen zukünftige Fehler vermeiden helfen.

Eingeschlossene Zeichen

Wenn ein Tierkreiszeichen die Grenzen (Spitzen) keines Hauses überquert oder erreicht, wird es als ›eingeschlossen‹ bezeichnet. Bei diesem Zeichen und bei seinem Gegenüber, das automatisch ebenfalls eingeschlossen ist, werden dann am Rand des Horoskops keine Angaben über die Gradzahl seiner Stellung gemacht.

Der Einfluß, den dieses eingeschlossene Tierkreiszeichen durch seinen regierenden Planeten ausübt – gleich wo er liegen mag und welche Planeten sich in diesem eingeschlossenen Zeichen befinden –, ist erheblich abgeschwächt. Liegen die Zwillinge in einer eingeschlossenen Position, dann, so heißt es zuweilen, sei Merkur als ihr regierender Planet dem jeweiligen Planeten untergeordnet, der das Haus regiert, in dem die Zwillinge eingeschlossen sind. Handelt es sich dabei zum Beispiel um das elfte Haus, das eigene Domizil von Saturn, so würden die Neigungen des Merkur, sich einer Vielzahl von Interessen hinzugeben, durch die methodischen Zwänge des Saturn deutlich unterdrückt.

Achsen

Aszendent

Das Tierkreiszeichen im äußersten östlichen Teil des Schemas ist der Aszendent. Einige Astrologen betrachten ihn als eines der bedeutendsten Merkmale des Horoskops, weil er der präziseste Punkt des Schemas ist und die übrigen Stellungen bestimmt. Der regierende Planet des Aszendenten wird gewöhnlich als der regierende Planet des Horoskops bezeichnet. Viele Astrologen glauben, daß die Merkmale dieses Planeten, der Aszendent selbst, das Sonnenzeichen, die Position des Mondes und das *Medium coeli* (Himmelsmitte) auf die Deutung den stärksten Einfluß ausüben und die Persönlichkeit des Nativen besonders im Hinblick auf dessen Zukunft erkennen lassen.

Deszendent

Das Tierkreiszeichen am westlichen Ende des Schemas liegt dem Aszendenten direkt gegenüber und gibt an, wie hoch die Wahrscheinlichkeit ist, daß sich äußere Einflüsse auf die Persönlichkeit und auf das Verhalten des Nativen günstig oder ungünstig auswirken.

Medium coeli (Himmelsmitte)

Das Tierkreiszeichen und die Planeten an der Spitze des Schemas zeigen das Ausmaß der öffentlichen Anerkennung

Oben: Eine indische, vom Dschainismus beeinflußte Darstellung des Kosmos. Farbe auf Stoff, London, Wellcome Institute Library

Rechts: Diese indische Miniatur zeigt die Sonne im Tierkreiszeichen Löwe, das sie regiert. 17. oder 18. Jahrhundert, New York, The Pierpont Morgan Library

sowie den Kulminationspunkt – günstig oder ungünstig – der vergangenen Handlung des Nativen. Die Merkmale des Tierkreiszeichens in dieser Position werden verstärkt.

Imum coeli (Himmelstiefe)
Die Planeten und das Zeichen am *Imum coeli* geben Aufschluß über die persönlichen Gefühle, Ambitionen und Taten des Nativen.

Quadriplizität, Triplizität, Polarität

Qualitäten: kardinal, fest, beweglich
Wie sind die Planeten auf jedes der vier Tierkreiszeichen einer Qualität verteilt?

Elemente: Feuer, Erde, Luft, Wasser
Astrologen berücksichtigen die Zuordnung der Planeten zu jedem der drei Tierkreiszeichen (die Triplizität) des gleichen Elements, um festzustellen, ob eines oder mehr Elemente mit ihren jeweiligen Eigenschaften betont werden oder ob in den Zeichen eines der Elemente Planeten fehlen.

Polarität
Eine Planetenkonzentration in positiven Zeichen deutet auf eine aktive, offene Haltung hin. Eine Häufung von Planeten in negativen Zeichen läßt auf Aufnahmefähigkeit, reaktives Verhalten und verdeckte Handlungen schließen.

Planeten in den Zeichen und Häusern

Der regierende Planet im Horoskop
Der Planet, der als Regent des Aszendenten anerkannt ist, gibt Aufschluß über die gefühlsmäßigen Bindungen und Bedeutungen im Leben des Nativen. Alle anderen Planeten, die zu dem Regierenden in einem Aspekt stehen, haben eine unterstützende oder mäßigende Funktion. Der Regent des Aszendenten kann natürlich in einem der anderen Zeichen sein, steht er jedoch im aufsteigenden, dann werden die Bedeutungen sowohl des Zeichens als auch des Planeten erweitert und verstärkt.

Sonnenzeichen
Das Sonnenzeichen spielt für die Deutung des Horoskops nicht unbedingt die wichtigste Rolle. Es ist jedoch eine wesentliche Interpretationshilfe, obwohl es für sich allein lediglich einen Anhaltspunkt darstellen würde. Das Zeichen, das als Sonnenzeichen gilt, besitzt verstärkte Eigenschaften. Andere Merkmale jedoch können den starken Einfluß der Sonne schmälern, abschwächen oder sogar verändern.

Mond
Einige Astrologen vertreten die Meinung, daß nach der Sonne und dem Aszendenten vor allem der Mond besonders entscheidend für die Deutung ist. Während die Sonne das Ego vertritt, enthüllt der Mond das Unterbewußte und gibt Auskunft über die Gefühlswelt des Nativen.

Primärkraft (›Planet, der im Osten erscheint‹)
Der Planet, der am Osthorizont, am östlichsten Punkt des Horoskops unmittelbar vor der Sonne aufgegangen ist, wird als Primärkraft bezeichnet. Um diesen Status zu behaupten, muß er nicht notwendig der Sonne am nächsten stehen. Da sie sich auf dem Kosmogramm relativ rasch, im Uhrzeigersinn – von Ost nach West – bewegt, kann auch ein Planet, dem sich die Sonne von Westen nähert, als die besagte Primärkraft oder als der ›Planet, der im Osten erscheint‹ betrachtet werden. Er steht für grundlegende Motivation und beeinflußt die Handlungen eines Menschen.

Planeten in gegenseitiger Rezeption
Wenn die regierenden Planeten zweier Tierkreiszeichen jeweils im Zeichen des anderen Planeten sind, stehen sie in gegenseitiger Rezeption. Alle günstigen Merkmale jedes der beiden Planeten werden von dem anderen verstärkt. Wenn sich beispielsweise die Sonne im Wassermann befindet (der unter anderem von Uranus regiert wird) und Uranus im Löwen steht (im Domizil der Sonne), herrschen die Originalität und die Unabhängigkeit von Uranus sowie die Willens- und Tatkraft der Sonne vor, obwohl die Positionen dieser beiden Planeten sie in Opposition zueinander stellen.

Rückläufige Planeten
Die Astrologie geht davon aus, daß ›Rückwärtsbewegungen‹ den Einfluß der rückläufigen Planeten schwächen oder deren Energie nach innen kehren.

Planeten nahe der Spitze
Je näher ein Planet der Spitze, das heißt der Anfangsgrenze eines Zeichens, liegt, und zwar vom östlichsten Punkt aus gegen den Uhrzeigersinn gezählt, desto größer ist der Einfluß des Planeten.

Fehlen von Planeten in Zeichen und Häusern
Ebenso wie leere Häuser im Horoskop die Aktivitäten, die in ihre Lebensbereiche fallen, abschwächen, so wird durch das Fehlen von Planeten in einem oder mehreren Zeichen die Bedeutung dieser Zeichen verringert.

Position jedes einzelnen Planeten
Bevor man die Auslegung eines Horoskops abschließt, wird jeder Planet daraufhin untersucht, ob aus seiner Stellung in den Zeichen und Häusern Informationen gewonnen werden können; es wird festgestellt, ob er sich in regierender Position befindet, ob in Erhöhung, Vernichtung oder Erniedrigung, und wie seine Aspekte zu anderen Planeten, Zeichen und Punkten aussehen.

Sonstige Punkte

Einige Astrologen beziehen sich mitunter auf eine beliebige Anzahl weiterer Punkte in einem Horoskop. Besonders häufig werden die Mondknoten und der *Pars fortuna* verwendet. Alle übrigen Merkmale, die in den vorangegangenen Abschnitten zusammengefaßt sind – und noch weitere – können eine Quelle für zusätzliche Informationen sein.

Medizinische Astrologie

Die Anhänger der astrologischen Medizin berufen sich auf die alte Vorstellung, daß sich alles aus den vier Elementen Feuer, Wasser, Luft und Erde zusammensetzt. Nach dieser Vierelementenlehre war der Gesundheitszustand des Körpers vom Gleichgewicht der vier Körpersäfte abhängig: Blut (Luft; feucht und heiß), Schleim (Wasser; feucht und kalt), gelbe Galle (Feuer; trocken und heiß) und schwarze Galle (Erde; trocken und kalt). Überwiegt ein Saft die anderen, führt dies zu Disharmonie und Krankheit.

Wie im Mittelalter wird außerdem jedes Tierkreiszeichen einem Körperteil zugeordnet. Demnach sind Krankheiten des Kopfes abhängig von Widder, Hals und Schultern von Stier, Brust und Arme von Zwillinge und so weiter bis hinunter zu den Füßen, die von den Fischen regiert werden.

Ebenfalls Jahrhunderte alt ist die Vorstellung, jede Krankheit unterliege dem Einfluß eines Planeten, so daß Heilmittel aus der Gruppe ausgewählt werden, die von einem Planeten regiert wird, der dem die Krankheit kontrollierenden Planeten astrologisch gegenübergestellt ist. Mars zugehörige Erkrankungen sind beispielsweise hohes Fieber, Bluthochdruck, Blutungen, Entzündungen, Schwellungen und offene Wunden. Sie müssen mit Heilmitteln behandelt werden, die dem Saturn zugeordnet sind, dem Antagonisten des Mars, und die daher antipyretisch (fiebersenkend), beruhigend, blutstillend, adstringierend und entzündungshemmend wirken: Eisenhut, Espe, Gerste, Tollkirsche, Cannabis, Leinsamen, Bilsenkraut, Eiche, Distel, Tee, Schierling und Spießglanz. Diese Klassifizierungen waren in vielen alten Kräuterbüchern zu finden. Zum Teil standen diese Heilmittel unter der Regentschaft mehrerer Planeten. So galt zum Beispiel die Distel als saturnisch und wirkte daher gegen Krankheiten des Mars; andererseits war sie aber auch Mars unterstellt und deshalb einer Krankheit mit Mars-Symptomen nicht entgegengesetzt. Pfefferminz war mit Jupiter und mit Mars verbunden. Eiche war sowohl Saturn als auch Jupiter unterstellt. Die für diese offensichtlichen Widersprüche bereitgehaltene Erklärung lautete, daß solche Substanzen nach dem Grundsatz des sympathetischen Einflusses ebenfalls therapeutisch wirken konnten.

Auch die Prognose ist mit den Sternen verknüpft. Steht der Mond zum Beispiel im Tierkreiszeichen Steinbock, ist mit verminderter Körperkraft und depressiven Neigungen zu rechnen. Eine Krankheit nimmt voraussichtlich einen günstigen Verlauf, wenn die Sonne sich im achten Haus befindet. Dieses Haus, das Domizil von Tod und Erneuerung, konnte in alten Zeiten Aufschluß über die Todesart geben, je nachdem welche Planeten es im Geburtshoroskop der betreffenden Person enthielt. Neptun zum Beispiel warnte vor der drohenden Gefahr des Ertrinkens, Mars vor einem gewaltsamen Tod, Merkur vor einer Lungenkrankheit, Uranus vor einer plötzlichen Katastrophe. Die Anwesenheit Jupiters dagegen war ein sehr gutes Omen und signalisierte ein langes Leben.

Der große Einfluß der Astrologie auf die Medizin in der Vergangenheit läßt sich aus der bereits erwähnten berühmten Debatte ersehen, die im Jahre 1437 an der Pariser Universität über das Thema des günstigsten Zeitpunkts für den Aderlaß geführt wurde. Ein Jahrhundert zuvor, im Jahre 1348, machte die medizinische Fakultät von Paris eine öffentliche Vorhersage über eine drohende medizinische Katastrophe, die mit der einige Jahre zuvor beobachteten Konjunktion von Mars, Jupiter und Saturn in Wassermann begründet wurde. Diese Ankündigung erwies sich in der Tat als prophetisch, denn kurz darauf brach die Beulenpest aus.

Als die Kenntnisse der Physiologie und der Krankheitsursachen besonders im 19. und 20. Jahrhundert zunahmen, gaben Ärzte diese Vorstellungen auf. Selbst unter heutigen Astrologen findet sich nur gelegentlich ein Adept, der noch Behandlungsmethoden nach diesen alten Grundsätzen befürwortet. Doch einige Astrologen stützen sich auf die üblichen Vorhersagetechniken der Astrologie, wie das Geburtshoroskop oder die Progressionen und Transite, um über den Verlauf einer Krankheit eine Prognose zu stellen.

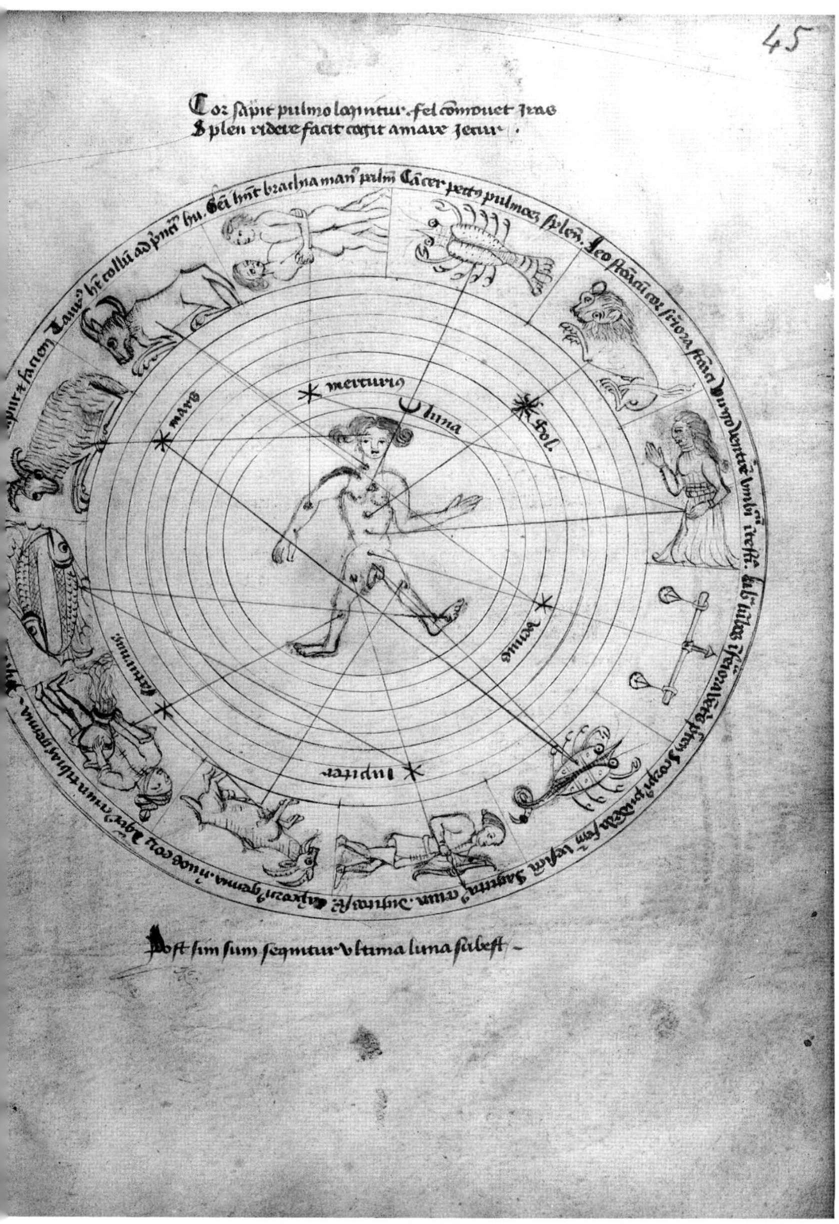

Schematische Darstellung der *Melothesia,* jener Lehre, in der den Tierkreiszeichen und Planeten Einflüsse auf bestimmte Körperteile des Menschen eingeräumt werden. Anonym, um 1400, Paris, Bibliothèque Nationale

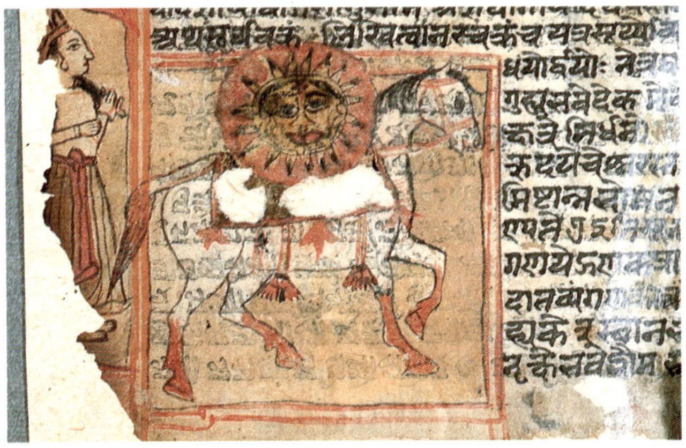

Indische

Wie die europäische kennt auch die indische Astrologie eine Reihe unterschiedlicher Arbeitsmethoden, von denen sich einige in manchen Punkten mit westlichen Techniken vergleichen lassen. So werden etwa die indischen Entsprechungen von Jupiter, Venus und Mond positiv eingeschätzt, Mars und Saturn dagegen wie im Westen negativ. Auch Merkur hat seinen ambivalenten Charakter beibehalten. Daneben geht auch die indische Astrologie davon aus, daß die Planeten Einfluß auf grundlegende Wesenszüge eines Menschen nehmen, die Tierkreiszeichen dagegen offenbaren, in welcher Form diese Veranlagungen zutage treten. Ähnlich wie in westlichen Systemen arbeitet auch die indische Astrologie mit Häusern, die jedoch hier ihre stärksten Einflüsse in den Zentren ausüben, nicht in den Spitzen.

Neben einigen Ähnlichkeiten zwischen beiden Auffassungen gibt es jedoch auch eine Anzahl von zum Teil entscheidenden Unterschieden. So sind die hinduistischen Systeme auf dem siderischen Tierkreis aufgebaut, in dem die Standorte der Sternbilder an den tatsächlichen Positionen der Gestirne orientiert sind. Der indische Astrologe sieht seine Aufgabe hauptsächlich in der Vorhersage von Ereignissen, und der Native ist weniger an psychologischen Auskünften über seinen Charakter interessiert. Bei der Auslegung kommt den

Darstellungen der neun Planeten aus dem »Lagnacandrikā« von Kāsīnātha, einem Sanskrit-Werk über Geburtsastrologie. 17. oder 18. Jahrhundert, London, Wellcome Institute Library. Im Uhrzeigersinn von ganz links oben: *Sūrya* (Sonne), *Candra* (Mond), *Bhauma* (Mars), *Bhudha* (Merkur), *Brhaspati* (Jupiter), *Sukra* (Venus), *Sani* (Saturn), *Ketu* (Körper des Dämon), *Saimhikeya* wurde für den neunten Planeten gehalten und war für die Kometen verantwortlich; *Rahu,* der Kopf des Dämon Saimhikeya, bemächtigt sich der Sonne und des Mondes und verursacht deren Verfinsterung.

Astrologie

Mondknoten, besonders dem aufsteigenden, eine stärkere Schlüsselposition zu. Indische Astrologen sprechen schon von Konjunktion, wenn zwei Planeten im gleichen Tierkreiszeichen stehen; in der westlichen Astrologie müssen sie dagegen sehr viel näher beieinander stehen (der Abstand darf etwa 5° betragen). Wenn auf einem indischen Horoskop zwei Planeten nur 1° voneinander entfernt sind, geht man davon aus, daß sie sich gegenseitig bekriegen, wobei der Planet, der nach dem Uhrzeigersinn dem östlichsten Punkt des Schemas am nächsten ist, die Überhand hat (westliche Berechnungen werden auf dem Horoskop gegen den Uhrzeigersinn vorgenommen). Indische Methoden betonen auch den Einfluß der Planeten auf die Monate einer Schwangerschaft. So regiert zum Beispiel Venus den ersten, der Mond den neunten Monat.

Darüber hinaus wird das Leben eines jeden Menschen in einzelne Phasen eingeteilt, wobei jeder Phase ein besonderer Einfluß von einem bestimmten Planeten zugeordnet wird. Der wesentliche Unterschied ist jedoch, daß die indische Astrologie von der Reinkarnationslehre (Karma) durchdrungen ist, wie praktisch die gesamte hinduistische Philosophie. Das Horoskop kann die Entwicklungsstufe einer Seele auf ihrem Weg zum Nirwana offenbaren, dem letzten und höchsten Zustand des Daseins.

Chinesische Astrologie –

Ratte
22. November–21. Dezember. Yang
Positiv: ehrgeizig, selbstbewußt
Negativ: jähzornig
Festes Element: Wasser

Ochse
22. Dezember–20. Januar. Yin
Positiv: geduldig, anregend
Negativ: unbesonnen
Festes Element: Wasser

Tiger
21. Januar–19. Februar. Yang
Positiv: beschützerisch, feurig
Negativ: aufsässig
Festes Element: Holz

Kaninchen
20. Februar–20. März. Yin
Positiv: talentiert, friedfertig
Negativ: pedantisch
Festes Element: Holz

Drache
21. März–19. April. Yang
Positiv: leidenschaftlich, elegant
Negativ: unpraktisch
Festes Element: Holz

Schlange
20. April–20. Mai. Yin
Positiv: selbstbeherrscht, konventionell
Negativ: eitel
Festes Element: Feuer

Tierzeichen der Monate

Pferd
21. Mai–21. Juni. Yang
Positiv: erotisch, weitblickend
Negativ: unsicher
Festes Element: Feuer

Schaf
22. Juni–21. Juli. Yin
Positiv: künstlerisch, zuverlässig
Negativ: unentschlossen
Festes Element: Feuer

Affe
22. Juli–21. August. Yang
Positiv: intelligent, vielseitig
Negativ: skrupellos
Festes Element: Metall

Hahn
22. August–22. September. Yin
Positiv: wegbereitend, idealistisch
Negativ: zügellos
Festes Element: Metall

Hund
23. September–22. Oktober. Yang
Positiv: moralisch, sozial
Negativ: taktlos
Festes Element: Metall

Schwein
23. Oktober–21. November. Yin
Positiv: ritterlich, anspruchslos
Negativ: oberflächlich
Festes Element: Wasser

Die Tierzeichen des chinesischen Tierkreises (im Uhrzeigersinn von rechts oben): Pferd, Schaf, Affe, Hahn, Hund, Schwein, Ratte, Ochse, Tiger, Kaninchen, Drache, Schlange

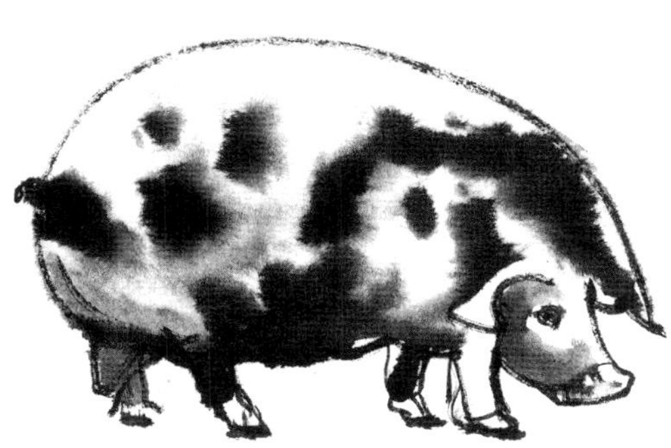

Auf dieser mit Schnitzereien reich verzierten Tafel aus weißer Jade, die dem Kaiser Ch'ien-lung (reg. 1736–1795) als Geburtstagsgeschenk überreicht wurde, sind die zwölf Tierzeichen des chinesischen Tierkreises zu sehen; auf der Rückseite finden sich Trigramme des I Ching. Durchmesser ca. 30,5 cm, New York, Museum of Natural History

Chinesische Astrologie

Die chinesischen astrologischen Lehren und Praktiken bilden ein komplexes, aber logisches System, das hier nur kurz zusammengefaßt werden kann.

Chinesische Kosmologie und Philosophie sind einzigartig. Im Laufe von Jahrtausenden ist das duale Prinzip von Yin (weiblich) und Yang (männlich) sowie die Vormachtstellung der Zahl Fünf, nach der praktisch alles eingeteilt wird – Elemente, Jahreszeiten, Farben, Geschmacksrichtungen, Tugenden, gesellschaftliche Pflichten, Körperorgane, Gefühle – auch auf die fünf Bestandteile des Himmels ausgeweitet worden: Sonne, Mond, Erde, Sterne und Konstellationen. In früheren Zeiten bildete der Polarstern und nicht die Sonne den Mittelpunkt, um den sich alles drehte.

Die chinesische Astrologie verwendet heute zwölf Tierfiguren und fünf Elemente. Das Horoskop unterliegt dem Jahr, der Stunde und dem Monat der Geburt – in einigen Systemen auch dem Tag der Geburt, entsprechend dem chinesischen Kalender. Dies sind die ›vier Säulen des Schicksals‹.

Die Tierfiguren

Jedes Jahr wird nacheinander einem der zwölf Zeichen (auch ›irdische Stämme‹ genannt) zugeordnet, so daß der Zyklus alle zwölf Jahre erneut beginnt. Die Tierfiguren (mit einigen möglichen Abweichungen) sind: Ratte, Ochse (auch Stier, Kuh oder Wasserbüffel), Tiger, Kaninchen (auch Hase oder Katze), Drache, Schlange, Pferd, Schaf (oder Ziege), Affe, Hahn, Hund und Schwein (oder Wildschwein). Die Tiere stehen für bestimmte Charaktereigenschaften.

Jedes der fünf Elemente – Holz, Feuer, Erde, Metall, Wasser – ist für zwei Jahre einem Tierkreiszeichen zugeordnet; während der Zyklus der Tierkreiszeichen erst nach zwölf Jahren von neuem beginnt, wiederholen sich also die fünf Elemente alle zehn Jahre und sind somit nicht ständig mit demselben Zeichen verbunden.

Jeder der zwölf Monate des Jahres hat ebenfalls ein Tiersymbol. Da der chinesische Kalender sich nach den Mondphasen richtet, beginnt jedes Jahr mit einem anderen Tag. Das neue Jahr fängt mit dem zweiten Neumond nach der Wintersonnenwende an. Alle drei Jahre verlängert sich ein Monat um 30 Tage, damit die chinesischen Mondberechnungen mit den solaren astronomischen Beziehungen übereinstimmen und die Jahreszeiten somit da bleiben, wo sie hingehören. Folglich ist das chinesische ›Schaltjahr‹, das alle drei Jahre eingeschoben wird, 30 Tage länger als andere Jahre. In westlichen Kulturen, die einen Sonnenkalender benutzen, muß alle vier Jahre ein einziger Tag angehängt werden, um der astronomischen Realität entsprechen zu können.

Das chinesische Jahr beginnt Ende Januar oder Anfang bzw. Mitte Februar. Einige ›Jahre‹ können zwei Neujahrstage haben, andere haben nicht einen. Wenn beispielsweise der Neumond nach der Wintersonnenwende nach dem 5. Februar erfolgt und das folgende Mondjahr vor dem fünften Tag des Februars beginnt, gibt es kein Neujahr. Ein solches Jahr wird passenderweise als ›blind‹ bezeichnet (und eignet sich deshalb nicht für Partnerschaften privater oder geschäftlicher Natur). Wenn der Neumond, der ein Mondjahr einleitet, sich vor dem 5. Februar zeigt und noch einmal vor dem 5. Februar des folgenden Jahres, gibt es zwei Neujahrstage, was als äußerst günstiges Zeichen gilt.

Achtundzwanzig Mondhäuser markieren die Tage jedes Mondmonats. Außerdem sind die 24 Stunden eines Tages in zwölf Zwei-Stunden-Segmente unterteilt, wobei jede Tierkreisfigur zusätzlich über zwei Stunden regiert, angefangen mit der Ratte um 23 Uhr bis hin zum Schwein, das am Folgetag zwischen 21 und 23 Uhr den Abschluß bildet. Das Tier, das die Herrschaft über die Geburtsstunde eines Menschen hat, steht daher ›in Aszendenz‹ (vergleichbar dem Aszendenten im westlichen System) und verbindet seine Charakteristika mit dem Tiersymbol des betreffenden Jahres. Das Stundentier weist auf die innere Persönlichkeit des Nativen, es gibt Auskunft über die Charakterzüge, die sich bemerkbar machen wollen.

Entsprechend der Einteilung des Universums in die Dualität von Yin und Yang sind auch die Jahre und ebenso die zwölf Tiersymbole nach diesem Prinzip auf dem chinesischen Tierkreis wechselweise angeordnet: Die Ratte ist Yang, der Ochse ist Yin, der Tiger Yang, das Kaninchen Yin und so weiter bis zu den letzten Figuren Hund, Yang, und Schwein, Yin. Es sind also sechs der Symbole Yang und sechs Yin. Daraus ergibt sich eine Yang-Yin-Paarkonstellation zwischen zwei aufeinanderfolgenden Figuren. Zusammen stellen beide einen Lebensbereich, ein ›Haus‹, dar. Diese chinesischen astrologischen Gruppierungen unterscheiden sich sehr von den Häusern der westlichen Astrologie, denn sie sind eigentlich keine Einteilungen des Himmels, sondern vielmehr Verbindungen, die die Yang- und Yin-Elemente des Daseins symbolisieren.

Ob die Tiersymbole zusammenpassen, hängt von ihren jeweiligen Positionen auf dem Rad-Schema des Tierkreises ab. Im Sprachgebrauch der westlichen Astrologie weisen die Figuren, die zueinander im Trigonalaspekt (120°) stehen, häufig harmonische, günstige Beziehungen auf. Diejenigen in Opposition (180°) oder in Quadratur (90°) sind eher unvereinbar.

Ochse, Schlange und Hahn sowie Tiger, Pferd und Hund ergeben daher miteinander vereinbare Triaden. Doch Ochse, Schaf und Drache sowie Tiger, Affe, Schlange und Schwein stehen in unvereinbaren Beziehungen. Im Volksglauben und in manchen Gesellschaftsgruppen sind nicht alle dieser traditionellen Beziehungen verbindlich. So können ›Tiger-Menschen‹, insbesondere weibliche, generell mit Mißtrauen betrachtet werden. Hahn und Schlange passen zwar aufgrund ihrer Stellung auf dem Rad eindeutig zusammen, doch sie gelten häufig als disharmonisch. Kaninchen und Schlange dagegen werden in der Regel als eine glückliche Verbindung angesehen, obwohl sie nicht ins gängige Schema passen.

Auch die Planeten lassen sich in Yin und Yang einteilen. Die Sonne ist Yang, der Mond ist Yin, Jupiter Yang, Venus Yin, Mars Yang, Merkur Yin, Saturn Yang.

Ratte	1900	1912	1924	1936	1948	1960	1972	1984
	1996	2008	2020	2032	2044			
Ochse	1901	1913	1925	1937	1949	1961	1973	1985
	1997	2009	2021	2033	2045			
Tiger	1902	1914	1926	1938	1950	1962	1974	1986
	1998	2010	2022	2034	2046			
Kaninchen	1903	1915	1927	1939	1951	1963	1975	1987
	1999	2011	2023	2035	2047			
Drache	1904	1916	1928	1940	1952	1964	1976	1988
	2000	2012	2024	2036	2048			
Schlange	1905	1917	1929	1941	1953	1965	1977	1989
	2001	2013	2025	2037	2049			
Pferd	1906	1918	1930	1942	1954	1966	1978	1990
	2002	2014	2026	2038	2050			
Schaf	1907	1919	1931	1943	1955	1967	1979	1991
	2003	2015	2027	2039	2051			
Affe	1908	1920	1932	1944	1956	1968	1980	1992
	2004	2016	2028	2040	2052			
Hahn	1909	1921	1933	1945	1957	1969	1981	1993
	2005	2017	2029	2041	2053			
Hund	1910	1922	1934	1946	1958	1970	1982	1994
	2006	2018	2030	2042	2054			
Schwein	1911	1923	1935	1947	1959	1971	1983	1995
	2007	2019	2031	2043	2055			

Das folgende Beispiel für die tatsächlichen Daten eines jeden Jahres entsprechend dem chinesischen Kalender zeigt die Tierverbindungen, die Yin-Yang-Zuordnungen, die Elemente sowie die Positiv-Negativ-Polarität.

Ratte	10. 2. 1948–28. 1. 1949	Yang	Erde	(+)
Ochse	29. 1. 1949–16. 2. 1950	Yin	Erde	(–)
Tiger	17. 2. 1950– 5. 2. 1951	Yang	Metall	(+)
Kaninchen	6. 2. 1951–26. 1. 1952	Yin	Metall	(–)
Drache	27. 1. 1952–13. 2. 1953	Yang	Wasser	(+)
Schlange	14. 2. 1953– 2. 2. 1954	Yin	Wasser	(–)
Pferd	3. 2. 1954–23. 1. 1955	Yang	Holz	(+)
Schaf	24. 1. 1955–11. 2. 1956	Yin	Holz	(–)
Affe	12. 2. 1956–30. 1. 1957	Yang	Feuer	(+)
Hahn	31. 1. 1957–17. 2. 1958	Yin	Feuer	(–)
Hund	18. 2. 1958– 7. 2. 1959	Yang	Erde	(+)
Schwein	8. 2. 1959–27. 1. 1960	Yin	Erde	(–)

Die fünf Elemente sind Holz, Feuer, Erde, Metall und Wasser. Jedes regiert über zwei Jahre. Alle zehn Jahre beginnt der Zyklus erneut. Daher hat jedes der fünf Elemente eine veränderliche Beziehung zu den Tierkreiszeichen. Innerhalb der zwei Jahre wechseln die positiven Eigenschaften der Elemente mit den negativen ab. Zum Beispiel wird der Zeitraum vom 28. Januar 1960 bis 14. Februar 1961, ein Jahr der Ratte, von Metall in seiner positiven Phase regiert. Der Zeitraum vom 15. Februar 1961 bis zum 4. Februar 1962, ein Ochsenjahr, ist dem Element Metall mit seinen negativen Eigenschaften unterstellt.

Jedes Tierzeichen hat außerdem ein festes Element, das von dem Element abhängt, das in dem jeweiligen Jahr in Aszendenz steht. Somit ist jedes Tiersymbol mit zwei Elementen versehen:

1. das in jedem Jahr abwechselnd positive oder negative Jahreselement
2. das Element und die Polarität, die mit dem Tier stets fest verbunden sind.

Holz
Positiv: kooperativ
Negativ: unvorsichtig

Feuer
Positiv: selbstbewußt
Negativ: dominierend

Erde
Positiv: systematisch
Negativ: phantasielos

Metall
Positiv: standhaft
Negativ: eigensinnig

Wasser
Positiv: überzeugend
Negativ: passiv

Deutungsbeispiel

Wie das System der chinesischen Astrologie zur Erstellung eines Horoskops angewendet werden kann, wollen wir am Beispiel einer jungen Frau illustrieren, die am 12. Januar 1949, um 11.30 Uhr geboren wurde. Konsultieren wir zur Bestimmung der Tier- und Elementensymbole ihres Geburtsjahrs die Tabellen mit den genauen Datierungen der Jahre, so stellen wir fest, daß das Geburtsdatum dieser Person zwischen dem 10. Februar 1948 und dem 28. Januar 1949 lag. Zwar war ihr Geburtsjahr nach westlichem Kalender das Jahr 1949, doch hatte das chinesische neue Jahr am 10. Februar 1948 begonnen und war erst nach ihrem Geburtstag, nämlich am 28. Januar 1949, zu Ende gegangen; ihr Geburtstag fiel also in das Jahr der Ratte, unter Yang-Einfluß, mit dem Jahreselement Erde und positiver Polarität. In der traditionellen westlichen Astrologie steht der 12. Januar unter dem Sternzeichen des Steinbock. Im chinesischen System ist ihr Geburtsmonat im Zeichen des Ochsen, der dem Prinzip Yin unterliegt, wie aus der Tabelle für die Symbole des Mondmonats zu ersehen ist. Die Geburtsstunde (11.30 Uhr) wird vom Pferd regiert, einer Yang-Figur, mit dem festen Element Feuer. Das der Ratte zugeordnete feste, ständige Element ist jedoch Wasser. Die wichtigsten Bestandteile dieses Horoskops sind daher:

- Tierzeichen des Geburtsjahrs: Ratte, Yang für das betreffende Jahr
- Element für das spezielle Geburtsjahr: Erde, Yang (+) für das betreffende Jahr
- Festes Element, das dem Tierzeichen stets zugeordnet ist: Wasser
- Tierzeichen des Geburtsmondmonats: Ochse, Yin
- Festes Element, das dem Ochsen zugeordnet ist: Wasser
- Tierzeichen der Geburtsstunde: Pferd, Yang
- Festes Element des Pferds: Feuer

Die der Ratte zugeschriebenen Eigenschaften sind Selbstbewußtsein und Selbstdisziplin, die durch das für dieses Jahr geltende Element Erde noch zusätzlich verstärkt werden. Diese Frau verfügt über Organisationstalent, ist umsichtig und blickt nach vorne. Da dieses Jahr eine positive Polarität aufwies, wird sie wahrscheinlich Neigungen zu Jähzorn, Wankelmut und Zügellosigkeit kaum besitzen oder zumindest beherrschen. Das dem Zeichen der Ratte zugeordnete feste Element Wasser läßt darauf schließen, daß sie imstande sein wird, andere zu überzeugen und anzuspornen. Ihr charmantes Wesen erhält durch Mitgefühl und intuitives Verständnis zusätzlichen Glanz. Das Element Wasser birgt jedoch auch die Gefahr, zu unterwürfig, abhängig und passiv zu werden.

Ihr Mondmonat im Zeichen des Ochsen steigert die beschwichtigenden, inspirativen Fähigkeiten. Auf der Yang-Seite besitzt sie möglicherweise Kreativität und ein extravertiertes Wesen, doch die vom Ochsen eingebrachte Yin-Seite verhindert, daß sie zu ehrgeizig (Ratte, Yang) und ungeduldig ist. Die Eigenschaften des der Ratte zugeordneten festen Elements Wasser werden durch das feste Element des Ochsen, ebenfalls Wasser, verstärkt, so daß Kommunikationsfähigkeit, Sensibilität und Beharrlichkeit zu den herausragenden Charakterzügen werden.

Das Zeichen der Geburtsstunde (Pferd) weist auf ihr Innerstes hin. Sie möchte sexuell attraktiv sein und hat das

Ein Astrologe bei der Arbeit. Um 1750, Atlasbrokat, bunte Seide auf cremefarbenem Grund, Durchmesser ca. 63,5 cm, Los Angeles County Museum of Art

Bedürfnis, gemocht zu werden. Sie besitzt, dank des Ratte-Jahrs, genau den Charme, den sie haben möchte. Ihre angenehme persönliche Ausstrahlung jedoch verbirgt den ihr vom Pferd verliehenen starken Drang zur Unabhängigkeit sowie den Zwang, innere Bedürfnisse zum Ausdruck zu bringen.

Sie kann gut mit intelligenten (Affe), geistreichen, begeisterungsfähigen und talentierten Menschen auskommen, besonders wenn sie so wißbegierig und wortgewandt sind wie sie. Es könnte sogar sein, daß sie sich auf die Fähigkeit des Affen verläßt, augenscheinlich komplexe Situationen zu vereinfachen. Ein Ochse-Mensch könnte durchaus ihr enger Freund werden. Seine Verläßlichkeit und Standhaftigkeit wären ihr eine große Stütze. Die Eleganz und das anspruchsvolle Wesen des Drachen finden sich in ähnlicher Weise bei ihr, und sie fühlt sich leicht von einer derartig lebhaften und aufregenden Persönlichkeit angezogen. Obwohl sie ausgesprochen gut mit einem Drachen, männlich oder weiblich, harmonieren würde, werden ihre absolute Ehrlichkeit und Direktheit keinerlei negative Eigenschaften des Drachen dulden – wie zum Beispiel dessen Verschlagenheit. Selbstgerechtigkeit, übersteigertes Selbstbewußtsein und unaufrichtige Züge in der Persönlichkeit des Drachen wird sie vermutlich ebensowenig tolerieren.

Die kommenden Jahre, die von der Ratte, dem Affen oder dem Drachen beherrscht werden, sind aller Wahrscheinlichkeit nach in Liebesangelegenheiten und in finanzieller Hinsicht gewinnbringend. Während der vom Pferd, Kaninchen und Hahn beherrschten Jahren sollte sie Vorsicht walten lassen. Doch wenn die Native riskante Geschäfte (Pferd) und Unbesonnenheit in privaten Angelegenheiten (Kaninchen) vermeidet und ihre Aktivitäten auf ein vernünftiges Maß (Hahn) beschränkt, kann sie in diesen Jahren vom sparsamen Umgang mit Geld, Gesundheit und Energie eigentlich nur profitieren.

Das Horoskop der Colette

Als Beispiel für die Erstellung und Interpretation eines Horoskops werfen wir einen Blick auf das Kosmogramm der berühmten französischen Schriftstellerin Sidonie Gabrielle Colette (geb. 28. Januar 1873 um 22 Uhr in Südfrankreich). Nach der Auslegung ihres Geburtshoroskops werden wir untersuchen, was ihre Sekundärprogression wie auch ihre Transite, zwei der bekannteren Vorhersagemethoden, für ein bestimmtes Jahr vorausgesagt hätten. Es handelt sich hier ausschließlich um meine eigene Deutung, die sich auf die Methoden verschiedener Astrologen stützt. Andere würden vielleicht zu anderen Schlüssen kommen oder andere Konfigurationen feststellen.

Allgemeine Merkmale

Als erstes gilt es, sich die Verteilung der Planeten auf Colettes Geburtshoroskop anzusehen. Gibt es eine Planetenkonzentration in einer der beiden Hälften des Kosmogramms, wenn ja, ist es die östliche oder westliche, die untere (nördliche) oder die obere (südliche)? Sechs Planeten liegen in der nördlichen Hemisphäre und vier in der südlichen, eine fast gleiche Verteilung, doch die geringe Überzahl in der nördlichen Hälfte deutet auf einen eigenwilligen Lebensstil oder auf eine berufliche Tätigkeit, die zu Hause ausgeübt wird (es ist also in keinem Fall Hausarbeit gemeint), was mit Colettes schriftstellerischer Arbeit in Einklang steht.

Was ist über die Planeten in der östlichen und westlichen Hemisphäre zu sagen? Hier ist der Unterschied augenfälliger. Die Tatsache, daß sieben von zehn Planeten auf der westlichen Seite liegen, bedeutet günstige Gelegenheiten und Erfüllung, die durch andere Menschen bedingt sind – sich auf bestehende Kontakte zu verlassen, liegt näher, als neue zu knüpfen. Schließlich sollte das Horoskop daraufhin untersucht werden, ob ein einzelner Planet abseits von allen anderen steht, was uns auf einen Einfluß hinweisen könnte, der die anderen Planeten im Horoskop an Bedeutung übertrifft. Doch es ist kein Einzelplanet zu entdecken.

Häufungen

Gibt es in den Zeichen Planetenhäufungen? Wir haben gerade festgestellt, daß sieben Planeten in der westlichen Hemisphäre und nur drei in der östlichen liegen, doch welche Tierkreiszeichen werden von diesen Planeten besetzt? Colette hat zwei Planeten in Steinbock, zwei in Wassermann und je einen in Fische, Widder und Stier; in der östlichen Hälfte befinden sich zwei in Löwe und einer in Skorpion.

Die Häufung von vier Planeten in den zwei Zeichen Steinbock und Wassermann ist ausschließlich im vierten Haus enthalten, dessen Grenzen Teile von beiden Tierkreiszeichen umfassen (die letzten 10° des Steinbock und die ersten 12° des Wassermann). Steinbock verrät harte Arbeit und Ehrgeiz. Wassermann steht für unkonventionelles, sogar ungezwungenes Verhalten. Das vierte Haus (der häusliche Bereich) weist auch in diesem Fall darauf hin, daß Colette auf ihr Zuhause ausgerichtet war. In der Tat war ihr Wohnsitz ihr Arbeitsplatz. Das vierte Haus steht auch für Eigentum an Grund und Boden – und Colette hat zweifellos mehrere Häuser gekauft und verkauft.

Rückläufige Planeten

Wir stellen gleichfalls fest, daß das Horoskop mehrere Planeten aufweist, die rückläufig sind (Bezeichnung R_X): Pluto ist im achten Haus rückläufig, Uranus im zehnten, Jupiter im elften. Eine rückläufige Bewegung deutet angeblich auf eine Betonung der subjektiven Seite der Eigenschaften des Planeten

Sidonie Gabrielle Colette, die international bekannte französische Schriftstellerin, kam am 28. Januar 1873 um 22 Uhr auf die Welt. Bei ihrer Geburt stand die Sonne im Wassermann, ihr Aszendentenzeichen war Waage.

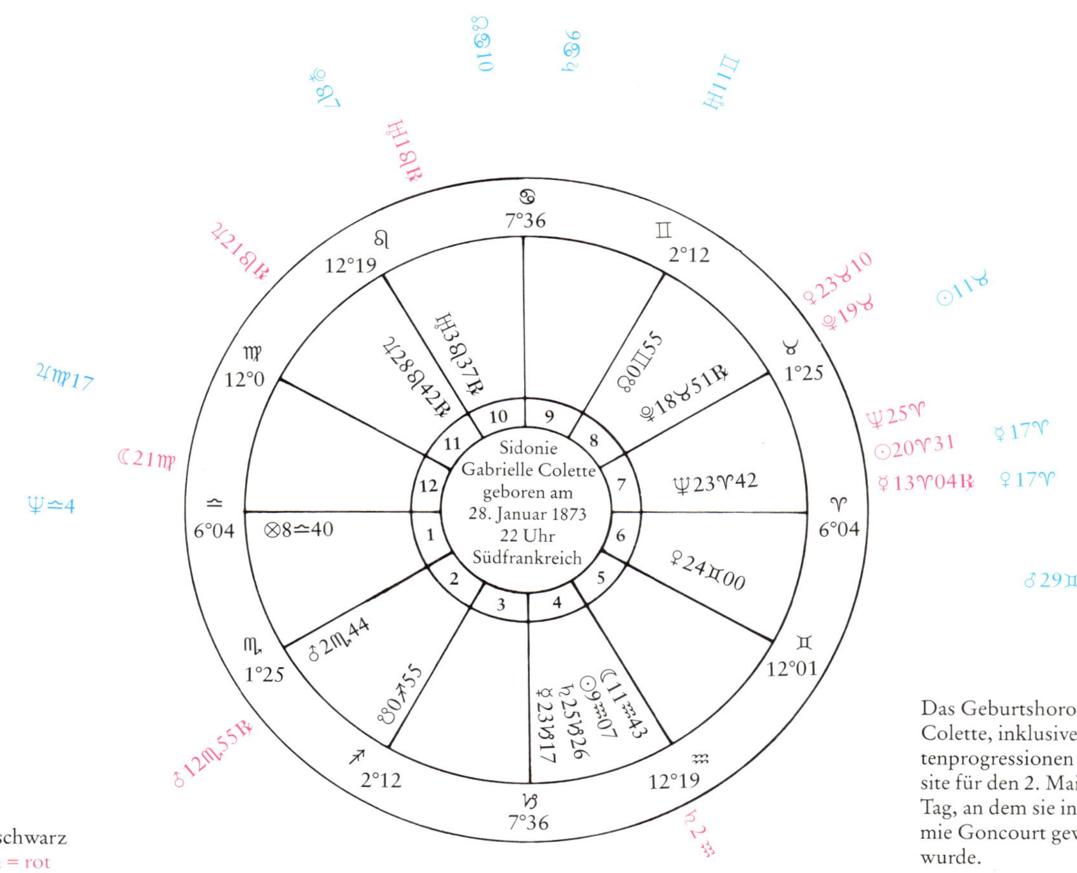

Geburtshoroskop = schwarz
Sekundärprogression = rot
Transite = blau

Das Geburtshoroskop der Colette, inklusive der Planetenprogressionen und -transite für den 2. Mai 1945, den Tag, an dem sie in die Académie Goncourt gewählt wurde.

hin. Die rückläufige Bewegung des Jupiter könnte in diesem Fall bedeuten, daß die Religion und Philosophie (Jupiter-Bereiche) der Nativen sehr persönlich geprägt sind – nicht dem allgemeinen Muster entsprechen. Natürlich liegt hier auch eine Übereinstimmung mit dem unkonventionellen Verhalten vor, das durch das Planetenvorkommen im Wassermann bereits angezeigt wurde.

Aszendent

Am östlichsten Punkt (dem Aszendenten) ist Waage das aufsteigende Zeichen, was besagt, daß die Native zwar ein äußerst unabhängiger Mensch sein mag, aber am Alleinsein keinen großen Gefallen findet. Sie braucht und sucht Partnerschaft. Es handelt sich hier nicht um das Horoskop einer Einzelgängerin. Der Aszendent Waage wird später noch einmal erwähnt, denn er wirkt sich auf die Bedeutung anderer Einflüsse auf dem Planetenschema aus.

Imum coeli

Am unteren Ende des Rades, am *Imum coeli,* steht Steinbock, der auf den im Grunde ernsthaften und fleißigen Charakter der Nativen verweist. Er kann darüber hinaus den Schluß nahelegen, daß die Eltern bei der Geburt der Nativen verhältnismäßig alt waren, doch wir können nicht mit Sicherheit sagen, ob dies zutrifft oder nicht.

Deszendent

Der Deszendent an der Spitze des siebten Hauses ist Widder. Dieses Haus steht für Partnerschaft. Da der Aszendent Waage eher ein ›Wir‹ als ein ›Ich‹ signalisiert und Widder auf Führung schließen läßt, könnte man den Eindruck gewinnen, daß diese Person einen Partner sucht, der die Führung übernimmt. Wenn umgekehrt Widder der Aszendent und Waage der Deszendent wäre, würde sie sich möglicherweise eine partnerschaftliche Beziehung suchen, in der sie eher der dominante Teil wäre.

Medium coeli

Krebs in der Himmelsmitte gibt in der Regel eine starke familiäre Orientierung zu erkennen – was in Colettes Büchern zweifellos nicht im Mittelpunkt steht. Krebs kündet aber auch oft von einem Interesse an Frauen und am weiblichen Element. Nach Meinung einiger Interpreten sind Colettes Bücher besonders auf Frauen ausgerichtet, denn Frauen sind die Hauptfiguren in ihren Arbeiten. Da sie im wesentlichen aus der Perspektive der Frau schrieb, könnte ein Horoskopdeuter eine Übereinstimmung zwischen Krebs in der Himmelsmitte und ihrer weiblichen Ausrichtung erkennen.

Qualitäten

In diesem Horoskop ist ein deutliches Übergewicht von festen Zeichen zu beobachten. Sechs von zehn Planeten liegen in den festen Zeichen (zwei in Wassermann, zwei in Löwe, einer in Stier, einer in Skorpion). Die kardinalen Zeichen enthalten drei Planeten (Widder einen, Steinbock zwei, Waage und Krebs keinen). Das bewegliche Zeichen Fische hat einen Planeten, und in Zwillinge, Jungfrau oder Schütze, den übrigen beweglichen Zeichen, sind keine Planeten vorhanden. Die Haupteigenschaft ist folglich im vorliegenden Fall eine Neigung zu Regelmäßigkeit und Beharrlichkeit, die zuweilen auch als Rigidität in Erscheinung tritt. Colette hatte sich in der Tat fast unbeirrbar ihrer schriftstellerischen Tätigkeit verschrieben. Täglich arbeitete sie fleißig eine vorher festgelegte Anzahl von Stunden und wich praktisch nie von ihrem festen Zeitplan ab. Die anhand der Qualitäten gezogenen Schlüsse würden also genau ins Bild passen.

Elemente

Die Verteilung der Planeten auf die Elemente ist in diesem Fall ausgewogen. Zwei Planeten liegen in Luft-Zeichen (Wassermann), zwei in Wasser-Zeichen (Fische und Skorpion), drei in Feuer-Zeichen (Widder und Löwe) und drei in Erd-Zeichen (Stier und Steinbock). Hätte eine Konzentration von vier oder fünf Planeten in Luft-Zeichen vorgelegen, würde die Neigung zu gefühlsmäßiger Distanz und rationalem Denken vorherrschen; in Wasser-Zeichen würden Intuition und Gefühl überwiegen; in Feuer-Zeichen Ausdruckskraft und Leidenschaft; in Erd-Zeichen praktisches Denken und Sinnlichkeit. Dagegen stimmt das Gleichgewicht der Elemente mit Colettes Vernunft und ihrem praktischen Wesen überein, womit sich Sensibilität und Ausdruckskraft verbinden.

Polarität

Zeichen werden auch als positiv und negativ klassifiziert. Colette hat fünf Planeten in den positiven Zeichen (Luft und Feuer) und fünf in den negativen Zeichen (Erde und Wasser), was auf ein Gleichgewicht zwischen den rationalen und aggressiven Eigenschaften (positiv) sowie den intuitiven und rezeptiven Eigenschaften (negativ) schließen läßt. Manche Astrologen könnten die Anordnung anders deuten und zu dem Schluß gelangen, daß diese Verteilung einen Konflikt zwischen den gegensätzlichen Charakterzügen anzeige.

Sonne und Mond

In diesem Schema steht die Sonne im Wassermann, was den unkonventionellen Einstellungen Colettes entspricht. Auch der Mond steht im Wassermann, wodurch der freizügig-künstlerische Einfluß betont wird. Wenn Sonne und Mond im selben Zeichen und auf demselben Grad stehen (Konjunktion), befindet sich der Mond, astronomisch gesehen, in der Neumond-Phase, was auf extreme Subjektivität und Spezialisierung hindeutet. Die Sonne ist das Ego. Der Mond ist Emotion. Diese zwei Planeten in Konjunktion lassen eine echte Verbindung aus Intellektualität und Emotionalität erkennen.

Uranus

Uranus, der Regent von Wassermann, dem Sonnenzeichen, steht in Löwe und, was äußerst bezeichnend ist, in Opposition zur Sonne und zum Mond in Wassermann; Nonkonformismus und Individualität erhalten dadurch eine zunehmend bedenkliche und dramatische Qualität. Ein Oppositionsaspekt verleiht den betroffenen Planeten obendrein Spannung. Das Horoskop dieser Person zeigt daher deutlich, daß sie sich möglicherweise nur unter Schwierigkeiten den gesellschaftlichen Normen anpaßt.

Gegenseitige Rezeption (Sonne und Uranus)

Andere Merkmale von Uranus könnten ebenfalls dargelegt werden, einschließlich seiner Opposition zur Sonne. Uranus steht im Domizil der Sonne, dem Löwen. Diese spezielle Beziehung zwischen zwei Planeten, bei der der eine im Zeichen des anderen steht, wird gegenseitige Rezeption genannt. Durch die gegenseitige Rezeption stellt die normalerweise vernichtende Sonne-Uranus-Opposition eine günstige Verbindung dar und ist weniger stark. Kreativität, das Ego, Individualismus, Willensäußerung und Verstand werden besonders verstärkt.

Primärkraft (›Planet, der im Osten erscheint‹)

Der Mond mag der Sonne in diesem Horoskop zwar am nächsten stehen, doch der Planet, der unmittelbar vor der Sonne aufging, ist Saturn, da die Sonne und die Planeten sich auf dem Kreis im Uhrzeigersinn bewegen. Saturn steht direkt über der Sonne, nachdem er vom östlichsten Punkt aus den Kreis im Uhrzeigersinn zum untersten Punkt der Karte umwandert hat. Als Primärkraft werden die Charakteristika Saturns deutlich: Gründlichkeit und Gewissenhaftigkeit. Auch hier liegt eine Übereinstimmung mit der Betonung der fest-stabilen Qualität (sechs von zehn Planeten besetzen feste Zeichen) im Horoskop vor.

Mars und das T-Kreuz

Mars, der ein wenig allein und von den übrigen Planeten isoliert steht, befindet sich im Skorpion, in einer eindeutigen Quadratur (90°) mit der Sonne und dem Mond. Er steht aber auch in Quadratur (90°) zu Uranus. Daraus ergibt sich ein T-Kreuz: Sonne-Mond und Uranus in Opposition und Mars in Quadratur sowohl zu Uranus als auch zu Sonne-Mond. Sonne-Mond und Uranus bedeuten Individualismus und Nonkonformismus. Mars, der das Zeichen Skorpion regiert – und in dem er auch steht –, an der unteren Spitze des T-Kreuzes steuert seine leidenschaftliche Energie wie auch seine vitale Sexualität bei. Somit stehen die Planeten in Löwe (Romantik), Wassermann (unkonventionelle Art) und Skorpion (Leidenschaft) in enger Verbindung, und vielleicht verweisen sie auch auf eine unkonventionelle Sexualität. Tatsächlich durchlief Colette eine Phase der Homosexualität und war darüber hinaus vor ihrer Ehe einmal schwanger.

Mars im zweiten Haus

Als Teil des T-Kreuzes, das Spannung bewirkt, bekundet Mars durch seine Gegenwart im zweiten Haus möglicherweise die Bedeutung von Geld und läßt auf finanzielle Probleme im Leben dieser Person schließen – was bei Colette tatsächlich der Fall war. Sie brauchte die Aggression des Mars, um für eine angemessene Bezahlung ihrer Arbeit zu kämpfen.

Da Mars im Skorpion (im zweiten Haus) in Quadratur zu den Planeten Sonne und Mond im Wassermann (im vierten Haus) steht und ebenso im Aspekt zu Uranus oben im Löwen (im zehnten Haus), läßt sich diese Anordnung als Konflikt zwischen den drei Häusern deuten: X (Karriere), IV (Heim und Geborgenheit) und 2 (Geld). Und Colette bemerkte einmal: »Ich habe gerade einen Brief bekommen, in dem er (Lucien Saglio) sich weigert, mir das Geld zu zahlen, das er mir für den Serienabdruck (eines ihrer Bücher) versprochen hat. Geld zu verlieren, ist nicht so schlimm, wie einen Freund zu verlieren.«

Aszendenteneinfluß

An dieser Stelle würde ein Astrologe die Bedeutung des aufsteigenden Tierkreiszeichens, des Aszendenten Waage, wiederaufgreifen, das sämtliche Beziehungen der Colette prägt. Obwohl beinahe alles, was sie tat, Ausdruck ihrer Persönlichkeit war, und, als Wassermann-Geborene (Sonne in Wassermann), ihre Freundschaften eher intellektuell als intim ausgerichtet waren, diktierte Waage als das aufsteigende Zeichen eine gefühlsmäßige Bindung zu anderen Menschen. Tatsächlich zeigt Colettes Biographie, daß deren berufliche Kontakte praktisch nie zu trennen waren von irgendeiner Art der persönlichen Beziehung zu dem Gegenüber.

Merkur
Merkurs Position an der Himmelstiefe (IC) verleiht der Bedeutung dieses Planeten zusätzliches Gewicht. Das herausragende Merkmal von Merkur ist Kommunikation. Schriftsteller und Redner sind besonders begünstigt.

Merkur befindet sich im vierten Haus, das für Heim, Familie, Anfänge und auch für das Lebensende steht. Colette begann auf Zuraten ihrer Familie mit der Schriftstellerei, und sie schrieb praktisch bis an ihr Lebensende. Merkur im Zeichen des Steinbock deutet auf Pragmatismus hin. Das Geld und die Berechnung von Merkur verschmelzen mit dem praktischen Wesen des Steinbock. Colette mag zwar aus einem inneren Zwang heraus geschrieben haben, doch strebte sie emsig nach Geld und Anerkennung.

Merkur – Saturn
Aus der Konjunktion von Merkur und Saturn könnte man schließen, daß Colette ihr schriftstellerisches Talent bis ins hohe Alter erhalten blieb (Saturn). Colette besaß zweifellos künstlerische Langlebigkeit.

Die faktische Verbindung von Merkur mit Saturn hat gewöhnlich einen noch bedeutungsvolleren Zusammenhang. Man nimmt an, daß sie für eine systematische, gründliche Arbeitsweise steht; Colette hingegen stand in dem Ruf, zügig zu schreiben und ihre Arbeiten rasch fertigzustellen. Dennoch schrieb sie einmal in einem Brief: »Wenn ich nicht so langsam arbeiten würde, mit so viel Vorsicht und Sorgfalt, könnte ich Dich öfter besuchen.« Offenbar war sie eine engagierte und sachkundige Künstlerin. Sie hat zweifellos viel erreicht, nicht weil sie so schnell war, sondern vielmehr weil sie mit leidenschaftlicher Hingabe arbeitete, wie es von der Verbindung zwischen Saturn und Merkur erwartet werden kann.

Saturn
Wie bereits erwähnt, kann Saturn eine Begabung um Langlebigkeit bereichern. Er kann jedoch auch zusätzliche Einengungen, sogar Hemmungen bewirken. Gerade der für den Saturn kennzeichnende Zwang kann das Gefühl vermitteln, nie fertig zu sein, sich seiner Leistung nie sicher zu sein, nie glauben zu können, daß man es geschafft hat. Nachdem ihr die große Ehre zuteil geworden war, in die Belgische Akademie aufgenommen zu werden, verriet Colette trotzdem ihre Unsicherheit in einem Brief: »Es ist schön. Aber ich werde schon jetzt bleich vor Angst, wenn ich daran denke, daß ich im Januar meine Rede halten muß.«

Saturn als endgültiger Dispositor
Saturn in seiner angularen Position und im vierten Haus verleiht der ernsthaften und engagierten Arbeit zusätzliches Gewicht. Im Sextil (60°) zu Venus könnte Saturn Colettes gefühlsmäßige Bindungen an Menschen ganz unterschiedlichen Alters verkörpern. Das Trigon (120°) von Saturn mit Pluto im Stier läßt einen sich langsam entwickelnden finanziellen Status sowie großes Interesse an Geldmitteln, besonders an Besitz erkennen. Da er in seinem eigenen Zeichen, dem Steinbock, und in der Nähe des *Imum coeli* steht, ist Saturn ›der endgültige Dispositor‹ und hat somit besonders große Bedeutung. Vielleicht war dies dafür ausschlaggebend, daß sich die starken Einflüsse von Wassermann und die zerstörerischen Quadraturaspekte zwischen Mars, Uranus, Sonne und Mond auf Colettes Fähigkeit, etwas Wesentliches zu leisten, nicht nachteilig auswirkten.

Venus
Manche Astrologen hätten die Analyse des Horoskops mit Venus als dem ersten Planeten begonnen, weil sie den Aszendenten Waage beherrscht. Venus steht nicht in ihrem eigenen Zeichen Waage, sondern statt dessen im sechsten Haus in den Fischen, wo sie erhöht wird.

Das sechste Haus deckt die Bereiche Gesundheit und Arbeit ab. Wenn sich der Planetenregent des Horoskops (in diesem Fall Venus, weil sie den Aszendenten Waage beherrscht) im sechsten Haus befindet, so deutet dies eine wesentliche Rolle von Gesundheit und Arbeit an. Colette soll gesundheitliche Probleme gehabt haben, vor allem Arthritis und Atembeschwerden – was ein Astrologe auf Merkur (Brust) im Steinbock (Knochen und Gelenke) zurückführen könnte –, aber sie erreicht ein wahrhaft stolzes Alter. Wie man weiß, definierte sie ihr Leben in erster Linie über ihre Arbeit, ein Zwang, der dadurch bestätigt wird, daß ihr Horoskopregent, die Venus, in den Fischen, dem Zeichen für Phantasie steht, und das im sechsten Haus, dem Haus der Arbeit.

Zwischen Venus und der Konjunktion von Merkur und Saturn besteht ein Sextilaspekt (ca. 60°). Diese gewöhnlich günstige Relation ließe sich als Engagement für die Schönheit (Venus) in der Kunst des Schreibens (Merkur) deuten, die durch systematische Konzentration erreicht wird (Saturn). Die Assoziationen von Venus weisen ebenfalls auf ein hohes Maß an künstlerischer Leistung hin. Venus, die traditionsgemäß den Aszendenten Waage regiert und somit der Regent des Horoskops ist, verstärkt die schöpferische Kraft, weil sie im Zeichen der Fische steht, das Phantasie verkörpert.

Jupiter
Jupiter steht im Löwen im elften Haus und ist einer der drei retrograden Planeten in diesem Horoskop, was die Subjektivität betont. Das elfte Haus steht für die Ambitionen und Freunde eines Menschen. Bei der Verbindung des Zeichens Löwe (Kreativität) mit dem Haus der Freunde würde man Freundschaften mit kreativen Menschen erwarten, die es auch gab – Maler, Schriftsteller, Bühnenkünstler. Die Anwesenheit Jupiters in diesem Zeichen offenbart außerdem ein Talent fürs Theater: Colette verbrachte mehrere Jahre auf der Bühne.

Uranus
Uranus als Teil eines T-Kreuzes, das auch die Sonne und den Mond impliziert, kündigt Spannungen an. Uranus übt darüber hinaus einen besonders starken Einfluß aus, da er an der höchsten Position in diesem Horoskop steht, was auf eine ausgeprägte individualistische Haltung hindeutet. Uranus in Quadratur mit Mars haben wir bereits untersucht.

Pluto
Pluto steht im Stier im achten Haus. Als Colette geboren wurde, war Pluto noch nicht entdeckt worden, doch können wir seine vermutlichen Wirkungen im nachhinein untersuchen. Das achte Haus ist gemeinhin mit dem Skorpion verbunden und wird folglich sowohl von Mars als auch von Pluto

regiert. Dieses Haus umfaßt Tod, Erneuerung, Erbschaften (das heißt das Geld anderer Leute). Pluto im achten Haus würde eine starke Beschäftigung mit dem Tod bedeuten, doch ist uns nichts bekannt, was diesen Punkt bestätigt. Vielleicht ließe sich das Moment ›Geld anderer Leute‹ mit Colettes Aktivitäten in Verbindung bringen, den Vater ihres Kindes zur Zahlung von Unterhalt zu bewegen.

Neptun

Neptun wird deshalb zuletzt behandelt, weil er eine Reihe von Möglichkeiten veranschaulicht, wie Aspekte zur Deutung benutzt werden können.

Neptun für sich allein bedeutet Romantik und einen Mangel an vernunftgetragener Differenzierungsfähigkeit, doch darüber hinaus muß man das Tierkreiszeichen Widder berücksichtigen, in dem Neptun sich befindet. Mars ist der eigentliche Regent von Widder; Mars und Widder zusammen haben mit Identität und Selbstbehauptung zu tun. Diese Neigung zu zielstrebigem Handeln kann die Verträumtheit und mangelnde Vorsicht des Neptun überwinden. In welcher Weise diese Verbindung auf Colette zutreffen könnte, läßt sich vielleicht an der äußerst signifikanten Quadratur von Neptun zu Merkur (innovative Kontakte) wie auch zu Saturn (Ängstlichkeit, schlechter Gesundheitszustand) erkennen. In diesem Zusammenhang steht vielleicht der Umstand, daß Colette unter einem Pseudonym schrieb. Der Quadraturaspekt zu Merkur beispielsweise könnte auf eine Art Täuschung hindeuten, doch gibt es keinerlei Beweis dafür, daß Colette jemanden ernsthaft getäuscht hat. Es trifft allerdings zu, daß ihr Mann nicht ihren, sondern seinen Namen auf ihre frühen Werke setzte – mit ihrem Einverständnis.

Überdies müssen wir stets die Hinweise berücksichtigen, die sich aus dem Aszendenten und der Planetenanhäufung ergeben. In diesem Fall sollten wir uns in Erinnerung rufen, daß Waage der Aszendent und die Konzentration westlich ausgerichtet ist. Hierdurch werden andere Menschen symbolisiert. Betrug wurde in diesem Fall von anderen begangen. Die Täuschung, die ihr erster Mann durch die Verwendung seines Namens beging, was sich durch die Stellung Neptuns im siebten Haus abzeichnet, paßt außerdem zu der Betonung der Handlungen anderer.

Die Quadraturkonfiguration von Neptun zu den Planeten im vierten Haus, besonders Merkur mit Saturn, liegt in einem engen Aspekt von 90°, der praktisch keinen Wirkungskreis aufweist. Neptun steht auch im Trigonalaspekt zu Jupiter, der sich im Löwen im elften Haus, dem Haus der Freunde, befindet. Ihr Freundeskreis war tatsächlich groß und für ihr Leben wie für ihre Arbeit wichtig.

Sonstige Punkte

Der *Pars fortuna* (⊗) liegt in der Nähe der Spitze des Aszendentenzeichens, 8° von der Waage entfernt. (Dieser Punkt des Horoskops ergibt sich aus einer mathematischen Berechnung, bei der die Längengrade des Aszendenten, der Sonne und des Mondes berücksichtigt werden.) In Übereinstimmung mit den übrigen Merkmalen in diesem Horoskop kamen Glück und günstige Ergebnisse auf Colettes Lebensweg dank der Hilfe anderer Menschen zustande – wie die Position des *Pars fortuna* in der Waage andeutet, dem Zeichen, das die Beziehungen zu anderen Menschen abdeckt. Natürlich läßt der *Pars fortuna* hier im ersten Haus (Ego) darauf schließen, daß sie erfolgreich sein konnte, wenn sie auf sich selbst vertraute.

Die Mondknoten markieren die beiden Schnittpunkte der Mondbahn mit der scheinbaren Bahn der Sonne (der Ekliptik). Der absteigende Knoten bedeutet in der Regel Unzufriedenheiten und sich lösende Verbindungen. Hier im zweiten Haus deutet er auf Enttäuschungen hin, die mit Einkommen und Verdienst in Zusammenhang stehen, denn das zweite Haus steht für Geld und Mittel. Seine Position im Zeichen Schütze läßt auch auf Unsicherheit in bezug auf Anerkennung schließen. Der aufsteigende Knoten, das Symbol für das Eingehen von Verbindungen, liegt im achten Haus, in dem es um die Geldmittel anderer geht. Er verweist möglicherweise auf Colettes Verbindungen zu Leuten, die ein stattliches Vermögen besaßen.

Nachwort

Der Wert eines Horoskops liegt unter anderem in den zahlreichen Details und Nuancen, über die es Auskunft gibt. Niemand von uns ist so einfach strukturiert, daß sich unsere Persönlichkeit, unsere Neigungen und unsere Leistungsfähigkeit in wenigen Worten zusammenfassen ließe. Doch zumindest ist es uns gelungen, anhand von Colettes Horoskop einen Eindruck von ihr zu gewinnen und uns eine Vorstellung davon zu machen, wie man den astrologischen Entwurf eines Menschen analysieren kann.

Colettes Horoskop zum Zweck der Vorhersage

Nachdem wir Colettes Geburtshoroskop gedeutet haben, können wir nun zwei der gebräuchlichsten Vorhersagemethoden anwenden, um festzustellen, was für den 2. Mai 1945 hätte vorhergesagt werden können, den Tag, als Colette in die Académie Goncourt gewählt wurde.

Sekundärprogression

In einem Progressionsschema zählt jeder Tag nach der Geburt als ein Jahr. Colette wurde am 28. Januar 1873 geboren. Das Horoskop für das Progressionsjahr 1945, 72 Jahre nach ihrer Geburt, ergibt sich aus der Untersuchung der Planetenstellungen 72 Tage nach ihrer Geburt. Danach werden die fortgeschrittenen Planetenpositionen mit den Planeten in Colettes Geburtshoroskop verglichen.

Möglicherweise betrachten manche Astrologen das Progressionshoroskop für sich allein und ziehen den Schluß, daß die Sonne im Trigonalaspekt zum Jupiter das freudige, glückliche Ereignis bestätigt. Jupiter steht außerdem sowohl im Geburts- als auch im Progressionshoroskop im Löwen, was auf Anerkennung seitens der Außenwelt schließen läßt. Jupiter, der im Progressions- wie auch im Geburtshoroskop im elften Haus steht, verweist auf das Erreichen eines Ziels.

Wir wollen jedoch die Progression mit dem Geburtshoroskop vergleichen. Die fortgeschrittene Venus steht im Trigon (120°) zum Geburts-Merkur und im Sextil zur Geburts-Venus. Somit ist die Beteiligung von Merkur ein hervorstechendes Merkmal dieses Geburtshoroskops. Es deutet sich etwas an, das mit einem Ereignis im Bereich der Kommunikation zusammenhängt. In diesem Fall handelt es sich um ein literarisches Ereignis. Venus im Aspekt zu Merkur läßt den glückverheißenden Charakter erkennen, und selbst die fortgeschrittene Venus im Sextil zur Geburts-Venus weist auf größere, zusätzliche oder erfolgreiche Leistungen in einem künstlerischen Bereich hin.

Die äußeren Planeten haben sich in der zwischen den beiden Horoskopen liegenden Zeit wenig bewegt. Der fortgeschrittene Uranus hat eine Quadratur (90°) zum Geburts-Mars im Skorpion überschritten und ist daher nicht von Bedeutung. Neptun und Pluto haben sich in bezug auf ihre Geburtspositionen praktisch nicht verändert. Alle drei bewegen sich zu langsam, um in einem Progressionsschema aussagekräftig zu sein.

Die fortgeschrittene Sonne im Widder im siebten Haus des Geburtsschemas steht für Wettbewerbsveranstaltungen und paßt zu der Verleihung einer Auszeichnung.

Transite

Bei der Vorhersagemethode der Transite werden die tatsächlichen Positionen der Planeten und Zeichen des betreffenden Datums (in diesem Fall der 2. Mai 1945) von der astronomischen Ephemeride abgelesen. Diese Planetenstellungen werden anschließend mit den Konfigurationen im Geburtshoroskop verglichen.

Transit zwischen Sonne und Mond

Bei einem Transit zwischen Sonne und Mond liegt ein Quadraturaspekt vor; er läßt gemischte Gefühle erkennen, wobei der Optimismus der Sonne die Traurigkeit des Mondes beeinflußt. Bei dieser rückblickenden Untersuchung könnte ein Astrologe behaupten, die Sonne-Mond-Konfiguration treffe auf keinen Begleitumstand zu, der mit dem Ereignis in Zusammenhang stehe. Andererseits könnte es den Anschein haben, daß die Sterne Freude über die literarische Anerkennung widerspiegeln, aber auch Selbstzweifel darüber, diese Anerkennung verdient zu haben.

Transite zwischen Merkur und Venus und dem aufsteigenden Knoten

Merkur und Venus im Transit-Horoskop stehen in Semiquadratur (45°) zum Geburtsknoten in den Zwillingen. Der Merkur-Knoten-Aspekt deutet ganz allgemein ein Treffen an, das unter dem Zeichen der Kommunikation steht (Merkur und auch Zwillinge). In diesem Fall handelte es sich um eine literarische Versammlung. Die Venus-Knoten-Beziehung kündet gewöhnlich von einer angenehmen, feierlichen Atmosphäre.

Transit zwischen Uranus und Mond

Aus dem Transit zwischen dem sich langsam bewegenden Uranus und dem Mond im Wassermann ergibt sich gleichfalls ein Trigonalaspekt. Dieser Umstand ließe sich dahingehend interpretieren, daß Colette offiziell in den Kreis anerkannter Literaten aufgenommen wird, denn sowohl der Planet Uranus als auch das Zeichen Wassermann stehen für Gruppen. Als Wassermann-Geborene (die Geburts-Sonne in Wassermann) war es wahrscheinlich, daß Colette in derartigen Kreisen verkehren oder in einem günstigen Verhältnis zu ihnen stehen würde. Welche Bedeutung hat der Trigonalaspekt zwischen dem Planeten Uranus und dem Planeten Mond? Diese Stellung kann Fragen des Ausdrucks der eigenen Persönlichkeit, unerwartete Ereignisse oder emotionale Beziehungen widerspiegeln. Ob ein Astrologe diese Verbindung mit dem plötzlichen Tod einer Freundin zu Anfang des Jahres (1945) in Zusammenhang bringen würde, ist Spekulation.

Jupiter

Bei einem Transit zwischen Jupiter (in der Jungfrau) und Mars liegt eine Semiquadratur (45°) vor. Bei einem Transit zwischen Mars (beinahe an der Grenze der Fische) und Jupiter (nah an der Grenze des Löwen) besteht ein Quinkunx (150°). Somit scheinen diese beiden Planeten tatsächlich in zweifacher Hinsicht miteinander verknüpft zu sein. Zusammen bekunden sie eine erfolgreiche Betätigung, die aber eher Ruhm als Geld einbringt.

Neptun

Neptun trifft bei seinem Übergang in zweierlei Weise auf den Aszendenten: Er steht (obwohl manche sagen könnten, daß der Orbis zu weit ist) in Konjunktion mit dem Geburtsaszendenten Waage, und zwar sowohl im Geburts- als auch im Progressionshoroskop. Hier ist vielleicht ein Zusammenhang mit der Unterstützung und Pflege eines kranken Menschen zu sehen. Eine Eigenschaft der Waage, ›Anderssein‹, deutet darauf hin, daß das Neptun zugeschriebene Merkmal der Krankheit auf jemand anderen zutrifft als auf den Nativen. In Verbindung mit dem Mond im Wassermann kann diese andere Person eine Freundin gewesen sein.

Pluto

Der Transit zwischen Pluto und Venus ergibt einen wirklich besonderen Aspekt (das Sesquiquadrat von 135°). Dieser Aspekt könnte den Verlust eines Menschen, Beteiligungen an Investitionen und Erbschaften oder eine äußerst leidenschaftliche sexuelle Affäre bedeuten. Doch keiner dieser Umstände scheint auf Colette zum Zeitpunkt ihrer Aufnahme in die Académie Goncourt zuzutreffen.

Saturn

Stünde Saturn bei seinem Übergang in Aspekt zum Geburtsplaneten Venus, könnte er auf Trennung schließen lassen; in Aspekt zum Geburtsplaneten Sonne könnte er auf große Aktivität oder auf ein Problem mit einer Vaterfigur deuten. Doch keine dieser Konfigurationen ist erkennbar. Ein auffälliges Merkmal ist aber die Position des im Übergang befindlichen Saturn ganz oben – an der Himmelsmitte – auf dem Geburtshoroskop. Saturn im zehnten Haus (Karriere) steht in der Regel für Leistungen. Saturn hier an der äußersten Spitze des neunten Hauses, aber ganz oben im Schema, kündigt das Endergebnis eines Lebenswerkes an, entweder den größten Erfolg oder die Niederlage: Im Scheinwerferlicht der Öffentlichkeit erreichte Colette an diesem Tag den Gipfel ihres literarischen Ruhms.

Allgemein ausgedrückt kündigt das Progressionshoroskop für dieses Datum ein literarisches Ereignis an. Die Transite lassen sich eindeutig als Höhepunkt einer Karriere interpretieren.

Diskussion

Argumente für die Astrologie

Die Astrologie ist eine Disziplin, deren Ursprünge in den frühen Kulturen der Menschheit zu finden sind und die Jahrtausende überdauert hat. Sie ist zwar entsprechend dem Wissensstand und den Auffassungen der Zeiten verändert worden, doch vertritt und nutzt sie eine fundamentale Wahrheit – daß die Erde und ihre Bewohner mit dem Universum verbunden sind und mit ihm in Wechselbeziehung stehen.

In dem Maße wie die Wissenschaft selbst das Wesen des Kosmos ergründet hat, werden den Himmelskörpern immer stärkere Einflüsse auf irdische Ereignisse zugesprochen. Sonnenflecken beeinflussen direkt und indirekt das Wetter und die Funktionen lebender und lebloser Materie; kosmische Strahlen wirken sich auf lebende Zellen und ihre Erbmasse aus; elektromagnetische Wellen füllen die Erdatmosphäre und den darüberliegenden Raum; die Schwerkraft ist eine elementare Kraft, die über gewaltige Entfernungen hinweg auf jede Galaxie einwirkt.

Überdies drängt es viele Tierarten dazu, lange Reisen zu unternehmen (manchmal zur gleichen Zeit in allen Teilen der Welt), wozu sie offenbar durch den Wechsel von Licht und Dunkel angeregt werden. Diese Wanderungen versteht man erst seit Entdeckung des Fotoperiodismus. Von den besagten Tieren steuern manche über unglaubliche Entfernungen hinweg denselben Ort an, offenbar, wie Wissenschaftler behaupten, indem sie sich an der Stellung der Sterne orientieren.

Durch jahrhundertelange Beobachtung der Wechselbeziehungen zwischen den Charaktermerkmalen der Menschen und den Positionen der Planeten und Sterne haben Astrologen ein System zum Verständnis der Mechanismen entwickelt, durch die der himmlische Makrokosmos mit dem irdischen Mikrokosmos und dessen Bewohnern verknüpft ist. Zwölf Wesenszüge der menschlichen Natur, die den Konstellationen der Tierkreiszeichen am Himmel entsprechen, bilden lediglich die Grundlage der Astrologie. Die zehn bekannten Planeten (inklusive Sonne und Mond) erzeugen durch ihre Wechselbeziehungen und entsprechend ihren Positionen und Bewegungen durch die Gestirne eine unendliche Vielfalt von möglichen Persönlichkeiten. Deshalb lehnen Astrologen die stark vereinfachenden Zeitschriftenhoroskope ab. Professionelle Astrologen, die ihren Beruf redlich ausüben, entdecken Kombinationen von Charakterzügen, Stärken, Neigungen und Schwächen, die aus den Konfigurationen von Planeten und Sternen bereits im Augenblick der Geburt eines Menschen abzulesen sind.

Selbst wenn sich später herausstellen sollte, daß die Persönlichkeiten der Menschen und ihre Horoskopdeutungen rein zufällig übereinstimmten, so wären diese Assoziationen noch immer von Bedeutung. Akausale Beziehungen, die C. G. Jung als Synchronizität bezeichnete, sind bedeutungsvoll. In der Wissenschaft selbst sind Erklärungen für die wiederholte Verbindung zweier Feststellungen häufig jahrhundertelang übersehen oder überhaupt nicht gefunden worden. Vielleicht wird später festgestellt, daß sie zueinander in einem kausalen Zusammenhang stehen – oder jede einzelne von ihnen ist womöglich auf eine weitere Reihe von Phänomenen zurückzuführen. Möglicherweise wird sich die astrologische These von den Wechselwirkungen eines Tages mit größerer Klarheit als richtig erweisen. Auch wenn es für diese These heute noch keinen wissenschaftlichen Beweis gibt, ist sie deshalb nicht notwendig falsch – ebensowenig wie die bisher unbewiesenen wissenschaftlichen Theorien.

Astrologen behaupten ferner, daß, ungeachtet der möglichen oder unmöglichen Erklärungen, astrologische Deutungsmethoden tatsächlich erfolgreich funktionieren. Seit vielen Jahrhunderten bestätigen Astrologen und ihre Kunden in der ganzen Welt die Nützlichkeit der Astrologie. In den 50er Jahren unseres Jahrhunderts bewiesen Michel und Françoise Gauquelin durch eine vorurteilsfrei gründliche, präzise statistische Forschung die Behauptung, daß die Positionen der Planeten in Wechselbeziehung zum voraussichtlichen Werdegang eines Menschen stehen. Bei zahlreichen Spitzenathleten stellte sich heraus, daß Mars zum Zeitpunkt ihrer Geburt die gleiche Position hatte; bei Politikern scheint der prägende Einfluß von einer bestimmten Stellung des Jupiter auszugehen. Auch andere Untersuchungen haben wiederholt den Zusammenhang zwischen astrologischen Theorien und Charakterzügen aufgezeigt.

Die Astrologie enthält weitere universale Wahrheiten. So verweisen Naturwissenschaftler zum Beispiel gern auf die Grundbausteine – Gesteine, Minerale und Chemikalien –, aus denen die Planeten und die Erde wie auch ihre Bewohner geschaffen sind. Die Sterne in den Konstellationen sind Konzentrationen aus Gasen mit denselben thermonuklearen Prozessen, die in der Sonne vorhanden sind. Astrologen anerkennen und unterstreichen sogar, daß diese Entsprechungen die Vorstellung von Himmel und Erde als Einheit bekräftigen. Makro- und Mikrokosmos beeinflussen sich gegenseitig.

Es trifft zweifellos zu, daß ein Horoskop eine schier unüberschaubare Vielzahl von Informationen enthält, da die Menschen selbst eben äußerst komplex sind. Die Interpretationen des einen Astrologen können von denen eines anderen abweichen, denn die Auslegung ist nicht nur eine Wissenschaft, sondern auch eine Kunst. Kein aufrichtiger Astrologe behauptet von sich, unfehlbar zu sein. Alle sollten sie ihre Schlußfolgerungen im Lichte der nachfolgenden Ereignisse erneut überprüfen, was viele auch tun. Ärzte und Angehörige anderer Berufe üben sich in ähnlichen Aufgaben. Die auf Persönlichkeitshoroskopen beruhenden Prognosen der Astrologen sind zweifellos nicht schlechter als die Prognosen der Volkswirtschaftler. In der Volkswirtschaftslehre ist die Richtigkeit der Prognosen davon abhängig, ob die Bürger, die Geschäfte und die Regierungen sich so verhalten, wie die Volkswirtschaftler es erwarten. In der Astrologie hängt das voraussichtliche Geschehen davon ab, wie die Person mit den aus dem Geburtshoroskop ersichtlichen Stärken und Schwächen umgeht.

Zeitgenössische Astrologen sind zu dem Schluß gelangt, daß die Einflüsse der Planeten und Tierkreiszeichen einen Impuls, aber keinen Zwang darstellen. Sie lassen Tendenzen erkennen und konfrontieren nicht mit Unausweichlichkeiten.

Darüber hinaus ist auch heute noch nicht alles materiell zu erklären. Besonders in der Astronomie stoßen die Wissenschaftler immer wieder an ihre Grenzen. Wie nahm das Universum seinen Anfang? Wie ist das erste archetypische Schwarze Loch entstanden? Die Unwissenheit, mit der wir zahlreichen Wirkungsweisen und Ursachen noch immer gegenüberstehen, sollte uns in der Zuversicht bestärken, daß die Zukunft alles, was sich heute nur vermuten läßt, sehr wohl erklären und bestätigen kann – einschließlich der Lehren der Astrologie.

Die Astrologie kann Menschen dazu ermutigen, ihre Stärken und Schwächen herauszufinden. Sie ermöglicht es den Ratsuchenden, mit jemand anderem über Probleme zu sprechen – besonders mit einem Menschen, der sich anbietet, bei der Bewältigung von Ängsten, Unsicherheiten, Wünschen und Mißlichkeiten behilflich zu sein. Die Menschen würden nicht immer wieder bei Astrologen um Rat suchen, wenn sie keine nützlichen Auskünfte erhielten. Professionelle Astrologen haben gelernt, ausgezeichnete Beobachter der menschlichen Natur zu sein, denn sie werden oft mit sehr persönlichen Bekenntnissen konfrontiert. Sie sind außerdem in der Lage, bedeutsame, wenn auch verborgene emotionale Störungen aufzuspüren und den Menschen dazu zu bewegen, den geeigneten medizinischen Fachmann aufzusuchen. Das Geburtshoroskop zeigt dem Astrologen, welche Anlagen möglicherweise für die Psyche eines Menschen gefährlich werden könnten; auf diese Weise hilft er, Problemen vorzubeugen. Selbst wenn man im schlimmsten Fall der Astrologie jegliche Berechtigung absprechen sollte, sie richtet keinen Schaden an, sondern kann für manche von großem Nutzen sein.

Schließlich ist noch hinzuzufügen, daß einige der heftigsten Kritiker der Astrologie nur wenig von ihr verstehen. Sehr wenige, vielleicht nicht ein einziger wäre in der Lage, ein Horoskop zu erstellen oder zu deuten. Die gleiche Voreingenommenheit, die sie den Astrologen vorwerfen, legen die Kritiker selbst an den Tag. Seitdem sie einmal zu der Überzeugung gekommen sind, daß astrologische Lehren abzulehnen sind, bemühen sie sich nicht mehr, deren Methoden wirklich kennenzulernen. Wilhelm Herschel, der Begründer der modernen Astronomie, zeichnete Horoskope. Auch Isaac Newton glaubte an die Astrologie. Er sah zwischen ihr und der Astronomie keinerlei Widerspruch. Die Tatsache, daß die meisten Wissenschaftler heute die Astrologie nicht anerkennen, ist kein Argument gegen astrologische Prinzipien: In Medizin und Naturwissenschaften gibt es Beispiele dafür, daß die Wahrheit unpopuläre Ideen überdauert.

Argumente gegen die Astrologie

Die Astrologie basiert noch immer auf Theorien, die sie aus der Vergangenheit geerbt hat, als die Kenntnisse über das Universum beschränkt waren. Es ist nachvollziehbar, daß alte Völker die rötliche Färbung des Mars als einen Vorboten des Krieges verstanden, den sich schnell bewegenden Merkur als Synonym für raschen Fortschritt, die Langsamkeit des Saturn als ein Symbol für Bedächtigkeit, doch an diesen Gedankenassoziationen entsprechend festzuhalten, hieße, die Ignoranz fortzusetzen. Einem hellen Morgenstern die Attribute der Venus zuzuschreiben, ist lediglich eine Weiterführung alter religiöser Vorstellungen. Selbst moderne Astrologen halten die Planeten oder den Mond und die Sonne nicht für Wohnsitze der Götter. Trotzdem führen sie die Tradition fort, dieselben Planeten in derselben Weise zu betrachten.

Als man im Sonnensystem neue Planeten entdeckte, maß die Astrologie ihnen Einfluß auf die menschlichen Charaktereigenschaften bei, die für ihre mythologischen Namensvettern (Uranus, Neptun, Pluto) als typisch gelten. Vor der Kenntnis von diesen neuen Planeten konnten jene Einflüsse in den Horoskopen nicht berücksichtigt werden. Sie gingen also von unvollständigen und falschen Voraussetzungen aus und müssen unzureichend sein. Welchen Wert hätten dann heutige Horoskope, sollten abermals Planeten entdeckt werden?

Welche symbolische Bedeutung die Planeten und Konstellationen am Himmel auch haben mögen, sie sind so weit entfernt, daß ihre Strahlen, Wellen oder sonstigen hypothetischen Schwingungen minimal sind. So wird zum Beispiel beim Wechsel von einer stehenden in eine sitzende Position mehr Schwerkraft wirksam, als vom größten Planeten am Himmel ausgeht. Elektromagnetische Kräfte und die Schwingungen, die im Innern der Erde selbst erzeugt werden, übersteigen die Strahlungsmenge der acht Planeten zusammengenommen um ein Vielfaches. Die elektromagnetischen Wellen der Glühbirne in dem Raum, in dem ein Kind geboren wird, sind stärker als die Wellen, die sämtliche Himmelskörper aussenden – mit Ausnahme der Sonne. Die Charakterzüge und Neigungen eines Neugeborenen können daher nicht von den Sternen hervorgerufen oder beeinflußt sein.

Die Tierkreiszeichen sind die Konstellationen, die zu dem Weg, den die Sonne im Laufe eines Jahres zurückzulegen scheint (Ekliptik), den visuellen Hintergrund bilden. Es ist nur eine relativ kleine Anzahl Sterne von den annähernd 5000 sichtbaren Sternen am Himmel. Die Astrologie schreibt den Wirkungen dieser zwölf Gruppen primäre Bedeutung zu, obwohl es Millionen oder Milliarden andere gibt, die so nahe sind, daß sie einen gleich starken oder noch stärkeren Einfluß auf die Bewohner der Erde ausüben müßten.

Eine der Schwachstellen in der Astrologie ist die Vorstellung von den Häusern. Es sind abstrakte Einteilungen des Himmelsraumes, von denen jede einzelne ein unterschiedliches Lebensgebiet repräsentiert. Kritiker beweisen nicht nur, daß weder der Begriff noch die Technik irgendeine Grundlage in der Astronomie oder Physik besitzen, sondern sie belegen auch, daß Dutzende von verschiedenen Methoden der Häusereinteilung zu gänzlich unterschiedlichen Horoskopen für ein und dieselbe Person führen.

Die Aspekte der Planeten stellen ein ähnliches Problem dar. Astrologische Konjunktionen und in Graden ausgedrückte Winkelbeziehungen zur Bestimmung des Abstands der Planeten voneinander sind reine visuelle Illusionen. Zwei Körper am Himmel können unvorstellbar weit voneinander entfernt sein und dem Beobachter auf der Erde trotzdem den

Anschein vermitteln, als stünden sie nah beieinander (in Konjunktion). Welcher Wert kann Abständen beigemessen werden, die auf optischen Täuschungen basieren?

Die Astrologie hat selten (einige sagen nie) ihre Gültigkeit in Frage gestellt. Sogar C. G. Jung, den Astrologen als Anhänger betrachten, hielt die von ihm verglichenen Horoskope von Paaren für nicht überzeugend. Trotz der von Astrologen aufgestellten Behauptungen, daß schlüssige Untersuchungen die Richtigkeit astrologischer Grundsätze bewiesen hätten, erwecken allein die Studien von Michel und Françoise Gauquelin den Eindruck von Objektivität, doch ihre Methoden sind in Zweifel gezogen worden. Kein Zusammenhang zwischen den Planeten und dem Werdegang eines Menschen gilt als so eindeutig, als daß er sich nicht auch durch Zufall hätte ergeben können.

Ein besonders schlagkräftiges Argument gegen die Richtigkeit der Astrologie ergibt sich aus dem Festhalten an Grundlagen, die vor rund 2000 Jahren zwar korrekt, inzwischen aber nachweislich überholt sind: Es handelt sich um die Position der Tierkreiszeichen. Durch eine schlingernde Bewegung in der Erdrotation (Präzession der Äquinoktien) hat sich unser Blickwinkel auf die Tierkreiszeichen allmählich verändert. So steht die Sonne heute am Frühlingsanfang nicht mehr in Widder, sondern in Fische. Der Standort der Sonne im Tierkreis bestimmt aber das individuelle Sternzeichen, in dem man geboren wurde. Nun ist jemand, der am 10. April auf die Welt kam, in Wirklichkeit nicht Widder, sondern Fische. Er wechselt damit zwischen zwei Zeichen, deren Symbolgehalt kaum verschiedener sein könnte. Der gleiche Irrtum liegt bei allen anderen Tierkreiszeichen vor; jedes von ihnen verschiebt sich, entsprechend der astrologischen Zuordnung, etwa um ein Zeichen zurück. Alle Horoskopdeutungen, die die herkömmlichen Positionen der Sonnen- und Aszendentenzeichen verwenden, sind demnach falsch.

Ein Horoskop enthält so viele Merkmale, daß sich praktisch immer eine Verbindung von Aspekten und Konfigurationen finden läßt, die auf eine Person oder ein Ereignis zutrifft. Man kann die auf die Person passenden Charakteristika auswählen, während man die unpassenden Eigenschaften außer acht läßt oder umformuliert. Ferner können Astrologen, was sie auch tun, ihre Horoskope neu interpretieren, wenn nachfolgende Ereignisse sich mit der ursprünglichen Auswertung nicht decken. Wenn fünf von zehn Vorhersagen sich als richtig erweisen, denken die Leichtgläubigen, daß diese Prognosen außergewöhnlich erfolgreich gewesen seien. Doch bloßes Raten würde denselben Prozentsatz ergeben. Tatsächlich sind astrologische Prognosen häufig in weniger als 50 % der Fälle korrekt. Aufsehen erregen nur die ein oder zwei erfolgreichen.

Sozialen Schaden richtet die Astrologie möglicherweise in zweifacher Hinsicht an. Erstens ist der Astrologe vielleicht nicht qualifiziert, um bei seinem Kunden eine Störung auszumachen, und erteilt womöglich Ratschläge, die den tatsächlichen psychologischen Bedürfnissen zuwiderlaufen. Astrologen sind nicht als psychologische Berater ausgebildet. Darüber hinaus besteht die Gefahr, daß das Irrationale in einem Menschen unwissentlich verstärkt wird.

Der Gesellschaft droht aber noch ein weiterer Schaden. Die durch okkulte Praktiken entstandenen Überzeugungen entfernen die Menschen vom rationalen, kritischen Denken. Ein ähnlicher Umgang mit mystischen Dingen unterstützte in der Vergangenheit den Glauben an Hexen, der Massenhysterien auslöste und zu Verfolgungen und Verbrennungen führte. In diesem Sinne ist die Astrologie für die Psyche gefährlich und für die Gesellschaft schädlich.

Aus den erwähnten wie auch aus anderen Gründen spotten Kritiker über den Anspruch der Astrologie, als Wissenschaft anerkannt zu werden, und bezeichnen deren Theorien und Gesetze als okkult und metaphysisch. Die Astrologie stützt sich eher auf den Glauben – sogar gegen die Vernunft – als auf Überprüfung, experimentelle Analysen und den Verzicht auf unbewiesene Lehren, was gerade die Methoden der rationalen Wissenschaften ausmacht. Wissenschaftliche Fakten und Theorien sind einer möglichen Widerlegung ausgesetzt, doch kritische Untersuchungen fehlen in der Astrologie.

Entgegnung

Für Astrologie

Gegner der Astrologie sind rasch bereit, den Erklärungen von Michel und Françoise Gauquelin zuzustimmen, daß ihre Ergebnisse die Astrologie in keiner Weise untermauern, doch dieselben Kritiker wollen die Erkenntnisse der Gauquelins nicht anerkennen, wenn sie den Zusammenhang zwischen Mars und Jupiter und der Wahl eines bestimmten Werdegangs zu bestätigen scheinen. Eine solche Einschätzung von Wissenschaftlern ist stark von Vorurteilen geprägt – nur diejenigen Ergebnisse anzuerkennen, die mit vorgefertigten Meinungen übereinstimmen, doch dieselben Angaben zu verwerfen, wenn sie widersprüchlich sind.

Die Wechselbeziehungen zwischen den Planetenstellungen am Himmel und dem Werdegang eines Menschen erweisen sich aufgrund der exakten, unvoreingenommenen Untersuchungen der Gauquelins statistisch als existent. Der Wert dieser Erkenntnis kann kaum hoch genug eingeschätzt werden, bedenkt man, wie viele Menschen in Tätigkeitsbereichen arbeiten, für die sie aufgrund ihrer ›Veranlagung‹ offenkundig ungeeignet sind. Hätten sie die Möglichkeiten der Astrologie genutzt, sähe ihr Leben heute vielleicht besser aus.

Gegen Astrologie

Die Methoden der Gauquelins, in denen sie die Konfigurationen am Himmel bei der Geburt mit den späteren Laufbahnen der untersuchten Menschen vergleichen, weisen schwerwiegende methodische Fehler auf. Doch selbst wenn ihre Ergebnisse statistisch richtig wären, sind die Wechselwirkungen zwischen dem Himmel und den Laufbahnen so relativ gering, daß sie die Astrologie nicht bestätigen. Die Forscher selbst, die darauf bestehen, daß ihre Studien und ihre mathematischen Berechnungen statistisch stichhaltig sind, fanden für die Lehren der Astrologie keinen Nachweis.

Wir enden mit denselben Worten, mit denen wir dieses Kapitel begonnen haben. Astrologische Prinzipien und Praktiken werden seit Jahrtausenden befolgt – obwohl praktisch die gesamte wissenschaftliche Welt gegen ihre Stichhaltigkeit und Zweckmäßigkeit starke Einwände erhebt.

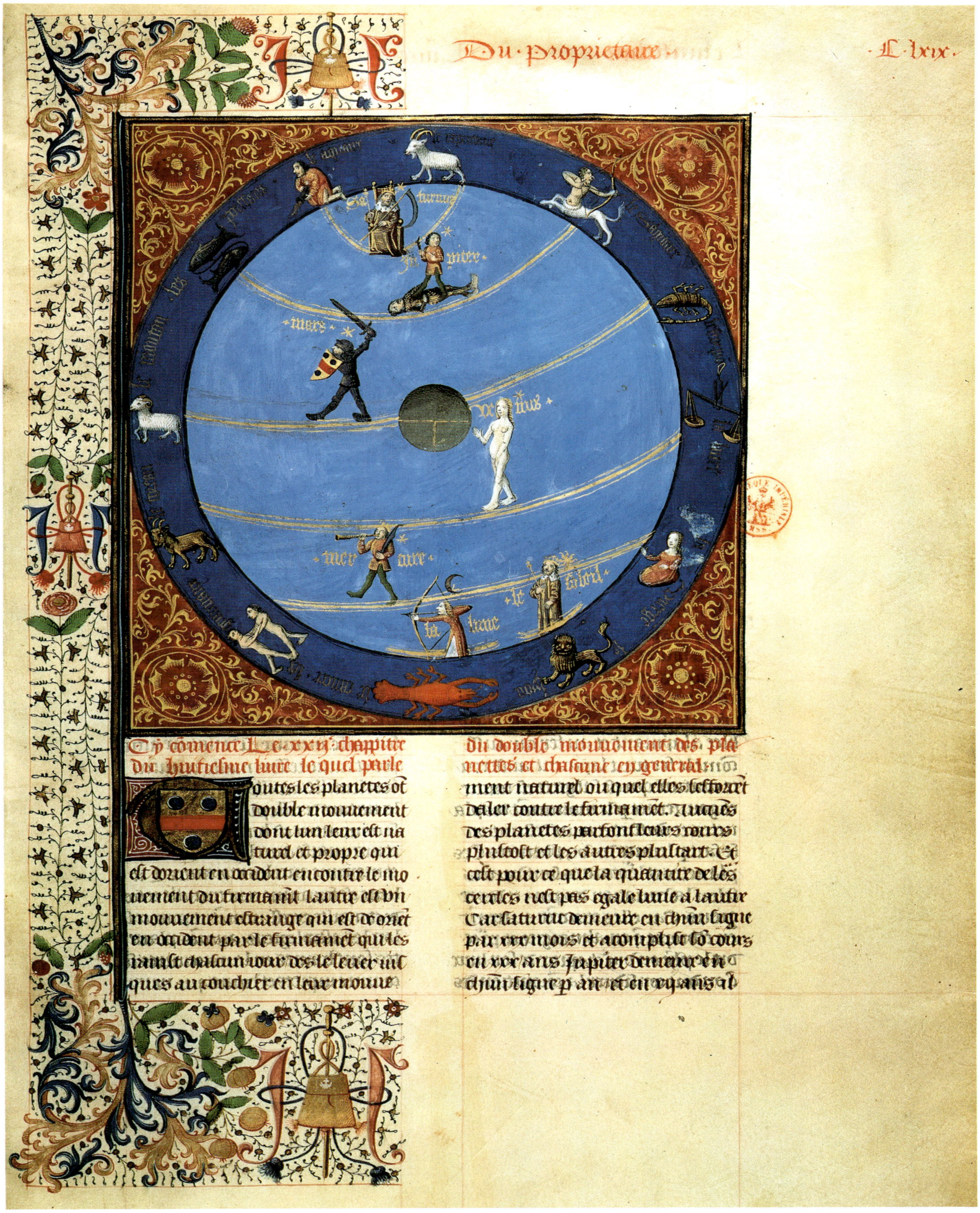

Illustration zu: Bartholomäus Anglicus (13. Jahrhundert), »De proprietaribus rerum«, französische Handschrift, 15. Jahrhundert, Pergament, ca. 500 × 280 mm, Paris, Bibliothèque Nationale. Diese Miniatur aus der weitverbreiteten naturwissenschaftlichen Enzyklopädie zeigt die zwölf Tierkreiszeichen und die Personifikationen der sie regierenden sieben damals bekannten Planeten.

ΕΠΟΓΔΟΩΝ
VI
VIII
XII
ΔΙΑΤΕΣΣΑΡΩΝ
ΔΙΑΠΕΝΤΕ
ΔΙΑΤΕΣΣΑΡΩΝ
ΔΙΑΠΕΝΤΕ
ΔΙΑΠΑΣΩΝ
X

Numerologie

Numerologie

Die Zahl bestimmt die Zeit, die Stunde,
Zählt alles, was ich je besessen,
Kennt mein Alter, meine Pfunde –
Rundum bin ich vermessen.

Die Grundlage der Numerologie besteht darin, das Geburtsdatum und den Namen eines Menschen auf eine einzige ganze Zahl zu reduzieren, die bestimmte Eigenschaften symbolisiert. Durch das Verständnis der inhärenten Bedeutungen der Zahlen kann der Numerologe den Charakter einer Person beschreiben und auf diese Weise den wahrscheinlichen Lebensweg eines Menschen voraussagen.

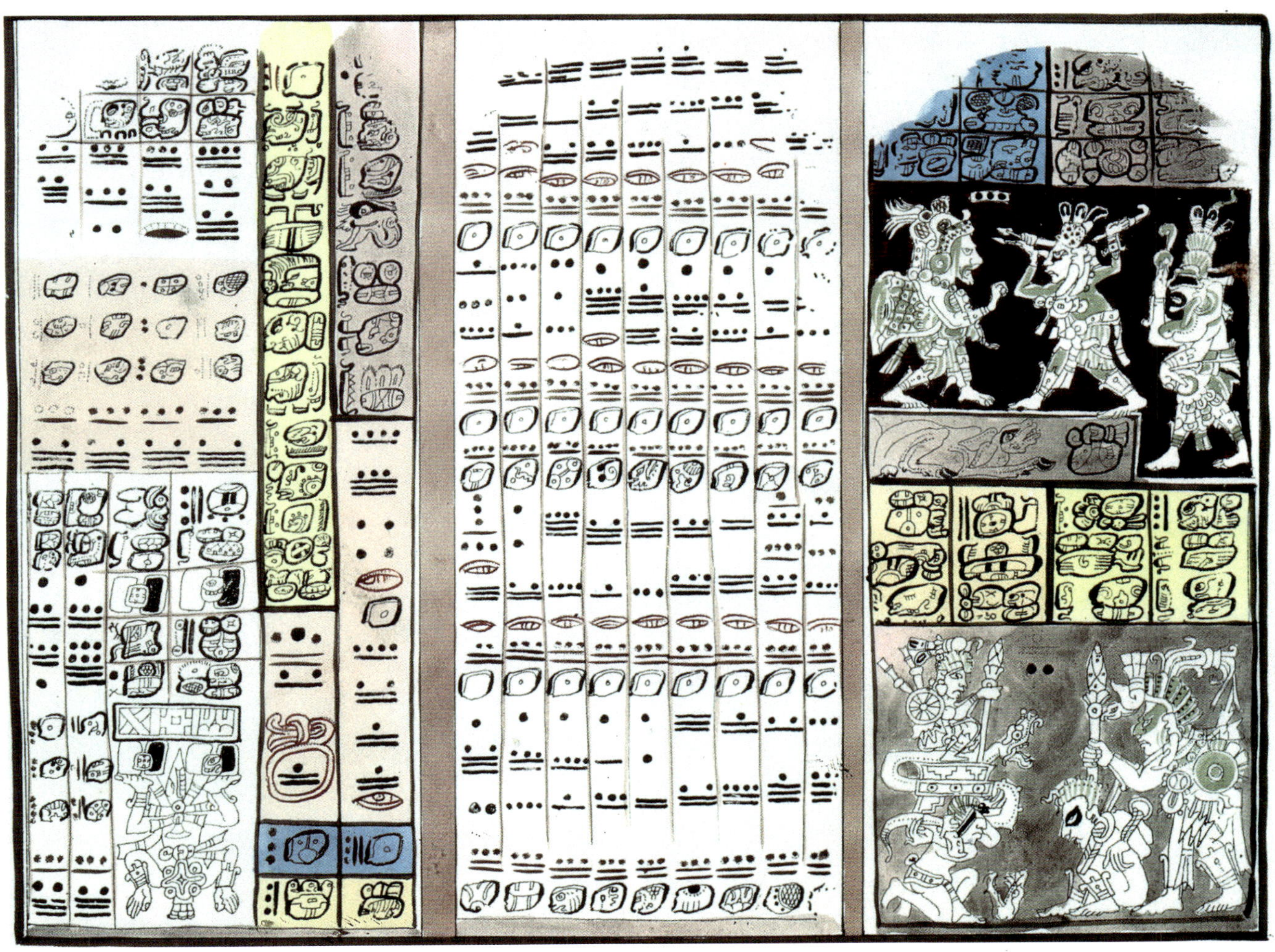

Oben: Zahlenzeichen aus: »Codex Dresdensis«, Maya-Handschrift, um 1100, Dresden, Sächsische Landesbibliothek. Die Maya kannten die Null in ihrem mathematischen System, lange bevor das Abendland diese Größe aus Indien übernahm.

Links: Eine sumerische Keilschrifttafel, auf der die Zuteilung von Lebensmitteln festgehalten ist. 2040 v. Chr., Washington, D.C., Library of Congress

Geschichte der Numerologie

Die moderne Numerologie ist ein Konglomerat aus babylonischen Quellen, aus den Lehren des Pythagoras und seiner Schüler im Griechenland des 6. Jahrhunderts v. Chr., aus der astrologischen Philosophie im hellenistischen Alexandria, aus dem Mystizismus im Frühchristentum, dem Okkultismus der mittelalterlichen Gnostiker und aus kabbalistischen Lehren.

Im Laufe der Geschichte haben Zahlen verschiedenen Zwecken gedient. Sie wurden früh entwickelt, um Dinge zu zählen oder zu messen. Im pharaonischen Ägypten machte die Auflistung von Gegenständen sowie die Errichtung von Gebäuden ein Rechensystem notwendig, und bestimmte Geräte lassen darauf schließen, daß die Anzahl versammelter Menschen oder Tiere erfaßt werden konnte.

Für abstrakte Methoden des Rechnens in Mesopotamien, besonders in Babylon, gibt es zahlreiche Belege. Im zweiten vorchristlichen Jahrtausend wurden komplizierte, genaue Rechenschritte entwickelt, auf denen sich eine Art Algebra aufbaute. Der auf dem Sexagesimalsystem beruhenden sumerischen Mathematik, deren Grundlage die 60 und deren Multipla bildete, haben wir zum Beispiel unsere nach 60 Sekunden und 60 Minuten eingeteilte Uhr zu verdanken. Der professionelle Umgang der Sumerer mit Zahlen beinhaltete auch Berechnungen, die Ähnlichkeiten mit dem System der quadratischen Gleichung aufweisen. Diese Verfahren waren jedoch im wesentlichen eine auf Schätzung beruhende Arithmetik.

Die Babylonier schrieben bestimmten Zahlen besondere Bedeutungen zu. So galten zum Beispiel Zahlen, die durch mehrere ganze Zahlen ohne Rest teilbar sind, als magisch – wie etwa die Zahl 12, die durch 1, 2, 3, 4 und 6 teilbar ist. Diese Art von Zahlenmagie steht am Beginn einer Entwicklung, die ihren ersten Höhepunkt im 6. Jahrhundert v. Chr. in der griechischen Zahlenmystik erreichen sollte.

Illustration aus: Boëthius, »De musica«, Handschrift, 12. Jahrhundert, Pergament, ca. 290 × 200 mm, Cambridge, Universitätsbibliothek. Dargestellt sind (im Uhrzeigersinn von links oben): Boëthius, Pythagoras, Platon und Nikomachos von Gerasa. Der Traktat behandelt die Beziehung zwischen Mathematik, Klang und Harmonie.

Pythagoras

Die Grundzüge der mystischen Numerologie wurden im Griechenland des 6. Jahrhunderts v. Chr. entwickelt. Der Philosoph Pythagoras und seine Schüler verstanden Zahlen nicht nur als Fundament der Welt, sondern darüber hinaus als Grundlage des gesamten Kosmos. In einer Mischung aus Geometrie, Arithmetik, Religion und Philosophie besagen die Lehren der Pythagoreer, daß alle Dinge, Ideen und Gefühle mit den ersten zehn Zahlen wesentlich verknüpft sind.

Was wir über Pythagoras wissen, ist den Schriften seiner Schüler und späterer Kommentatoren entnommen. Demnach soll er Mesopotamien und Ägypten bereist haben, wo seine Philosophie wertvolle Impulse erhielt. Doch die biographischen Kenntnisse sind sehr fragmentarisch, und griechische Denker jener Tage waren derart versessen, ihre geistigen Ursprünge im Orient zu suchen, daß nur wenige Tatsachen einwandfrei nachzuweisen sind. Offenbar wurde Pythagoras um 570 v. Chr. auf der Insel Samos im Ägäischen Meer geboren, verbreitete und lehrte seine Philosophie, überwarf sich mit dem dortigen Herrscher und floh nach Kroton an der Südküste Italiens. Dort gründete er eine mystische Bruderschaft, übte unter dem Patronat des Herrschers beträchtlichen Einfluß aus, sah sich jedoch in einer Zeit politischer Unruhen erneut zur Flucht gezwungen und starb um 497/496 v. Chr. vermutlich in Metapont, das weiter östlich an der italienischen Küste liegt. Ob die Pythagoreer ihr wechselvolles Leben auf Samos und in Kroton in erster Linie ihren Lehren verdanken, oder ob allgemeine politische Verwicklungen die wesentliche Ursache darstellten, ist nicht sicher zu klären.

Worin bestanden nun die Lehren von Pythagoras und seinen Anhängern, die – wenn auch zunächst umstritten – einen so großen Einfluß auf spätere Philosophien, auf die Medizin und die Mathematik ausübten? Sie lassen sich unter vier Überschriften zusammenfassen: Zahlen, die Seele, Ethik und Ritual.

Orpheus spielt seine Leier. Nach Ansicht der Pythagoreer besaßen vollendete Harmonien spirituelle und heilende Kräfte.
Etruskischer Bronzespiegel, 4. Jahrhundert v. Chr., Boston, Museum of Fine Arts, Francis Barlett Fund

1. *Zahlen* Das pythagoreische Axiom lautete »die Zahl ist das Wesen aller Dinge« – und zwar substantiell wie symbolisch. Natürlich gleicht dieser Versuch, einen einzigen Ursprung für das ganze Leben zu finden, den Lehren von Philosophen vor und nach Pythagoras. Thales von Milet (um 650 bis um 560 v. Chr.) hielt das Wasser für das Grundelement aller Dinge. Andere waren der Überzeugung, das Universum bestehe aus Feuer, Luft und unteilbaren Elementen. Heute rückt das wissenschaftliche Denken Energie in den Mittelpunkt. Für Pythagoras ließen sich alle Bereiche der Natur auf Zahlenverhältnisse reduzieren. Der Legende nach wurden seine Ideen durch die Klänge eines Saiteninstruments inspiriert. Er entwickelte ein System, nach dem Tonverwandtschaften in der Musik mit Hilfe von Zahlenverhältnissen definiert werden konnten; und er behauptete, jede Sphäre im Universum drehe sich um ein zentrales Feuer, jede von ihnen mit der ihr eigenen Geschwindigkeit und in der ihr eigenen Entfernung von der Erde, wobei sie jeweils harmonische Klänge erzeugten: die »Sphärenmusik«. Nach seiner Überzeugung konnten auch dem Charakter und den Handlungen eines Menschen Zahlen zugeordnet werden, die Verstand, Ehe, Gerechtigkeit und andere Abstrakta symbolisierten. Gerade und ungerade Zahlen spiegelten dabei die Gegensatzpaare der sich im Gleichgewicht befindlichen Natur, eine Dualität, die dem Yin und Yang der chinesischen Philosophie ähnelt.

Die pythagoreische Mathematik basierte auf der Geometrie. Ein *Punkt* (als 1 ausgedrückt) fließt in eine *Linie* (2), die in eine *Ebene* oder *Fläche* (3) übergeht; diese wiederum wird zu einem *Körper* (4). Der heilige Eid der geheimen Gesellschaft der pythagoreischen Bruderschaft wurde auf die Tetraktys abgelegt – eine geometrische Figur, die durch zu einem Dreieck gelegte Kieselsteine entstand: Zehn Steine werden in vier Reihen ausgelegt, wobei die untere aus vier Steinen besteht (∴). Aus dieser Figur wurden andere Muster abgeleitet, die zusätzliche Kiesel erforderten und weitere Zahlenverhältnisse zur Folge hatten. Ergab sich ein Dreieck, dessen Seiten in einem besonderen Verhältnis standen, so folgte womöglich daraus der Pythagoreische Lehrsatz: Die Summe der Kathetenquadrate eines rechtwinkligen Dreiecks ist gleich dem Hypotenusenquadrat (der Diagonale). Diese Beziehung wurde für Pythagoras und seine Schüler zur grundlegenden Wahrheit, zum Beweis für die immerwährende, elementare Kraft der Zahlen. Die pythagoreische Lehre enthielt noch viele andere mathematische und geometrische Verbindungen, die sich besonders auf die Proportionen von Dreiecken, Kreisen, Körpern und geradlinigen Formen richteten. Der sechszackige

Links: Die Darstellung zeigt Pythagoras (links Mitte) und andere Gelehrte des Altertums, darunter auch den arabischen Philosophen Averroës. Raffael (1483–1520), Die Schule von Athen (Detail), 1510–1511, Fresko, Rom, Vatikan, Stanza della Segnatura

Rechts: Zwei römische Spielsteine aus Elfenbein. Sie zeigen die römischen Ziffern VII (Daumen und zwei Finger) und VI (Daumen und ein Finger); 1. Jahrhundert n. Chr., Durchmesser ca. 25 mm, London, British Museum

Stern, der sich aus ineinandergreifenden Dreiecken (✡) ergibt, bildete das Symbol, das den Mitgliedern der Bruderschaft als Erkennungszeichen diente.

2. *Die Seele* Nach pythagoreischer Theorie besitzt jedes Lebewesen eine Seele, die von den Sternen kommt und mit ihnen in Einklang steht. Die Seele eines Menschen ist in der Lage, in den lebenden Körper eines anderen Menschen überzugehen (Metempsychose); sie kann sich auch völlig vom Körper lösen (eine Art Reinkarnation).

3. *Ethik* Die Pythagoreer entwickelten ein ethisches System, das auch spezielle Verbote beinhaltete. So durfte zum Beispiel niemals Blut vergossen werden und der Verzehr von Fleisch war untersagt. Die Gründe für die Ablehnung bestimmter Nahrungsmittel und Praktiken sind nicht ganz klar, doch bildete die körperliche und geistige Gesundheit ein Ziel, nach dem man eifrig streben sollte. Der Musik kam im Lehrgebäude der Bruderschaft therapeutische Funktion zu. Möglicherweise geht die in griechischer und mittelalterlicher Medizin geläufige Vorstellung von den ›kritischen Tagen‹ auf pythagoreische Ideen zurück, ebenso wie die Überzeugung, daß Tage, die mit bestimmten Zahlen verbunden sind, in einer Zeit der Krankheit die Krise markieren.

4. *Ritual* Offensichtlich befolgten die Pythagoreer ein höchst ausgefeiltes System von Riten und Ritualen. Die Jünger führten die Prinzipien und Praktiken im Sinne Pythagoras' fort. Und erst durch ihre Schriften wurde Platon später mit den Lehrsätzen konfrontiert.

Nach Pythagoras' Tod entstanden unter seinen Nachfolgern zwei unterschiedliche Schulen: die Akusmatiker, die in ihrer Philosophie eine bestimmte Lebensweise nach besonderen ethischen Regeln betonten, und die Mathematiker, die sich hauptsächlich mit Geometrie, Musik und Astronomie befaßten. Obgleich sie unterschiedliche Schwerpunkte hatten, blieben beide Gruppen den Grundlagen ihrer gemeinsamen Lehre treu. Am Ende des 4. Jahrhunderts v. Chr. scheint die Bruderschaft selbst nicht mehr zu existieren, doch ihr Einfluß bleibt auch in späteren Philosophien und mathematischen Systemen unübersehbar. Im 4. Jahrhundert v. Chr. wiesen die mathematischen Theorien Euklids bedeutsame Analogien zu den Schlußfolgerungen der Pythagoreer auf, doch von allen postpythagoreischen Philosophen war es Platon (um 427–347 v. Chr.), dessen Ideen dem Mystizismus des Pythagoras am weitesten entgegenkamen.

Platon

Platon gründete die Akademie, deren Mitglieder praktisch jedes intellektuelle Thema erörterten, darunter Politik, Wissenschaft und Religion. Das Studium der Zahlen war einer der zentralen Topoi – vor allem die numerischen Darstellungen abstrakter Begriffe wie Schönheit und Wahrheit. In Übereinstimmung mit Pythagoras war auch Platon der Überzeugung, Zahlen seien – ebenso wie die Ideen – als selbständige Wesenheiten existent. Die Menschen mögen sie entdecken oder wahrnehmen, aber sie erschaffen oder erfinden sie nicht. Die Platoniker anerkannten, daß sämtliche Eigenarten und Qualitäten (zum Beispiel Farben, Geschmacksrichtungen und Klänge) von den Sinnen wahrgenommen würden, Zahlen seien dagegen einzig und allein durch Meditation und geistige Prozesse zu verstehen und existierten daher unabhängig.

Rom

In den letzten Jahrhunderten des römischen Imperiums wurden zahlreiche religiöse und philosophische Systeme von pythagoreischen Lehren durchdrungen. Zu den Aufgaben der Priester gehörte gewöhnlich auch die Zukunftsdeutung, wobei besonderer Wert auf Zahlensymbolik gelegt wurde. Publius

Nigidius Figulus (um 100–45 v. Chr.), einer der einflußreichsten Neupythagoreer sowie Enzyklopädist und Förderer der Astrologie, befaßte sich ausgiebig mit den spirituellen Aspekten der Numerologie. Auch Plutarch (um 50–um 125) befürwortete die Lehren des Pythagoras. Ein Großteil der in späteren Jahrhunderten entstandenen Schriften über Zahlen als mystische Symbole stützte sich auf eine in Griechisch verfaßte grundlegende Abhandlung, die im 2. Jahrhundert n. Chr. entstandene »Introductio arithmetica« (»Einführung in die Arithmetik«), worin der Neupythagoreer Nikomachos von Gerasa (um 100 n. Chr.) das Wesen der Zahlen und ihre Beziehungen untereinander darlegte.

Frühes Christentum

Frühchristliche Sekten machten sich sowohl die Astrologie als auch die Numerologie auf vielfältige Weise zu eigen. Nach Meinung der Gnostiker, deren Einfluß mehrere Jahrhunderte währte, gehörten bestimmte Zahlen zum Aufbau des Kosmos. Simon Magus, der angebliche Begründer der Bewegung zur Zeit Jesu, unterstrich die mystische Qualität der Zahlen. So galten beispielsweise die 12 Tierkreiszeichen als Symbole des Bösen, die 36 Dekane im Ausgleich dazu als gut; die 7 Planeten lenkten das Schicksal; es gab 7 geistige Grundlagen; die 365 Tage des Jahres bestanden aus 12 Monaten mit je 30 Tagen plus 5 eingeschobenen mystischen Tagen. Letztere entsprachen den 5 Planeten, die verblieben, wenn man Sonne und Mond abzog.

Eine weitere frühchristliche Sekte, die Manichäer – ein Ableger des persischen Zoroastrismus – schenkten der Zahl 2 besondere Aufmerksamkeit, denn sie symbolisierte für sie das Vorhandensein zweier unterschiedlicher Gottheiten, von denen die eine über das Licht, die andere über die Dunkelheit herrschte. Außerdem war die 5 eine heilige Zahl. Für diese und andere Sekten bildeten Zahlen die Grundlage und die Wirklichkeit des Daseins. Derartige Vorstellungen vom Aufbau des Universums fanden später Eingang in einige Lehrsätze der Kabbala, der jüdischen Geheimlehre des Spätmittelalters.

Von den frühen Kirchenvätern wurden die Lehren der christlichen Gnostiker und andere im religiösen Bereich angesiedelte philosophische Sekten heftig bekämpft und verurteilt. Doch die Idee der spirituellen Bedeutung der Zahlen wurde eher befürwortet als in Frage gestellt.

Die Arbeiten des Philon von Alexandrien (Philo Judaeus; um 13 v. Chr.–45/50 n. Chr.), eines frommen Juden, der die Zahlenimplikationen in der Heiligen Schrift analysierte, dienten späteren Kirchenführern als Vorbild für ihre Abhandlungen. Bei seiner Interpretation der Bibel entdeckte er in jeder Zeile numerische Bedeutungen. Philon gehört somit zu den ersten Neuplatonikern der christlichen Ära.

Im zweiten nachchristlichen Jahrhundert war es inzwischen Mode geworden, Zahlen von 1 bis 10 mit Buchstaben in hebräischen, griechischen und römischen Alphabeten zu verbinden, um mystische Bedeutungen zum Ausdruck zu bringen. Die Zuordnung von Zahlenwerten zu Buchstaben, Namen und Wörtern ist bis heute eine gängige Praxis geblieben. Dieses numerologische Verfahren wird Gematrie genannt. Nachdem die Name-Zahl-Methode in Alexandria ihren Anfang genommen hatte, war sie bald weit verbreitet, und viele Neuplatoniker, unter ihnen Iamblichos (250–330), propagierten Lehren, die auch pythagoreisches und platonisches Gedankengut miteinbezogen. Die Vertreter der Zahlensymbolik beriefen sich gewöhnlich auf die Bibel, um die Bedeutung ihrer Ideologie mit dem Hinweis auf göttliche Zählung zu untermauern: die Anzahl der Gebote, der Plagen, der Psalme, die Tage der Sintflut oder der Schöpfung.

Augustinus (354–430) wurde aufgrund seines persönlichen Lebenswandels in den Augen der Kirche zum Musterbeispiel für einen Menschen, der von der Häresie auf den rechten Weg des wahren Glaubens zurückfindet. In seinen einflußreichen Schriften bezeichnete er Zahlen als die universale Sprache, die den Menschen von Gott gegeben wurde, und sah in ihnen die Bestätigung der Wahrhaftigkeit christlicher Lehre. Wie schon die Pythagoreer behauptet hatten, so glaubte auch Augustinus an übergreifende numerische Relationen. Es sei Aufgabe des menschlichen Geistes, diese Geheimnisse zu ergründen, sofern sie nicht durch göttliche Gnade enthüllt würden. Augustinus' ehrfürchtige Haltung gegenüber Zahlen verhalf der Numerologie zu kirchlicher Anerkennung, und die Zahlensymbolik wurde zum legitimen Werkzeug bei der Interpretation der Heiligen Schrift. Augustinus und andere Kirchenväter machten sich damit ein heidnisches Instrumentarium zunutze, nachdem sie es lediglich christologisch uminterpretiert hatten.

Bei der numerologischen Untersuchung der Heiligen Schrift, besonders des Neuen Testaments, erhielten Zahlen wie die 3 (die Dreieinigkeit) und die 12 (die Apostel) besondere Bedeutung. Isidor von Sevilla (560–636) stellte ein Wörterbuch aller Zahlen zusammen, die direkt oder indirekt in der hebräischen und der christlichen Bibel auftauchen. Thomas von Aquin (1225–1274) übernahm die aristotelischen Vorstellungen über Zahlen, und Dante Alighieri (1265–1321) machte in seiner »Divina Commedia« viele Anspielungen auf die mystischen Bedeutungen bestimmter Zahlen.

Islam

Als der Islam sich über den ganzen Mittleren Osten, Afrika und Spanien ausbreitete, kamen arabische Gelehrte mit griechischer Mathematik in Berührung, erforschten und bewahrten sie, was Jahrhunderte später abendländischer Wissenschaft wieder zugute kam.

Das Wort Algebra geht angeblich zurück auf die arabische Abhandlung »Al-jabr w'al muqabalah«. Die in weiten Teilen der Welt benutzten Schriftzeichen für Zahlen werden ›arabische Ziffern‹ genannt, und arabische Mathematiker führten die Null (arabisch *sifr*) in ihre Berechnungen ein. Die Lehren der Pythagoreer beeinflußten auch arabische Schriften, und bestimmte Ziffern, vor allem die 7, wurden in feierlichen Zeremonien, Mythen und in der Literatur besonders hervorgehoben. Die 10 und die 12 galten gleichfalls als Glückszahlen. So wurden beispielsweise die Umstände der Geburt von

Eine Seite aus einer lateinischen Abhandlung, mit handschriftlichen Kommentaren und (arabischen) Berechnungen in den Marginalien. Princeton, New Jersey, Princeton University Library

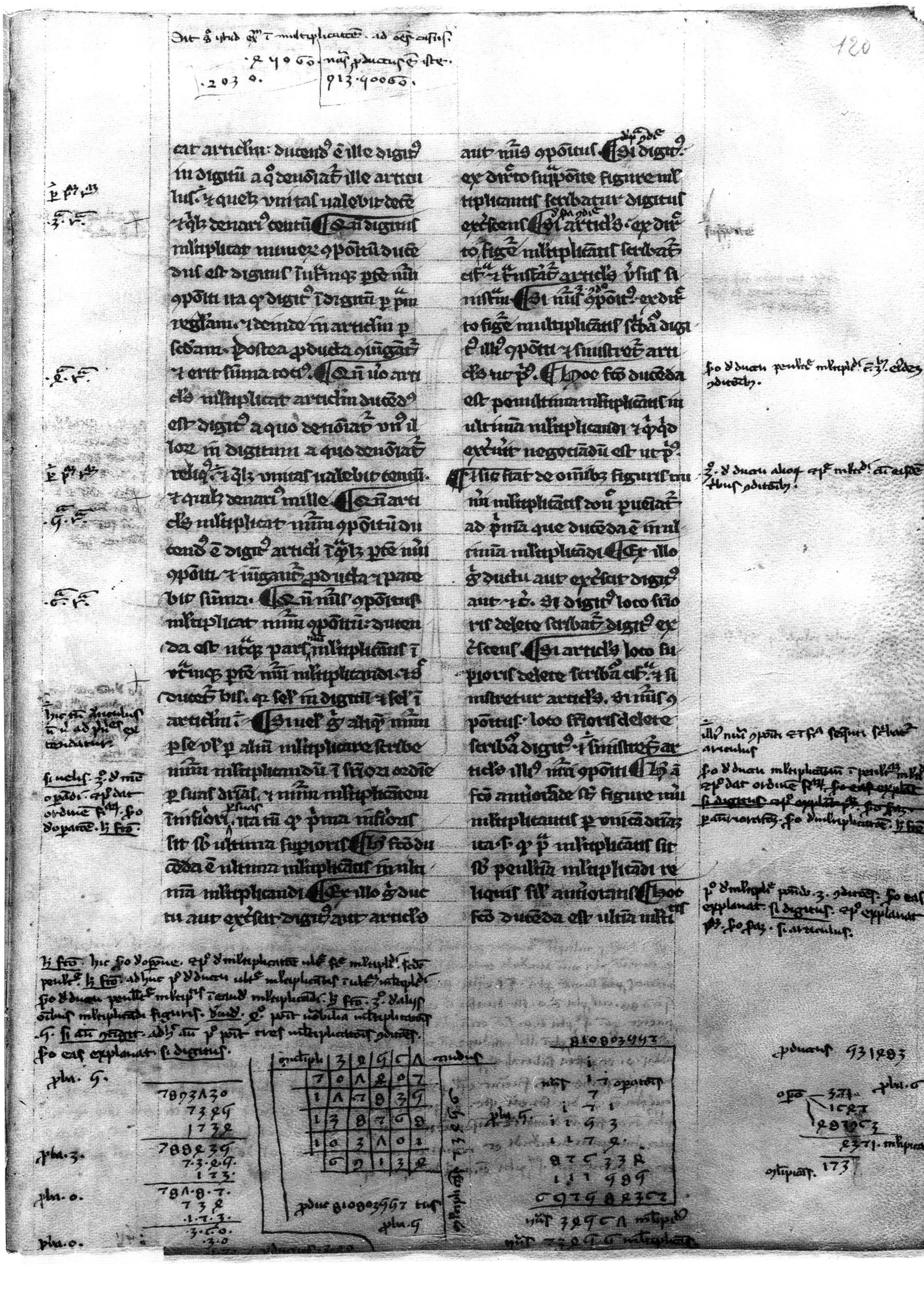

Mathematische Tabelle aus einer armenischen Handschrift, 13. Jahrhundert, Baltimore, Walters Art Gallery

Süleyman dem Prächtigen (1520–1566), dem Herrscher über das Osmanische Reich, für sehr verheißungsvoll gehalten, denn er war der zehnte Nachkomme von Osman, dem Begründer der Dynastie, und übernahm im 10. Jahrhundert nach der Flucht Muhammads die Macht; daß er der 12. Sultan wurde, war ein zusätzliches Zeichen seiner Begünstigung.

Auch in den Schriften aus dem Umkreis des Geber (Abu Musa Gabir ibn Haiyan as-Sufi; um 725–812), jenes arabischen Gelehrten, der als Begründer der islamischen Alchimie gilt, sind Abhängigkeiten von pythagoreischem, platonischem und aristotelischem Gedankengut zu erkennen. So bildete die Zahl 17, der die Pythagoreer eine besondere Bedeutung beimaßen, die eigentliche Grundlage für die gesamte Alchimie Gebers, deutete sie doch auf das Gleichgewicht in der Natur hin.

Die Reformation

Zur Zeit der protestantischen Reformation im 16. Jahrhundert waren die wichtigsten Lehrsätze der Numerologie größtenteils bereits formuliert, und die Arithmetik war ebensowenig über mystische Zahlensymbolik hinaus wie die Geometrie. John Napier (1550–1617) zum Beispiel, ein schottischer Mathematiker, der den Logarithmus erfand und Neuerungen in der Anwendung des Dezimalsystems einführte, beherrschte ebenfalls gematrische Methoden, die Zahlen und Namen geheime Bedeutungen zuordneten. Seine numerologischen Studien führten zu dem Ergebnis, daß der Papst ein Antichrist sei, eine Art intellektuelle Übung, die sich großer Beliebtheit erfreute. Die Offenbarung des Johannes, ein Buch des Neuen Testaments, bezeichnet die 666 als die Zahl des satanischen Tieres und sagt, sie sei »eines Menschen Zahl« (Offb 13, 18). Protestantische und katholische Numerologen wetteiferten daraufhin, die gefürchtete Zahl auf die Namen von Führern der gegnerischen Kirche zu beziehen. Man war überzeugt, daß der Zeitpunkt, den man für das Ende der Welt errechnet hatte (nach Napiers Kalkulation sollte es irgendwann zwischen 1688 und 1700 stattfinden), mit dem Wiedererscheinen Jesu zusammenfiele, nachdem der Antichrist vernichtet worden sei.

Die Renaissance

In der Renaissance kam es zu verstärkten Angriffen auf einige okkulte Systeme. Galilei (1564–1642) zum Beispiel gab nach anfänglichem Interesse die Astrologie vollständig auf, und es gibt keinen Beweis dafür, daß er sich jemals mit Numerologie beschäftigt hat. Der Philosoph Giordano Bruno (1548–1600) wird häufig als einer derjenigen erwähnt, die dem Okkulten den Rücken kehrten. Doch Brunos Numerologie basierte auf reinstem pythagoreischem Mystizismus, nicht auf den christlichen Methoden, in die Zahlen, die in den Schriften vorkommen, eine Bedeutung hineinzulesen, wie es Augustinus, Thomas von Aquin und andere Kirchenführer getan hatten.

Von Zeit zu Zeit brachten Reaktionen auf die okkulte Numerologie sowohl auf dem Kontinent als auch in England einige hochgestellte Persönlichkeiten in Mißkredit, die sich in dilettantischer Weise mit Astrologie und Mystizismus beschäftigt hatten. Meistens wurden okkulte Praktiken an

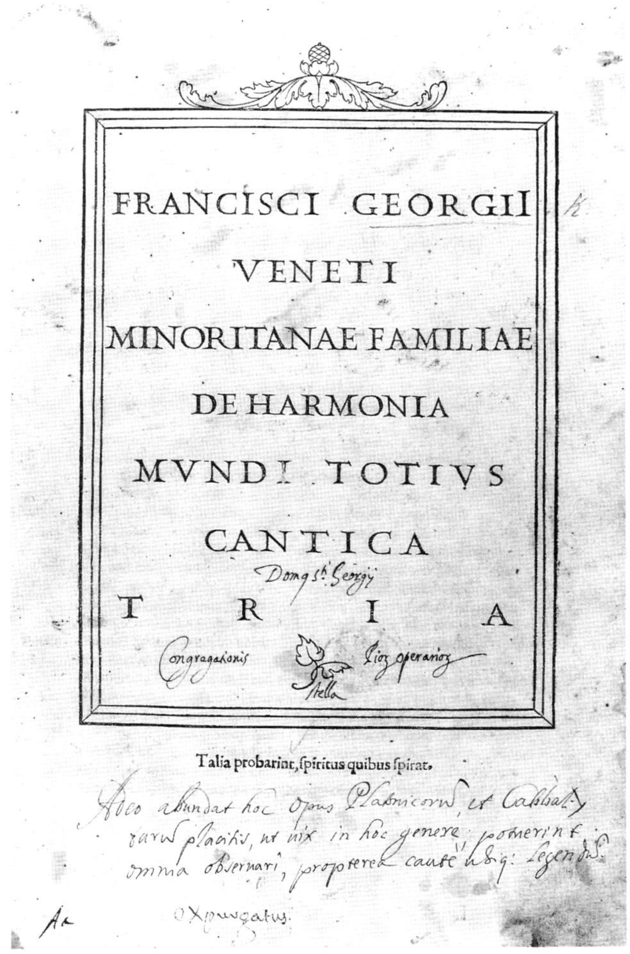
FRANCISCI GEORGII
VENETI
MINORITANAE FAMILIAE
DE HARMONIA
MVNDI TOTIVS
CANTICA
TRIA

Talia probantur, spiritus quibus spirat.

Titelblatt zu: Francesco Giorgi, »De harmonia mundi«, 1525. Der venezianische Verfasser dieser kabbalistischen Schrift stellte die Harmonien heraus, die sich im Universum finden lassen. Kirchenzensoren vermerkten auf der Titelseite, daß das Buch mit Vorsicht gelesen werden müsse. Das Diagramm in einer französischen Ausgabe (1578; unten) des Textes verdeutlicht den numerologischen Zusammenhang zwischen dem paradiesischen Himmel, dem Firmament und der Erde. London, The British Library

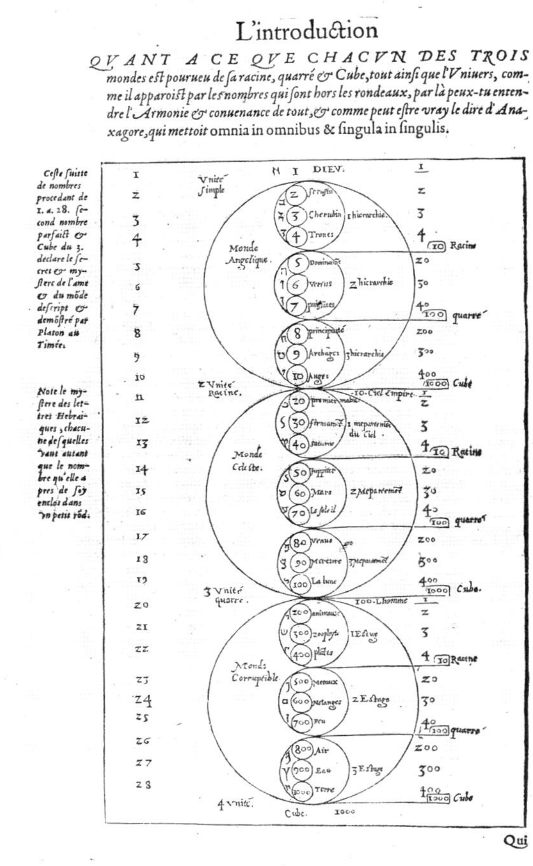

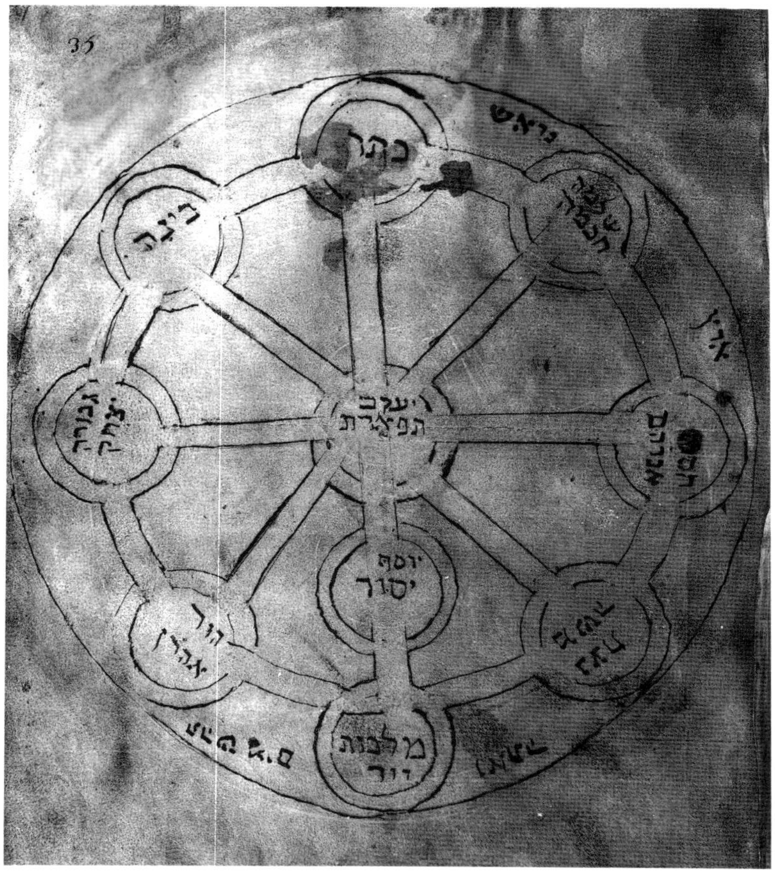

Das Kreisschema der Kabbala stammt aus einem mittelalterlichen hebräischen Manuskript. Paris, Bibliothèque Nationale

Titelblatt zu: Christopher Marlowe, »Doctor Faustus«, 1620, London, The British Library. Dr. Faustus steht in einem magischen Kreis mit den Symbolen der Tierkreiszeichen und Planeten und disputiert mit dem Teufel.

königlichen Höfen immer dann abgelehnt, wenn die Voraussagen ungünstig ausfielen, wenn man diejenigen, die sie ausübten des unangemessenen Einflusses auf den Monarchen bezichtigte oder ihnen vorwarf, mit dem Teufel im Bunde zu sein.

Die Kabbala

Bedeutsame Impulse bezog die Numerologie aus der kabbalistischen Lehre. Die Kabbala ist ein komplexes, hochentwickeltes philosophisches und theologisches System, dessen Geschichte weit zurück reicht. Die genaue Entwicklung der Kabbalistik zu einer eigenständigen Methodik ist ungeklärt. Vermutlich liegt der philosophische Kern in den hebräischen Büchern der Bibel selbst, besonders in den »Propheten« (Nabium), den »Schriften« (Kehubim) und in der Thora (den fünf Büchern Mose im Alten Testament). Die Engel überbrachten die Worte Gottes Adam; er gab sie weiter an Noah; von da gingen sie weiter an Abraham, Moses und die ganze Menschheit.

Die Kabbala entstand aus mehreren geistigen Strömungen, unter denen der Gnostizismus und der Neuplatonismus eine führende Rolle einnahmen. Alle drei Lehren suchen durch geistiges Forschen Gott zu erkennen, obwohl die Gottheit als unbegreiflich und sogar unvorstellbar gilt. Zu den antiken Vorläufern der Kabbala gehörte die jüdische Mystik der ersten beiden Jahrhunderte. In der Renaissance wurden Teile des Gnostizismus, des Neuplatonismus, der neupythagoreischen Lehre, der jüdischen Kabbalistik und der Hermetik (der mystischen Geheimlehren, die von dem legendären Okkultisten Hermes Trismegistos verfaßt und überliefert worden sein sollen) zu einer christlichen Kabbalistik vereint.

Das Wort ›Kabbala‹ stammt von hebräisch *quibbel* und bedeutet ›empfangen›; es bezeichnet Lehrmeinungen, die mündlich überliefert und später schriftlich festgehalten wurden. Die Kabbala geht davon aus, daß zu ihrem Verständnis eine Unterweisung von erleuchteten Lehrern erforderlich ist, die in ihren Geheimnissen ausgebildet sind. Die Kraft der Kabbala darf nur angewandt werden, um in den Besitz der Erkenntnis Gottes zu gelangen und um sich persönlich zu läutern – nicht für magische, destruktive oder egoistische Zwecke. Natürlich haben verschiedene Magier und Adepten behauptet, von den Geheimnissen der Kabbala Gebrauch zu machen, um Wundertaten zu vollbringen. Die Legende vom Golem, einer Statue, gehört zu diesen Geschichten. Der Golem wurde im Mittelalter von dem gelehrten Rabbi eines kleinen jüdischen Dorfes erschaffen. Mit Hilfe okkulter Symbole aus der Kabbala belebte er ihn für kurze Zeit, um die christlichen Herrscher in der Gegend zu besiegen und so die unterdrückte Gemeinde zu erretten.

Zu den Aspekten der Kabbala, die in den Bereich der Numerologie fallen, gehören die zehn Knoten des ›Lebensbaumes‹, die 22 Wege, durch die sie verbunden sind, und die esoterischen Bedeutungen des hebräischen Alphabets. Das System regte zu zahlreichen Kommentaren an, doch die drei grundlegenden Arbeiten sind das »Sefer Jezira« (»Buch der Schöpfung« oder »Buch der Gestaltung«), das »Sefer Bahir« (»Buch der Klarheit«) und das »Sohar« (»Buch des Glanzes« oder »Buch der Helligkeit«).

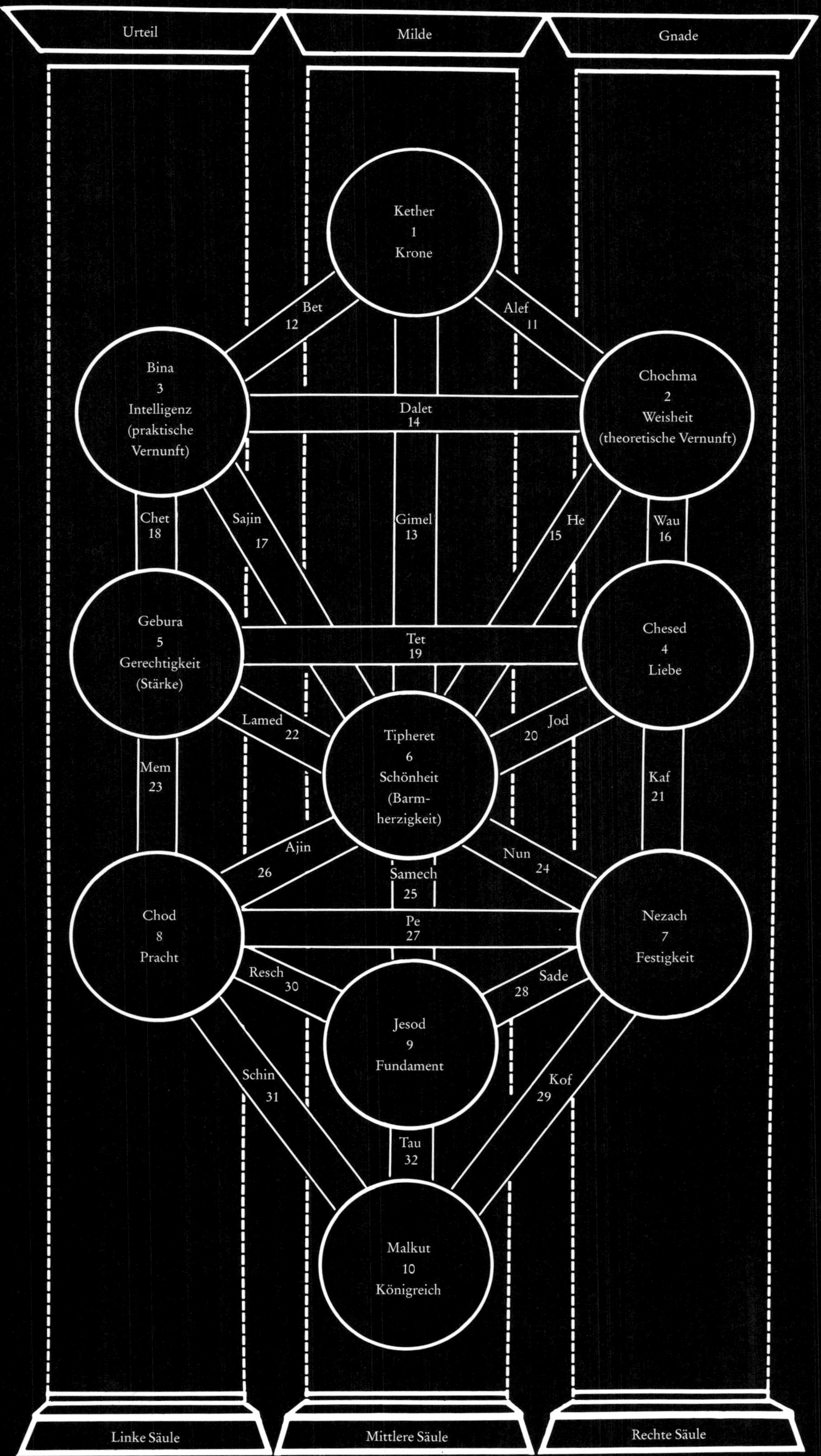

Der Sefirot-Baum

Das »Sefer Jezira« wurde zwischen dem 3. und dem 6. Jahrhundert n. Chr. niedergeschrieben. Es basiert auf früheren hebräischen Überlieferungen und stellt zwischen der Schöpfung des Universums, dem hebräischen Alphabet und Ziffern, die ebenfalls hebräischen Buchstaben entsprechen, einen Zusammenhang her. Alle Dinge – ja der Kosmos selbst – sind mit den ersten zehn Zahlen verknüpft. Das ›Göttliche Eine‹, ›*En-Sof*‹, manifestiert seine Existenz durch zehn Sefirot (›Emanationen‹ oder ›Intelligenzen‹). Sie bilden zusammen mit den 22 Buchstaben des hebräischen Alphabets 32 Wege zur Weisheit. In der Literatur wird zuweilen die Auffassung vertreten, daß die eigentliche Analyse von Wörtern und Namen, bei der den Buchstaben numerische Werte und Bedeutungen zugeschrieben wurden, im 2. Jahrhundert n. Chr. begonnen hat, doch die genauen Ursprünge sind ungeklärt.

Im »Sefer Bahir«, das im 12. Jahrhundert in Südfrankreich verfaßt wurde, werden den Sefirot auch Begriffe des »Lichts« zugeordnet. Mit der Anordnung der zehn Sefirot sowie der 22 Buchstaben auf dem ›Lebensbaum‹ mag ebenfalls in dieser Abhandlung begonnen worden sein. Unter den grundlegenden Werken ist das »Sohar« vermutlich das einflußreichste. Lange Zeit wurde es Simon Ben Jochai (2. Jahrhundert n. Chr.) zugeschrieben, doch inzwischen geht man davon aus, daß der Text von einem gewissen Moses Ben Schemtob de Leon im 13. Jahrhundert als Sammelwerk der kabbalistischen Philosophie der damaligen Zeit kompiliert wurde. Im Druck erschien es erstmals 1558 in Cremona.

Der ›Lebensbaum‹ der im »Sohar« ausführlich beschrieben wird, ist ein Diagramm aus zehn Stationen oder ›Knoten‹, den Sefirot, die gewöhnlich als Kreise oder Kugeln dargestellt werden und durch 22 Linien oder Straßen, den Wegen, miteinander verbunden sind. Jeder der zehn Sefirot (der Singular lautet Sefira) sind ein hebräischer Buchstabe, ein hebräischer Name und eine hebräische Zahl zugeordnet, und sie steht für eine bestimmte ethische Vorstellung. Gott befindet sich oberhalb und außerhalb des ›Baumes‹ als *En-Sof* (das Grenzenlose, das Ewige), von dem die Sefirot ausgehen. Angefangen mit den höheren geistigen Eigenschaften (bei Kether, der Krone, Nummer 1) geht es weiter zu den tieferen und irdischeren Eigenschaften (Malkut, das Königreich, Nummer 10 ganz unten). Durch das Nachdenken über den Sinn des Lebens sind die Menschen bestrebt, Schritt für Schritt von der untersten zur höchsten Station hinaufzusteigen, bemüht, die Gottheit zu begreifen.

Jedem der 22 Wege zwischen den Sefirot ist eine Zahl von 11 bis 32 zugeordnet. Die Ziffern auf dem ›Baum‹, die sich aus

Rembrandt, Faust im Studierzimmer, um 1625, Radierung, 210 × 160 mm. Die Lichterscheinung im Fenster trägt im Zentrum das Christogramm (INRI). Die Inschrift auf den äußeren Kreisen steht im Zusammenhang mit der kabbalistischen Formel AGLA, abgeleitet vom jüdischen Achtstundengebet. Rechts neben der strahlenden Tafel erscheint ein rechtwinklig dazu gehaltener Spiegel, auf den eine Hand deutet.

Allegorie des Mikrokosmos (die Erde und ihre Bewohner) und Makrokosmos (das Weltall), aus: Johann Mylius, »Opus medico«, Frankfurt 1618

diesen Kombinationen ergeben, sind auf vielfältige Weise klassifiziert worden: in der vertikalen Reihe der Sefirot auf der rechten Seite sind 2, 4, 7 maskulin und umfassen die Säule der Gnade; 3, 5, 8 auf der linken Seite charakterisieren die feminine Säule des Urteils; die vier Zahlen 1, 6, 9 und 10 in der Mitte bezeichnen die Säule der Milde.

Das obere Dreieck, das von 1, 2 und 3 (Krone, Weisheit und Intelligenz) gebildet wird, stellt den Intellekt dar; 4, 5 und 6 stehen für Moral und Ethik; 7, 8, 9 bedeuten Stofflichkeit – und die 10 markiert den untersten Punkt, von dem aus die Menschen ihren Aufstieg beginnen müssen. Die Knoten und Wege sind auch den drei Bereichen der Seele (das obere Dreieck), des Geistes (Knoten 4, 5, 6, 7, 8) und der Instinkte (10) zugeordnet worden. Zwischen der Kabbala und anderen okkulten Systemen gibt es offenbar Verbindungen, so zum Beispiel mit den 22 Karten der Großen Arkana des Tarot.

Die Lehren der Kabbala standen in engem Zusammenhang zu den Kontemplationen der chassidischen Bewegung (hebräisch *chassid:* den Gottesbund wahrender Frommer); vom 16. Jahrhundert bis weit ins 18. Jahrhundert hinein bildete die Kabbala außerdem das Zentrum der jüdischen Mystik.

Die christliche Kabbalistik wandte das hebräische Alphabet an, um mit Hilfe der Gematrie (Zahlen und Buchstaben werden esoterische Bedeutungen zugeschrieben) und anderer mystischer Lehrsätze aus der Kabbala, Jesus als Sohn Gottes und Gottes Stellvertreter auf Erden zu beweisen. Zur Zeit der Renaissance kam der Kabbalistik in Florenz vorrangige Bedeutung zu; Cosimo de' Medici beauftragte sogar Marsilio Ficino (1433–1499), ein neuentdecktes kabbalistisches Manuskript zu übersetzen, die »Hermetica«, die angeblich von Hermes Trismegistos geschrieben worden war. Giovanni Pico della Mirandola (1463–1494), der Leiter der Medici-Akademie, entdeckte in dem ehrfurchtgebietenden Tetragramm (den vier hebräischen Buchstaben des Namens Jehova) den Beweis, daß Jesus Gott war: Indem er den hebräischen Buchstaben Jod (gleichgesetzt mit Feuer), He (Wasser), Wau (Luft) und He (Erde) einen weiteren Buchstaben, Schin, hinzufügte, der das fünfte Element, den Geist, bezeichnete, leitete er von dem dabei entstehenden Namen *JHSHWH,* geschrieben Jehoschua (hebräisch: Jesus), Gottes Gegenwart auf Erden ab.

In den darauffolgenden Jahrzehnten und Jahrhunderten trugen zahlreiche Kommentatoren und Übersetzer dazu bei,

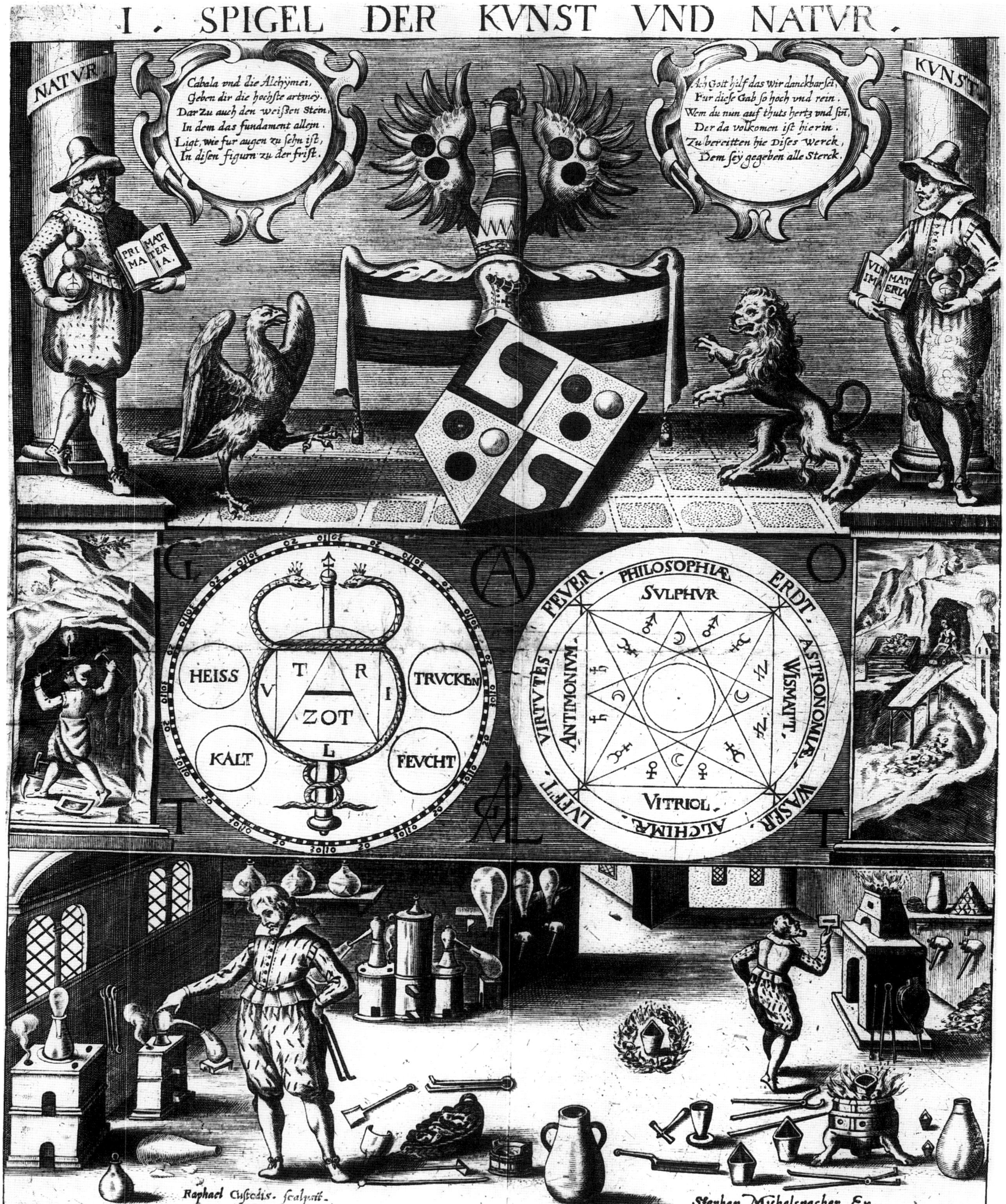
I. SPIGEL DER KVNST VND NATVR.
NATVR
KVNST
Cabala vnd die Alchÿmei,
Geben dir die hochste artzneÿ.
Dar Zu auch den weißen Stein,
In dem das fundament allein.
Ligt, wie fur augen zu sehn ist,
In disen figurn zu der frist.
Ach Gott hilf das wir danckbar sei,
Fur diese Gab so hoch vnd rein.
Wem du nun auf thuts hertz vnd sin,
Der da volkomen ist hierin.
Zu bereitten hie Dises Werck,
Dem seÿ gegeben alle Sterck.
PRI MA
MAT TER IA.
VL IMA
MAT ERIA
G
A
O
T
T
HEISS
TRVCKEN
KALT
FEVCHT
T R V I
ZOT
L
PHILOSOPHIÆ
ERDT.
ASTRONOMIÆ.
WASER.
ALCHIMIÆ.
LVFFT.
VIRTVTES.
FEVER.
SVLPHVR
WISMATT.
VITRIOL.
ANTIMONIVM.
Raphael Custodis. sculpsit.
Stephan Michelspacher Ex.

Links: Illustration zu: Stephan Michelspacher, »Cabala. Spigel der Kunst und Natur«, Augsburg 1658, London, Wellcome Institute Library. Die Darstellung zeigt alchimistische Verfahren zur Herstellung mineralischer Arzneien; in den runden Diagrammen werden die vier Qualitäten (links) und die vier Elemente (rechts) angesprochen, letztere in Verbindung mit vier wichtigen pharmazeutischen Mineralien: Antimonium, Sulphur (Schwefel), Wismut und Vitriol.

Rechts: Darstellung der Himmelsleiter, Illustration zu: Ramon Lull, »De nova lociga«, 1512, London, The British Library. Lull war ein berühmter Kabbalist. Die Szene symbolisiert die harmonischen Wechselbeziehungen der Welt.

Unten: Illustration zu: Ramon Lull, »Liber de gentili et tribus sapientibus«, 1721–1742, London, The Warburg Institute. Die Darstellung zeigt ein Panorama kabbalistischer Tugenden, Symbole und Philosophen der Vergangenheit.

das Wissen über die Kabbala zu mehren. Der Abt Johannes Trithemius (1462–1516), ein Gönner des Agrippa von Nettesheim (1486–1535; seine Schriften werden in dem Kapitel über Astrologie behandelt), verfaßte ein Lexikon der Ziffern und Namen einschließlich ihrer geheimen Bedeutungen. Auch John Dee (1527–1608), der einflußreiche Mathematiker, Astrologe und Berater von Königin Elisabeth I., förderte die Kabbala. Seine Rolle in der Geschichte der Numerologie ist deshalb so bedeutsam, weil die Entwicklung seines Einflusses das wechselnde Schicksal des Okkultismus widerspiegelt. Nachdem er zunächst großes Ansehen genossen hatte und hoch in der Gunst der Königin stand, stürzte er später zur selben Zeit in Ungnade, als okkulte Praktiken allmählich vom intellektuellen Standpunkt aus als dumm und geschmacklos angesehen wurden. Heute schließlich bezeichnet das Wort Kabale eine hinterlistige Intrige.

Robert Fludd (1574–1637), ein besonders starker Förderer der christlichen Kabbalistik, brachte den hermetischen Schriften, wie sie von Cosimo de' Medici und anderen wiederentdeckt worden waren, blindes Vertrauen entgegen und betonte auf diese Weise einen Zusammenhang zur ägyptischen Geheimlehre. Er entwarf auch das Bild von einer Welt, in der das Gute und Schlechte erklärt werden konnte, ohne Gott als Schöpfer des Bösen einbeziehen zu müssen. Johannes Kepler, der als Astronom im 17. Jahrhundert bahnbrechende Arbeit leistete, führte mit Fludd hitzige Streitgespräche über Kosmologie und Harmonielehre. Fludd rechtfertigte die okkulte Verwendung von Zahlen als Teil seiner Philosophie. Kepler unterschied den mathematischen Wert der Zahlen von ihren symbolischen Bedeutungen, an die er ebenfalls glaubte. Obwohl beide die Bibel als Beweisgrundlage heranzogen, kam Kepler zu dem Schluß, die Welt sei von Gott entsprechend den bemessenden Eigenschaften der Zahlen geplant und gestaltet worden, während Fludd zu der Überzeugung gelangte, daß die gesamte Vielfalt der natürlichen und übernatürlichen Dinge durch das Geheimnis der Zahlen zusammengehalten wurde, eine Auffassung, die der Philosophie der Pythagoreer ähnelte.

Robert Fludd, ein sehr einflußreicher Arzt und Kabbalist, dessen spirituelle Ansichten im Widerspruch zu Johann Keplers wissenschaftlichem Denken standen. Bildnis aus: »Philosophia sacra et vere christiana seu metereologica cosmica«, 1626, Cambridge, Massachusetts, Houghton Library, Harvard University

Spätere Jahrhunderte

In den darauffolgenden Jahrhunderten benutzten viele Kommentatoren und Adepten die christliche Kabbala bei ihrer Beschäftigung mit okkulten Systemen. Wenngleich die Numerologie in manchen ihrer Vorstellungen eine Rolle spielte, so stand sie doch nicht im Vordergrund. Im 19. und 20. Jahrhundert hat es dagegen eine Unmenge okkulter Schriften gegeben, in denen die Zahlensymbolik eine herausragende Stellung einnimmt; den Kern dieser Philosophien und Praktiken bilden jedoch die Kabbala und der Tarot. Ein Beispiel dafür ist die Arbeit von Adolphe Louis Constant (1810–1875; er nahm sogar ein jüdisches Pseudonym an, Eliphas Lévi), der ein bedeutendes Schema des Okkultismus entwickelte, in das er die Kabbala, den Tarot, die Astrologie und die Numerologie einbezog. Wyn Westcott, Goodman und Samuel Liddell Mathers, die zu den Gründern der okkulten Sekte des ›Golden Dawn‹ gehörten, integrierten die Gematrie in ihre Lehren, obgleich sie nicht den Hauptschwerpunkt bildete. Aleister Crowley (1875–1947), der in weiten Kreisen bekannte Führer des Ordens, gab einem seiner Bücher den Titel »777«. Doch die Zahlenmystik stand eher im Dienste der fundamentalen Ideen seiner Theosophie, als daß sie sie erklärte. Seine Grundsätze konzentrierten sich auf den Tarot und die Kabbala, nicht auf Numerologie.

Verfechter der Numerologie im 20. Jahrhundert verbanden häufig die Kabbala, den Tarot und numerologische Praktiken miteinander, die auch von gegenwärtigen Verfassern okkulter Schriften als untrennbar miteinander verknüpft betrachtet werden. Um nur einige Beispiele zu nennen: Paul Foster Case stellt Verbindungen zwischen dem hebräischen Alphabet und Tarot-Karten her; Mouni Sadhu verwendet hebräische Buchstaben, den Tarot und die Numerologie als Mittel zur Wahrsagerei; Dion Fortune integriert die Kabbala und die Numerologie in ihre Philosophie; Robert Wangs bedeutendste Abhandlung berücksichtigt gleichzeitig den Tarot, die Kabbala und die Numerologie; in Büchern von Richard Cavendish wird ein Zusammenhang zwischen praktisch allen okkulten Systemen vorausgesetzt, von denen die Numerologie nur eines darstellt. Obwohl die ursprünglichen Zahlen des Pythagoras eine Sinnveränderung und Bedeutungserweiterung erfahren haben, stellt die klassische Pythagoreische Zahlensymbolik weiterhin den eigentlichen Rahmen der modernen Numerologie dar.

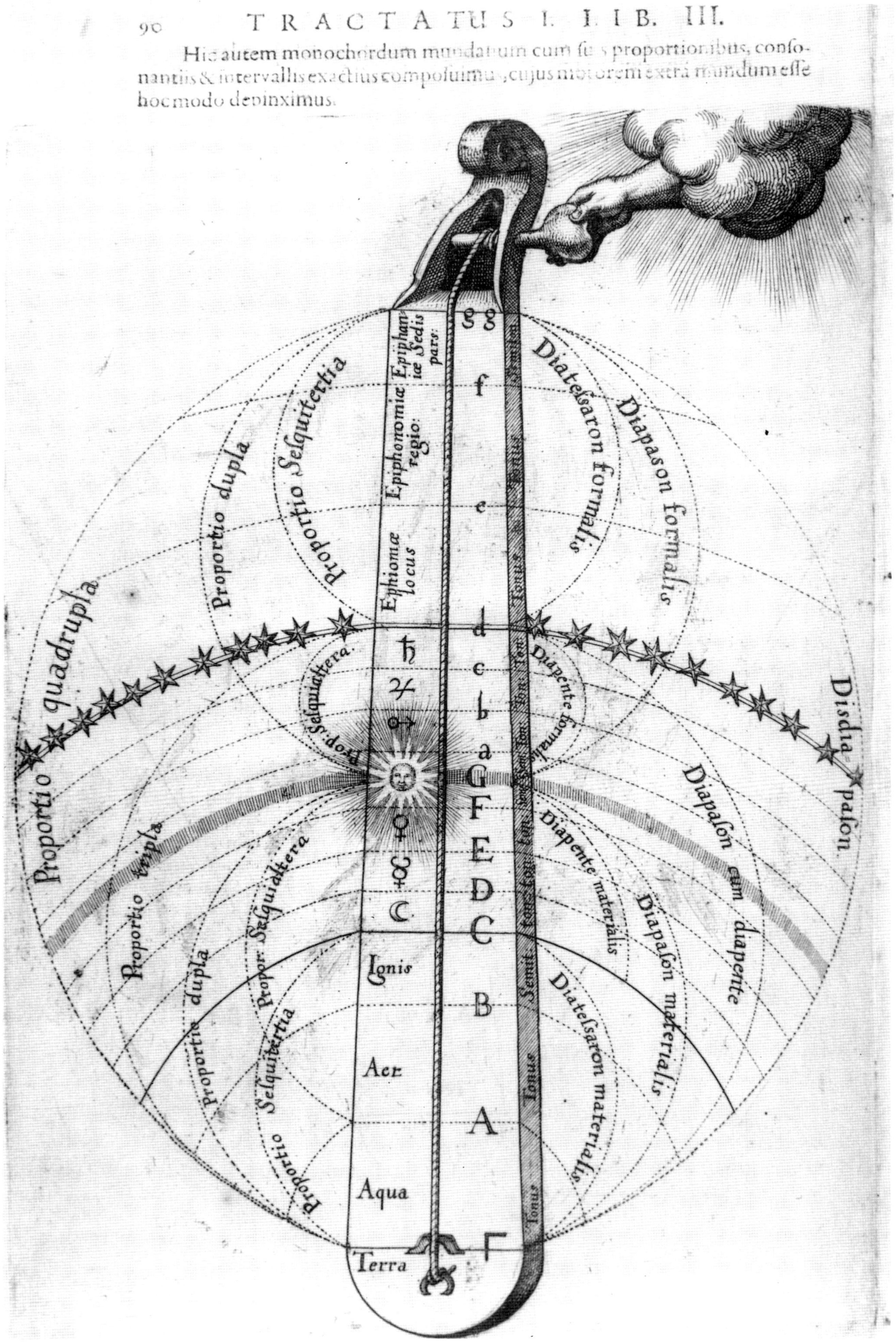

Nach Robert Fludd waren alle Planeten, der Himmel, die Zahlen, Buchstaben und Menschen Teil einer vom Schicksal gefügten einheitlichen Harmonie, eines Monochords. Illustration zu: »Utriusque Cosmi«, um 1617, Chicago, University Library

Das Titelblatt zu: Robert Fludd, »Utriusque Cosmi«, um 1617, Chicago, University Library, zeigt die Verbindung zwischen Makrokosmos (das Universum) und Mikrokosmos (das Individuum).

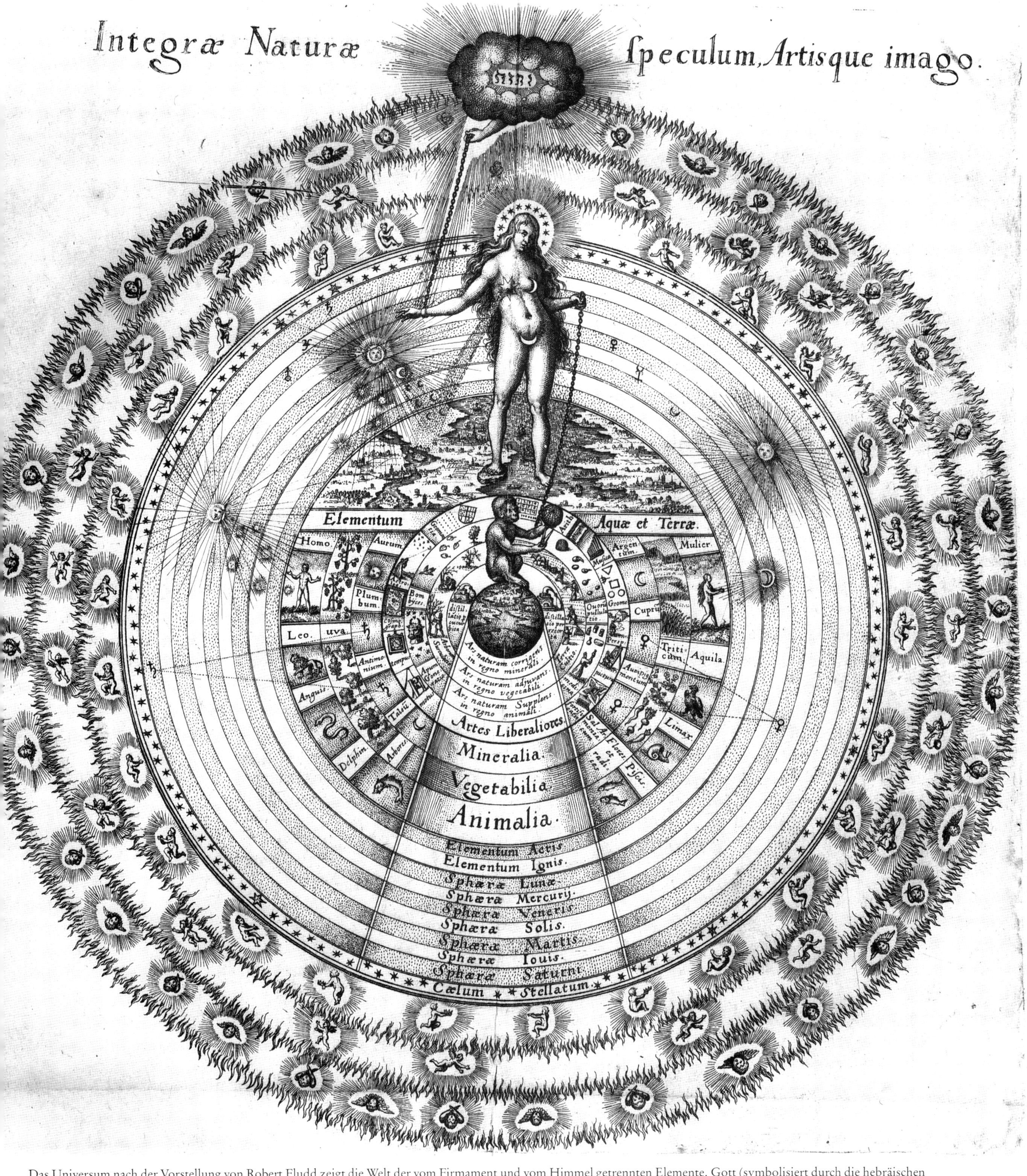

Das Universum nach der Vorstellung von Robert Fludd zeigt die Welt der vom Firmament und vom Himmel getrennten Elemente. Gott (symbolisiert durch die hebräischen Buchstaben oben in der Darstellung) beherrscht die Natur (die Frau), die ihrerseits die Erde und die Menschen (der Affe) beherrscht. Aus: »Utriusque Cosmi«, um 1617, Cambridge, Massachusetts, Hougthon Library, Harvard University

Methoden der Numerologie

In der Numerologie läßt sich jedem Namen, Geburtstag oder Datum mittels einer einfachen Berechnung eine Zahl zuordnen.

Die Geburtszahl ist die Summe aus dem Tag des Monats, der Stelle, die der Monat im Jahreskalender einnimmt (Januar ist 1, Februar ist 2 etc.; bei Stellen über 10 werden die Ziffern addiert; aus 12 wird 1 + 2), und jeder Ziffer der Jahreszahl (aus 1945 wird 1 + 9 + 4 + 5). Aus dem Geburtsdatum 28. Mai 1912 ergibt sich folgende Berechnung: 2 + 8 (der 28. Tag) + 5 (Mai) + 1 + 9 + 1 + 2 (das Jahr 1912). Die Gesamtsumme des Geburtsdatums beträgt 28. Da bis auf wenige Ausnahmen alle Zahlen in der Numerologie in einzelne Ziffern zwischen 1 und 9 zerlegt werden, ergibt sich aus der Summe 28 die Berechnung: 2 + 8 = 10. Aus 10 wiederum wird 1 + 0 = 1. Der am 28. Mai 1912 Geborene hat somit die Geburtszahl 1. (Ausgenommen von dieser letzten Quersumme sind die Meisterzahlen, denen in einigen Systemen eine besondere Bedeutung zukommt und die daher nicht zerlegt werden. Die herausragenden Zahlen, die gewöhnlich als Meisterzahlen bezeichnet werden, sind 11 und 22, manchmal 33, selten 44, sowie einige andere.)

Namen werden auf ähnliche Weise in Zahlen verwandelt. In der modernen Numerologie beispielsweise wird jedem Buchstaben in den westeuropäischen Sprachen eine Zahl zugeordnet, die ihrer Position im Alphabet entspricht. Im Englischen und Deutschen ergeben sich folgende Zuordnungen (deutsche Umlaute werden behandelt wie AE, OE und UE):

1	2	3	4	5	6	7	8	9
A	B	C	D	E	F	G	H	I
J	K	L	M	N	O	P	Q	R
S	T	U	V	W	X	Y	Z	

Für das Spanische gilt:

1	2	3	4	5	6	7	8	9
A	B	C	D	E	F	G	H	I
J		L	M	N	O	P	Q	R
S	T	U	V		X	Y	Z	(und RR)
	CH				LL			

Für das Italienische gilt:

1	2	3	4	5	6	7	8	9
A	B	C	D	E	F	G	H	I
		L	M	N	O	P	Q	R
S	T	U	V				Z	

Jeder Mensch erhält bei seiner Geburt einen Namen und damit gleichzeitig seine Persönlichkeitszahl. Doch der Name ist nicht unveränderlich. Bei einer Heirat zum Beispiel wird der Geburtsname vielleicht durch den neuen Nachnamen ersetzt, oder es werden beide Namen benutzt. Die Buchstaben in den verschiedenen Namen ergeben womöglich in der Summe ganz unterschiedliche Zahlen für dieselbe Person, was zu einer anderen Deutung führt. Dagegen bleibt die Geburtszahl, die mitunter auch als ›Lebensweg‹ oder als ›Weg des Schicksals‹ bezeichnet wird, stets gleich, denn sie ist die Summe aller Zahlen im Geburtsdatum eines Menschen.

Die Zahl 1

Für Numerologen enthält die Zahl 1 die Wesensmerkmale einer Führungspersönlichkeit. Als Erfolgszahl gleicht die 1 vielleicht eine tiefsitzende Unsicherheit aus. Ein Mensch, der die Geburtszahl 1 hat, gibt sich nur ungern schwach und unentschlossen, und er fürchtet leicht, daß ein Kompromiß als Schwäche oder als Störung des von Stärke und Entschlossenheit geprägten Image ausgelegt werden könnte. Wird die Führerungsrolle von anderen anerkannt, kann sich die 1 großherzig geben, wird sie aber provoziert oder abgelehnt, kann sie herrisch, unvernünftig, reizbar werden, oder sie zeigt sich introvertiert, ungesellig und launisch. Diese Zahl ist am erfolgreichsten, wenn sie allein agiert, und zwar auch dann, wenn sie in vorderster Linie einer Gruppe steht.

Obwohl sie das Potential zu konstruktiver Kreativität besitzt, muß sich die 1 vor unklugen Plänen und einer eingeschränkten Sichtweise in acht nehmen. Fortschrittliche Ideen können mit allgemein anerkannten Konventionen kollidieren. Die Zahl 1 sollte sich ganz von ihren positiven Charakterzügen leiten lassen und sich dabei stets vor Übertreibungen hüten.

In den Augen der Pythagoreer symbolisierte die Zahl 1 die Einheit an sich, den allen Dingen innewohnenden göttlichen Geist. Sie war die aktive Essenz – verglichen mit dem passiven Prinzip, das sich in der 2 manifestiert.

Da die 1 alle übrigen Zahlen erzeugt, bildet sie den Anfang der Zahlenreihe und ist in allen Zahlen enthalten. Jeder mit 1 multiplizierte Zahlenwert bleibt unverändert. Für die Pythagoreer war sie daher gleichermaßen keine wie jede Zahl.

Nahezu in allen Kulturen waren Priester und Gelehrte auf der Suche nach der Einheit, die die Teile des Kosmos verbindet. Noch im 20. Jahrhundert suchte Einstein nach einer einheitlichen Feldtheorie, und Physiker, Chemiker und Biologen stellen fest, daß die Basisstrukturen von Lebewesen und leblosen Substanzen gleiche Grundelemente aufweisen. Somit steht die 1 sowohl für Geist als auch für Materie.

Die Zahl 2

Die hervorragenden Wesenszüge der 2 sind ihre Fähigkeit, gut mit anderen zu harmonieren und enge Freundschaften zu schließen. Dieser Typ Mensch kann in jeder Gruppe Frieden stiften. Diese Zahl braucht Partner, Gesellschaft und ein lebendiges soziales Umfeld.

Im Betrieb ist sie ein Mitarbeiter mit Teamgeist, der Firma gegenüber loyal und doch sensibel für die Probleme des einzelnen Kollegen. Er oder sie geht selten ein Risiko ein und arbeitet gewissenhaft. Spitzenpositionen werden nicht angestrebt, und dennoch ist die 2 möglicherweise so gut geeignet, Auseinandersetzungen zu schlichten, gerecht zu handeln und die Moral zu heben, daß sich eine hohe leitende Funktion ergeben kann. Obwohl es möglicherweise an Innovationsfähigkeit und mutigen Strategien fehlt, können kluges Urteilsvermögen, analytische Auffassungsgabe und die Fähigkeit, einen wichtigen Diskussionspunkt von allen Seiten zu betrachten, dazu führen, sich taktisch klug zu verhalten.

Durch Sensibilität und Verständnis kann so ein Mensch den Wunsch entwickeln, einen künstlerischen Beruf zu ergreifen. Um die Selbstunterschätzung zu kompensieren, mag die Zahl 2 sich auch zum Theater hingezogen fühlen, wo die entsprechende Person ihre eigene Persönlichkeit in den dargestellten Charakter einbringen kann.

Die Tugend der Anpassungsfähigkeit mag bis zur Zurückhaltung übertrieben werden. Sofern nicht die eigene Neigung, jedem Druck nachzugeben und auf seine Rechte zu verzichten, überwunden wird, kann dieser Charakter schließlich seine Persönlichkeit fast völlig einbüßen. Er wirkt farblos, langweilig und verliert an Ausstrahlung; nach wie vor mit allen gut Freund, wird er jedoch von niemandem wirklich geschätzt. Die Abneigung, sich rückhaltlos auf ein Projekt einzulassen, kann dazu führen, Nebensächlichkeiten unnötiges Interesse entgegenzubringen.

Die Zahl 2 muß lernen, ihre natürlichen Fähigkeiten der Freundlichkeit, Diplomatie, Fairneß und Urteilskraft zu entfalten, das Risiko einzugehen, parteiisch zu sein, bereit zu sein, allein zu handeln, und vor allem ein positives Selbstwertgefühl aufrechtzuhalten.

In den Lehren von Pythagoras bildete die Zahl 2 den passiven Aspekt und symbolisierte daher die Materie im Unterschied zum Geist. Sie bezeichnete auch das Prinzip der Gegensätze, das Vorhandensein von Unterschieden in der Natur. War die Zahl 1 sowohl Einheit als auch selbst eine Wesenheit, so ist die Zahl 2 weniger klar umrissen, ohne scharfe, erkennbare Grenzen.

Die Pythagoreer ordneten alle Gegensätze im Kosmos paarweise als eine Funktion der 2 an:

ungerade	gerade
gut	böse
eins	viele
begrenzt	unbegrenzt
rechts	links
maskulin	feminin
hell	dunkel
gerade	krumm
unbeweglich	beweglich
quadratisch	rechteckig

Aufgrund unbestimmter Grenzen und der Zweiseitigkeit jedes charakteristischen Merkmals symbolisierte die 2 im pythagoreischen System Unbestimmtheit und stand somit eher für Meinungen als für Tatsachen. Zusammen

Ganz oben: Die Zahl 1 ist in den Wörtern *printemps* (französisch) und *primavera* (italienisch, spanisch) enthalten und steht für Anfänge, symbolisiert durch den Frühling. Sandro Botticelli (1444/1445–1510), Der Frühling, um 1478, Öl auf Holz, 203 × 314 cm, Florenz, Galleria degli Uffizi

Oben: Die Tiere der Erde betreten die Arche Noah paarweise, entsprechend der Dualität der Natur und der Partnerschaft, symbolisiert durch die Zahl 2. Edward Hicks (1780–1849), Die Arche Noah, 1826, Öl auf Leinwand, 82,5 × 105,4 cm, Philadelphia Museum of Art, Vermächtnis Charles C. Willis

Rechts: Die Zahl 3 repräsentiert eine Dreiheit in der Theologie, im menschlichen Streben und in der Natur. Peter Paul Rubens (1577–1640), Die drei Grazien, 1639, Öl auf Leinwand, 221 × 181 cm, Madrid, Museo del Prado

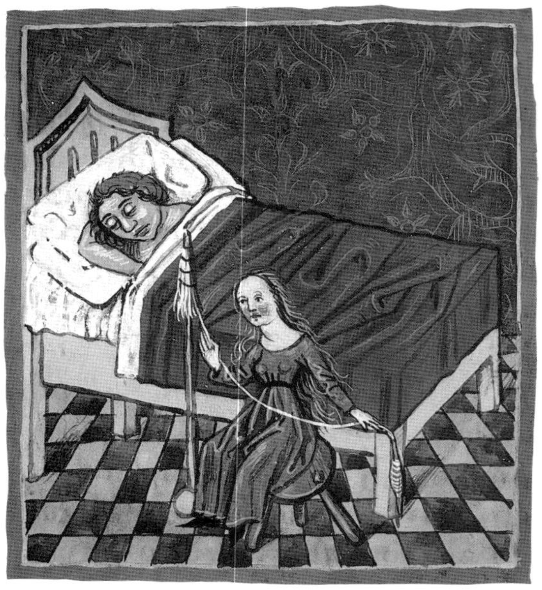

Das Gleichgewicht in der Natur, symbolisiert durch die Zahl 4, wurde in der Vorstellung von den vier Körpersäften und vier Temperamenten der antiken und mittelalterlichen Medizin besonders hervorgehoben. Die Darstellung beschreibt zwei der Zustände: links *melaina chole* (schwarze Galle), melancholisch; rechts *sanguis* (Blut), sanguinisch.

mit der 1 war die 2 auch beinahe eine Un-Zahl, denn sie war das Bindeglied zwischen der 1 und den anderen Zahlen. Somit galt die 3 praktisch als erste Zahl.

Die Zahl 3

Das Hauptmerkmal dieser Zahl ist ihre allumfassende Ausdrucksfähigkeit, besonders in Sprache, Schrift und Kunst. Darüber hinaus erregen viele unterschiedliche Bereiche das Interesse dieser Persönlichkeit. Sie neigt dazu, sich an zu vielen Projekten zu beteiligen, was dazu führt, daß einzelne Unternehmungen nicht zu Ende geführt werden können. Wenn es notwendig ist, sich auf ein einziges Objekt zu konzentrieren, ist die 3 schnell gelangweilt. Aufgrund ihrer nonkonformistischen Haltung betrachtet die 3 allgemein anerkannte Meinungen und Gewohnheiten vorzugsweise unter neuen Aspekten und entwickelt zusätzliche Einblicke und innovative Prinzipien. Jedoch wird ihre Aufmerksamkeit eher durch das Gesamtkonzept gefesselt als durch Details. Ihre Persönlichkeit drückt sich auch in übermäßiger Zuneigung aus, die die 3 ebenso gern geben möchte, wie sie sie empfängt. Ihre strahlend gute Laune kann sich manchmal zu äußerster Albernheit und recht groben Scherzen steigern. Das Bedürfnis, bei gemeinschaftlichen Unternehmungen im Mittelpunkt zu stehen, ermöglicht es einem solchen Menschen, ein guter Gastgeber oder eine gute Gastgeberin zu sein, kann aber auch zu Verstimmungen und Eifersucht führen, wenn die Person sich ausgeschlossen fühlt.

Die 3 täte gut daran, sich immer nur auf eine einzige Unternehmung zu konzentrieren und diese zu Ende zu führen, bevor sie sich anderen zuwendet; auch sollte sie mit sich und anderen Geduld haben.

Bei der Entwicklung des Zählens mag die 3 durchaus die erste Zahl gewesen sein, die sich auf eine Mehrzahl bezog – im Unterschied zu 1 und 2. Aristoteles glaubte noch im 4. Jahrhundert v. Chr., daß ›drei‹ ein Ersatzwort für ›alles‹ sei.

Die Einheit von 1 und 2 ergibt die 3, die Triade, die in der pythagoreischen Vorstellung für die Welt steht. Die menschliche Familie wurde ebenfalls durch die 3 symbolisiert (Vater, Mutter, Kind). Da die 2 die erste gerade Zahl und die 3 die erste ungerade Zahl ist, wurde die 5 die Ziffer, die für die Ehe stand. Doch die 1 (das Ich) plus 2 (zusammen) deutete auch darauf hin, daß die 3 eine andere Art der Einheit war und eine eigenständige Wesenheit.

Für die Idee eines dreieinigen Gottes in der christlichen Theologie hatte es frühere Entsprechungen in vielen Kulturen gegeben, und sie findet sich auch in der griechisch-römischen Trennung in Himmel (beherrscht von Zeus oder Jupiter), Ozean (beherrscht von Poseidon oder Neptun) und Unterwelt (beherrscht von Hades oder Pluto).

Die Zahl 3 nimmt in der jüdisch-christlichen Kultur eine herausragende Stellung ein. In den Psalmen finden sich für Gott drei Namen. Drei Engel besuchten Abraham. Gott rief Samuel dreimal an. Jesus blieb drei Tage lang begraben, bevor er auferstand.

Einst glaubten die Menschen, die Natur hätte nur drei Jahreszeiten: Frühling, Sommer und Winter. Im pharaonischen Ägypten war der Tag ursprünglich in Morgen, Mittag und Sonnenuntergang eingeteilt. Noch heute verwenden wir den Ausdruck ›morgens, mittags und abends‹, um den Ablauf eines Tages zu beschreiben.

Die höchste Intensität wird häufig durch die Dreizahl verkörpert: Der griechische Astronom Eratosthenes (um 284 – um 202 v. Chr.) gebrauchte die Metapher der dreifachen Reinigung, um den Geist zu befreien. In vielen Märchen ist von drei Wünschen die Rede. Selbst im Sport, etwa im amerikanischen Baseball, ist der Schlagmann nach drei Schlägen ›aus‹ (er hatte genug Gelegenheiten, den Ball zu treffen). In der Wissenschaft verlangt die Bestätigung einer Entdeckung mindestens zwei weitere, zu gleichem Ergebnis führende Versuche. In »Die Jagd nach dem Schnark« (Lewis Carroll) erklärt der Erzähler kurz und knapp: »Was ich dreimal euch sage, ist wahr«.

Die Zahl 4

Solidität, Verläßlichkeit und Integrität sind die leuchtenden Eigenschaften dieser Zahl. Jede nur erdenkliche Mühe wird darauf verwandt, die anstehenden Aufgaben auszuführen. Die Zahl 4 vollendet ihre Arbeit systematisch, gründlich und unbeirrbar. Die Zahl 3 mag zwar glänzende Einfälle oder aufschlußreiche Pläne haben, die 4 aber verfolgt sie und ist am Ende vielleicht produktiver als eine undisziplinierte 3. Die 4 wehrt sich oder rebelliert sogar mitunter gegen jeglichen Versuch, ein etabliertes Schema zu verändern. Diese Einstellung kann zu erbitterten Streitigkeiten führen.

Jeder kann sich uneingeschränkt darauf verlassen, daß die 4 sich strikt an ethische Prinzipien hält. Der Wunsch, absolut aufrichtig zu sein, kann jedoch zu Taktlosigkeit führen. Extreme Eigenschaften, vor denen es sich zu hüten gilt, sind Pedanterie und Humorlosigkeit. Die Person, die nicht bereit ist, jemals nachzugeben, ist womöglich derart selbstgerecht und eigensinnig, daß er oder sie schließlich unerträglich wird.

Die Zahl 4 muß versuchen, ihre positiven Eigenschaften Gerechtigkeitssinn, Aufrichtigkeit und Ausdauer zu bewahren, aber dabei gelassener zu werden, und anderen nicht unbedingt die eigenen Vorstellungen aufzuzwingen; darüber hinaus sollte sie versuchen, eine umfassendere, tolerantere Meinung zu entwickeln.

Für Pythagoras war die Zahl 4, die Tetrade, die Zahl des Gleichgewichts, das Wesen der Natur. Das ganze Zeitalter der Griechen und Römer hindurch bis weit in die jüngere Zeit hinein berief man sich auf vier Grundelemente (Feuer, Wasser, Luft, Erde), denen vier Qualitäten zugeordnet wurden (Hitze, Kälte, Trockenheit, Feuchtigkeit) und die mit vier Körpersäften in Einklang standen (Blut, gelbe Galle, schwarze Galle, Schleim).

Die Zahlen 4 und 7 waren eng miteinander verbunden – der Mond und damit der Monat stand zu beiden Zahlen in Beziehung: vier Wochen mit jeweils sieben Tagen, 28 Mondhäuser, 28 Sternbilder.

Die pythagoreische Theorie bringt die 4 zusammen mit der 9 mit dem abstrakten Begriff Gerechtigkeit in Verbindung. Die beiden Zahlen sind die einzigen Quadratzahlen (2 × 2 und 3 × 3) unter den ersten zehn Zahlen (läßt man die 1 beiseite). Die Pythagoreer gaben der 4 (und dem Viereck) gegenüber der 9 als Symbol für Fairneß, die in der Gerechtigkeit (und auch in der Brüderlichkeit) impliziert ist, den Vorzug. Auch die Ägypter betonten die 4 in bildlichen Darstellungen. Die Säulen der Welt zum Beispiel waren vier an der Zahl. Der Name des jüdisch-christlichen Gottes setzt sich aus vier hebräischen Konsonanten zusammen – Jod, He, Wau, He. Jehova schuf die Himmelskörper am vierten Tag. Die vier Evangelisten (Johannes, Lukas, Matthäus, Markus) hatten ihre vier Symbole (Adler, Stier, Engel, Löwe), die in gewisser Weise den frühen Vorstellungen der Einteilung der gesamten Materie in vier Bestandteile entsprachen. Dem Makrokosmos ist schon früh die 4 zugedacht worden: vier Winde und vier Himmelsrichtungen.

In der Numerologie wird die Bedeutung einer Zahl verstärkt, wenn sie mit 10 multipliziert wird, das heißt zusätzlich eine 0 erhält. Die Verstärkung der 4 (4 × 10 = 40) war in verschiedenen Kulturen bedeutsam. Im Buch der Könige wird das Alter der Welt mit insgesamt vier Zeitspannen von je 120 Jahren (40 × 3) nach dem Exodus angegeben. In Mesopotamien waren die 40 Tage, in denen das Sternbild der Plejaden am Himmel fehlte, eine Regen- und Unwetterperiode. Wenn sie schließlich wieder erschienen, wurde diese Veränderung als Wiederherstellung der Freiheit gefeiert.

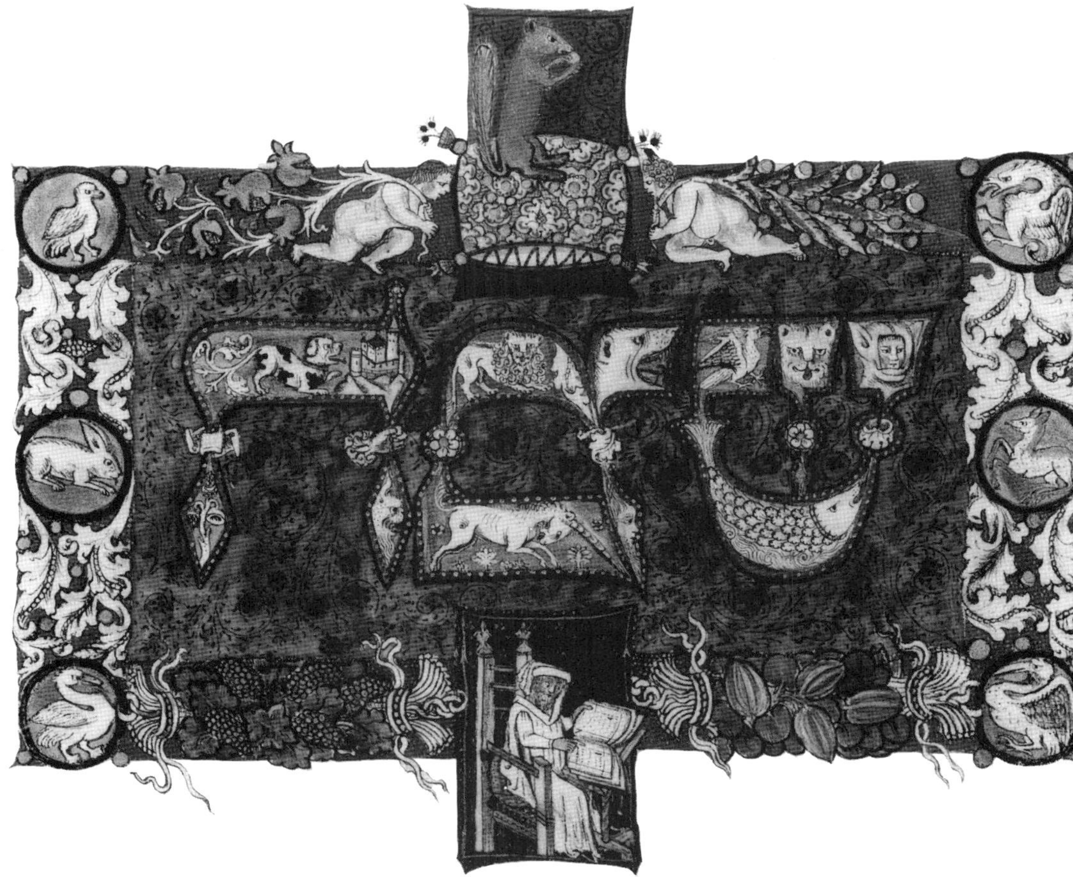

Die Zahl 5 enthält die Merkmale der verbalen Ausdrucksfähigkeit; Symbol dafür ist das hebräische Wort, das die fünf Bücher Mose (die Thora) einleitet. Paris, Bibliothèque Nationale

Die Zahl 5

Ein freier Geist und eine ausdrucksvolle Sprache sind die typischen Merkmale der Zahl 5. Die Freiheit, vielfältige Interessen, Ziele und Positionen zu verfolgen, ist elementar. Geistige Aktivität, Witz und unkonventionelle Ansichten ergeben eine charmante, faszinierende, optimistische Persönlichkeit. Dabei besteht die Gefahr, daß sich Unaufrichtigkeit, Sarkasmus sowie der Wunsch zu schockieren einstellen. Die Zahl 5 fühlt sich zu Neuem hingezogen und ist von Veränderungen begeistert; sie ist jedoch in der Lage, diese Ziele systematisch anzugehen. Ordnungssinn ist bei der 5 aber eher Mittel zum Zweck als das eigentliche Ziel, wie es bei der 4 der Fall ist. Es ist möglich, daß die vielfältigen Fähigkeiten zu nichts führen und der äußerst kühne Verstand zu Unbesonnenheit verleitet wird. Disziplin ist erforderlich.

Die Zahl 5 muß sich einen unabhängigen Geist bewahren und sich Veränderungen anpassen, sollte die Fahne aber nicht nach dem Wind drehen. Die 5 muß sich Zeit zum Lernen lassen, ihren Hang, sich über andere zu mokieren, zügeln und ihren Charme für konstruktive Ziele nutzen.

Ausgangspunkte für frühe Rechensysteme sind wahrscheinlich die fünf Finger der menschlichen Hand sowie die fünf Zehen des Fußes gewesen. Für die Zahl 5 stand zuweilen der Ausdruck ›eine Hand‹, entsprechend für die 10 der Ausdruck ›zwei Hände‹. In der Philosophie, Medizin und Magie der Chinesen nimmt die Zahl 5 eine herausragende Stellung ein. Sie kennen fünf Farben, fünf Sinne, fünf Tugenden, fünf Elemente (neben Feuer, Wasser, Erde und Luft gab es zusätzlich Holz). Auch die Körperorgane wurden in fünf Gruppen unterteilt. Tatsächlich waren nach chinesischer Vorstellung nahezu alle Aktivitäten des Menschen und sämtliche Erscheinungsformen der Natur in fünf Kategorien zusammengefaßt.

Im griechischen Weltbild war die 5 ebenso wichtig wie die 4. Es gab fünf Sinne, fünf Essenzen, fünf Zonen, fünf Gruppen von Lebewesen. Die materielle Welt selbst wurde durch die Zahl 5 symbolisiert. Im Mittelalter hatte der Begriff der fünften Essenz die Bedeutung des höchsten Grades oder des wesentlichen Bestandteils angenommen. Unser Ausdruck Quintessenz läßt den Wert ahnen, den man der Zahl 5 in früheren Zeiten beimaß.

Die Zahl 6

Diese Zahl steht für die Säulen der Familie und Gemeinschaft, sie ist die Beraterin für alle, die edelmütige Schiedsrichterin bei Kontroversen. Als Gegnerin von Streitigkeiten erzeugt die Zahl 6 die von ihr ersehnte Harmonie und Schönheit. Wie bei der Zahl 2 ist das Bedürfnis nach Freundschaft ein auffälliger Wesenszug, doch ist die Bindung meist tiefer und dauerhafter. In einer Partnerschaft erweist sich die 6 jedoch häufig als der dominantere Teil. Doch strebt sie eher aus Gründen der Sicherheit nach Macht und gesellschaftlichem Rang, weniger um zu beherrschen. Die 6 steht zu einem begangenen Fehler und erwartet das gleiche von anderen. Im Extremfall können diese Ansprüche Mißtrauen und Heimlichtuerei auslösen, wenn nicht uneingeschränkte Zuneigung gezeigt wird.

Der Wunsch, der Fels zu sein, auf dem andere bauen können, verwandelt die Eigenschaften der 6 mitunter in Perfektionismus. Besorgnis kann zum Dauerzustand werden. Ein solcher Mensch muß sich vor einem Helfersyndrom hüten.

Die 6 versucht an Idealen festzuhalten, sollte sich aber in annehmbaren Grenzen bewegen und anerkennen, daß nicht jeder die gleichen Prinzipien haben muß.

Für Pythagoras bedeutete die 6 Perfektion. Sie ist die erste Zahl, deren Divisoren (1, 2 und 3) addiert der Zahl selbst entsprechen; aus ihrer Multiplikation ergibt sich wiederum dieselbe Zahl.

Philon von Alexandrien stellte zu Beginn der christlichen Ära die Behauptung auf, daß die Erschaffung der Welt sechs Tage dauern mußte, da die 6 die vollkommenste und schöpferischste aller Zahlen sei. Augustinus kam ebenfalls zu dem Schluß, daß Gott die Welt nur deshalb in sechs Tagen erschaffen habe, weil diese Zahl Vollkommenheit symbolisiere, nicht weil der Herr nach sechs Tagen mit seiner Arbeit fertig war.

Die 6 ist die weibliche Zahl der Ehe. Sie ist das Produkt aus der 3, der ersten anerkannten ungeraden Zahl, und der 2, der ersten geraden Zahl, während die 5 die Summe dieser beiden Zahlen ist. Und tatsächlich ergibt sich die 6 aus der Addition der ersten drei Grundzahlen – 1, 2 und 3. In der pythagoreischen Lehre gibt es sechs geometrische Flächenfiguren.

Die numerologische Analyse der Offenbarung des Johannes sprach der Zahl 6 eine besondere Symbolik zu. Eine Passage beschreibt, wie der Antichrist, das apokalyptische Tier, das verabscheuungswürdigste Wesen auf der Erde, zu erkennen ist. Mittels Umwandlung der Buchstaben seines Namens in ihre entsprechenden Zahlen – die Standardtechnik der Numerologie –, setzte die Offenbarung die 666 als die Zahl des Tieres fest. Das zweihörnige Tier, so heißt es in Offb 13, 18, erkennt derjenige, der Verstand hat, »denn es ist eines Menschen Zahl, und seine Zahl ist sechshundertsechsundsechzig«.

Auch Thomas von Aquin beteiligte sich an dieser numerologischen Übung. Im Zuge der blinden Hetze, theologische Gegner mit der verabscheuungswürdigen Zahl zu brandmarken, manipulierten einige sogar den Namen von Papst Leo X., damit sich die Zahl 666 ergab.

666, die biblische Zahl des apokalyptischen Tieres oder Antichristen, hätte wahrscheinlich eine Panik ausgelöst, wäre sie in der mittelalterlichen Welt an so exponierter Stelle zu sehen gewesen.

Nach numerologischer Namensdeutung ist Paul Klee (1879–1940) eine 6. Charakteristisch für die 6 ist das Streben nach Schönheit und Harmonie. So ist es nicht verwunderlich, wenn sich die 6 auch künstlerisch äußert. Photographie von Paul Klee, 1939

In ähnlicher Weise verdrehten Verteidiger des Vatikans den Namen Martin Luthers, um die 666 zu erhalten. Die numerologischen Berechnungen, die notwendig waren, um den Namen des Gegners mit dieser Zahl in Einklang zu bringen – und ihn auf diese Weise erfolgreich als apokalyptisches Tier zu diffamieren –, waren häufig derart abwegig und grotesk, daß jeder Name oder jedes Geburtsdatum hätte passend gemacht werden können.

Diese Stigmatisierung der 6, die für die Pythagoreer eine vollkommene Zahl gewesen war und der in der heutigen Numerologie ein hoher moralischer Wert zugemessen wird, ist wohl auf mehrere Ursprünge zurückzuführen. Das lateinische Wort für 6 ist *sex.* Die Bedeutung und das hieroglyphische Zeichen für das ägyptische *seshemu* ist sexueller Verkehr. Arabische und persische Mystiker benutzten ein ähnliches Wort als Bezeichnung für Erotik. Sogar das fernöstliche Märchen über den geheimen Berg, in dem die Zauberformel »Sesam öffne dich« lautet, hat sich vermutlich auf eine ähnliche Terminologie bezogen. Wiederholt ist die geheime Höhle in dem verzauberten Berg mit dem Uterus verglichen worden. Wie auch immer der neue Symbolgehalt zustande gekommen sein mag, die 6, Sexualität und Sünde waren im Sagen- und Märchengut des Mittelalters sowie in der christlichen Mystik oft eng miteinander verknüpft. Letztendlich konnte sich jedoch die ehemals positive Bedeutung durchsetzen, nach der die 6 für Absicht, Verantwortung und Sicherheit steht.

Die Zahl 7

Die 7 gilt von jeher als Glückszahl. Sie markierte das Ende der Weltschöpfung, als Gott ruhte und mit seinem Ergebnis zufrieden war. Manchmal wurde die 7 auch mit negativen Ereignissen in Verbindung gebracht, vielleicht weil am siebten Tag alle Freizeitaktivitäten verboten waren und Arbeit vermieden werden sollte. In frühen mesopotamischen Zeiten galten Tage, deren Zahl ein Vielfaches von 7 war, als ungünstig. Besonders verhängnisvoll war zum Beispiel der 49. Tag (7 × 7) nach dem Beginn des Vormonats. Im kulturhistorischen Vergleich wird die 7 jedoch

Marsden Hartley (1877–1943), Eight Bells Folly: Memorial for Hart Crane, 1933, Öl auf Leinwand, ca. 80 × 100 cm, Minnesota, University Gallery

Links: Die sieben freien Künste symbolisieren die grundlegenden Charaktereigenschaften eines Menschen mit der Zahl 7: Verständnis und Intelligenz. »Septem artes liberalis«, Illustration zu: Herrad von Landsberg, »Hortus deliciarum«, um 1175, neuzeitliche Kopie des 1870 in Straßburg verbrannten Originals, Paris, Bibliothèque Nationale

überwiegend mit Weisheit und Zufriedenheit assoziiert.

Die Aufmerksamkeit und das Verständnis eines Menschen mit der Zahl 7, wie auch der Fleiß und die Gelehrsamkeit, mögen als Pedanterie und Humorlosigkeit erscheinen. Zufriedenheit kann als Selbstgefälligkeit ausgelegt werden, und die Verbindung aus analytischem Verstand, intuitiven Fähigkeiten und ruhigem Auftreten führt leicht zu passiver Beobachtung statt zu aktiver Beteiligung und äußert sich eher in übertriebener Zurückgezogenheit als in verbindlicher Freundlichkeit. Der Denker darf nicht zum Träumer werden. Der außergewöhnliche Verstand und der ausgeprägte Idealismus ist auf die Freundlichkeit anderer angewiesen.

Die 7 muß ihre Fähigkeiten offen zeigen, statt sie im Verborgenen zu lassen; Analyse wird am leichtesten akzeptiert, wenn sie mit spürbarer Sympathie und Zuneigung einhergeht; auf die nachdenkliche Betrachtung sollte die Tat folgen.

In der pythagoreischen Numerologie hatte die Zahl 7 als einzige die Bedeutung von Weisheit und Unabhängigkeit. Diese Zahl stand in keiner Beziehung zu den räumlichen Figuren, von denen jede eine zugeordnete Zahl besaß. In gewisser Hinsicht erzeugte die 7 sich daher selbst. Damals waren nur sieben sich bewegende Himmelskörper bekannt – Sonne, Mond, Mars, Venus, Merkur, Jupiter, Saturn. Lange Zeit gab es sieben anerkannte Sterne innerhalb der zahlreichen Sternbilder, die für Seefahrer wichtig waren. Daß es sieben Planeten gab, und nur sieben, war beruhigend, zeugte es doch von einer Gleichmäßigkeit innerhalb der Schicksalsordnung. So lautete denn auch einer der Einwände gegen Galileis Entdeckung der Jupitermonde, daß sie das angenehme bestehende System der sieben Himmelskörper durcheinanderbringe.

Wie bereits bei der Zahl 4 erwähnt, standen die 7 und die 4 zueinander in Beziehung. Die vier Winde Mesopotamiens wurden auf sieben erweitert. Die Woche als Einheit von sieben Tagen (und vier Wochen zu je sieben Tagen als ein Mondmonat) wurde in Alexandria im 1. Jahrhundert n. Chr. üblich. In vielen Kulturen stand die 7 mit religiösen Inhalten in einem engen Zusammenhang. Der jüdische Leuchter hat sieben Arme. Naaman wurde von der Lepra geheilt, nachdem er siebenmal in den Jordan getaucht worden war. Dante beschrieb sieben Ebenen des Fegefeuers, die den späteren Vorstellungen von den sieben Schritten zur Vollendung

Die Zahl 9 wird häufig mit Spiritualität und der höchsten ethischen Stufe vor der Vollkommenheit, symbolisiert durch die 10, in Verbindung gebracht. Ben Shahn, Gebet entsprechen. Entsprechend einer Vorstellung von sieben Himmeln waren babylonische Tempel siebenstufig. ›Im siebten Himmel‹ bedeutet heute die höchste Glückseligkeit, unmittelbar vor dem endgültigen Paradies.

Arabische Schriften enthalten eine große Anzahl von Verweisen auf die 7: sieben große Führer gab es von Adam bis Muhammad; siebenmal müssen Zauberformeln wiederholt werden; die Hölle ist unterteilt in sieben Grade; Sindbad der Seefahrer unternahm sieben Reisen; die Erde besteht aus sieben Regionen; es gibt sieben Meere; die Künste teilen sich in sieben Bereiche; ein vollständiges Gedicht besteht aus sieben Versen.

Darüber hinaus findet die 7 im Volkstum, in der Literatur und in Sitten und Bräuchen vielfach besondere Erwähnung. Der Kopf hat sieben Öffnungen – zwei Augen, zwei Nasenlöcher, zwei Ohren und einen Mund. Die sieben Weltwunder der Antike hatten für die Nachwelt Modellcharakter. Shakespeare beschrieb die sieben Alter des Menschen. In der Medizin des Altertums und des Mittelalters galten bestimmte Tage im Verlauf einer Krankheit als besonders kritisch, da sie entweder zur Heilung oder zur Verschlimmerung führten. Der siebte Tag war einer davon.

Der heilige Bund zwischen Gott und den Juden wurde durch die Beschneidung besiegelt – am achten Tag nach der Geburt. Die 8 bedeutete auch den zweiten Anfang der Menschheit nach der Sintflut. Da sich nur acht Menschen auf Noahs Arche befanden, ging die anschließende Wiederentstehung der Erdbevölkerung von diesen acht Menschen aus. Nach sieben ›fetten‹ Jahren in der biblischen Geschichte um Joseph beginnt im achten Jahr eine Zeit der Hungersnöte. Um einen Ort zu weihen, mußten acht Tage lang Opfer gebracht und Zeremonien abgehalten werden. In der pythagoreischen Geometrie stand die 8 für den ersten Kubus; da er sechs (die vollkommene Zahl) Seiten hat, ist er auch ein vollkommener Körper.

In den antiken Sagen und Märchen zahlreicher Kulturen führten sieben Stufen zur Vollkommenheit, bevor die achte, das Paradies, erreicht wurde. Die Neuplatoniker gingen davon aus, daß die Seele nach dem Tod eine Reise zu allen sieben Planeten (Sonne, Mond, Merkur, Venus, Mars, Jupiter, Saturn) unternahm, um die Eigenschaften zurückzugeben, die ursprünglich von jedem Himmelskörper empfangen wurden, bevor der Geist die achte Himmelsstufe erlangen konnte.

Die Zahl 8

Die Zahl 8 erntet die Früchte. Macht und berufliche Stellung werden genutzt, um produktiv zu sein und finanziellen Gewinn zu erzielen, nicht um Macht auszuüben. Dennoch muß die Neigung zu diktatorischem und autoritärem Verhalten bekämpft werden. Obwohl materielle Anerkennung angestrebt wird, liegen Idealismus und Prinzipientreue häufig unbemerkt unter der Oberfläche. Das Empfinden dafür, wie unfair mit den Bedürfnissen und Rechten anderer umgegangen wird, kann ein starkes soziales Engagement in den Mittelpunkt rücken. Die 8 flößt Vertrauen ein und hat einen Blick dafür, welche Beweggründe die Menschen antreiben, daher nimmt sie leicht Führungspositionen ein. Er oder sie ist mutig und abenteuerlustig, häufig erfolgreich, kann aber auch scheitern, denn die Persönlichkeit ist von Extremen geprägt.

Die duale Natur dieser Zahl steht noch für andere Gegensätze: Zerstörung und Erneuerung, Enttäuschung und Hoffnung, praxisbezogenes Denken und Großzügigkeit. Diese Ambivalenz liegt schon in der Form der Ziffer. Aufrecht stehend zeigt sie die beiden Kreise der Selbstgenügsamkeit, und ihre mathematische Größe ergibt sich aus der Verdoppelung der 4, der ›erdverbundenen Zahl‹. Auf der Seite liegend ist die 8 jedoch das mathematische Symbol für ›unendlich‹, ein Hinweis auf Grenzenlosigkeit.

Die der 8 zugeordnete Persönlichkeit muß lernen, sich selbst, nicht nur andere zu beherrschen, sich einen Partner und Freunde auszusuchen, die sie intellektuell, künstlerisch und geistreich ergänzen. Sie muß lernen, sich allmählich vorzutasten, statt zielstrebig voranzustürmen.

Schon seit früher Zeit gilt die 8 als heilige Zahl. Die vier hebräischen Buchstaben, die für Jehova stehen – im Hebräischen sind es Konsonanten –, Jod, He, Wau, He sind der zehnte, fünfte, sechste und wiederum der fünfte Buchstabe des Alphabets. Diese Zahlen addieren sich zu 26 (10 + 5 + 6 + 5), numerologisch 8 (2 + 6). Ferner ist der letzte Buchstabe unseres Alphabets der 26.; also ebenfalls eine 8 (2 + 6).

Die Zahl 9

Die 9 gilt als besondere Zahl. Das Produkt aus der Multiplikation mit einer beliebigen Zahl ergibt, nach der numerologischen Berechnungsmethode, wiederum 9. Beispiele:

2 × 9 = 18 (1 + 8 = 9); 3 × 9 = 27 (2 + 7 = 9)
85 × 9 = 765 (7 + 6 + 5 = 18; 1 + 8 = 9)

Von vielleicht noch größerer mathematischer Bedeutung ist die Tatsache, daß sich aus der Addition einer beliebigen Einerzahl (d. h. einer Zahl von 1 bis 9) mit 9 nach der numerologischen Berechnung wiederum die gleiche Einerzahl ergibt. Beispiele:
1 + 9 = 10 (1 + 0 = 1); 2 + 9 = 11 (1 + 1 = 2)
3 + 9 = 12 (1 + 2 = 3); 4 + 9 = 13 (1 + 3 = 4)

Somit können die nach außen gerichtete Persönlichkeit der 9, ihr innerer Antrieb und ihr Lebensweg im Sinne der Numerologie wie bei jeder anderen Zahl ausgebildet sein. Sie ist ein Chamäleon, das nach Belieben die Färbung und die charakteristischen Merkmale anderer Zahlen annehmen kann. Nach genügender Beeinflussung und ausreichender Motivation kann die 9 folglich das Ich gemäß den Umständen und in Übereinstimmung mit ihren numerologischen Merkmalen ausrichten. Doch ihre grundlegenden Eigenschaften bleiben bestehen: Vielseitigkeit, Denkvermögen und Gefühl. Im allgemeinen ist die 9 tolerant, uneigennützig und weitblickend, doch können extreme Naivität, Wirklichkeitsferne und Verletzlichkeit eine Gefahr darstellen.

Klugheit gepaart mit umfassender Bildung erlaubt es einer der 9 zugeordneten Person, das eigentliche Wesen von Menschen und Ereignissen zu erfassen, das von anderen nicht so leicht erkannt wird. Diese rasche Auffassungsgabe führt leicht zu impulsivem Handeln statt zu überlegtem Verhalten. Überdies kann die Neigung zur Weitsicht bewirken, daß unmittelbar anstehende Fragen übersehen werden.

Obwohl sie einen gleichgültigen Eindruck erwecken kann, ist sie in Wahrheit zu starkem Mitgefühl fähig und im Gegenzug auf Zuneigung angewiesen. Die 9 ist eher auf der Suche nach Bewunderung und Anerkennung als nach materiellem Gewinn.

Der Zahl 9 ist zu raten, trotz ihrer globalen Weitsicht auch die materiellen Bedürfnisse einzelner Mitmenschen zu berücksichtigen und den unmittelbar vor ihr liegenden Weg nicht aus den Augen zu verlieren.

Seit langem steht diese Zahl für Universalität. Während die 1 als bereits in allen Zahlen enthalten galt, und daher von den Pythagoreern praktisch nicht als Zahl betrachtet wurde, war die 9 imstande, sich in jede Zahl zu verwandeln, und blieb trotzdem gleich. Sie symbolisierte das letzte Unvollkommene vor der Vollkommenheit (der 10). Als letzte von den Einerzahlen, aus denen sich alles zusammensetzt, stand sie für eine umfassende Weltsicht.

Sie wurde auch benutzt, um eine lange Zeitdauer und außergewöhnliche Macht zum Ausdruck zu bringen. Neun Jahre dauerten die Belagerung Trojas und die Irrfahrten des Odysseus. Im Mittelalter war die 9 als dreimalige Dreifaltigkeit noch stärker als die 3. Man erhöhte also die der Zahl 3 immanenten symbolischen Bedeutungen, indem man sie auf das Produkt 9 multiplizierte, während die einzigartige Vielseitigkeit der 9 erhalten blieb.

Die Zahl 10

Ende und Neuanfang

Zur Zeit des Pythagoras kam der Zahl 10 große Bedeutung zu, doch moderne numerologische Prinzipien spalten gewöhnlich jede Zahl über 9 und bilden die Quersumme. 10 ist somit 1 + 0 = 1. Wird die 10 als einzelne Zahl betrachtet, so steht sie für Ehrlichkeit, Ehrgeiz und praktische Intelligenz. Mit der 10 geht alles zu Ende und beginnt dennoch wieder neu. Sie steht für Absolutheit und daher auch für Vollkommenheit selbst. So hat diese Zahl seit jeher viele Assoziationen ausgelöst. In der Astrologie besteht ein Tierkreiszeichen aus drei Dekanen von je 10°. Griechische Mathematiker erkannten, daß alle flachen und räumlichen Figuren je zehn Formen hatten. Die 10 war für den Begriff der Vollkommenheit derartig wichtig, daß die Pythagoreer das Postulat eines zehnten Körpers aufstellten, einer ›Gegen-Erde‹, um die theoretische Forderung nach zehn Himmelskörpern zu erfüllen (Sonne, Mond, fünf Planeten, Erde und ein zentrales Feuer, das die anderen umkreisten, ergibt erst neun Einheiten). In Mesopotamien war der zehnte Tag religiösen Riten vorbehalten. Die 100 Tage des Nilhochwassers in Ägypten waren ein Vielfaches von 10. In der Bibel sind zehn ägyptische Plagen erwähnt (Ex 7–12), und zehnmal soll Gott seine verschiedenen Warnungen ausgesprochen haben. Es gibt Zehn Gebote (Ex 20, 1–17), und wenn sich heute zehn Männer zu jüdischen Feierlichkeiten, *Minjan*, versammeln, werden verschiedene religiöse Zeremonien vollzogen.

Alle Zahlen sind in der 10 enthalten, die numerologisch gesehen auch eine 1 ist. Sie bildet das Ende des kleinen Einmaleins und ist somit das Maß für Vollständigkeit.

Die Zahl 11

Offenbarung

Die Zahl 11 läßt auf ungewöhnliche Begabungen und äußersten Scharfblick schließen; in der Auffassungsgabe übertrifft sie die 9. Dieser Typ Mensch geht nicht schnell Partnerschaften ein, ist aber andererseits kein Einzelgänger. Ist es zu einer Beziehung gekommen, setzt die 11 sich leidenschaftlich für einen Partner oder Freund ein. Sicheres Urteilsvermögen und die Fähigkeit, Prioritäten zu setzen, sind die charakteristischen Merkmale. Selbstsucht, Reserviertheit und Fanatismus stellen Gefahren dar. Die Führungsqualitäten und Originalität der 1 werden verstärkt.

Die Zahl 11 darf sich nicht von Träumen überwältigen lassen oder zu emsig ihrer eigenen Sache verschreiben. Sie sollte auch mehr auf die Bedürfnisse ihrer Mitmenschen eingehen. Die der 11 zugeordnete Person muß sich etwas zurücknehmen (was der 2 entspräche, der Quersumme von 11), dabei jedoch ihre Kreativität und Individualität bewahren, als eine Verdoppelung der Kraft, die sich in der 1 manifestiert.

Da die 11 nach der 10 kommt, hat man geglaubt, sie repräsentiere die Übertretung der Zehn Gebote. Diese unvorteilhafte Konnotation wird durch ihren überdurchschnittlichen Scharfblick ausgeglichen und durch ihre Fähigkeit, festgefügte Maßstäbe zu überschreiten.

Die Zahl 22

Integration

Die hebräische Sprache – von der einige Kabbalisten annehmen, sie sei die Sprache, die Gott benutzte, um die Welt zu erschaffen und mit den Menschen zu kommunizieren – enthält 22 Buchstaben. Die Zahl ist daher erleuchtet. Sie bedeutet Macht und Prophetie. Als Verwandte der 4 (2×2) signalisiert die 22 jedoch ebenfalls das Wesen der Realität, Interesse für die Umwelt und für materielle Mittel, doch nicht für Geld selbst.

Anteilnahme an den Besitztümern der Erde kann zu selbstloser Aufopferung für die Verbesserung der Menschheit führen. Eine praktische Veranlagung und Disziplin kann hohe Produktivität erzielen.

Die Zahl 33

Harmonie

Als Meister- oder Hauptzahl ist die 33 mit Harmonie, Gefälligkeit und Mitgefühl verbunden. Die Bedeutung dieser Zahl wird auf verschiedene Weise unterstrichen. Bei den Freimaurern zum Beispiel nimmt die 33 die höchste Stelle ein. Die Kombination von Ausdruckskraft, wofür die 3 als Beispiel dient (in diesem Fall ist die 33 eine verdoppelte 3), und der Entschlossenheit der 6 (als Summe von 3 + 3) kann zu revolutionären Ideen und zum Infragestellen von Autoritäten führen. Ihre Ziele erreicht diese nonkonformistische Per-

Die Zahl 13 bedeutet Glück und Unglück: Glück, weil sie in der jüdischen Überlieferung mit Reife verbunden wird; Unglück, weil beim letzten Abendmahl 13 Teilnehmer zugegen waren. Leonardo da Vinci (1452–1519), Das Abendmahl, 1495–1498, Fresko, Mailand, Santa Maria delle Grazie, Refektorium

Links: Die Zahl 10 impliziert Vollkommenheit und das Streben danach; sie ist der Anfang und das Ende aller übrigen Zahlen. Robert Campin (1375/1379–um 1444), Heilige Barbara (rechter Flügel eines Triptychons), 1438, Holz, 101 × 47 cm, Madrid, Museo del Prado

sönlichkeit jedoch weniger durch Konfrontation und Umsturz als durch Überzeugungskraft, Aufmunterung und Freundschaft. Arroganz und ihr Gegenteil, das Aufgeben der eigenen Prinzipien, sind zu vermeiden.

Die Zahlen 12 und 13

Ein paar Bemerkungen sollen den Zahlen 12 und 13 gewidmet werden, obwohl sie selten als Zehner belassen, sondern statt dessen aufgespaltet und zur 3 (1 + 2) bzw. zur 4 (1 + 3) addiert werden.

Schon sehr früh kommt der Zahl 12 außergewöhnliche Bedeutung zu. Als die Zahl der Monate im Jahr, der Tierkreiszeichen, der Stämme Israels, der Apostel sowie in vielen anderen Zusammenhängen hat sie die Jahrhunderte hindurch eine herausragende Rolle gespielt. Im Mittelalter wurde der 12 mythisch-religiöser Wert verliehen, und sie wurde zur Zahl Christi bestimmt. Ebenso wie die 7 heilig war, weil sie sich aus der ersten echten ungeraden Zahl 3, die die Dreieinigkeit symbolisierte, und der geraden Zahl der 4 Evangelisten zusammensetzte, die auch die vier Grundelemente der Natur symbolisierte, so war auch die 12 eine geheiligte Zahl (3 × 4). Die 12 verkörperte auch Universalität, denn die 4 stand für Materialität und die 3 für Spiritualität.

Die Zahl 13 gilt sowohl als Glücks- wie auch als Unglückszahl. Negative Konnotationen wie zum Beispiel ›der 13. bei Tisch‹ haben einige Gelehrte dem letzten Abendmahl zugeschrieben, der Versammlung Christi und seiner 12 Apostel, insgesamt 13, auf die Jesu Gerichtsverhandlung und die Kreuzigung folgte. Wohl aus diesem Grund sind Zahlen über 12 sündhafte Bedeutungen bis hin zur Hexerei unterlegt worden. Darüber hinaus gibt es noch eine Vielzahl anderer Erklärungen für die Unglück verheißende 13.

Die 13 bezeichnet jedoch auch das Alter, in dem ein jüdischer Junge in den Augen Gottes das Mannesalter erreicht und von da an für seine Gesetzesübertretungen wie auch für seine guten Werke verantwortlich ist; er wird zu einem ›Sohn der Pflicht‹ und folglich zu einem Sohn der guten Taten, Bar Mizwa. Im frühen Indien und ebenfalls im präkolumbischen Amerika war der Himmelsraum eine Verbindung aus horizontalen und vertikalen Dimensionen, aus denen sich 13 räumliche Komponenten ergaben, die das Universum umfaßten. Die frühen Indogermanen in Asien teilten das Jahr in 13 Mondmonate, nicht in 12 Sonnenmonate. Von diesen Standpunkten aus betrachtet war die 13 eher ein gutes als ein unheilvolles Omen.

Verschiedene Numerologen werten eine Menge anderer Zahlen auf unterschiedliche Weise aus. Wir haben uns hier auf die zehn Grundzahlen und einige wenige zusätzliche Ziffern beschränkt.

Die Beurteilung von Partnerschaften zwischen zwei beliebigen Zahlen kann auf ähnliche wie die beschriebene Weise erfolgen. Das Ziel solcher Analysen ist es, den Beteiligten zusätzliche Möglichkeiten einer fruchtbaren und lohnenden Gestaltung ihrer Beziehung zu vermitteln. Die Numerologie kann mit dazu beitragen, vorteilhafte und nachteilige Aspekte der Persönlichkeitsstruktur anhand von Geburts-Namenszahlen zu erkennen, so daß selbst diejenigen, deren Zahlen grundsätzlich nicht zueinander passen, weitaus besser miteinander auskommen als zueinander passende Charaktere, deren ungünstige Neigungen nicht erkannt oder ignoriert werden.

Interpretation

Die für numerologische Interpretationen erforderlichen Zahlwerte erhält man aus dem vollständigen Geburtsdatum (bekannt als Geburtszahl, Lebensweg oder Schicksalsweg) und dem Geburtsnamen (Persönlichkeitszahl). Die Vokale des Geburtsnamens geben Auskunft über den ›inneren Antrieb‹ oder ›Seelendrang‹, die Konsonanten des Namens über die ›äußere Persönlichkeit‹ auch ›passives Wesen‹ oder ›Potential‹ genannt. Weitere relevante Zahlen sind der Tag und der Monat der Geburt, sowie darüber hinaus eine Vielzahl von Verknüpfungen dieser Daten- und Namenswerte oder von einzelnen Elementen daraus. Numerologen legen unterschiedliches Gewicht auf diese Zahlen, doch alle sind sich einig, daß die Geburtszahl und die Persönlichkeitszahl am wichtigsten sind.

Geburtszahl

Lebensweg

Die Geburtszahl wird ermittelt, indem man sämtliche Ziffern des Geburtsdatums addiert und von der Summe so lange die Quersumme bildet – es sei denn, es handelt sich um eine Meisterzahl (11 oder 22) – bis als Ergebnis eine Ziffer von 1 bis 9 feststeht. Man kann auch zunächst jeden Bestandteil des Datums zerlegen und anschließend die einzelnen Ziffern addieren. Diese Methode führt zuweilen zu einer Meisterzahl, die durch die direkte Addition aller Ziffern hätte vermieden werden können. Beispiel: 1. Februar 1934 ergibt 1 + 2 + 1 + 9 + 3 + 4 = 20 = 2 + 0 = 2. Zerlegt man zuerst jeden einzelnen Bestandteil, ergibt sich: Tag = 1; Februar = 2; Jahr = 1 + 9 + 3 + 4 = 17 = 1 + 7 = 8. Die Summe ist dann 1 + 2 + 8 = 11 und somit eine Meisterzahl, die bei der vorherigen Additionsmethode vermieden wurde. Würde die Meisterzahl natürlich weiter zerlegt, ergäbe sich 1 + 1 = 2, also wieder dieselbe Zahl, doch gewöhnlich verbleiben diese besonderen Zahlen zweistellig. (Umgekehrt kann durch die Methode, die einzelnen Bestandteile des Datums zuerst zu zerlegen, auch eine Meisterzahl vermieden werden, die sich bei der herkömmlichen Addition aller Ziffern ergeben würde.)

Als Zahl des ›Schicksalswegs‹ weist die Geburtszahl in eine Richtung. Sie ist lediglich als Anstoß zu verstehen, sie bietet keinerlei festgelegtes Programm, denn die Numerologie erkennt den Einfluß an, den die Entscheidungen eines Individuums haben, und geht davon aus, daß ein Mensch, sobald er sich über den voraussichtlichen Weg im klaren ist, den ihm sein Wesen nahelegt, nach eigenem Willen entweder weitergehen oder die Richtung ändern kann. Er kann seine negativen Eigenschaften bekämpfen oder sie ausgleichen und versuchen, die positiven Charakterzüge stärker zu entwickeln.

Tag der Geburt

Die Aussage über den möglichen Lebensweg, die man aus dem vollständigen Geburtsdatum erhält, wird durch die numerologische Bedeutung des Geburts-Tags präzisiert. So wird zum Beispiel beim 28. Mai 1912 die Lebenswegzahl 1 durch den 28. Tag (2 + 8 = 10 = 1) gestützt. In diesem Fall wird der Wert des Lebenswegs 1 durch die 1 des Geburtstags verstärkt. Doch die Zahl des Geburtstags ist keineswegs immer identisch mit der Zahl des Lebenswegs. Kommt zur Lebensweg-1 etwa eine Geburtstags-4, dann würden Gewissenhaftigkeit, absolute Integrität und Leistungsfähigkeit vorschnelle, unrealistische oder habsüchtige Aspekte kontrollieren und einschränken. Extravagante Neigungen könnten mit größerer Wahrscheinlichkeit in Grenzen gehalten werden.

Geburtsnamenszahl

Persönlichkeitszahl

Alle Vokale und Konsonanten zusammen ergeben die Persönlichkeitszahl; sie sagt etwas aus über die gesamten Anlagen eines Menschen, die Summe der inneren Kräfte, die äußere Erscheinung und seine sämtlichen Möglichkeiten.

Es kann jedoch sein, daß ein Mensch bei seiner Geburt mehrere Namen erhält und nur einen davon tatsächlich führt oder unter einem Spitznamen bekannt ist. Eine Frau nimmt nach der Heirat gewöhnlich den Namen des Ehepartners an, oder aber sie verwendet sowohl den Geburts- als auch den neuen Namen; möglicherweise behält sie auch weiterhin ihren Mädchennamen.

So kennen ihre Bekannten zum Beispiel Lenore Robinson (mit der Persönlichkeitszahl 4) nur als Leni, ohne Nachnamen; sogar sie selbst nennt sich so. Ihre Persönlichkeitszahl wäre demnach 22, denn 3 (L) + 5 (E) + 5 (N) + 9 (I) = 22. Diese Meisterzahl, und nicht so sehr die 4, würde somit in erster Linie über ihre Einstellungen und Emotionen Aufschluß geben.

Vokale

Bei Lenore Robinson ergeben die Vokale 5 (E) + 6 (O) + 5 (E) + 6 (O) + 9 (I) + 6 (O) = 37 = 3 + 7 = 10 = 1. Dieser Wert bezeichnet den ›inneren Antrieb‹ oder ›Seelendrang‹ und gibt Auskunft über die Einstellungen eines Menschen. Im Falle Lenore Robinson bedeutet die 1 den Drang zu führen, Originalität frei zur Entfaltung zu bringen. Zwar hält sie strikt an der Gewissenhaftigkeit und der Originalität fest, die ihre Persönlichkeitszahl 4 bekundet, doch innerlich verfügt sie über den Ehrgeiz und die Individualität, Risiken einzugehen und sich tapfer voranzukämpfen.

Konsonanten

Über die Bedeutung der Konsonanten gehen die Meinungen der Numerologen auseinander. Für viele geht die äußere Persönlichkeit aus der Summe der Konsonanten hervor. Andere wiederum meinen, die Zahl symbolisiere das eher passive Wesen, die ruhige Seite eines Menschen, sogar das unverwertete Potential. Daher bestimmt der einzelne Numerologe, wie die charakteristischen Merkmale dieser Zahl zu interpretieren sind. Es ist beispielsweise denkbar, daß Lenore Robinson, aufgrund der Konsonanten eine 3, nach außen hin strahlend guter Laune ist, ihre Persönlichkeit auffallend zum Ausdruck bringt und stark emotional reagiert, aber dennoch unsicher sein kann.

›Persönlichkeitsjahr‹

Bei der Untersuchung der Zahlen lassen sich zweifellos viele verschiedene Aspekte ein und derselben Person feststellen. Tatsächlich gibt es darüber hinaus eine Vielzahl von Interpretationsmöglichkeiten für die ermittelten Zahlen. Einige Systeme bestimmen mit Hilfe komplizierter Zuordnungen Tage, Monate und sogar Stunden, die mit der Persönlichkeitszahl (Geburtsnamenszahl) einer bestimmten Person harmonieren oder disharmonieren können.

Man geht davon aus, daß das ›Persönlichkeitsjahr‹ angibt, wie groß die Wahrscheinlichkeit ist, daß man im laufenden Jahr oder irgendwann in der Zukunft Glück oder Unglück haben wird. Die Summe aus Geburtsmonat und -tag eines Menschen und dem untersuchten Jahr ergibt die Persönlichkeitsjahreszahl für das gewählte Jahr. Hätte man zum Beispiel 1985 wissen wollen, was jemand, der am 28. Mai geboren wurde, im Jahr 1988 zu erwarten haben würde, so hätte man 5 (der Geburtsmonat Mai) zu 2 + 8 (der 28.) + 1 + 9 + 8 + 8 (die Summe der Einer in der Jahreszahl 1988) addiert und die Gesamtsumme 41 = 4 + 1 = 5 erhalten. Dies war die Persönlichkeitsjahreszahl des Jahres 1988 für eine Person, die am 28. Mai eines beliebigen Jahres geboren wurde.

Wie bereits festgestellt, lautet die Zahl des Lebenswegs oder die Geburtszahl dieser Person 1: 2 + 8 + 5 + 1 + 9 + 1 + 2 (28. 5. 1912) = 28 = 2 + 8 = 10 = 1 + 0 = 1. Für die Deutung werden beide Zahlen gemeinsam herangezogen. Die Zahl 1 als Lebensweg wird sich wahrscheinlich im Umgang mit anderen Menschen sowie in der Durchführung anstehender Veränderungen, sei es nun im zwischenmenschlichen, im beruflichen oder finanziellen Bereich oder in der Freizeitgestaltung, am besten bewähren. Die ungünstigen Merkmale der 5 legen nahe, daß es Gefahren gibt, die vermieden werden sollten: Unbesonnenheit, Verschwendung und Inkonsequenz. Es scheint, daß die 5 des ›Persönlichkeitsjahrs‹ vorzugsweise im Bereich der Unterhaltung, des Handels und der Lehre die besonderen Fähigkeiten der 1, Initiative, Realisation, Kreativität und Kommunikation, unterstreichen könnte.

›Persönlichkeitsmonat‹

Die Zahl des Persönlichkeitsmonats errechnet sich durch Addition der Persönlichkeitsjahreszahl (wie oben beschrieben) zu jedem beliebigen Monat, über den man in dem betreffenden Jahr Auskunft erhalten möchte. Ausgehend von unserem obigen Beispiel würde die Zahl für August 1988 wie folgt errechnet: 5 (das ›Persönlichkeitsjahr‹) + 8 (August ist der achte Monat) = 13 = 1 + 3 = 4.

Eine Auslegung könnte lauten, daß neue Aufgaben und gewagte Unternehmungen, besonders im Bereich der Kommunikation, sich für diese Persönlichkeit im Jahre 1988 zwar besonders anbieten, wie die 5 des ›Persönlichkeitsjahrs‹ nahelegt, der August 1988 aber Anlaß zur Vorsicht gibt. Die Persönlichkeitsmonatszahl 4 sagt der Person, daß sie unbedingt auf Einzelheiten achten, ihre Integrität bewahren und gewissenhaft sein muß. Der Monat August könnte der beste Zeitpunkt sein, das Tempo zu verlangsamen, Rückschau über das Erreichte zu halten und sich für die noch verbleibenden Monate des Jahres pragmatische, realistische Ziele zu setzen.

Vielen anderen Tagen, Wochen und sogar Stunden eines beliebigen in der Zukunft liegenden Jahrs oder des laufenden Jahrs wird eine Zahl zugeschrieben, der ähnliche Berechnungen zugrunde liegen wie beim Geburtsmonat und -tag. In der Regel wird die Stunde von Mitternacht bis 1 Uhr der 1 zugeordnet, 1 Uhr bis 2 Uhr der 2 etc. bis hin zur Stunde von 8 Uhr bis 9 Uhr, der die 9 zugeordnet ist. Die nächste Stunde, von 9 bis 10 Uhr, ist wieder die 1 und so weiter.

Weitere bedeutsame Zahlen

Wichtig aus numerologischer Sicht ist zum Beispiel die Summe des ersten und des letzten Buchstabens im Vornamen einer Person. In Namen mit einer ungeraden Anzahl von Buchstaben kann der mittlere Buchstabe als zusätzlicher Schlüssel zur Persönlichkeit, als ein Hinweis auf den innersten Wesenskern eines Menschen gesehen werden.

Numerologen leiten auch von verschiedenen Additionen und Subtraktionen Zahlen ab – unter Verwendung von Namen, Geburtsmonaten, -tagen und -jahren –, um zu unzähligen Interpretationen und Vorhersagen zu gelangen. Auf der Grundlage besonderer Berechnungen wird das Lebensalter einer einzelnen Person in Perioden von 3, 9 und 12 Jahren eingeteilt, um die gesamte Lebenszeit zu bewerten. Ein anderes Verfahren mißt jeder Zeitspanne von 27 Jahren numerologische Bedeutung bei. Von der Geburt bis etwa zum Alter von 27 Jahren läßt sich die signifikante, für das Verfahren wesentliche Zahl mittels Subtraktion des Geburtstags vom Geburtsmonat errechnen. Die Zahl, die etwa für die nächsten 27 Jahre ausschlaggebend ist, ergibt sich aus der Subtraktion des Geburtsjahrs vom Geburtstag. Die verbleibende Lebensspanne wird von den Eigenschaften der Zahl beeinflußt, die man aus der Subtraktion des Geburtsjahrs vom Geburtsmonat gewinnt. Diese Zahlen sind für jede Gruppe oder Periode von Jahren im Leben eines Menschen von wesentlicher Bedeutung und fassen die Herausforderungen zusammen, denen er oder sie sich stellen muß. Diese ›Herausforderungszahlen‹ werden noch weiter bearbeitet, denn durch die Subtraktion der Zahl für die zweite 27-Jahr-Periode von der Zahl für die erste 27-Jahr-Periode ergeben sie eine unveränderliche, für alle Lebensphasen relevante Zahl.

Fehlende Zahlen

Listet man sämtliche Ziffern der für eine numerologische Deutung relevanten Zahlen, die hier beschrieben wurden, auf, so werden nicht bei jeder Person alle Ziffern zwischen 1 und 9 vertreten sein. Die fehlenden Zahlen gelten als Symbole für jene Charaktereigenschaften, die die Person nicht besitzt. Der Numerologe kann daher darauf hinweisen, daß diese fehlenden Zahlen Eigenschaften und Bestrebungen repräsentieren, die die Person versuchen sollte zu entwickeln, um ihr Dasein vielfältiger zu gestalten. Einige Mystiker bringen diese Eigenschaften mit Handlungen und Einstellungen aus den früheren Leben eines Menschen in Verbindung.

Passende Zahlen

Numerologen suchen nach Vereinendem zwischen Personen mit unterschiedlichen Zahlenwerten. So paßt etwa die Führungspersönlichkeit der Zahl 1 hervorragend zu der passiven, rezeptiven Zahl 2; zwischen 3 und 5 besteht vollkommene Harmonie, da sich die ausdrucksstarke Persönlichkeit der 3 und die Freiheit der 5 ergänzen. Andererseits sind 7 und 4 möglicherweise unvereinbar, da die kühne, schöpferische, energische Veranlagung der 7 mit den konservativen, realistischen und geduldigen Zügen der 4 auf Kriegsfuß steht. Die Numerologie erkennt jedoch klar, daß Personen mit gleichen Zahlen nicht gleich veranlagt sein müssen, denn die positiven und negativen Eigenschaften vermischen sich auf unterschiedliche Weise. Da jede Zahl günstige und ungünstige Elemente aufweist, können die Kräfte, die zwei beliebigen Zahlen jeweils eigen sind, sich harmonisch miteinander verbinden und gemeinsam produktiv werden; eine Verbindung gefährdende Charakterzüge können erkannt und überwunden werden, denn selbst das Zahlenpaar, das die größte Harmonie verspricht, kann in krassem Gegensatz zueinander stehen, wenn den negativen Eigenschaften freier Lauf gelassen wird.

Am Beispiel der Verbindungen mit 1 wird deutlich, wie positive Eigenschaften gefördert und mögliche Schwächen korrigiert werden können, so daß es zu einer stabilen Beziehung kommt.

1 mit 2: Die Entschlußkraft der 1 und die Freundlichkeit der 2 können gemeinsam eine höchst effektive Zusammenarbeit ergeben. Das kooperative Wesen der 2 sollte die halsstarrige Herrschsucht der 1 mildern. Im Gegenzug kann die 1 mit ihrer Unabhängigkeit und Beherztheit die 2 aus ihrer Apathie und Zurückhaltung reißen.

1 mit 3: Die ausdrucksstarke und vielseitige Persönlichkeit der 3 kann die Kreativität der 1 in Bahnen lenken, die auch für andere akzeptabel sind. Beide Seiten müssen allerdings lernen, ihre Impulsivität und ihr ungeordnetes Handeln zu beherrschen.

1 mit 4: Finanzielle und berufliche Unternehmungen können äußerst erfolgreich sein, wenn die Originalität der 1 durch das Organisationstalent und die Gewissenhaftigkeit der 4 ergänzt wird. Die 4 darf die Aufgeschlossenheit der 1 nicht durch rigide Engstirnigkeit behindern. Die Zahl 1 muß darauf achten, daß sie die besonnenen, systematischen Aktivitäten der 4 nicht durch voreilige, unrealistische Entscheidungen vereitelt. Mit ihrer verläßlichen Integrität wirkt die 4 dämpfend auf die Habsucht der 1. Die 1 kann die übergroße Vorsicht der 4 etwas zerstreuen.

1 mit 5: Verbindet sich die Mischung aus Eloquenz, geistreichem Witz und Überzeugungskraft der 5 mit der Originalität, Kühnheit und den Ambitionen der 1, kann ein unwiderstehliches Duo entstehen. Allerdings stellen Konkurrenz und übertriebene Individualität Gefahren dar. Die Zahl 5 kann aufgrund ihrer Anpassungsfähigkeit und Toleranz mit möglichen Reibereien besser umgehen als die 1. Dagegen kann die 1 durch entschlossene, ernsthafte Führung die 5 daran hindern, in Frivolität und Oberflächlichkeit abzugleiten. Außerdem vermag die 1 die wechselnden Interessen der 5 mit der Zeit in sinnvolle Bahnen zu lenken.

1 mit 6: Das künstlerische und intellektuelle Gespür der 6 kann den ehrgeizigen Bestrebungen der 1 Abgeklärtheit und Wärme verleihen. Die Phantasie und der Forschergeist der 1 steigert eventuell die Zielstrebigkeit der 6 und nimmt ihr die Schüchternheit. Die 1 muß in ihrer Individualität und ihren Ansprüchen gemäßigt, die 6 dagegen offener werden.

1, 2, 3 HURRA
12

Deutungsbeispiel

In dem Kapitel über Astrologie bildete das Horoskop der Schriftstellerin Colette die Grundlage für unsere exemplarische Deutung. Wir wollen nun sehen, wie sich dieselbe Person einem Numerologen darstellen würde.

Colettes vollständiger Name bei ihrer Geburt am 28. Januar 1873 lautete Sidonie Gabrielle Colette. Ihre Mutter gab ihr den Kosenamen Minet-Chéri. Doch der Name, unter dem sie als Schriftstellerin arbeitete und schließlich berühmt wurde, war Colette. Mit Hilfe der numerologischen Untersuchung jedes dieser Namen erhalten wir Hinweise auf gewisse Charaktereigenschaften.

SIDONIE	GABRIELLE	COLETTE
1 9 4 6 5 9 5	7 1 2 9 9 5 3 3 5	3 6 3 5 2 2 5
(= 39)	(= 44)	(= 26)
3 + 9 = 12 = 3	4 + 4 = 8	2 + 6 = 8

Die Summen ihrer Namen ergeben 3 + 8 + 8 = 19 = 1 + 9 = 10 = 1. Somit ist ihre Geburtsnamenszahl 1.

Colette war eine tatkräftige und individualistische Persönlichkeit. Sie war selbstbewußt und ehrgeizig. Doch wie die ungünstigen Eigenschaften der Zahl zeigen, war sie häufig in sich gekehrt und eine Einzelgängerin. All dies trifft zweifellos auf Colette zu, wie auch die Tatsache, daß sie eine perfektionistische Schriftstellerin war.

Ihre äußerliche Persönlichkeit, ihre Wirkung auf andere, geht aus der Summe der Konsonanten ihres Namens hervor (1 + 4 + 5 + 7 + 2 + 9 + 3 + 3 + 3 + 3 + 2 + 2 = 44 = 8). Als sie berühmt wurde, ließ ihre finanzielle Situation zweifellos auf einen Pragmatismus schließen, der mit dem der Zahl 8 zugeschriebenen Wesen übereinstimmte. Wie die anderen Eigenschaften der Zahl 8 vermuten lassen, werden die materiellen Interessen jedoch durch Ideale und Prinzipien ergänzt, an denen Colette standhaft festhielt. Ihre Hingabe an die Kunst sowie ihre starke Loyalität Freunden gegenüber entsprachen den Charakterzügen der Zahl 8, die unter der materialistischen Schale verborgen waren.

Die Zählung der Vokale ergibt 11, eine Meisterzahl, was erneut den verborgenen Idealismus unterstreicht, der in der 8 impliziert ist. Ihr ungewöhnliches Talent, ihre hellsichtige literarische Arbeit und ihre Intuition deuten sich auch durch den inneren Antrieb der 11 an. Ein Numerologe hätte ihr wohl geraten, Zurückhaltung zu üben und sich trotzdem ihre Kreativität und Individualität zu bewahren. Meistenteils gelang es Colette, sich so zu verhalten, als würde sie diesen Anregungen folgen. Natürlich kam es vor, daß sie die Gemüter erregte: So schockierte sie beispielsweise zu Beginn ihrer Karriere im Jahre 1906 durch anzügliche Tänze und eine vermutlich sexuelle Affäre mit einer Freundin. In dieser Hinsicht blieb sie sowohl damals wie auch später der Kühnheit, der übermäßigen Unvorsichtigkeit und selbstsicheren Individualität ihrer Geburtsnamenszahl treu.

Die passenden Lebensgefährten für die Zahl 1 sollten zuverlässig sein, aber nicht starr an allgemein anerkannten Normen festhalten. Colettes erster Ehemann, Henri Gauthier-Villars, ebenfalls eine 1, erfüllte in gewisser Weise diese Bedingungen. Doch die ungünstigen Charakteristika seiner Geburtszahl überwogen; er tyrannisierte sie und entwickelte sich zum Gegenteil dessen, was sie brauchte. Er war herrisch, selbstbewußt, unternehmungslustig und praktisch. Negative Eigenschaften waren jedoch reichlich vorhanden – Selbstsucht, Habgier und Unehrlichkeit. ›Willy‹, wie ihn jeder, auch er sich selbst, nannte, hat den Zahlenwert 9. Auch hier offenbarte er alle unangenehmen Charakterzüge, beschränkte Colette und strich den Ruhm für ihre literarische Arbeit ein. So wie eine 9 vielfältige Gestalt annehmen und auf alle Menschen unterschiedlich wirken kann, bezauberte ›Willy‹ die Menschen und benutzte sie gleichzeitig zu seinem eigenen Vorteil.

Dagegen besaß Maurice Goudeket, den Colette später heiratete, als 5 all die günstigen Eigenschaften, die sie brauchte.

MAURICE	GOUDEKET
4 1 3 9 9 3 5	7 6 3 4 5 2 5 2
(= 34)	(= 34)
3 + 4 = 7	3 + 4 =7

14 = 1 + 4 = 5

Er war diszipliniert, doch sein methodischer Verstand ging mit Colettes unabhängigem Geist eine glückliche Verbindung ein. Er harmonierte mit ihrer unkonventionellen Art. Goudeket engte nicht ein, war aufgeschlossen, romantisch, anpassungsfähig und intellektuell – genau die passenden Charakteristika für den Ehegatten einer 1 –, und zwischen ihm und ihr bestand eine vollkommene Seelenverwandtschaft. In gewisser Hinsicht hatte er die gleiche Veranlagung, mit der Colettes Mutter sie ausgestattet hatte, als sie sie zärtlich Minet-Chéri (ein 5er Name) nannte.

Nachdem sie ihre Werke zunächst unter einem Pseudonym oder als Koautorin veröffentlicht hatte, obwohl sie immer allein gearbeitet hatte, bekannte Colette sich 1926 öffentlich zu all ihren Büchern, so auch zu den sehr beliebten Romanen über die Figur Claudine, und von da an war sie als Colette bekannt. Die Summe der Buchstaben ist 8 (3 + 6 + 3 + 5 + 2 + 2 + 5 = 26 = 8). Bezeichnenderweise hatte das Jahr des öffentlichen Bekenntnisses, 1926, für Colette die Persönlich-

George Grosz (1893–1959), Republikanische Automaten, 1920, Aquarell und Rohrfeder, 600 × 473 mm, New York, Museum of Modern Art, Advisory Committee Fund

Robert Indiana (geb. 1928), The Beware-Danger American Dream No. 4, 1963, Öl auf Leinwand, 260 × 260 cm, Washington, D.C., Hirshhorn Museum and Sculpture Garden

Wie sie auch gebraucht werden, Zahlen erfüllen ihren Zweck: Hier ist es die Kunst, beim Glücksspiel die richtigen Zahlen vorherzusagen. Jacob Lawrence, Domino, 1958, Tempera auf Leinwand, 61 × 50 cm, Privatbesitz

keitsjahreszahl 1, was die Individualität und Kreativität bestätigte, die ihre Geburtsnamenszahl angedeutet hatte.

Die Bedeutung der Zahl 8, der numerologische Wert für den Namen Colette, weist darauf hin, daß eine derartige Persönlichkeit erntet, was sie gesät hat. Colette erhielt schließlich wirklich den Lohn für ihre Mühen und war weiterhin schöpferisch tätig. Außerdem impliziert die 11, der Wert ihrer Vokale, ihr stetes Festhalten an Idealen und Prinzipien – sie reagierte offen und furchtlos auf ungerechte Behandlung und Kritiken anderer. Sie bestätigte den inneren Widerspruch der 8 – ein unabhängiger Geist, unkonventionell und mit einer eigenständigen Kreativität, trotzdem praktisch veranlagt und realistisch denkend.

Kehren wir zurück zu ihrem Geburtsdatum: 28. Januar 1873. Die Ziffern ergeben zusammen die 3 (2 + 8 + 1 + 1 + 8 + 7 + 3 = 30 = 3 + 0 = 3). Schon bei ihrer Geburt besaß sie also das Potential, sich auf expressive Weise zu äußern und sie hat aus ihrem Talent das Beste herausgeholt. Menschen mit dieser Zahl ist außerdem der Drang nach Veränderung angeboren, aber auch Unentschlossenheit. Wahrscheinlich ist Colette sich dieser Neigung bewußt gewesen, denn sie zwang sich zu disziplinierter Arbeit. Es stimmt, daß ihr erster Ehemann ›Willy‹ Gauthier-Villars sie praktisch eingeschlossen hatte, damit sie unablässig zu seinem Nutzen arbeitete, doch Colette schlüpfte offensichtlich selbst in diese Rolle, und sogar als sie Goudeket heiratete und tun und lassen konnte, was sie wollte, scheint sie sich so verhalten zu haben, als würde sie Neigungen zur Disziplinlosigkeit überkompensieren. Ordnung und Beherrschung ihres Handwerks waren vorrangig. »Nicht Glück, sondern Arbeit sollte das Ziel sein«, sagte sie.

Ihre Geburt am 28. Tag des Monats ergibt 2 + 8 = 10 = 1 + 0 = 1. Colettes Geburtstagszahl 1 wurde dadurch betont, daß ihre Geburtsnamenszahl ebenfalls 1 war. Tatkraft, Originalität, Individualismus und Ehrgeiz bestätigten sich. Sie bewegte sich in jede dieser Richtungen.

Wir können die Technik der Numerologie weiter veranschaulichen, indem wir einige Daten ihres Lebens auswählen, die von größter Bedeutung waren. Was hätten die Zahlen voraussagen können?

Die höchste Ehre wurde Colette zuteil, als sie 1936 von der Académie Royale de Langue et de Littérature Française anerkannt wurde. Ihre Persönlichkeitszahl für dieses Jahr ergab sich aus 2 + 8 (der 28. Tag des Geburtsmonats) + 1 (ihr Geburtsmonat ist Januar) + 1 + 9 + 3 + 6 (das Jahr 1936) = 30 = 3. Wäre ein Numerologe in ihrer Kindheit oder frühen Jugend gefragt worden, was für 1936 zu erwarten sein würde, hätte er zu dem Schluß kommen können, daß die Persönlichkeitsjahreszahl 3 auf ein Ereignis im künstlerischen Bereich hindeute. Die 3 gilt als eine Zahl, die ausgesprochen gut zu der 1 (Colettes Geburtsnamenszahl) paßt, daher würde das voraussichtliche Ereignis höchstwahrscheinlich ein glückliches sein. Der Numerologe hätte daraus schließen können, daß in besagtem Jahr im Hinblick auf ihren zukünftigen Beruf etwas geschähe, was mit Politik, Unterrichten, einer Führungsposition, Theater, Schriftstellerei, Musik oder Öffentlichkeitsarbeit zu tun haben würde. Für Colette war es ein Ausdruck literarischer Anerkennung – die Verleihung einer äußerst begehrten Auszeichnung.

Die berühmte französische Schriftstellerin Colette wurde bei ihrer Geburt am 28. Januar 1873 Sidonie Gabrielle genannt. Die numerische Bedeutung ihres Namens, Geburtsdatums und des Datums, an dem sie im Jahre 1945 in die Académie Goncourt gewählt wurde, wird in diesem Kapitel erläutert; zum Vergleich findet sich in dem Kapitel über Astrologie die astrologische Deutung ihres Geburtshoroskops.

Obwohl es vermutlich nicht hätte vorhergesagt werden können, so erwies es sich doch, daß die auf das Ereignis bezogene 3 sowie die 1 ihrer Geburtsnamenszahl gemeinsam ihre nonkonformistische Unabhängigkeit offenbarten. Zur Entgegennahme der Berufung erschien sie mit leuchtendrot lackierten Zehennägeln in Sandalen – eine äußerst unkonventionelle Fußbekleidung. Natürlich könnte man auch sagen, daß dieser ungewöhnliche Auftritt ein Beispiel für die Extravaganz der Zahl 1 wie auch für die Albernheit der Zahl 3 war.

Seltsamerweise fand die zweite bemerkenswerte Auszeichnung, die Wahl in die elitäre Académie Goncourt, ebenfalls in einem ›Persönlichkeitsjahr‹ der 3 statt: 2 + 8 (der 28. Tag ihres Geburtsmonats) + 1 (der Januar, ihr Geburtsmonat) + 1 + 9 + 4 + 5 (1945, das Jahr der Auszeichnung) = 30 = 3. Auch in diesem Fall hätte ein Bezug zu einem Ereignis, daß mit Ausdrucksfähigkeit in der Öffentlichkeit zu tun hat, vorhergesagt werden können.

Offenbar spielten die 3 und 1 (und natürlich auch die 11) ihr ganzes Leben lang eine bedeutungsvolle Rolle. Selbst als sie am 3. August 1954 starb, war die Persönlichkeitsjahreszahl ebenfalls die 3. Ihre Beisetzung wurde zum Thema zahlreicher Zeitungsartikel, da die Kirche einen Trauergottesdienst in der Eglise Saint-Roche untersagte. Graham Greene, selbst ein engagierter Katholik, kritisierte öffentlich diese Entscheidung. Es folgte ein Staatsbegräbnis, und die Bestattung wurde auf dem Friedhof Père Lachaise vorgenommen, der für berühmte Bürger des Landes vorgesehen ist. Obwohl Colette ruhig und friedlich gestorben war, sorgten die 1 und 3 dafür, daß sie noch nach ihrem Tod zu einer *cause célèbre* wurde.

Diskussion

Heutige Verfechter der Numerologie betonen, daß Zahlen in praktisch allen Bereichen des Lebens eine wichtige Rolle spielen: Daten, Sozialversicherungsnummern, Telefonnummern und viele andere Zahleinheiten dienen uns und anderen als Kennzeichnung der Identität. Die griechischen Pythagoreer kamen zu dem Schluß, daß der aus Himmelskörpern, der Erde, ihren Lebewesen und Dingen bestehende Kosmos eine geschlossene Einheit bilde, deren elementarer Aufbau sich durch Zahlen beschreiben lasse. Noch heute schreibt man den Grundzahlen abstrakte, spirituelle Bedeutungen zu, weil sich die Richtigkeit dieser Gedankenassoziationen und der menschlichen Erfahrungen in allen Lebensbereichen bestätigt hat. Der Zusammenhang zwischen hebräischen Buchstaben und Zahlen wird von chassidischen Sekten noch immer benutzt, um grundlegende Wahrheiten zu formulieren. Je mehr die Wissenschaftler über das Universum erfahren, desto mehr sind sie der Ansicht, daß Zahlen allen Dingen zugrunde liegen. Raum, Energie, Materie, Licht und Schall lassen sich durch mathematische und geometrische Beziehungen zum Ausdruck bringen.

Auf welche Weise numerische Werte ihre Einflüsse ausüben, ist nicht bekannt, doch in zunehmendem Maße entdekken wir, daß bislang unbekannte Kräfte von anderen Körpern im Universum ausgehen und in jedem einzelnen Atom in allen Substanzen um uns herum vorhanden sind. Einige Numerologen haben die These aufgestellt, daß jeder Zahl Vibrationen inhärent sind. Andere legen sich weiterhin auf keine genaue Erklärung fest. Alle erkennen jedoch die pythagoreischen Lehrsätze als richtig an.

In der Numerologie geben Geburtsnamen und -daten Aufschluß über Charaktereigenschaften und Verhaltensweisen eines Menschen. Kritiker könnten entgegnen, daß wir häufig zu dem werden, was wir und andere von uns erwarten. Die Umrechnung eines Geburtsnamens oder -datums in eine der Ziffern von 1 bis 9 trage dazu bei, daß der jeweilige Mensch sich entsprechend der betreffenden Zahl entwickle, solange wir nur an ihre Bedeutung glauben, doch dieser Mechanismus sei keinesfalls ein Beweis für die Richtigkeit der numerologischen Lehre. Die Anhänger der Numerologie weisen jedoch darauf hin, daß dieses von den Gegnern vorgebrachte Argument im Grunde den nützlichen Einfluß der Numerologie bestätige, auch wenn es zuträfe, daß deren Lehren nicht auf Tatsachen beruhen. Die Verwendung der Verbindungen zwischen Buchstaben eines Alphabets und ihren entsprechenden Zahlen hat sich als eine bewährte Methode erwiesen, die festgestellten Einflüsse von Namen und Zahlen auf Menschen zu verstehen, selbst wenn diese sich lediglich den angeblichen Bedeutungen der Zahlen anpassen. Dieses Vertrauen in eine nützliche, obwohl bis heute unbewiesene Hypothese, so sagen die Verfechter, sei eine gängige wissenschaftliche Methode.

Andererseits, so behaupten wiederum die Gegner, trifft es zwar zu, daß die Welt voller Namen und Statistiken ist, aber noch nie seien statistische Berechnungen auf die Bedeutung von Zahlen als Indikatoren für Charakterzüge, Verhaltensweisen und Erlebnisse eines Menschen angewandt worden. Es ist im Prinzip weder einsichtig noch durch Tests bewiesen, daß nur die ersten neun Zahlen (und in manchen Systemen ein paar mehr) als praktische Grundlage dienen, um psychologische Anlagen, Neigungen, Verhaltensweisen, Schicksale und Ereignisse, kurzum alle Gedanken, Ängste und Handlungsweisen eines Menschen zu erkennen. Numerologen erstellen aus neun Grundzahlen völlig willkürliche Kombinationen, um die praktisch endlose Vielfalt von Erfahrungen und Geschehnissen miteinander in Einklang zu bringen. Die Buchstaben des vollständigen Namens, die Vokale allein und die Konsonanten für sich genommen können jeweils unterschiedliche numerische Summen ergeben. Auf diese Weise kann der Numerologe den Beweis für jedes Naturell oder Schicksal erbringen, gleich wie die Zahl lautet. Numerologen erwidern, daß gerade die Mannigfaltigkeit möglicher Bedeutungen in Namen und Zahlen der Komplexität des Menschen entspricht. Die neun Grundzahlen sind lediglich die fundamentalen Bausteine, so wie Physiker die vier elementaren Kräfte im Universum heranziehen, um Energie und Materie zu erklären.

Kurz, Kritiker betrachten die Numerologie als alberne Zahlenspielerei; ihre Betreiber hingegen sehen in ihr eine sinnvolle Anwendung traditioneller Prinzipien, die seit 2500 Jahren Bestand haben.

Die Zahl 5 stand für die Ehe und war darüber hinaus im 6. Jahrhundert v. Chr. für die Pythagoreer ein Symbol des Glanzes. Charles Henry Demuth (1883 bis 1935), »Ich sah die Ziffer 5 in Gold«, 1928, Öl auf Sperrholz, 91,5 × 75,5 cm, New York, The Metropolitan Museum oft Art, Alfred Stieglitz Collection, 1949

Tarot

›Die Sonne‹ und ›Das Jüngste Gericht‹, zwei Karten der Großen Arkana aus dem Visconti-Sforza-Tarot, der 1484 für Kardinal Sforza in Cremona hergestellt wurde. Miniatur auf Karton, New York, The Pierpont Morgan Library

Tarot

Ich sah sie kommen von weitem,
Die Straßen entlang in den Ort
Durch Schulen, Geschäfte, Kirchen schreiten,
Sah Magier, Liebende, Könige dort.
Für zufällig hielt ich ihr Kommen und Gehen,
Doch dann traten sie alle ins Licht.
Sie kamen zu mir, blieben plötzlich stehen,
Und jeder von ihnen trug mein Gesicht.

Allegorien sind bildhafte Geschichten, in denen die Charaktere und Geschehnisse für Menschen, Ereignisse und abstrakte Begriffe stehen können. Es gibt wohl kaum eine Kultur, die keine Allegorien hervorgebracht hat. Das Deuten von Tarotkarten verläuft ganz ähnlich, so als versuche man, über die Person, der man die Karten legt, eine Allegorie zu verfassen. Die Weissagungen entwickeln sich aus der allegorischen Bedeutung der Bilder der einzelnen Karten. Am Anfang der Deutung wird eine Karte bestimmt, die stellvertretend für den Fragenden steht. Eine bestimmte Anzahl der übrigen Karten wird in einer genau festgelegten, traditionellen Weise ausgelegt. Der Deutende bietet Interpretationen an, die auf den Beziehungen der Karten untereinander basieren, um so die Frage zu beantworten, die der Ratsuchende gestellt hat.

Aufbau des Tarot

Der moderne Tarot setzt sich aus zwei im Grunde unabhängigen Teilen zusammen: den Großen Arkana, die aus 22 Karten bestehen, und den Kleinen Arkana mit 56 Karten (es gibt auch Spiele, die lediglich 52 Karten aufweisen). Manche Tarot-Spezialisten halten ausschließlich die Großen Arkana für die Divination, die Weissagung, geeignet, andere sehen in den Kleinen Arkana eine wichtige Ergänzung. Zuweilen werden auch nur die 16 sogenannten Hofkarten der Kleinen Arkana benutzt. Im allgemeinen hält man jedoch die Karten der Großen Arkana für bedeutungsvoller, wenn sie sich unter den für die Divination ausgewählten Karten finden.

Die Großen Arkana

Jede Karte der Großen Arkana trägt eine Zahl, eine Ausnahme bildet nur ›Der Narr‹, dem entweder gar keine Zahl oder die Null zugeordnet wird. In einigen Spielen ist ›Der Narr‹ die erste Karte, in anderen die letzte, selten auch die zweitletzte Karte, zwischen den Karten ›Das Jüngste Gericht‹ und ›Die Welt‹. Auch die anderen Karten variieren gelegentlich in ihrer Reihenfolge.

0	Der Narr (Der Tor)	X	Das Glücksrad (Das Schicksalsrad)
I	Der Magier (Der Gaukler)	XI	Die Kraft
II	Die Hohepriesterin (Die Päpstin)	XII	Der Gehängte (Die Prüfung)
III	Die Herrscherin (Die Kaiserin)	XIII	Der Tod
IV	Der Herrscher (Der Kaiser)	XIV	Die Mäßigung (Der Ausgleich)
V	Der Hohepriester (Der Papst)	XV	Der Teufel
VI	Die Liebenden (Die Entscheidung)	XVI	Der Turm (Das Haus Gottes)
VII	Der Wagen	XVII	Der Stern
VIII	Gerechtigkeit	XVIII	Der Mond
IX	Der Einsiedler (Der Eremit)	XIX	Die Sonne
		XX	Das Jüngste Gericht (Die Auferstehung)
		XXI	Die Welt

Die Kleinen Arkana

Die Kleinen Arkana bestehen aus 56 Karten, die in vier Sätze, die Farben, unterteilt sind. Jede Farbe hat vier Hofkarten – Page, Ritter, Königin und König – sowie zehn Karten mit Zahlen von 1 (As) bis 10.

Das französische Blatt von 52 Spielkarten, wie man es für Bridge, Poker, Rommé und andere Spiele benutzt, ist vermutlich aus den Kleinen Arkana entwickelt worden, es ist jedoch völlig anders zusammengesetzt. Dennoch werden auch diese Karten erfolgreich für Divinationen benutzt. Der Ritter ist in diesem Blatt nicht mehr vertreten. (Man hat auch Vermutungen darüber angestellt, ob es vielleicht der Page und nicht der Ritter sei, der hier fehle. Der Bube ist auch als eine Kombination beider Karten angesehen worden.) Der Joker könnte sich möglicherweise aus dem Narren der Großen Arkana entwikkelt haben.

Die vier Farben der Kleinen Arkana symbolisieren vermutlich die Gliederung des mittelalterlichen Feudalsystems: Schwerter bzw. Pik repräsentieren das Militär; Kelche bzw. Herz den geistlichen Stand; Münzen, auch Scheiben oder Pentakel genannt, bzw. Karo oder Eckstein die Kaufleute; Stäbe bzw. Kreuz den Bauernstand.

Die vier Hofkarten, die zu jeder Farbe gehören, vertreten in diesem System den Stand der Edelleute: den König (bzw. den Burg- oder Gutsherrn), die Königin (oder Herrin), den Ritter (oder Höfling) und den Pagen (bzw. den Diener, Buben, Beamten im königlichen Haushalt). Zahlreiche bekannte historische Personen wurden manchmal direkt mit den Darstellungen der Hofkarten identifiziert. In bestimmten Blättern kann der König der Kelche Karl den Großen repräsentieren, die Königin der Kelche Isabella von Bayern, der Ritter der Stäbe Hektor oder Galahad. In einigen französischen Blättern wurden derartige Analogien im 18. Jahrhundert modifiziert, um der herrschenden antiroyalistischen Stimmung nach der Revolution entgegenzukommen. Selbst heute noch tauchen in einigen Spielen gelegentlich Karikaturen von bekannten Persönlichkeiten auf. Oft enthalten nur die Hofkarten der Kleinen Arkana Bilder, doch auch auf den anderen Karten der Kleinen Arkana können durchaus Personen oder Objekte dargestellt sein.

Es ist möglich, daß die Kleinen Arkana andere Ursprünge haben als die Großen Arkana. Vermutlich sind sie viel früher entstanden und ausschließlich als Spielkarten benutzt worden, doch die Ursprünge beider Blätter sind unklar. Zuweilen sind auch lediglich die numerierten Karten zur Divination benutzt worden und haben auf Orakelart Antworten auf die gestellten Fragen gegeben. Auch für sie gibt es eine Vielzahl von Legemöglichkeiten.

Geschichte des Tarot

Über die Anfänge des Tarot ist so gut wie nichts bekannt. Überhaupt weiß man sehr wenig über die Ursprünge von Karten, gleichgültig, ob sie nun zum Spielen, zur Divination, Instruktion oder aufgrund ihres religiösen Symbolismus benutzt wurden. Außerdem ist nicht klar, ob die Kleinen Arkana vor oder nach den Großen Arkana entstanden sind. Es ist möglich, daß die ursprünglichen Funktionen des Tarot mehr im Spiel als im Weissagen angesiedelt waren. Ganz offensichtlich war das Kartenspiel ›Tarock‹ (nach dem italienischen *tarocchi*) spätestens seit dem 15. bis weit ins 20. Jahrhundert sehr beliebt. Sigmund Freud zum Beispiel war besonders vom Tarockspiel angetan.

Der Ursprung des Namens Tarot konnte bisher nicht eindeutig geklärt werden. Ende des 18. Jahrhunderts vertrat der französische Okkultist Antoine Court de Gébelin in seiner Publikation »Le Monde primitif« (1781) die These, daß der Tarot seine Wurzeln im alten Ägypten habe und übersetzte den Namen im Sinne von ›königlicher Weg‹ (über die altägyptische Sprache war noch nichts bekannt, denn die Hieroglyphen waren noch nicht entziffert). Im 19. Jahrhundert nahm Eliphas Lévi (Alphonse Louis Constant), Kabbalist und katholischer Theologe, für den Tarot jüdische Ursprünge an und deutete das Wort als jüdisch-christliche Entwicklung. Eine andere Theorie geht davon aus, daß das lateinische Wort *rota* (Kreis) die etymologische Wurzel des Wortes Tarot darstellt.

Auch auf das Gebiet um den Fluß Taro in Norditalien, wo bereits im 14. Jahrhundert frühe Tarotkarten in Umlauf waren, hat man den Namen Tarot zurückgeführt, ebenso auf *tarotée*, einen französischen Begriff, der das Gittermuster auf den Kartenrückseiten vieler früher Spiele bezeichnete. Auch die Punzierung der Randleisten in einem kordelähnlichen Muster, die einige Karten zeigen, hat man im Italienischen als *tarocchi* oder im Französischen als *tares* (oder *tarau* oder *tarots*) bezeichnet. Dem zeitgenössischen Historiker Michael Dummett zufolge tauchten die ersten Tarotkarten 1442 in Ferrara auf. Danach waren sie als *carte da trionfi*, einem italienischen Trumpfspiel, sehr beliebt. ›Triumphe‹ kannte man im 15. Jahrhundert in Frankreich als Kartenspiel, und sogenannte *trump games*, Trumpfspiele wie etwa Whist, waren im 16. Jahrhundert in England und Spanien beliebt. Ende des 16. Jahrhunderts nannte sich die Kartenmachergilde in Frankreich *tarotiers*.

Zahlreiche Legenden ranken sich um die Entstehung des Tarot. Beispielsweise sollen die Symbole auf den Tarotkarten aus einer Kammer in den ägyptischen Pyramiden stammen und bei Initiationsriten im pharaonischen Ägypten eine wichtige Rolle gespielt haben. De Gébelin verstand die Farben als

Repräsentationen der ägyptischen Kasten. Angeblich offenbarte man dem Novizen auf diese Weise das gesamte menschliche Wissen, das in Bildern seinen Niederschlag gefunden hatte, die später die Vorlagen für die Darstellungen der Tarotkarten wurden. Für Ägyptophile ist der Tarot das berühmte Buch Thoth, das auf den gleichnamigen ägyptischen Gott, den Hüter der Weisheit, zurückgeht. Anderen Theorien zufolge sind die vier Farben der Kleinen Arkana mit der christlichen Ikonographie verknüpft und gehen zurück auf den heiligen Kelch (Gral), die Lanze des Longinus, die Jesus durchbohrte, das Schwert Davids und den Teller, der beim letzten Abendmahl benutzt wurde. Es gibt auch Hypothesen, nach denen die Farben auf den vier keltischen ›Schätzen‹ basieren: der Schale Dagdas, dem Speer des Lug, dem Schwert des Nuada und dem Stein des Fal.

Andere, fundiertere Annahmen gehen davon aus, daß die ersten Karten, die für Gesellschaftsspiele oder andere Zwecke hergestellt wurden, ihren Ursprung in Korea, China, Indien oder in der arabischen Welt hatten. Eine alte koreanische Divinationsmethode, bei der Wahrsage-Pfeile geworfen wurden, könnte in Zusammenhang stehen mit den späteren Abbildungen von Pfeilen auf der Rückseite koreanischer Spielkarten. Einer schriftlichen Quelle des 11. Jahrhunderts zufolge habe es Spielkarten in China bereits seit dem 7. Jahrhundert gegeben, sie wären damit nur wenig jünger als das Papier. Nach einer anderen Überlieferung wurden die ersten Spielkarten im 12. Jahrhundert zur Unterhaltung einer kaiserlichen Konkubine hergestellt. Hinduistische Spielkarten haben zehn Farben, entsprechend den zehn Inkarnationen von Vishnu, wann jedoch diese Verbindung entstand, weiß man nicht. Es gibt auch ein indisches Kartenspiel mit Namen »Vier Könige«, das möglicherweise als Urform des modernen Schachspiels im 5. Jahrhundert entstand. Vermutlich war es ein erst seit dem Mittelalter gebräuchliches Spiel, das im 14. Jahrhundert in Italien als *naib* bekannt wurde, ein Wort, das sich aus dem spanischen Wort für Spielkarten, *naipes,* herleitet. Erwähnenswert ist in diesem Zusammenhang das hebräische Wort *naibi* mit der Bedeutung ›Magie‹ oder ›Zauberei‹.

Auch den christlichen Kreuzrittern hat man zeitweise zugeschrieben, die Spielkarten ihrer muslimischen Feinde in die westliche Welt gebracht zu haben. Damit hätten die Karten aber bereits vor dem 13. Jahrhundert, der Zeit der letzten Kreuzzüge, eingeführt worden sein müssen, obwohl die erste Erwähnung dieser Spiele eindeutig erst ein Jahrhundert später erfolgte. Auch die Sarazenen selbst hätten *naipes* nach Spanien oder Italien bringen können, doch die Daten des muslimischen Einfalls in Südeuropa und die Verwendung von Spielkarten in diesen Jahrhunderten stimmen nicht überein.

Eine andere gängige Hypothese geht davon aus, daß es Zigeuner waren, die Kartenspiele nach Europa gebracht haben, doch auch hier fehlen die historischen Fakten, denn die Karten waren im Westen bereits bekannt, als die Zigeuner im 15. Jahrhundert aus Indien eintrafen. Es gibt noch diverse andere Legenden und phantasievolle Erklärungen über den Ursprung der Spielkarten.

Die ersten abendländischen Beschreibungen der Karten wurden möglicherweise im frühen 14. Jahrhundert in einem deutschen Buch und einem französischen Gedicht gegeben, doch selbst diese Theorie ist nicht ganz gesichert. Auch über die angebliche Erwähnung von Karten in einem Gesetz, das der spanische König Alfonso XI. von Kastilien im 14. Jahrhundert erließ, hat sich später die Wissenschaft nicht einigen können. Sicher ist nur, daß sich eindeutige Nachweise für die Karten erst im späten 14. Jahrhundert finden. Gleichgültig wie sie eingeführt wurden und woher sie gekommen sein mögen, sie wurden offenbar in den Jahren zwischen 1377 und 1387 zunächst in dem Gebiet entdeckt und beschrieben, wo sich heute Deutschland, Italien, Luxemburg, Frankreich und Spanien befinden. Vor dieser Zeit werden Kartenspiele, die zum Zeitvertreib oder für okkulte und andere Zwecke benutzt wurden, von Chronisten, die über die täglichen Verrichtungen und den Alltag in ihrer Zeit berichteten, nicht erwähnt. Außerdem hat man während des 13. und 14. Jahrhunderts zwar hin und wieder Verbote gegen Glücksspiele ausgesprochen, über Kartenspiele wurde dagegen bis zum Jahre 1397 nichts berichtet. Einmal bekannt, entstand jedoch sehr schnell eine Vielzahl verschiedener Sorten und Spielarten, denn ihre große Ausbreitung fiel zeitlich genau mit der Entwicklung der Drucktechnik zusammen.

Die Darstellungen auf den Karten bezogen sich normalerweise auf den jeweiligen Zweck, dem die Karten gerade dienten: Unterhaltung, Glücksspiel, Divination, Satire, Propaganda und Vermittlung von Wissen im Bereich der schönen Künste, Wissenschaft, Ethik, Religion, Politik, Wirtschaft, Philosophie, Geschichte, Geographie, Grammatik, Musik und Arithmetik. Es wird gesagt, daß Kartenspielen als didaktischen Hilfsmitteln im Unterricht des jungen Ludwig XIV. eine wichtige Funktion zukam. Besonders nach der Veröffentlichung von De Gébelins Arbeit im 18. Jahrhundert gewannen vor allem Tarotkarten an divinatorischer Bedeutung. Daher sollten die figürlichen und geometrischen Motive auf den Karten so gestaltet sein, daß sie ›aktuell‹ waren, das heißt Einstellung und Geschmack der jeweiligen Zeit entsprachen. So wurden zeitweise etwa ägyptische Motive, klassische griechische Götter und Helden oder bekannte Persönlichkeiten aus der Politik und Philosophen oder Schriftsteller abgebildet.

In manchen Darstellungen der Geschichte von Spielkarten kommt einem deutschen Abt Johannes im 14. Jahrhundert das Verdienst zu, als erster über Kartenspiele in Europa geschrieben zu haben. Er war der Ansicht, daß die Bilder den Edelleuten und Bauern wichtiges Wissen vermittelten. Die herrschende Klasse konnte dazu angeleitet werden, ihren gesellschaftlichen Verpflichtungen nachzukommen, und die Unterschichten konnten sich über die genaue Struktur der Gesellschaft informieren, wobei jeder sich seines angemessenen Platzes bewußt war. Andererseits lehnten die etablierten Kirchen – die katholische, jüdische, muslimische – häufig alle Arten von Spielkarten ab, obwohl gelegentlich den Karten der Kleinen Arkana mehr Toleranz entgegengebracht wurde als den Großen Arkana, deren Darstellungen als Frevel galten.

Seite 202/203: Die sogenannten Goldschmidt-Karten, Mitte 15. Jahrhundert, Miniaturen auf Pergament, je 140 × 65 mm, Leinfelden, Deutsches Spielkarten-Museum. Obere Reihe (von links nach rechts): Fünf der Stäbe, As der Kelche, Die Sonne, Der Tod (oder As der Schwerter); untere Reihe (von links nach rechts): Der Papst, Die Kaiserin (?), Der Narr, Die Königin im Gebet.

Albrecht Dürer, Ritter mit Page (aus einem Kartenspiel), um 1495/1496, Feder, 192 × 108 mm, London, The British Museum

Generell wurden Spielkarten, und besonders der Tarot, als »Gebetbuch des Teufels« diffamiert, und protestantische wie katholische Geistliche betrachteten sie als eine Ablenkung von der religiösen Besinnung und den täglichen Pflichten. Natürlich ist jede Art von Divination für die etablierten Religionen ein Anathem, denn derartige Praktiken setzen ein bereits vorbestimmtes Muster für die Zukunft voraus, was bedeutet, daß gute Taten als ›Tauschobjekte‹ für die Gnade Gottes ihren Wert verlieren würden.

Tarotkarten des 15. bis 17. Jahrhunderts

Ein kurzer Überblick über einige berühmte Tarotblätter zeigt, wie sich die einzelnen Spiele entwickelten und wie sehr sie sich schließlich voneinander unterscheiden. Illustratoren und Drucker haben im Laufe der Jahrhunderte unzählige verschiedene Tarots gestaltet, von denen viele auch heute noch benutzt werden. Die beiden unterschiedlichen Kartengruppen – die Trümpfe der Großen Arkana und die Hof- und Zahlenkarten der Kleinen Arkana – sind immer wieder modifiziert worden, was ihre Symbole, die genaue Reihenfolge im Spiel und die Kartennummern betrifft. Einige der Trümpfe der Großen Arkana hat man inzwischen aufgegeben, andere traten an ihre Stelle oder wurden zusätzlich hinzugefügt. Herkunft und Datierung der meisten erhaltenen Tarots sind in Fachkreisen ebenso umstritten wie der Grad gegenseitiger stilistischer und inhaltlicher Beeinflussung der verschiedenen Motive. Doch die wenigen sicheren Schlüsse, die man aus der Entwicklung der Karten ziehen kann, gewähren interessante Einblicke in die Geschichte des Tarot.

Man geht heute allgemein davon aus, daß die ersten Tarots im 15. Jahrhundert in Italien entstanden, wobei man die *Tarocchi di Venezia* mit 78 Karten von den *Tarocchini di Bologna* mit 62 Karten unterscheidet. In der verkürzten Version, sie geht angeblich auf Francesco Fibbia, einen Pisaner Adligen, zurück, fehlen alle Zweien, Dreien, Vieren und Fünfen der Kleinen Arkana. Später kommt noch der Minchiate-Tarot mit 97 Karten hinzu.

Unterscheiden muß man ebenso zwischen den Karten für den tatsächlichen Gerbrauch, die einfacher in der Gestaltung waren und als Massenware hergestellt wurden, und handgemalten Prunkkarten, in Auftrag gegeben von Königen und Adligen. Die früheste urkundlich belegte Anfertigung solcher kostbaren Karten sind die drei vergoldeten Blätter, die Jacquemin Gringonneur 1392 für Karl VI. von Frankreich schuf. Leider sind diese Karten wohl nicht erhalten. Jene 17 Gringonneur zugeschriebenen Karten in der Bibliothèque Nationale, Paris, stammen nach Ansicht von Historikern aus dem 15. Jahrhundert und wurden vermutlich wiederum in Italien hergestellt.

Zu den berühmtesten frühen Kartenspielen gehört das Blatt, das heute unter dem Namen Visconti oder Visconti-Sforza bekannt ist. Einige Forscher vermuten, daß es sich hierbei um eine der ältesten erhalten gebliebenen Tarotdarstellungen handelt. Sie wurden für Francesco Sforza angefertigt, den ersten Sforza-Herzog von Mailand, der 1450 der Nachfolger von Filippo Maria Visconti wurde. In der Pierpont Morgan Library in New York und der Academia Carrara in Bergamo sind 74 Karten erhalten, in der Yale University Collection nur 64, in der Brera Galerie von Mailand 48, im Montreal Museum of Fine Arts 13, sechs im Museo Fournier, vier im Victoria and Albert Museum in London und jeweils nur eine einzige Karte in diversen anderen Häusern in Italien, London und in den Vereinigten Staaten.

Offenbar wurden diese wunderschönen Tarotkarten für ganz besondere Gelegenheiten gemalt, etwa anläßlich einer königlichen Verlobung oder Hochzeit, Thronbesteigung oder anderer wichtiger Ereignisse. Das Vorhandensein der Wappen der Familien Visconti, Sforza und Savoyen (Francescos Sohn heiratete Bona von Savoyen) auf einigen Karten der verschiedenen Blätter gibt Anhaltspunkte für den Ort und die Entstehung der Karten. Immer noch unklar ist jedoch, wer die Figuren entworfen und gemalt hat. Der Name Bonifacio Bembo aus Cremona (um 1420–nach 1477) wird damit in Verbindung gebracht, man nimmt jedoch heute an, daß zumindest eines der Spiele Francesco Zavattari gestaltet hat.

Ein Abglanz der vermutlich ältesten gedruckten Tarotkarten ist noch heute im Handel erhältlich. Es ist der sogenannte Marseiller Tarot, der in der Spielaufteilung den *Tarocchi di Venezia* entspricht. Belegt sind die schlichten Karten mit den Holzschnitt-Motiven zwar erst seit dem 17. Jahrhundert, vieles spricht jedoch für eine sehr viel frühere Entstehung.

Sehr viel eleganter, aber ebenso beliebt und oft kopiert wie die Darstellungen des Marseiller Tarot war ein Blatt, dessen Stiche Andrea Mantegna zugeschrieben wurden. Heute nimmt man an, daß die sogenannten *Tarocchi di Mantegna,* die eindeutig Instruktionscharakter haben und wohl nicht als Tarot anzusehen sind, aus der Hand von Parrasio Micheli (vor 1516–1578) stammen. Auf den 50 Karten sind Figuren und Allegorien aus den Bereichen der Gesellschaft, der Musen, der Künste, der Tugenden und der Astrologie dargestellt.

Vermutlich im 17. Jahrhundert entstand der Tarot des Bologneser Künstlers Guiseppe Maria Mitelli (1634–1718). Dieses Blatt weist statt der ›Päpstin‹ einen zweiten ›Papst‹ auf, und auch in späteren Tarots aus Bologna erscheinen Ersetzungen, anstelle des ›Gehängten‹ etwa eine hammerschwingende Figur.

Auch ein anderes berühmtes Blatt, der bereits erwähnte Minchiate Tarot von Florenz, entstand vermutlich im 17. Jahrhundert. Es gibt 97 Karten (41 Große und 56 Kleine Arkana in vier Farben). Die Papstkarte fehlt, aber vier Tugenden, vier Elemente und zwölf Sternzeichen wurden hinzugefügt. Ein sizilianisches Spiel, das im 17. Jahrhundert vom Festland eingeführt wurde, ersetzte die Karten, auf denen Papst, Päpstin, Teufel und das Jüngste Gericht dargestellt sind, durch die Motive eines Bettlers, der Standhaftigkeit, eines Schiffs und Jupiter.

Tarotkarten des 18. bis 20. Jahrhunderts

Seit Ende des 18. Jahrhunderts wurde der Tarot besonders mit okkulten Traditionen in Verbindung gebracht. Mitglieder von Geheimbünden, etwa Freimaurer, Rosenkreuzer, Tempelritter, Theosophen, Anhänger des ›Golden Dawn‹ u. a., haben sich häufig auch mit Tarotlesen beschäftigt. Die Adepten mystischer Lehren sind gewöhnlich bestrebt, ihre Ikonographie mit alten Schriften in Verbindung zu bringen, etwa der Bibel, dem ägyptischen Buch Thoth, antiken Geheimlehren, der Hindu-Mythologie, gnostischen Prinzipien und der Kabbala. Nahezu alle okkulten Sekten glauben an die geistige Überlegenheit versunkener Kulturen, die sie als Träger allumfassender Erkenntnis verehren. Als Schlüssel dieses geistigen Universums dienen Geheimlehren, die von ihren Urhebern entweder absichtlich vor der Öffentlichkeit verborgen wurden oder so kompliziert waren, daß sie nur von denjenigen erfaßt wurden, die ihre Bedeutung durch Studium, Kontemplation und psychische Kräfte verstehen konnten. Der Tarot, so glauben diese Gruppen, symbolisiere diese Prinzipien und seine Ikonographie stamme unmittelbar von diesen alten Quellen.

Der französische Okkultist Antoine Court De Gébelin (1725–1784), der die Ursprünge des Tarot im alten Ägypten vermutete, verlieh dem Spiel neue Impulse. In seiner hervorragenden Studie über das Okkulte, »Le Monde primitif« (1781), stellte er die These auf, daß der Tarot die Zusammenfassung ägyptischen Gedankenguts und ägyptischer Metaphysik sei. (Obwohl zu seiner Zeit die ägyptischen Hieroglyphen noch nicht entziffert waren. Der Stein von Rosette, der heute als der Schlüssel zur ägyptischen Schriftsprache gilt, wurde erst 1799 entdeckt, 15 Jahre nach De Gébelins Tod.) Seine Theorien hatten einen derartig nachhaltigen Einfluß, daß die Bilder in späteren Tarotspielen häufig eindeutig ägyptisch inspiriert waren. Er veränderte außerdem die Bedeutung einiger Karten, zum Beispiel drehte er die Karte ›Der Gehängte‹ um und nannte sie ›Prudence‹ (›Klugheit‹).

Der Pariser Perückenmacher Alliette, Zeitgenosse und Anhänger von De Gébelin, versuchte, ein einheitliches Divinationssystem für Träume, Kabbalistik, Horoskope, Alchimie, Handlesen, Magie und Kartenlegen zu schaffen. Die verschiedenen Ursprünge der Karten führte er darauf zurück, daß der Tarot zwei Jahrhunderte nach der Sintflut von 17 Weisen unter der Leitung des griechischen Gottes Hermes Trismegistos, dem Archetyp des Magiers im Okkultismus, geschaffen wurde. Alliette, der die Buchstaben seines Namens umdrehte und sich Etteilla nannte, schuf einen völlig neuen Tarot, veränderte die Reihenfolge der Karten und darüber hinaus die traditionellen Motive.

Der französische Okkultist Eliphas Lévi (1810–1875) glaubte an eine Verbindung zwischen Tarot und Kabbala, lehnte jedoch Etteillas Theorien als falsch ab. Lévi sah eine wichtige Verknüpfung zwischen den 22 Karten der Großen Arkana, den 22 Kapiteln der Geheimen Offenbarung und den 22 Buchstaben des hebräischen Alphabets. Seiner Ansicht nach war der Tarot jüdischen Ursprungs, erst später habe sich die Ikonographie des Tarot auf christliche Darstellungen ausgeweitet. Er glaubte, daß die vier Farben das Tetragrammaton symbolisierten, die vier heiligen Buchstaben, aus denen im Hebräischen der Namen Gottes besteht. Für ihn entsprachen die zehn Zahlenkarten den zehn kabbalistischen Aspekten Gottes. In seinen Schriften stellte Lévi einen von ihm rekonstruierten Tarot in Aussicht, doch offenbar hat er seine eigene Version niemals fertiggestellt.

Im 19. und 20. Jahrhundert kam es zu den verschiedensten Modifizierungen und Erneuerungen der Darstellungen und Verwendungsmöglichkeiten des Tarot. De Gébelins Version von den Ursprüngen des Tarot fand in zahlreichen Blättern ihren Ausdruck. Der französische Okkultist Paul Christian (Christian Pitois; 1811–1877), der von den Arbeiten De Gébelins und Lévis zutiefst beeindruckt war, verlieh dem Konzept des ägyptischen Ursprungs in den von ihm geschaffenen Tarot-Darstellungen neues Leben. Pitois war es auch, der in den 60er Jahren des 19. Jahrhunderts verkündete, die Tarotkarten seien den geheimen Darstellungen an den Wänden der »großen Pyramide« nachempfunden, in denen das gesamte Wissen der Menschheit enthalten sei, das nur den Priestern Ägyptens bekannt gewesen sei. Er behauptete, zu diesem Schluß sei er durch die Lektüre der Werke von Iamblichos gekommen, einem Neuplatoniker, der in der zweiten Hälfte des 3. und im ersten Drittel des 4. Jahrhunderts lebte.

Eines der beliebtesten Tarotspiele ist das Blatt von Oswald Wirth (1860–1943), einem Schweizer Hypnotiseur. Es entstand Ende des 19. Jahrhunderts und hebt den angeblich ägyptischen Ursprung der Karten hervor. Seine Version der Großen Arkana entsprach den Beschreibungen von De Gébelin, und er veröffentlichte ein dazugehöriges Handbuch mit dem Titel »Le Tarot des Imagiers du moyen age«. Wirths Mentor, der Marquis Stanislas de Guaïta (1861–1897), war Magier, Spiritualist und begeisterter Anhänger der Werke von Eliphas Lévi. Viele spätere Tarotspiele von anderen Künstlern und Herausgebern waren im Grunde Variationen der Darstellungen von Wirths Karten.

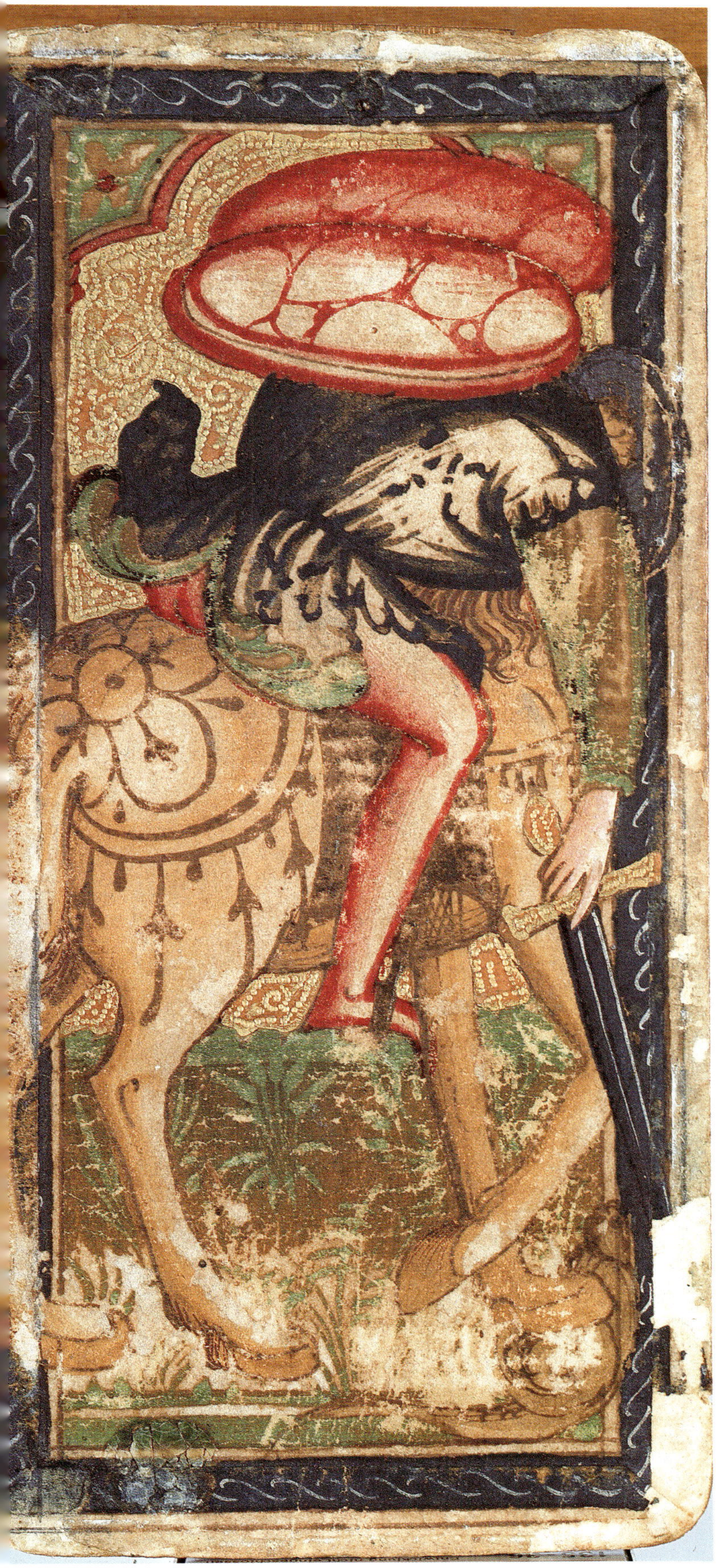

Oben links: Auf dieser Hofkarte ist ein verletzter Ritter dargestellt, der zusammengesunken auf seinem Pferd sitzt und ein Schwert in der Hand hält, das Symbol dieser Farbe in den Kleinen Arkana. Ritter der Schwerter, Tarotkarte, 15. Jahrhundert, 254 × 114 mm, Museo Biblioteca & Archivio di Bassano del Grappa

Oben rechts: Der Narr, ein Großes Arkanum der sogenannten Gringonneur-Karten, die in Wirklichkeit wohl aus dem 15. Jahrhundert stammen. Der Narr trägt eine Kappe mit Eselsohren und hält eine Schnur mit Schellen, Paris, Bibliothèque Nationale

Links: Eine Karte aus einem deutschen Spiel von ca. 1440, die auf den ersten Blick einer Tarotkarte ähnelt, jedoch einem völlig anderen Zweck diente und die Falknerei darstellt. Die abgebildete Karte wurde als Königin der Falken identifiziert und gehört zum sogenannten Ambraser Hofjagdspiel. Wien, Kunsthistorisches Museum

Diese allegorische Darstellung des Planeten Mars ist von der entsprechenden Karte aus den Mantegna-Tarocchi beeinflußt. Rom, Biblioteca Vaticana

Auch die Miniatur der Euterpe, der Muse von Musik und Poesie, geht auf eine Vorlage in dem fälschlich Mantegna zugeschriebenen Kartenspiel zurück. Rom, Biblioteca Vaticana

Der Tarot von Wirth war auch Gegenstand der Publikation »Le Tarot des Bohémiens, le plus ancien livre du monde«, die 1889 von Papus (dem Arzt Gérard Encausse; 1865–1916) verfaßt wurde, der ebenfalls zu den Anhängern von Lévis Theorien zählte und sich bei der medizinischen Diagnose auf seine hellseherischen Fähigkeiten verließ. Außerdem war er Mitglied des kabbalistischen Geheimbundes der Rosenkreuzer, des »Ordre kabbalistique de la Rose-Croix«, den der Marquis de Guaïta ins Leben gerufen hatte. Papus gründete seine eigene Gesellschaft, um die Divinationsmethoden der Kabbala und der Numerologie zu erforschen. Zu seinen Schriften über das Okkulte gehörte außerdem das 1909 veröffentlichte Werk »Le Tarot divinatoire«. Die Illustrationen in diesem Buch weichen deutlich von Wirths Originalkarten ab, wenn auch der ägyptische Einfluß noch spürbar ist. Zuweilen sind Elemente von Wirths Karten mit einigen von Etteillas Darstellungen verbunden worden. Jede Karte ist mit numerologischen und kabbalistischen Bedeutungen verknüpft.

Das hebräische Tetragrammaton der Kabbala ist in den Tarotdeutungen von Papus von besonderer Wichtigkeit. Die Farbe der Stäbe und die der Könige aus den Hofkarten gehören zum hebräischen Buchstaben Jod; Kelche und Königinnen gehören zu He, Schwerter und Ritter zu Wau; Münzen und Pagen zum zweiten He. Den Lehren Eliphas Lévis entsprechend, waren die zehn numerierten Karten der Kleinen Arkana die Sefirot-Wege des ›Baums des Lebens‹, oder Sefirot-Baums, und die 22 Karten der Großen Arkana standen in Beziehung zu den 22 Buchstaben des hebräischen Alphabets.

Sehr stark beeinflußt wurden Darstellungen, Handhabung und Deutungen des Tarot durch die internationale okkultistische Sekte des ›Hermetic Order of the Golden Dawn‹, eine Gesellschaft, die 1888 gegründet wurde und das geistige Erbe der Lehren von Lévi antrat. Obwohl Lévis Theorien häufig von den verschiedenen Mitgliedern auf ganz unterschiedliche Weise verändert wurden, blieben die fundamentalen Verbindungen zwischen dem Tarot und der Kabbala bestehen. Die Anhänger des Golden Dawn nahmen im Grunde beinahe alle okkulten Systeme, darunter auch den Tarot, in ihre zahlreichen Methoden der mystischen Divination auf. Viele Personen, die sich später mit dem Tarot beschäftigten, hatten Verbindung zum Golden Dawn – besonders Mathers, Waite, Case und Crowley.

›Misero‹, eine ungewöhnliche Darstellung des Narren, die unten rechts mit der Nummer 1 versehen ist. Hier ist anstelle des jungen ein alter Mann abgebildet; die beiden Attribute Stab und Hunde sind jedoch auch auf dieser Karte zu sehen. Mantegna-Tarocchi, Paris, Bibliothèque Nationale

›Astrologia‹ aus einem Mantegna-Tarocchi, das vermutlich eher zur Vermittlung von Wissen als zur Divination diente. Paris, Bibliothèque Nationale

Samuel Liddell Mathers (1854–1918), der später seinen Namen in MacGregor Mathers änderte, um seine schottische Herkunft zu betonen, gehört zu den Gründungsmitgliedern des Golden Dawn. Er verfaßte 1888, ein Jahr vor den Veröffentlichungen von Oswald Wirth und Papus, ein kleines Buch mit dem Titel »The Tarot, Its Occult Signification, Use for Fortune-Telling, and Method of Play«. Obwohl Mathers selbst kein spezieller Tarot zugeschrieben wird, haben diverse Personen Darstellungen angefertigt, die auf seinen Schriften basieren. Dagegen hat Mathers eigene Kartenspiele zur Deutung ins Leben gerufen, die seinen Namen tragen: MacGregor Mathers I, II und III. Aufgrund seiner persönlichen Interpretationen der abstrakten Bedeutungen der Großen Arkana veränderte er die Reihenfolge einiger Karten. Da es ihm nicht gelang, das Interesse seines Schwagers, des Philosophen Henri Bergson, an den Lehren des Golden Dawn zu wecken, verlor Mathers seine dominante Stellung innerhalb der Geheimgesellschaft, die er mit gegründet hatte, und wurde im Jahre 1900 ausgeschlossen.

Die Tarotdarstellungen, die der Engländer Arthur Edward Waite (1857–1942) ausarbeitete und die von der Amerikanerin Pamela Colman Smith entworfen und angefertigt wurden, sind heute entweder unter dem Namen Waite-Smith (also dem Namen des Erfinders und der Malerin) oder Rider-Waite (nach dem ersten Verlag) bekannt und erfreuen sich immer noch großer Beliebtheit. »The Pictorial Key to the Tarot. Being Fragments of a Secret under the Veil of Divination« aus dem Jahr 1910 ist Waites umfangreiche Abhandlung über Bedeutung und Anwendung der Bilder. Waite gehörte zu den ersten, die jede numerierte Karte der Kleinen Arkana mit Darstellungen von Personen statt der bis dahin gängigen Schwert-, Kelch-, Stab- und Münzsymbole versahen. Seither bevorzugen viele Kartenleser das Waite-Blatt, entweder in der Originalfassung oder in einer der zahlreichen späteren Modifizierungen.

Obwohl auch Waite, wie vor ihm Lévi, von einer Verknüpfung des Tarot mit der Kabbala ausging, betrachtete er sämtliche Arbeiten anderer Autoren äußerst kritisch und wertete sie sogar ab – ganz besonders ablehnend verhielt er sich den Schriften von Papus gegenüber, den er regelrecht lächerlich machte. Er verwarf alle früheren Erklärungen der Ursprünge des Tarotspiels und glaubte statt dessen, der Tarot

Karten aus dem Spiel des Golden Dawn; von links nach rechts: König der Kelche, Königin der Kelche, Das Universum und Das Jüngste Gericht.

als Schlüssel zu universalem Wissen basiere auf Geheimlehren der Alchimie, der Freimaurerei, der Lehre der Rosenkreuzer und auf bisher unentdeckt gebliebenem alten Wissen.

Der keltische Ursprung der vier Farben, eine Theorie Waites, wurde von Jessie Weston in dem Buch »From Ritual to Romance« aufgegriffen. Robert Graves, der Erforscher der antiken Geschichte und Mythologie, sah ebenfalls eine Beziehung zwischen den 22 Buchstaben des keltischen Alphabets und den 22 Figuren der Großen Arkana. Der Dichter W. B. Yeats griff die Theorie vom keltischen Ursprung des Tarots begeistert auf. Yeats wurde ein einflußreiches Mitglied des Golden Dawn und leitete eine Zeitlang sogar eine der Fraktionen. Er trug ständig ein Tarotspiel bei sich, das ihn angeblich inspirierte, seine Vorstellungen und Phantasien prägte und ihn zu dem Verständnis einer einheitlichen »Weltseele« führte. (Auch T. S. Eliot nimmt in »Das wüste Land« Bezug auf den Tarot, doch im Gegensatz zu Yeats, der mit der Materie sehr vertraut war, wußte Eliot, was er auch selbst zugab, nur sehr wenig über Hintergründe und Bedeutung des Tarot. In Eliots Gedicht liest eine gewisse Madame Sostris aus Karten die Zukunft, doch nur drei der fünf dort erwähnten Karten gehören tatsächlich zu den Tarotkarten.)

Von allen Mitgliedern des Golden Dawn erregte sicherlich Aleister Crowley in der ersten Hälfte des 20. Jahrhunderts das größte Aufsehen. Man nannte ihn gelegentlich »den boshaftesten Menschen der Welt«, ein Titel, der ihn wohl eher befriedigt als beschämt hat. Dieses Epitheton rührt möglicherweise daher, daß er sich selbst als den Antichrist zu bezeichnen pflegte, das Tier 666, die Zahl der Offenbarung des Johannes, die auch in der Numerologie eine Rolle spielt. Er behauptete, die Inkarnation von Eliphas Lévi zu sein. Crowley entwarf einen Tarot, der von Lady Frieda Harris gemalt wurde. Diese Karten waren auch Gegenstand seiner Abhandlung über das Buch Thoth, in dem er die Theorie von den ägyptischen Ursprüngen des Tarot unterstützte.

Ein späteres Blatt von Zain (Elbert Benjamine) verband den Tarot ebenfalls mit altägyptischer Vorstellungswelt. Auf Zains Karten sind alle Personen, Gegenstände und Darstellungen ägyptisch inspiriert. Crowleys Tarot ist dagegen in seiner Symbolik sehr viel komplexer und verbindet Bildelemente unterschiedlicher Bereiche zu einer neuen Einheit. In dieser, weniger in ästhetischer Hinsicht gilt der Cowley-Tarot als bisher unerreicht. Alle Spiele, die von Mitgliedern des Golden Dawn eingeführt wurden, etwa von Mathers, Waite, Case, Crowley und anderen, basierten angeblich auf den Geheimlehren des Tarot, die nur dem ›inneren Kreis‹ der Gesellschaft zugänglich waren.

Heute sind immer noch zahlreiche Tarots in Umlauf, zum Beispiel ein relativ neues Blatt, das von Robert Wang in Zusammenarbeit mit Israel Regardie geschaffen wurde und den Anspruch stellt, der Original-Tarot zu sein, wie ihn der Golden Dawn lehrt und wie er dem inneren Kreis des Bundes von MacGregor Mathers erklärt wurde. Die »Encyclopedia of Tarot« von Stuart R. Kaplan (auch in Deutsch erschienen, s. Literaturverzeichnis) greift nahezu alle Tarots, die es je gegeben hat, auf und erläutert sie zusammenfassend.

Die nebulösen Ursprünge des Tarot haben nur zu seiner Mystifizierung beigetragen und zu einer Vielzahl von verschiedensten Deutungen und Interpretationen geführt. Dennoch sind es weniger die Darstellungen auf den Karten, ganz gleich welches Blatt man benutzt, als vielmehr die Vorstellungskraft des Kartenlesers, der keinen festen Regeln, sondern eher intuitiven Eingebungen folgt, die für die Divination des Tarot wichtig sind.

Lesart der Tarotkarten

Die Großen Arkana

Die Karten der Großen Arkana tragen die Darstellungen hochgestellter Personen aus dem weltlichen und kirchlichen Leben, außerdem weniger spektakulärer Mitglieder der Gesellschaft, Personifikationen abstrakter Begriffe und reale Objekte. Die Großen Arkana werden im Deutschen oft als Trümpfe bezeichnet.

Der folgende Überblick stellt einige der wichtigsten Darstellungsformen der Großen Arkana vor und verzeichnet die gebräuchlichsten divinatorischen Bedeutungen. Aus der großen Zahl unterschiedlicher und häufig widersprüchlicher kabbalistischer und numerologischer Interpretationen dieser Karten und ihrer Darstellungen konnte nur ein kleiner Bruchteil hier aufgeführt werden. Da auch Tarots mit fremdsprachigen Bezeichnungen im Handel sind, wurden im Anschluß an die »Darstellung« auch die entsprechenden englischen, französischen und italienischen Begriffe sowie mögliche deutsche Alternativtitel aufgeführt.

Die Bilder der einzelnen Karten können in den verschiedenen Blättern sehr unterschiedlich ausfallen, wobei die Differenzen größer oder geringfügiger sein können. Bei der Beschreibung der einzelnen Karten wird auf diese Unterschiede eingegangen. Trotz der Vielfalt der Darstellungen bleibt jedoch die Grundbedeutung, wenn man von einigen wenigen Ausnahmen absieht, stets gleich. Mit der Zeit entwickelt allerdings jeder seine ganz persönliche Deutungsweise, ein Phänomen, mit dem sich der Abschnitt über die Auslegung der Karten beschäftigt.

0 Der Narr

Schicksal und Zufall, Vergangenheit und Zukunft

Darstellung
Ein bärtiger oder glattrasierter junger Mann. Er trägt die Kappe des Hofnarren, sein Kragen ist gezackt oder mit Schellen versehen. In der linken Hand hält er einen Stock, den er auf der rechten Schulter balanciert und an den ein Bündel geknotet ist, mit der Rechten führt er einen Stab oder Stock. Ein kleiner Hund folgt ihm oder versucht, ihn spielerisch ins Bein zu beißen. (Der Tor; *The Fool, The Madman; Le Mat; Il Matto)*

Bedeutung
Gedankenlosigkeit, Unreife, Irrationalität (aber auch Leidenschaft und Schwärmerei); Unsicherheit, Extravaganz; Initiative, Spontaneität
Auf dem Kopf: Trägheit, Apathie, Unentschiedenheit, Labilität
Als letzte Karte: Extravaganz meiden; der Versuchung widerstehen; weitermachen, aber mit Bedacht.

I Der Magier

Willenskraft, Wissensdrang

Darstellung
Ein Mann (manchmal mit Bart) steht oder sitzt an einem Tisch, auf dem sich verschiedene Gegenstände befinden , u. a. ein Messer, ein Kelch, Münzen, ein Fingerhut sowie Objekte, mit denen man jonglieren kann. Er trägt einen breitkrempigen Hut, dessen Form an das Symbol für Unendlichkeit erinnert; ist er barhäuptig, so schwebt das Symbol möglicherweise über seinem Kopf. Oft trägt er einen Gürtel mit wellenförmigem Schlangenmuster. In der linken Hand hält er einen Stab, manchmal mit knotigen Enden (Phallussymbol?), seine rechte Hand ist meist leer und weist nach unten, manchmal hält er auch ein kleines Zepter oder einen Ball. (Der Jongleur, Der Gaukler; *The Magician, The Juggler; Le Bateleur; Il Bagatto*)

Bedeutung
Originalität, Weisheit, Phantasie, Verbindung von Rationalität und Emotion; Selbstvertrauen, Willenskraft, Einfallsreichtum, intellektuelle Stärke; Geschick, List, Wissenschaftlichkeit, psychische Kräfte, Vielseitigkeit
Auf dem Kopf: Täuschung, Verwirrung, psychische Labilität, Aktivitätsverlust
Als letzte Karte: Sein Talent für konstruktive Ziele nutzen; Erfüllung ist abhängig von Initiative.

II Die Hohepriesterin

Verborgenes oder geheimes Wissen, Prophezeiung

Darstellung
Eine Frau, die eine dreistöckige Tiara auf dem Kopf trägt, den Kopfschmuck des Papstes. Manchmal trägt sie einen Schleier oder eine Kopfbedeckung mit Blumen, zuweilen auch ägyptischen Schmuck oder einen Halbmond. Sie hält eine Schriftrolle oder ein Buch in beiden Händen. (Statt dessen kann auch ein Schmetterling oder eine Blume zu sehen sein.) Sie sitzt auf einem Thron; hinter ihr befinden sich zwei Säulen oder zwei Vorhänge. Gelegentlich ist auf dieser Karte keine Frau im Papstgewand dargestellt, sondern ein bärtiger Mann, als Ergänzung zur Papstkarte.

Diese Darstellung könnte auf ein Gerücht zurückzuführen sein, das Ende des 13. Jahrhunderts im Umlauf war, daß nämlich im 9. Jahrhundert eine Frau namens Johanna, die sich als Mann ausgab, Nachfolgerin von Papst Leo IV. wurde. Angeblich soll diese Frau sogar schwanger geworden sein. Wenn diese Geschichte der Wahrheit entspräche, hätte sich ihr Pontifikat mit dem des berühmten Bendikt III. überschneiden müssen, der weniger als zwei Monate nach dem Tod von Leo IV. sein Amt antrat (die legendäre Päpstin wurde aber angeblich erst danach gewählt). Möglicherweise wurde die Darstellung dann in einigen Blättern verändert, um die Anspielung richtigzustellen ohne die Karte einzubüßen, und aus der Päpstin wurde ein eindeutig männlicher Papst. Die Bedeutung der Priesterin blieb jedoch in der Interpretation erhalten.

Einer anderen Theorie zufolge diente Guillemine, die im 13. Jahrhundert in Böhmen eine religiöse Sekte für Frauen gründete, als Vorbild der ›Päpstin‹. Im 14. Jahrhundert wurde das Oberhaupt dieser Sekte, Schwester Manfreda, der Häresie beschuldigt, verurteilt und auf dem Scheiterhaufen verbrannt.

In einigen Tarotausgaben hat die griechische (römische) Göttermutter Hera (Juno) die Stelle der Päpstin eingenommen, begleitet von ihrem Symboltier, dem Pfau. (Die Päpstin; *The High Priestess, The Female Pope; La Papesse; La Papessa*)

Bedeutung
Weisheit, Intellekt; Mysterium, verborgenes Wissen, Intuition, das Okkulte; Heiterkeit, Ausgeglichenheit, Dualismus von Geist und Materie, das weibliche Geschlecht (die Priesterin symbolisiert Intellekt und Geist, die Herrscherin Gefühl und Körper)
Auf dem Kopf: Ignoranz, Täuschung, Oberflächlichkeit, unkontrollierte Leidenschaft, unerwünschte Einflüsse durch das andere Geschlecht
Als letzte Karte: Intellektuellen Bedürfnissen nachkommen; emotionales Engagement bei Handlungen zeigen, aber sich nicht vom anderen Geschlecht dominieren lassen.

III Die Herrscherin

Errungenschaft, Erfüllung, Verständnis

Darstellung
Eine königliche Frau, deren Haupt von acht Sternen umgeben ist. Sie trägt Engelsflügel, hält ein Zepter in der linken Hand, das ihre Herrschaft

über alles Weltliche symbolisiert. In der rechten Hand hält sie einen Schild, meist golden und mit einem Adleremblem. Der Schild kann auch das astrologische Zeichen für Venus zeigen. Ihr weites, fließendes Gewand wird zuweilen als Hinweis auf eine Schwangerschaft gedeutet. Manchmal trägt sie ein rotes Herz als Halsschmuck, ein Symbol für Wärme und Zuneigung. Das Kreuz in ihrer Hand ist Zeichen für das Geistige. Sie steht auf einem Halbmond (Emotion, Gefühl) und einem Granatapfel (Fruchtbarkeit). Auf einigen Karten ist außerdem eine Weizengarbe angedeutet, das Symbol der Göttin Demeter (Ceres) der antiken Mythologie. Im Hintergrund ist gelegentlich ein Wasserfall zu sehen (als Sinnbild des Unterbewußten). (Die Kaiserin; *The Empress, The Earth Mother, The Queen; L'Impératrice, Grand Mère; L'Imperatrice*)

Bedeutung
Fruchtbarkeit, Vollkommenheit, Initiative, Tatkraft, Ordnung, Entschlußkraft, weiblicher Einfluß, Inspiration, Verständnis, Harmonie, Freude, Fürsorge
Auf dem Kopf: Disharmonie, übertriebene Fürsorge, Leistungsschwäche, Unbesonnenheit
Als letzte Karte: Sich anderen gegenüber großzügig verhalten.

IV Der Herrscher
Macht, Unabhängigkeit, Schutz

Darstellung
Ein Mann reifen Alters, der den Eindruck von Festigkeit und Stärke vermittelt, meist mit Schnurrbart oder Bart dargestellt wird und eine schlichte Krone oder einen Helm trägt, Attribute seiner hohen Stellung. Wenn die Farbe Gelb vorhanden ist, weist dies auf Spiritualität hin. Das Gewand des Mannes kann uni oder gemustert sein. In der rechten Hand hält er ein Zepter oder ein ähnliches Objekt, in der Linken möglicherweise eine grüne Weltkugel (Weltherrschaft). Unter oder neben seiner Hand befindet sich ein Schild, auf dem ein Adler, das Symbol für Herrschaft, zu sehen ist. Ein Bein ist übergeschlagen, was man als astrologisches Symbol für den Planeten Jupiter deuten könnte. Seine Haltung zeugt von ruhiger Gelassenheit, die sich auch in der zwanglosen Geste spiegelt, mit der seine linke Hand am Gürtel ruht. Um den Hals trägt er ein dünnes Band mit einem Amulett, das für gewöhnlich die Form eines Kreises (Macht) hat. Die Armlehnen des Throns sind manchmal mit Widderköpfen verziert, was eine astrologische Bedeutung haben könnte. Die kubische Form des Sitzes scheint in einigen Blättern die Materie zu repräsentieren. Der Hintergrund ist meist einfach gehalten, kann aber auch als rauhe, felsige Landschaft dargestellt sein. (Der Kaiser; *The Emperor, The King; L'Empereur; L'Imperatore*)

Bedeutung
Macht, Erfolg, Reichtum, Ordnung, Selbstvertrauen; männlicher Einfluß, Patriarchat, Bruderschaft, Kraft, Schutz; Sieg von Vernunft über Trieb; Fairneß, Durchsetzungsvermögen
Auf dem Kopf: Unfähigkeit, Unentschlossenheit, Emotionalität, Unterwürfigkeit
Als letzte Karte: Gerechtigkeit walten lassen, sich dabei aber vor Unbeweglichkeit schützen.

V Der Hohepriester
Tradition, Rat, Moral

Darstellung
Ein älterer Mann, oft mit Bart oder Schnurrbart. Er stellt den Papst oder einen anderen religiösen oder geistigen Führer dar. In einigen Blättern erinnert die Figur an den ägyptischen Gott Osiris; die Darstellung als Jupiter mit Blitzstrahl und Adler ist selten. Der Mann trägt eine dreiteilige Krone, die Geist, Verstand und Körper darstellt. In der linken Hand hält er einen Stab oder ein Zepter mit einem dreifachen Kreuz, dem Papstkreuz, als Symbol für den göttlichen Geist, den menschlichen Verstand und die weltliche Materie. Für gewöhnlich hält er die rechte Hand erhoben, wobei zwei Finger nach oben zeigen; es handelt sich hierbei um die alte Geste des Segnens, die aber gleichzeitig auch den allgegenwärtigen Dualismus ausdrückt, ein Zeichen, das man bereits im alten Ägypten kannte. Wenn er die rechte Hand über der Brust hält, zeigt meist nur ein Finger nach oben, was möglicherweise Schweigen bedeutet. Er trägt Handschuhe, was Aufrichtigkeit symbolisiert (die Vermeidung von Ansteckung) und hält einen, gelegentlich sogar zwei Schlüssel. Sie könnten die Schlüssel zum himmlischen Reich darstellen, zu Geist und Materie, aber auch zu Astrologie und Tarot. Die beiden Säulen hinter dem Papstthron symbolisieren die Freiheit des Willens: Es steht dem Menschen frei, etwas zu tun oder nicht zu tun. (Der Papst; *The Pope, The Hierophant; Le Pape; Il Papa*)

Bedeutung
Tradition, Sieg von Form über Inhalt, Ordnung, Neigung zu Starrheit und Unbeweglichkeit, Großzügigkeit, Inspiration, geistige Führungskraft, Passivität
Auf dem Kopf: Torheit, Unfähigkeit, Verletzlichkeit, Unfreundlichkeit, Unkonventionalität
Als letzte Karte: Großzügig sein, dabei Leidenschaften mit Vorsicht paaren; das Neue angehen; das aufgeben, was überholt und veraltet ist.

VI Die Liebenden
Wahl, Heirat, Partnerschaft

Darstellung
Abgebildet sind gewöhnlich mehrere Männer und Frauen: ein Mann und zwei Frauen (die Wahl zwischen Tugend und Laster) oder zwei Männer und eine Frau (der Geliebte, die Braut und der Priester, was an eine Hochzeit erinnert; es kann sich aber auch um zwei Liebende und einen unbeteiligten Beobachter handeln). Manchmal sind auch verschiedene Paare beim Tanz oder in einer Umarmung dargestellt, was die Brautzeit symbolisiert. Ein oder zwei Engel sind auf einer Wolke, in der Sonne, in einem Strahlenkranz oder auf einer Säule zu sehen. Auf einigen Karten sind ihre Augen verbunden. Wenn sie Pfeil und Bogen tragen, zielen sie meist auf die mittlere Person, die möglicherweise das Laster symbolisiert. Seltener ist eine badende Venus dargestellt, begleitet von Dienerinnen und einem Cupido mit verbundenen Augen am Ufer. (Die Entscheidung; *The Lover(s); L'Amoureux; Gli Amanti*)

Bedeutung
Entscheidung, Wahl zwischen Gut und Böse, zwischen Geist und Körper; Zuneigung, Freundschaft, Verlobung und Heirat
Auf dem Kopf: Täuschung, Enttäuschung, Fehleinschätzung
Als letzte Karte: Entscheidungen treffen, es gibt keine Wahl ohne Fehler; vorsichtig sein und sich gegen unmoralische Einflüsse schützen; nach Wahrheit streben.

VII Der Wagen
Konflikt und Triumph

Darstellung
Ein Wagen, Triumphwagen oder eine Kutsche, möglicherweise der Wagen von Osiris, Ezechiel oder Mars, vielleicht auch der Thron Gottes. Auf einigen Karten ist der Wagen mit den Symbolen der männlichen und weiblichen Genitalien geschmückt. Der Wagenlenker ist ein Krieger, der eine Rüstung trägt, oder eine Frau, die nackt oder bekleidet sein kann. Der Lenker trägt möglicherweise eine Krone, er kann auch ein Zepter, ein Schwert, eine Axt oder einen Reichsapfel tragen. Zwei weiße Pferde oder zwei Sphingen, eine schwarz und eine weiß, ziehen den Wagen. Die Tiere ziehen das Gefährt in entgegengesetzte Richtung. Es gibt keine Zügel. (Der Triumphwagen; *The Chariot; Le Chariot; Il Carro*)

Bedeutung
Konflikt, Feindseligkeit, Verwirrung, Rache; Triumph, Sieg, ideeller und materieller Erfolg, lohnende Reise, Blick für Einzelheiten
Auf dem Kopf: Niederlage, kurzfristige Verluste, Wirklichkeitsflucht
Als letzte Karte: Sich am Erfolg freuen, aber dabei die Realität nicht aus den Augen verlieren; Vorsicht walten lassen, damit der Sieg nicht in einer Niederlage endet; plötzliche Impulse oder ›Triebe‹ kontrollieren; ausgeglichen bleiben.

VIII Gerechtigkeit
Gerechtigkeit und Ausgeglichenheit

Darstellung
Eine weibliche Gestalt, die Entschlossenheit, aber auch Güte und Klarheit ausstrahlt, sitzt auf oder steht neben einem Thron. Sie trägt weite Gewänder oder eine Rüstung und hält in der linken Hand eine Waage oder ein zweischneidiges Schwert. Im Hintergrund sind zwei Säulen zu sehen, die das Positive und das Negative oder auch Stärke und Integrität symbolisieren. *(Justice; La Justice; La Giustizia)*

Bedeutung
Gerechtigkeit, Tugend, Ehre, Reinheit, Harmonie, Verständigkeit
Auf dem Kopf: Vorurteile, Bigotterie, Strenge, Intoleranz und Unrecht
Als letzte Karte: Das eigene Schicksal in die Hand nehmen; der Versuchung widerstehen; bei Entscheidungen Vorsicht walten lassen.

Nicht in allen Blättern kommt diese Karte an achter Stelle: Sie kann auch auf Platz XI stehen, wird also gegen Kraft ausgetauscht, oder befindet sich in anderen Blättern möglicherweise an ganz anderer Position.

IX Der Einsiedler

Weisheit und Erleuchtung

Darstellung
Ein alter Mann mit Bart – in manchen Blättern ein Buckliger – begleitet von einer Schlange (die ein Symbol des ewigen Wandels sein kann, wenn sie sich in den eigenen Schwanz beißt, aber auch eine späte Darstellung von Chronos, der Zeit). Die männliche Gestalt ist in ein weites Gewand oder eine Kutte gehüllt, trägt oft eine Kapuze (was auf geheimes Wissen hindeutet) und eine Laterne (Erleuchtung und Kontemplation), die häufig angezündet ist oder einen Stern enthält (manchmal ist es auch ein Stundenglas). Der Mann stützt sich auf einen Stab, einen Spazierstock oder eine Krücke (Unterstützung, Suche). (Der Eremit; *The Hermit, The Beggar; L'Hermite; L'Eremita*)

Bedeutung
Erleuchtung, geheimes Wissen, Rat, Kontemplation, Introspektion
Auf dem Kopf: Furcht, Unehrlichkeit und Ungläubigkeit, Unfähigkeit und Unsicherheit
Als letzte Karte: Verständnis suchen, vorausblikkend planen; seine Weisheit für positive Ziele verwenden; sein Wissen mit anderen teilen.

X Das Glücksrad

Schicksal, Veränderung

Darstellung
Das Bild dieser Karte variiert in den einzelnen Blättern, was durchaus ihrem Inhalt entspricht. Dargestellt ist ein Rad, vielleicht auf einem hölzernen Gerüst, das entweder am Rand einer Klippe steht, sich auf einem schwimmenden Schiff oder auf dem Rücken eines bärtigen alten Mannes befindet, der ein weißes Gewand trägt und auf allen Vieren kriecht, oder vom Himmel herabhängt. Die Figuren auf dem Rad können drei Affen sein, einer befindet sich oben, der zweite steigt gerade auf, der dritte bewegt sich kopfüber nach unten. Es kann auch ein Jugendlicher dargestellt sein (»Ich werde regieren«), ein reifer Mann, der herabsteigt (»Ich habe regiert«), und ein alter Mann auf allen Vieren (»Ich bin ohne Herrscherreich«). Es gibt zahlreiche weitere Besetzungen. (Das Schicksalsrad; *The Wheel of Fortune; La Roue de Fortune; La Rota di Fortuna*)

Bedeutung
Schicksal, günstig oder ungünstig; plötzliche und unerwartete Ereignisse, günstige Gelegenheit
Auf dem Kopf: Pech, Mißerfolg und Versagen, Unbeständigkeit, Gelegenheiten ungenutzt verstreichen lassen
Als letzte Karte: Geduld haben, denn das Rad hört nie auf, sich zu drehen; demütig sein, wenn einem Glück zuteil wird, denn das Rad hört nie auf, sich zu drehen; günstige Gelegenheiten nutzen und sich dadurch nicht dem Schicksal beugen.

XI Die Kraft

Mut und Entschlossenheit

Darstellung
Es kann eine herkulesähnliche Figur dargestellt sein, die mit einem Löwen kämpft oder eine Keule gegen ihn schwingt. Meist jedoch ist eine Frau zu sehen, die einem Löwen entweder das Maul aufreißt oder zusperrt (was die Überlegenheit der Liebe über Gewalt symbolisiert). Anstelle des Löwen kann auch eine Säule erscheinen, die von einer weiblichen oder männlichen Gestalt zerschlagen wird. Die Frau trägt einen breitkrempigen Hut wie der Magier auf Karte I. Das Zeichen für Unendlichkeit kann in Form der Hutkrempe oder gesondert erscheinen. *(Strength, Fortitude; La Force; La Forza)*

Bedeutung
Stärke, Mut, Ausdauer; Entschlossenheit, Zuversicht; Überlegenheit des Willens über die Begierde
Auf dem Kopf: Furcht, Ungläubigkeit, Unfähigkeit, Gleichgültigkeit, Unsicherheit
Als letzte Karte: Herausforderungen und Gefahren mit Mut und Entschlossenheit entgegentreten; seine Stärke unter Kontrolle halten; Stärke zur Versöhnung nutzen.

XII Der Gehängte

Übergang, Anpassungsfähigkeit

Darstellung
Ein Mann hängt mit dem Kopf nach unten. Nur auf einer Karte (De Gébelin) ist ein aufrechter Mann zu sehen, und die Karte heißt ›Prudence‹, ›Klugheit‹. Das Gerüst, an dem der Mann befestigt ist, kann ein Galgen sein, es kann sich aber auch um zwei Bäume oder ein Kreuz handeln. Ein Fuß oder auch beide Füße sind an dem Gerüst aufgeknüpft, von dem der Mann kopfunter herabhängt. Ein Bein kann so angewinkelt sein, daß es in Form einer 4 über dem anderen liegt. Die Hände sind entweder auf dem Rücken gefaltet oder halten einen Beutel mit Münzen. Wenn kein Beutel zu sehen ist, können die Münzen aus den Taschen des Gehängten fallen. (Die Prüfung; *The Hanged Man; Le Pendu; L'Apesso*)

Bedeutung
Übergang, Entsagung, Opfer; Neuanfang, Regeneration
Auf dem Kopf: Selbstsucht, Entwicklungshemmung, Konservativismus
Als letzte Karte: Erneuerung von Geist und Zielen; begangenes Unrecht wiedergutmachen; Veränderungen erwägen.

XIII Der Tod

Transformation

Darstellung
Ein Skelett, das eine Sense, seltener einen Bogen trägt. Manchmal ist es in voller Rüstung dargestellt. Mit der Sense mäht es alles Leben um sich herum nieder. Hiermit wird gleichzeitig die Fruchtbarkeit des Lebens und die Gleichheit aller Menschen ausgedrückt. Auch Darstellungen zu Pferde, ohne Sense, dafür mit Banner, sind möglich. Oftmals trägt der Tod auch einen weißen Schal. Die Landschaft im Hintergrund ist mit Leichen und Körperteilen von Königen, Päpsten und gewöhnlichen Sterblichen übersät. Manchmal sind Pflanzen zu sehen, die gerade austreiben. *(Death; La Mort; La Morte)*

Bedeutung
Ende und Auflösung von Bindungen und Einschränkungen, Verlust von Reichtum, Beseitigung von früheren Fehlern; Anfänge, neue Bindungen, Triumph des Geistes
Auf dem Kopf: Stagnation, Trägheit, Flucht
Als letzte Karte: Alle materiellen Güter sind vergänglich; die Ketten des Alten sprengen und Neues beginnen. Bei der Deutung werden dieser Karte normalerweise mehr positive als negative Bedeutungen gegeben, da sie Neubeginn verheißt. Sie repräsentiert die Zerstörung des Ich, um sich auf künftige Harmonie vorzubereiten.

XIV Die Mäßigung

Gelassenheit

Darstellung
Die Karte zeigt eine Frau oder einen Engel, oft hat die Figur den einen Fuß vorsichtig in einen Fluß gesetzt, während der andere sicher am Ufer bleibt. Die Frau gießt eine Flüssigkeit, die symbolische Essenz des Lebens, von einem Krug in einen anderen. Die Symbolik dieser Karte erinnert stark an die Darstellung des astrologischen Wassermannzeichens. (Der Ausgleich; *Temperance, Balance; La Tempérance; La Temperanza*)

Bedeutung
(Wenn diese Karte nach der Tod-Karte erscheint, bedeutet sie Wiedergeburt.) Gelassenheit, Ruhe, Gnade, Mutterfigur, Vaterfigur; Selbstbeherrschung, Entgegenkommen, Leichtigkeit im Umgang mit anderen Menschen
Auf dem Kopf: Konflikt, Zwist, Feindseligkeit, Ungeduld
Als letzte Karte: Ziele auch weiter verfolgen, wenn es etwas schwieriger wird; zu viele Unternehmungen gleichzeitig vermeiden.

XV Der Teufel

Frustration, Enttäuschung, Furcht, Vorsicht
(fehlt in einigen Blättern)

Darstellung
Auf der Karte ist ein Dämon zu sehen, der entweder gehörnt ist oder einen gehörnten Helm trägt. Es kann ein geflügelter Dämon sein, meist hat er einen Tierhuf oder sieht gänzlich wie eine Ziege aus und erinnert an Pan oder Mithras, die östliche Feuerkultfigur. Der Dämon trägt eine Fackel, die

Seite 214/215: Reproduktionen der 22 Großen Arkana aus dem Tarot von Marseille; die Vorlagen gehen wahrscheinlich auf das späte 15. Jahrhundert zurück; Paris, Bibliothèque Nationale

LE MAT
THE FOOL
I
LE BATELEUR
THE MAGICIAN
II
LA PAPESSE
THE HIGH PRIESTESS
III
L'IMPÉRATRICE
THE EMPRESS
IIII
L'EMPEREUR
THE EMPEROR
V
LE PAPE
THE POPE
VI
L'AMOUREUX
THE LOVER
VII
LE CHARIOT
THE CHARIOT
VIII
LA JUSTICE
JUSTICE
VIIII
L'HERMITE
THE HERMIT
X
LA ROUE DE FORTUNE
THE WHEEL OF FORTUNE

XI
LA FORCE
FORCE
XII
LE PENDU
THE HANGED MAN
XIII
LA MORT
DEATH
XIIII
TEMPÉRANCE
TEMPERANCE
XV
LE DIABLE
THE DEVIL
XVI
LA MAISON DIEU
THE TOWER OF DESTRUCTION
XVII
L'ÉTOILE
THE STAR
XVIII
LA LUNE
THE MOON
XVIIII
LE SOLEIL
THE SUN
XX
LE JUGEMENT
JUDGEMENT
XXI
LE MONDE
THE WORLD

jedoch nicht brennt (was die fehlende Erleuchtung ausdrückt), ein Schwert oder eine Mistgabel. Meist hält die Figur die rechte Hand erhoben, was Magie oder Zerstörung symbolisiert. Das Zeichen des Saturn kann auf der Handinnenfläche zu sehen sein. In der unteren Kartenhälfte finden sich oft zwei gehörnte Teufel oder ein Mann und eine Frau. Freimaurermotive oder alchimistische Symbole können ebenfalls vorhanden sein. *(The Devil; Le Diable; Il Diavolo)*

Bedeutung
Selbstsucht, Launenhaftigkeit, Spott und Hohn anderen gegenüber, Gewalt, Unterwürfigkeit selbstauferlegter Zwang, Frustration und Enttäuschung
Auf dem Kopf: Befreiung, Aufschub, Auflösung einer Beziehung, Verständnis, Erleuchtung, Triumph über Ängste
Als letzte Karte: Vorsicht walten lassen; danach streben, Einschränkungen und Zwänge zu überwinden; die Gedanken eher nach außen als nach innen lenken.

XVI Der Turm
Inspiration und Bestrafung

Darstellung
Der zinnenbewehrte Turm verfällt, die Zinne trennt sich von dem Gebäude (Bruch mit der Vergangenheit). Im Turm gibt es drei kleine Öffnungen (sie symbolisieren eine begrenzte Sicht). Der Blitz schlägt ein (ein plötzliches, erschütterndes Ereignis), und Flammen breiten sich an einer Wand aus. Manchmal ist auch eine gleißende Sonne dargestellt (Feuer vom Himmel bestraft die Erbauer). Ein Mann und eine Frau stürzen vom Turm herab, was eine neue Richtung im Leben anzeigt. Manchmal ist eine nackte Frau zu sehen, die aus der Tür tritt und der ein Mann folgt. (Das Haus Gottes; *The Tower, House of God; La Maison de Dieu; La Torre*)

Bedeutung
Plötzliche Veränderung, Aufgabe alter Vorstellungen und vergangener Beziehungen; Suche nach verborgenem Wissen, Inspiration, überheblicher Stolz
Auf dem Kopf: Widerstand gegen Veränderung, Beschränkung, Beengung, Langeweile
Als letzte Karte: Für neue Ideen offen sein; sich mutig neuen Haltungen und Umgebungen nähern; Hochmut ablegen, da Arroganz Strafe nach sich zieht.

XVII Der Stern
Hoffnung, sogar ohne Besitz

Darstellung
Die Karte zeigt eine kniende oder stehende weibliche Figur, die manchmal eine Krone trägt und meist nackt dargestellt ist. Sie kann die Hände wie zum Gebet gefaltet halten oder sich neben einem Gewässer aufhalten (dem Wasser des Lebens). Sie hält ein Gefäß, aus dem sie Flüssigkeit gießt (neue Ideen, die gerade entstehen, Verjüngung). Der große Stern am Himmel wird oft mit dem Stern von Bethlehem gleichgesetzt, der die Weisen mit ihren Gaben für den neugeborenen Christus führte. Im Hintergrund steht ein Baum (Versprechen), auf dem sich gerade ein Falke oder Ibis niederläßt, Symbol für die Seele oder den Intellekt, oder es ist eine Taube zu sehen, die an den Vogel erinnert, der Noah verkündete, daß das Ende der Sintflut gekommen und Land in Sicht sei. *(The Star(s); L'Etoile; Le Stelle)*

Bedeutung
Hoffnung, günstige Gelegenheit, Scharfblick, Erfüllung, Optimismus und Tatkraft; Freude, geistige und intellektuelle Verbindung; Heilung
Auf dem Kopf: Verzweiflung, Zweifel, Enge, Starrsinn, Gleichgültigkeit
Als letzte Karte: Mit Glauben und Vertrauen in die Zukunft blicken; Gefühle ausdrücken; selbstbewußt handeln; keine Zerstörung währt ewig.

XVIII Der Mond
Warnung, Unsicherheit

Darstellung
Die Karte zeigt den Vollmond oder die Mondsichel, angebellt von zwei Hunden. Ein Flußkrebs oder eine Krabbe kriecht aus den Wassern der Erde. Manchmal ist auch die Göttin Diana mit der Mondsichel in der einen Hand und einer zerbrochenen Schale in der anderen zu sehen. In anderen Blättern wird ein Mann dargestellt, der auf einem Saiteninstrument einem Mädchen ein Ständchen bringt, das auf einem Balkon steht, oder es sind zwei Sterndeuter zu sehen, die den Himmel betrachten. *(The Moon; La Lune; La Luna)*

Bedeutung
Täuschung, Vorurteil, Neid, Wankelmut, Verleumdung; Gefahr, Vorsicht, heimliche Feinde, Unsicherheit, Imagination
Auf dem Kopf: kleine Täuschungen und geringe Gefahr, schnelle Belohnung, Sieg über schlechte Einflüsse
Als letzte Karte: Äußere Erscheinungen können täuschen; man soll nicht realitätsfern nach einem unerreichbaren Ziel streben.

XIX Die Sonne
Wachstum, Errungenschaften, jugendlicher Geist

Darstellung
Diese Karte wird sehr unterschiedlich gestaltet: Statt einer Sonne können Sonnenblumen, von Engeln auf Wolken getragen, oder Helios (Apollo) in seinem Sonnenwagen dargestellt sein. Auch Ikarus oder zwei unbekleidete (als Zeichen, daß es nichts zu verbergen gibt) Kinder, die sich berühren (als Ausdruck von Zufriedenheit) sind möglich. Seltener sind eine schreitende oder spinnende blonde Frau (vielleicht eine der Schicksalsgöttinnen?) oder einfach zwei Liebende. Im Hintergrund breitet sich eine rote, gelbe und blaue Mauer aus, die den Garten umgibt. Es ist vielleicht ein Skorpion am Himmel zu sehen (der astrologisch nicht mit der Sonne in Verbindung gebracht wird, sondern mit Schamasch, dem mesopotamischen Sonnengott, der von Skorpionen bewacht wurde). *(The Sun; Le Soleil; Il Sole)*

Bedeutung
(Die Sonne bedeutet Expansion; der Mond, Karte XVIII, Emotion; der Stern, Karte XVII, Einsicht.) Zufriedenheit, Zuneigung, Freundschaft, Freiheit, Anerkennung; Triumph, Gesundheit, Reichtümer
Auf dem Kopf: Unzufriedenheit, Unglücklichsein, keine guten zwischenmenschlichen Beziehungen, Unsicherheit, Betrug, Phobie
Als letzte Karte: Fröhlich seine Freiheit, Gesundheit und materiellen Besitztümer genießen, aber nicht selbstgefällig oder nachlässig werden, denn die Samen der Selbstzerstörung entgehen der Entdeckung; Wohlwollen und Freundlichkeit verbreiten.

XX Das Jüngste Gericht
Sühne und Auferstehung

Darstellung
Engel verkünden mit Fanfaren den Tag des Jüngsten Gerichts. Eine gottähnliche Figur, die ein Schwert hält, schwebt über ihnen. Unten öffnen sich die Gräber. Die Darstellung entspricht der christlichen Ikonographie. (Die Auferstehung; *Judgement; Le Jugement; L'Angelo*)

Bedeutung
Sühne, Vergebung, Verantwortlichkeit; Verjüngung, Befreiung, Wille, Verbesserung
Auf dem Kopf: Bestrafung oder Belohnung; die Ergebnisse früherer Handlungen
Als letzte Karte: Früheres und jetziges Verhalten neu beurteilen; seinen Einfluß auf andere neu überdenken; eine neue, lobenswerte Richtung einschlagen.

XXI Die Welt
Synthese, Vollendung

Darstellung
Oftmals ist eine nackte weibliche Gestalt zu sehen, die eine schmale Girlande, einen Pfeil und eine Krone in Händen hält. Auch das Bild einer bekleideten Frau mit Zepter und Reichsapfel auf einer Kugel, in der Städte, Burgen, Berge und Meer dargestellt sind, ist möglich. Diese Kugel kann auch einfach von zwei Engeln gehalten werden. Seltener ist das Motiv des blitzeschleudernden Zeus (Jupiter), begleitet von einem Adler oder von jungen Mädchen. Oft umgibt die diversen Figuren ein ovaler Blätterkranz (die Natur). In den vier Ecken des Bildes befinden sich gewöhnlich die Symbole der vier Elemente und der vier Evangelisten: Luft und Engel (Matthäus), Wasser und Adler (Johannes), Erde und Stier (Lukas) sowie Feuer und Löwe (Markus). *(The World; Le Monde; Il Mondo)*

Bedeutung
Vollendung (als letzte Karte bedeutet diese Karte auch das Ende einer Reise); Perfektion, materieller Erfolg, Ankunft; Bewußtsein, Welterfahrenheit, Kontrolle über die Umgebung
Auf dem Kopf: Unvollständigkeit, Unvollkommenheit, Versagen, Unbeweglichkeit
Als letzte Karte: Errungenschaft ist nur der Anfang; materieller Erfolg ist unvollständig ohne geistiges Bewußtsein.

Die Kleinen Arkana

Schwerter

(Pik) Diese Farbe bedeutet meistens, daß Gefahr droht. Es ist die Farbe des Streites und der Bewegung, des Kampfes um die Versöhnung zwischen Geist und Materie.
Günstige Bedeutung: Mut, Kraft, Initiative, Vollendung, Führung
Ungünstige Bedeutung: Unheil, Verlust, übertriebener Ehrgeiz

König der Schwerter

Herrschaft (ein ernster, dunkelhaariger Mann)

Bedeutung
Handeln; Entschlossenheit, Stärke, Originalität, das Schöpferische; Autorität, Gerechtigkeit, Erfahrung; das Gesetz, Technik, Medizin
Auf dem Kopf: Selbstsucht; Verbissenheit, die zu Niederlagen führt; Grausamkeit, Perversion, Gefahr, Ziellosigkeit
Allgemeiner Rat: Den geraden Weg verfolgen; Weitschweifigkeit meiden, aber flexibel sein.

Königin der Schwerter

Fähigkeit, Begabung, Weiblichkeit
(eine dunkelhaarige Frau)

Bedeutung
Scharfsinn, Genauigkeit, Vielseitigkeit, diplomatische Begabung; Kraft, Stärke bei Problemen, Großzügigkeit, Selbstbewußtsein
Auf dem Kopf: Traurigkeit, Einsamkeit, Trennung, Täuschung, Boshaftigkeit, Unzuverlässigkeit
Allgemeiner Rat: Weiterhin stark bleiben; großzügig sein; das Schlechte abwehren.

Ritter der Schwerter

Extravaganz und Romantik (ein junger Mann)

Bedeutung
Tapferkeit, Geschicklichkeit, Klugheit, Wachsamkeit, Diplomatie
Auf dem Kopf: Übereiltheit, Täuschung, Einfalt
Allgemeiner Rat: Den Schwierigkeiten ins Auge sehen, aber sich eher auf Überzeugungskraft und Klugheit als auf Stärke verlassen.

Page der Schwerter

Täuschung und Diskretion (ein junger Mensch)

Bedeutung
Fähigkeit, das Verborgene wahrzunehmen, Einsicht; Diskretion, Wachsamkeit
Auf dem Kopf: Faulheit, Neid, Unfähigkeit, Täuschung, Heuchelei
Allgemeiner Rat: Wachsam, aufrichtig und aktiv sein; diskret sein, aber nicht täuschen.

Zehn der Schwerter

Bedeutung
Kummer, Einschränkung, Enttäuschung, Schmerz, Angst
Auf dem Kopf: Befreiung, Belohnung, zeitweiliger Gewinn, Anerkennung
Allgemeiner Rat: Den Tiefpunkt erkennen; den zukünftigen Erfolg erhoffen, erwarten und vorausplanen.

Neun der Schwerter

Bedeutung
(Sehr ungünstig. Diese Karte wird als die schlechteste Tarotkarte überhaupt angesehen.) Unglück, Leiden, Angst, Enttäuschung
Auf dem Kopf: (ebenfalls ungünstig, wenn auch weniger intensiv) Mißtrauen, Verleumdung, Schande, Furchtsamkeit, Schüchternheit
Allgemeiner Rat: Das Unglück annehmen, Probleme durchstehen, sich beugen und darauf vorbereiten, sich wieder aufzurichten.

Acht der Schwerter

Bedeutung
Gefahr, verborgene Feinde, Einengung, Kritik, Verleumdung; Konflikt, Krise, Mißgeschick
Auf dem Kopf: Günstig
Allgemeiner Rat: Genauestens planen, um Schwierigkeiten zu überwinden; sie erkennen und beschließen, sie zu besiegen.

Sieben der Schwerter

Bedeutung
Hoffnung, Pläne, Voraussicht, Vertrauen; Schwächen ergründen, Angehen von Schwierigkeiten
Auf dem Kopf: Streit, Unsicherheit, Geschwätzigkeit, Abhängigkeit von Ratschlägen anderer
Allgemeiner Rat: Streit vermeiden; weitermachen.

Sechs der Schwerter

Bedeutung
Reisen, Veränderung der herrschenden Zustände; Eigennutz, Angst überwunden; planen
Auf dem Kopf: Schwierigkeit, ungewolltes Angebot, unlösbares Problem
Allgemeiner Rat: Durchhalten, bis das Problem gänzlich gelöst ist oder alle Schwierigkeiten überwunden sind.

Fünf der Schwerter

Bedeutung
Erfolg oder Niederlage, abhängig von Umsicht und Selbstkontrolle
Auf dem Kopf: Unentschiedenheit, neue Schwierigkeiten, Verrat
Allgemeiner Rat: Stolz überwinden, realistisch beurteilen, möglichen Verrat von Freunden erkennen.

Vier der Schwerter

Bedeutung
Erholung, Aufschub, Zurückgezogenheit; strategischer Rückzug, Vorsicht
Auf dem Kopf: Verlust, Exil, Feigheit, Eifersucht, finanzielle Probleme
Allgemeiner Rat: Rückzug nutzen; klug sein, ohne Feigheit zu zeigen.

Drei der Schwerter

Bedeutung
Trennungen, Reisen, Zerstreuung, Abwesenheit; Konflikt, Zerstörung des Veralteten
Auf dem Kopf: Feindschaft, Streit, Unordnung
Allgemeiner Rat: Unheil zuvorkommen, indem man das Veraltete verwirft und dem Neuen den Weg bereitet.

Zwei der Schwerter

Bedeutung
Ausgeglichenheit, Harmonie, Zuneigung, Freundschaft, Veränderung, Verlust, Entfernung, Ruhe nach dem Sturm
Auf dem Kopf: Täuschung, Treulosigkeit, Schande, Verrat, doch es steht eine günstige Entwicklung bevor
Allgemeiner Rat: Zuneigung, Freundschaft und Ausgeglichenheit nutzen, um mit Trennung und Verlust fertigzuwerden; aktiv werden.

As der Schwerter

Bedeutung
Gerechtigkeit, Befreiung, Nachdenklichkeit, Rücksichtnahme, Bestrafung für falsches Handeln; Triumph, Stärke durch Unglück
Auf dem Kopf: Zerstörung, Machtmißbrauch, Furcht, Ungerechtigkeit, übertriebener Eifer
Allgemeiner Rat: Sich auf den Erfolg einstellen; demütig bleiben; sich fair verhalten.

Kelche

(Herz) Die günstigste Farbe; repräsentiert Gefühle und Liebe.
Günstige Bedeutung: Liebe, Gefühl, Entspannung, Frieden
Ungünstige Bedeutung: Übertriebene Sinnlichkeit, Schmeichelei

König der Kelche

Vertrauen, Entspannung, Frieden

Bedeutung
Verläßlichkeit, Aufrichtigkeit, aber auch Diplomatie, Beständigkeit, mehr Respekt als Zuneigung; Freundlichkeit, Großzügigkeit, Frieden; Bildung, Berufe, Künste, Wissenschaften
Auf dem Kopf: Übereiltheit, Ungerechtigkeit, Verschlagenheit, selbstsüchtige Haltung
Allgemeiner Rat: Nicht nur nach Respekt, sondern auch nach Zuneigung streben; hastige Entscheidungen vermeiden; großzügig sein.

Königin der Kelche

Praktisches Wesen, Wärme und Reife

Bedeutung
Zuneigung, Wärme, Freude, Hingabe, Aufrichtigkeit; praktisches Wesen, Umsetzung von Ideen; Weitblick, Intuition, Vorstellungskraft
Auf dem Kopf: Unehrlichkeit, Perversität, Mangel an Realismus, Unbeständigkeit, Unzuverlässigkeit, Ungerechtigkeit
Allgemeiner Rat: Hingabe, Gerechtigkeitssinn, Humor und Sachlichkeit nutzen, um Träume in Realität umzusetzen.

Ritter der Kelche

Abenteuer, sehr junge Person

Bedeutung
Günstige Gelegenheit, neue Ideen, Herausforderungen, Träume; Überzeugungskraft, Kunstfertigkeit
Auf dem Kopf: Urteilsschwäche, Wahn, Verblendung, Langeweile, Verschlagenheit, Betrug
Allgemeiner Rat: Eine günstige Gelegenheit nicht ungenutzt verstreichen lassen; Prinzipien aufrechterhalten; Verblendungen meiden.

Page der Kelche

Ruhige Zuverlässigkeit, ein Ästhet

Bedeutung
Loyalität, Freundschaft, Gehorsam gegenüber der Autorität; Kontemplation, Weitblick; Talent, Kunstfertigkeit; Geburt eines Kindes
Auf dem Kopf: Oberflächlichkeit, Selbstsucht, Schmeichelei
Allgemeiner Rat: Freundschaft in Ehre halten; großzügig sein; Oberflächlichkeit meiden; Schmeicheleien widerstehen.

Zehn der Kelche

Bedeutung
Häuslicher Friede, Ordnung, Zufriedenheit; Ehre, Erfüllung
Auf dem Kopf: Konflikt, Familienzwistigkeiten, Unordnung, Engstirnigkeit
Allgemeiner Rat: Die Früchte eines ruhigen, ehrsamen Lebens genießen.

KING OF SWORDS
QUEEN OF SWORDS
KNIGHT OF SWORDS
PAGE OF SWORDS
KING OF CVPS
QVEEN OF CVPS
CAVALIER OF CVPS
VALET OF CVPS
KING of WANDS
QUEEN of WANDS.
KNIGHT of WANDS.
PAGE of WANDS.
KING OF PENTACLES
QUEEN OF PENTACLES
KNIGHT OF PENTACLES
PAGE OF PENTACLES

Neun der Kelche

Bedeutung
Erfüllung, Erfolg, Überfluß; Stabilität, physisches und psychisches Wohlbefinden
Auf dem Kopf: Irrtum, Verlust, unangebrachtes Vertrauen, Hindernis, Selbstgefälligkeit
Allgemeiner Rat: Erfolge ohne Selbstgefälligkeit genießen.

Acht der Kelche

Bedeutung
Desillusionierung, Durchkreuzen von Plänen, Abkehr von Beziehungen; Furchtsamkeit, Schüchternheit, Minderwertigkeitsgefühle, Ruhelosigkeit
Auf dem Kopf: Freude, Feier, neue Ziele verfolgen
Allgemeiner Rat: Bestehende Beziehungen nicht vorschnell aufgeben.

Sieben der Kelche

Bedeutung
Überprüfung von Zielen und Motiven; Illusionen, Träumerei, Selbsttäuschung, unrealistische Ziele; Mystizismus
Auf dem Kopf: gebrochene Versprechen, Passivität, praktisches Wesen
Allgemeiner Rat: Den eigenen Weg realistisch einschätzen; auf Reflexion sollte Handeln folgen.

Sechs der Kelche

Bedeutung
Erinnerungen, Nostalgie; Vertrauen, Glauben an andere
Auf dem Kopf: die Zukunft, bevorstehende Ereignisse, neue Pläne
Allgemeiner Rat: Auf vergangenen Ereignissen neue Pläne aufbauen; Vertrauen nur nach realistischer Einschätzung schenken.

Fünf der Kelche

Bedeutung
Vereinigung, lockere Verbindung, Eifersucht; Unvollkommenheit, Unentschlossenheit, Sorgen, Verlust
Auf dem Kopf: Wiedervereinigung, Erbschaft, Wiederkehr von Verlorenem
Allgemeiner Rat: Energien und Handlungen neu ausrichten; Beziehungen vertiefen oder sich trennen.

Vier der Kelche

Bedeutung
Befriedigung, erreichte Ziele, die Situation genießen, Selbstgefälligkeit; Aufschub, Widerstand gegenüber Neuem
Auf dem Kopf: Übermaß, neue Information, neue Beziehungen
Allgemeiner Rat: Erfolg genießen, aber keine Zeit verschwenden.

Drei der Kelche

Bedeutung
Erfüllung, Heirat, Mutterschaft, Trost, Harmonie, Heilung
Auf dem Kopf: Maßlosigkeit, Sinnlichkeit ohne Gefühl, Überstürztheit, Mangel an Anerkennung, Selbstsucht
Allgemeiner Rat: Gegenwärtige Situation auskosten; übereiltes Handeln meiden; in seine Unternehmungen auch Gefühl einfließen lassen.

Zwei der Kelche

Bedeutung
Versöhnung, Verständnis, Zusammenarbeit, Übereinstimmung, starke Bindung, Freundschaft
Auf dem Kopf: Mißverständnis, Abgestumpftheit, Zwist, Betrug, Trennung
Allgemeiner Rat: Beziehungen pflegen; Harmonie fördern; Mitgefühl zeigen.

As der Kelche

Bedeutung
Wachstum, Kreativität, Produktivität, Überfluß, Heirat, Optimismus, Glauben, Erfüllung
Auf dem Kopf: Fehlschlag, Trägheit, Treulosigkeit, Labilität, Pessimismus
Allgemeiner Rat: Freude mit anderen teilen; sich vor Trägheit und Verrat in acht nehmen.

Stäbe

(Kreuz) Die Farbe von Beruf, Karriere und der freien Entscheidung zwischen den Anforderungen des Berufs und der persönlichen Erfüllung; Talent, Begabung.
Günstige Bedeutung: Wachstum, Erfindung, Energie, Arbeit
Ungünstige Bedeutung: Schwierigkeit, Mißlingen, Materialismus

König der Stäbe

Stärke und Väterlichkeit

Bedeutung
Väterlichkeit, Reife, Weisheit, Stärke, Tradition, Humor; Aufrichtigkeit, Gewissenhaftigkeit, Gerechtigkeit, Loyalität
Auf dem Kopf: Despotismus, Vorurteil, Rigidität, Engstirnigkeit, Mangel an Gefühl
Allgemeiner Rat: Entschlußkraft zeigen, aber Autorität nicht zu wichtig nehmen.

Königin der Stäbe

Anmut und praktisches Wesen

Bedeutung
Keuschheit, Loyalität, Selbstbeherrschung, Tradition, Liebe zur Natur; praktisches Wesen, Verständnis, Scharfsinn, materielle Güter, Geschäft
Auf dem Kopf: Untreue, schwankende Gefühle, Eitelkeit, dominierendes Verhalten, Eifersucht
Allgemeiner Rat: Mit Charme, nicht mit Gewalt herrschen; Haltung bewahren, auch wenn man auf Schwierigkeiten stößt; Aufmerksamkeit auf andere statt auf sich selbst lenken.

Ritter der Stäbe

Wachsamkeit bei Gefahr

Bedeutung
Trennung, Flucht, Abreise, Verlust; Fortschritt, Unterstützung
Auf dem Kopf: Streit, Unstimmigkeit
Allgemeiner Rat: Dem Feind gegenüber wachsam sein; handeln im Vertrauen auf die Unterstützung anderer.

Reproduktionen von Hofkarten der Kleinen Arkana: König, Königin, Ritter und Page der vier Farben (Schwerter, Kelche, Stäbe und Münzen). Beispiele aus vier verschiedenen Blättern: 1. Morgan-Greer-Tarot: Schwerter; 2. Papus-Tarot: Kelche; 3. Rider-Waite-Tarot: Stäbe; 4. Aquarian-Tarot: Münzen.

Page der Stäbe

Bote, Überbringer von Nachrichten

Bedeutung
Dienst, Verbreitung von Neuigkeiten, Begeisterung, Loyalität, Vertrauen, Beständigkeit
Auf dem Kopf: Falsche Information, Betrug, Verrat, Unbeständigkeit
Allgemeiner Rat: Gute Nachrichten verbreiten, aber keine falschen Informationen weitergeben.

Zehn der Stäbe

Bedeutung
Sieg, Triumph durch Machtausübung, Kraft, Drang nach Erfolg; Ehre, unerwartetes Glück, Sicherheit
Auf dem Kopf: Unterdrückung, Sturheit, Täuschung, Trennung
Allgemeiner Rat: Seine Kräfte nicht einsetzen, um andere zu unterwerfen, sondern um Leistungen zu erzielen.

Neun der Stäbe

Bedeutung
Schwierigkeit, versteckter Widerstand, Verzögerung; Disziplin, Kompromiß
Auf dem Kopf: Rigidität, Mißtrauen, Sturheit
Allgemeiner Rat: Selbstbeherrschung üben; innehalten, um sich auf das Neue einzustellen, aber nicht stagnieren.

Acht der Stäbe

Bedeutung
Aktivität, Begeisterung, Reise, Initiative, schnelles Vorgehen; günstige Gelegenheit, Kooperation, Verständnis
Auf dem Kopf: Energieverschwendung, Übereiltheit, Streit, Aufschub, Neid
Allgemeiner Rat: Günstige Gelegenheit nutzen; impulsive Handlungen vermeiden.

Sieben der Stäbe

Bedeutung
Entschlußkraft, überwundene Hindernisse, Triumph durch persönliche Entschlossenheit; Gewinn, beruflicher Erfolg
Auf dem Kopf: Angst, Zögern, Verlegenheit
Allgemeiner Rat: Hindernisse überwinden; Herausforderung von Konkurrenten mutig angehen.

Sechs der Stäbe

Bedeutung
Diplomatie, Erfolg durch Verhandeln, vorübergehende Verzögerung; Hoffnung, Partnerschaft
Auf dem Kopf: Verzögerung auf unbestimmte Zeit, Furcht, Mißtrauen
Allgemeiner Rat: Auch bei momentanen Schwierigkeiten weiterhin das Beste hoffen; mit der Hilfe anderer die eigenen Hoffnungen erfüllen.

Fünf der Stäbe

Bedeutung
Kampf, unbefriedigte Wünsche, Konflikte, heftiger Streit (möglicherweise Gerichtsverfahren); am Ende Erfüllung der Wünsche, Wendung zum Guten steht bevor
Auf dem Kopf: Gefahr, Betrug, unnötiger Rechtsstreit
Allgemeiner Rat: Klugheit nutzen, um Schwierigkeiten zu umgehen; direkten Konflikt vermeiden.

Vier der Stäbe

Bedeutung
Inspiration, Originalität, Scharfsinn, Intellekt; Linderung, Entspannung, Innehalten, wahre Liebe
Auf dem Kopf: Ängstlichkeit, Schüchternheit, Rückzug, Verzögerung
Allgemeiner Rat: An die eigenen Ideen glauben; innehalten, um nachzudenken, bevor man weitermacht.

Karten aus dem Thoth-Tarot von Aleister Crowley; von links nach rechts: Der Narr, Ritter der Stäbe, Der Eremit, Königin der Stäbe, As der Kelche.

Drei der Stäbe

Bedeutung
Überzeugung, beruflicher Erfolg, einflußreiche Verbindung, Verwirklichung von Plänen, Erfüllung von Träumen
Auf dem Kopf: Täuschung durch andere, Änderung von Plänen
Allgemeiner Rat: Weitermachen in Erwartung auf Erfolg, aber darauf achten, daß Pläne flexibel bleiben.

Zwei der Stäbe

Bedeutung
Leistung, Herrscher, Dominierende Persönlichkeit, Entschlossenheit, reiche Belohnung; Weisheit, Prinzipien, Reife, Mut
Auf dem Kopf: Selbstzweifel, übermäßiger Stolz, unerwartete Probleme
Allgemeiner Rat: Prinzipien beibehalten; sowohl Selbstzweifel als auch übermäßigen Stolz vermeiden.

As der Stäbe

Bedeutung
Anfang, Initiative, Verjüngung, neue Unternehmungen; Inspiration, künstlerisches Verständnis, Entspanntheit
Auf dem Kopf: Angst, Störung, vereitelte Pläne
Allgemeiner Rat: Neu anfangen; zuversichtlich sein; neue Pläne schmieden.

Münzen

(Karo) Die Farbe des Geldes und der materiellen Güter; das Ergebnis des Kampfes zwischen Geist und Materie.

Günstige Bedeutung: Bequemlichkeit, Besitztümer, Stabilität, Geschäft
Ungünstige Bedeutung: Materialismus, Kampf

König der Münzen

Erfahrung, Vertrauen, Reife

Bedeutung
Praktisches Wesen, Geschäftssinn, Vorsicht, Geschicklichkeit, Erfahrung, Vertrauen, Intelligenz ohne Intellektualität; Geduld, Prägnanz, Konservativismus
Auf dem Kopf: Launenhaftigkeit, Gier, Materialismus, Rachsucht, Glücksspiel
Allgemeiner Rat: Geduldig bleiben; Stimmungen zügeln; Körperlichkeit mit Geistigem verbinden.

Königin der Münzen

Reichtum und Großzügigkeit

Bedeutung
Wohlbefinden, Reichtum, Luxus, Sicherheit; Großzügigkeit, Mitgefühl, Zuneigung, Verantwortungsbewußtsein
Auf dem Kopf: Geiz, Kleinlichkeit, Mißtrauen
Allgemeiner Rat: Horizont erweitern; Verfolgen von Interessen mit Intelligenz verbinden.

Ritter der Münzen

Beharrlichkeit

Bedeutung
Geduld, Tatkraft, Ordnung, Verantwortungsbewußtsein, Durchhaltevermögen
Auf dem Kopf: Widerstand, Nachlässigkeit, Selbstgefälligkeit, Faulheit
Allgemeiner Rat: Selbstzufriedenheit vermeiden; den Kopf nicht hängen lassen.

Page der Münzen

Adel

Bedeutung
Konzentration, Studium, Wissen, Fleiß, Organisation, Sparsamkeit; Kommunikation, wirkungsvolle Ausdrucksweise, gute Neuigkeiten
Auf dem Kopf: Übertriebene Genauigkeit, Wichtigtuerei, Verschwendung, Selbstsucht, Egozentrik; schlechte Neuigkeiten
Allgemeiner Rat: Mehr gute Laune; Arroganz vermeiden.

Zehn der Münzen

Bedeutung
Erbschaft, Ahnen, Tradition, Heim, Sicherheit, Wohlstand
Auf dem Kopf: Verlust, Störung, Risiko, Glücksspiel, sich auf andere verlassen
Allgemeiner Rat: Nicht nur auf das verlassen, was andere geben.

Neun der Münzen

Bedeutung
Erfolg, Wohlbefinden, Beliebtheit, Reichtum; Klugheit, Ordnung, Organisation, Voraussicht

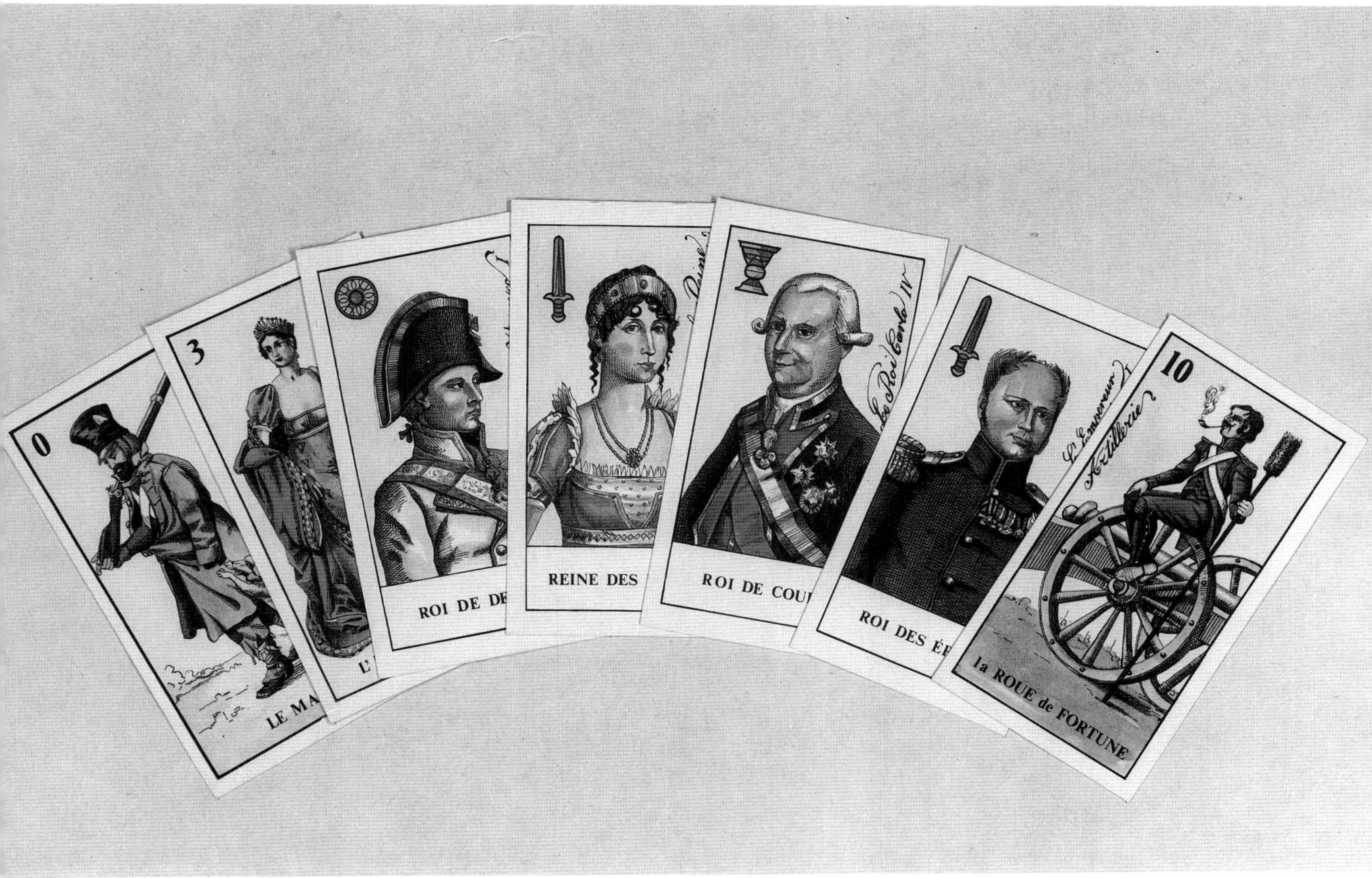

Karten aus dem Napoleon-Tarot; von links nach rechts: *Le Mat* (Der Narr), *Reine des Epées* (Königin der Schwerter), *Roi des Deniers* (König der Münzen oder Pentakel), *Roi des Coupes* (König der Kelche), *Roi des Epées* (König der Schwerter), *La Roue de Fortune* (Das Glücksrad).

Seite 222/223: Die Zahlenkarten der Kleinen Arkana As, 2, 3, 4, 5, 6, 7, 8, 9, 10 in den vier Farben (Schwerter, Kelche, Stäbe, Münzen). Beispiele aus verschiedenen Blättern: Etteilla-Tarot, Schwerter (links, Reihe 1 und 2); Cagliostro-Tarot, Kelche (links, Reihe 3 und 4); Tarot von Marseille, Stäbe (rechts, Reihe 1 und 2); ägyptisierender Tarot: Münzen/Pentakel (rechts, Reihe 3 und 4).

Auf dem Kopf: Täuschung, nur vorübergehende Sicherheit, Verlust durch Diebstahl
Allgemeiner Rat: Neue Unternehmungen anfangen; sich nicht zu sehr auf sein Glück verlassen.

Acht der Münzen

Bedeutung
Handwerk, Lernen, Lehrzeit, Leistung durch Geschicklichkeit; langfristige Ziele, Bemühen, Tugend, Offenheit, Partnerschaft oder Heirat
Auf dem Kopf: Faulheit, Heuchelei, nur vorübergehender Erfolg
Allgemeiner Rat: Anhaltenden Erfolg weitsichtig vorbereiten.

Sieben der Münzen

Bedeutung
Gewinn, Geld, Fortschritt, Entschlossenheit; Bemühen, Produktivität
Auf dem Kopf: möglicherweise Verlust oder Enttäuschung, Besorgnis, Verleumdung
Allgemeiner Rat: Trägheit überwinden; Beharrlichkeit lohnt sich.

Sechs der Münzen

Bedeutung
Ausgeglichenheit, berufliche Solidität; Mildtätigkeit, Freundlichkeit; Belohnung, Ehre, Geschenke, Unterstützung
Auf dem Kopf: Verschwendung, Verlust, Schulden, Selbstsucht
Allgemeiner Rat: Verluste und Gewinne ausgleichen; großzügig geben und freudig nehmen.

Fünf der Münzen

Bedeutung
Not, möglicher Verlust, Besorgnis, vorübergehende Geldknappheit
Auf dem Kopf: Rigidität, Gefahr von Disharmonie, doch schließlich Liebe
Allgemeiner Rat: Sich auf zu erwartende Schwierigkeiten einrichten; Hilfe bei anderen suchen; einen neuen Weg einschlagen.

Vier der Münzen

Bedeutung
Materialismus, Überbewertung von Geld und Besitztümern, möglicherweise Geldverlust; erfolgreiche Verhandlung
Auf dem Kopf: Hindernisse, möglicher Betrug, Verzögerung, Geiz
Allgemeiner Rat: Mit Hindernissen rechnen; Verhandlungen durchstehen.

Drei der Münzen

Bedeutung
Prestige, künstlerische Tätigkeit, Gewinn; Initiative, rechtzeitige Bemühung
Auf dem Kopf: Streit, Ablehnung von Ratschlägen, Mittelmäßigkeit
Allgemeiner Rat: Für den vollen Einsatz der Kräfte den richtigen Moment abwarten; Ziele höher stecken.

Zwei der Münzen

Bedeutung
Veränderung, neue Projekte, Reise, neue Bindungen, vorübergehender Widerstand
Auf dem Kopf: Mangel an Disziplin, Kurzsichtigkeit, Wankelmut
Allgemeiner Rat: Bei Handlungen optimistisch sein; gute Neuigkeiten erwarten; den Blick nach vorn richten.

As der Münzen

Bedeutung
Wohlstand, erfolgreiches Geschäft, neue Projekte, Zufriedenheit, Bequemlichkeit, Gewinn
Auf dem Kopf: Unverdiente Belohnung, möglicherweise Habsucht, Mangel an Vorstellungskraft
Allgemeiner Rat: Dankbar sein für sein Glück; Selbstgefälligkeit vermeiden.

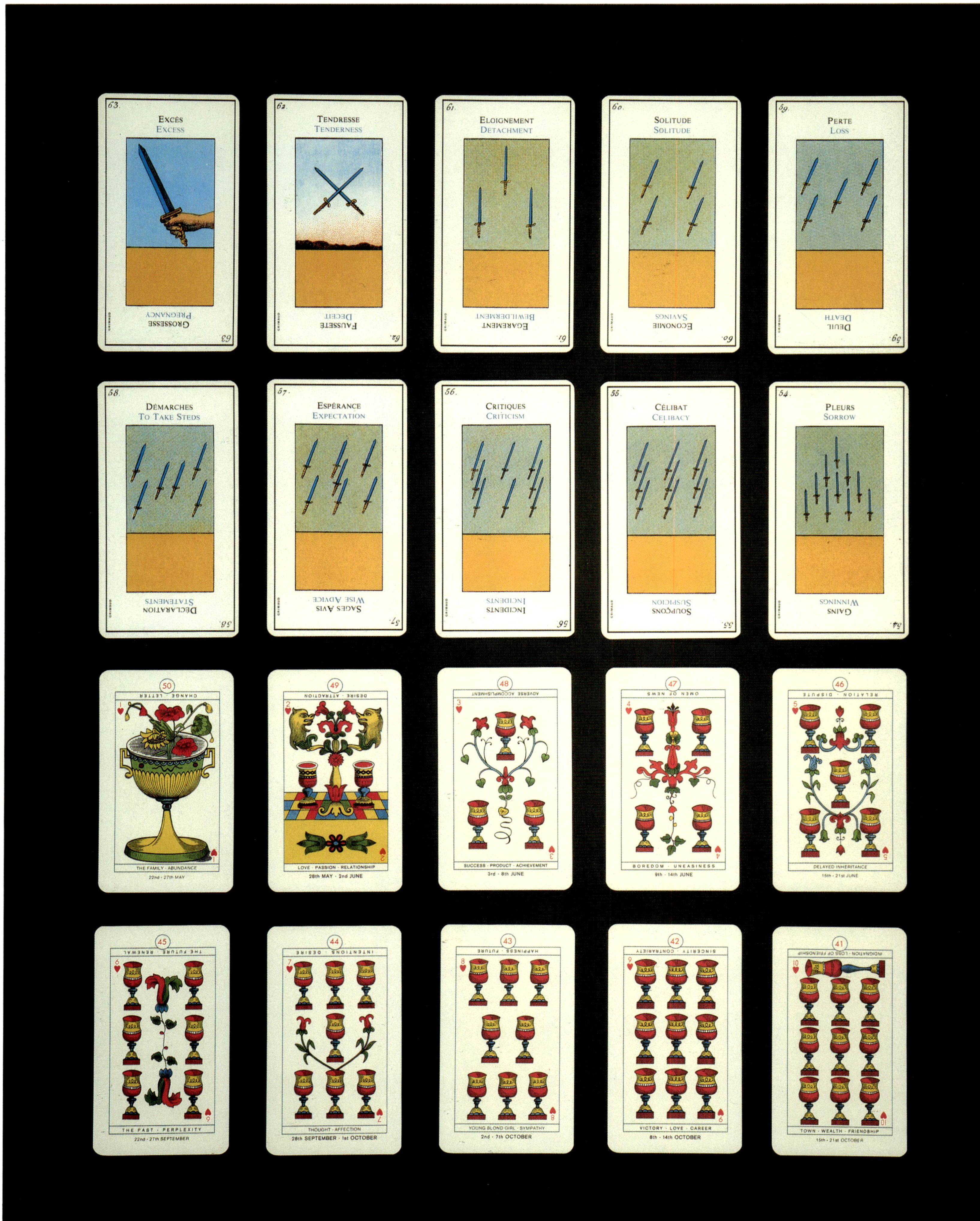
63. Excès / Excess — Grossesse / Pregnancy
62. Tendresse / Tenderness — Fausseté / Deceit
61. Eloignement / Detachment — Egarement / Bewilderment
60. Solitude / Solitude — Economie / Savings
59. Perte / Loss — Deuil / Death
58. Démarches / To Take Steds — Declaration / Statements
57. Espérance / Expectation — Sages Avis / Wise Advice
56. Critiques / Criticism — Incidents / Incidents
55. Célibat / Celibacy — Soupçons / Suspicions
54. Pleurs / Sorrow — Gains / Winnings
50 Change · Letter — The Family · Abundance — 22nd - 27th May
49 Desire · Attraction — Love · Passion · Relationship — 28th May - 2nd June
48 Adverse Accomplishment — Success · Product · Achievement — 3rd - 8th June
47 Omen of News — Boredom · Uneasiness — 9th - 14th June
46 Relation · Dispute — Delayed Inheritance — 15th - 21st June
45 The Future · Renewal — The Past · Perplexity — 22nd - 27th September
44 Intentions · Desire — Thought · Affection — 28th September - 1st October
43 Happiness · Future — Young Blond Girl · Sympathy — 2nd - 7th October
42 Sincerity · Contrariety — Victory · Love · Career — 8th - 14th October
41 Indignation · Loss of Friendship — Town · Wealth · Friendship — 15th - 21st October

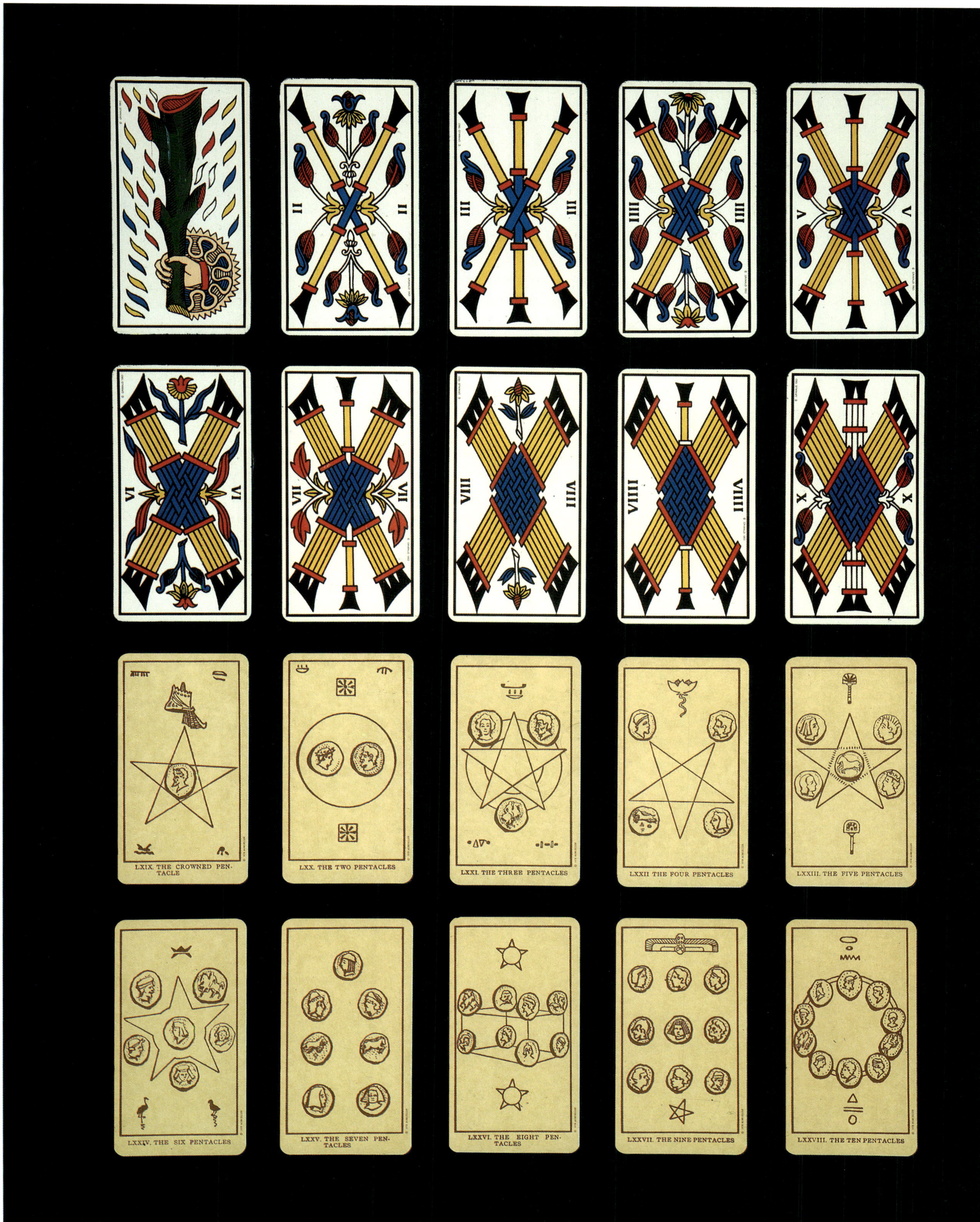
LXIX. THE CROWNED PENTACLE
LXX. THE TWO PENTACLES
LXXI. THE THREE PENTACLES
LXXII THE FOUR PENTACLES
LXXIII. THE FIVE PENTACLES
LXXIV. THE SIX PENTACLES
LXXV. THE SEVEN PENTACLES
LXXVI. THE EIGHT PENTACLES
LXXVII. THE NINE PENTACLES
LXXVIII. THE TEN PENTACLES

Auslegen der Tarotkarten

Grundregeln

Zur Beantwortung der Frage des Ratsuchenden stehen zahlreiche Legemuster zur Verfügung, von denen einige hier vorgestellt werden. Die Antwort kann bei verschiedenen Anordnungen der Karten ganz unterschiedlich ausfallen. Außerdem hängt die Interpretation der Karten davon ab, wer sie deutet – der Fragende selbst oder eine andere Person, die mit den Karten vertraut ist. Viele Tarot-Experten raten davon ab, sich selbst die Karten zu legen, weil man dazu selten objektiv genug ist. Die engen Grenzen, die der psychologischen Selbstanalyse gesetzt sind, treffen auch auf die Divination mit Tarotkarten zu. Andere sehen dagegen in der Befragung der eigenen Karten eine Möglichkeit, Auskünfte über persönliche unterschwellige Wünsche und Motivationen zu erhalten.

Der Kartenleser kann sich nur an den stummen Karten orientieren, ganz im Gegensatz zu einem Psychiater, der während der Psychoanalyse mit der freien Assoziation des Patienten arbeiten kann. Trotzdem empfinden viele erfahrene Tarotleser das Deuten der Karten als wirkungsvolle Methode, die Wurzeln von Zweifeln und Wünschen aufzudecken und auf diese Weise zur Lösung von Problemen beizutragen. Professionelle Tarotdeuter glauben, daß sie in den Karten die Gedanken lesen können, die der Klient ihnen übermittelte, als er sich auf das Arrangement der Karten konzentrierte. Das Ritual und die besondere Atmosphäre der Vorbereitung der Karten sensibilisieren den Fragenden wie den Deutenden.

Wenn sich die Fachleute über die Bedeutung einiger Karten auch nicht einig sind, so gibt es doch grundlegende Prinzipien, die für die Deutung von Tarotkarten allgemein gelten. Dazu gehört, daß die Bilder nicht unbedingt als wörtliche Repräsentationen verstanden werden, sondern eher dazu dienen, Intuitionen freizusetzen. (Wobei allerdings die Herrscherin gewöhnlich tatsächlich als eine einflußreiche Frau aufgefaßt wird, und auch die Liebenden weisen in vielen Fällen auf eine bevorstehende Heirat, Verlobung oder Liebesbeziehung hin.) Daneben hängt die Bedeutung einer Karte weitgehend davon ab, in welcher Umgebung sie sich befindet. Wenn man beispielsweise bei der Legeform des Keltenkreuzes die Karte ›Mäßigung‹ in der ersten Position hat, kann dies bedeuten, daß der Fragende das momentane Problem klug angeht, sich zuversichtlich und fähig fühlt, es zu bewältigen. Andererseits kann die Karte in der zweiten Position, wo sie unmittelbare Einflüsse symbolisiert, übertriebene Vorsicht bedeuten. An vierter Position schließlich, wo sie die weit zurückliegende Vergangenheit repräsentiert, kann die Mäßigung die Notwendigkeit von Selbstkontrolle und die Fähigkeit, eigene Begabungen zu erkennen, symbolisieren.

Für die Bedeutung einer Karte ist es auch wichtig, ob sie richtig oder verkehrt herum liegt. Im allgemeinen betont eine ›aufrechte‹ Karte die positiven Merkmale des Bildes, die umgekehrte Lage warnt vor ihren ungünstigen Aspekten. In einigen wenigen Fällen verhält es sich allerdings so, daß gerade die umgekehrte Position günstige Eigenschaften zur Geltung bringt: So verweist die aufrecht liegende Karte ›Der Teufel‹ auf Zwang und Frustration, während sie umgekehrt Befreiung, Linderung oder Erleuchtung ankündigt.

Auf dem Kopf liegende Karten deuten außerdem häufig auf Gefahren hin, die vor einem liegen. Die Karte ›Der Magier‹ etwa weist in umgekehrter Lage darauf hin, daß man zumindest kurzfristig aufhören sollte zu handeln, da sowohl Klugheit als auch momentane Pläne auf Widerstand stoßen. ›Die Sonne‹, die normalerweise eine günstige, positive Bedeutung hat, repräsentiert in umgekehrter Position Täuschung. Die Karte ›Der Einsiedler‹ bedeutet normalerweise Introspektion und Erleuchtung, wenn sie jedoch verkehrt herum liegt, verweist sie auf Unehrlichkeit und Furcht. In umgekehrter Lage drückt die Karte ›Der Wagen‹ die Warnung aus, daß gefaßte Pläne möglicherweise scheitern werden. Liegt sie richtig herum in Position Nummer 10, sagt sie die bevorstehende Lösung der Probleme voraus; in gleicher Position, aber auf dem Kopf, warnt sie vor möglichem Scheitern.

Ob aufrecht oder verkehrt, die Karte kann nur einen allgemeinen Rat geben, der ihre positiven und negativen Aspekte gleichermaßen berücksichtigt. Die Richtung der Karte dient lediglich als Interpretationshilfe, indem sie andeutet, welche dieser Aspekte stärker zur Geltung kommen.

Vorbereiten der Karten

Eine der Grundregeln der Befragung des Tarot – und hier sind sich alle Experten einig – ist, daß man sich den Karten ernst und konzentriert nähern sollte. Sowohl der Kartendeuter als auch der Fragende müssen sich von allen störenden Gedanken befreien und sich ganz auf das anzugehende Problem konzentrieren. Einige Meister halten sogar eine gewisse Zeit der Abstinenz für erforderlich, besonders für den Kartendeuter. Alkohol oder andere stimulierende Mittel sind vor oder während der Sitzung streng untersagt.

Für alle Legemuster gilt, daß die Karten unbedingt nach bestimmten Regeln gemischt, geteilt und umgedreht werden müssen. Wenn die Legeformen auch stark variieren, so folgt doch die Vorbereitung der Karten unveränderlichen Regeln. Das richtige Mischen, Vorbereiten und Auslegen der Karten gehört wie die Zuordnung der einzelnen Bedeutungen zum Handwerkszeug des Kartenlesers, mit dem er seine individuelle Interpretationsmethode gestaltet. Da alle Teile des Rituals das Ziel verfolgen, die psychologischen Grundlagen für die bestehenden Probleme zu ermitteln und Wege einer möglichen Lösung zu finden, kann jeder Kartenleger das Legemuster wählen, das ihm entspricht und das für die spezielle Lesung am besten geeignet erscheint. Das Deuten von Tarotkarten ist gleichzeitig methodologisch und intuitiv.

Man sollte nicht mehrfach hintereinander dieselbe Frage stellen (ebensowenig wie beim I Ching, wo ähnliche Einschränkungen bestehen). Wenn die Karten nicht benutzt werden, sollten sie möglichst nur vom Deutenden selbst und nicht von anderen Personen berührt werden. Manche Spezialisten raten, die Karten in ein Stück Seide oder ähnliches Material einzuschlagen und in einer Holzschachtel aufzubewahren.

Mischen der Karten

Der Fragende sitzt dem Deutenden gegenüber. Auf dem Tisch liegt eine dunkle oder neutrale Decke, damit der Divinationsprozeß nicht durch grelles Licht gestört wird. Die Lichtverhältnisse sollten gut, aber nicht zu intensiv sein, sowohl Tageslicht als auch Kunstlicht sind möglich. Einige Spezialisten halten eine Ausrichtung der Stühle in Ost-West-Richtung für erforderlich, andere ziehen die Nord-Süd-Richtung vor.

Zuerst bereitet der Deutende die Karten vor. Dazu kann er die Großen Arkana in der Reihenfolge von I bis XXI ordnen, wobei der ›Narr‹ zwischen dem ›Gericht‹ und der ›Welt‹ liegen sollte. Die Karten der Kleinen Arkana können auf ähnliche Art geordnet werden, beginnend mit dem As, daran anschließend die übrigen Zahlen und die Hofkarten. Die Karten der Kleinen Arkana werden entweder auf die der Großen Arkana gelegt oder bleiben getrennt davon, bis beide Blätter gemeinsam gemischt werden. Sind die Karten bereits im Anschluß an die letzte Lesung geordnet worden, wird gleich damit begonnen, sie gründlich zu mischen.

Das vollständige Blatt kann man nach dem Mischen in zwei oder mehr Talons aufteilen, die danach einzeln noch einmal gemischt werden. Bevor der Deutende die Karten legt, bittet er den Fragenden, sich einen der Stapel auszusuchen, die anderen werden beiseite gelegt.

Zuweilen werden die Karten in vier Talons unterteilt, wobei der erste Stapel Berufsleben und Karriere symbolisiert; der zweite steht für Ehe- und Liebesangelegenheiten; der dritte für Konflikte und Gerichtsverfahren; der vierte schließlich für Vermögen und Besitz. Die Karten, die nun ausgelegt werden, entnimmt der Deutende aus dem Stapel, der dem Problemkreis der Frage am ehesten entspricht. (Manchmal werden die vier Talons mit den Buchstaben des Tetragrammaton der Kabbala, Jod, He, Wau, He, bezeichnet, wobei jeder Stapel mit der allgemeinen mystischen Bedeutung des jeweiligen hebräischen Buchstabens, der ihm zugeordnet wurde, verbunden ist.) Eine andere Möglichkeit besteht darin, die gemischten Karten statt in vier in zwölf Talons aufzuteilen, wobei jeder Stapel für eines der zwölf astrologischen Häuser oder für ein bestimmtes Sternzeichen steht.

Für gewöhnlich mischt der Deutende die Karten als erster und reicht sie dann entweder dem Fragenden oder teilt sie erst in einzelne Talons auf, die er verdeckt auf den Tisch legt. Der Fragende mischt sie dann ebenfalls, wobei er sehr konzentriert und sorgfältig vorgehen sollte. Durch dieses Ritual soll das Bewußtsein von allen störenden Einflüssen befreit werden, damit sich die persönlichen Schwingungen des Fragenden auf die Karten übertragen, was es dem Deutenden dann erleichtert, auf die Probleme seines Gegenübers einzugehen.

Welcher Technik man sich beim Mischen bedient, ist nicht vorgeschrieben, jeder kann die Methode wählen, die ihm am einfachsten ›von der Hand geht‹. Die Person, von der die Karten gemischt werden, kann die Anweisung erhalten, die Karten so herum zu legen, wie es ihr gefällt, so daß zum Schluß eine direkt vom Fragenden beeinflußte Kombination von aufrecht oder umgekehrt liegenden Karten entsteht. Ob alle Karten zusammenbleiben und ob man sie in zwei oder mehr Talons teilt, ist jedem freigestellt. Das Mischen selbst ist jedenfalls weit weniger wichtig als der Konzentrationsgrad, mit dem derjenige, der die Karten mischt (für gewöhnlich der Fragende), sich auf die Frage, die er stellen möchte, besinnt.

Anordnung der Karten

Wenn der Fragende die erforderliche Anzahl Karten verdeckt vor sich ausgebreitet hat, deckt der Deutende sie nacheinander von rechts nach links oder von links nach rechts auf (so daß sich das Bild genau in der Position befindet, wie es vom Fragenden hingelegt wurde) und plaziert sie in der Anordnung, für die er sich vorher entschieden hat. Man geht meist davon aus, daß eine Karte richtig herum liegt, wenn das Bild aufrecht vor dem Deutenden, nicht vor dem Fragenden liegt; doch gibt es auch Spezialisten, die der Meinung sind, die Ausgangsposition aus der Perspektive des Fragenden sei ausschlaggebend, die Karte müsse daher für ihn richtig herum liegen – seine Perspektive zählt, nicht die des Deutenden. Gewöhnlich werden die aufgedeckten Karten hinsichtlich ihrer Richtung nicht verändert, ein bekannter Fachmann rät dagegen für den Fall, daß zu viele Karten verkehrt herum liegen, den Fragenden einige Karten umdrehen zu lassen und erst dann mit der Lesung zu beginnen. Meist werden derartige Manipulationen jedoch abgelehnt. Die nicht ausgelegten Karten werden fortgenommen.

In vielen Legemustern wird eine Karte ausgewählt, die den Fragenden repräsentieren soll. Es kann sich dabei entweder um die Karte handeln, die der Fragesteller zuerst für das Muster auswählt, nachdem man ihn gefragt hat, welche Karte er sich als seinen ›Stellvertreter‹ vorstellen könnte, oder um eine Karte der Großen oder Kleinen Arkana, die man aufgrund ihres Bildes oder ihrer Bedeutung als zur Situation passend erachtet. Diese Karte wird Signifikator genannt. Im allgemeinen werden die Hofkarten bevorzugt, dabei wählen Männer häufig Könige oder Ritter, Frauen dagegen Königinnen oder Pagen. Man kann verheiratete Fragesteller durch Könige oder Königinnen repräsentieren, Unverheiratete dagegen als Ritter oder Pagen. Auch der Magier und die Hohepriesterin sind mögliche Stellvertreter. Die Sonne kann sowohl einen Mann als auch eine Frau jeglichen Alters vertreten.

Interpretation

Wenn in einem Legemuster, für das die Karten aus dem kompletten Tarot ausgewählt wurden, die Großen Arkana überwiegen, wird dadurch ihre Bedeutung besonders hervorgehoben. Sollte sich in dem Muster allerdings nur eine Karte aus den Großen Arkana befinden, so ist auch sie sehr bestimmend. Das gleiche gilt für eine einzelne aufrecht oder umgekehrt liegende Karte.

Beim Überwiegen einer bestimmten Farbe in einem Legemuster (mehr als vier von zehn Karten) kann man von folgenden Interpretationen ausgehen:

Schwerter: drohende Gefahr
Kelche: Freude und Produktivität
Stäbe: Energie und Wachstum
Münzen: Besitz und materielle Güter

Wenn eine Karte zwischen zwei anderen Karten derselben Farbe liegt, ist sie exponiert, zwischen zwei verschiedenen Farben ist ihre Wirkung abgeschwächt. Darüber hinaus ist die Aussage der Farben abhängig von ihrem Verhältnis zueinander: Schwerter und Kelche harmonieren und können einander beeinflussen, wenn sie nebeneinander liegen. Schwerter vertragen sich allerdings nicht mit Münzen, das gleiche gilt für Kelche und Stäbe. Wenn sie aufeinanderfolgen, schwächen sie sich gegenseitig.

Auch das Auftreten mehrerer Karten (drei oder mehr) eines Werts der Kleinen Arkana ist bedeutungsvoll:

Könige: Kontakte mit Mächtigen
Königinnen: einflußreiche Freunde
Ritter: schnelle Folge von Ereignissen
Pagen: neue Ideen und frische Assoziationen
Zehnen: größere berufliche Unternehmungen
Neunen: zunehmende Verwicklungen
Achten: Reisen und Veränderungen
Siebenen: unsichere Arrangements
Sechsen: Befriedigung und Belohnungen
Fünfen: verstärkte und gelöste Konflikte
Vieren: ruhige Entschlossenheit
Dreien: Beharrlichkeit bei Gefahr
Zweien: Neuorientierung und Sammlung
Asse: Macht und Fertigkeiten

Die Bedeutung einer Karte hängt demnach von verschiedenen Faktoren ab: ihrer ursprünglichen Grundbedeutung; ihrer Richtung (ob sie nun richtig oder verkehrt herum liegt); ihrer Position in dem jeweiligen Legemuster; ihrer Lage vor oder hinter anderen Karten; der vorherrschenden Farbe und der Zugehörigkeit der anderen Karten in ihrer Umgebung.

Die verschiedenen Legemuster

Für einige Muster benötigt man nur die Großen Arkana, andere erfordern beide Blätter, wobei es Muster gibt, in denen nicht alle Kleinen Arkana benötigt werden, sondern nur ganz bestimmte Schlüsselkarten.

Das Keltenkreuz

Das sogenannte Keltenkreuz gehört zu den beliebtesten Legemethoden. Es hat seinen Ursprung wohl kaum in der keltischen Kultur, sein Name ist eher auf die formale Ähnlichkeit mit einem keltischen Kreuz zurückzuführen. Man kann das gesamte Blatt mit 78 Karten benutzen oder nur die 22 Großen Arkana, möglich ist auch eine Kombination der Großen Arkana mit sechs Hofkarten und vier Assen. Das traditionelle Muster besteht aus zehn Karten, einige Fachleute ziehen es jedoch vor, neun oder elf Karten auszulegen, wobei das Muster entsprechend verändert wird.

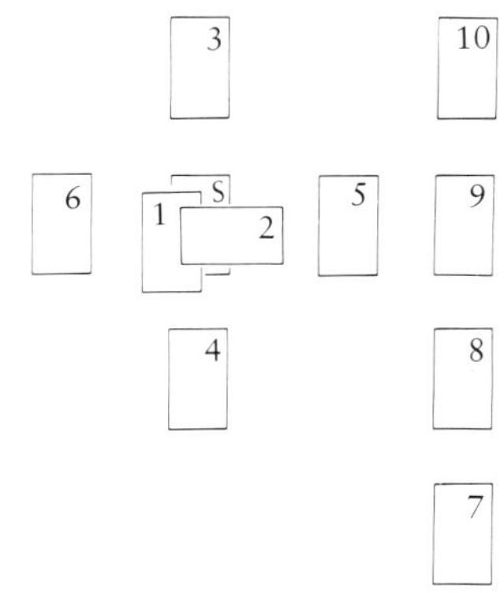

Während der Deutende die gemischten Karten aufdeckt und in Form des Keltenkreuzes arrangiert, sagt er bei der ersten Karte: »Was dich deckt«, womit ausgedrückt werden soll, daß die Karte die gegenwärtige Situation des Fragenden wiedergibt. (Liegt ein vorher bestimmter Signifikator bereits auf dem Tisch, wird die eben aufgedeckte erste Karte daraufgelegt, wobei sie den Signifikator jedoch nicht ganz verdeckt.) Die zweite Karte wird mit den Worten »Was dich schreckt« kreuzweise über die erste (bzw. die ersten beiden) gelegt. Dann wird die dritte Karte oberhalb der zentralen Gruppe (»Was dich erhebt«), die vierte unterhalb (»Was dich prägt«) abgelegt. Die fünfte gehört rechts neben den Signifikator (»Was dir zur Seite steht«, gemeint sind Einflüsse der unmittelbaren Vergangenheit), die sechste links neben ihn (»Was dir nicht entgeht«). Die Bedeutung der einzelnen Positionen wird von Tarot-Kennern unterschiedlich verstanden. So kann zum Beispiel die vierte Karte rechts liegen und die fünfte unten. Auch die fünfte und sechste Karte können hinsichtlich ihrer Bedeutung vertauscht sein, so daß die rechte Karte für zukünftige und die linke für vergangene Ereignisse steht. Welches System man schließlich wählt, ist nicht entscheidend, denn die Aussage der ersten sechs Karten in ihrer Gesamtheit prägt letztendlich die Antwort.

Die nächsten vier Karten liegen in vertikaler Reihe rechts neben der Kreuzgruppe, wobei die siebte Karte unten liegt (»Was dir Antwort bringt«). Auch diese Karte steht für den Fragenden, aber diesmal kennzeichnet sie einen Zustand des Wissens oder der Einsicht, der dem des bloßen Signifikators überlegen ist. Die Position der achten Karte gibt Auskunft darüber »Was dein Haus bestimmt«, die neunte wird von den Worten begleitet: »Was du hoffst und fürchtest«. Die letzte Karte schließlich zeigt das Resultat: »Was sich ergeben wird«. Der genaue Wortlaut kann bei verschiedenen Kartendeutern durchaus variieren, doch der Gehalt verändert sich dadurch kaum. Auch über die Art und Weise der gegenseitigen Beeinflussung einzelner Karten gehen die Meinungen auseinander, was das interpretatorische Grundkonzept jedoch nicht beeinträchtigt.

Wenn auch von diversen Tarot-Kennern die jeweiligen Bedeutungen unterschiedlichen Positionen dieses Musters zugeordnet werden, so ändert das nichts an der Aussagekraft des Schemas insgesamt. Außerdem sind die Darstellungen auf den Karten nicht als starre Determinanten zu verstehen, sondern dienen in erster Linie dazu, Assoziationen freizusetzen. Die einzelnen Positionen des Keltenkreuzes geben dabei Auskünfte über:

Position 1: die gegenwärtige Situation; die Karte steht für den Fragenden und seine momentane Gefühlswelt

Position 2: Einflüsse, besonders Hindernisse, mit denen sich der Fragende auseinandersetzen muß
Position 3: das eigentliche Ziel oder der größte Wunsch des Fragenden
Position 4: die Vergangenheit, das Fundament für die gegenwärtige Einstellung des Fragenden
Position 5: Ereignisse und äußere Einflüsse, die in unmittelbarer Vergangenheit liegen
Position 6: zu erwartende Einflüsse der nahen Zukunft; zukünftige zwischenmenschliche Beziehungen
Position 7: das Wesen des Fragenden in eigener Einschätzung; der Anfang einer Kette von Ereignissen, die den Schlüssel für die endgültige Lösung des Problems bringt
Position 8: die Einflüsse der unmittelbaren Umgebung, besonders des Heims
Position 9: das Gefühlsleben, verborgene Hoffnungen, Wünsche und Ängste
Position 10: das mögliche Ergebnis

Das Hufeisen

Die Hufeisenform kann mit einer begrenzten Kartenzahl, aber auch mit relativ vielen Karten gelegt werden. Die einfache Form ermöglicht es, eine ganz bestimmte Frage durch die auf wenige auskunftgebende Karten gestützte Deutung präziser zu beantworten. Die Karten werden so ausgelegt, daß das offene Ende auf den Deutenden weist. Auch hier geben die Karten in ihren verschiedenen Positionen Auskunft über bestimmte Bereiche im Leben des Fragenden.

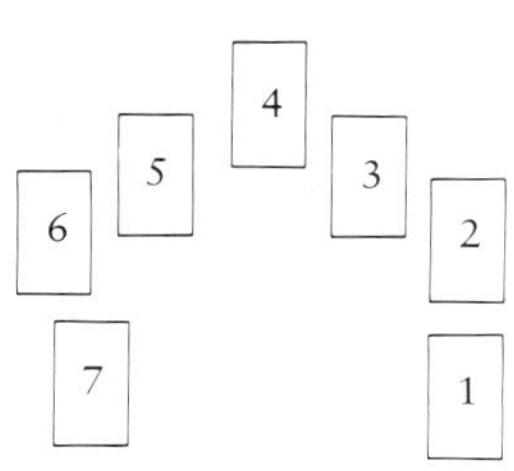

Position 1: Einflüsse der Vergangenheit
Position 2: Einflüsse der Gegenwart
Position 3: die Zukunft oder das Unterbewußtsein
Position 4: kluge Handlung
Position 5: Einflüsse anderer Menschen
Position 6: Hindernisse und wie man sie abwehrt
Position 7: das mögliche Ergebnis

Für eine Variante des Hufeisens werden zehn oder zwölf Karten ausgelegt, wobei die Bedeutungen der einzelnen Positionen mit jenen des Keltenkreuzes zu vergleichen sind.

Für das große Hufeisenbild wird das gesamte Spiel von 78 Karten in einem komplizierten Verfahren in sechs einzelne Talons aufgeteilt: Die oberste Karte des vollständigen, gut gemischten Spiels wird abgenommen und mit der Bildseite nach unten auf den Tisch gelegt, sie bildet die erste Karte von Stapel A. Die nächsten beiden Karten des Gesamtspiels bilden den Grundstock für Stapel B. Die übrigen Karten werden auf diese Weise – immer eine Karte auf Stapel A und zwei auf Stapel B – so lange ausgelegt, bis Stapel A aus 26 und Stapel B aus 52 Karten besteht. Stapel B wird daraufhin nochmals auf dieselbe Weise unterteilt in Stapel C und D, bis alle Karten verteilt sind und Stapel B aufgelöst ist. Stapel D wird daraufhin in Stapel E und F geteilt. Zum Schluß sind nur noch A (26 Karten), C (18 Karten), E (12 Karten) und F (22 Karten) übrig.

Das Spiel wird daraufhin ausgelegt, indem nacheinander immer jeweils eine Karte von Stapel A, C und E genommen wird, bis die 56 Karten in drei getrennten, ineinandergeschobenen Hufeisen ausgelegt sind. Der bisher nicht benutzte Stapel F wird beiseite gelegt. Ein Hufeisen enthält 26 Karten aus Stapel A, das zweite 18 Karten aus Stapel C und das dritte Hufeisen zwölf Karten aus Stapel E. Die Karten werden dann gelesen, wobei der Deutende die erste und letzte Karte jedes Hufeisens zusammen, dann paarweise die Karten des gesamten Hufeisens deutet, bis alle Karten interpretiert sind. Jedes Hufeisen wird einzeln gelesen. Die Deutung dieses komplizierten Diagramms kann einen wahren Roman an Vorstellungen, Ereignissen und Weissagungen hervorbringen – dies hängt voll und ganz von der Intuition des Deutenden ab.

Es gibt die verschiedensten Legemuster, doch die Deutungsmethoden sind immer ähnlich. Unabhängig von der Anordnung der Karten sieht der Kartenleser immer in einer bestimmten Karte aus einem Muster die momentane Situation, die Einflüsse und Verknüpfungen der Vergangenheit, zukünftige Entwicklungen, Hoffnung und Zielsetzung, zugrundeliegende Zweifel, für den Fragenden empfehlenswerte Einstellungen, günstige Handlungen, die er unternehmen sollte, und das mögliche Ergebnis.

Die folgenden Legemuster unterscheiden sich hinsichtlich der Vorbereitung und Auswahl der Karten, doch die Deutungsprinzipien ähneln den oben beschriebenen.

Das Legen der Königskarten

Aus einem vollständigen Blatt mit 78 Karten werden 54 Karten ausgesucht: die 22 Großen Arkana und 32 Kleine Arkana, darunter die 16 Hofkarten, vier Asse und zwölf Zahlenkarten (Zweien, Dreien oder Vieren). Diese Karten werden paarweise oder in Gruppen gelesen, wobei die Deutungsmethode ganz vom Kartenleser abhängt.

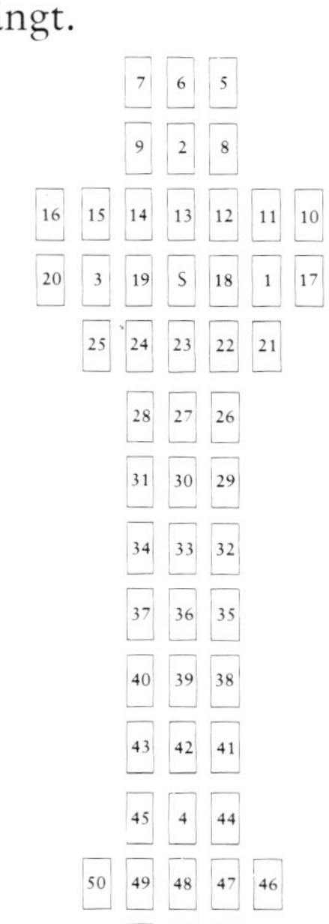

Das Kreisbild

Aus dem vollständigen Tarot werden 13 Karten ausgewählt; zwölf davon werden im Kreis ausgelegt, und zwar entsprechend der astrologischen Häuser gegen den Uhrzeigersinn, auf

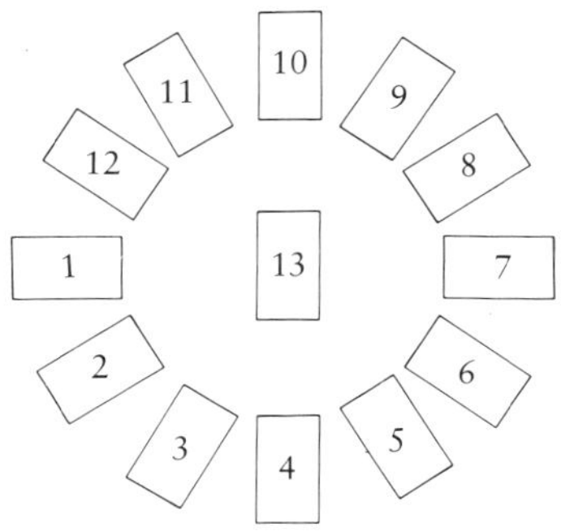

halber Höhe der linken Kreishälfte beginnend. Diese Karten beziehen sich auf Ereignisse in den einzelnen Monaten. Die 13. Karte wird als erste gelesen und deutet die allgemeinen Einflüsse, die in dem betreffenden Jahr wirksam sind.

Die Zeitachse mit sieben Karten

Aus 33 Karten (22 Große Arkana und elf Kleine Arkana) werden sieben Karten ausgewählt und in einer Reihe ausgelegt. Zwei stehen für die Vergangenheit, drei für die Gegenwart,

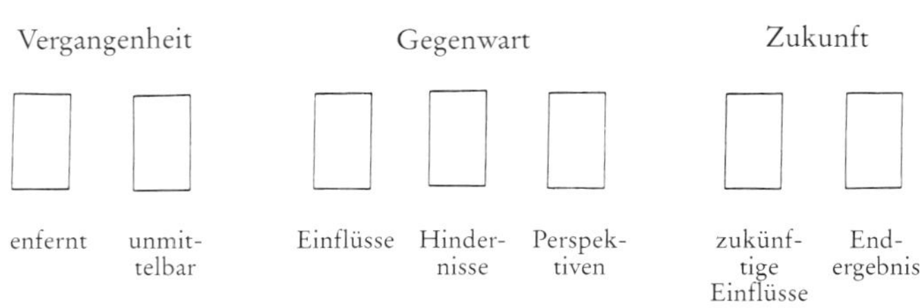

zwei für die Zukunft. Für eine Ja- oder Nein-Antwort auf eine ganz bestimmte Frage signalisieren mehr als vier aufrechte Karten ein eindeutiges ›Ja‹, mehr als vier umgekehrte Karten ein ebenso klares ›Nein‹.

Das Legen der Siebten Karte

Aus dem Gesamtspiel wird zunächst ein Signifikator gewählt (meist handelt es sich dabei um eine Hofkarte), dann 27

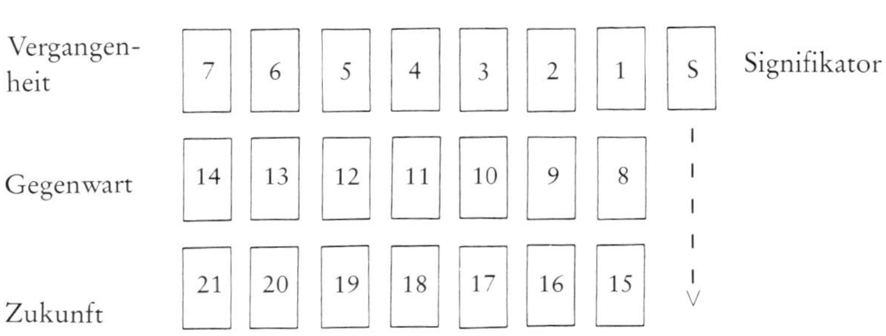

weitere Karten, indem man wiederholt sechs Karten abzählt, beiseite legt und nur die siebte auf den Tisch legt, bis man drei Reihen erhält, die aus jeweils sieben Karten bestehen. Die Antworten für den Fragenden entstehen bei der Deutung der Karten in jeder Reihe, wobei die erste Reihe für die Vergangenheit steht, die zweite für die Gegenwart, die dritte für die Zukunft. Der Signifikator liegt neben der jeweiligen Reihe.

Ein Zigeuner-Kartenbild

Bei diesem Kartenbild handelt es sich um eine der zahlreichen Legemethoden, die als ›Kartenbilder der Zigeuner‹ bezeichnet werden. Ein Spiel von 42 Karten wird aus 20 zufällig ausgewählten Kleinen Arkana und allen Großen Arkana zusammengestellt. Die Karten werden in sechs Talons mit jeweils sieben Karten aufgeteilt, mit denen die Reihen ausgelegt werden. Jede Reihe hat ihre eigene Bedeutung:

1. Reihe: Vergangene Einflüsse
2. Reihe: Gegenwärtige Einflüsse
3. Reihe: Äußere Einflüsse
4. Reihe: Unmittelbare Einflüsse
5. Reihe: Möglichkeiten für die Zukunft
6. Reihe: Wahrscheinliches Endergebnis

Einfaches Legemuster nach Papus

Dieses Kartenbild besteht aus sieben Karten – vier Kleine Arkana und drei Große Arkana. Die vier Kleinen Arkana werden von dem gut gemischten Talon aller 56 Kleinen Arkana abgehoben; die drei Großen Arkana wählt der Fragende aus sieben zufällig ausgesuchten Karten. Ausgelegt werden die Karten in Form eines Kreuzes, die Kleinen Arkana außen, die Großen innen.

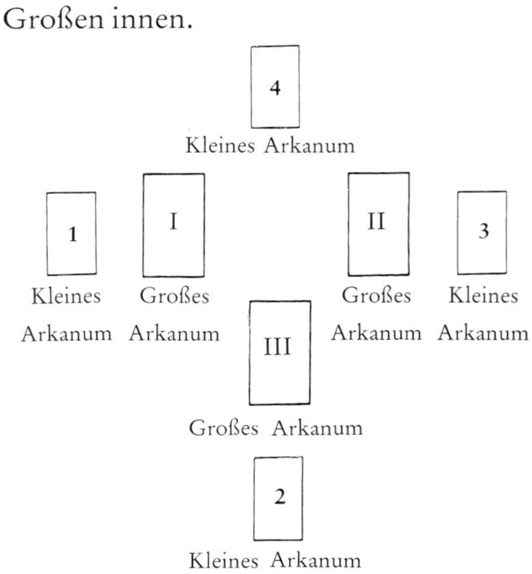

Kleines Arkanum (1): Anfänge
Kleines Arkanum (2): Höhepunkt
Kleines Arkanum (3): Hindernisse
Kleines Arkanum (4): Sackgasse
Großes Arkanum (I): Faktoren aus der Vergangenheit, die die gegenwärtige Situation beeinflussen

Großes Arkanum (II): aktuelle Einflüsse in der gegenwärtigen Situation
Großes Arkanum (III): letztlich entscheidende Einflüsse

Der siebenzackige Stern

Dieses Legemuster gibt Auskunft über die wahrscheinlichen Entwicklungen in der kommenden Woche: Sieben Karten (entweder aus den Großen oder Kleinen Arkana oder aus dem Gesamtspiel) werden in Form eines Sterns ausgelegt. Der Signifikator befindet sich dabei in der Mitte. Jede Karte symbolisiert einen Tag, während der Signifikator die einzelnen Karten modifiziert.

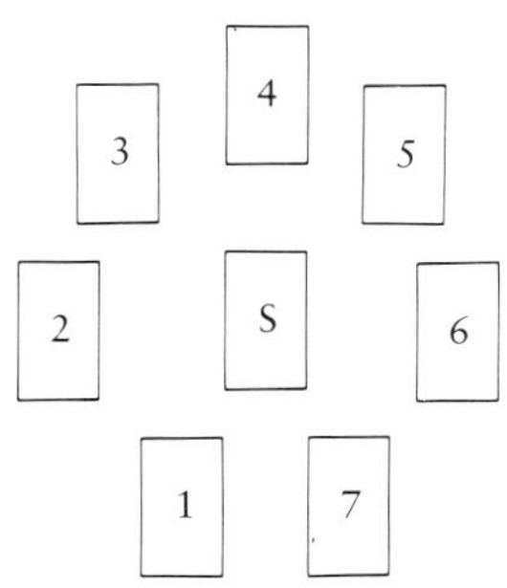

Position 4: Sonntag
Position 1: Montag
Position 5: Dienstag
Position 2: Mittwoch
Position 6: Donnerstag
Position 3: Freitag
Position 7: Samstag

Der Lebensbaum

Siebzig zufällig ausgewählte Karten werden in Talons von jeweils zehn Karten (aus den Großen und Kleinen Arkana)

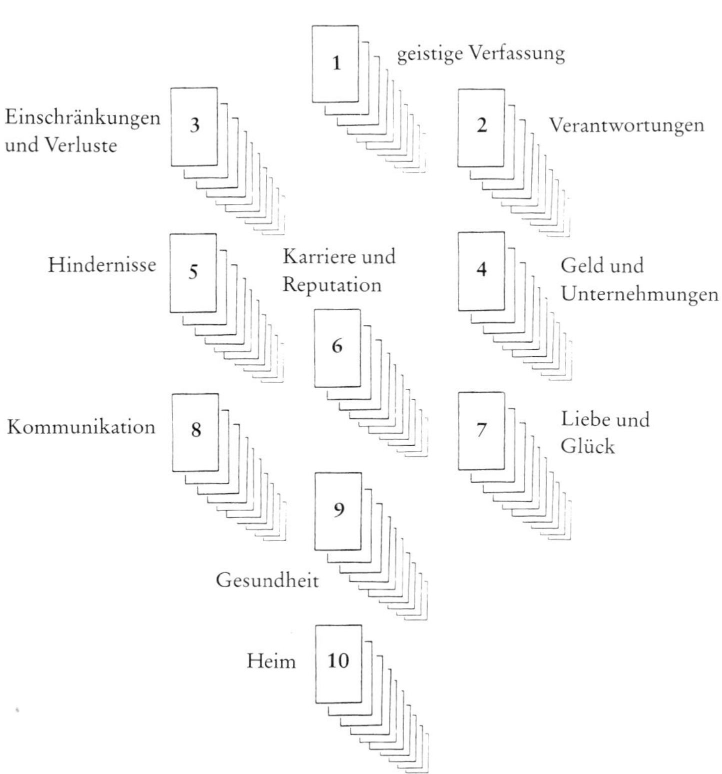

unterteilt. Ein Signifikator wird bestimmt, verbleibt aber inmitten der 70 zufällig ausgewählten Karten, mit denen nun das Bild des kabbalistischen Sefirot-Baumes ausgelegt wird. Die zehn Sefirot der Kabbala entsprechen den zehn Talons mit den jeweils sieben Karten. Der Talon, in dem der Signifikator aufgedeckt wird, ist dadurch exponiert und hat in der Interpretation ein besonderes Gewicht. Alle sieben Karten in den zehn Positionen werden gedeutet und auf den Lebensbereich bezogen, der der jeweiligen Position zugeordnet ist.

1. Talon: geistige Verfassung
2. Talon: Verantwortungen
3. Talon: Einschränkungen und Verluste
4. Talon: Geld und Unternehmungen
5. Talon: Hindernisse
6. Talon: Karriere und Reputation
7. Talon: Liebe und Glück
8. Talon: Kommunikation
9. Talon: Gesundheit
10. Talon: Heim

Kartenbild der Lebensbereiche

Achtundvierzig Karten aus den Großen und Kleinen Arkana werden in zwölf Talons mit jeweils vier Karten unterteilt. Diese vier Karten werden in bezug auf einen ganz bestimmten Lebensbereich gedeutet, den der entsprechende Talon repräsentiert.

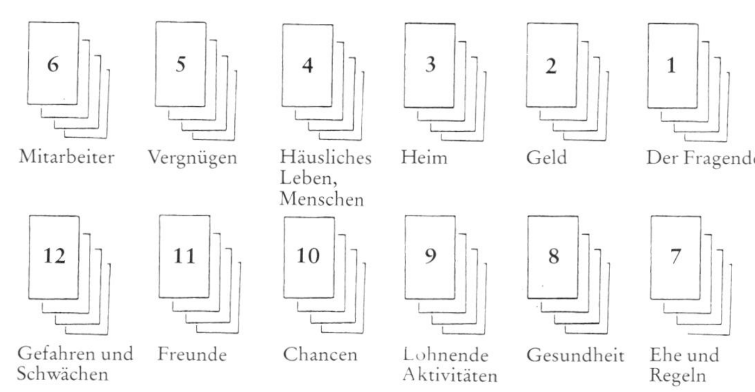

1. Talon: Der Fragende
2. Talon: Geld
3. Talon: Heim
4. Talon: Häusliches Leben, Menschen
5. Talon: Vergnügen
6. Talon: Mitarbeiter
7. Talon: Ehe und Regeln
8. Talon: Gesundheit
9. Talon: Lohnende Aktivitäten
10. Talon: Chancen
11. Talon: Freunde
12. Talon: Gefahren, auf die man vorbereitet sein muß, und Schwächen, die überwunden werden müssen

Deutungsbeispiel

An zwei Beispielen sollen die Möglichkeiten des Kartenlegens demonstriert werden. Wir weisen darauf hin, daß unsere Auslegungen ebenso subjektiv sind wie die jedes beliebigen Tarot-Deuters.

Erste Lesung: Die Situation

Unser erstes Beispiel ist eine Lesung für N. T., einen Rechtsanwalt, der Probleme im Hinblick auf sein berufliches Fortkommen hat: Er kann sich nicht entscheiden, ob er weiter selbständig als Rechtsanwalt arbeiten oder als festangestellter Rechtsberater für eine private Versicherungsgesellschaft tätig werden soll. Auf der einen Seite fürchtet er, seine Kanzlei könne ihm im Alter nicht mehr seinen gewohnten Lebensstandard sichern, gleichzeitig hat er Angst, in einer Festanstellung seine Unabhängigkeit einzubüßen; außerdem ›bezahle‹ er seine Absicherung und die geregelte Arbeitszeit als Angestellter von vornherein mit einem im Gegensatz zu seinem jetzigen Verdienst geringeren Einkommen. In einer Festanstellung wiederum wäre er frei von den Anforderungen und körperlichen Belastungen einer Kanzlei, die ihm doch langsam zu schaffen machten. Diesen Zwiespalt sollen die Karten lösen.

Das Auslegen (Keltenkreuz)

Nachdem die Karten abgehoben, gemischt und vorbereitet wurden, wählt der Deutende das Legemuster und legt die Karten aus. Der Fragende hat sich für den König der Stäbe als Signifikator entschieden. Diese Wahl muß bei der Deutung unbedingt bedacht werden.

Bei der Anordnung der Karten liegt die Karte ›Der Wagen‹ aus den Großen Arkana als erste Karte über dem Signifikator. Der Deutende sieht darin die gegenwärtige Situation des Fragenden. Bei der zweiten Karte handelt es sich um die Fünf der Münzen, sie symbolisiert unmittelbare Einflüsse und Schwierigkeiten. Die dritte Karte, ›Die Sonne‹, repräsentiert das angestrebte Ziel, die vierte, der König der Schwerter, steht für die weit zurückliegende Vergangenheit des Fragenden. Die fünfte Karte, die Zwei der Münzen, vertritt die unmittelbare Vergangenheit, die sechste, ›Die Liebenden‹, gibt Aufschluß über die Zukunft. Die Sechs der Kelche als siebte Karte bezieht sich auf die momentane Verfassung des Fragenden, die achte Karte, die Königin der Kelche, steht für seine häusliche Umgebung. Die neunte Karte, ›Der Herrscher‹, liegt in umgekehrter Position. Sie enthüllt das Unterbewußte. Die zehnte Karte schließlich, ›Der Turm‹, verrät das Ergebnis.

Die Interpretation

Im vorliegenden Fall ist keine Farbe dominant, und die Karten der Großen und Kleinen Arkana sind etwa gleichmäßig verteilt, was, wenn überhaupt, anzeigt, daß die Haltung des Fragestellers gespalten ist. Nur eine Karte, ›Der Herrscher‹, ist umgekehrt. Im allgemeinen deutet dies einen positiven Ausgang an, doch hat der Umstand, daß nur eine einzige Karte umgekehrt liegt, eine besondere Bedeutung. Der umgekehrt liegende Herrscher, besonders wenn seine Position das Unterbewußtsein repräsentiert, weist nachdrücklich auf die Entscheidungsunfähigkeit des Fragenden hin, ein Charakterzug, der letztlich selbst eine positive Deutung der Karten sabotieren kann.

Der Signifikator: König der Stäbe

Der Fragende selbst hat als Signifikator den König der Stäbe gewählt. Diese Farbe ist mit Initiative und starker Energie verbunden. Die Karte ist jedoch eher als Wunschbild des Fragenden zu verstehen – vielleicht sogar als Zeichen seiner gewünschten öffentlichen Stellung – und entspricht nicht unbedingt seinem wirklichen Charakter. Der König der Stäbe ist stark, aufrichtig, humorvoll – alles Eigenschaften, die der Fragende bewundert, auch wenn die anderen Karten vielleicht ein abweichendes Bild ergeben. Er läßt außerdem darauf schließen, daß die betreffende Person ein fähiger Mensch und möglicherweise eine Vaterfigur ist, auf die sich seine Klienten verlassen können. Der Deutende könnte daraus folgern, daß die Eigenschaften dieses Signifikators genau den charakterlichen Eindruck spiegeln, den der Fragende bei seinen Mitmenschen hinterlassen möchte.

Das Keltenkreuz, das Legemuster für die erste Lesung, mit Reproduktionen des Tarot von Marseille: König der Stäbe (Signifikator); Der Wagen (Karte Nr. 1); Fünf der Münzen oder Pentakel (Karte Nr. 2); Die Sonne (Karte Nr. 3); König der Schwerter (Karte Nr. 4); Zwei der Münzen (Karte Nr. 5); Die Liebenden (Karte Nr. 6); Sechs der Kelche (Karte Nr. 7); Königin der Kelche (Karte Nr. 8); Der Herrscher in umgekehrter Lage (Karte Nr. 9); Der Turm (Karte Nr. 10).

XVIIII
LE SOLEIL
THE SUN
XVI
LA MAISON DIEU
THE TOWER OF DESTRUCTION
IIII
L'EMPEREUR
THE EMPEROR
VI
L'AMOUREUX
THE LOVER
VII
LE CHARIOT
THE CHARIOT
ROY DE BATON
KING OF CLUBS
1748
GRIMAUD
1930
REYNE DE COUPE
THE QUEEN OF CUPS
ROY D'ÉPÉE
THE KING OF SWORDS
VI

Position 1, Gegenwärtige Situation: Der Wagen

Die Karte, die den Signifikator bedeckt, ist ›Der Wagen‹. Das Bild läßt an Konflikte denken, was zu den Aussagen des Fragenden passen würde. Der Wagen wird gleichzeitig in zwei unterschiedliche Richtungen gezogen und ist daher unbeweglich. Und doch möchte der Wagenlenker ihn in den materiellen Erfolg steuern. Der Wagen weist außerdem auf die große Beachtung von Details hin. Der Fragesteller ist wahrscheinlich ein sehr sorgfältiger Mensch. Daher ist seine momentane Unschlüssigkeit für ihn um so schlimmer.

Position 2, Unmittelbare Einflüsse: Fünf der Münzen

Die Farbe der Münzen weist darauf hin, daß Geldangelegenheiten der primäre Einfluß für die Notwendigkeit einer Entscheidung sind. Die Bedeutung der Karte läßt auf eine mögliche Verschlechterung des Einkommens und die Beendigung eines Arbeitsverhältnisses schließen – in diesem Fall eine mögliche Verkleinerung der Anwaltskanzlei.

Position 3, Angestrebtes Ziel: Die Sonne

Genauso wie der Signifikator eine idealisierte Sicht der wirklichen Person bedeutet, verkörpert die Sonne in der dritten Position ein unrealistisches, überspanntes Ziel von triumphalen Erfolgen und Reichtümern. Es wäre für die betreffende Person besser, die anderen Ziele anzustreben, die durch die Karte angedeutet werden, etwa die Zufriedenheit, die man in Zuneigung, Freundschaft und geteilter Freude findet.

Position 4, Weit zurückliegende Vergangenheit: König der Schwerter

Diese Karte scheint darauf hinzuweisen, daß der Fragende in seiner Kindheit sehr stark von einer männlichen Person dominiert wurde, möglicherweise handelte es sich dabei um seinen Vater. Die Autorität, die Kontrolle, ja sogar der Starrsinn dieses Elternteils haben die Persönlichkeit des Fragenden möglicherweise unterdrückt und zu Selbstzweifeln, Unsicherheit und Unentschlossenheit geführt. Der König der Schwerter kann auch eine andere dominierende Autoritätsperson symbolisieren, etwa einen Lehrer oder einen Vorgesetzten am ehemaligen Arbeitsplatz des Fragenden.

Position 5, Unmittelbare Vergangenheit: Zwei der Münzen

Wieder wird durch die Farbe der Karte auf den finanziellen Aspekt hingewiesen. Überlegungen finanzieller Art sind in der letzten Zeit von großer Bedeutung gewesen, hinzu kommen Stimmungsschwankungen, ein Gefühl der Sinnlosigkeit und Hindernisse – Entwicklungen, die möglicherweise auf steigende Kosten und eine Verringerung des Einkommens zurückzuführen sind. Diese Probleme haben zu der gegenwärtigen Suche nach einer möglichen Lösung und neuen Unternehmungen geführt. Das Streben nach finanziellem Gewinn ist ein äußerst sinnvoller Schritt in die richtige Richtung. Optimismus ist nötig, um die momentane Angst zu überwinden.

Position 6, Zukünftige Einflüsse: Die Liebenden

Der Fragende muß damit rechnen, daß er letztendlich eine bindende Entscheidung treffen muß. Diese Karte weist darauf hin, daß finanzielle Gewinne gegen emotionale Befriedigung abgewogen werden sollten. Der Fragende muß erkennen, daß jede Entscheidung ihre Schattenseiten hat, gleichgültig, was geschieht und wie er sich auch entscheidet. Der Weg, der vor einem liegt, ist niemals sicher, dies gilt auch für den Fragenden – doch klares, zielbewußtes Handeln kann Harmonie, Optimismus und Befreiung von der Unsicherheit der Vergangenheit bringen.

Position 7, Momentane Verfassung: Sechs der Kelche

Momentan ist dem Fragenden das Herz schwer, er fühlt sich unruhig, aber sein Zustand wird sich sehr bald bessern, und es wird ihm leichter ums Herz werden, sobald er erkennt, daß er seine hochfliegenden Ziele aufgeben und eine realistischere Sicht annehmen muß. Er muß sich von seiner momentanen Verfassung freimachen und sich bewußt sein, daß er neue Prioritäten setzen muß. Sachlichkeit und objektive Analyse sind in seinem Fall weitaus angebrachter als ängstliche Wunschvorstellungen.

Position 8, Einflüsse der häuslichen Umgebung: Königin der Kelche

Diese Karte läßt darauf schließen, daß menschliche Wärme, Zuneigung, Aufrichtigkeit und Freude in seiner unmittelbaren Umgebung vorherrschen. Diese Vorzüge sollte er verstärken und an ihnen teilhaben. Der Optimismus, der seine häusliche Umgebung prägt, kann in seine Haltung zur Außenwelt einfließen.

Position 9, Unbewußte Strömungen: Der Herrscher (in umgekehrter Lage)

Die einzige umgekehrte Karte in diesem Muster sollte besonders sorgfältig analysiert werden. Die Richtung der Karte läßt unter der offen zur Schau gestellten Väterlichkeit und Stärke die Gefahr von Schwäche, Unterwürfigkeit und Kraftlosigkeit erkennen. Es ist durchaus möglich, daß die Unentschlossenheit des Fragenden in bezug auf sein momentanes Problem von diesen inneren Tendenzen herrührt, möglicherweise hervorgerufen von den Minderwertigkeitsgefühlen, an denen er litt, weil er in seiner Kindheit von seinem Vater oder in seinem Berufsleben von seinen Vorgesetzten beherrscht und kontrolliert wurde.

Position 10, Mögliches Ergebnis: Der Turm

Der Turm weist auf einen Bruch mit der Vergangenheit hin. Eine endgültige Lösung des Problems wird wahrscheinlich neues Selbstvertrauen mit sich bringen. Der Fragende kann ermutigt werden, etwas ganz anderes zu versuchen und möglicherweise die neue beabsichtigte Laufbahn einzuschlagen, mit der Aussicht, auch dort die Vorteile emotionaler Befriedigung und finanzieller Sicherheit zu genießen, wenn auch möglicherweise in etwas geringerem Ausmaß. Allerdings könnte die praktische Seite der siebten Karte, der Sechs der Kelche, die zu realistischer Einschätzung auffordert und einen Bezug zur momentanen Situation hat, den Deutenden zu der Frage veranlassen, ob es nicht ratsam wäre, die Anwaltskanzlei auf etwas reduzierter Ebene weiterzuführen und trotzdem die angestrebte feste Stellung als Teilzeittätigkeit auszuüben. Dies würde dem Fragenden auch weiterhin die emotionale Befriedigung verschaffen, die er daraus gewinnt, andere Menschen zu beraten, und ihm gleichzeitig die Möglichkeit bieten, sich mit seiner neuen Tätigkeit vertraut zu machen und festzustellen, ob sie ihm als ausschließlicher zukünftiger Wirkungskreis wünschenswert erscheint.

Zweite Lesung: Die Situation

Die Fragende ist eine attraktive Frau Ende dreißig und arbeitet als Verlagslektorin. Aufgrund einer vor kurzem gescheiterten Zweierbeziehung befindet sie sich in einem emotionalen Tief und ist mit ihrem Leben unzufrieden. Hinzu kommen finanzielle Schwierigkeiten, die damit einhergehen, daß sie sich Sorgen um die Zukunft macht.

Das Auslegen (Hufeisen)

Bei diesem Legemuster wird gewöhnlich kein Signifikator ausgewählt. Nachdem die Karten gemischt und vorbereitet sind, werden sieben Karten in Form eines Hufeisens so auf den Tisch gelegt, daß sich die offene Seite vor dem Deutenden befindet. Gegen den Uhrzeigersinn gezählt und beginnend mit der Karte, die rechts unten liegt, handelt es sich um: Zehn der Kelche in umgekehrter Lage (Einflüsse der Vergangenheit); Acht der Kelche (Einflüsse der Gegenwart); Der Herrscher (Zukunft); Der Gehängte (Handlung); Vier der Münzen in umgekehrter Lage (Einflüsse anderer Menschen); Der Eremit (Hindernisse) und Sechs der Stäbe (mögliches Ergebnis).

Die Interpretation

Position 1, Einflüsse der Vergangenheit: Zehn der Kelche (in umgekehrter Lage)

Diese Karte läßt in dieser speziellen Umgebung darauf schließen, daß die Kindheit der Fragenden wahrscheinlich von Zerrüttung und Konflikten geprägt war. Vielleicht haben sich die Eltern getrennt oder scheiden lassen, was die tiefe Verunsicherung der Fragenden verursacht haben könnte, die bis heute spürbar ist.

Position 2, Einflüsse der Gegenwart: Acht der Kelche

Diese Karte repräsentiert Ziellosigkeit und Desillusionierung, sogar Selbstverachtung. Irgend etwas oder eine Person, die man sehr geschätzt hat, hat an Wert verloren. Dies könnte sich auf den Verlust des Partners beziehen, deutet aber gleichzeitig ein neues Ziel an, sei es persönlicher oder materieller Natur, das noch erwogen wird.

Position 3, Zukunft: Der Herrscher

Der Herrscher repräsentiert Stärke, Kraft, Selbstvertrauen und möglichen Reichtum. Die Karte deutet daher offenbar an, daß ein derartiger reifer Mann oder Ehepartner bald in ihr Leben treten wird – besonders wenn die Fragende einen solchen Menschen sucht. Seine Reife und Zuverlässigkeit sind genau das, was sie braucht. Die Darstellung könnte sich allerdings auch auf die Fragende selbst beziehen, denn hier könnte möglicherweise angedeutet sein, daß die junge Frau in Zukunft besser daran täte, sich nicht von ihren Gefühlen leiten zu lassen und lieber die Ratschläge anderer annehmen sollte – eine Haltung, die im Grunde großes Selbstbewußtsein verrät.

Position 4, Handlung: Der Gehängte

Fast immer wird diese Karte als Symbol des Übergangs interpretiert, als Ruhepause, in der man etwas überdenkt, um schließlich klug zu handeln. In dieser Position rät sie der Fragenden, sich den momentanen Bedingungen anzupassen, neuen Mut zu fassen und Veränderungen zu überdenken, ohne sich zu voreiligen Entschlüssen hinreißen zu lassen. Sie sollte ihre Stellung nicht aufgeben, solange sich ihr keine andere, bessere Möglichkeit bietet. Auf mehr persönlicher Ebene bedeutet sie, daß man vorausplanen sollte, wie man am besten mit den richtigen Leuten Kontakt aufnehmen könnte; mit reiferen Menschen, nicht mit jungen Leuten. Jede neue Bekanntschaft dieser Art wird dabei andere nach sich ziehen.

Position 5, Einflüsse anderer Menschen: Vier der Münzen (in umgekehrter Lage)

Hier wird vor Hindernissen gewarnt, die man in Gestalt anderer Menschen zu erwarten hat. Wenn man bedenkt, daß die vorherige Karte ›Der Gehängte‹ war, so sollte man weniger auf Konfrontationen abzielen, sondern Verhandlungen als den besseren Weg erkennen. Diese Karte weist außerdem sowohl in umgekehrter als auch in aufrechter Lage auf den Beginn eines neuen, wichtigen Unterfangens hin, und die Farbe der Karte läßt darauf schließen, daß der finanzielle Aspekt mit großer Wahrscheinlichkeit eine Rolle spielt.

Position 6, Hindernisse: Der Eremit

Die vorherige Karte kündigte Schwierigkeiten an, die von anderen Personen herrühren könnten. Die folgende Karte, ›Der Eremit‹, liegt an der Stelle, die auf Hindernisse hinweist, und sollte den Deutenden und die Fragende selbst auf eines der grundlegendsten Probleme der jungen Frau aufmerksam machen: ihre eigenen Einstellungen. Die Selbstversunkenheit des Eremiten und seine Innenschau können dazu führen, daß er sich von anderen isoliert. Ist es vielleicht möglich, daß sich die junge Frau die Probleme an ihrem Arbeitsplatz und in ihrem Privatleben selbst geschaffen hat? Das Wissen und die Einstellungen, die der Eremit symbolisiert, und die zweifellos auch die junge Frau bei ihrer Tätigkeit als Lektorin in hohem Maße besitzt, müssen auch auf ihr übriges Leben übertragen werden. Der Schwerpunkt sollte nicht in ihrem Inneren, sondern in der Außenwelt liegen. Die Bedeutung der vorangegangenen Karten stimmt damit überein. Die Neuorientierung der eigenen Person und Situation soll keine Selbstbesinnung, sondern die Vorbereitung einer klugen Handlung sein.

Position 7, Mögliches Ergebnis: Sechs der Stäbe

Alles weist darauf hin, daß ihre harte Arbeit und Gewissenhaftigkeit belohnt werden. Die Karte macht deutlich, daß Kontakte mit anderen Erfüllung bringen werden. Der Aufschub ist nur vorübergehend. Die Karte rät der Fragenden, sich nach außen zu orientieren, vorwärtszuschreiten und sich diplomatisch zu verhalten. Diese Ratschläge wurden in den anderen Karten bereits vorweggenommen. Die optimistischen Implikationen sind bei dieser Lesung daher besonders stark.

XII
LE PENDU
IIII
L'EMPEREUR
VIIII
L'ERMITE

Links: Das Hufeisen, das Legemuster der zweiten Lesung: Zehn der Kelche in umgekehrter Lage (Karte Nr. 1); Acht der Kelche (Karte Nr. 2); Der Herrscher (Karte Nr. 3); Der Gehängte (Karte Nr. 4); Vier der Münzen in umgekehrter Lage (Karte Nr. 5); Der Eremit (Karte Nr. 6); Sechs der Stäbe (Karte Nr. 7).

Karten aus dem Visconti-Sforza-Tarot (von links nach rechts): Drei der Kelche, Die Päpstin, Der Eremit, Page der Münzen, Zwei der Kelche.

Diskussion

Anhänger des Tarot gehen davon aus, daß der Fragende durch seine intensive Konzentration seine Gedanken auf die Darstellungen der Karten überträgt, was es dem Deutenden ermöglicht, die Karten zu lesen und Einblick zu gewinnen in die Vergangenheit, die gegenwärtige Situation und die zukünftigen Möglichkeiten des Fragenden, die in seiner Psyche verborgen sind. Andere sehen in der sorgfältigen Vorbereitung der Tarotkarten und in der Konzentration auf das Ritual des Auslegens einen Weg für den Fragenden wie den Deutenden, ihre Gedanken soweit von äußeren Einflüssen zu befreien, daß sich beide ausschließlich dem Problem widmen können, das den Fragenden beschäftigt. Die Darstellungen auf den Karten stimulieren die Intuition und lösen Wahrnehmungen aus, die schließlich zu geeigneten Lösungsvorschlägen führen.

Genau wie C. G. Jung das I Ching als das Öffnen einer Tür zum Unterbewußtsein verstand, kann auch das Lesen von Tarotkarten den Fragenden befähigen, symbolisch die Konflikte, Ängste und verborgenen Wünsche zu erkennen, die sonst unverstanden im Inneren verborgen bleiben. Der Tarot kann daher sowohl als mysteriöse Erfahrung, als Reise in die Psyche des Menschen oder als Stimulus zur systematischen Auswertung momentaner Probleme gesehen werden.

Wenn die Anhänger von Astrologie, Handlesen und Numerologie davon ausgehen, daß ihre Methoden durch Gesetze, Regeln und Berechnungen bestimmt sind, bei denen die Intuition nur eine geringe Rolle spielt, und wenn es zutrifft, daß Traumdeutung, I Ching und das Lesen von Teeblättern Methoden sind, die vor allem von persönlichen Erkenntnissen geprägt sind, dann ist der Tarot als Weissagemethode irgendwo zwischen diesen beiden Gruppen angesiedelt, da er in etwa gleichem Maße sowohl auf Intuition als auch auf Gesetzmäßigkeiten basiert.

Berater oder Weissager, die auf okkulte Methoden gleich welcher Art zurückgreifen, haben im allgemeinen gelernt, in ihren Klienten oder in deren Aussagen Hinweise auf deren psychische Verfassung, Schwächen und Stärken, Hoffnungen und Befürchtungen zu erkennen. Kurz gesagt, sie erfassen genau, was die jeweilige Person zu hören wünscht. Manchmal gelingt es ihnen auch, mit Hilfe des Fragestellers, die Grundlagen für momentane Probleme zu untersuchen, oder die Möglichkeiten, die dem Fragenden offenstehen, und die beste Lösung für das Problem zu erkennen. In solchen Situationen verhalten sie sich etwa wie ein mitfühlender, weiser Freund, den man um Rat gefragt hat. Beim Tarot sind die Legemuster und Kartendarstellungen die Grundlage für ein persönliches Gespräch in einer neutralen Atmosphäre. Selbst Menschen, die normalerweise vor einer persönlichen Besprechung ihrer Probleme zurückschrecken würden, zeigen häufig keinerlei Widerstände und verhalten sich völlig kooperativ, wenn es um die scheinbar unpersönliche Analyse von Karten auf einem Tisch geht.

Kritiker des Tarot sehen eine Reihe von Angriffspunkten: Der Wahrsager könnte eventuell nicht weise, objektiv oder einfühlsam genug sein; der Nutzen einer Kartenlesung für den Fragenden hängt ausschließlich vom Geschick und der Intention des Deutenden ab; die Karten selbst können eigentlich keine Bedeutung haben, denn ein und dasselbe Kartenbild kann von verschiedenen Deutern völlig unterschiedlich interpretiert werden; durch die offenbar sehr individuelle Zuordnung der Karten zu den einzelnen Kategorien, etwa Gegenwart, Vergangenheit, Zukunft, unmittelbare Umgebung und andere Lebensbereiche, ist eine objektive Auslegung kaum gewährleistet.

Die Deutung der Karten durch den Fragesteller selbst statt durch den Wahrsager scheint Kritikern des Tarot sehr viel sinnvoller. Der Fragende sieht in den Darstellungen genau das, was er sehen möchte oder was er bisher nicht sehen wollte. Dieser Einsatz des Tarot ist jedoch mit der organisierten, systematischen, konventionellen Divination, die ein geübter Kartenleser für einen Klienten durchführen kann, kaum zu vergleichen.

Das Lesen von Tarotkarten bleibt weiterhin ein wissenschaftlich nicht überprüfbares System, mit dem man offensichtlich manchen Menschen die Entscheidungsfindung erleichtern oder ihnen bei der Vorbereitung auf die Zukunft behilflich sein kann.

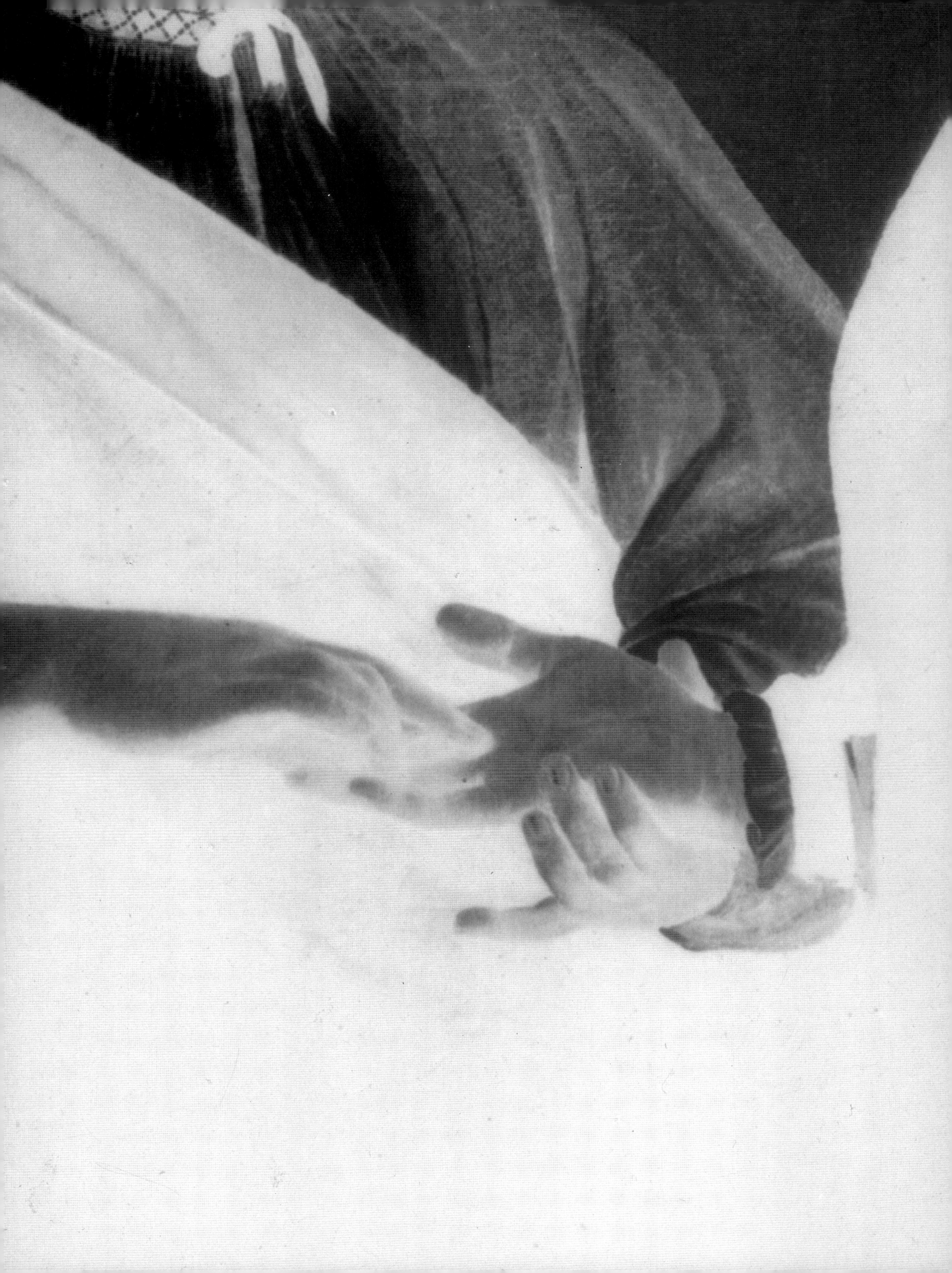

Handlesekunst

Caravaggio (1573–1610), Die Wahrsagerin, Ende 16. Jahrhundert, Öl auf Leinwand, ca. 99 × 130 cm, Paris, Musée du Louvre

Handlesekunst

Mein alter Stock kam mir abhanden,
Will hoffen, daß ihn gute Hände fanden.
Handlich, handfest, wenn auch abgenutzt,
War er mir Stütze, kurzerhand auch Schutz.
Er ist mir treu zur Hand gegangen.
Was hätt' ohne ihn ich angefangen.

In der Entwicklungsgeschichte der Menschheit hat Handfertigkeit immer eine ganz besondere Rolle gespielt, denn sie unterscheidet den Menschen von ›niederen‹ Tieren. In vielfältigem kulturellen Zusammenhang ist die Hand daher zum ausdrucksstarken Symbol geworden. Handbewegungen und Gesten sind Teil unseres täglichen Lebens und bilden oft genug die Grundlage für die Einschätzung einer Person: Ein fester Händedruck verrät angeblich Selbstbewußtsein und Zuverlässigkeit; eine kraftlose Hand wird mit Schwäche assoziiert. Auch können wir uns dem allgemeinen Eindruck, den Hände auf uns machen, nicht entziehen. Wir nehmen wahr, wie sie gehalten werden, ob die Nägel gepflegt sind, wie lang die Finger sind und welche Form sie haben. Wir neigen dazu, lange, wohlgeformte Finger mit der Fingerfertigkeit eines Handwerkers oder dem Geschick eines Chirurgen zu assoziieren, auch wenn diese Verbindungen nicht zutreffen mögen. Ein berühmter Chirurg und Anatom wurde einmal von bestürzten Studienanfängern angesprochen und darauf aufmerksam gemacht, daß einige der berühmtesten Chirurgen unbeholfen aussehende oder verkrümmte Hände, ja manchmal sogar etwas fahrige Hände hätten. »Ein guter Chirurg«, antwortete er daraufhin, »operiert mit dem Kopf, nicht mit den Händen.« Trotzdem verbinden viele Chirologen bzw. Chiromanten (Handforscher) eckige Hände mit kurzen Fingern mit einer Persönlichkeit, die handwerklich begabt ist. Einige sind sogar der Meinung, daß es möglicherweise die Form der Hand ist, die das Denken des Menschen in eine ganz bestimmte Richtung lenkt. Wohlgeformte Finger beispielsweise können den Handeigner dazu veranlassen, sie eher zur Schau zu stellen als zu gebrauchen; knotige Finger dagegen können ihren Besitzer zum Arbeiten verleiten.

Gibt es überhaupt eine Verbindung zwischen der Psyche und den Händen eines Menschen, zwischen seinem Wesen und den Merkmalen seiner Hand, etwa den allgemeinen Konturen, Bergen, Tälern und Linien? Ist es wirklich möglich, daß sich die Persönlichkeit in der Hand abzeichnet, daß die Hand darüber hinaus mögliche Handlungsmuster und zukünftige Entwicklungen anzeigt? Wir können diese Fragen in diesem Kapitel nicht beantworten, sondern möchten ohne jede Wertung die jahrhundertealten Techniken und Interpretationen der Handdeutung beschreiben. Chirologen haben dabei bis heute sehr unterschiedliche Wege beschritten, doch wir glauben, daß unsere Zusammenfassung einen guten Überblick über die zahlreichen weitverbreiteten Methoden der Handlesekunst vermittelt.

Geschichte der Handlesekunst

Es ist nicht bekannt, wann der Mensch zum ersten Mal begann, in seiner Hand nach Hinweisen auf seinen Charakter und sein Schicksal zu suchen. In einigen Naturvölkern schließen Handkundige noch immer von besonderen Merkmalen, etwa einer einzelnen Linie in der Handinnenfläche (auch als Affenlinie bekannt) auf einen ungewöhnlichen Charakterzug oder von einem auffallend großen Daumen auf eine energische Persönlichkeit. Bewußt oder unbewußt verbinden sie – und wie sie möglicherweise auch frühere Kulturen – Charaktereigenschaften mit den Merkmalen der Hand. Auf ähnliche Art haben heute in den technologisch hochentwickelten Kulturen wissenschaftliche Arbeiten genetische Verbindungen zwischen besonderen Formen und Linien der Hand und psychischen und geistigen Anomalien und angeborenen Störungen hergestellt. Es handelt sich hierbei allerdings nicht um jene Merkmale, die Chiromanten zum Zweck der Weissagung klassifiziert haben.

Offenbar hat schon der prähistorische Mensch Händen eine ganz besondere Bedeutung beigemessen, denn man findet bereits auf Felsbildern Darstellungen von Händen. Oft sind die Bilder der Hände realistischer als Abbildungen des menschlichen Körpers oder der Gesichter. Darüber hinaus hat man auf Runen und in Felsritzungen Muster entdeckt, die denen von menschlichen Fingerabdrücken ähneln. Ob diese Zeichnungen jedoch rituellen Charakter haben oder eher trivialer Natur sind, ist nicht bekannt.

Oben: Ein chinesisches Tonsiegel mit einem Daumenabdruck, das offenbar als Mittel zur Identifizierung benutzt wurde. Vor dem 3. Jahrhundert v. Chr., Chicago, The Field Museum of Natural History

Links: Pietro Longhi (1702–1785), Die Wahrsagerin, um 1751, Öl auf Leinwand, ca. 60 × 48 cm, London, The National Gallery

Die Bibel

Überall in der Heiligen Schrift finden sich Hinweise auf die besondere Bedeutung von Händen und Fingern, von Weissagungen durch Handlesen ist allerdings nicht die Rede. »Das ist der Finger Gottes«, sollen die Wahrsager des Pharao gesagt haben, als sie gegen Moses und Aaron nichts mehr ausrichten konnten (Ex 8,15). Die Hände Gottes wurden schon immer symbolisch mit seiner Macht, den Menschen zu verdammen oder ihm Gnade zu erweisen, in Verbindung gebracht. Ezechiel wurde von der Hand des Herrn berührt und dadurch von ihm geleitet (Ez 3,22). Da »seines Gottes gütige Hand über ihm waltete«, gelangte Esra nach Jerusalem (Esr 7,9). Im Gegensatz dazu sagt Gott: »Ich kehre meine Hand wider Ekron, daß der Rest der Philister zugrunde geht.« (Am 1,8) Der durch Gottes Allmacht erblindete Saulus sah in einer Vision, wie er durch das Handauflegen des von Gott gesandten Ananias wieder sehend werden würde (Apg 9,12); und in den Psalmen steht: ». . ., und deine Hand liegt schwer auf mir.« (Ps 38,3)

Links: Felsritzung aus einem prähistorischen Fundort in Newgrange, County Meath, Irland. Die linearen Muster erinnern an menschliche Fingerabdrücke, ihre eigentliche Bedeutung ist jedoch nicht bekannt.

Unten: Michelangelo (1475–1564), Der Prophet Ezechiel, aus dem Deckenfresko (1508–1512) der Sixtinischen Kapelle, Rom, Vatikan. Die Hand spielt in der Bibel und in der religiösen Kunst eine wichtige Rolle. Im Buch Ezechiel bittet Gott den Propheten, zwei Stöcke in die Hand zu nehmen, einer symbolisiert das Land Juda, der andere Israel. Gott verspricht: »Ich mache sie zu einem einzigen Holz, und sie werden eins in meiner Hand.« (Ez 37,15–20)

Immer wieder finden sich in der Bibel Beschreibungen von Handelsabschlüssen und Versprechen, die mit der Hand besiegelt werden. Offenbar war die Identifizierung eines Menschen mit seiner Hand so stark, daß Jakob, der sich durch Felle, die er bis über die Hände gezogen hatte, als sein Bruder Esau ausgab, von seinem blinden Vater Isaak nicht erkannt wurde. »Die Stimme ist zwar Jakobs Stimme«, meinte der alte Patriarch, »die Hände aber sind Esaus Hände« (Gen 27,22). Offenbar überzeugten ihn die Hände mehr als die Stimme, denn er ließ sich von Jakobs Trick mit den Fellen täuschen und gab ihm schließlich den Segen des Erstgeborenen, der ihm das Erbe sicherte.

Oben: Govaert Flinck (1615–1660), Isaak segnet Jakob, Öl auf Leinwand, ca. 127 × 203 cm, Amsterdam, Rijksmuseum. Isaak, der sich durch die behaarten Hände Jakobs täuschen läßt und ihn für Esau hält, erteilt ihm den Segen und macht ihn damit zu seinem Erben.

Links: Michelangelo (1475–1564), Die Erschaffung Adams, aus dem Deckenfresko (1508–1512) der Sixtinischen Kapelle, Rom, Vatikan. Gott verleiht dem ersten Menschen Leben, indem er ihn mit seinem Finger berührt.

Rechts: Im Buddhismus glaubt man, daß besonders Erleuchtete in der Hand Buddhas die Vergangenheit und die Zukunft sehen können. Die Linien, Symbole und Sanskrittexte auf dieser indischen Darstellung der Hand Buddhas vermitteln wichtige Botschaften. Sammlung Fritz Eichenberg

Unten: In der Malerei verschiedener Kulturen kommt den Händen, nicht den Gesichtern, die Bedeutung zu, Gefühle zum Ausdruck zu bringen. Bengalische Miniatur, 11./12. Jahrhundert, Tusche und Farbe auf Palmblatt, Gesamtlänge ca. 56 cm, The Cleveland Museum of Art, J. H. Wade Collection

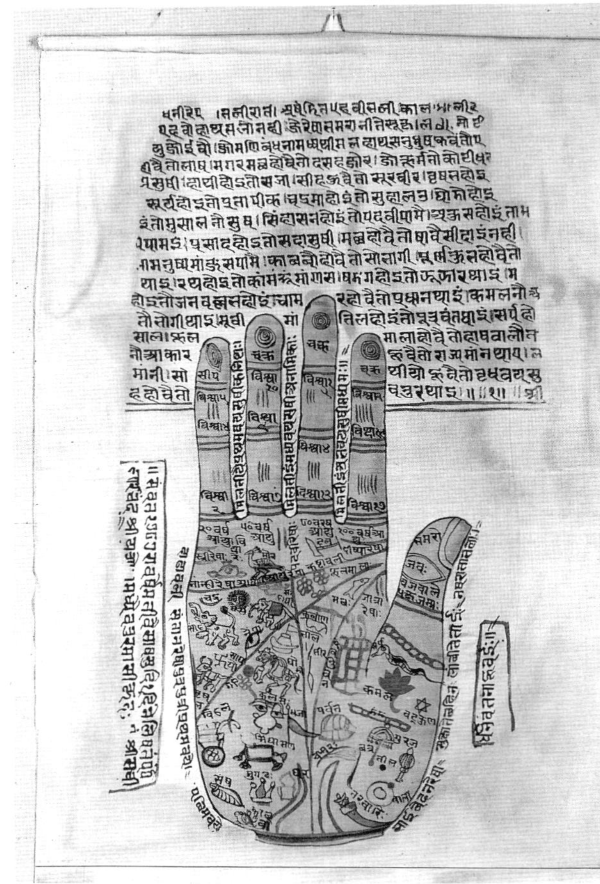

Ostindische Darstellung der wichtigen Handbereiche, aus dem Brhatsāmudrikāsastra (Bombay: Gangavisnu Srirsnadāsa, 1906), London, Wellcome Institute Library

Nataraja, eine Manifestation des Hindugottes Shiva, tanzte den kosmischen Tanz der Schöpfung, wobei aus dem Licht, das seine zahlreichen Glieder reflektierten, das Universum entstand. Diese indische Statue unterstreicht die Bedeutung, die in vielen Kulturen der Aussagekraft von Gesten beigemessen wurde. 11. Jahrhundert, Kupfer, Höhe ca. 111 cm, The Cleveland Museum of Art

Mesopotamien und Ägypten

Es gibt nur wenige Hinweise darauf, daß Handlesen in Mesopotamien zur Weissagung genutzt wurde. Allerdings wiesen die Priester bei der Hepatoskopie (der Überprüfung der Leber eines geopferten Tieres, um darin den Krankheitsverlauf eines Patienten zu ›sehen‹) verschiedenen Zeichen in den Organen eine ganz besondere Bedeutung zu, ein Kreis etwa galt als gutes Omen, ein Viereck hatte schützende Bedeutung, ein Dreieck galt als günstige Prognose. Dieselbe Zuordung gilt für das Handlesen. Es ist auch nicht anzunehmen, daß die Handlesekunst in der ägyptischen Zukunftsschau von Bedeutung war. Allerdings wissen wir, daß zwei ausgestreckte Finger, die in unserer Zeit den Segen oder die Gunst Gottes symbolisieren, auch im alten Ägypten positiv verstanden wurden.

Indien

Die frühesten Hinweise auf eine tatsächliche Zukunftsdeutung durch eine genaue Betrachtung menschlicher Körperpartien, zu denen auch die Hände gehörten, findet sich wahrscheinlich in alten indischen Schriften. Die Veden aus der Zeit um 1500 v. Chr. betonen die Wichtigkeit der Handfläche und erwähnen, daß die Götter darin besondere Zeichen tragen. Skanda war offenbar der Gott der Handlesekunst und der Astrologie. Es ist daher anzunehmen, daß die Handlesekunst von Anfang an mit der Astrologie in Verbindung stand. Der Legende nach kündigte sich auch Buddhas große Zukunft bei seiner Geburt in Form von Zeichen an seinen Füßen an, und auf seinen Handflächen waren Zeichen des gesamten Universums zu erkennen. Bereits im 1. Jahrhundert v. Chr. muß es in Indien eine lange Tradition des Handlesens gegeben haben, denn die Gesetze von Manu, die indischen Vorschriften für ethisches Verhalten (zusammengestellt um 700–600 v. Chr.), prangern die unehrlichen Praktiken einiger Handleser an. Etwa im 9. Jahrhundert n. Chr. fügte man der Sardulakarnavadana, einer bekannten buddhistischen Erzählung, die viele Jahrhunderte zuvor entstanden war, verschiedene Kapitel hinzu, die sich mit diversen Omen beschäftigten, unter anderem auch mit den Zeichen in den Handinnenflächen. Das erste umfassende erhalten gebliebene Sanskritwerk über Physiognomie und Handlesekunst wurde allerdings nicht vor dem 12. Jahrhundert verfaßt. Die indische Handlesekunst ist auch heute noch verbreitet. Die westliche Tradition ist von indischen Elementen zwar beeinflußt, geht aber zum größten Teil auf griechische und römische Methoden aus der Antike zurück.

Griechenland und Rom

Erst im antiken Griechenland wurde das Weissagen aus der Hand zu einem richtigen System weiterentwickelt. Der Terminus Chiromantie stammt von dem griechischen *cheir:* Hand – nach Cheiron, dem Zentauren, der Asklepios, den Halbgott der Heilkunst, unterwies – und *mantis:* Wahrsager.

Ein Großteil der Schriften über das Handlesen, die angeblich von diversen griechischen Autoren verfaßt worden sein sollen, wird inzwischen von den meisten Wissenschaftlern als

Ein ägyptischer Glücksbringer in Form eines Zwei-Finger-Amuletts, spätdynastische Zeit (1070–332 v. Chr.), Kalkstein (?), Länge ca. 10 cm, New York, The Norbert Schimmel Collection

Fälschung angesehen. Man nimmt an, daß die Werke erst im späten Mittelalter zusammengestellt wurden, also viele Jahrhunderte nach dem Tod der angeblichen Verfasser. So ist zum Beispiel die lange Zeit Aristoteles zugeschriebene Abhandlung »Chiromancia Aristotelis« erst im 15. Jahrhundert in Deutschland entstanden.

Aristoteles (384–322 v. Chr.) hat jedoch tatsächlich im Zusammenhang mit anderen Körperpartien auch die Bedeutung der Hände und speziell der Handlinien betont. In seinem Werk »De historia animalium« schreibt er: »Die Innenfläche der Hand heißt Handteller, sie ist fleischig und weist verschiedene Linien oder Verbindungen auf; bei Menschen mit einem langen Leben sind es zwei Linien, die rechts weit über die Handfläche verlaufen, bei Menschen mit einem kurzen Leben sind sie nicht so ausgeprägt.« In den »Problemata physica« formuliert er ähnlich: »Warum leben Menschen lange, die eine Kerbe in der Handfläche aufweisen?«

Diese Textstellen beziehen sich offenbar auf jene Linien, die wir heute als Kopf- und Herzlinie (waagerecht) bezeichnen, obwohl andere Wissenschaftler darin die sogenannte Lebenslinie oder Vitalitätslinie (senkrecht) erkennen wollen. In jedem Fall scheint Aristoteles den Linien eine Weissagefunktion zuerkannt zu haben, wenn er sich auch dazu nur am

Rande äußerte und keine längere Abhandlung zu diesem Thema verfaßte.

Eine Anekdote erzählt davon, daß ein Handleser in der Hand von Aristoteles einige höchst unschmeichelhafte Eigenschaften erkannte. Die anwesenden Schüler des Philosophen waren empört über diese Geschmacklosigkeit und bezichtigten den Mann der Lüge, bis Aristoteles angeblich ihrer Kritik Einhalt gebot und eingestand, tatsächlich sein Leben lang genau gegen jene Schwächen angekämpft zu haben.

Angeblich im 3. Jahrhundert v. Chr. schrieb ein gewisser Melampus, Wissenschaftler und Astrologe, über Körperbewegungen und Gesten, zu denen auch Handhaltungen gehörten, doch es gibt keine Aussagen darüber, wie er über eine mögliche Beziehung zwischen Handformen und -linien und dem Charakter oder Schicksal eines Menschen gedacht hat. Der berühmte Arzt Galen (um 129–um 199) bezog sich in seinen umfangreichen Schriften ebenfalls auf Hände, es gibt jedoch auch in seinem Werk keinen Hinweis darauf, daß er Handlesen mit Weissagung oder der Charakterbeurteilung von Personen in Verbindung brachte.

Die Chiromantie war im antiken Griechenland und Rom ein wichtiger Bestandteil des sozialen Sittenkodexes. Cicero (106–43 v. Chr.), der selbst zu den Auguren, dem römischen Divinationskollegium, gehörte, zog trotzdem sowohl das Handlesen als auch die Astrologie ins Lächerliche. Und Juvenal (60–140) behauptete in fast verächtlichem Ton, daß Frauen der Oberschicht Astrologen, Frauen der Unterschicht Handleser aufsuchten, um sich die Zeit zu vertreiben.

In der Chirologie wurden die verschiedenen Teile der Hand mit dem griechischen bzw. römischen Pantheon in Verbindung gebracht: Aphrodite (Venus) mit dem Daumen und dem Daumenballen; Zeus (Jupiter) mit dem Zeigefinger; Saturn mit dem langen Mittelfinger; Apollo mit dem Ringfinger; Hermes (Merkur) mit dem kleinen Finger. Diese Verknüpfungen haben sich bis heute behaupten können. Offenbar sind aus dem Altertum keine griechischen oder römischen Kodifizierungen zur Chiromantie erhalten, obwohl es zahlreiche Werke gibt, die sich auf frühere Quellen beziehen, beispielsweise in der byzantinischen Zeit und im Mittelalter.

Das Mittelalter

Die christliche Kirche stand zunächst sowohl der Astrologie als auch der Chiromantie ambivalent gegenüber. Thomas von Aquin (um 1225–1274) griff zwar die okkulten Praktiken an, stellte sich jedoch nicht gegen die Chiromantie. Doch zahlreiche andere Theologen verdammten sie. In der einfachen Bevölkerung dagegen, aber auch in Gelehrtenkreisen, galt die Handlesekunst zuweilen sogar als die zuverlässigste Wahrsagemethode. Arabische Autoren, das heißt in Arabisch publizierende Gelehrte, befaßten sich mit der Handlesekunst eher am Rande. Beispielsweise behandelt der berühmte »Canon medicinae« des islamischen Arztes und Philosophen Ibn Sina (Avicenna; 980–1037) die Bedeutung der einzelnen Handformen. Im Bereich der Wahrsagemethoden galt das Hauptinteresse der arabischen Gelehrten jedoch der Astrologie.

Im 12. und 13. Jahrhundert hatte sich die Verknüpfung von Handlinien mit bestimmten Persönlichkeitsmerkmalen,

Léon Gérôme (1824–1904), Ave Caesar: Die Todgeweihten grüßen dich, 1859, Öl auf Leinwand, ca. 93 × 145 cm, New Haven, Yale University Art Gallery, Stiftung C. Buxton Love jr. Es ist bekannt, daß sich der siegreiche Gladiator in Rom an die Zuschauer wandte, damit diese über das Schicksal seines Gegners entschieden. Unzutreffend ist jedoch, daß der nach oben zeigende Daumen Gnade und der nach unten zeigende Daumen den Tod bedeutete. Obwohl die Zeichensprache auf diesem Gemälde nicht ganz so ausgeprägt ist, werden auch hier bestimmte Mitteilungen, die durch Gesten ausgedrückt werden, überall verstanden – hier etwa der Herrschergruß.

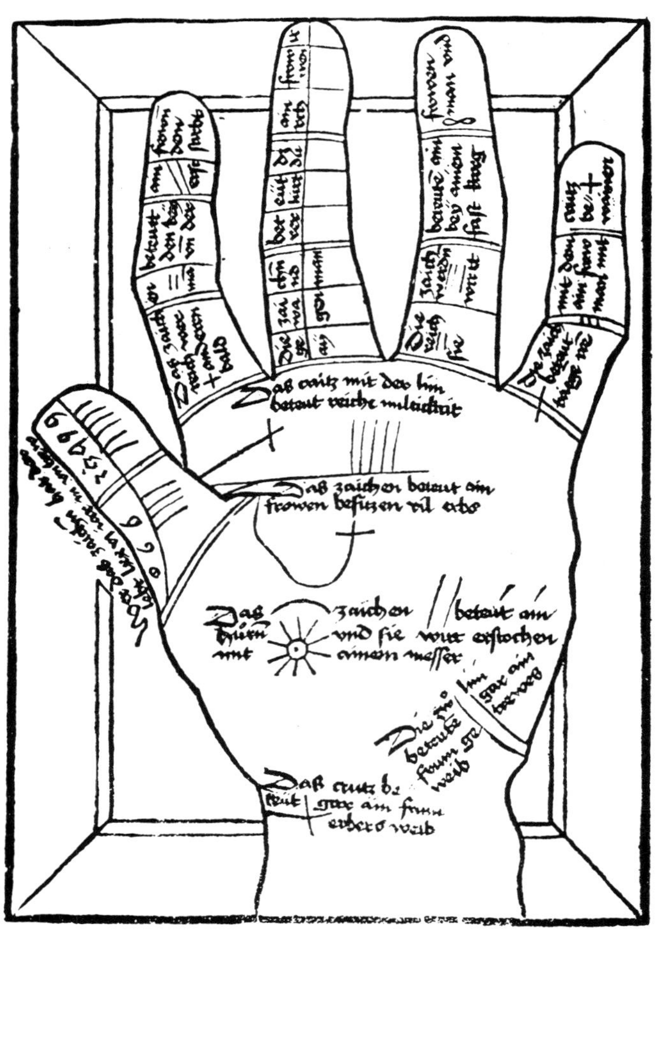

zukünftigen Ereignissen und medizinischen Diagnosen im Abendland durchgesetzt. Unter den zahlreichen Traktaten, die zu diesem Thema verfaßt wurden, finden sich auch Schriften des berühmten Michael Scotus († um 1235), Wahrsager und Astrologe von Friedrich II., Kaiser des Heiligen Römischen Reiches. Im Rahmen der Physiognomie wird die Chiromantie ausführlich behandelt. Viele Persönlichkeiten der Zeit stehen in dem Ruf, Handleser konsultiert zu haben. Selbst Thomas Becket (1118–1170), Vertrauter, Ratgeber und später kirchlicher Gegenspieler von Heinrich II., soll Handleser aufgesucht haben. Es gab allerdings auch kritische Stimmen. So war beispielsweise der englische Scholastiker Johannes (John) von Salisbury (um 1115–1180) davon überzeugt, daß man aus den Handlinien eines Menschen keinerlei wahre Erkenntnis gewinnen könne.

Eine der umfassendsten Abhandlungen über die Chiromantie, »Die Künst Ciromantia« (veröffentlicht als »Die Kunst Chiromantia des Meisters Hartlieb« im Jahre 1470), wurde 1448 von Johannes Hartlieb (um 1405–1468) verfaßt und beschreibt in allen Einzelheiten die prophetischen und medizinischen Aspekte von mehr als 20 Handpaaren. (Auch dieses Werk, das in verschiedenen Fassungen existierte, in diverse Sprachen übersetzt und immer wieder modifiziert wurde, ist fälschlicherweise Aristoteles zugeschrieben worden.) Gemeinhin wird Hartliebs Traktat als das erste umfassende Werk über die Handlesekunst betrachtet, doch möglicherweise kommt dem Engländer John Methan, der schon vor 1450 ein noch umfangreicheres Werk verfaßte, das Verdienst der Pioniertat zu.

Im Mittelalter waren es hauptsächlich die Zigeuner, die mit Wahrsagen, insbesondere mit Handlesen in Verbindung gebracht wurden. Diese Vorstellung ist auch in unseren Tagen noch weit verbreitet. Die Ursprünge dieser Volksgruppe liegen zwar im dunkeln, doch geht man heute davon aus, daß ihre Wurzeln im indischen Raum zu suchen sind. Die Zigeuner zogen von Ort zu Ort, von einem Land ins andere, entweder freiwillig oder weil man sie dazu zwang, denn sie wurden wegen ihrer Andersartigkeit und ihrer seltenen Talente – zu denen auch das Deuten der Zukunft und die Fähigkeit, die Zukunft anderer zu beeinflussen, gehörten – gefürchtet und verfolgt. Vielleicht unterstützten die Zigeuner sogar den Volksglauben an ihre übernatürlichen Fähigkeiten, denn so konnten sie ihren Lebensunterhalt sichern und sich gleichzeitig gegen Übergriffe schützen. Meist waren es die

Links oben: Abreibung der Frontseite eines der sogenannten Bogumilengrabsteine (14./15. Jahrhundert) der Nekropole von Radimlja, Jugoslawien. Besonders auffallend sind die Hände, die offenbar das wichtigste anatomische Merkmal der dargestellten Figur sind.

Links: Darstellung der wichtigsten Handbereiche, Illustration zu: Johannes Hartlieb »Die Kunst Chiromantia des Meisters Hartlieb«, 1470, New York, Public Library. Die Zuordnung der einzelnen Linien und Finger unterscheidet sich in vielem von heutigen Interpretationen. Die beiden Linien auf dem äußeren Handballen werden offenbar mit Ehe verbunden, während die Ehelinien in der modernen Handlesekunst viel näher an der Wurzel des kleinen Fingers liegen.

Rechts: Dedikationsbild der Viviansbibel, das die feierliche Überreichung der Bibel an Karl den Kühnen festhält. Um 845, ca. 500 × 350 mm, Paris, Bibliothèque Nationale. In dieser romanischen Miniatur finden sich zahlreiche Handgesten, etwa als Ausdruck der Bitte und der Darbringung, wobei die Hand Gottes über allen schwebt.

Frauen, die wahrsagten. (Möglicherweise geht auf die Zigeuner auch die Verbreitung jenes Abwehrzaubers zurück, der besagt, daß man den Teufel durch Silber und Kreuzzeichen bannen könne. Satan würde angeblich der Weg in die Zukunft versperrt, wenn es der Zigeunerin gelang, ihre eigene Handfläche ›mit Silber zu kreuzen‹, wozu nichts besser geeignet war als eine Silbermünze.)

Im gesamten Mittelalter glaubte man an eine enge Beziehung zwischen den Sternen am Himmel (Makrokosmos), der Natur des Menschen und seinem Schicksal auf Erden (Mikrokosmos). Vermutlich wurde die Chiromantie schon sehr früh mit der Astrologie in Verbindung gebracht, doch erst seit Ende des Mittelalters und dem Beginn der Renaissance sind die Verknüpfungen der Planeten und Sternzeichen mit den Fingern und Handflächen des Menschen allgemein anerkannt.

Die mittelalterliche Medizin verließ sich weitgehend auf astrologische Omen, aber Bartolommea della Rocca (alias Bernard Coclés, Corvus u. a.) veröffentlichte 1504 seine »Physiognomiae ac chiromanciae«, eine einflußreiche Abhandlung über das Handlesen, in der er die Mediziner ausdrücklich aufforderte, die Erkenntnisse der Chiromantie bei der Diagnose zu berücksichtigen. Auch praktizierende Ärzte trugen zur Literatur über die medizinische Handlesekunst bei, unter ihnen Giovanni della Porta und Alessandro Achillini (1463–um 1512).

Alessandro Achillini (1463–um 1512), Anatom und praktizierender Arzt, widmete sich in seinen Schriften der Bedeutung chirologischer Untersuchungen für die medizinische Diagnose. London, Wellcome Institute Library

Die Hand als Spiegel der Erlösung, Deutschland, 1446, Farbholzschnitt, Washington, D.C., The National Gallery of Art, Rosenwald Collection

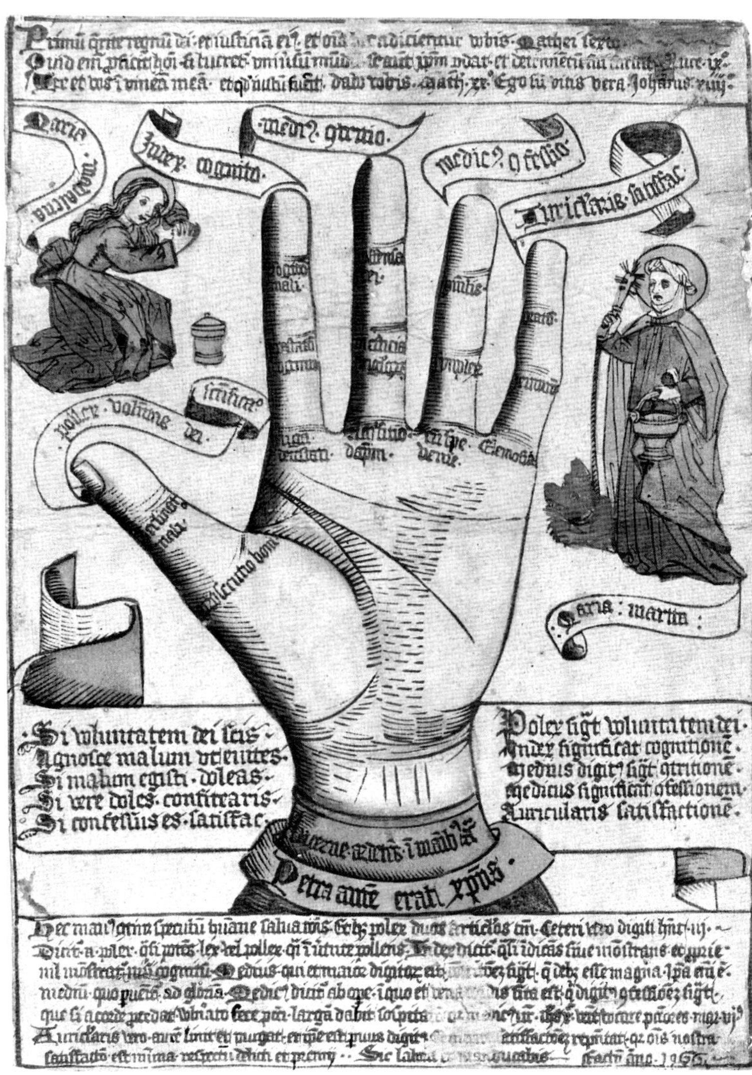

Wenn auch die Handlinien und -berge astrologische Kennzeichen zugewiesen bekamen, so erfolgte die Verteilung der ›Aufgabenbereiche‹ noch keineswegs einheitlich. Lange Zeit verstand man unter Lebens-, Schicksals-, Kopf- oder Herzlinie immer wieder andere Markierungen in der Innenhand. Die enge Verknüpfung der Handlinien mit den inneren Körperorganen, die damals sehr typisch war, kennt man in der heutigen Chiromantie nicht mehr.

Darüber hinaus ist man heute außerordentlich vorsichtig bei der Deutung der Linien, während die Handleser der Vergangenheit den Charakter des Betreffenden mit eindeutigen Aussagen festlegten und auf oft ominöse Weise zukünftige Katastrophen und Schicksalsschläge voraussagten. Sowohl Handleser als auch Klient sahen die unausweichliche Zukunft in der Hand vorweggenommen. Auch wenn unheilverkündende Nachrichten in jenen Zeiten, die von ständigen Umwälzungen, gefährlichen Seuchen und allgemeiner Unsicherheit geprägt waren, eine hohe ›Trefferquote‹ hatten, ist es dennoch recht erstaunlich, daß Handleser das Risiko eingingen, Katastrophen vorherzusagen, denn die Überbringer schlechter Nachrichten schwebten schon immer in großer Gefahr. Beispielsweise wurde Antioco Tiberto, einer der ersten Handleser der Renaissance, auf Befehl eines Herrschers umgebracht, dem er Verbannung und Verarmung geweissagt hatte.

Die Renaissance

Zu den herausragenden Veröffentlichungen über Chiromantie im 16. Jahrhundert gehört das »Opus mathematicum octo libres complecteus quorum sex priores libri absolutissimae chiromantiae theorieam« (1562) des Johannes Taisnier. Das wohl einflußreichste Werk war dagegen bereits einige Jahrzehnte früher erschienen, die »Introductiones apotelesmaticae in chiromantiam« (1522; 1523 in Deutsch) des Johann von Hagen, genannt Johannes de Indagine. Einer der Gründe für die Beliebtheit dieses Buches mag die lebendige Schreibweise des Autors gewesen sein, wodurch er sein Werk von dem anderer Gelehrter abgrenzte. Die moderne Chiromantie greift mehr oder weniger auf dasselbe System der Zuordnung von Planeten und Handbezirken zurück wie sie auch Indagine beschrieben hat: Der Daumen wird von Venus bestimmt, der Zeigefinger von Jupiter, der Mittelfinger von Saturn, der Ringfinger von der Sonne (Apollo) und der kleine Finger von Merkur.

Eine umstrittene Persönlichkeit war Theophrastus Bombastus von Hohenheim alias Paracelsus (1493–1541), der weite Teile der Medizin und Arzneimittelkunde revolutionierte. Im Gegensatz zu seinen Kollegen publizierte er seine Erkenntnisse auch auf Deutsch und sorgte so für ihre weite Verbreitung. Seine Lehren haben die mittelalterliche Wissenschaft nachhaltig beeinflußt und wurden noch lange nach seinem Tod von seinen Anhängern, den sogenannten Paracelsisten, tradiert. Bei seinen Bemühungen, mit der Vergangenheit zu brechen, verwarf Paracelsus jedoch keineswegs alle konventionellen Lehrmeinungen. So war er beispielsweise völlig überzeugt davon, daß mystisch-spirituelle Kräfte, die im Universum wirksam waren, den menschlichen Körper durchdringen und sich in den Konturen und Merkmalen der Hand niederschlagen würden.

Auch Jérôme Cardan (Hieronymus Cardanus; 1501–1576) befaßte sich als Arzt wie Paracelsus sowohl mit mystischen als auch mit wissenschaftlichen Studien. In seinem Handlesesystem ordnete er den Berg an der Daumenwurzel Mars zu (heute nennen wir diesen Ballen Venusberg) und die Erhöhung unter dem kleinen Finger Venus (dieser Bereich ist inzwischen Merkur zugeordnet). Markierungen der Handinnenfläche, etwa Flecken oder kleine Farbpunkte, wurden von ihm besonders beachtet. Cardan schrieb, er habe in der eigenen Hand ein rotes Mal gehabt, das später blutrot geworden sei, als sein Sohn wegen Mordes zum Tode verurteilt und hingerichtet wurde.

Neben den hervorragenden wissenschaftlichen medizinischen Experimenten des 17. Jahrhunderts verloren Chiromantie und Astrologie nichts von ihrer Faszination und blieben weiterhin populär. Während der Arzt William Harvey (1578–1657) seine Theorien über den Blutkreislauf zu beweisen versuchte und dabei – wie viele Historiker glauben – den Grundstein für die moderne Medizin legte, verband ein anderer Arzt, John Rothman, Astrologie und Chiromantie noch enger miteinander und entwarf verschiedene besondere Regeln für das Handlesen.

Zu denjenigen, die in diesem Jahrhundert wichtige Beiträge zur Handlesekunst lieferten, gehört Richard Saunders. Er betonte vor allem die speziellen Markierungen und kleineren Linien der Hand als Signale für schreckliche Ereignisse, die in der Zukunft stattfinden sollten, etwa Tod durch Feuer, Ertrinken oder Hängen. Der Kleriker Johannes Praetorius (Hans Schultze; 1630–1680) unterstützte die Anerkennung des Handlesens, indem er sich auf die Bibel berief. Universitäten nahmen die Chiromantie als Unterrichtsfach in ihr Lehrangebot auf, und einzelne Ärzte, vor allem der bemerkenswerte Mystiker Robert Fludd (1574–1637), machten eigene Vorschläge für die Deutungen der Linien und Erhebungen der Hand. Auch Jean-Baptiste Belot beeinflußte die Chiromantie nachhaltig, indem er die Verbindung der Sternzeichen mit den Fingern und ihren Segmenten in ein System faßte. In Belots Abhandlung, 1672 in Lyon erschienen, wurde die Handfläche zu einem verblüffenden Zusammenspiel von Linien, Markierungen und Regionen, von denen jede ihre ganz eigene Bedeutung besaß.

Frontispiz zu John Rothmans Abhandlung über die Kunst der Divination, die 1652 in London erschienen ist. Unter anderem sind hier die Linien des Geistes *(Mensa)*, des Lebens *(Vitalis)*, des Schicksals *(Saturnia)* und der Venusgürtel *(Cingula Veneris)* zu sehen; auch die Berge und Ebenen mit ihren astrologischen Symbolen sind eingetragen: Venus, Jupiter, Apollo (Sonne), Merkur und Mond. Die damit verbundenen Assoziationen entsprechen weitgehend den heutigen. London, Wellcome Institute Library

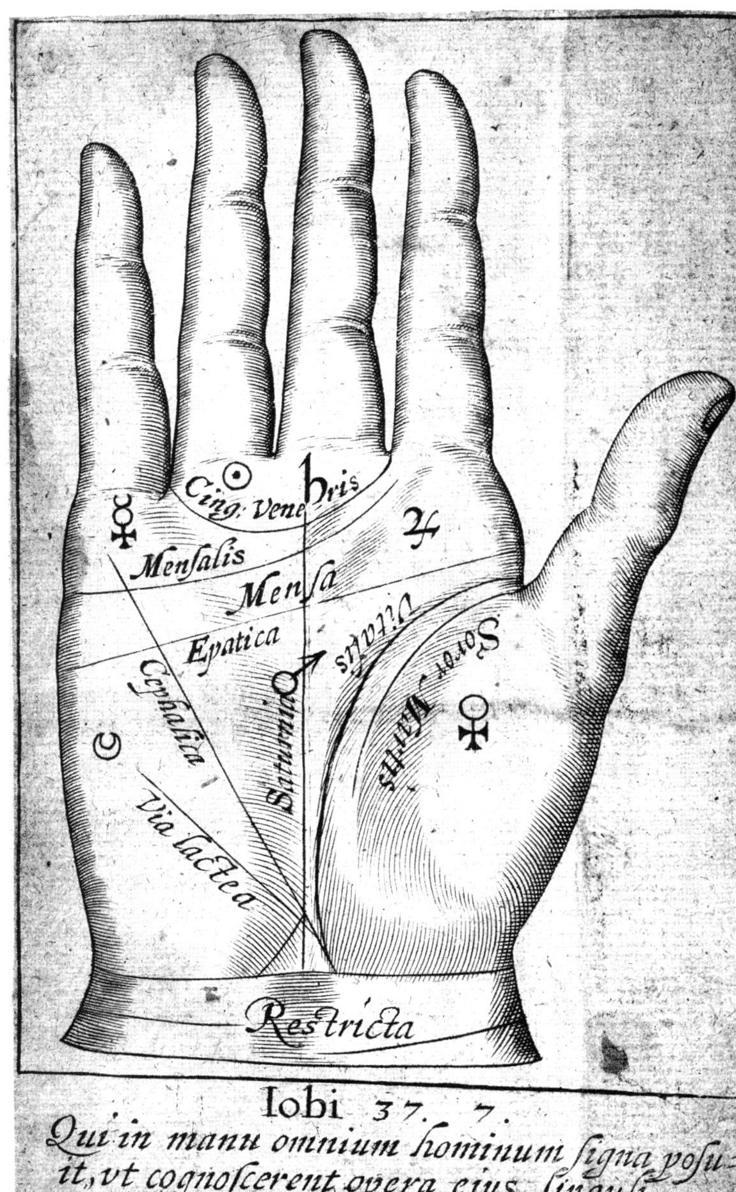

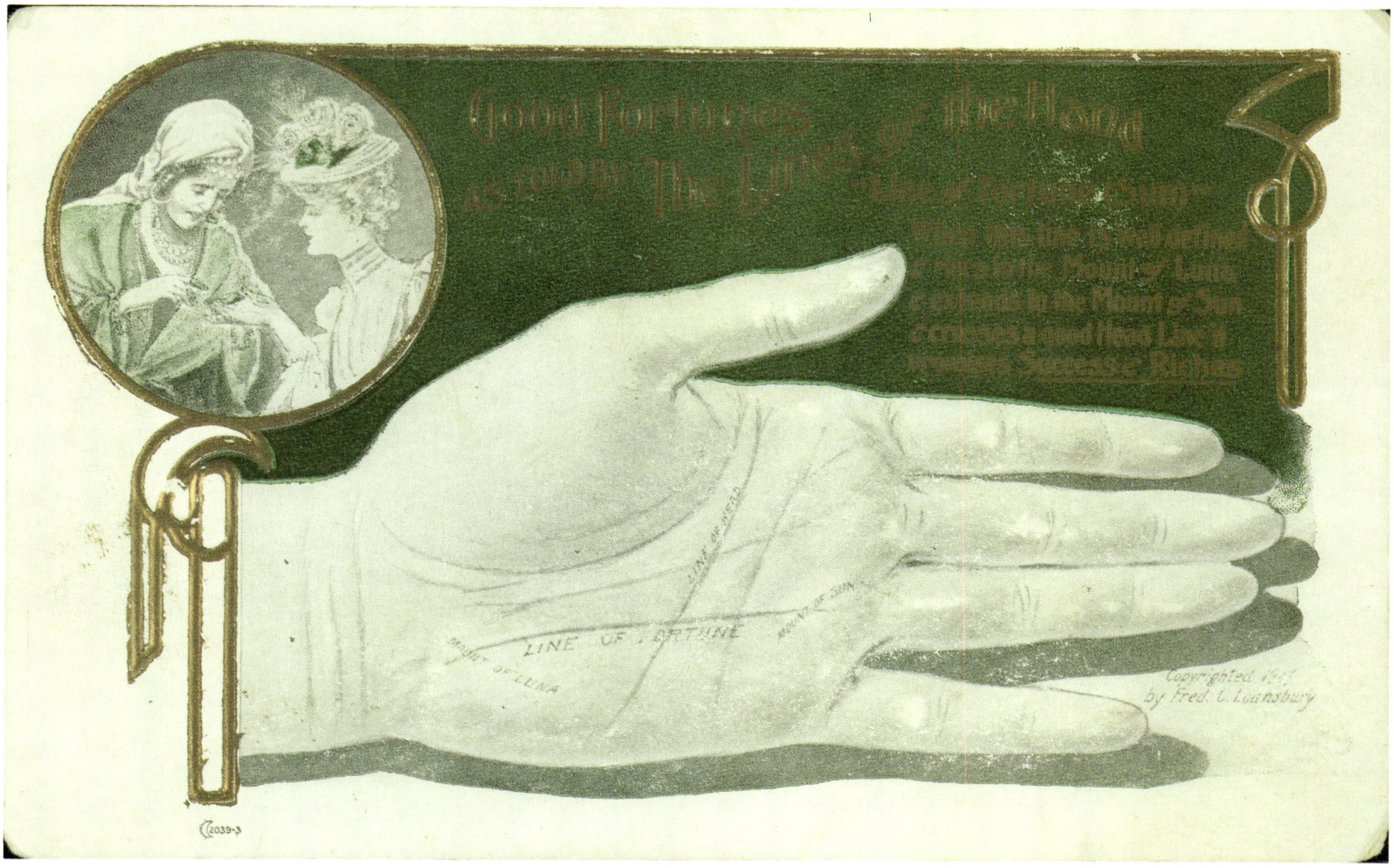

Unten: Die wichtigsten Handlinien und Berge mit der Alterseinteilung auf der Lebenslinie, wie sie der Chirologe Adolphe Desbarolles in seinem Buch »Les mystères de la main, révélations complètes« (Paris 1859) dargestellt hat.

Oben: Diese Postkarte aus dem späten 19. Jahrhundert zeigt eine Darstellung der für das Handlesen wichtigsten Handlinien. Sammlung Dr. und Mrs. Theodore Robinson, Richboro, Pennsylvania

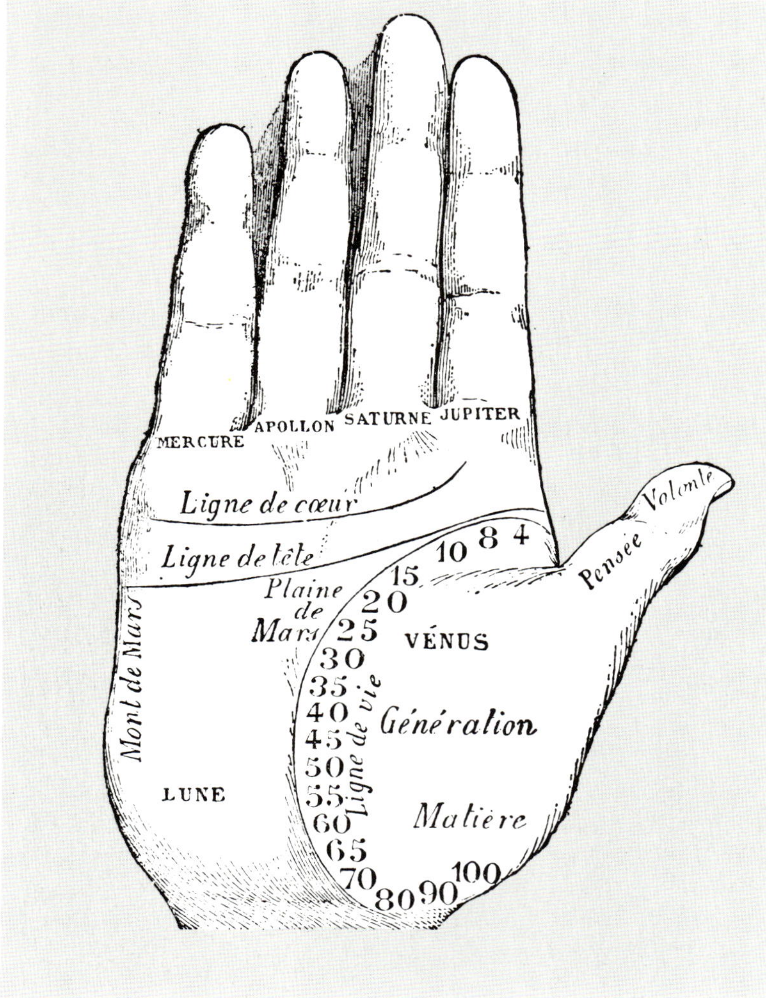

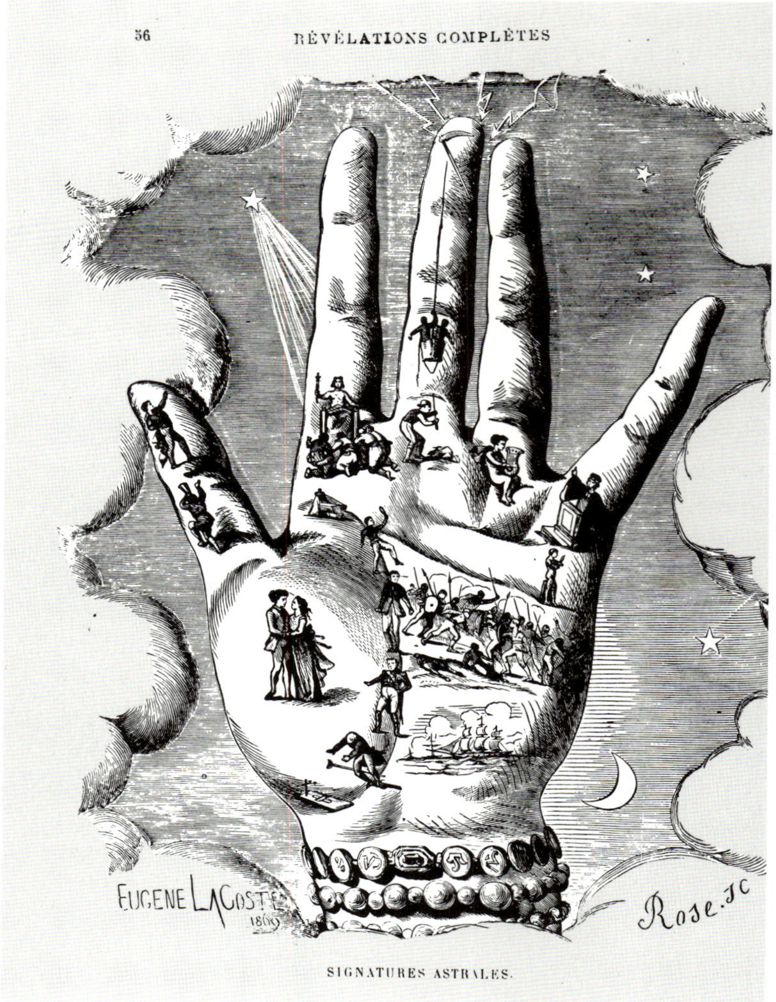

Spätere Jahrhunderte

Im 18. Jahrhundert, oft das Zeitalter der Aufklärung genannt, wurde es in wissenschaftlicher wie in praxisorientierter Hinsicht etwas ruhiger um Chiromantie und Astrologie. Dennoch entstanden auch in dieser Zeit wichtige Schriften, darunter die Arbeit Johann Caspar Lavaters (1741–1801). In dem vierbändigen Standardwerk »Physiognomische Fragmente zur Beförderung der Menschenkenntnis und der Menschenliebe« (1775–1778) über die Verbindung von äußerer Erscheinung und Charakter geht der Autor auch auf die Bedeutung der Hand ein. Nach seiner Überzeugung ist die Hand eines Menschen ein ganz spezifisches Charakteristikum ihres Besitzers.

Im 19. Jahrhundert erfuhren Studien der Hand und deren Interpretationen eine intensive wissenschaftliche Beachtung. Die Anatomiestudien des englischen Arztes Charles Bell (1774–1842) enthielten unter anderem ausführliche Beschreibungen der Struktur und Funktion der Hand als Ganzes und ihrer einzelnen Teile. Bells Anliegen lag vor allem in der wissenschaftlichen Anatomie und Physiologie, doch er sah in der Hand außerdem das wichtigste kulturelle Instrument des menschlichen Verstandes. Er zeigte kein Interesse an der Verknüpfung von persönlichen Eigenschaften mit besonderen Merkmalen der Hand, doch schien er eine gewisse Sympathie zu hegen für die Bemühungen der Handleser, in der Hand den Schlüssel für die Persönlichkeit eines Menschen zu finden.

Auch Carl Gustav Carus (1789–1869), Leibarzt des Königs von Sachsen, sah in der Hand den Spiegel der individuellen Persönlichkeit eines Menschen, die sich im Laufe der Evolution zum äußeren Zeichen seiner inneren Natur entwikkelt hatte, und N. Vaschide (1874–1907), ein Mitglied der französischen Akademie der Wissenschaften, versuchte wissenschaftliche Methoden auf das Handlesen zu übertragen. Joseph Aszalay, ebenfalls Mitglied der Akademie, teilte Hände in vier Grundtypen ein, die den Persönlichkeitsmerkmalen des Menschen entsprechen sollten.

Bell, Carus, Vaschide und Aszalay beschäftigten sich zwar nicht mit dem Problem des Weissagens aus der Hand, leisteten jedoch wichtige Beiträge zur Lehre der verschiedenen Handtypen. Stanislas d'Arpentigny (1791–1866), ein französischer Armeekapitän, wertete seine eigenen Beobachtungen an Tausenden von Menschen aus und kam schließlich zu dem Schluß, daß die Hand eines Menschen klare Auskünfte über dessen Charakter und Leistungsfähigkeit gebe; eine prophetische Aussagekraft der Hand fand er nicht bestätigt. Er ordnete Hände nach verschiedenen Gesichtspunkten und beschäftigte

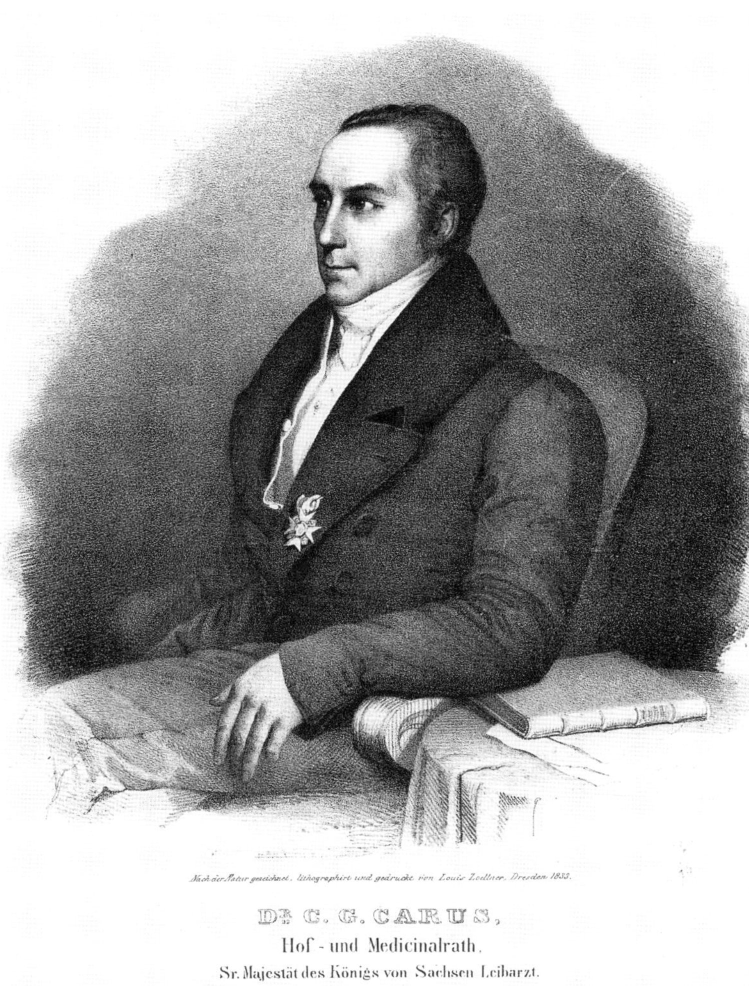

Für Carl Gustav Carus (1789–1869) spiegelten sich in der Hand nicht nur der individuelle Charakter und das innere Wesen des Menschen, ihre Merkmale gaben auch Aufschluß über den Verlauf der Evolution.

Gegenüber, unten rechts: Illustration zu: Adolphe Desbarolles, »Les mystères de la main, révélations complètes«. Die Darstellung veranschaulicht den Zusammenhang von Astrologie und Chiromantie, wobei die Figuren in den planetaren Bereichen Auskunft geben über deren inhaltliche Bedeutung (von rechts nach links): auf dem Merkurberg ein dozierender Professor, der lyraspielende Apoll auf dem Apolloberg, Handwerker auf dem Saturnberg, auf dem Jupiterberg ein Herrscher, die Daumenspitze zeigt eine Darstellung der Willenskraft, das Wurzelglied einen Beobachtenden, ein Liebespaar kennzeichnet den Venusberg, Soldaten kämpfen auf dem Marsfeld, Segelschiffe gleiten über den Mondberg. Auf der Lebenslinie sind die verschiedenen Altersstufen des Menschen aufgereiht.

Rechts: Francis Galton (1822–1911) klassifizierte zwar die Fingerabdrücke und Linienmuster der Hand, doch weniger im Interesse der Zukunftsvorhersage als vielmehr aus Gründen der Vererbungstheorie.

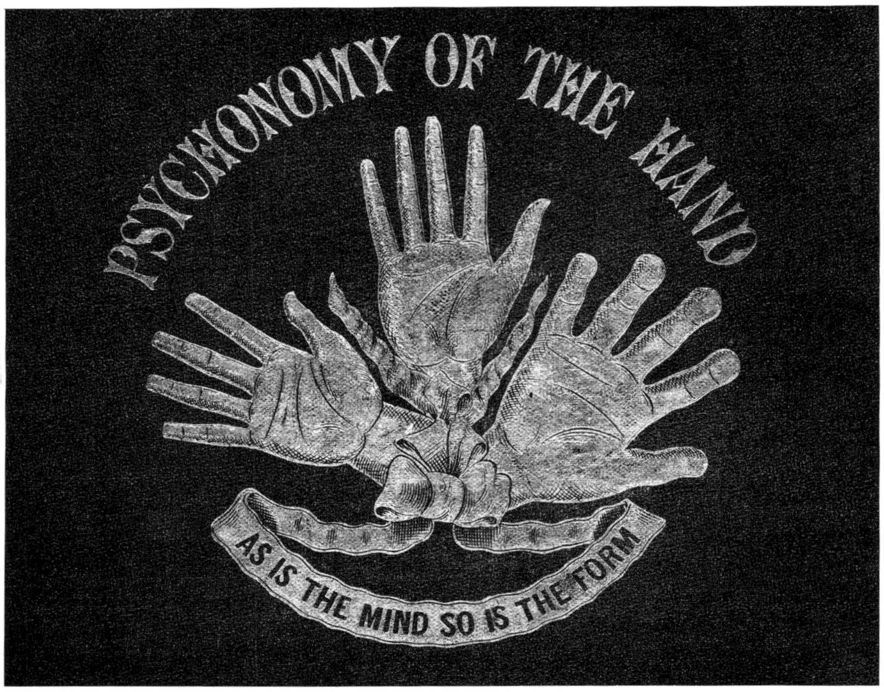

Titelbild zu: Richard Beamish, »The Psychonomy of the Hand« (London 1864), London, Wellcome Institute Library. Der Begriff »Psychonomy« (psychologische Gesetze der Hand), ein Terminus, den der Autor selbst prägte, geht von einer engen Verbindung zwischen der Psyche und der Hand eines Menschen aus.

sich mit den Konturen, der Länge und Ausformung der Finger, dem Aussehen der Nägel sowie der Farbe und Beschaffenheit der Haut. Viele spätere Handleser haben sich in ihren Klassifikationen auf D'Arpentigny berufen.

Adolphe Desbarolles (1801–1886), ein Freund von D'Arpentigny, bestritt, daß man zum Lesen von Händen besondere Fähigkeiten benötigte. Statt dessen proklamierte er eine sogenannte rationale Chiromantie, ein System, das mehr oder weniger auf der Einteilung von D'Arpentigny basierte, in dem jedoch auch Handlinien und Berge als wichtige Merkmale berücksichtigt wurden. Mit Hilfe dieser genau definierten und geordneten Interpretationsmethode, die hinsichtlich jedes einzelnen Merkmals abgefragt werden konnte, schien tatsächlich jedermann – ohne irgendeine besondere Fähigkeit – in der Hand eines Menschen dessen Charakter und zukünftige Entwicklung lesen zu können. Desbarolles war davon überzeugt, daß die Finger kosmische Ausstrahlungen empfingen und diese durch die Nerven der Hand in den Körper und schließlich zum Gehirn weiterleiteten. Er vertrat eine alte Theorie, die gewissen Flüssigkeiten in den Nerven dabei die leitende Funktion zuwies. Die Theorien von Desbarolles beeindruckten sowohl Balzac als auch Alexandre Dumas, der sogar die Einleitung zu dem 1859 erschienenen Werk »Les mystères de la main, révélations complètes« schrieb. Desbarolles war auch der Handleser von Napoleon III., von Kaiserin Eugénie und sogar von Papst Leo XIII.

Bereits seit Beginn des 19. Jahrhunderts hatte die Handlesekunst in Frankreich an Anerkennung gewonnen, was sicher nicht zuletzt Napoleon I. und Joséphine zu verdanken war, die offenbar regelmäßig die Dienste einer gewissen Mademoiselle Normand in Anspruch nahmen (zumindest erwecken deren Aufzeichnungen diesen Anschein). Ihre Zeichnungen von den Händen dieser beiden Klienten mögen der Realität entsprechen oder nicht, fest steht jedenfalls, daß Napoleon sowohl die Chiromantie als auch die Astrologie akzeptierte, gleichgültig, in welchem Ausmaß er sich durch sie in seinen Entscheidungen beeinflussen ließ.

Auffällig an den Zeichnungen Mademoiselle Normands ist die Tatsache, daß Napoleons Ringfinger (Apollo) länger ist als sein Zeigefinger (Jupiter). Wie wir später im Abschnitt über die Methoden der Handlesekunst sehen werden, hängt der Jupiterfinger mit Ruhm, Macht, großen Taten und Leistung zusammen, der Apollofinger jedoch mit künstlerischem Talent. Handdeuter würden demnach bei Napoleons Hand eigentlich genau das Gegenteil erwarten. Tatsächlich wird ein extrem langer Zeigefinger häufig als ›Napoleons Zeigefinger‹ bezeichnet. Hat Mademoiselle Normand also in ihrer Zeichnung die Hand falsch wiedergegeben, oder hatte sie recht, und Napoleon war ein Beispiel für die Unzuverlässigkeit der Chiromantie? Vielleicht war auch nach ihrer Auslegung nicht der Jupiterfinger mit Macht verknüpft.

Immer wieder wird berichtet, daß Mademoiselle Normand, als sie in Napoleons Hand die bevorstehende Scheidung von Joséphine sah, die er zu diesem Zeitpunkt lediglich erwogen hatte, zeitweise inhaftiert wurde, damit niemand vorzeitig davon erfahren konnte. Natürlich kann dies weder als Beweis für eine präkognitive Aussagekraft der Hand noch für Napoleons Glauben daran gelten.

Eine andere Gestalt, die eng mit der Geschichte der Handlesekunst verbunden ist, ist der selbsternannte Herzog Louis Hamon, dessen Pseudonym Cheiro (nach dem griechischen Wort für Hand) ihn deutlich als Chiromanten auszeichnete. Seine Aktivitäten erstreckten sich jedoch über die Chiromantie hinaus auf die Bereiche Astrologie, Numerologie und andere Divinationstechniken. Cheiro hatte großen Einfluß bei den Zigeunern, die ihn angeblich sogar zu ihrem Führer machten, eine Position, die er schließlich freiwillig wieder aufgab. Seine eigenen sowie ihm zugeschriebene Schriften enthalten didaktische Aussagen über die Bedeutung der verschiedenen Merkmale von Händen. Diese Art der detaillierten Instruktion wurde von Fred Gettings, einem modernen Autor chiromantischer Werke, weiterentwickelt. Gettings unterteilt die Hand in vier astrologisch beeinflußte Zonen und nimmt nicht nur die Planeten und Sternzeichen darin auf, sondern auch die ihnen zugeordneten Eigenschaften (kardinal, fest und beweglich) sowie die Elemente (Feuer, Luft, Erde, Wasser), die auch in der Astrologie von Bedeutung sind.

Auch im 20. Jahrhundert versuchte man, Verbindungen zwischen den Merkmalen der Hände und dem medizinischen Zustand des Handeigners herzustellen – ob und wie etwa Krankheiten, psychische Störungen und Erbkrankheiten im Erscheinungsbild der Hände zum Ausdruck kommen. Charlotte Wolff, Ruth Achs und Rita Harper gehören zu denjenigen, die ihre Forschungsergebnisse veröffentlichten. Bahnbrechend war möglicherweise die Studie von Julius Spier, der in Händen Hinweise auf ererbte psychische und emotionale Merkmale suchte. Viele Jahre lang machte er direkte Beobachtungen und Nachuntersuchungen an zahlreichen Menschen aller Altersgruppen mit dem Ziel, eine enzyklopädische Abhandlung über die Hände von Kindern, Erwachsenen und Geisteskranken zusammenzustellen. Obwohl er nur einen Teil seines Vorhabens in die Tat umsetzen konnte, sorgte seine

Schülerin Herta Levi nach seinem Tod dafür, daß seine Arbeit veröffentlicht wurde. Sie fügte Spiers Forschungsergebnissen eine eigene Arbeit über die Hände psychisch Kranker hinzu, wobei sie sich auf die Methoden ihres Mentors stützte.

Spier wies der Intuition bei der Handdeutung eine wichtige Funktion zu, räumte aber ein, daß diese Fähigkeit sich durchaus durch persönliche Erfahrung verfeinern lasse, wenn man gelernt habe, aus ähnlichen Merkmalen in den Händen verschiedenster Leute die richtigen Schlüsse zu ziehen. Weissagen aus der Hand hielt er für unvertretbar und oft sogar für fahrlässig. Sein Ziel bestand darin, in der Hand charakterliche Tendenzen zu erkennen (die er von den Vorfahren ererbt glaubte), um der betreffenden Person die Möglichkeit zu geben, sich gegen angeborene Schwächen zu schützen und angeborene Stärken und Talente zu fördern. Seine Arbeiten hatten jedoch auf medizinisch-psychiatrischem Gebiet kaum Einfluß. C. G. Jung äußert sich in seiner Einleitung zu Spiers posthumer Publikation »The Hands of Children« bedauernd über die verächtliche Haltung und Diffamierung der alten Künste Chiromantie und Astrologie.

Ein Merkmal der Hand jedoch, der Fingerabdruck, hat im medizinischen und juristischen Bereich große Bedeutung erlangt. Die Dermatoglyphie ist die wissenschaftliche Studie der Muster und Furchen der Fingerkuppen und Handinnenfläche. Es sind Fingerabdrücke in Ton erhalten, die aus der Frühzeit der Menschheit stammen. Ob sie bereits der Identifizierung dienten, eine Art Signatur darstellten oder lediglich rein zufällig bei der Herstellung von Tonobjekten entstanden, ist ungewiß. Als Beglaubigung schriftlicher Dokumente belegt sind Fingerabdrücke erst in jüngerer Zeit.

Im 19. Jahrhundert beobachtete Francis Galton (1822–1911), der häufig als Vater der Humangenetik angesehen wird, in den Mustern von Fingerabdrücken Gesetzmäßigkeiten, die er mit den ererbten Anlagen eines Menschen und der Volksgruppe, der er angehörte, in Verbindung brachte. Doch selbst wenn ein ganz spezielles Linienmuster bei den Angehörigen einer bestimmten Volksgruppe oder Rasse (ein Terminus, der sich immer schwerer definieren läßt) statistisch sehr viel häufiger auftritt, läßt dies noch keine Schlüsse auf eine ethnologisch bestimmte Erbanlage eines Individuums zu. Die Einzigartigkeit eines jeden Fingerabdrucks ist jedoch genetisch festgelegt. Vor allem aus den Klassifikationen von William Herschel und Henry Fauld entwickelten sich offenbar die Standardmethoden für die praktische Identifizierung einer Person. Allerdings gibt es bereits aus dem Jahre 1823 eine Abhandlung von Johannes Purkinje (1787–1869), in der verschiedene Formen von Fingerabdrücken beschrieben werden. Möglicherweise stellen diese und andere seiner Schriften die ersten wissenschaftlichen Studien auf dem Gebiet der Analyse von Fingerabdrücken dar.

Keine dieser Arbeiten beschäftigte sich mit einer Charakteranalyse, doch als man erkannt hatte, daß Fingerabdrücke bei jedem Menschen völlig individuell gestaltet sind, wurden auch sie in die Deutungssysteme der Chiromantie aufgenommen. Allgemein ging man von drei Hauptmustern aus, die alle mit ganz spezifischen Persönlichkeitsmerkmalen verbunden wurden: Wirbel, Schlinge und Bogen. Es mag Handleser geben, die sich bei ihren Analysen und Voraussagen einzig auf den Fingerabdruck eines Menschen stützen, doch die meisten

Maurits Cornelis Escher (1898–1972), Hand mit spiegelnder Kugel, 1953, Lithographie, 320 × 215 mm. Neben anderen Aspekten unterstreicht dieses Selbstporträt auch die Bedeutung der Hand im Leben eines Künstlers.

Chiromanten sehen heute in Fingerabdrücken lediglich eine Ergänzung der Merkmale, die sich bereits in der Form und Länge des betreffenden Fingers ausdrücken.

Im Jahre 1943 veröffentlichten Harold Cummins und Charles Midloo eine eingehende Untersuchung, die sich mit Fingerabdrücken, Handflächen und Fußsohlen beschäftigte und den Untertitel »An Introduction to Dermatoglyphics« trug. Sie beschreiben umfassend die Geschichte, vergleichende Anatomie, Anthropologie und Biologie der Hand- und Fußflächen. Es handelt sich jedoch hierbei um eine rein wissenschaftliche Abhandlung, in der die Handlesekunst mit keinem Wort berücksichtigt ist. Nirgends gibt es auch nur den kleinsten Hinweis darauf, daß die Falten, Linien oder Oberflächenstrukturen der Hand auf irgendeine Weise mit dem Charakter der betreffenden Person in Zusammenhang stehen.

Aus welchen Gründen auch immer, die Hand ist seit Anbeginn der Menschheit für Magier, Zukunftsdeuter, Okkultisten, Anthropologen, Schriftsteller, Anatomen, Ärzte, Physiologen und Psychologen Gegenstand höchsten Interesses gewesen – von den Zauberpriestern früher Zivilisationen über die biblischen Propheten bis hin zu den Genetikern und Chirologen unserer Tage.

Wilson begann Luigis Hand zu studieren, verfolgte die Lebenslinie, Herzlinie und Kopflinie und konzentrierte sich sorgfältig auf ihren Verlauf im Geflecht der feineren und zarteren Markierungen und Linien, die sie von allen Seiten umgaben; er betastete den fleischigen Ballen an der Daumenwurzel und achtete genau auf seine Ausprägung, betastete dann die fleischige Erhöhung der Hand zwischen dem Handgelenk und der Wurzel des kleinen Fingers und vermerkte auch deren Ausprägung, untersuchte genauestens jeden Finger, wobei er auf seine Form, die Proportionen und die natürliche Ruhelage in entspanntem Zustand achtgab. Dieser Vorgang wurde von drei anwesenden Personen mit größtem Interesse beobachtet, sie hielten ihre Köpfe tief über Luigis Hand gebeugt, und niemand störte die Stille auch nur mit einem Wort. Wilson betrachtete erneut sorgfältig die Hand und begann mit seinen Enthüllungen.

Mark Twain, Pudd'nhead Wilson

Oben: Pietro Muttoni, genannt Pietro della Vecchia (1605–1678), Der Wahrsager und der Söldner, Öl auf Leinwand, London, Wellcome Institute Library. Der Söldner beobachtet besorgt den Chiromanten, der seine Hand studiert.

Links: Der Handleser, um 1765/1770, Porzellan, ca. 20 × 14 cm (Sockelmaße), Modell Johann Christian Wilhelm Beyer (?), London, Victoria and Albert Museum

Methoden der Handlesekunst

Es gibt unterschiedliche Begriffe, mit denen auf das Handlesen Bezug genommen wird: Die *Chironomie* ist die Deutung der Handform, die *Chiromantie* dagegen die Beurteilung des Linienbildes der Handfläche. Beide Bereiche werden gewissermaßen in der *Chirologie* zusammengefaßt. Unter *Chirosophie* kann man die Gesamtheit des Wissens von der Hand und eine daraus vielleicht resultierende Lebensweise verstehen. Die Grenzen dieser Begriffe sind fließend, denn in der Anwendung wird jeder von ihnen inzwischen verknüpft mit der Beurteilung von Charakter und Schicksal des Handeigners aufgrund einer genauen Betrachtung der einzelnen Handbezirke, wobei die Schwerpunkte allerdings jeweils verlagert sind.

Die meisten Handdeuter lassen zunächst die äußere Erscheinung eines Menschen auf sich wirken, seine Gesten, den allgemeinen Eindruck, die Stimme und andere Merkmale, und konzentrieren sich dann erst auf seine Hände. (Jene Aspekte des Handlesens, die mit Intuition, ESP – *Extra-Sensory-Perception* oder Außersinnlicher Wahrnehmung – und anderen Phänomenen zu tun haben, die ihren Ursprung im Handleser haben, sind nicht Gegenstand dieses Kapitels.) Zu den Merkmalen der Hand, die für die Lesung wichtig sind, gehören: Handtyp; Länge der Finger und Form der Nägel; Erhöhungen (Berge) und Täler oder Senken (Ebenen); Handlinien; Fingerabdrücke, Handgesten und die Haltung der Hände.

Es ist nicht eindeutig zu klären, auf welche Hand – wenn überhaupt – sich die Betrachtung konzentrieren sollte. Einige Handdeuter ziehen es vor, bei Männern die rechte und bei Frauen die linke Hand zu lesen oder umgekehrt. Gewöhnlich geht man davon aus, daß sich bei Rechtshändern die ererbten Merkmale in der linken Hand manifestieren, während die rechte das zeigt, was man aus dieser Anlage gemacht hat. Für Linkshänder gilt der umgekehrte Fall. (Wir werden fast ausschließlich auf die Deutung der linken Hand eingehen.) Grundsätzlich sollten in der Lesung so viele Merkmale wie möglich berücksichtigt werden, da alle Handbezirke miteinander verbunden und voneinander abhängig sind.

Handformen

Die Gesamtgröße der Hand wird an der Außenhand gemessen, und zwar ausgehend von der Fingerspitze des Mittelfingers bis zu der Stelle, wo in Höhe des Handgelenks am äußeren Arm eine Erhebung hervortritt (gemeint ist der Processus styloideus ulnae, der Griffelfortsatz der Elle). Die durchschnittliche Handlänge beträgt bei Frauen ca. 18–18,5 cm, bei Männern ca. 18–19 cm. Wenn die Hand viel länger ist, geht man davon aus, daß die betreffende Person gesteigerten Wert auf Genauigkeit in Details legt und eine Neigung zu Stimmungsschwankungen hat. Menschen mit kleineren Händen neigen eher dazu, phantasievoller und ein wenig unpraktisch zu sein.

Auch die Form der Handfläche ist wichtig. Für gewöhnlich wird sie je nach Proportionen als lang, kurz, breit oder schmal bezeichnet. Da die Finger innen oft relativ hoch angesetzt sind, erscheinen sie auf der Handinnenseite kürzer als vom Handrücken her betrachtet.

Dünne Hände oder Finger lassen auf Nervosität schließen, in extremen Fällen auch auf Ängstlichkeit. Dicke Finger drücken Sinnlichkeit aus. Festigkeit deutet auf Zielstrebigkeit und Ausgeglichenheit hin, doch auch auf übermäßige Disziplin, was wiederum eine gewisse Gefahr bergen könnte. Ein Mensch mit weichen Händen ist unbeschwert, kann aber auch faul und unsicher sein. Knoten (Gelenkverdickungen) deuten auf Konzentrationsfähigkeit hin, die zu Zielstrebigkeit führen kann. Glatte Konturen enthüllen eine intuitive Persönlichkeit und künstlerisches Interesse, wobei jedoch die Gefahr von Impulsivität besteht. Handleser sehen in diesen allgemeinen Merkmalen demnach sowohl positive Qualitäten als auch mögliche Gefahren.

Die Finger einer Hand gelten als besonders lang, wenn wenigstens eine Fingerspitze bei geschlossener Hand in die Nähe des Handgelenks reicht. Reichen die Fingerspitzen bestenfalls bis zum Venusberg, kann man davon ausgehen, daß die Finger im Vergleich zur Handfläche relativ kurz sind. Lange Finger betonen den Intellekt; relativ lange Handflächen weisen auf verstärkte Emotionen hin. Je eckiger die Finger, desto praktischer ist die Lebenseinstellung des Handeigners.

Diese anatomischen Ausprägungen müssen mit den übrigen Merkmalen von Fingern und Handfläche kombiniert und bei der Deutung berücksichtigt werden. Unsere im Anschluß vorgestellte Klassifizierung der H[illegible]dformen [illegible] der Berücksichtigung der sieben [illegible] D'Arpentigny im 19. Jahrhun[illegible] System.

Fingerformen

Die Länge der Finger wird nach ihrem Verhältnis zur Länge des Handrückens beurteilt, ihre Proportionen untereinander erkennt man zuverlässiger von der Innenhand aus.

Kurze Finger lassen auf Menschen schließen, die weitreichende Vorstellungen haben und gut vorausplanen können. Ihr Blick konzentriert sich auf das Wesentliche, wobei Einzelheiten und Details großzügig übergangen werden können. Sie sind impulsiv und relativ unruhig, dabei wenig dynamisch und eher unkonzentriert, so daß sie ihre großartigen Ideen wohl nur selten umsetzen werden. Lange Finger signalisieren dagegen eine Vorliebe für Details. Was Menschen mit langen Fingern einmal angefangen haben, führen sie in der Regel auch bis zum Schluß durch. Doch über den Details können sie möglicherweise das Gesamtbild aus den Augen verlieren.

Glatte Gelenke werden mit Erkenntnis, Intuition und Schnelligkeit verbunden. Die Konzentration auf die eigene Person kann jedoch zu Eitelkeit und Mangel an Selbstkritik führen. Knotige Gelenke lassen auf analytischen Verstand, Geduld und Skepsis schließen, der Handeigner sollte sich jedoch vor Pedanterie hüten. Zwei knotige Gelenke an einem Finger weisen auf Kreativität hin. Ist nur das unterste Gelenk eines Fingers knotig, läßt dies auf Ordnungssinn schließen. ›Taillierte‹ (sich verjüngende) Phalangen (Fingerglieder) legen Fleiß, Takt und Neugier nahe.

Das Wurzelglied eines Fingers wird in Verbindung gebracht mit der Umsetzung der Ideen und Triebe, die durch den jeweiligen Finger symbolisiert werden. Das Mittelglied repräsentiert den Grad von Intellekt und Ausgeglichenheit. Das Nagelglied gibt Aufschluß über Emotionen.

Eine spitz zulaufende Fingerkuppe läßt auf Intuition und eine Vorliebe für das Schöne und Phantastische schließen. Eine konische (runde) Fingerkuppe wird mit Kunst, Vornehmheit und Eleganz in Verbindung gebracht. Eine eckige Fingerkuppe läßt ein praktisches Wesen, Produktivität und die Befähigung für Handwerk und Geschäftliches vermuten. Eine spatelförmige Fingerspitze steht für physische Aktivität, Ruhelosigkeit sowie die Vorliebe für Technik und Reisen.

Der Berg an der Fingerwurzel kann je nach Ausprägung die Merkmale modifizieren, die der Finger selbst ausdrückt. Beispielsweise kann ein ausgeprägter Jupiterberg unter einem kurzen Zeigefinger eine Neigung zu Selbstverleugnung verringern und ein gewisses Maß an Willen und Antrieb hinzufügen. Hochangesetzte Finger mildern den Einfluß der Berge.

Beurteilung der Handformen

Breite Hände

Man spricht von einer breiten Handfläche, wenn die Länge von der Mittelfingerwurzel bis zur ersten Raszette (waagerechte Linie am Handgelenk) der Breite der Handfläche (über die Fingerwurzeln gemessen) entspricht oder sie sogar übertrifft. Von kurzen Fingern spricht man, wenn der Abstand von der Fingerspitze des Mittelfingers bis zum Knöchel auf dem Handrücken geringer ist als die Länge vom Knöchel bis zum Handgelenkknochen.

Elementare (materialistische) Hand

Handfläche: breit mit wenigen Linien
Finger: kurz und kräftig
Nägel: kurz und breit

Einstellung: praktisch, konservativ, materialistisch
Persönlichkeit: Stärke, Zielstrebigkeit
Emotionen: intensiv, möglicherweise sinnlich
Mögliche Berufsrichtungen: physische Arbeit, manuelle Berufe, mechanischer Bereich
Geld und Geschäftliches: vorsichtig
Interessen und Hobbys: Essen, Trinken, Sport
Negative Züge: Widerstände Neuem gegenüber, Reizbarkeit, Trägheit

Eckige (ordentliche) Hand

Handfläche: eckig (Handgelenk genauso breit wie Fingerwurzeln)
Finger: ungefähr gleich lang
Nägel: kurz und eckig

Einstellung: praktisch, methodisch, entschlossen, aufrichtig, konventionell
Persönlichkeit: ehrlich, selbstlos
Emotionen: zurückhaltend, aber anhänglich, treu
Mögliche Berufsrichtungen: alle Tätigkeiten, in denen eher Ausdauer als hervorragende Leistungen erwünscht sind; auch Politik, Jura, Lehrtätigkeit, Medizin, Wissenschaft
Geld und Geschäftliches: Fähigkeit, Pläne in die Tat umzusetzen
Interessen und Hobbys: jede Aktivität, die eher ernsthafter Natur ist
Negative Züge: Sturheit, Mißtrauen gegen alles, was man nicht versteht, Kälte, Steifheit

Spatelförmige (aktive) Hand

Handfläche: an einem Ende breiter, entweder am Handgelenk oder an den Fingerwurzeln (schaufelförmig)
Finger: breit mit flachen Kuppen
Nägel: häufig spatelförmig wie die Hand

Einstellung: ehrgeizig, unabhängig, erfinderisch, vielseitig, kreativ
Persönlichkeit: selbstbewußt, schillernd, stark
Emotionen: kopfbetont, bindet sich nur schwer
Mögliche Berufsrichtungen: Ingenieurwesen, Wissenschaft, kreative Künste
Geld und Geschäftliches: weitsichtig, klug
Interessen und Hobbys: intellektuelle Betätigungen, Rätsel, schwierige Aufgaben
Negative Züge: Unbeständigkeit, Angeberei, Skrupellosigkeit, Zurückgezogenheit

Handformen

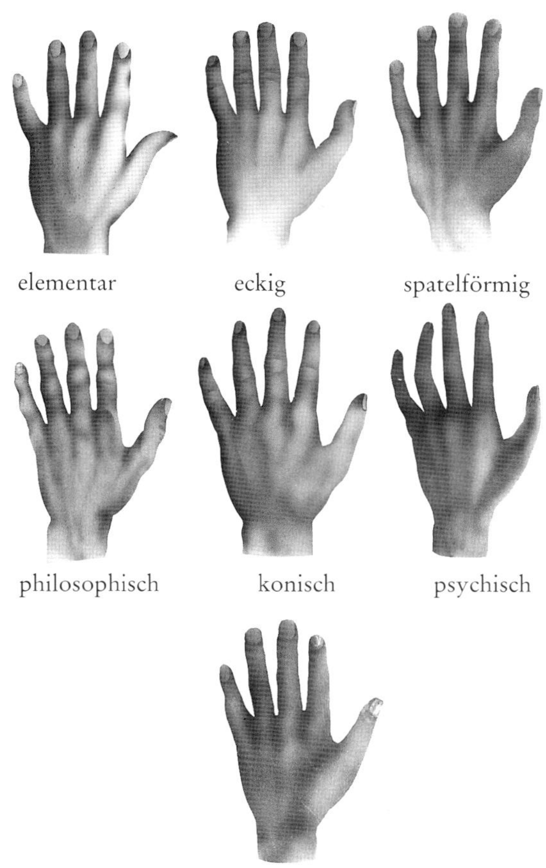

Lange Hände

Die Handfläche ist lang und schmal. Die Entfernung von der Wurzel des Mittelfingers zum Handgelenk ist deutlich größer als die Breite der Hand. Die Finger sind lang, wenn die Entfernung von der Spitze des Mittelfingers zum Knöchel größer ist als vom Knöchel zum Handgelenkknochen.

Philosophische (analytische) Hand

Handfläche: verlängert, oft dünn
Finger: dünn, knotige Gelenke, eckige Kuppen
Nägel: lang

Einstellung: einfallsreich, intuitiv, geistig orientiert, originell
Persönlichkeit: gewissenhaft, scharfsinnig, ernst
Emotionen: zurückhaltend, in Beziehungen aber beständig
Mögliche Berufsrichtungen: kreative Künste, Wissenschaft, Lehrtätigkeit
Geld und Geschäftliches: wenig Interesse an Geld und finanziellen Angelegenheiten
Interessen und Hobbys: das Obskure, Geheimnisvolle und Abstrakte
Negative Züge: unpraktisches Wesen, Zurückgezogenheit

Konische (geschickte) Hand

Handfläche: verjüngt sich an den Fingerwurzeln
Finger: verjüngt, mit leicht abgerundeten Kuppen
Nägel: lang

Einstellung: kreativ, talentiert, rasche Auffassungsgabe, aufrichtig, vorurteilsfrei
Persönlichkeit: spritzig, witzig, großzügig
Emotionen: sensibel, mitfühlend
Mögliche Berufsrichtungen: kreative und darstellende Kunst
Geld und Geschäftliches: u. U. sehr geschickt
Interessen und Hobbys: Luxus und gesellschaftliche Unternehmungen
Negative Züge: Ungeduld, Oberflächlichkeit, Unbeständigkeit, Trägheit

Psychische (idealistische) Hand

Handfläche: schmal
Finger: verjüngen sich gleichmäßig, zierlich
Nägel: lang

Einstellung: vertrauensvoll, freundlich, sanft, unkritisch, tolerant
Persönlichkeit: warm, großzügig, gutmütig
Emotionen: tief, aufrichtig
Mögliche Berufsrichtungen: Sozialarbeit, Künste, beratende Tätigkeiten
Geld und Geschäftliches: weitgefaßte Ziele
Interessen und Hobbys: Metaphysik, das Okkulte, Philosophie
Negative Züge: Verträumtheit, unpraktisches Wesen, Verletzbarkeit

Mischform

Handfläche, Finger und Nägel sind uneinheitlich oder lassen sich nicht eindeutig zuordnen.

Einstellung: anpassungsfähig, schnell denkend
Persönlichkeit: charmant, angenehm, witzig, überzeugend
Emotionen: offenherzig, aber vorsichtig
Mögliche Berufsrichtungen: so gut wie alle Tätigkeiten, vor allem im Verkauf
Geld und Geschäftliches: innovativ, flexibel
Interessen und Hobbys: alle Aktivitäten, die spannend oder aufregend sind
Negative Züge: Rastlosigkeit, Unbeständigkeit, kein Pflichtbewußtsein

Beurteilung der Fingerformen

Daumen

Vitalität, Energie, Schicksalsbewältigung

Gesamtlänge
Lang (die Spitze reicht über die Hälfte des Zeigefingerwurzelglieds hinaus): Intellektualität, Sensibilität, Durchsetzungsvermögen
Kurz (die Spitze liegt unterhalb der Hälfte des Zeigefingerwurzelglieds): Veranlagung zum Materialismus

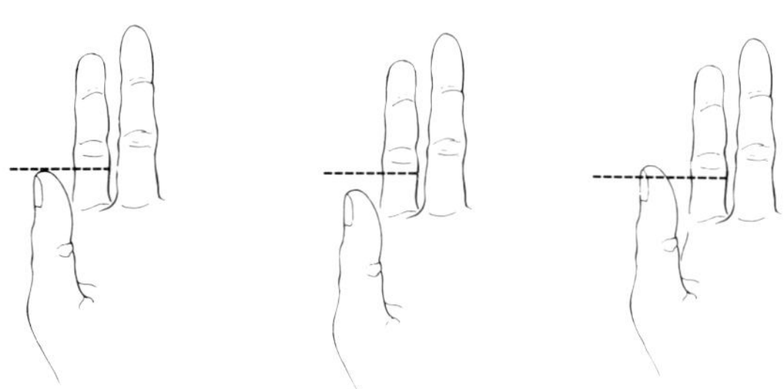

durchschnittlich kurz lang

Gesamtform
Groß: Antrieb, Entschlossenheit, positive Werte, Herrschsucht
Klein: instinktive Entscheidungen, Ausnutzung anderer, Überstürztheit
Hoch angesetzt (in der Nähe der Zeigefingerwurzel): Intellektualität
Tief angesetzt (weit entfernt von der Zeigefingerwurzel): Körperlichkeit

Verhältnis zur Hand
Proportionen passen: Ausgeglichenheit
Unproportional klein oder groß: die Eigenschaften des Daumens dominieren die Merkmale der Hand

Haltung
(normalerweise wird der Daumen in einem Winkel von 45°–60° zum Daumenhandrand gehalten)
Eng anliegend (Winkel kleiner als 45°): Verschwiegenheit, Selbstschutz, Sparsamkeit
Weit abgespreizt (Winkel größer als 60°): Aufgeschlossenheit, Furchtlosigkeit, Großzügigkeit, Offenheit
In der Mitte (45°–60°): Mäßigung, Einfallsreichtum
Wird zwischen den Fingern gehalten: Unsicherheit
In den anderen Daumen verschränkt: Selbstbezogenheit
Nach vorne gebogen: Neigung zu Selbstverleugnung und Rückzug

Biegsamkeit
Läßt sich nicht zurückbiegen: Selbstbeherrschung, Reserviertheit, Starrsinn
Läßt sich zurückbiegen: Anpassung, Mitgefühl, möglicherweise Unsicherheit und Extravaganz

Nagelglied
Willenskraft

Maße
Lang: Ausdauer, u. U. bis zur Sturheit
Kurz: Wankelmut, fehlende Tatkraft
Dick: Willensstärke, u. U. bis zur Herrschsucht
Dünn: eher fügsam und nachgiebig; Gefahr: Weitschweifigkeit

Form
Spatelförmig: Energie (wobei die Tendenz in Verbindung mit der Größe des Fingers beurteilt wird: ein großer Daumen wirkt verstärkend, ein kleiner abschwächend); Gefahr: Ungeduld, Herrschsucht
Eckig: Überzeugungskraft, praktisches Wesen (bei großem Daumen verstärkt, bei kleinem eventuell verminderte Umsicht); Gefahr: ungehobeltes Benehmen
Konisch (abgerundet): Ausdrucksfähigkeit, Enthusiasmus (bei großem Daumen verstärkt, bei kleinem eingeschränkter Sinn fürs Praktische); Gefahr: unkontrollierte Wutausbrüche
Spitz: Idealismus, Impulsivität (bei großem Daumen verstärkter Pragmatismus, bei kleinem verstärkte Verträumtheit); Gefahr: Erfolglosigkeit

Wurzelglied
Logisches Denken

Lang (im Verhältnis zum Nagelglied): zu gründliches Abwägen; Gefahr: Untätigkeit
Kurz: unüberlegtes, zuweilen vorschnelles Handeln
Gleich lang: Ausgewogenheit beider Positionen

Dick: Selbstbeherrschung, Vorsicht; Gefahr: Starrsinn
Dünn: Emotionalität; Gefahr: übereiltes Handeln und Unschlüssigkeit

›Tailliert‹: Taktgefühl; Gefahr: Unaufrichtigkeit

Zeigefinger

(auch Jupiterfinger, da er im Jupiterberg wurzelt)
Ehrgeiz, Stolz, Selbstbewußtsein

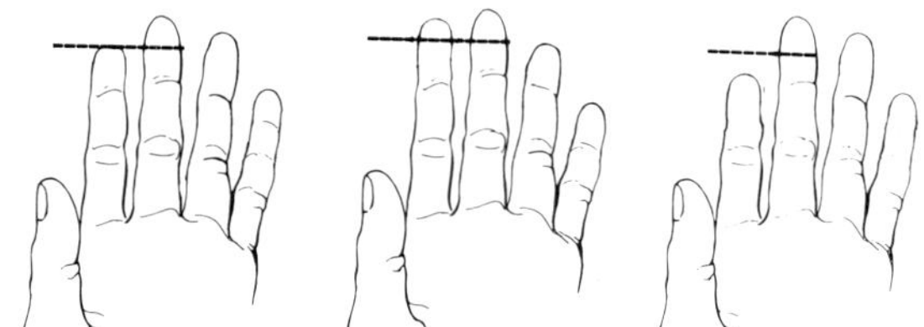

durchschnittlich lang kurz

Gesamtlänge
Lang (fast so lang oder gleich lang wie der Mittelfinger): übertriebener Ehrgeiz
Mittel (reicht bis zur Mitte des Nagelglieds vom Mittelfinger): gesunder Ehrgeiz
Kurz: zu wenig Ehrgeiz

Gesamtform
Gerade: Beobachtungsgabe
Zum Mittelfinger gerichtet: Selbstbeherrschung (bis zur Zurückgezogenheit)
Zur Daumenseite gerichtet: Kampfgeist und selbstbewußtes Vorgehen
Dick: Sinnlichkeit
Dünn: Strenge

Nagelglied

Maße
Lang: gesteigerter Ehrgeiz, Intuition
Kurz: verminderter Ehrgeiz, Skepsis
Dick: Neigung zu Sinnlichkeit
Dünn: Neigung zu Entschlossenheit; Gefahr: Starrsinn
Form
Spatelförmig: praktisches Wesen, gesunder Menschenverstand, Erfindungsreichtum, Tierliebe; Gefahr: Bigotterie
Eckig: Ordnung, Pünktlichkeit, Beständigkeit; Gefahr: Widerstand gegen Neues
Konisch: Künstlerische Begabung, Intuition, Nonkonformismus; Gefahr: Realitätsferne, zu große Nachsicht
Spitz: Inspiration, Idealismus, Mystizismus; Gefahr: Realitätsferne, zu große Nachsicht

Mittelglied

Lang: Ehrgeiz bei praktischen Problemen
Kurz: weniger praktisch
Dick: Streben nach materiellen Erfolgen
Dünn: Streben nach geistigen Erfolgen

Wurzelglied

Lang: Anerkennung ist besonders wichtig
Kurz: Anerkennung ist eher nebensächlich
Dick: Sinnlichkeit
Dünn: geistige, nicht körperliche Interessen

Mittelfinger

(auch Saturnfinger, da er im Saturnberg wurzelt; trennt die aktive von der passiven Seite der Hand)
Nüchternheit, Skepsis, Neugier, Ausgeglichenheit

Gesamtlänge
Lang: Intellekt ist besonders ausgeprägt
Mittel: Mischung von Intellekt und Phantasie
Kurz: Intuition, verminderte Rationalität

Gesamtform
Gerade: Intuition; Gefahr: Dogmatismus
Zum Zeigefinger gerichtet: intellektuelle Leistung
Zum Ringfinger gerichtet: kreative, ästhetische Leistung
Dick: Nachdenklichkeit, Nüchternheit; Gefahr: Aggression
Dünn: Vergeistigung; Gefahr: Pessimismus

Nagelglied

Maße
Lang: Ausdauer
Kurz: Ergebenheit
Dick: Grobheit, Ungeschliffenheit
Dünn: Gefühllosigkeit, Abgestumpftheit

Form
Spatelförmig: Nüchternheit; Gefahr: Depression
Eckig: strenge Moral; Gefahr: Pedanterie
Konisch: eher fröhlich als ernst; Gefahr: vorschnelles Handeln
Spitz: Intuition; Gefahr: mangelnde Entschlußkraft

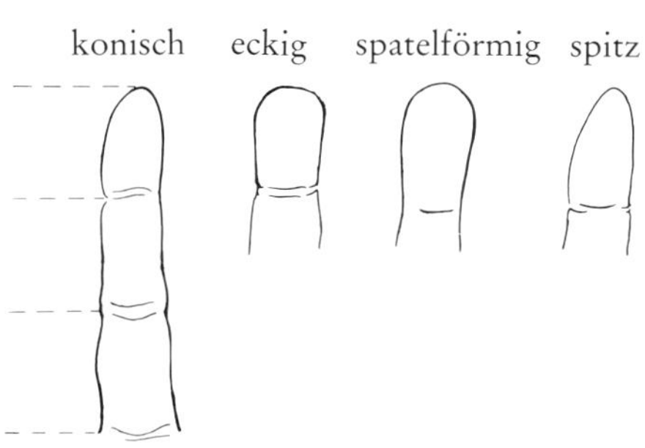

Mittelglied

Lang: Rationalität
Kurz: stärker vom Gefühl gelenkt
Dick: praktisches Wesen
Dünn: Wißbegierde, Neugierde

Wurzelglied

Lang: Sparsamkeit
Kurz: Geselligkeit
Dick: Selbstgenügsamkeit
Dünn: Neugier

Ringfinger

(auch Apollofinger genannt, da er im Apolloberg wurzelt; befindet sich auf der passiven Seite der Hand)
Kunstfertigkeit und künstlerisches Talent, Bedürfnis nach Anerkennung

Gesamtlänge
Lang: ausgefallener Geschmack, gesteigertes Bedürfnis nach Aufmerksamkeit, Extravertiertheit
Mittel (etwa genauso lang wie Zeigefinger): guter Geschmack, in der Regel ausgewogene Bedürfnisse
Kurz: Vorliebe für Abgeschiedenheit, wenig Sinn für Ästhetik

Gesamtform
Gerade: systematisch, traditionell
Zum kleinen Finger gerichtet: nach finanziellen Erfolgen strebend
Zum Mittelfinger gerichtet: Selbstdisziplin im künstlerischen Bereich; wissenschaftliche Akribie gepaart mit Eleganz
Dick: gesteigertes Geltungsbedürfnis
Dünn: intellektueller Ansatz im Bereich künstlerischer Aktivitäten

Nagelglied

Maße
Lang: Farbgefühl, Sinn für Ästhetik
Kurz: wenig Gewicht auf ästhetischen Prinzipien
Dick: Sinnlichkeit
Dünn: Betonung des Geistigen
Form
Spatelförmig: Erfindungsreichtum; Gefahr: Realitätsverlust
Eckig: technische Begabung; Gefahr: Pedanterie
Konisch: Sanftmut; Gefahr: Torheit
Spitz: mystische Interessen; Gefahr: Überempfindlichkeit

Mittelglied

Lang: Logik auf künstlerischem und technischem Gebiet
Kurz: gefühlsbetontere Ansätze in diesen Bereichen
Dick: Pragmatismus
Dünn: Präzision

Wurzelglied

Lang: Selbstgenügsamkeit
Kurz: weniger selbstgenügsam
Dick: Extravaganz
Dünn: Subtilität

Kleiner Finger

(auch Merkurfinger, da er im Merkurberg wurzelt; extrem passive Seite der Hand) Taktgefühl, verbale Ausdruckskraft, praktisches Wesen, Behendigkeit, Beweglichkeit

Gesamtlänge
Lang: Taktgefühl, Ausgeglichenheit, Ausdauer
Mittel (reicht zur obersten Gelenklinie des Ringfingers): Aufnahme- und Ausdrucksfähigkeit in Balance
Kurz: Scharfsinnigkeit, Unverblümtheit, begrenzte Konzentration

Gesamtform
Gerade: Reserviertheit
Zum Ringfinger gerichtet: Geschicklichkeit im Geschäftlichen ergänzt das künstlerische Talent
Nach außen gerichtet: reduzierte Ausdrucksfähigkeit
Dick: Ausdruckskraft
Dünn: Anstrengung, Mühe

Nagelglied

Maße
Lang: Begabung im medizinischen, juristischen und kommunikativen Bereich
Kurz: Geschick bei geschäftlichen Unternehmungen
Dick: Mangel an Feingefühl
Dünn: elegante Ausdrucksweise

Form
Spatelförmig: ausgeprägte physische Fähigkeiten; Gefahr: Skrupellosigkeit
Eckig: Professionalismus; Gefahr: Gefühlsarmut
Konisch: Beredsamkeit; Ausdrucksfähigkeit; Gefahr: Langatmigkeit
Spitz: Intuition; Gefahr: mangelnde Urteilsfähigkeit

Mittelglied

Lang: geschäftliche Interessen
Kurz: kaum geschäftliche Interessen
Dick: Neigung zu Komplexität
Dünn: Vorliebe für Einfachheit

Wurzelglied

Lang: umständliche Ausdrucksweise und nicht schlüssige Argumentation
Kurz: klare Gedankengänge, präzise Formulierungen
Dick: Konzentration auf materiellen Gewinn
Dünn: eher an Leistung als an Geld interessiert

Fingernägel

Die Merkmale der Nägel dienen als Interpretationshilfen der aus der Beobachtung der Finger, vor allem der Fingerkuppen, gewonnenen Erkenntnisse.

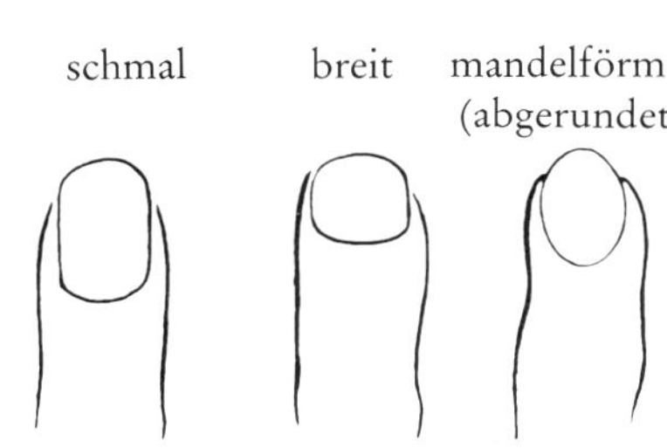

Schmal: am Verstand orientiert, medial begabt; Gefahr: Gefühllosigkeit
Breit: aktiv, standhaft, unerschütterlich, Gefahr der Hyperaktivität, Reizbarkeit und Schwarzmalerei
Unten mandelförmig (abgerundet): aufrichtig, unvoreingenommen
Lang: Bescheidenheit, Taktgefühl; Gefahr: Schüchternheit und Mangel an Scharfblick
Kurz: Kritik, Neugier; Gefahr: Hyperaktivität und Streitsucht

Monde (weißer Bereich am Nagelbett)
Groß: Aktivität
Klein oder nicht vorhanden: Passivität

Berge und Ebenen

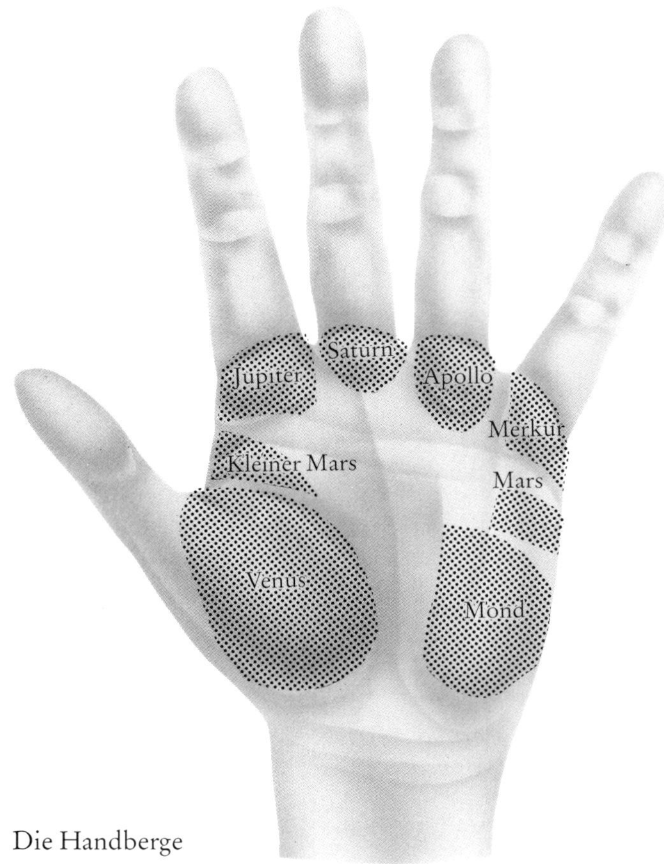

Die Handberge

Auch wenn Größe und Form der Hand sehr bedeutungsvoll sind, assoziiert man mit dem Begriff Handlesen hauptsächlich die Betrachtung der Handfläche, das heißt die Deutung der Berge und Ebenen, deren Ausprägung und Anordnung so wichtig sind.

Fast alle Handlesesysteme sind durch Verknüpfungen mit der Astrologie entstanden. Die wichtigsten Erhebungen (Berge) heißen: Jupiterberg (der Bereich direkt unter der Verbindung von Zeigefinger und Handfläche), Saturnberg (an der Wurzel des Mittelfingers), Apolloberg (unter dem Ringfinger), Merkurberg (am kleinen Finger), Venusberg (der große fleischige Ballen zwischen Daumen, Handmitte und Handgelenk), Mondberg (am Handrand, gegenüber dem Venusberg) und Marsberg (in manchen Systemen ist er zweigeteilt und besteht aus dem Ballen unmittelbar über dem Venusberg am Daumenhandrand – der Kleine, Untere oder Innere Marsberg – und der Erhöhung unterhalb des Merkur-

BERGE	**JUPITER**	**SATURN**	**APOLLO**	**MERKUR**
Symbolik	Oberster Gott Gerechtigkeit, Herzlichkeit, Ehrgeiz, Stolz	Kronos, Vater von Zeus (Jupiter), Verlust der Herrschaft	Sonnengott – Schutzpatron der Künste und des Handwerks	Götterbote – Vermittler Klugheit
Allgemeine Eigenschaften	gerecht, wißbegierig, aufgeschlossen	weise, anpassungsfähig, beherrscht	kreativ, wagemutig, weiß Schönheit zu schätzen	ausdrucksstark, praktisch, Begabung im medizinischen Bereich
Persönlichkeit und Einstellungen	ordentlich, moralisch, auf natürliche Weise elegant, charismatisch	autoritär, ausdauernd, auf Geistiges ausgerichtet, kontrolliert	charmant, geschmackvoll, überzeugend	ausdrucksstark, vielseitig, zuverlässig
Emotionen	zeigt Gefühle, treu, hohe Anforderungen an andere	zurückhaltend, treu, in Beziehungen mit anderen besonnen	braucht Bewunderung, möchte andere bewundern, ästhetisches Feingefühl	braucht Hingebung mehr als Bewunderung, eher intellektuell als emotional, bewundert Diskretion
Mögliche Berufsrichtungen	Vertrauensposten, öffentliche Auftritte und Öffentlichkeitsarbeit, häusliche Aktivitäten, Diplomatie	Forschung und Arbeit im wissenschaftlichen Bereich, Medizin	kreative Kunst, dekorative Kunst, Verkauf, Komponieren und Interpretieren von Musik	Geschäftswelt, Verlagswesen, Medizin und Krankenpflege, Sport, Finanzwesen
Geld und Geschäftliches	in der Lage, eine hohe Position zu erreichen, großzügig, prinzipientreu	besonnen, genügsam, gute Voraussetzung, wohlhabend zu werden	innovativ, großzügig, aufgeschlossen	kluger Kapitalanleger, tüchtig Planer, waghalsig
Interessen und Hobbys	Essen und Unterhaltung	geht Dingen auf den Grund (z. B. in der Philosophie)	Kunst, gesellschaftliche Aktivitäten	Kinder und deren Welt, Schreiben
Negative Züge	Überschätzung der eigenen Person, Angeberei, Trinken, übermäßiger Genuß, Herrschsucht	Launenhaftigkeit, Neigung zu Jähzorn und Neid, Trägheit, Perversität, Neigung zum Einzelgängertum	Wankelmut, Imponiergehabe, Kraftlosigkeit, Spielleidenschaft, Betrug	Falschheit, Unehrlichkeit, Habgier, Weitschweifigkeit, Langatmigkeit

bergs – der eigentliche oder Obere bzw. Äußere Marsberg – am Handrand). Die Größe jedes Berges und seine Position in Relation zu den ihn umgebenden Bergen und Handlinien zeigt seinen Einflußgrad an.

Die Marsebene liegt im Handzentrum und ist ein relativ flacher Bereich, der in etwa von den Bergen an den Fingerwurzeln begrenzt wird: am Handrand von Mond- und Marsberg sowie vom Venusberg und Kleinen Marsberg am Daumenhandrand. Wenn die Marsebene fleischig ist, deutet dies ein lebhaftes, positives Temperament an. Eine auffallend eingefallene Marsebene entspricht einer Tendenz zum Rückzug, Negativen und Schwachen. Eine Oberfläche, die sich allmählich rundet und weder von den sie umgebenden Bergen dominiert wird noch ihren Erhebungen ähnelt, verweist auf ein ausgeglichenes, ausgewogenes Wesen.

Jeder der acht Berge symbolisiert besondere Aspekte im Charakter und in der Ausrichtung eines Menschen.

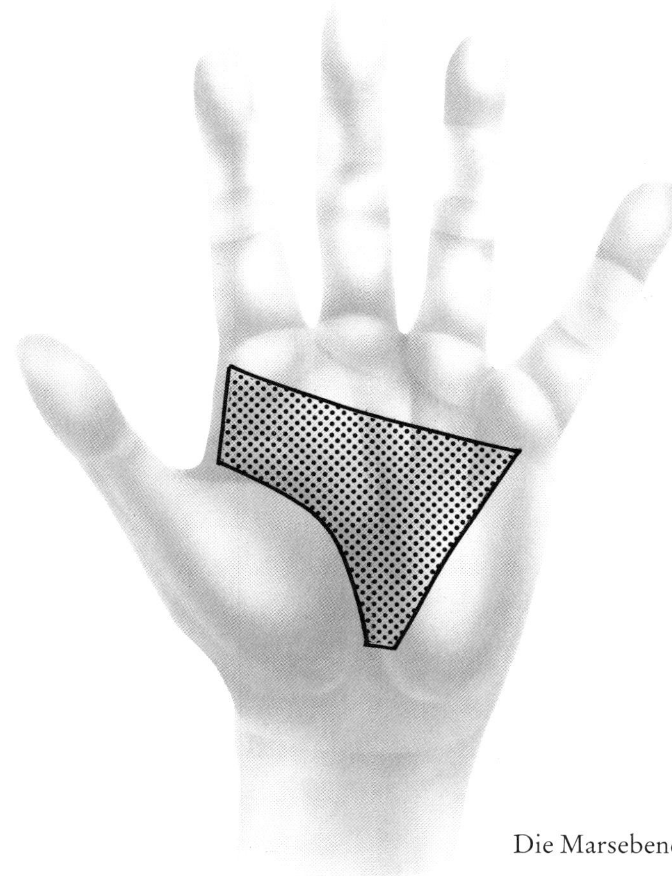

Die Marsebene

VENUS Göttin der Liebe, Schönheit, Lachen und Empfinden	**MOND** alte, einst höchste Göttin der Phantasie, Emotion	**MARS** Kriegsgott, Widerstand	**KLEINER MARS** Kriegsgott, Aggression	**BERGE** *Symbolik*
warm und liebevoll, kraftvoll, friedliebend	einfallsreich, introspektiv, liebt Reisen	passiv, aber bestimmt, geschickt, rücksichtsvoll	überheblich, unabhängig, impulsiv	*Allgemeine Eigenschaften*
aufrichtig, extravertiert, spontan, sexuell anziehend	verträumt, unberechenbar, kreativ, liebt Privatsphäre	mutig, prinzipientreu, konstruktiv, standhaft	energisch, überzeugend, mutig, Führungsanspruch	*Persönlichkeit und Einstellungen*
leidenschaftlich, intensiv in Liebesbeziehungen, fühlt sich von Offenheit angezogen	kühle Natur, liebt es aber, andere zu umwerben, fühlt sich angezogen, wenn keine Ansprüche gestellt werden	treu, läßt sich nur schwer aus der Ruhe bringen, intensiv	leidenschaftlich, sucht Verantwortung, fühlt sich von Stärke angezogen	*Emotionen*
Kunst, Unterhaltung, Werbung, Gastronomie	Kunst, Musik, geschäftliche Aktivitäten Mystizismus, Literatur, Psychiatrie	anspruchsvolle Tätigkeiten, Berufe oder Fertigkeiten	Schwerindustrie, Rechtswesen, Militär	*Mögliche Berufsrichtungen*
Geld ausgeben statt anhäufen, großzügig, öffentliche Interessen	eher phantasievoll als materialistisch, leicht zufriedenzustellen, erfolgreich in der Werbung	konservativ, geduldig	aufgeschlossen, großzügig, unternehmungslustig	*Geld und Geschäftliches*
Sozialarbeit und Philanthropie	Reisen und Wassersport, Theater und Musik, das Okkulte	intellektuelle Beschäftigungen, Sozialarbeit, Sport	körperliche Aktivitäten	*Interessen und Hobbys*
Taktlosigkeit, Unvorsichtigkeit, Verantwortungslosigkeit, Promiskuität, Mangel an Disziplin	Überempfindlichkeit, Selbstsucht, Labilität, Heimlichtuerei, Unbeständigkeit	Sturheit, Engstirnigkeit, Unvernunft	Destruktivität, Grausamkeit, Völlerei, Lasterhaftigkeit	*Negative Züge*

Handlinien

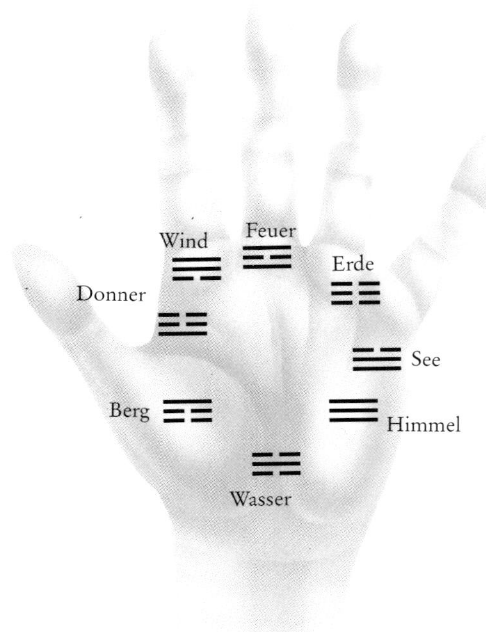

Trigramme und Handbezirke

Chinesische Chiromantie

Die chinesische Handlesekunst, die vermutlich über 2000 Jahre alt ist, teilt die Hand in acht Bezirke, die den Trigrammen des I Ching zugeordnet sind. In der Deutung dieser Bereiche unterscheidet sich die chinesische Chiromantie von westlicher Tradition. Dennoch haben einige Handdeuter versucht, beide Systeme miteinander zu verbinden. Beispielsweise dominiert das Trigramm *Sun* (Wind), das sich an derselben Stelle befindet wie der Jupiterberg in der westlichen Lehre, den Verstand und die materielle Ausrichtung, Eigenschaften, die sich mit dem Gerechtigkeitssinn und der hohen Position, über die der Jupiterberg Auskunft gibt, in Einklang bringen lassen. Ähnliches gilt für *Chên* (Donner; Energie, Bewegung) in der Position des Kleinen Marsbergs (Energie, Aggression) oberhalb des Venusbergs.

Allerdings paßt *Tui* (See; ein Trigramm, das Häuslichkeit symbolisiert) nicht zu seinem Gegenstück Mond (Reisen), wenn man auch eine gewisse Entsprechung darin sehen kann, daß sowohl in der chinesischen als auch in der westlichen Tradition dieser Bereich von einem Wasser-Zeichen beherrscht wird (nach der astrologischen Triplizität ist dem Mond das Element Wasser zugeordnet). *Li* (Feuer; Ruhm) wird gänzlich anders gesehen als der Saturnbezirk mit seiner Nüchternheit und Zurückhaltung. *K'un* (Erde; nachgiebig, gebend, weibliches Prinzip), der Bereich zwischen dem vierten und fünften Finger, scheint mit der Kunstfertigkeit und Vielseitigkeit der Apollo- und Merkurberge nichts gemeinsam zu haben; *Kên* (Berg), das die Härte und Ruhe eines Felsen symbolisiert, ähnelt wohl kaum der Wärme und Spontaneität des Venusbereiches; *Ch'ien* (Himmel; Vaterschaft, Kreativität) scheint weit entfernt von der Emotionalität und Introspektion des Mondes; *K'an* (Wasser) nimmt in der Senke zwischen Venus und Mond eine Position ein, die in der westlichen Tradition keine Bedeutung erlangt hat.

Der Teil der Hand, dem Generationen von Handlesern seit Jahrhunderten die größte Aufmerksamkeit schenken, ist die Handfläche mit ihren einzigartigen Falten (Linien), Erhöhungen (Bergen) und Tälern (Ebenen). Als für Charakteranalyse und Zukunftsvorhersage wichtigste Merkmale der Handfläche haben Chiromanten übereinstimmend die Handlinien erkannt, insbesondere die Lebenslinie (Vitalität), die Kopflinie (Geist, Verstand), die Herzlinie (Emotionen), die Saturnlinie (Schicksal) und die Apollolinie (Kunst, Ruhm).

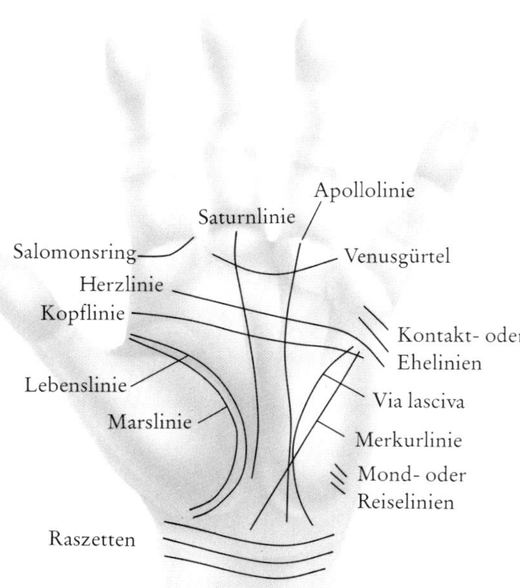

Handlinien

Die anderen Handlinien werden als Nebenlinien bezeichnet. Zu ihnen gehören der Venusgürtel, der Salomonsring, die Merkurlinie, die Via lasciva, die Kontakt- bzw. Ehelinien, die Einflußlinien und die Raszetten. Sie alle müssen bei der Lesung berücksichtigt werden.

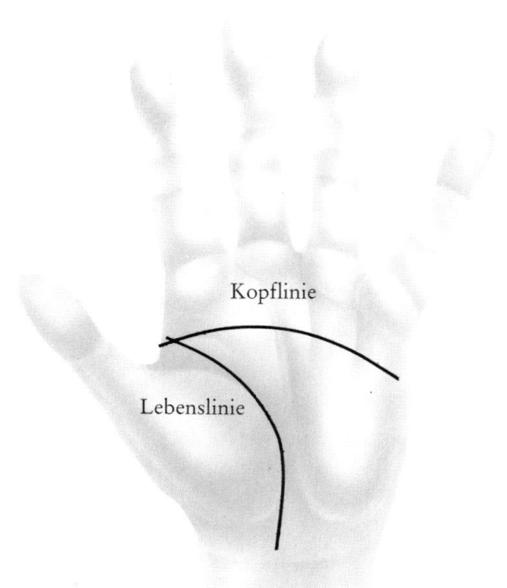

Lebenslinie in Relation zur Kopflinie

Lebenslinie

Vitalität, Energie, Antrieb
Verläuft vom Kleinen Marsberg zu Venus und Handgelenk

Erscheinungsbild
Ausgeprägt: voller Energie
Schwach: begrenzte Energie
Lücken: Phasen der Energielosigkeit
Ketten und Inseln: Vitalitätsverluste
Wellen: wechselhafte Energie
Verdoppelung: Verstärkung von Energie und Antrieb (die zweite Linie ist die Marslinie)
Parallele Linien: Bedürfnis nach Zuneigung
Lang: anhaltende Vitalität
Kurz: leicht ermüdbar
Ansatz nahe der Kopflinie: Vorsicht, Ängstlichkeit
Entfernter Ansatz: Unabhängigkeit, Übereiltheit
Weiter Bogen: Vorliebe für Aktivität
Bogen zum Daumen: intellektuell aktiv

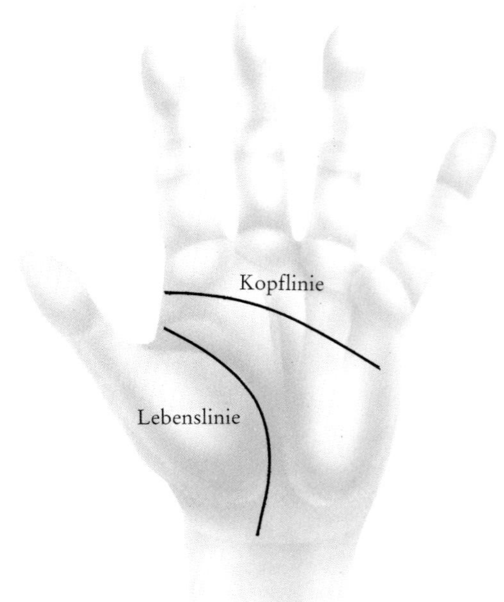

Lebenslinie in Relation zur Kopflinie

Deutlich gebogen unterhalb des Venusbergs: Vorliebe für Heim und Herd
Ansatz nahe dem Jupiterberg: Erfolg durch Zielstrebigkeit
Endung oder Gabel zum Mondberg hin: Bedürfnis nach Veränderung und Reisen
Kreuzende Linien: Ablenkung durch Sorgen

Eine kurze Linie unmittelbar innen neben der Lebenslinie heißt Soror vitalis; sie hat sehr positiven Einfluß.

Anhand der Lebenslinie wurden zuweilen Aussagen über den möglichen Lebenslauf versucht. Dies geschah, indem man sie in einzelne Zeitabschnitte von etwa acht bis zehn Jahren einteilte, wobei man der Linie vom Daumenhandrand bis zum Handgelenk folgte. Das Ende der Linie, so behauptete man früher, markiere das Alter, in dem man sterben werde. Heute ist diese Zeitbestimmung nicht mehr üblich.

Kopflinie

Vernunft, Verstand, Einstellungen
Verläuft vom Kleinen Marsberg zum Handrand

Erscheinungsbild
Ausgeprägt: nachdenklicher Mensch
Schwach: eher praktisch als intellektuell begabt
Lücken: Entgleisungen im Denken
Ketten und Inseln: Unsicherheit
Wellen: wechselhafte Meinungen
Verdoppelung: Betonung der geistigen Fähigkeiten
Gabel: umfassende Einsichten

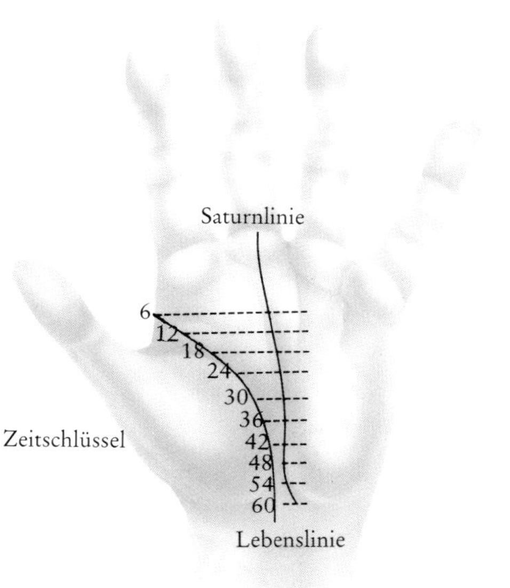

Lebenslinie

Parallele Linien: Betonung geistiger Fähigkeiten
Linienverbindungen: vielseitige Interessen
Ansatz nahe der Lebenslinie: Vorsicht
Entfernter Ansatz: Unabhängigkeit
Berührung der Herzlinie: einzigartige Persönlichkeit
Gabel zur Herzlinie: logisch, kalt
Gerade: praktisches Wesen
Leicht gebogen: Flexibilität
Nach unten abfallend: Sensibilität, Phantasie
Ansatz am Kleinen Marsberg: Reizbarkeit
Mit gewölbtem Kleinen Marsberg: Bedürfnis, Ideen durchzusetzen
Mit flachem Kleinen Marsberg: Schwierigkeit bei der Umsetzung von Ideen
Gabel zum Mondberg: Verstand schöpft aus der Phantasie
Gabel zum Apolloberg: Sinn für Ästhetik
Kreuzende Linien: Infragestellen von Entscheidungen

Herzlinie

Gefühl, Mitgefühl, Emotionen
Verläuft vom Handrand zum Daumenhandrand

Erscheinungsbild
Ausgeprägt: starke Gefühle
Schwach: weniger stark ausgeprägte Gefühle
Lücken: Probleme im Gefühlsbereich
Ketten und Inseln: Stellen mit vermindertem Interesse an emotionalen Aktivitäten

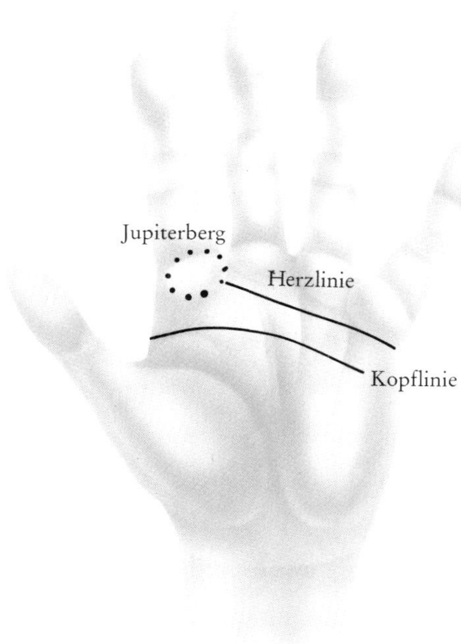

Herzlinie

Wellen: wechselhafte Gefühle
Verdoppelung: betont starke Gefühle
Gabel: warmherzige Gefühle
Parallele Linien: Betonung von Gefühlen, Gefahr der Unbeständigkeit
Berührung der Kopflinie: einzigartige Persönlichkeit
Gabel zur Kopflinie: logisch, kalt
Gabel zur Lebenslinie: furchtlos
Gerade: idealistische Empfindungen
Gebogen: feste Beziehungen
Nahe den Fingern: oberflächliche Gefühle
Nahe der Kopflinie: zu emotional
Gabel zum Jupiterberg: Idealismus in der Liebe
Gabel zum Saturnberg: Realismus in der Liebe

Saturnlinie

Schicksal, Ziele, Produktivität
Verläuft nahezu vertikal vom Handgelenk zum Saturnberg

Erscheinungsbild
Ausgeprägt: klare Ausrichtung

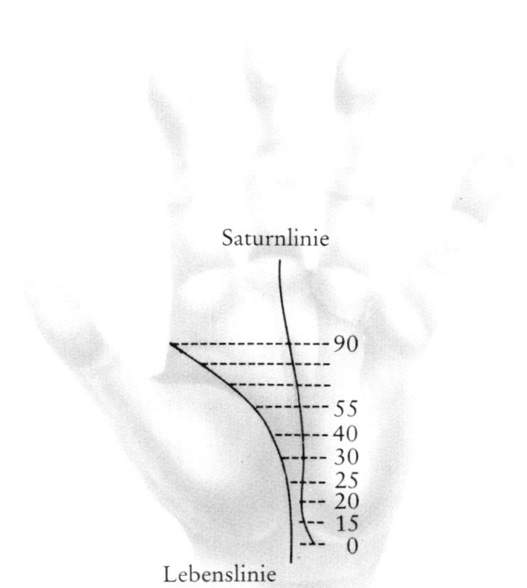

Saturnlinie

Schwach: Erfolg wird hart erkämpft
Lücken: Richtungsänderungen
Ketten und Inseln: schwierige Phasen
Wellen: unsichere Zielsetzung
Verdoppelung: Richtungswechsel zum Ausgleichen von Schwächen

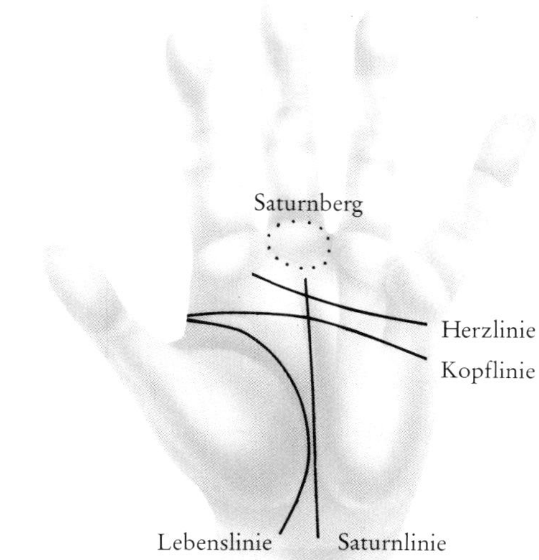

Saturnlinie zum Saturnberg

Gabel: vielseitig engagiert
Parallele Linien: erkennt Möglichkeiten
Ansatz beim Handgelenk: Erfolg durch Leistung
Ansatz auf der Lebenslinie: Nach anfänglicher Beschränkung Erfolg mit Hilfe der Familie
Gabel zur Kopflinie: ausgeprägtes Urteilsvermögen

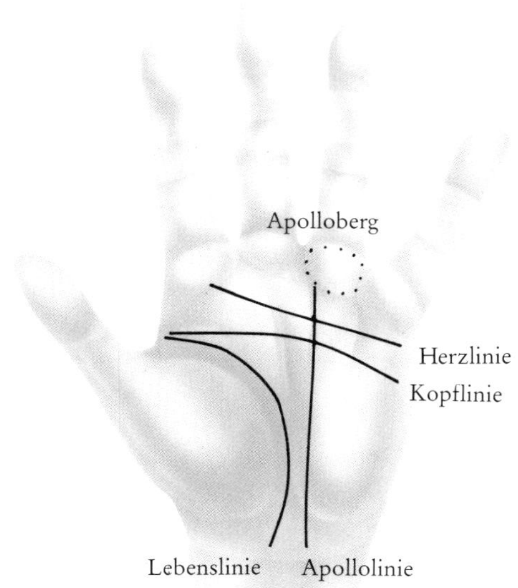

An die Position der Saturnlinie angenäherte Apollolinie

Gabel zur Herzlinie: Emotionen können den Erfolg beeinflussen
Gerade: zielgerichtet
Gebogen: kann weit vom Weg abkommen; der Berg symbolisiert den Aktivitätsbereich
Bogen zum Mondberg: Karriere kann durch Gefühle beeinflußt werden
Bogen zum Venusberg: Karriere kann durch eine Liebesbeziehung beeinflußt werden
Bogen zum Apolloberg: Konzentration auf künstlerische Kreativität

Bogen zum Saturnberg: Fleiß, Gewissenhaftigkeit
Bogen zum Jupiterberg: ehrgeizigen Zielen kann Erfolg beschieden sein
Bogen zum Merkurberg: geschäftliche Erfolge
Lang: direkte Ausrichtung auf Erfolg
Kurz: kleinere Rückschläge können bedeutsam sein
Kreuzende Linien: Widerstände

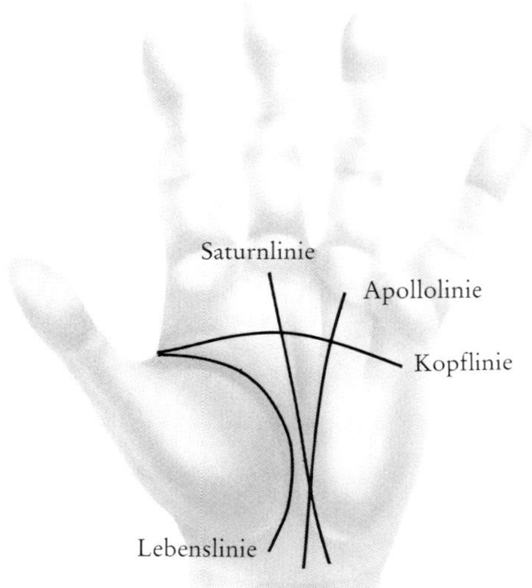

Apollolinie

Apollolinie

Künstlerische Kreativität, Anerkennung
Verläuft vom Mondberg oder den Handlinien zum Apolloberg

Erscheinungsbild
Ausgeprägt: Scharfsinn
Schwach: Ausdauer führt eher zum Erfolg
Linie fehlt: Unsicherheit
Lücken: unproduktive Phasen
Ketten und Inseln: Beeinträchtigung der Kreativität
Wellen: unbeständige Kreativität
Verdoppelung: vielseitig kreativ
Gabel: Anerkennung in diversen Bereichen
Parallele Linien: besondere Begabung
Ansatz nahe dem Handgelenk: Begeisterung für die Kunst und hervorragende Leistung
Ansatz an der Lebenslinie: künstlerische Fähigkeiten abhängig von harmonischem Privatleben
Ansatz an der Kopflinie: Intellektualisierung der Begabung
Ansatz an der Herzlinie: Kunstfertigkeit
Ansatz an der Merkurlinie: Geschäftssinn im künstlerischen Bereich
Ansatz an der Saturnlinie: Erfolg als Künstler
Gerade: beständige künstlerische Leistung
Gebogen: Anerkennung, aber auch Ablehnung
Nahe dem Mondberg: künstlerischer Ideenreichtum
Nahe dem Saturnberg: Wunsch nach Ruhm und Wohlstand
Nahe dem Merkurberg: materieller Erfolg steht im Vordergrund
Nahe dem Marsberg: Ruhm nach persönlichem Einsatz
Nahe dem Venusberg: Warmherzigkeit wird mit künstlerischem Erfolg belohnt

Nebenlinien

Die Nebenlinien haben in der Lesung unterstützende Funktion.

Venusgürtel

Unter dem Mittelfinger und dem Ringfinger, für gewöhnlich unterhalb der Berge, verläuft in manchen Händen eine Linie von unterschiedlicher Länge und Tiefe. Sie ist selten und meist unvollständig. Sie symbolisiert Emotionalität und Sensibilität, und wenn sie sehr deutlich ausgeprägt ist, sogar eine Neigung zu Hysterie. In älteren Büchern assoziiert man unkontrollierbare Selbstgefälligkeit mit dieser Linie.

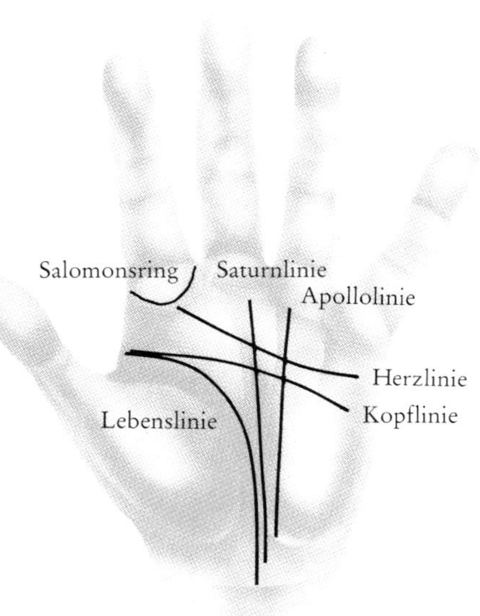

Salomonsring

Salomonsring

Diesen Bogen unterhalb des Zeigefingers, der teilweise oder vollständig dessen Wurzel auf dem Jupiterberg nachzeichnet, deutet man als Anzeichen für die Fähigkeit, Menschen zu beeinflussen. Die Linie läßt außerdem auf eine Begabung für okkulte Praktiken schließen. Sie ist benannt nach dem hebräischen König, der durch seine Weisheit berühmt geworden ist (unter seinen Nachkommen sollen sich außerdem zahlreiche Wahrsager befunden haben). Einige Handleser bezeichnen auch eine geschwungene Linie zwischen Zeige- und Mittelfinger als Salomonsring.

Merkurlinie

Die relativ gerade Linie verläuft außen an der Apollolinie. Sie kann auf dem Mondberg oder zwischen Mond- und Venusberg ansetzen, aber auch auf der Saturn- oder Apollolinie. Sie muß nicht exakt bis zum Merkurberg verlaufen. Wenn sie lang und ausgeprägt ist, aber auch wenn sie völlig fehlt, bedeutet sie Gesundheit, Unterbrechungen und andere ungünstige Merkmale verheißen dagegen eine schlechte Konstitution. Der Name Hepatica (Leber) wurde dieser Linie vor vielen Jahrhunderten zugewiesen, als der Leber und ihren Säften im medizinischen Denken noch eine wichtige Rolle zugeschrieben wurde. Einige Handleser sehen in dieser Linie ein Zeichen für intuitive Fähigkeiten.

Via lasciva

Sie befindet sich neben der Merkurlinie. Ältere Interpretationen geben ihr eine negative Bedeutung – etwa Lasterhaftigkeit und Ausschweifung. Heute wird sie mit Reizbarkeit und Erregbarkeit in Verbindung gebracht. Ob die Via lasciva überhaupt als unabhängige Linie gelten kann, ist allerdings fraglich.

Kontakt- oder Ehelinien

Am Handrand auf der Höhe des Merkurbergs liegen mehrere kurze waagerechte Linien (sie sind zu sehen, wenn man eine Faust macht), die für gewöhnlich mit Ehe oder festen Verbindungen assoziiert werden. Heute messen jedoch nur noch wenige Handleser diesen kurzen Linien eine konkrete Bedeutung zu.

Einflußlinien

Auf dem Venusberg verlaufen ungefähr parallel zur Lebenslinie Linien, die man Einflußlinien nennt und die den Einfluß anderer Menschen auf das Leben des Handeigners anzeigen. Je näher sie am Daumen liegen, desto früher im Leben wurde der Einfluß ausgeübt. Eine besonders klare Linie, die parallel und in der Nähe der Lebenslinie verläuft, bezeichnet man als Marslinie (sie betont Energie), wie bereits in der tabellarischen Übersicht der Lebenslinie angeführt wurde.

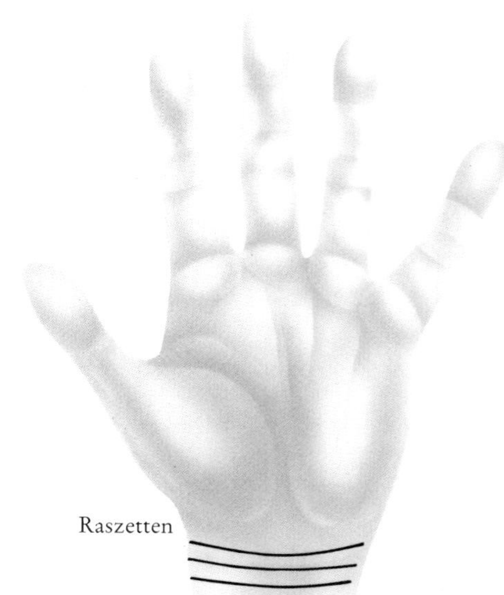

Raszetten am Handgelenk

Raszetten

Am Handgelenk unterhalb der Handinnenfläche sind ebenfalls Linien zu sehen, über deren Bedeutung jedoch nur sehr wenig bekannt ist. Im allgemeinen handelt es sich um einen Kranz von drei Linien. Die Linie, die unmittelbar unterhalb der Hand liegt, wird dabei als die wichtigste angesehen. Wenn sie in der Mitte besonders tief, klar und auffällig ist und sich in Richtung Handinnenfläche – den Bereich zwischen Venus und Mond – wölbt, kann man auf ein aktives, glückliches Leben schließen. Eine kettenartige Linie bedeutet mangelnde Ausdauer. Je mehr Linien vorhanden sind, desto wahrscheinlicher verfügt der Handeigner über Vitalität und Gesundheit. Drei ausgeprägte Linien gelten als ›königliches Armband‹.

Markierungen in der Hand

In der Hand können auch diverse kleine Linienmuster auftreten. Sie ähneln vielleicht einem Stern, Kreuz, Kreis, Dreieck, Pfeil, Punkt oder Gitter. Jedes dieser Muster hat für sich selbst und in seiner Umgebung eine ganz bestimmte Bedeutung.

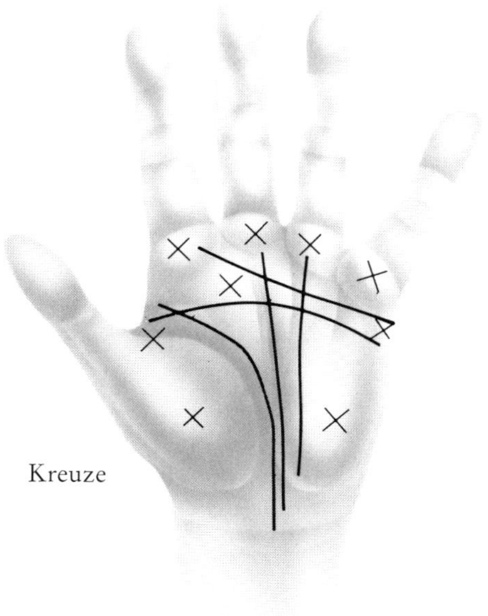

Kreuze

Kreuz

Das ›mystische Kreuz‹ zwischen Kopf- und Herzlinie steht für eine Neigung zum Okkultismus.

Auf dem Jupiterberg: glückliche Romanze
Auf dem Saturnberg: Melancholie
Auf dem Apolloberg: Rückschläge, Enttäuschungen
Auf dem Merkurberg: Gerissenheit
Auf dem Mondberg: Gefahr von Selbsttäuschung
Auf dem Venusberg: intensive Liebesbeziehung
In der Marsebene: kann sich Feinde machen
Auf dem Wurzelglied des Zeigefingers: Neigung zu Enthaltsamkeit und Mäßigung

Stern

Glück

Auf dem Jupiterberg: gesteigerter Ehrgeiz, hohe Wahrscheinlichkeit von Erfolg
Auf dem Saturnberg: Anpassungsfähigkeit bei Hindernissen, Stärke bei Gefahr; Gelehrsamkeit
Auf dem Apolloberg: außergewöhnliche künstlerische Fähigkeiten mit Aussicht auf Erfolg
Auf dem Merkurberg: Beredsamkeit; Weitblick im geschäftlichen und wissenschaftlichen Bereich
Auf dem Mondberg: ungewöhnliche Vorstellungskraft

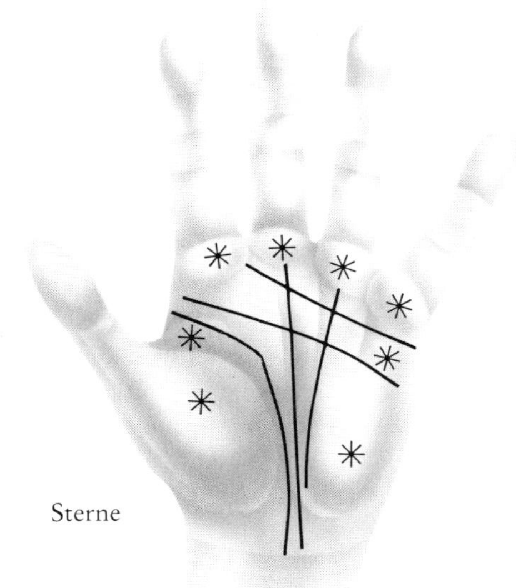

Sterne

Auf dem Venusberg: harmonische Liebesbeziehungen
In der Marsebene: Geduld und Ausdauer können zum Erfolg führen
In der Mitte der Handfläche: gesteigerte Gefahr eines Unfalls

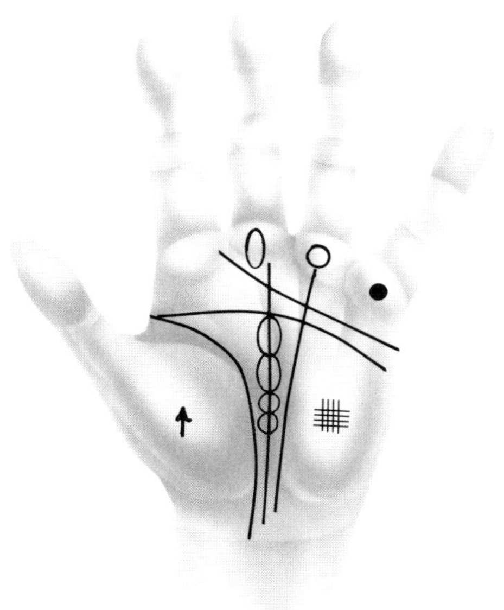

Kette, Gitter, Pfeil, Punkt und Kreise

Gitter

Nervöse Energie

Auf dem Jupiterberg: übermäßiger Stolz
Auf dem Saturnberg: Depressionen oder ihre erfolgreiche Überwindung
Auf dem Apolloberg: Geltungssucht
Auf dem Merkurberg: Unaufrichtigkeit
Auf dem Mondberg: Hypersensibilität
Auf dem Venusberg: Bedürfnis nach Zuneigung
Auf dem Marsberg: Wachsamkeit
In der Marsebene: Schwierigkeiten

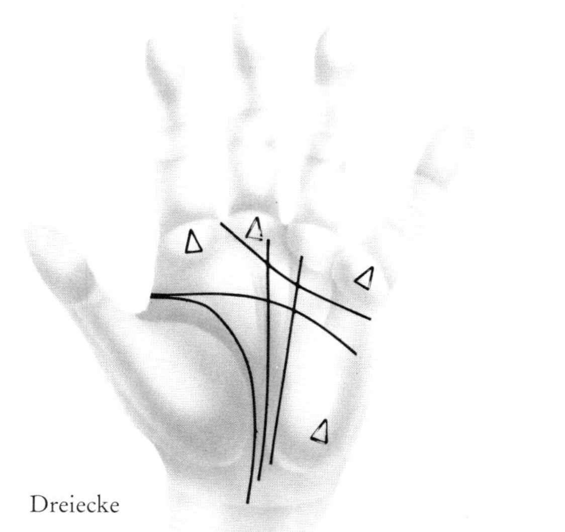

Dreiecke

Dreieck

Geschicklichkeit

Auf dem Jupiterberg: Führungsanspruch
Auf dem Saturnberg: wissenschaftliches Talent
Auf dem Apolloberg: handwerkliches Geschick
Auf dem Merkurberg: Sprachwitz
Auf dem Mondberg: produktive Vorstellungskraft
Auf dem Venusberg: Romantik
Auf dem Marsberg: Selbstbeherrschung

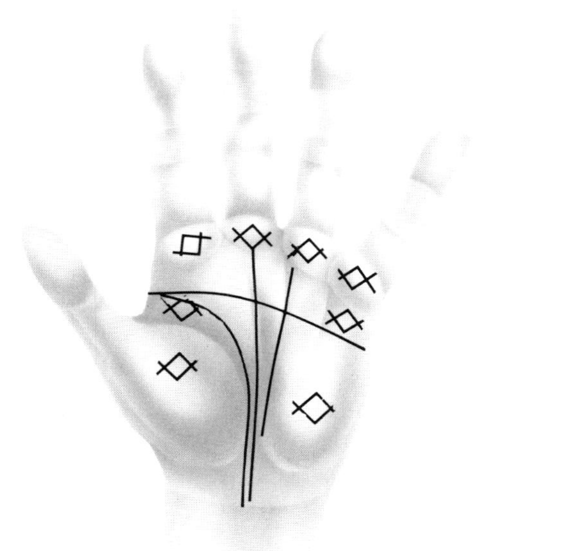

Vierecke

Quadrat

Schutz, Fürsorge, Mäßigung

Auf dem Jupiterberg: leichte Erfolge
Auf dem Saturnberg: Neigung zum Okkulten
Auf dem Apolloberg: emotionale Sicherheit
Auf dem Merkurberg: weniger skrupellos
Auf dem Mondberg: Begrenzung der Phantasie
Auf dem Venusberg: Ausgeglichenheit in der Liebe
Auf dem Marsberg: Anpassungsfähigkeit

Die Bedeutung einiger anderer Markierungen ist allgemeiner:
Kreis: verstärkt die positiven Aspekte seiner Umgebung
Kette: schwächt die jeweilige Linie
Insel: geteilte Energie
Punkt: Störung in der Bedeutung der Linie
Pfeil: Erfolg im Bereich des jeweiligen Standorts

Fingerabdrücke

Viele Handleser beziehen Fingerabdrücke als wichtige Faktoren in ihre Deutung ein, und es gibt sogar Chiromanten, die sich bei einer Lesung ausschließlich auf die Fingerabdrücke konzentrieren. Die Linienmuster der Fingerkuppen sind so unendlich vielfältig, daß der Fingerabdruck eines Menschen heute als zuverlässiges Mittel der Identifizierung gilt. Wir beschränken uns hier auf drei Grundmuster: Wirbel, Schlinge, Bogen.

Wirbel Schlinge Bogen

Arten von Fingerabdrücken

Wirbel (das komplizierteste Muster)
Symbolisiert Dominanz, Individualität, Aktivität, Gefahr der Impulsivität, mangelnde Sensibilität und Selbstbezogenheit

Schlinge (das häufigste Muster)
Symbolisiert Kontrolle, Reflexion, Anpassungsfähigkeit, Gefahr der Unzuverlässigkeit

Bogen (das einfachste Muster)
Symbolisiert Rigidität, Grobheit, das Bedürfnis nach starken Stimuli, materielle Einstellung, Gefahr der Unterdrückung, Gewalt

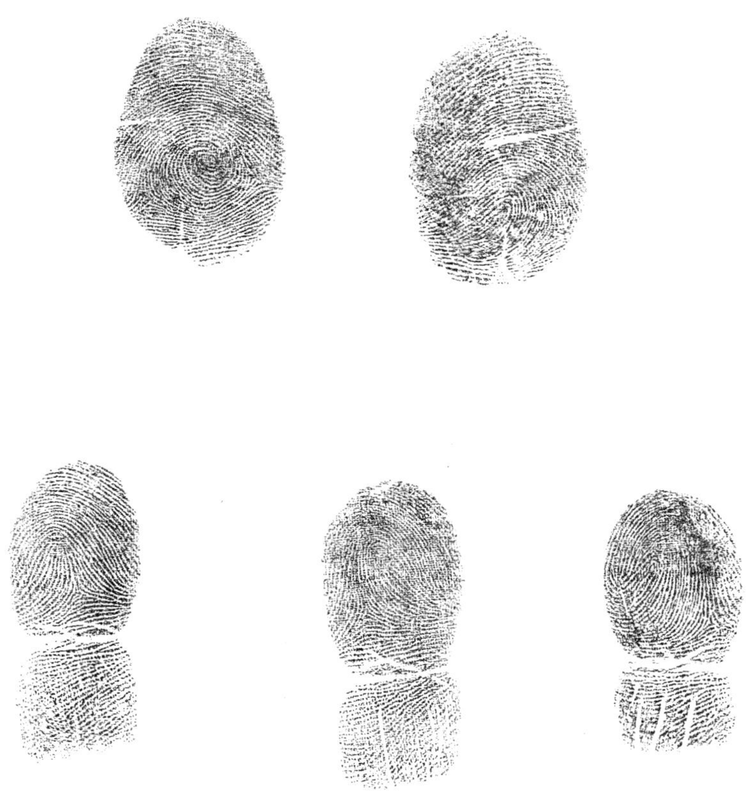

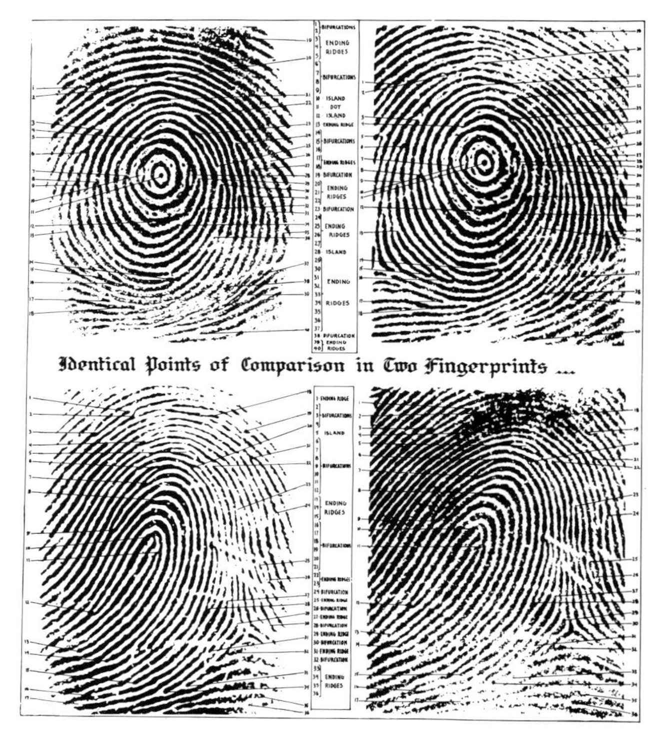

Ganz oben: Beispiele der wichtigsten Typen von Fingerpapillaren, die in der Handlesekunst eine Rolle spielen (von links nach rechts): Wirbel, Schlinge und Bogen.

Oben links: Authentische Fingerabdrücke: Wirbel und Schlingenmuster (obere Reihe); Bogen, Schlinge nach rechts, Schlinge nach links (untere Reihe).

Oben rechts: Die Unverwechselbarkeit des Fingerabdrucks als Identifikationsmittel ist heute überall anerkannt und war offenbar bereits in prähistorischer Zeit und in der Antike von Bedeutung. Diese Fingerabdrücke stammen aus FBI-Akten und zeigen die detaillierten Merkmale, die zur Identifizierung herangezogen werden – eine Kunst, die sich grundlegend vom Studium der Hände zum Zweck der Divination unterscheidet.

Gebärden und Gesten

Als Ergänzung zu den diversen Formen, Mustern, Unregelmäßigkeiten und Falten der Hand, die bei der Handanalyse als Anhaltspunkte für die Persönlichkeit verstanden werden, sind auch die Handgesten bedeutsam.

Geschlossene Hand (halb geballt oder in der Tasche verborgen): Verschwiegenheit, Heimlichtuerei

Hände werden eng am Körper gehalten (Innenflächen nach innen, wobei die Hand jedoch nicht geschlossen ist): Zurückhaltung, Vertrauenswürdigkeit, Vorsicht, Klugheit

Hände hängen schlaff herab: Gefügigkeit

Hände hängen an den Seiten herab, allerdings vom Körper weg und nicht schlaff: Materialismus

Fäuste an den Seiten: der Handeigner steht unter Druck, Entschlossenheit

Fäuste werden kampflustig von den Seiten weg oder vor dem Körper gehalten: Aggression, der Betreffende fühlt sich angegriffen

Darstellungspose (ein Arm am Brustkorb oder Nacken oder hinter dem Kopf, der andere auf der Hüfte oder an der Taille): Zurschaustellen der eigenen Person, schüchternes Auftreten und Verhalten

Gesten der ›Steifheit‹ und Prüderie (Innenfläche der Hand wird steif vor den Körper gehalten): Wichtigtuerei, zuweilen Angeberei, Fehlen von Humor

Gesten mit schlaffen Handgelenken: Hypersensibilität

Nervosität (ständig in Bewegung, Herumspielen an Gegenständen oder Kleidung): Unsicherheit, Angst

Vermeidungsgesten (Hände werden von Gegenständen oder Berührungen weggezogen): Wachsamkeit, Mißtrauen

Hände ruhig vor dem Körper gefaltet: Mäßigung, Gelassenheit

Hände fest gegeneinander gedrückt oder gerieben: Gewandtheit, ausweichendes Verhalten, Unaufrichtigkeit oder auch lediglich Ausdruck von Spannung (von entscheidender Bedeutung ist in einem solchen Fall die Mimik, besonders der Ausdruck der Augen)

Hände hinter dem Körper verschränkt: Vorsicht, Ängstlichkeit

Handgesten *(mudras)* sind ein wichtiger Teil der buddhistischen Ikonographie, da sie dem Eingeweihten leicht verständliche Informationen über Identität, Charakter und Aussage eines Götterbildes liefern.

Diese Buddha-Statue hat die rechte Hand in der Geste der Schutzgewährung erhoben. Nepal, 13. Jahrhundert, Kupfer, vergoldet, Höhe ca. 48 cm, New York, The Asia Society, Mr. und Mrs. John D. Rockefeller Collection

Links: Die rechte Hand, geöffnet und mit den Fingern nach unten weisend, zeigt die Geste der Wunschgewährung. Buddha, Nordindien, erste Hälfte des 6. Jahrhunderts, Bronze, Höhe ca. 69 cm, New York, The Asia Society

Rechts: Hier ist die rechte Hand in der Geste des Lehrens, Argumentierens erhoben. Buddha, Japan, Kamakura-Periode, ca. 13. Jahrhundert, Holz, Höhe ca. 119 cm, New York, The Asia Society

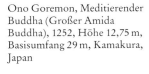

Ono Goremon, Meditierender Buddha (Großer Amida Buddha), 1252, Höhe 12,75 m, Basisumfang 29 m, Kamakura, Japan

Gegenüber, links: Linke Außenhand des Mannes, dessen Hand analysiert wurde. Es ist deutlich sichtbar, daß die Entfernung von der Spitze des Mittelfingers zum großen Knöchel der Entfernung des Knöchels zum Handgelenkknochen entspricht. Finger und Handrücken sind somit gleich lang. Wenn die Finger aneinander gehalten werden, ist auch die konische Form der Hand gut zu erkennen.

Gegenüber, rechts: Die linke Innenhand unserer Analyse, die wichtigsten Handlinien sind hervorgehoben. Aus dieser Sicht erscheinen die Finger kürzer als der Handteller.

1 = Saturnlinie; 2 = Lebenslinie; 3 = Zweig von der Lebenslinie zum Mondberg; 4 = Einflußlinien; 5 = Marslinie; 6 = Kopflinie; 7 = Gabel der Kopflinie; 8 = drei kurze Linien auf dem Merkurberg; 9 = Kleiner Marsberg; 10 = Marsberg; 11 = Herzlinie; 12 = Apollolinie; 13 = Zweig von der Apollolinie zur Herzlinie; 14 = Merkurlinie; 15 = Zweig von der Merkurlinie zur Saturnlinie; 16 = Mondlinien; 17 = Kontakt- oder Ehelinien; 18 = Raszetten; 19 = Jupiterberg; 20 = Saturnberg; 21 = Apolloberg; 22 = Merkurberg; 23 = Venusberg; 24 = Mondberg; 25 = Via lasciva

Deutungsbeispiel

Nachdem wir die einzelnen Merkmale der Hand definiert haben, wollen wir versuchen, die vorgestellte Methode an der Hand eines zufällig ausgewählten Mannes zu demonstrieren, wobei jedoch berücksichtigt werden sollte, daß es sich lediglich um eine von vielen Lesarten handelt.

Zunächst beschäftigen wir uns mit den allgemeinen Merkmalen. Da er Rechtshänder ist, lesen wir seine linke Hand, die Seite, die angeblich die ererbten, grundlegenden Anlagen und Charaktertendenzen einer Person zeigt. Der weissagende Aspekt der Analyse besteht darin, daß man Aussagen über die wahrscheinlichen Lebensausrichtungen machen kann, die im Charakter des Menschen angelegt sind (sie enthüllen sich in den Linien und Bergen der Hand, in den Gesten und in der Handform), und daß man die Gefahren seines Charakters erkennt, damit er dagegen angehen kann.

Zuerst stellt sich die Frage nach der Bestimmung des Handtyps. Von der Außenhand her gesehen, scheint die Länge des Mittelfingers mit der Länge des Handrückens übereinzustimmen, der Finger ist weder länger noch kürzer, was auf eine ausgeglichene Persönlichkeit schließen läßt. Auf den ersten Blick könnte man meinen, die Handinnenfläche sei zu breit und die Finger seien zu kurz, doch wenn man den Handrükken mißt, bestätigt sich das harmonische Verhältnis zwischen Mittelfinger und Hand. Die Handinnenfläche selbst ist im Vergleich mit der Handbreite möglicherweise etwas lang, was auf einen Mischtyp schließen läßt, der schwierig zu klassifizieren ist und sowohl Merkmale der breiten als auch der langen Hand aufweist. Das Kennzeichen dieses Typs ist Vielseitigkeit und Flexibilität.

Die Hand ist konisch geformt, der Handrand deutlich gewölbt; wenn alle Finger aneinandergehalten werden, läßt sich eine leichte Verjüngung zu den Fingerspitzen hin feststellen. Diesen konischen Merkmalen zufolge müßte der Handeigner geschickt, originell und großzügig sein, zu ihm würde eine Tätigkeit im künstlerischen Bereich oder in der darstellenden Kunst passen. Negative Seiten, die er zu bekämpfen hat, wären Ungeduld und Oberflächlichkeit. Da es sich um eine Hand des gemischten Typs handelt, ist praktisch jede Berufs-

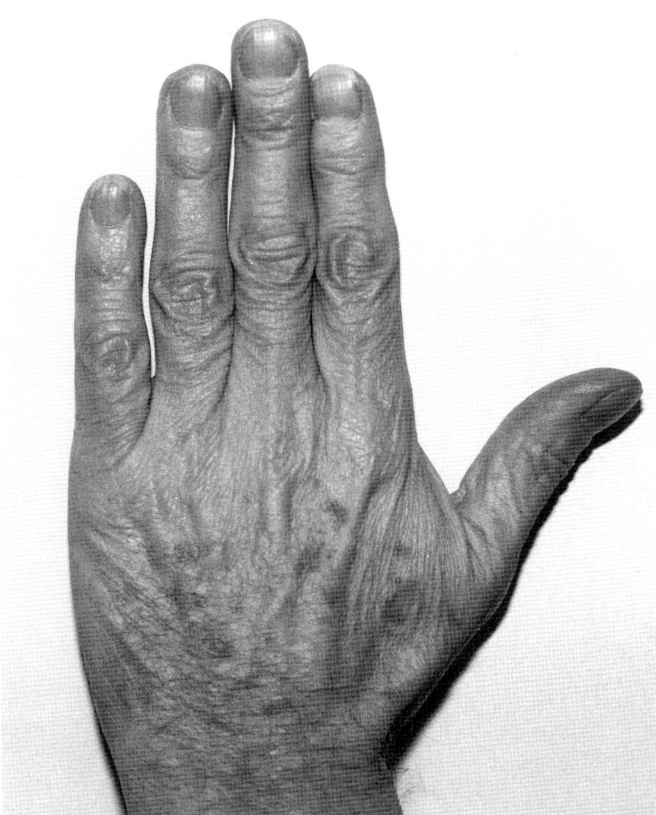

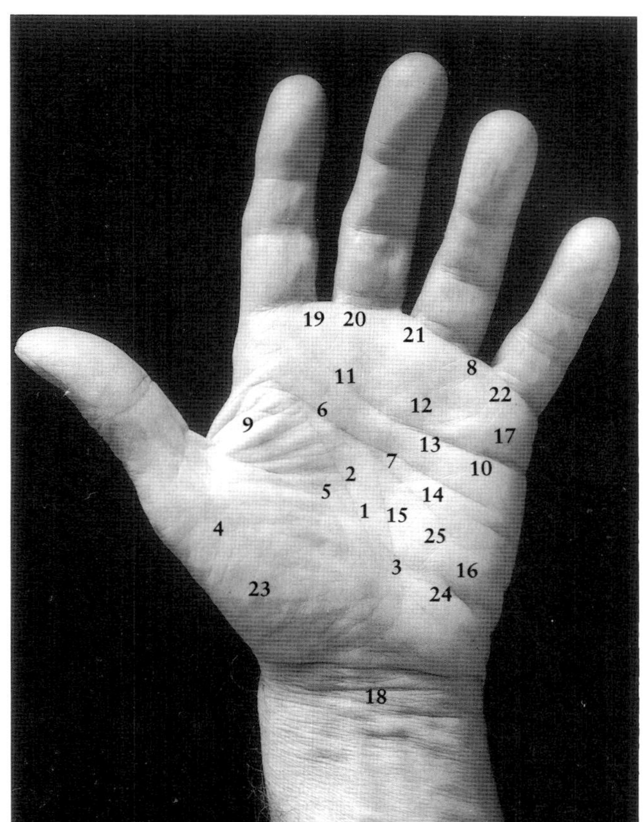

Jean-Baptiste Leprince (1734–1781), Geisterbeschwörer, 1770/1780, Öl auf Leinwand, ca. 79 × 65 cm, Stair Sainty Fine Art, Inc.

richtung für ihn erfolgversprechend. Wenn er entspannt ist, hält er die Finger ganz leicht gespreizt, jedoch nicht zu weit, was darauf schließen läßt, daß er sein Eigentum festhält (es kann ihm nicht ›durch die Finger schlüpfen‹). Eng aneinandergepreßte Finger wollen auf keinen Fall etwas verlieren und verraten den Geizigen.

Die Finger sind normal geformt, weder dick noch dünn, so daß diese Person aller Voraussicht nach nicht zu den Extremen Kälte oder Sinnlichkeit tendiert. Von der Handinnenseite her gesehen wirken die Finger relativ kurz, was darauf hinweist, daß die Person möglicherweise leicht das Wesentliche, den Kern erfaßt. Da die Finger von der Außenhand her gemessen etwas länger zu sein scheinen als von der Handinnenfläche her zu erkennen war, enthüllt die Hand jedoch gleichzeitig die Fähigkeit des Handeigners, sich auf Details zu konzentrieren. Einige Finger zeigen eine Andeutung von Knoten, was auf eine gute Konzentrationsfähigkeit schließen läßt. Es besteht allerdings die Gefahr, daß die Konzentration der Person auf das Wesentliche im Widerstreit steht mit dem Bedürfnis, sich mit Details zu beschäftigen, was zu einer Einschränkung der Leistung führen kann.

Wenden wir uns nun den Fingerkuppen zu, um die emotionalen Muster zu erkennen, die mit den einzelnen Fingern verbunden sind. Von den vier Nagelgliedformen, die gemeinhin unterschieden werden, kann man in dieser Hand an jedem Finger die konische (runde) Form erkennen, was bedeuten könnte, daß die Vielseitigkeit (der Mischhand) durch einen gewissen Grad an Konsequenz geprägt ist.

Darüber hinaus zeigt auch die relativ durchschnittliche Länge der Finger an, daß die für die jeweiligen Fingerglieder typischen Merkmale hier nicht in ihrer Extremform auftreten. Beispielsweise steht der Zeigefinger (Jupiterfinger) zwar für Ehrgeiz, Stolz und Selbstbewußtsein, der Handeigner besitzt diese Eigenschaften jedoch nur in gemäßigter Form. Es ist daher nicht zu erwarten, daß er sich leicht von irgend etwas überwältigen läßt.

Auch beim Daumen ist eine Ausgeglichenheit zwischen der Länge des Wurzelglieds (logisches Denken) und dem Nagelglied (Willenskraft) zu erkennen. Was die Biegsamkeit betrifft, ist ein gewisser Widerstand festzustellen, der allerdings nicht so stark ausgeprägt ist, daß man von Steifheit sprechen könnte. Selbstbeherrschung und eine gewisse Reserve sind vorhanden; der Handeigner muß sich jedoch vor Starrsinn hüten.

Betrachtet man das Nagelglied des Daumens dann von der Seite, scheint es oben etwas flach, wenn nicht sogar dünn zu sein, was in gewisser Hinsicht auf zu große Nachgiebigkeit schließen läßt. Dies bestätigt wiederum unsere bisherigen Beobachtungen. Die ›taillierte‹ Form des Wurzelglieds läßt zwar darauf schließen, daß der Handeigner in der Lage ist, taktvolle und diplomatische Entscheidungen zu treffen, doch kann dahinter eine gewisse Tendenz zur Unaufrichtigkeit schlummern.

Auch die anderen Finger lassen auf eine Position zwischen den Extremen der ihnen zugeordneten Persönlichkeitsmerkmale schließen. Wir wollen dies anhand von ein oder zwei Merkmalen kurz erläutern. Die annähernd gleiche Länge des Zeige- oder Jupiterfingers und des Ring- oder Apollofingers bestätigen unsere bisherige Annahme, daß es sich um eine Ausgeglichenheit von Ansichten, Trieben und Leistung handelt, doch das relativ lange Nagelglied des Apollofingers erinnert daran, daß mehr Neigung zu ästhetischen Theorien als zu ihrer Erfüllung vorhanden sein könnte. Möglicherweise wird mehr Gewicht auf Theorien als auf deren Umsetzung gelegt, was sich in einem eher theoretischen Beruf für den Handeigner günstig auswirken könnte.

Am Kleinfinger (Merkurfinger) deutet das lange Nagelglied auf Fähigkeiten im medizinischen, juristischen und kommunikativen Bereich hin. Das relativ kurze Mittelglied läßt darauf schließen, daß Geschäftsinteressen in diesen Bereichen nur zweitrangig oder unwichtig sind.

Die Nagelform erinnert an die spitze oder mandelförmige Form, was auf Direktheit und Offenheit schließen läßt. Gleichzeitig haben wir in dem ›taillierten‹ Wurzelglied des Daumens das Taktgefühl des Handeigners erkannt. Wie passen diese unterschiedlichen Merkmale aber zusammen? Eine mögliche Interpretation wäre, daß der Handeigner sich anderen Menschen gegenüber nicht konsequent verhält. Vielleicht verkleidet er auch seine Direktheit so taktvoll, daß sich beide Wesenszüge miteinander verbinden lassen. In diesem Fall wäre hier ein weiterer Hinweis auf mögliche Tendenzen zur Unaufrichtigkeit, zur Manipulation und zur Hinterhältigkeit.

Die Nagelmonde (die den Aktivitätsgrad einer Person darstellen) entsprechen den übrigen ›gemischten‹ Merkmalen dieser Hand. Der Daumen hat einen ausgeprägten Mond. Der Mond am Zeigefinger ist weniger gut erkennbar, der Mond am Mittelfinger ist kaum zu sehen. Am Ringfinger und am kleinen Finger fehlt der Mond völlig. Es ist dabei wichtig, daß sich die deutlichen Nagelmonde auf der aktiven Seite der Hand befinden, wo sie diese Merkmale verstärken; umgekehrt werden die passiven Merkmale durch die fehlenden Monde auf der passiven Seite der Hand betont. Der Wille der Person wird also durch den Mond auf dem Daumennagel verstärkt. Der Ehrgeiz, der sich im Zeige- oder Jupiterfinger ausdrückt, wird durch seinen kleineren Mond abgeschwächt. Die Nüchternheit des Mittel- oder Saturnfingers, die noch sichtbar ist in dem kaum erkennbaren kleinen Mond, macht extremen Ernst und extreme Trübsinnigkeit höchst unwahrscheinlich. Die künstlerische Neigung und das Bedürfnis nach Anerkennung, die im Ring- oder Apollofinger anklingen, sind entweder verborgen oder werden erst durch andere Menschen geweckt. Das völlige Fehlen eines Mondes am Merkur- oder Kleinfinger impliziert eine grundsätzliche Passivität im verbalen Ausdruck, auch wenn andere Merkmale dieser Hand auf ein Talent im kommunikativen Bereich hinweisen.

Auffallend an dieser Hand ist der relativ ausgeprägte Venusberg. Dieser fleischige Berg läßt auf eine warmherzige Persönlichkeit schließen, wobei die Energie für Aktivitäten zu einem großen Teil aus dem emotionalen Bereich geschöpft wird. Dies kann dazu führen, daß Entscheidungen primär auf emotionalen Beziehungen zu anderen basieren.

Der Jupiterberg ist an der Zeigefingerwurzel relativ flach, was darauf schließen läßt, daß Stolz und Ehrgeiz möglicherweise keine große Rolle spielen. Bei genauerer Betrachtung scheint der Jupiterberg zur Mittelfingerseite hin etwas deutlicher ausgeprägt zu sein. Man kann natürlich genausogut sagen, daß der Saturnberg zur Jupiterseite tendiert, und nach einer weiteren Betrachtung kann man sogar erkennen, daß ein

Berg, der anscheinend mit dem Ring- oder Apollofinger verbunden ist, in Richtung Mittelfinger verschoben ist. Die Verschiebung der Jupiter- und Apolloberge in Richtung Saturn ist ein beherrschendes Merkmal. Es ist sehr unwahrscheinlich, daß diese Person die Fesseln von Pflicht, Redlichkeit und Gewissenhaftigkeit jemals abschütteln wird, denn die Annäherung der anderen Berge an Saturn mit seinen konformen Eigenschaften signalisiert, daß sich dieser Mann Familie, Freunden und seiner Arbeit gegenüber zuverlässig und verantwortungsbewußt verhält. Seine Arbeit und seine Studien haben eine Tendenz zum Künstlerischen, wie es die Verschiebung des Apollobergs in Richtung Mittelfinger andeutet. Wenn sich der Handeigner jedoch dem künstlerischen Bereich widmet, geschieht dies mit Disziplin und Wissen (was den Einwirkungen des Saturn zu verdanken ist).

Der Merkurberg ist in Richtung Apollo verschoben, was auf eine Vorliebe für die ästhetische Seite von Sprache und Handwerk schließen läßt. Die für den finanziellen Bereich günstigen Eigenschaften von Merkur können dadurch genutzt werden, daß der Handeigner im Rahmen eines künstlerischen Berufes – sei es im visuellen, musikalischen oder literarischen Bereich – geschäftlich tätig wird. Allerdings sind auch die drei kurzen vertikalen Linien an der Wurzel des Kleinfingers auffallend, die von vielen Handlesern als Anzeichen einer ausgesprochenen Begabung im medizinischen Bereich gedeutet werden. Eine Tätigkeit auf diesem Gebiet kann philosophische (Saturn) oder künstlerische Aspekte (Apollo) haben. Allerdings muß der übertriebene Ernst, der durch Saturn signalisiert wird, auf allen Ebenen überwunden werden.

Der Mondberg ist gut entwickelt. Introspektion und Phantasie sind daher im Denken und Streben dieses Menschen stark ausgeprägt. Darüber hinaus können die verschiedenen tiefen Schräglinien auf dem Mondberg den Wunsch nach Veränderung oder nach Reisen ausdrücken. Je genauer man diese Hand betrachtet, desto auffälliger wird übrigens der starke Einfluß dieses Berges. Von der Kopflinie führt ein Zweig dorthin, auch die Saturnlinie beginnt in der Nähe des Mondbergs, sogar von der Lebenslinie führt ein Zweig über die Saturnlinie nach unten auf den Mondberg. Gedanken (Kopf), Energien (Leben) und Schicksal (Saturn) sind von der Phantasie und Vorstellungskraft des Mondes geprägt. Gefahr droht durch Verträumtheit und unpraktisches Wesen.

Der Marsberg am Handrand ist fest und gut ausgeprägt. Trotz der Vielseitigkeit und der Fähigkeit, beide Seiten eines Problems zu erkennen (was sich an der ausgeprägten Gabelung der Kopflinie ablesen läßt), stoßen von außen kommende Bemühungen um Kontrolle auf passiven, aber starken, wenn nicht sogar starren Widerstand.

Der Kleine Marsberg am Daumenhandrand ist sehr flach. Handleser erkennen daran eine Person, die nicht aggressiv ist. Der Handeigner hat zwar einen festen Standpunkt, greift jedoch nicht an. Es besteht daher die Gefahr der Erfolglosigkeit, was wiederum zu dem von der Wurzel des Zeigefingers verschobenen Jupiterberg paßt. Der Handeigner neigt dazu, stur auf seinem Standpunkt zu beharren, wenn er sich für etwas entschieden hat, allerdings erst, nachdem er sorgfältig alle seine Möglichkeiten gegeneinander abgewogen hat (dies drückt sich in der gegabelten Kopflinie und der Verschiebung der Berge in Richtung Saturn aus).

Die Fingerabdrücke des Klein- oder Merkurfingers, des Ring- oder Apollofingers, des Mittel- oder Saturnfingers und des Daumens weisen Schlingenmuster auf und lassen auf Nachdenklichkeit und Anpassungsfähigkeit schließen. Der Fingerabdruck des Jupiter- oder Zeigefingers zeigt allerdings ein Bogenmuster, was eher Rigidität statt Anpassungsfähigkeit ankündigt und außerdem Materialismus, langsame Erregbarkeit und Grobheit anzeigt. Aus dem relativ flachen Jupiterberg haben wir bereits erkannt, daß Stolz und Ehrgeiz nicht ausgeprägt sind, wohingegen die Verschiebung des Jupiterbergs in Richtung Saturnberg mit Pflichtgefühl und Integrität einhergeht. Das Bogenmuster an der Jupiterfingerkuppe warnt jedoch vor einer unterschwellig vorhandenen unnachgiebigen Härte, die allerdings ihre Zeit braucht, um sich zu manifestieren, und heraufbeschworen werden kann, wenn dieser Mann das Gefühl hat, daß man seine Aufrichtigkeit oder sein Pflichtgefühl in Frage stellt.

Die Linien

Die Lebenslinie ist gut ausgeprägt und in weitem Bogen um den Daumen geführt, was auf eine Vorliebe für Aktivität schließen läßt. Ungefähr auf halber Höhe der Hand wird die Linie schwächer und verschwindet, erscheint jedoch wieder unten auf dem Venusberg und endet am Handgelenk.

Diese Unterbrechung läßt darauf schließen, daß eine Verringerung oder eine Schwächung des Antriebs Anfang des mittleren Alters stattgefunden hat, die entweder durch Krankheit oder ein psychisches Trauma hervorgerufen worden ist. Später hat sich die Energie wieder regeneriert. Die Lebenslinie beginnt in der Nähe der Kopflinie und signalisiert eine enge Familienbeziehung oder vielleicht auch Schüchternheit oder Ängstlichkeit in der frühen Kindheit. Tatsächlich liegt der Anfang sogar noch oberhalb der Kopflinie in der Nähe des Jupiterbergs, was auf hervorragende Leistungen in der Kindheit oder frühen Jugendzeit schließen läßt.

Kurz bevor die Lebenslinie sich verliert, führt eine Verzweigung über die Saturnlinie hinweg auf den Mondberg. Ein Teil der Energien manifestiert sich also in dem Bedürfnis zu reisen oder äußert sich möglicherweise in einer gewissen Rastlosigkeit. Einige Handdeuter lesen diese Verbindungslinie als eine spezielle Via lasciva (die Sinnlichkeit symbolisiert) und nicht als Gabelung der Lebenslinie, doch da sie aufhört und auch nicht auf dem Venusberg beginnt, würden die meisten Fachleute dies als Abzweigung der Vitalitätslinie auffassen und nicht als eine Verbindung zwischen zwei Bergen. Wie deutet man jedoch die Linien auf dem Venusberg, die vertikal von der Lebenslinie auf das Handgelenk zulaufen? Gewöhnlich werden sie als Einflußlinien verstanden, die mit dem Einfluß anderer Personen auf die Ausrichtung und Zielsetzung der Aktivität zusammenhängen. Eine dieser Linien, die von der Lebenslinie herkommt, aber nicht ganz parallel zu ihr verläuft, könnte als Marslinie interpretiert werden, was auf verstärkte Energie und gesteigerten Antrieb schließen läßt.

Die Kopflinie ist ausgeprägt und gabelt sich nach außen. Ihre Tiefe entspricht den übrigen Merkmalen dieser Hand, die auf die wichtige Rolle geistiger Aktivitäten hindeuten. Der Abstand zwischen Herz- und Kopflinie läßt auf Unabhängigkeit schließen. Der relativ gerade Verlauf betont das logische Denken. Die Gabelung entspricht der Fähigkeit, beide Seiten eines Problems zu erkennen, doch die Person muß sich vor Unentschlossenheit hüten. Die Kopflinie ist allerdings so deutlich gezeichnet, daß die Gabelung wahrscheinlich eine besonnene Haltung Problemen gegenüber signalisiert, wobei die Logik (manifestiert im geraden Verlauf der Linie) praktische Lösungen fördert. Außerdem unterstreicht die Gabelung jene allgemeine Vielseitigkeit dieser Person, auf die bereits hingewiesen wurde.

Eine andere Besonderheit dieser Hand, die bei unserer Deutung bereits erwähnt wurde, ist die starke Ausprägung des Mondbereiches. Die Neigung der Linien in Richtung Mond betont die wichtige Bedeutung von Sensibilität und Phantasie. Die Person ist durch ihre Hand als kreativer Mensch mit einem deutlichen Interesse am Okkulten ausgewiesen. Die relativ lange Kopflinie, von der beide Gabeln auf den Handrand zulaufen, zeugt wiederum von geistiger Vielseitigkeit. Wir wollen nicht verschweigen, daß diese lange Linie auch lediglich Dilettantismus bedeuten könnte.

Die Herzlinie ist ebenso tief und klar wie die Kopflinie, weist allerdings im äußeren Abschnitt einige Ketten und Inseln auf, und zwar unterhalb des Merkur- und Apollobergs, was auf Schwierigkeiten in Liebesbeziehungen schließen läßt. Da die Herzlinie nicht wellig verläuft, kann man beständige Gefühle vermuten. Beziehungen basieren wahrscheinlich auf einer Mischung aus Pragmatismus und Idealismus, denn die Linie verläuft vom Handrand ausgehend bis zur Mitte zunächst relativ gerade, um dann allmählich einen Bogen in Richtung Jupiterberg zu schlagen, was die hohen Erwartungen erkennen läßt, die diese Person an sich und an andere stellt. Auch Zuverlässigkeit und Loyalität drücken sich in diesem Verlauf zum Jupiterberg hin aus.

Herz- und Kopflinie verlaufen getrennt und berühren sich an keiner Stelle. Intellektuelle Aktivitäten können sich also entwickeln, ohne von Emotionen gestört zu werden; andererseits können starke emotionale Bindungen auch ohne Rücksicht auf die Vernunft geschlossen werden. Somit kann dieser Mann objektiv sein, wenn man von ihm Entscheidungen verlangt, er kann aber auch völlig irrational reagieren, wenn es sich um leidenschaftliche Beziehungen handelt. Weil Wissenschaftler, Ärzte, Rechtsanwälte und Richter die besten Leistungen erbringen, wenn diese Bereiche streng voneinander getrennt sind, würde der Handeigner sich sehr gut für einen dieser Berufe eignen, besonders da sich durch einen Blick auf den Merkurberg auch drei vertikale Linien feststellen lassen, die in zahlreichen Handlesesystemen mit dem medizinischen Bereich assoziiert werden.

Der Ansatz der Saturn- oder Schicksalslinie läßt sich leicht in der Nähe des Handgelenks ausmachen, die Linie beschreibt dann einen Bogen unterhalb der Lebenslinie auf den Bereich zwischen Venus und Mond hin und verläuft dann über die Kopflinie und die Herzlinie direkt nach oben, wo sie von zwei kleineren Linien gesäumt wird. Eine dieser Linien (vielleicht sogar beide) erreicht den unteren Teil des Saturnbergs. Der Ansatz nahe dem Venusberg wird als Hinweis auf starke frühe Einflüsse auf das spätere Leben und die zukünftige Ausrichtung dieses Mannes gedeutet. Beispielsweise könnte ein Elternteil oder ein Verwandter einen Einfluß auf die Berufswahl des Betreffenden gehabt haben. Die ausgeprägte Saturnlinie bedeutet für einige Handleser, daß diese Person zielstrebig ist. In der Mitte der Innenhand, wo die Kopflinie sich zu spalten beginnt, wird die Saturnlinie schwächer, was bedeutet, daß es an dieser Stelle möglicherweise Konflikte und Hindernisse zu bewältigen gibt. Die beiden Begleit- oder Hilfslinien lassen von dieser Stelle an auf eine gewisse Unterstützung schließen, mit der Hindernisse auf positive Weise umgangen oder bewältigt werden können, was wiederum die Vielseitigkeit und Flexibilität betont, die für diese Hand typisch ist.

Die Apollolinie ist deutlich und dünn, aber nicht sehr tief. Talent ist zwar vorhanden, doch Erfolg und Anerkennung lassen sich wohl eher durch Ausdauer erreichen als durch Inspiration (die Person ist eher durch Saturn als durch Apollo beeinflußt). Die Apollolinie beginnt unmittelbar unterhalb einer Gabelung der Kopflinie. Diese stark ausgeprägte Linie läßt auf eine ausgesprochen kreative Phantasie schließen. Eine Karriere als Schriftsteller oder Künstler würde zu dieser Person passen, doch da die Saturnlinie auf einem flachen Bereich unterhalb des Saturnbergs verläuft, könnte ein Handleser daraus schließen, daß es sich bei der Begabung eher um Kunstfertigkeit als um Kunst handelt. Die Apollolinie vertieft sich, während sie über die Herzlinie hinausgeht, und teilt sich an der Wurzel des Ring- oder Apollofingers in drei deutlich erkennbare Zweige. Demnach wird diesem Mann in verschiedenen Bereichen Anerkennung zuteil, vor allem in seinen späteren Jahren.

Die Merkurlinie ist flach und relativ schwach ausgeprägt, aber sie beginnt in der unteren Gabelung der Kopflinie, und hier beginnt oder endet auch der dünne, aber klare Zweig, der zur Saturnlinie führt, und zwar genau an der Stelle, wo der Zweig von der Lebenslinie die Saturnlinie kreuzt und auf den Mondberg führt (wie bereits bei der Lebenslinie beschrieben). Diese Verzweigung zur Saturnlinie wird von einigen Spezialisten als Anzeichen dafür gesehen, daß gesundheitliche Probleme die Karriere des Betreffenden behindert haben oder behindern werden.

Zum Schluß sehen wir uns die Raszetten an, den Linienkranz, der am Handgelenk verläuft. In unserem Fall handelt es sich um drei Linien. Sie sind zwar klar und ausgeprägt, doch sie bilden kein ›königliches Armband‹, denn sie verlaufen nicht parallel, und die Raszette, die der Innenhand am nächsten liegt, weist eine Anzahl von Kettenmarkierungen auf. Dieser Mann benötigt daher Ausdauer, um zu Anerkennung und Erfolg zu gelangen.

Ein Handdeuter würde die Wesenszüge dieses Mannes, wie sie sich in seiner linken Hand zeigen, folgendermaßen zusammenfassen: Allgemeine Eigenschaften: vielseitig, wendig, sicher im Ausdruck, originell, phantasievoll, offen; Persönlichkeit und Einstellungen: nach innen gerichtet, ausdauernd, selbstbeherrscht, überzeugend; Emotionen: besonders auffällig ist die Zuverlässigkeit in Beziehungen; mögliche Berufsrichtungen: Medizin, wissenschaftlicher Bereich, Lehrtätigkeit, Kommunikation, Diplomatischer Dienst; Geld und Geschäftliches: deutliche Konflikte zwischen Theorie und Pragmatismus; Interessen und Hobbys: Reisen, Kunst, Studium; negative Züge: Weitschweifigkeit, Dilettantismus, Pedanterie, Starrsinn, Unaufrichtigkeit, Langatmigkeit.

Diskussion

Direkte Zukunftsdeutung gilt unter seriösen Chiromanten heutzutage als überholt. Eine Beurteilung der Zuverlässigkeit des Handlesens erschöpft sich daher in der Frage nach der Zulässigkeit der Verknüpfung von Form und Oberfläche der Hand mit den geistigen und psychischen Anlagen einer Person.

Anhänger der Handlesekunst weisen darauf hin, daß die Hand immerhin so sehr Teil des täglichen Lebens, der sozialen Kontakte und der allgemeinen Erscheinung ist (gleichgültig, ob es sich nun um ererbte Anlagen oder erworbene Eigenschaften handelt), daß die Persönlichkeit eines Menschen ganz eindeutig mit diesem für das Individuum so typischen anatomischen Merkmal verbunden ist. Auch Wissenschaftler haben sich nicht gescheut, den Körperbau eines Menschen für die Einordnung in bestimmte Persönlichkeitstypen heranzuziehen und daraus sogar psychologische Begriffe zu entwickeln. So unterscheidet man zum Beispiel den kleinen, gedrungenen (pyknischen) Typ mit seinen extravertierten Stimmungsschwankungen (zyklothym) und den großen, schlanken (asthenischen) Typ mit seinen introspektiven niedergedrückten Emotionen.

Kritiker argumentieren daraufhin, daß dies, selbst wenn man solche Zusammenhänge als statistisch zuverlässig akzeptiere (und viele Forscher lehnen diese Voraussetzung vehement ab), noch lange nicht bedeute, daß dadurch bei irgendeinem Menschen Rückschlüsse auf dessen Persönlichkeit gezogen werden könnten. Jeder kenne schließlich Pykniker, die ausgeglichene Introvertierte sind, oder Astheniker mit Stimmungsschwankungen, die vor Energie nur so sprühen.

Es gibt allerdings medizinisch anerkannte Zusammenhänge zwischen dem Erscheinungsbild der Hand und dem Gesundheitszustand eines Menschen: knotige Finger weisen auf eine Lungenkrankheit oder ein chronisches Leiden hin, ein sehr roter Mondberg läßt auf ein Leberleiden schließen. Selbst für diese relativ einfachen Verbindungen hat man bisher jedoch noch keine Erklärung finden können, die Verknüpfung von Begabungen und Schwächen mit Handkonfigurationen wird daher sicherlich noch sehr viel länger auf eine wissenschaftliche Untermauerung warten müssen.

Befürworter des Handlesens heben gewöhnlich hervor, daß es schließlich Biologen und Ärzte und keine Handleser seien, die eine Beziehung zwischen bestimmten Merkmalen der Hand und pathologischen Zuständen beschreiben. Die bewiesene Existenz Hunderter von beobachteten Übereinstimmungen ist, solange ihre genauen Mechanismen nicht geklärt werden konnten, in der Diskussion um eine mögliche Verbindung von Handformen und -linien mit seelischen oder geistigen Wesenszügen eines Menschen als Argument ohne Schlagkraft. (So war man beispielsweise schon sehr früh in der Lage, das Erröten eines Menschen ganz richtig als Ausdruck von Verlegenheit zu deuten, die tatsächliche Verbindung von Gehirn, Kreislauf und Blutgefäßen gilt jedoch erst als bewiesen, seit man das komplexe Zusammenspiel verschiedener Faktoren wissenschaftlich erforschen konnte. Dabei war die beobachtete Verknüpfung von Gedanken und physischer Reaktion ebenso offensichtlich wie eindeutig.)

Zahlreiche medizinische Studien haben ergeben, daß es bei bestimmten Menschen eine große Übereinstimmung zwischen verschiedenen Mustern der Hand und der Fingerabdrücke und kongenitalen Defekten und Störungen gibt. Die Affenlinie beispielsweise (darunter versteht man eine einzige Linie, die statt der üblichen zwei waagerecht die Innenhand quert) findet sich überraschend häufig bei Menschen mit besonderen angeborenen Anomalien. Man hat auch ungewöhnlich zahlreiche Papillaren in Fingerabdrücken von Menschen beobachtet, bei denen Chromosomabweichungen festgestellt wurden. Die Verfechter der Handlesekunst schließen daraus, daß die Verknüpfung bestimmter Merkmale und Tendenzen mit spezifischen Handlinien durchaus mit anerkannten biologischen Dogmen in Einklang stehen kann.

Allerdings beweisen die verschiedenen ungewöhnlichen Konfigurationen in der Hand (ob sie nun ererbt oder *in utero* entstanden sind) als Hinweise auf Chromosomabweichungen lediglich die Tatsache, daß gewisse chemische Faktoren und bestimmte Aspekte des Nervensystems häufig genetisch gekoppelt sind. Medizinische Wissenschaftler können diese Zeichen sogar als Hinweis auf bisher unerkannte Zustände nutzen. Doch dies ist nicht damit zu vergleichen, daß man etwa vom Aussehen der Herzlinie Rückschlüsse auf die psychische Veranlagung eines Menschen zieht bzw. von der Richtung der Kopflinie auf geistige Prozesse, von der Länge der Lebenslinie auf die Energie eines Menschen oder von der Ausgeprägtheit des Merkurbergs auf kommunikative Begabungen schließt.

Generell sind Chiromanten der Überzeugung, daß die Interpretationen, die sie aus der Betrachtung der Hand ableiten, letztendlich stimmen, gleichgültig ob sich dieses Phänomen erklären lasse oder nicht, da sie ihre Deutung dem Wesen und Verhalten des jeweiligen Menschen anpassen. Deshalb sind auch Vorhersagen schließlich zutreffend, denn der Klient reagiert aufgrund seines Charakterbildes, das man in der Hand abliest, in gewisser Weise kalkulierbar. Problematisch, so werfen die Gegner den Handlesern vor, sei bei dieser Argumentation schon die Tatsache, daß es keinerlei zuverlässige, ja nicht einmal unzuverlässige Studien gebe, die derartige Behauptungen untermauern könnten.

Natürlich wird eine objektive Auswertung in den meisten Fällen sehr schwierig sein. Wie der Völkerkundler M. A. Park treffend bemerkte, besteht ein Problem nicht zuletzt darin, daß sich Prophezeiungen sehr wohl selbst bewahrheiten können, weil der Handeigner sich bemüht, genau das zu tun, was

Ben Shahn, »Ich habe nie zu träumen gewagt«, West Palm Beach, Norton Gallery of Art. Die Hände, die den Kopf stützen, drücken Nachdenklichkeit oder Besinnung aus.

der Handdeuter ihm vorausgesagt hat. Es kann auch sein, daß der Betreffende aufgrund eben dieser Prophezeiungen reagiert und damit erst das vorhergesagte Ereignis auslöst. Kritiker der Handlesekunst haben wiederholt derartige Möglichkeiten in Betracht gezogen, um so das Eintreffen von Vorhergesagtem zu erklären.

Wissenschaftler sind sich darin einig, daß Handlesemethoden keine zuverlässige Grundlage für die Beurteilung des Charakters oder des zukünftigen Verhaltens eines Menschen darstellen. Die Chiromanten werfen dagegen den Wissenschaftlern Voreingenommenheit vor und halten deren Schlußfolgerungen im Grunde sogar für unwissenschaftlich, da sie nicht einmal bereit seien, die in ihren eigenen Reihen gewonnenen Erkenntnisse von der biologischen Verknüpfung zwischen der Persönlichkeit eines Menschen und der Beschaffenheit seiner Hand zu akzeptieren.

I Ching

伏羲氏教民始分陰陽

I Ching

Vielleicht hab' ich nichts
Und habe alles doch;
Wenn eben der Weg,
Warum falle ich noch?
Nicht im Geschriebenen
Kann ich die Zukunft sehen,
Den eigenen Weg
Muß ich selber gehen.

Eine Darstellung des legendären chinesischen Herrschers Fu Hsi (3. Jahrtausend v. Chr.) aus dem 19. Jahrhundert. In der Hand hält er das Yin-Yang-Symbol. Fu Hsi wird im allgemeinen die Erfindung der acht Grundtrigramme zugeschrieben, aus denen sich die 64 Hexagramme des I Ching ableiten. Aquarell, ca. 355 × 255 mm, London, Wellcome Institute Library

Das I Ching, das »Buch der Wandlungen«, ist eine Sammlung von Diagrammen mit kommentierenden und deutenden Begleittexten. Für viele Menschen ist es eines der ältesten noch heute befragbaren Orakel, andere betrachten es als Quelle universeller Weisheit, mit der richtiges Handeln und ein allen Lebenssituationen angemessenes Verhalten erlernt werden können. Wieder andere verstehen es einfach als umfassende Darstellung der Mythologie und Philosophie des alten China.

Das eigentliche I Ching besteht aus 64 Diagrammen, die jeweils aus sechs unterbrochenen und durchgehenden Linien (Hexagramm) zusammengesetzt und mit einer Überschrift und einigen chinesischen Schriftzeichen versehen sind, die als zusammenhängende, wenn auch nicht eindeutig formulierte Erklärungen, »Urteile«, dem jeweiligen Hexagramm zugeordnet sind. Ein deutender Kommentar begleitet auch die einzelnen Linien. Zu diesem grundlegenden Muster ist im Laufe der Jahrhunderte eine Vielzahl von Kommentaren und Erklärungen geschrieben worden, die unter dem Titel »Zehn Flügel« zusammengefaßt sind.

Aus der jeweiligen Bedeutung der chinesischen Zeichen liest der Ratsuchende die Antwort auf eine von ihm gestellte Frage. Die Deutung, die aus einem Hexagramm herausgelesen wird, soll den Fragenden auf den für ihn richtigen Weg führen. Das Ritual, mit dem man das betreffende Hexagramm wählt (früher geschah dies mit Hilfe von Schafgarbenstengeln, heute durch Werfen von Münzen), wird vom Fragenden selbst durchgeführt. Einige Kommentatoren, vor allem C. G. Jung, sahen in diesem Vorgang an sich schon eine Methode, das Bewußtsein des Fragenden von allen äußeren Einflüssen zu befreien, und so bereits eine Empfänglichkeit für die verborgenen inneren Wünsche zu schaffen.

Man hat den »Antworten« des I Ching prophetische Bedeutung beigemessen, weil das persönliche Schicksal nach chinesischer Auffassung vom einzelnen Menschen selbst bestimmt wird. Wenn ein Mensch sein eigenes Wesen versteht, seine individuellen Bedürfnisse, Fähigkeiten und Wertsysteme kennt, kann er auch den für sich richtigen Weg voraussehen. Wenn man dem I Ching die richtige Frage stellt, bleibt die erhaltene Antwort offen für die eigene Interpretation. Die richtige Deutung wird ein angemessenes Handeln ermöglichen. Die Zukunft ist daher ein Ergebnis eigener Wahl und Entscheidung, sie ist nicht schicksalhaft unausweichlich.

Geschichte des I Ching

Über die Ursprünge der Hexagramme ist viel gerätselt worden. Vielleicht stehen sie in Zusammenhang mit den Ritzen und Spalten des Felsgesteins, in denen in prähistorischer Zeit Chinesen Anhaltspunkte für zukünftige Ereignisse zu finden hofften. Auch eine Verbindung mit den Sprüngen und Rissen in Tierknochen, wie man sie bei einer anderen Wahrsagetechnik benutzte, wäre denkbar. Eines der ältesten Orakel bestand darin, die Muster im Panzer einer Schildkröte zu deuten. Möglicherweise hat dieses Ritual zur Verwendung von Liniendiagrammen in der Zukunftsdeutung geführt. Vielleicht sind die I Ching-Diagramme aber auch lediglich die logische Anwendung der einfachsten geometrischen Form, der geraden Linie, mit ihren beiden möglichen Eigenschaften, der Kontinuität und der Unterbrechung.

Dieser Orakelknochen aus der Zeit der Shang-Dynastie (ca. 1500 v. Chr.) gehört mit den eingeritzten Zeichen möglicherweise zu den ältesten Manifestationen der chinesischen Schrift und Weissagung.

Aus chinesischer Sicht ist das Universum seit jeher vom Dualismus geprägt: das männliche Prinzip oder Yang – hell, aktiv, warm, trocken, hart und positiv – und das weibliche Prinzip oder Yin – dunkel, passiv, kalt, feucht, weich und negativ. Diese beiden Prinzipien sind allgegenwärtig. Man nimmt an, daß der legendäre Herrscher Fu Hsi im 3. Jahrtausend v. Chr. diese gegensätzlichen Prinzipien in ein System von Linien übertragen hat, die *Pa Kua* (»Acht Diagramme«): Die durchgezogene Linie war synonym mit Yang, dem männlichen Prinzip, der schöpferischen Kraft; somit ist die unterbrochene Linie identisch mit Yin, dem weiblichen Prinzip, der vollendenden Kraft.

Man hat viel darüber spekuliert, wie aus der einzelnen Linie die Trigramme des I Ching geworden sind. Vielleicht wurden alle möglichen Kombinationen der beiden Linien gebildet, so daß sich vier Grundkombinationen ergaben (⚌ ⚍ ⚎ ⚏), die dann wiederum mit den beiden Grundformen der Linie kombiniert wurden, so daß schließlich acht Trigramme entstanden (☰ ☱ ☲ ☳ ☴ ☵ ☶ ☷). Jedes Trigramm wurde mit einem Naturphänomen verbunden (Himmel, Erde, Berg, Wind, See, Donner, Wasser, Feuer).

Die weitere Entwicklung der Trigramme zu sechszeiligen Hexagrammen wird mit einer Reihe von politischen Vorgängen im 12. Jahrhundert v. Chr. in Verbindung gebracht. Die Legende schreibt König Wên, dem Führer der Chou, die Urheberschaft zu. Aus Eifersucht und Furcht vor dessen wachsendem Einfluß ließ ihn der despotische Kaiser Chou Hsin, ein Angehöriger der mächtigen Shang-Dynastie, gefangenhalten. Während seiner Inhaftierung soll Wên – sein Name bedeutet »gelehrt« und spiegelt angeblich seinen unermüdlichen Lerneifer – aus den Trigrammen die 64 Hexagramme zusammengestellt haben. Obwohl einige Forscher von einer älteren Entwicklung der Hexagramme ausgehen, sind sich fast alle darin einig, daß es Wên war, der sie kodifiziert und strukturiert hat, sie mit Namen versehen und jedem Hexagramm einen sehr kurzen Kommentar (später nannte man diese Kommentare »Urteile«) hinzugefügt hat.

Wên hat niemals den Thron bestiegen. Sein Sohn, der Fürst von Chou, verlieh seinem inzwischen verstorbenen Vater nach dem Sieg über den Shang-Herrscher den Kaisertitel, nannte sich selbst Kaiser Wû und gründete so die Chou-Dynastie. Auch er verfaßte Erklärungen zu jeder Linie der 64 Hexagramme. Diese Kommentare bestehen aus relativ wenigen chinesischen Schriftzeichen, die auf verschiedene, höchst unterschiedliche Weise übersetzt und interpretiert wurden.

In der Zeit der Chou-Dynastie (11. Jahrhundert – 221 v. Chr.) erlebte China eine kulturelle Blüte. Am Anfang dieser Periode entstanden zwei der ältesten chinesischen Klassiker (wobei genaue Datierungen durch den chinesischen ›Traditionalismus‹ und eine Geschichtsauffassung, die Legende und historische Fakten vermischte, recht problematisch sind), das

Die Kommentare des Konfuzius (551–479 v. Chr.), wie sie von seinen Schülern überliefert wurden, waren wichtige Zusätze zu den gesammelten Erweiterungen des I Ching.

Shih Ching oder »Buch der Gedichte« und das noch ältere *Shu Ching,* das »Buch der Urkunden«. Beide sind in Teilen vermutlich älter als das I Ching. Auch die chinesische Philosophie erhielt durch eine Reihe herausragender Gelehrter entscheidende Impulse. Im 6. Jahrhundert v. Chr. lebte Laotse, dem die Lehre des *Tao*, des richtigen Weges zugeschrieben wird. Auch seine Existenz ist von Legenden umrankt und die textkritische Untersuchung der ihm zugewiesenen Schriften ist noch nicht abgeschlossen. Die Lehren des Konfuzius (551 bis 479 v. Chr.) begannen, von seinen Schülern niedergeschrieben, Verbreitung zu finden.

Die rund 900 Jahre währende Epoche der Chou-Dynastie war geprägt von zahlreichen Umwälzungen, Kriegen und Neuorientierungen der politischen Macht, die den Aufbau und die Überlieferung des I Ching beeinflußten. Die Grundgedanken der taoistischen Philosophie, die natürlichen, unveränderlichen Gesetze des Universums postulierend, scheinen im I Ching Entsprechungen zu finden. Konfuzius erweiterte das I Ching zudem mit mündlichen Kommentaren, die von seinen Schülern nach seinem Tod schriftlich fixiert wurden. Sie bilden den größten Teil der umfangreichen »Zehn Flügel«, wobei die Forschung uneinig ist über das tatsächliche Ausmaß der Konfuzius-Kommentare. Gelegentlich ist die Ansicht geäußert worden, der Begriff »Bild« – die Überschrift zu den in vielen Ausgaben zu findenden Zeilen, die den Hexagrammen folgen – sei möglicherweise aus einer falschen Lesart des Namens Konfuzius entstanden.

Das I Ching hat vielen Zwecken gedient: Es ist als weissagendes Orakel, als eine Art Verhaltenskodex oder eine Kombination von Weissagungen und moralischer Richtschnur angesehen worden. Für gewöhnlich hat es die philosophischen und ethischen Haltungen des jeweiligen Zeitalters widergespiegelt. Nach Konfuzius zum Beispiel, zwischen dem 5. und 4. Jahrhundert v. Chr., der Zeit des Philosophen Mo Ti, wurden seine nichtmythischen Werte betont. Im 4. Jahrhundert v. Chr. konzentrierte sich Tsou Yen vor allem auf die moralischen Prinzipien. Dann wiederum wurden die weissagenden und mystischen Eigenschaften in den Vordergrund gerückt, etwa während der Ch'in- und Han-Dynastien (221–206 v. Chr. und 206 v. Chr.–220 n. Chr.).

Diese Funktionsverlagerung zwischen Instruktion und Weissagung läßt sich durch die Jahrhunderte immer wieder beobachten. Im Anschluß an die Zeit der Han-Dynastie sahen Wang Pi und andere im I Ching wieder hauptsächlich einen Moralkodex, der allmählich für regierende Amtsträger, sogar den König, als verbindlich angesehen wurde. Während der Sung-Dynastie betonte zunächst Shao Yung die philosophischen Aspekte des I Ching. Danach wiederum dominierte der Weissagecharakter des I Ching, etwa Mitte der Sung-Ära im 12. Jahrhundert n. Chr., als seine Orakelfunktion von dem Philosophen und Philologen Chu Hsi wiederentdeckt wurde. Bis zum 17. Jahrhundert hatte sich schließlich eine Art Synthese herausgebildet (besonders deutlich erkennbar im Werk von Wan I) zwischen den prophetischen, mystischen Elementen, die während der Han- und Sung-Zeit im Vordergrund gestanden hatten, und dem Gedankengut der buddhistischen Philosophie.

Im Verlauf der langen Geschichte des I Ching wurden immer neue Kommentare und Zusätze verfaßt und auf verschiedenste Weise gesammelt. Das Werk war während der Han-Periode umfassend kodifiziert worden, und eine besonders einflußreiche Interpretation von Chêng Hao wurde während der Sung-Dynastie hinzugefügt. Historische Veränderungen, kulturelle Entwicklungen und Modifizierungen der Schriftsprache haben den Originaltext so weit geändert, daß der heute bekannte Text des I Ching in seiner Übersetzung nicht mehr genau mit jenem übereinstimmt, den Kaiser Wên und der Herzog von Chou oder andere Gelehrte des chinesischen Altertums verfaßt haben. Der früheste heute noch erhaltene Text trat in den 70er Jahren unseres Jahrhunderts bei Ausgrabungen in einem Grab zutage und wird auf etwa 168 v. Chr. datiert. Unsere heutige Version entspricht wahrscheinlich dem I Ching, wie es im 7. Jahrhundert n. Chr. vorlag und seither benutzt wurde.

Bis zum Ende des 17. und 18. Jahrhunderts wurden die »Zehn Flügel« zusammen mit den Urteilen und den Linien aufgeführt. Zur Zeit des Kaisers K'ang Hsi (1662–1722) während der Ch'ing-Dynastie hat man die »Zehn Flügel« in einem getrennten Teil zusammen mit den Kommentaren von über 200 Verfassern vom 2. Jahrhundert v. Chr. bis zum 17. Jahrhundert n. Chr. präsentiert. Beide Teile – die »Zehn Flügel« sowie Urteile und Linien – wurden dann aufgrund eines königlichen Erlasses wieder zusammengefügt. Diese Ausgabe wurde Anfang des 20. Jahrhunderts von Richard Wilhelm ins Deutsche übertragen. 1949 übersetzte Cary Baynes Wilhelms Übertragung ins Englische. Vor der Übersetzung von Baynes hatte es jedoch bereits andere englische Fassungen gegeben. Als die bedeutendste unter ihnen gilt die von James Legge, der 1882 seine intensiven Studien am gesamten I Ching-Text abschloß. Erwähnen sollte man auch die Arbeit von Regis und McClatchie im 19. Jahrhundert. Es hat Tausende von Untersuchungen, Interpretationen und Übersetzungen des I Ching gegeben, in der westlichen Welt sind die Versionen von Legge und Wilhelm jedoch die bekanntesten.

Es ist schwer, die heutige Bedeutung des I Ching in der westlichen Kultur richtig einzuschätzen. Den meisten Menschen wird es kaum bekannt sein; diejenigen, die damit umgehen können, schätzen es als hilfreiches Mittel, um wohlüberlegte Entscheidungen in wichtigen Lebensfragen zu treffen. In der chinesischen Kultur ist es auch heute noch sehr geachtet – als Orakelbuch, als Richtschnur für ethisches Handeln und lehrreiche Quelle des chinesischen Gedankenguts, der chinesischen Geschichte und Philologie.

Oben: Mi Yu-jen, Wolkenverhüllte Berge (Ausschnitt), Sung-Dynastie (1130), Seidenmalerei, ca. 43,5 × 197 cm, Cleveland, The Cleveland Museum of Art, J. H. Wade Collection. Zur Zeit der Sung-Dynastie wurde das I Ching als Orakel sehr verehrt.

Links: Tu Chin (tätig 1465–1487), Der Dichter Lin P'u geht im Mondlicht spazieren, Aquarell und Tusche auf Papier, ca. 245 cm, Cleveland, The Cleveland Museum of Art. Im Laufe der Jahrhunderte haben Gelehrte unzählige Kommentare zum I Ching verfaßt.

Unten: Der Kachelausschnitt zeigt ein *Pa Kua* (»Acht Diagramme«), auf dem neben den acht Trigrammen das chinesische Yin-Yang-Symbol für die Dualität des Universums dargestellt ist. Paris, Musée de l'Homme

Die Trigramme

Die acht dreizeiligen Diagramme, auf denen die 64 Hexagramme des I Ching basieren, werden in der Literatur in unterschiedlicher Reihenfolge aufgeführt. So findet sich bei Legge *Li* an dritter und *Tui* an zweiter Stelle, während *Li* bei Wilhelm an siebter und *Tui* an achter Stelle erscheint. Es gibt auch Ausgaben, in denen die Trigramme nach anderen Gesichtspunkten geordnet sind, etwa nach dem Yin- und Yang-Charakter, den Himmelsrichtungen, den gegensätzlichen Kräften des Kreises oder anderen symbolischen Aspekten. Die vorliegende Zusammenstellung ist nur eine von vielen möglichen Standardfolgen. In allen Ausgaben stimmen jedoch Linien, Name und Bedeutung des jeweiligen Trigramms miteinander überein, gleichgültig, an welcher Stelle es jeweils steht. Die untere Linie des Trigramms repräsentiert die Kräfte der Erde, die mittlere den menschlichen Einfluß, die oberste die Kräfte des Himmels. Außerdem sind jedem Trigramm Bilder aus der Natur zugeordnet worden. Darüber hinaus gibt es noch andere Assoziationen, wie zum Beispiel die Stellung in der Familie oder eine Zahlensymbolik. Kommentatoren haben oft die wesentliche Bedeutung jedes Hexagramms in der Beziehung zwischen den Bildern des oberen und unteren Trigramms gesehen, aus denen das Diagramm zusammengesetzt ist. Beispielsweise bildet in Hexagramm 3, *Chun* (gedeutet als »Anfangsschwierigkeit« ䷂), *K'an* (☵) das obere Trigramm, mit der Bedeutung »Abgrund, Wolke, Wasser, Winter, Mond und Gefahr«. Das untere Trigramm heißt *Chên* (☳) und steht für »Donner, Frühling, Erregung«. *Chên* (Donner) als unteres Trigramm trifft auf die nach unten gerichtete Bewegung des oberen Trigramms, *K'an* (Wolken, Wasser, Winter, Mond, Gefahr). In der Kombination als Hexagramm bedeutet das sinngemäß Verwirrung, bis der Regen fällt, wenn Gefahr und Unruhe aufhören.

Ähnlich liegt in Hexagramm 11, *T'ai* (Harmonie, Frieden ䷊) das Trigramm *Ch'ien* (Himmel, Stärke) unter dem Trigramm *K'un* (Erde, empfangend) und zeigt dem Deutenden an, daß der Himmel die Position der Erde eingenommen hat und die Erde sich oben in den Himmeln befindet, was den Zustand der Harmonie symbolisiert. Für Hexagramm 12, *P'i* (Disharmonie, Stillstand ䷋) gilt genau das Gegenteil, denn jetzt trägt *K'un* (Mutter, empfangend) *Ch'ien* (Vater, Stärke). Unruhe, Disharmonie und Stillstand sind die Folge.

Man könnte sich fragen, warum die Bedeutung dieser beiden Hexagramme nicht genau umgekehrt ist, denn in Hexagramm 12 befinden sich Himmel und Erde in ihrer natürlichen Position (der Himmel oben und die Erde unten), man könnte also Frieden erwarten, es herrscht aber Disharmonie. Doch die Weisen haben die Hexagramme nun einmal so und nicht anders konstruiert und mit Namen versehen.

Finden und Deuten der Hexagramme

Während der letzten Jahrhunderte wurde das Hexagramm, das zur Beantwortung der gestellten Frage Rat geben sollte, meist mit Hilfe von drei Münzen gefunden, eine Methode, die weniger aufwendig ist als die ältere Technik des systematischen Ordnens von Schafgarbenstengeln. Als Nachteil des relativ einfachenMünzorakels im Gegensatz zu der Methode mit den Schafgarbenstengeln gilt bei Eingeweihten der Verlust jener ruhigen, kontemplativen Einstimmungsphase vor der

TRIGRAMM	NAME	BILD	EIGENSCHAFT	FAMILIE	ZAHL
☰	*Ch'ien*	Himmel	schöpferisch, stark	Vater	1
☳	*Chên*	Donner, Frühling	bewegend, erregend	ältester Sohn	4
☵	*K'an*	Wasser, Wolke, Abgrund, Winter, Mond	gefährlich, abgründig	zweiter Sohn	6
☶	*Kên*	Berg, Hügel	ruhig, ruhend	jüngster Sohn	7
☷	*K'un*	Erde	empfangend, hingebend	Mutter	8
☴	*Sun*	Wind, Holz	sanft, eindringend	älteste Tochter	5
☲	*Li*	Feuer, Blitz, Sommer, Sonne	haftend, leuchtend	zweite Tochter	3
☱	*Tui*	See, Moor, Fluß, Herbst	fröhlich	jüngste Tochter	2

Hiroshige, Leichter Regenschauer bei Shamo, um 1860, Holzdruck, ca. 355 × 235 mm. Das Hexagramm 3 (*Chun:* Anfangsschwierigkeit) hat *K'an* im oberen (☵ Wolken, Gefahr) und *Chên* im unteren Trigramm (☳ Donner). Wenn die beiden aufeinanderprallen, herrscht Verwirrung, bis es anfängt zu regnen.

Trigramme oberes ▶ unteres ▼	*Ch'ien* ☰	*Chên* ☳	*K'an* ☵	*Kên* ☶	*K'un* ☷	*Sun* ☴	*Li* ☲	*Tui* ☱
Ch'ien ☰	1	34	5	26	11	9	14	43
Chên ☳	25	51	3	27	24	42	21	17
K'an ☵	6	40	29	4	7	59	64	47
Kên ☶	33	62	39	52	15	53	56	31
K'un ☷	12	16	8	23	2	20	35	45
Sun ☴	44	32	48	18	46	57	50	28
Li ☲	13	55	63	22	36	37	30	49
Tui ☱	10	54	60	41	19	61	38	58

Befragung, die die Bewältigung des komplizierten Schafgarbensystems zwangsläufig mit sich bringt. Für das Münzorakel werden drei Münzen geworfen, dabei zählt die Kopfseite 3, die Zahl 2. (In China benutzt man gewöhnlich Münzen mit einem viereckigen Loch in der Mitte, dabei zählt die glatte Seite 3, die beschriftete 2.) Die Summe der drei Würfe ergibt entweder eine ungerade (9, 7) oder eine gerade Zahl (8, 6). Nur diese Zahlen können geworfen werden. Eine ungerade Zahl bedeutet eine gerade, ungeteilte Linie, die der Fragende daraufhin als erste (unterste) Linie des Hexagramms aufzeichnet (—). Eine gerade Zahl entspricht einer unterbrochenen Linie (- -). Die durchgehende Linie ist Yang, die unterbrochene Yin. Wenn die ungerade Zahl eine 9 ist, heißt die gerade Linie »altes Yang«, 7 ist »junges Yang«. Die gerade Zahl 6 bedeutet »altes Yin«, die 8 »junges Yin«. In Übereinstimmung mit der respektvollen Haltung der Chinesen dem Alten gegenüber, spielen »altes Yang« und »altes Yin« (9 und 6) später in der Deutung eine besondere Rolle, denn nur mit Hilfe dieser Linien, die man auch als bewegliche oder wandelbare Linien bezeichnet, kann das Hexagramm nachher umgekehrt und als ergänzende Antwort herangezogen werden.

Nachdem die erste Linie bestimmt ist, wird sie gekennzeichnet (bei einem alten Yang für gewöhnlich mit einem Kreis, bei einem alten Yin mit einem Kreuz: –○– und –×–). Wieder werden die Münzen geworfen, so daß man die weiteren Linien erhält. Der erste Wurf bildet die unterste, der sechste Wurf die oberste Linie des Hexagramms. Wenn also eine 6, eine 7 und eine 8 geworfen wurden, heißt das erhaltene Trigramm *K'an* ☵ , es symbolisiert Wasser. Wenn dann eine 6, eine 8 und eine 9 geworfen werden, ist das zweite oder obere Trigramm *Kên* ☶ , der Berg. Beide Trigramme zusammen bilden das Hexagramm ䷃ , das zwei wandelbare Linien altes Yin (zweimal die Zahl 6, die Linien werden durch ein Kreuz gekennzeichnet) und ein wandelbares altes Yang (9, mit einem Kreis gekennzeichnet) enthält. Ein sehr altes Schema zum Auffinden der gezogenen Zeichen ordnet jeder möglichen Trigrammkombination eine bestimmte Zahl zu. Diese Zahlen beziehen sich vermutlich auf die Aufstellung, die Wên im 12. Jahrhundert v. Chr. einführte.

Nach diesem Schema ergibt das untere Trigramm *K'an* ☵ in Kombination mit dem oberen Trigramm *Kên* ☶ das Hexagramm 4, das den Namen *Mêng* trägt, der sowohl »unbekannt« als auch »nicht entwickelt« bedeuten kann.

In unserem »geworfenen« Hexagramm 4, *Mêng*, ist die unterste Linie (Anfangslinie) mit einem Kreuz als 6 gekennzeichnet. In den Kommentaren zu den einzelnen Linien des 4. Hexagramms finden wir unter *sechs am Anfang* – also wenn die unterste Linie das Ergebnis einer 6 beim Werfen der Münzen ist – chinesische Schriftzeichen mit einer von uns angefertigten Übersetzung, in diesem Fall: »Wenn das Unbekannte (oder Kind) beginnt, sich zu entwickeln, ist es gut, es an Disziplin zu gewöhnen. Die Beschränkungen aufzuheben, wäre ein Fehler.« (Nach diesem Kommentar folgen in unserer Übersetzung entweder weitere Erklärungen oder Beispiele für die Kommentare, die von anderen über die Jahrhunderte hinzugefügt wurden. Bei einigen Hexagrammen haben wir noch unterschiedliche Übersetzungen hinzugefügt, um die vielen möglichen Interpretationen beispielhaft aufzuzeigen, konnten jedoch aus Platzgründen nicht jedesmal, wenn abweichende Kommentare existieren, eine entsprechende Anmerkung machen.)

Die durchgehende Linie, die in unserem geworfenen Hexagramm an zweiter Stelle folgt, ist eine 7 und die unterbrochene an dritter Stelle ist eine 8. Zu diesen beiden Linien gibt es keine weiteren Erklärungen, da es sich um ein junges Yang bzw. Yin handelt. Eine 9 oder eine 6 hätte geworfen werden müssen, um weitere Kommentare zu erhalten. Die vierte Linie jedoch ist wieder eine 6. *Sechs an vierter Stelle* wird mit den chinesischen Zeichen für »umhüllt«, »Torheit« und »Makel« wiedergegeben. Wir haben sie zu dem Satz »Unerkannte Torheit bringt Demütigung« zusammengefaßt.

Auch zu der fünften Linie gibt es keine weitere Erklärung, da es sich um eine 8 handelt. Die oberste Linie ist jedoch eine 9, ein altes Yang. Die chinesischen Zeichen wurden in der vorliegenden Übersetzung als »schlagen«, »Torheit«, »kein«, »Vorteil«, »weit«, »Räuber«, »Vorteil«, »abwehren« und »Räuber« wiedergegeben und anschließend folgendermaßen zusammengefaßt: »Das Unbekannte angreifen (oder die Torheit). Es ist nicht vorteilhaft, Aggressor (Räuber) zu sein. Es ist vorteilhaft, Aggressionen abzuwehren.«

Jedes Hexagramm soll eine bestimmte Lebenslage symbolisieren, wobei die 64 Diagramme zusammen alle möglichen Umstände decken sollen, mit denen man im Leben konfrontiert werden könnte. Jede Zeile des Hexagramms kennzeichnet eine Phase in der betreffenden Situation und dies wird durch ein Bild, eine Metapher oder einen Begriff in den Erklärungen zu den einzelnen Linien ausgedrückt:

Die erste Linie (unten) bezeichnet den Anfang der Situation, während sie sich herauszubilden beginnt.

Die zweite Linie steht für die vollständige innere Entwicklung.

Die dritte Linie stellt den Krisenzustand dar, wobei das Innere sich darauf vorbereitet, sich nach außen zu manifestieren.

Die vierte Linie kennzeichnet den Beginn der äußeren Manifestation.

Die fünfte Linie bezeichnet den vollständig entwickelten äußeren Aspekt.

Die sechste Linie (oben) kennzeichnet das Ende der Entwicklung. Es ist ein Zustand der Harmonie oder der abgeschlossenen Erkenntnis, mit der Bereitschaft zur Veränderung, denn der Fluß des Lebens ist immer in Bewegung.

Wenn man die Erklärungen zu den einzelnen Linien in den Hexagrammen untersucht, enthüllt sich die Regelmäßigkeit dieser Prinzipien. So zeigen etwa alle Linien, die sich an dritter Stelle von unten befinden, eine gewisse Unbeständigkeit, eine gefährliche Möglichkeit oder einen Konflikt an.

Ein anderer Faktor bei der Auswertung der Hexagramme ist die Wandelbarkeit der beweglichen Linien (die der Zahl 6 oder 9 entsprechen) in ihr Gegenteil: Eine 6 (gebrochene Linie) kann in eine durchgehende Linie verwandelt werden; eine 9 (durchgehende Linie) in eine gebrochene. Dadurch kann sich das ursprünglich erhaltene Hexagramm, das zur Beantwortung der Frage benutzt wurde, in ein völlig anderes Hexagramm mit einem völlig anderen Urteil verwandeln. Das neue Hexagramm gibt schließlich Auskunft darüber, was das end-

Hexagramm 63 (*Chi Chi:* Schon vollendet) deutet an, daß man nicht auf dem Weg zurückgehen soll, auf dem man gekommen ist. Das wird durch den Fluß symbolisiert, den man bereits überquert hat. Dao Ji (1641–1707), Frühling am Min-Fluß, Hängerolle, Tusche und Aquarell auf Papier, Höhe ca. 39 cm, Cleveland, The Cleveland Museum of Art

gültige Ergebnis sein könnte, wenn man die Ratschläge, die im ersten Hexagramm gegeben wurden, befolgt. Da sich alles im Leben in ständiger Bewegung befindet, verändert jede Handlung die gegebene Situation und zieht eine neue nach sich. Das neu gebildete Diagramm und dessen Urteil ermöglichen jetzt einen flüchtigen Einblick in die Entwicklungen und verhelfen dem Fragenden dazu, seine Kräfte zu sammeln und sich vor den eigenen Schwächen zu schützen.

Es wird auch oft angenommen, daß den Diagrammlinien in ihrer Beziehung untereinander eine besondere Bedeutung zukommt. In der ›harmonischsten‹ Kombination wechseln sich die durchgehenden (Yang) und die unterbrochenen (Yin) Linien ab, so daß die ungeraden (Yang) und geraden (Yin) Zahlen genau zur numerischen Abfolge passen, wie dies etwa im folgenden Hexagramm der Fall ist:

6 — —
5 ——
4 — —
3 ——
2 — —
1 ——

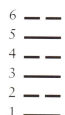

Darüber hinaus beginnt das Hexagramm mit einem Yang, auf das immer abwechselnd Yin und wieder Yang folgen. Dieses ausgewogene Verhältnis stellt ein sehr günstiges Omen dar.

Für jeden Hexagrammaufbau gilt, daß die Linien 1 und 4 miteinander in Beziehung stehen: Beide symbolisieren die Erde und formen die unteren Linien der beiden Trigramme,

aus denen das Hexagramm besteht. Ähnlich verknüpft sind die Linien 2 und 5 als die zentralen Linien, die sich in der Mitte befinden und daher in den Trigrammen als Metaphern für den Menschen aufgefaßt werden. Ebenfalls aufeinander bezogen sind die Linien 3 und 6, die obersten Linien oder Himmelsbilder der beiden Trigramme.

Die Verknüpfung zwischen 2 und 5 ist dabei besonders wichtig, wenn Linie 2 ein Yin ist und Linie 5 ein Yang, weil dies als »vollständige« Korrelation angesehen wird, was die Bedeutungskraft des gesamten Hexagramms verstärkt. Die fünfte Linie ist die wichtigste im Hexagramm und wird oft als »Herr« des Diagramms bezeichnet. Die damit zusammenhängende Linie 2 hat auch eine besondere, jedoch weniger ausgeprägte Bedeutung. Einige Deutungen beziehen sich ausschließlich auf diese beiden zentralen Linien der Trigramme.

Eine der sechs Linien wird gewöhnlich als »Beherrscher« des Hexagramms angesehen. Die beherrschenden Linien sind darüber hinaus oftmals als »konstituierende« und »bestimmende« Linien näher charakterisiert worden, wobei erstere das Wesentliche, die Essenz des Hexagramms bezeichnet und von der deutenden Person an jeder der sechs Positionen erkannt werden kann. Die bestimmende Linie stellt den tugendhaften oder rechtschaffenen Aspekt des Hexagramms dar und befindet sich fast immer an fünfter Position (und ist somit gleichzeitig Herr und Beherrscher), wurde jedoch auch schon gelegentlich an anderer Stelle erkannt. In vielen Kommentaren wird diesen und vielen anderen Eigenheiten und Beziehungen der einzelnen Linien, aus denen sich das Hexagramm zusammensetzt, besondere Aufmerksamkeit geschenkt. Wenn die durchgehenden und unterbrochenen Linien sich nicht abwechseln oder nicht in einer völlig harmonischen Beziehung zueinander stehen, kann der Einfluß ungünstig sein.

Die Befragung des I Ching ist im Laufe der Jahrtausende mit diversen traditionellen Restriktionen verbunden worden. So muß man etwa eine bestimmte Zeit verstreichen lassen, bis man eine Frage, die man gestellt hat und die durch ein Hexagramm beantwortet wurde, noch einmal stellen darf. Dieser Zeitraum kann vier Wochen, aber auch drei Monate betragen. Gegen ein ganz besonderes, allgemein anerkanntes Tabu sollte auf keinen Fall verstoßen werden: Das I Ching darf nicht für unehrenhafte, schlechte oder leichtfertige Handlungen hinzugezogen werden. Von seinen Anhängern wird das I Ching als eine Art ehrwürdiger, gütiger Weiser mit unerschöpflichem Wissen angesehen. Daher sollte jede Frage sorgfältig und aufrichtig formuliert werden. Die Antworten erfordern intensives Nachdenken und eine genaue Prüfung.

Iulian Shchutskii, der in den 30er Jahren eine umfassende Übersetzung des I Ching ins Russische anfertigte (die 1979 von William MacDonald und anderen ins Englische übertragen wurde), hat die philosophische Grundlage der verschlüsselten Erklärungen in sieben Grundlehrsätzen zusammengefaßt: Die Welt ist wandelbar und folgt doch unveränderlichen Gesetzen. Eine Polarität der Gegensätze stellt sich allen Dingen entgegen und verbindet sie gleichzeitig. Vergangenheit, Gegenwart und Zukunft bilden ein einheitliches System. Diese Einheit des Kosmos zu verstehen, führt zu Harmonie. Inneres und Äußeres ergänzen einander. Individuelle Bedürfnisse konzentrieren sich sowohl auf das Ego als auch auf die Umwelt, und daher muß das Ziel darin bestehen, allen Teilen zu nützen, dem Ego und der Gesellschaft. Sowohl Theorie als auch Praxis sind Aspekte des Lebens.

Erklärung der vorliegenden Übersetzung

Wir hoffen, unsere Bemühungen mögen zum Verständnis der Wesensart des I Ching beitragen, stellen jedoch keinesfalls den Anspruch, daß unsere Übersetzung die bereits existierenden übertreffen oder die komplexen Zusammenhänge ausloten kann, die zahlreiche Wissenschaftler in den so einfach erscheinenden Worten und poetischen Bildern entdeckt haben. Es handelt sich bei der vorliegenden Arbeit vielmehr um einen Versuch, den relativ knappen Grundtext im Original und in der Übertragung vorzustellen, auf dem alle späteren Kommentare basieren und auf dem die Vielzahl der Interpretationen in der Sekundärliteratur aufbaut. Bei unserer neuen Übersetzung haben wir den chinesischen Schriftzeichen die entsprechenden deutschen Begriffe zugeordnet. In diesem Zusammenhang möchten wir darauf hinweisen, daß sich die Wissenschaftler nicht in allen Fällen über die klassischen oder modernen Bedeutungen der einzelnen Schriftzeichen einig sind.

In dieser Übersetzung wird das Urteil zuerst so aufgeführt, wie es in der Reihenfolge der einzelnen chinesischen Schriftzeichen dargestellt ist, mit der wörtlichen deutschen Übersetzung darunter. Da die Bedeutung der Zeichen zuweilen äußerst komplex ist, wurden manchmal alternative Deutungsvorschläge notwendig. Gewöhnlich haben wir uns jedoch für die Bedeutung entschieden, die uns im gegebenen Zusammenhang am sinnvollsten schien. In einem zweiten Schritt wurden die einzelnen Begriffe etwas freier formuliert und so wörtlich wie möglich vorsichtig den Regeln der deutschen Sprache angepaßt. (Der Text zu den einzelnen Linien wurde entsprechend behandelt.) Manchmal ist der Name des Hexagramms ebenfalls als Teil des Urteils mit aufgenommen worden, wenn dies zur Klärung des Zusammenhangs beitrug. So enthält zum Beispiel Hexagramm 14, *Ta Yu*, das den Titel »Große Besitztümer« trägt, im Urteil nur zwei chinesische Schriftzeichen. Die deutschen Entsprechungen sind »groß« und »Freude«, doch die Hauptbedeutung jedes Hexagramms soll alles Folgende beeinflussen, also auch das Urteil und die Zeilenkommentare. Daher wurde der Titel »Große Besitztümer« hinzugefügt, ein übliches Verfahren, das sowohl in den

Links: Zhu Zuchang, Kinder mit Grillen, 20. Jahrhundert, ca. 13 × 15 cm, Shanghai, Shanghai Museum of Art. Hexagramm 4 (*Mêng:* Nicht entwickelt) deutet darauf hin, daß die Entwicklung unvollständig ist, wie bei einem Kind, ein Zustand also, der Disziplin und Verständnis erfordert, aber auch zu Reife und Glück führen kann.

Seite 294/295: Im Deutungsbeispiel erhält der Fragende durch das Werfen von drei Münzen Hexagramm 33 (*Tun:* Rückzug). Hier wird angedeutet, daß es manchmal besser ist, sich zurückzuziehen als weiterzuschreiten. Nach Li Zhaodao (670–730), Kaiser Ming Husangs Reise nach Shu, Tusche und Farbe auf Seide, Höhe ca. 81 cm, Taipeh, National Palace Museum

青綠關山迥
崎嶇道路長
客人各結束行
李自周詳縱
為名和利那
辭勞與忙年
陳失姓氏北宋
近乎唐
甲午新秋
御題

Übersetzungen als auch in den Kommentaren über die Jahrhunderte immer so gehandhabt wurde.

In unsere Übersetzung haben wir nur den Namen, das Urteil und die Linien jedes Hexagramms aufgenommen und die »Zehn Flügel« und die »Bilder«, also den von Konfuzius hinzugefügten Kommentar, weggelassen. Der vorliegende Text ist also lediglich das Skelett des später erweiterten I Ching. Er ermöglicht dem Leser einen Einblick in die Anfänge des I Ching, macht ihn mit dem Originaltext vertraut (oder wenigstens mit einem Text, der dem Original so nahe wie möglich kommt), bietet Vergleichsmöglichkeiten mit anderen Übersetzungen und gibt ihm Gelegenheit, die knappen Antworten des I Ching auf die Fragen selbst zu deuten. Natürlich sollte man auf die umfangreichen Kommentare der »Zehn Flügel« nicht verzichten, wenn man das I Ching wirklich kennenlernen möchte. Sie bestehen aus sieben in sich geschlossenen Abhandlungen, von denen zwei nochmals in zwei Teile gegliedert sind, so daß sich insgesamt zehn Abschnitte ergeben.

Einige Ausgaben der wissenschaftlichen und volkstümlichen Monographien sind häufig sehr poetisch und reich an Bildsymbolik. Die Kommentare sind oft tiefsinnig und einfühlsam. Es liegt nicht in unserer Absicht, sie auf Stil, Genauigkeit oder Richtigkeit zu überprüfen. Jeder Autor bietet notwendigerweise seine eigene Auslegung der mehrdeutigen Übersetzungen. James Legge unterstrich, daß die geschriebenen Schriftzeichen keine Repräsentationen von Wörtern seien, »sondern Symbole von Vorstellungen, und daß ihre Kombination kein Abbild dessen ist, was der Autor sagt, sondern vielmehr dessen, was er denkt«. Von diesem Standpunkt aus betrachtet, ist die Übersetzung der chinesischen Zeichen in andere Sprachen nicht als eine wesentliche Veränderung anzusehen. Wichtig ist nur, die Gedanken des ursprünglichen Autors richtig zu erfassen. Wer aber könnte die wahre Bedeutung herausfinden? Viele Denker und Gelehrte, u. a. Konfuzius, haben ihre eigenen Gedanken zu dem geäußert, was die ursprünglichen Weisen gemeint haben könnten. Wir haben keinerlei Grundlage, ihre Erkenntnisse in Frage zu stellen oder als richtig hinzustellen, wir können lediglich die Zeichen aufführen und unsere eigenen, relativ wörtlichen Zusammenfassungen vorlegen, gemeinsam mit einigen Beispielen aus anderen Deutungen derselben Schriftzeichen, und hoffen, damit den Leser zu eigenen Vorstellungen über die tiefere Bedeutung der Zeichen zu inspirieren. Aus jedem Hexagramm kann eine Vielzahl von Bedeutungen und Assoziationen gewonnen werden. Unsere Übersetzungen der chinesischen Zeichen in einzelne Wörter oder Wendungen können dabei durchaus von anderen Übersetzungen abweichen. Für die Übertragung der chinesischen Namen und Wörter haben wir das Wade-Giles Transkriptionssystem gewählt.

Die deutschen Entsprechungen haben wir unter oder neben die entsprechenden chinesischen Zeichen gestellt, für gewöhnlich entweder als Substantiv oder Verb, denn im Chinesischen ergeben sich die Wortklassen daraus, wie das betreffende Wort in einem Satz in Verbindung mit anderen Wörtern gebraucht wird. Ähnlich kann auch ein Substantiv Singular- oder Pluralform haben, ganz wie es dem Sinn der jeweiligen Wendung oder dem der anderen Wörter, mit denen es kombiniert ist, entspricht. »Mann« kann daher durchaus auch »Männer« bedeuten. »Gefahr« ist im Zusammenhang vielleicht weniger passend als »gefährlich«; »verlieren« könnte eher passen als »Verlust«. Wenigstens fünf chinesische Zeichen können mit »kein, nicht, nichts« übersetzt werden, vier davon werden heute im modernen Chinesisch durch ein Zeichen dargestellt. Auf diese sprachlichen Besonderheiten läßt sich auch die Vielzahl der verschiedenen Übersetzungen zurückführen. Außerdem hat sich die Bedeutung einiger Schriftzeichen während der Entwicklung der chinesischen Sprache geändert.

Darüber hinaus sind viele Wörter austauschbar, wobei jeweils das Wort gewählt wurde, das für den Zusammenhang am besten geeignet schien. »Makel« kann »Fehler«, »Reue« kann »Demütigung«, »edel« kann »rechtschaffen« bedeuten. »Er« kann im Sinne von »man« gebraucht werden. Die in Anlehnung an Wilhelm gewählte Formulierung »Gelingen« meint auch »kein Hindernis«, »offener Weg« oder sogar »Freude«. »Großes Glück« ist unsere Wendung für »erhabenes Heil« (bei Wilhelm). »Ausdauer« bzw. »ausdauernd« kann sowohl positiv im Sinne von Geduld und Beharrlichkeit als auch negativ wie Hartnäckigkeit oder Verbissenheit aufgefaßt werden.

Der Begriff »der edle Mensch« bedarf vielleicht einer näheren Erläuterung. Er taucht immer wieder in den Urteilen und Linien auf und läßt sich wörtlich als »Sie« und »Herr« ins Deutsche übertragen (im Englischen »you« und »Sir«), etwa als eine Art respektvolle Anrede. In den meisten Übersetzungen wird diese Konstruktion als »der Edle« wiedergegeben.

Einige schwer einzuordnende Wörter – etwa in, an, auf, bei, und, nach, mit, oder, ist – werden im Chinesischen durch dasselbe Zeichen ausgedrückt. Wir haben es daher als Präposition, Konjunktion und sogar Verb übersetzt, je nachdem wie wir die Gesamtaussage gedeutet haben. Sehr vielschichtig ist die Bedeutung von 之, das u.a. sowohl den Genitiv (»Tür von Haus«) als auch akkusativisches »dies«, »ein«, »es« (alle Genera) bezeichnet.

Einige bekannte Symbole sollten ebenfalls kurz erläutert werden. Alle Himmelsrichtungen außerhalb des zentralen chinesischen Königreichs standen symbolisch für Gegenden, die zur Entstehungszeit des I Ching als minderwertig angesehen wurden. Der Norden war bevölkert von wilden Geschöpfen; der Süden war unterentwickelt; der Westen unzivilisiert; im Osten lebten die Geister. Gelb und Rot waren die Farben des Herrschers. Gelb war außerdem die wichtigste der Primärfarben. Rot war die Farbe der Chou-Dynastie und wurde zum Attribut all jener Personen, die Macht und Autorität besaßen.

Bei der Beschäftigung mit dem I Ching gilt es zu berücksichtigen, daß der Text oft in sehr elliptischer Form ausgedrückt ist und daher leicht völlig unterschiedlich ausgelegt werden kann. Die Grundbedeutung ist jemandem, der mit der Sprache vertraut ist, möglicherweise sehr einleuchtend, der Übersetzer jedoch kann sich manchmal, ohne daß er es bemerkt, von der ursprünglichen Bedeutung entfernen. Der Leser hat daher oft beträchtliche Schwierigkeiten zu verstehen, was überhaupt gemeint ist. Die von uns vorgeschlagene Zuordnung möglicher deutscher Begriffe zu den chinesischen Schriftzeichen des ältesten erhaltenen Textes inspiriert den Leser vielleicht zu eigenen Schlüssen, die ihm gleichermaßen Bereicherung wie Vergnügen bieten können.

Deutungsbeispiel

Nehmen wir einmal an, der Ratsuchende ist ein gewisser Professor X, der in den Vereinigten Staaten lebt. Er versucht gerade, eine Entscheidung darüber zu treffen, ob er ein Stellenangebot in seinem europäischen Heimatland annehmen soll oder nicht. Der neue Posten garantiert ihm ein höheres Einkommen und verspricht gute berufliche Aufstiegschancen. Professor X ist verheiratet und hat zwei Kinder. In den Staaten bekleidet er seit etwa 20 Jahren einen angesehenen Posten und verdient relativ gut, hat jedoch keine weiteren Aufstiegsmöglichkeiten. Für die neue Stelle sprechen das höhere Einkommen und der bessere Status – seine Frau möchte ebenfalls gern in ihre alte Heimat zurückkehren – und die Wahrscheinlichkeit, in den Staaten in eine berufliche Sackgasse geraten zu sein. Für sein Bleiben spricht die Tatsache, daß er mit seiner momentanen Position und seinem Gehalt durchaus zufrieden ist und auch seine Kinder lieber hier bleiben würden. Außerdem würde er selbst es vorziehen, hier seine Verpflichtungen zu erfüllen und möchte seine Kinder lieber in den Staaten aufwachsen lassen, nicht in der Enge seines Heimatlandes.

Beim Werfen der Münzen erhält er zunächst zweimal Kopf und einmal Zahl, was zusammen eine 8 ergibt (3 + 3 + 2): Das bedeutet eine unterbrochene Linie am Anfang des Hexagramms (also unten). Beim zweiten Wurf ergibt sich eine 6 (2 + 2 + 2); diese unterbrochene Linie ist daher eine »bewegliche Linie«. Beim dritten Wurf erhält er eine durchgehende Linie, die sich aus zweimal Zahl und einmal Kopf zusammensetzt (2 + 2 + 3), also eine 7 ergibt. Die vierte, fünfte und sechste Linie sind »bewegliche Linien« (3 + 3 + 3), entsprechen also einer 9 und sind daher durchgehend. Das erhaltene Hexagramm trägt die Nummer 33, *Tun:* Rückzug (s. Seite 317).

Professor X versucht, die gefundenen Aussagen auf seine momentane Situation anzuwenden. Das Urteil in Hexagramm 33 lautet: »Gelingen. Bei kleinen Dingen ist Ausdauer vorteilhaft.« Der erste Teil »Gelingen« scheint anzudeuten, daß er auf keinerlei Hindernis stoßen werde, gleichgültig wie seine Entscheidung auch ausfalle. Kann man seine jetzige Situation jedoch tatsächlich als etwas Kleines, Unbedeutendes bezeichnen, wie es das Urteil andeutet? Für ihn handelt es sich schließlich um eine sehr wichtige Entscheidung. Vielleicht bedeutet »klein« lediglich die weniger wichtigen Aspekte seines Unterfangens, in denen sich Ausdauer auszahlen wird. Oder rät ihm das Hexagramm, seine Aufmerksamkeit lieber auf kleinere Probleme zu richten?

Der Titel des Hexagramms lautet »Rückzug«. Dies könnte bedeuten, daß er besser davon absehen sollte, das Angebot aus dem Ausland anzunehmen, und sein Augenmerk mehr auf Einzelheiten seiner momentanen Situation richten sollte, auf die »kleinen« Dinge.

Die einzelnen Linien helfen ihm, die Bedeutung besser zu verstehen. Die beweglichen Linien sind sechs an zweiter Stelle und neun an vierter, fünfter und sechster Stelle. Dies sind die einzigen Erklärungen, die für ihn von Bedeutung sind.

Sechs an zweiter Stelle bedeutet: »Wenn man festhält, kann man nicht besiegt werden«, was er so versteht, daß ihn das verlockende Angebot nicht fortlocken wird. Für neun an vierter Stelle ist angegeben: »Ein guter Rückzug bringt dem edlen Menschen Glück.« Dies deutet wieder darauf hin, daß eine Ablehnung des Angebots für den »edlen Menschen« die richtige Entscheidung darstellt. Der nächste Satz lautet: »Für den geringeren Menschen ist dies ungünstig.« Dies deutet er so, daß ein »Geringerer« das Angebot wahrscheinlich annähme, weil ihn die finanzielle Verbesserung und der berufliche Aufstieg verlockten. Neun an fünfter Stelle betont nochmals diesen Aspekt: »Ausdauer bringt Glück«, was wiederum darauf hindeutet, daß man dem verführerischen Angebot widerstehen sollte. Schließlich wird dem Ratsuchenden durch die neun an sechster Stelle noch einmal auf besonders eindringliche Weise versichert, daß er nicht weiter vorwärtsschreiten, sondern sich ohne Kraftaufwand in Ruhe zurückziehen soll: »Ruhiger Rückzug. Alles ist vorteilhaft.« Daraus schließt der Professor, daß ihm geraten wird, zu bleiben, wo er ist, seinen Aufgaben weiter nachzugehen und davon abzusehen, die angebotene Stelle anzunehmen.

Wie aber wird seine Situation aussehen, wenn er den Weg einschlägt, für den er sich jetzt entschieden hat? Nach den Regeln des I Ching kann er auch auf diese Frage eine Antwort finden, indem er die beweglichen Linien in ihr Gegenteil verwandelt und dadurch ein anderes Hexagramm erhält. Aus sechs an zweiter Stelle (– × –) wird somit eine durchgehende Linie (—); neun an vierter, fünfter und sechster Stelle wird jeweils zu einer unterbrochenen Linie (≡≡). Das neue Hexagramm ist demnach Hexagramm 46, *Shêng:* ䷭ . Es hat den Namen »Erheben, Empordringen«. Offenbar wird alles, was er unternimmt, günstig ausgehen.

Dieses Deutungsbeispiel zeigt, wie die Formulierungen des I Ching der Bestätigung der inneren Wünsche entgegenkommen. Wenn Professor X nämlich zu der entgegengesetzten Entscheidung tendierte, hätte er das Urteil und die Linien genausogut anders interpretieren können. »Gelingen« würde in diesem Fall bedeuten, daß der Weg offen vor ihm läge und er besser daran täte, nicht in den Staaten zu bleiben. Es wäre lediglich vorteilhaft, an den kleinen Dingen des Lebens festzuhalten, während man die wichtigen Angelegenheiten nicht mit Starrsinn oder Hartnäckigkeit angehen sollte. »Wenn man festhält, kann man nicht besiegt werden« könnte er so verstehen, daß ihm geraten wird, an seinem eigentlichen Ziel festzuhalten: nämlich seine jetzige Position, Karriere und Verdienstmöglichkeit zu verbessern. Das Wort »Rückzug« im Namen des Hexagramms und in den Linien könnte er als Rückkehr in sein Heimatland verstehen. Er könnte daraus schließen, daß der richtige Weg für ihn darin bestehe, sich ohne Hast, ganz in Ruhe, seiner alten Heimat zuzuwenden (sich dorthin zurückzuziehen). Darüber hinaus verspricht ihm das neue Hexagramm, das er nach der Verwandlung der Linien erhält, »Erheben, Empordringen« und würde im Grunde noch besser passen, wenn man es auf die neue Position im Ausland bezöge, da die neue Stelle schließlich eine Aufwärtsbewegung verspricht. Da sich Professor X aber anders entschieden hat, deutet er Hexagramm 46 lediglich als gutes Omen für sein Vorhaben, in den Staaten zu bleiben, und versteht es so, daß er, wenn er dort bleibt, vielleicht sogar eine bessere Position bekommen wird, als er eigentlich erwartet hat.

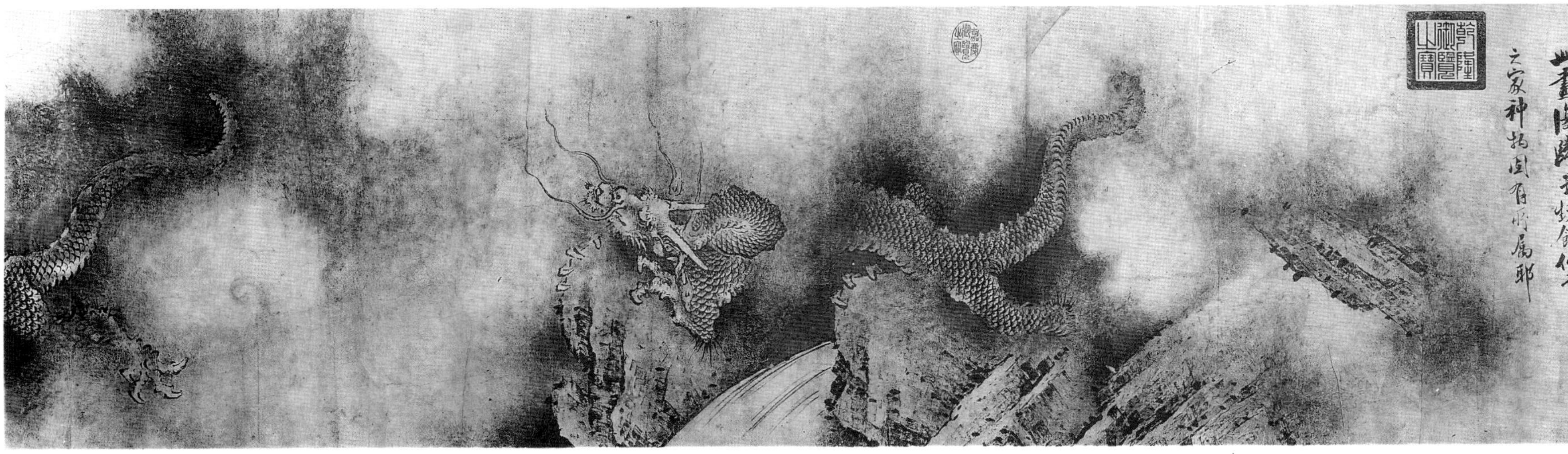

Die Hexagramme

1 乾 *Ch'ien* ䷀

Stark
Kreativ
Yang-Prinzip

Das Urteil

元 亨 利
Größe, Anfang Gelingen Vorteil

貞
Ausdauer

Größe. Gelingen.
Vorteilhaft ist Ausdauer.

Die Linien

Neun am Anfang (unten)

潛 龍 勿 用
verborgen Drache nicht handeln

Der Drache ist verborgen; nicht handeln.

Neun an zweiter Stelle

見 龍 在 田 利 見
erscheinen Drache in Feld Vorteil sehen

大 人
groß, bedeutend Mensch

Der Drache erscheint im Feld. Es ist vorteilhaft, den bedeutenden Menschen zu sehen.

Neun an dritter Stelle

君子 終 日 乾
der edle Mensch* ganz Tag erwägen, nachdenken

乾 夕 惕 若
erwägen, nachdenken Abend Selbstprüfung wie

厲 无 咎
Gefahr kein Makel

Der edle Mensch bleibt den ganzen Tag wachsam und rechnet mit möglicher Gefahr. Selbst abends noch prüft er sich.

Wilhelm spricht in seiner Übersetzung von »schöpferisch tätig« und abends »noch voll innerer Sorge«.

* In anderen Übersetzungen auch »Mann«, doch das chin. Zeichen ist geschlechtsneutral, es ist ein Ehrentitel.

Neun an vierter Stelle

或 躍 在 淵
gegebenenfalls hochspringen in tiefes Wasser

无 咎
kein Makel

Man kann im tiefen Wasser hochspringen.
Kein Makel.

Neun an fünfter Stelle

飛 龍 在 天 利
fliegend Drache in Himmel Vorteil

見 大 人
sehen groß, bedeutend Mensch

Der Drache fliegt in die Himmel. Es ist vorteilhaft, den bedeutenden Menschen zu sehen.

Neun an sechster Stelle

亢 龍 有
oben Drache haben

悔
Reue, Bedauern

Mit dem Drachen ganz oben mag es Grund zur Reue geben.
(Im Sinne von Hochmut kommt vor dem Fall. Daher ist Vorsicht geboten.)

2 坤 *K'un* ䷁

Empfangend
Jemand, der folgt
Yin-Prinzip

Das Urteil

元 亨 利 牝
Größe, Anfang Gelingen Vorteil weiblich

馬 之 貞 君子 有 攸
Pferd von, es Ausdauer der edle Mensch haben weit

往 先 迷 後 得
gehen zuerst Verlust später Gewinn

主 利 西 南 得 朋
hauptsächlich Vorteil Westen Süden Gewinn Freund

東 北 喪 朋 安 貞
Osten Norden Verlust Freund sicher, fest Ausdauer

吉
Glück

Größe. Gelingen.
Ausdauer ist vorteilhaft für die Stute.
Wenn der edle Mensch beschließt zu gehen, verliert er zunächst und gewinnt später; hauptsächlich zu seinem Vorteil.
Dem Südwesten zu gewinnt er einen Freund.
Dem Nordosten zu verliert er einen Freund.
Ausdauernd wird ihm Glück zuteil.

Wilhelm geht in seiner Übersetzung davon aus, daß die Stute Sanftheit und Hingebung symbolisiert und mit der Erde verbunden ist, während der im ersten Hexagramm beschriebene Drache zum Himmel gehört.

Die Linien

Sechs am Anfang (unten)

履 霜 堅 冰 至
treten auf Reif hart, fest Eis ankommen

Wenn man auf Reif tritt, folgt hartes Eis.

Sechs an zweiter Stelle

直 方 大 不
gerade rechtwinklig groß nicht

習 无 不 利
lernen (ausführen?) kein nicht Vorteil

Ehrlich (»gerade«), gerecht (»rechtwinklig«), rechtschaffen (»groß«), selbst wenn man nicht handelt, wird man viel Nutzen haben (doppelte Verneinung).

Sechs an dritter Stelle

含 章 可
enthalten, innen gute Eigenschaft können, mögen

貞 或 從
Ausdauer möglich folgen, anfangen

王 事 无 成 有 終
König Geschäft kein Erfolg haben Ergebnis

Gute Eigenschaften sind im Inneren.
Man kann ausdauernd sein.
Wenn man ein großes Geschäft beginnt (»das Geschäft des Königs«), kann dies zu Schwierigkeiten führen, aber man wird zu einem Ergebnis kommen.

Sechs an vierter Stelle

括 囊 无 咎 无 譽
zubinden Sack kein Makel kein Ruhm

Den Sack zubinden (bedeutet: vorsichtig sprechen).
Kein Makel. Kein Ruhm.

Sechs an fünfter Stelle

黃 裳 元 吉
gelb Tuch, Mantel groß Glück

Gelber Mantel: großes Glück. (Der gelbe Mantel wurde von Mitgliedern des Königshauses getragen und symbolisierte daher Vornehmheit.)

Sechs an sechster Stelle

龍 戦 于 野 其 血
Drache kämpfen in, auf Feld das, sein Blut

玄 黃
schwarz gelb

Drachen kämpfen im Feld.
Blut über dem Universum.
(»schwarz und gelb« symbolisiert das Universum. Diese Linie muß als schlechtes Omen gedeutet werden.)

3 屯 *Chun* – Anfangsschwierigkeit; Bleiben und Vorbereiten

Das Urteil

元 亨 利
Größe Gelingen Vorteil

貞 勿 用 有 攸 往
Ausdauer nicht handeln haben weit gehen

利 建 侯
Vorteil einsetzen Fürst*

Größe. Gelingen. Vorteilhaft ist Ausdauer.
Nicht zu weit gehen.
Vorteilhaft, zu warten und sich vorzubereiten.
(»Den Fürsten einsetzen« bedeutet, daß die Stellung hoch genug ist. Es ist nicht nötig, die Spitze zu erreichen.)
Wilhelm versteht diesen letzten Satz als »Gehilfen einsetzen«.

*Nach dem König die zweithöchste Stellung.

Die Linien

Neun am Anfang (unten)

磐 桓 利 居
Schwierigkeit, Zögern Behinderung Vorteil bleiben

貞 利 建 侯
Ausdauer Vorteil einsetzen Fürst

Zögern und Behinderung.
Vorteilhaft, zu bleiben und auszuharren.
Vorteilhaft, mit weniger zufrieden zu sein.

Sechs an zweiter Stelle

屯 如 邅 如 乘
dableiben wie im Kreis gehen wie reiten

馬 班 如 匪 寇 婚媾 女
Pferd bleiben wie kein Zwang Hochzeit Frau

貞 不 字 十 年
Ausdauer kein Hochzeit zehn Jahre

乃 字
dann heiraten

Dableiben, doch bereit sein zu gehen (»das Pferd im Kreis reiten«).
Man kann die Frau nicht zwingen zu heiraten (mögliche Bedeutung: Die Frau hat entweder ihren Ehemann oder Verlobten verloren), aber sie wird vielleicht in zehn Jahren dazu bereit sein.

Sechs an dritter Stelle

卽 鹿 无 虞
folgen (jagen) Hirsch kein Sorge (oder Jagdaufseher)

惟 入 于 林
nur, falls in an Wald

Oben: Die Verdopplung des Trigramms *K'un* (☷ Erde) ergibt das Hexagramm *K'un,* in dem sich die Yin-Eigenschaften Sanftmut und Empfänglichkeit spiegeln. Chao Meng-fu, Herbstfarben auf den Chi'ao- und Hua-Bergen, 1296, Tusche und Farbe auf Papier, ca. 30 × 92 cm, Taipeh, National Palace Museum

Links: Die Positionen des Drachen, die in den Linien von Hexagramm 1 beschrieben werden, sind Metaphern für ungünstige Umstände. Chen Jung, Neun-Drachen-Rolle, Querrolle, Sung-Dynastie (Mitte des 13. Jahrhunderts), Tusche auf Papier, Höhe ca. 46 cm, Boston, Courtesy Museum of Fine Arts

中 君子
Mitte der edle Mensch
幾 不 如
Möglichkeit, Risiko nicht wie
舍 往 吝
aufgeben, verlassen gehen Makel

Den Hirsch jagen ohne Sorge.
Im tiefen Wald überdenkt der edle Mensch die Möglichkeiten, er wird nicht einfach fortgehen.
Weiterzugehen (d. h. unachtsam weiterzugehen) wäre ein Fehler.

Sechs an vierter Stelle

乘 馬 班 如 求 婚媾 往
reiten Pferd bleiben wie fragen Hochzeit gehen
吉 无 不 利
Glück kein nicht Vorteil

Reite das Pferd. Bleibe (im Sinne von: vorsichtig sein).
Wenn man sie bittet zu heiraten, bringt es Glück weiterzugehen.
Alles ist vorteilhaft (doppelte Verneinung).
Legge: »Die vierte, unterbrochene Linie zeigt einer Dame, wie die Pferde ihrer Kutsche rückwärts zu gehen scheinen. Doch sie sucht einen Mann (seine Hilfe), der sie zur Frau nehmen will. Fortschreiten bringt Heil, alles wird günstig ausgehen.«

Neun an fünfter Stelle

屯 其 膏
Schwierigkeit der, sein Schatz
小 貞 吉
wenig Ausdauer Glück
大 貞 凶
groß Ausdauer Unheil

Bei Schwierigkeiten ausharren (»Schätze aufbewahren«).
Wenig Ausdauer bringt Glück.
Große Ausdauer bringt Unheil.

Sechs an sechster Stelle

乘 馬 班 如 泣 血 漣 如
reiten Pferd bleiben wie weinen Blut Tränen wie

Reite das Pferd. Bleib an derselben Stelle. Weine blutige Tränen (gemeint ist: tiefste Traurigkeit).

4 蒙 *Mêng*

Nicht entwickelt
Unbekannt
Nicht erzogen
Unerfahren und Unwissend – wie ein Kind – Töricht

Das Urteil

亨 匪 我 求 童 蒙
Gelingen nicht ich fragen Kind unbekannt,
童 蒙
nicht entwickelt Kind unbekannt, nicht entwickelt
求 我 初 筮
fragen ich zuerst Orakel
告 再 三 瀆
Antwort wieder drei mißachten
瀆 則
mißachten dann
不 告 利 貞
kein Antwort Vorteil Ausdauer

Gelingen.
Ich suche nicht das Unbekannte (»ich frage nicht das Kind«).
Das Unbekannte kommt zu mir (»das Kind fragt mich«).
Zuerst mag der Lehrer antworten (»ein Orakel mag antworten«).
Wenn ein Schüler wieder und wieder und wieder fragt, ist dies sehr ungehörig, und er darf keine Antwort erwarten.
Vorteilhaft ist Ausdauer.
Legge: »Mang (bedeutet im angenommenen Fall), Erfolg ist zu erwarten, ich (gehe) nicht und suche den Jugendlichen und Unerfahrenen, sondern er kommt und sucht mich. Wenn er (die Ehrlichkeit, die die erste Frage an das Orakel kennzeichnet) zeigt, werde ich ihm Auskunft geben. Wenn er ein zweites oder drittes Mal fragt, belästigt er mich; und ich gebe dem, der mich belästigt, keine Auskunft. Es ist günstig, fest zu bleiben und sich korrekt zu verhalten.«

Die Linien

Sechs am Anfang (unten)

發 蒙 利
enthüllt, entwickelt unbekannt, nicht entwickelt gut
用 刑 人 用
handeln bestrafen Leute handeln
說 桎 梏 以
erleichtern, entfernen Bestrafung Werkzeug mit
往 吝
gehen Makel

Wenn das Unbekannte (oder Kind) beginnt, sich zu entwickeln, ist es gut, es an Disziplin zu gewöhnen.
Die Beschränkungen aufzuheben, wäre ein Fehler (»Bestrafung Werkzeug« bedeutet Fesseln).

Neun an zweiter Stelle

包 蒙
umhüllt unbekannt, nicht entwickelt
吉 納 婦 吉
Glück erhalten (eine Frau) Frau Glück
子 克 家
Sohn sorgen für Heim (Familie)

Das Unbekannte ist umhüllt (wie in einem Gefäß).
Glück.
Heirate eine Frau. Glück.
Der Sohn kann für die Familie sorgen.

Sechs an dritter Stelle

勿 用 取 女 見 金 夫
nicht handeln nehmen Frau sehen Gold Ehemann
不 有 躬 无 攸 利
nicht haben selbst kein weiter, Zukunft Vorteil

Heirate eine Frau nicht wegen ihres Goldes.
Der Ehemann wird sich unterwerfen (»nicht haben selbst«). Für die Zukunft keine Vorteile. (Eine reiche Frau wird dominieren.)
Oder: Heirate keine Frau, die sich nicht beherrschen kann, wenn sie einen reichen Mann sieht. Für die Zukunft keine Vorteile.

Sechs an vierter Stelle

困
umhüllt, umgeben, unbekannt
蒙 吝
Torheit Makel, Demütigung

Unerkannte Torheit bringt Demütigung.

Sechs an fünfter Stelle

童 蒙 吉
unbekannt, Kind Torheit Glück

Obwohl das Kind töricht ist, wird es Glück haben.

Oder: Die unerkannte Torheit bringt Glück.

Neun an sechster Stelle

擊 蒙 不 利 爲 寇
schlagen Torheit kein Vorteil als Räuber
利 禦 寇
Vorteil abwehren Räuber

Das Unbekannte angreifen (oder die Torheit).
Es ist nicht vorteilhaft, Aggressor (»Räuber«) zu sein.
Es ist vorteilhaft, Aggression abzuwehren.

5 需 *Hsü*

Warten / Geduld
Notwendigkeit

Das Urteil

有 孚 光 亨 貞
haben Vertrauen Helligkeit Gelingen Ausdauer
吉 利 涉 大 川
Glück Vorteil überqueren groß Fluß, Wasser

Hab Vertrauen. Vor dir liegt Helligkeit.
Gelingen.
Ausdauer bringt Glück.
Es ist vorteilhaft, das große Wasser zu überqueren.

Die Linien

Neun am Anfang (unten)

需 于 郊 利 用
warten in Randgebiete Vorteil handeln
恒 无 咎
Geduld, Konstanz kein Makel

Warte außerhalb (»in den Randgebieten«).
Vorteilhaft ist Geduld.
Kein Makel.

Neun an zweiter Stelle

需 于 沙 小 有
warten in Sand klein haben
言 終 吉
Kritik, Wort schließlich Glück

Im Sand warten (in der Nähe des Wassers, dem Ort der Gefahr), es gibt wenig Kritik.
Schließlich Glück.

Neun an dritter Stelle

需 于 泥 致 寇 至
warten in Schlamm führen zu Räuber kommen

Warten im Schlamm (im Schlamm steckenbleiben) führt dazu, daß der Feind (»Räuber«) kommt (er wird die Lage ausnutzen).

Sechs an vierter Stelle

需 于 血 出 自 穴
warten in Blut aus von Höhle, Grube

Warten in Blut (weist auf Niederlage hin), man wird schließlich aus der Grube herauskommen.

Neun an fünfter Stelle

需 于 酒 食 貞 吉
warten in Wein Essen Ausdauer Glück

Warten beim Fest (»in Wein und Essen«).
Ausdauer bringt Glück.

In Hexagramm 6 liegt das Trigramm *Ch'ien* (☰ Himmel) über dem Trigramm *K'an* (☵ Wasser, abgründig), das Schwierigkeiten andeutet. Gemeinsam formen sie das Hexagramm *Sung*, das Zwietracht ausdrückt, worüber sich der Himmel erhebt. Kano Moranobu (1434–1530), Shumoshiku, der Lotuspflanzen liebt, Muromachi-Periode, Tusche, laviert, auf Papier, ca. 91 × 33 cm, Tokio, Ogula Collection

Sechs an sechster Stelle

入 于 穴 有 不 速 之
in zu Höhle, Grube haben nicht eingeladen von, es

客 三 人 來 敬 之
Gast drei Leute kommen Respekt, Ehre von, es

終 吉
schließlich Glück

Man gerät in eine Grube (weist auf eine schwierige Lage hin).
Drei ungeladene Gäste werden kommen.
Respektiere sie. Schließlich Glück.

6 訟 *Sung* ䷅

Streit
Konflikt (auch »Konflikt vor Autorität« oder »Rechtsstreit«)

Das Urteil

有 孚 窒 惕
haben Vertrauen ersticken, Schwierigkeit wachsam

中 吉 終 凶 利 見
Mitte Glück schließlich Unheil Vorteil sehen

大 人 不 利 涉
groß, bedeutend Mensch nicht Vorteil überqueren

大 川
groß Fluß, Wasser

Habe Vertrauen, aber bleibe wachsam gegenüber Gefahren (oder Widerstand).
Glück für einen Teil des Weges (»Mitte«).
Unheil könnte vor dir liegen (»schließlich«). Es ist vorteilhaft, den bedeutenden Menschen zu sehen. Es ist nicht vorteilhaft, das große Wasser zu überqueren.

Die Linien

Sechs am Anfang (unten)

不 永 所 事 小 有
kein lang eigen Unternehmen klein haben

言 終 吉
Kritik, Wort schließlich Glück

Wenn man das Unternehmen nicht weiterführt, könnte man Kritik ernten.
Schließlich Glück.

Neun an zweiter Stelle

不 克 訟
kein überwinden, gewinnen Streit

歸 而 逋 其
zurückkehren dann fliehen der, sein

邑 人 三 百 戶 无 眚
Stadt Leute drei hundert Familie kein Unheil

Man kann den Streit nicht gewinnen.
Ziehe dich zurück und entfliehe der Situation.
Die dreihundert Landsleute (in der Bedeutung: nur wenige) werden kein Unheil haben.

Sechs an dritter Stelle

食 舊 德
essen alt Moral, Tugenden

貞 厲 終 吉
Ausdauer Gefahr schließlich Glück

或 從 王 事 无 成
wenn, vielleicht verfolgen König Geschäft kein Erfolg

Richte dich nach früheren Prinzipien (»iß alte Tugenden«).

Ausdauer ist gefährlich, aber schließlich kommt Glück. Wenn man sich auf ein großes Unternehmen einläßt (»Geschäft des Königs«), führt dies nicht zu Erfolg.

Neun an vierter Stelle

不 克 訟 復
kein überwinden, gewinnen Streit zurückkehren

即 命 渝 安
in Richtung Schicksal Veränderung Gleichmut, Ruhe

貞 吉
Ausdauer Glück

Man kann den Streit nicht gewinnen (meide ihn).
Kehre um und folge dem Schicksal.
Verändere dich und werde gleichmütig.
Ausdauer bringt Glück.

Neun an fünfter Stelle

訟 元 吉
Streit groß Glück

Streiten (sich dem Konflikt stellen) bringt großes Glück.

Neun an sechster Stelle

或 錫 之 鞶 帶
wenn, vielleicht verleihen von, es Auszeichnung Gürtel

終 朝 三 褫 之
(ranghohe Stellung) Ende Tag drei entfernen von, es

Wenn einem eine hohe Stellung zuteil wird (»ein Gürtel« vom König), wird man sie später wieder und wieder verlieren (»Ende des Tages dreimal«).
Die Interpretation von Chu Hsi lautet: »Selbst wenn man vom König eine Auszeichnung erhält, seine Zeit jedoch mit Streit (oder Rechtsstreit) verbringt, wird sie einem wieder und wieder fortgenommen.«

7 師 *Shih* ䷆ Armee / Lehrer Führer

Das Urteil

貞 丈 人
Ausdauer Schwiegervater (ältere Respektsperson)

吉 无 咎
Glück kein Makel

Ausdauer des älteren, erfahrenen Mannes bringt Glück.
Kein Makel.

Die Linien

Sechs am Anfang (unten)

師 出 以 律 否 藏
Heer aus mit Disziplin kein Gut, Ordnung

凶
Unheil

Eine Armee bewegt sich mit Disziplin. Ohne Ordnung droht Unheil.

Neun an zweiter Stelle

在 師 中 吉 无
in Heer Mitte Glück kein

咎 王 三 錫 命
Makel König drei verleihen Schicksal, Befehl

In der Mitte der Armee zu sein bringt Glück.
Kein Makel.
Der König verleiht Auszeichnungen (»Befehl«) wieder und wieder (»drei«).

Sechs an dritter Stelle

師 或 輿 尸 凶
Heer wenn, vielleicht Karren Leiche Unheil

Wenn das Heer (auszieht, um zu kämpfen), (wird es zurückkehren) mit Leichen im Karren.
Shchutskii (ebenso MacDonald, Hasegawa und Wilhelm): »Das Heer führt etwa im Wagen Leichen. Unheil!«

Sechs an vierter Stelle

師 左 次 无 咎
Heer links zweite Wahl kein Makel

Wenn das Heer sich zurückzieht (angedeutet in »links zweite Wahl«, was darauf schließen läßt, daß es in die falsche Richtung geht), kein Makel.
(Ein Hinweis darauf, daß ein strategischer Rückzug von Vorteil wäre.)

Sechs an fünfter Stelle

田 有 禽 利
Feld haben wilde Vögel Vorteil

執 言 无 咎 長 子 帥
halten sprechen kein Makel älter Sohn führen

師 弟 子 輿 尸
Heer Bruder (jüngerer) Sohn Karren Leichen

貞 凶
Ausdauer Unheil

Feinde dringen in das Land ein (»hat wilde Vögel im Feld«).
Vorteilhaft, dennoch seine Meinung zu sagen. Kein Makel. Der älteste Sohn führt das Heer.
Der jüngere Sohn bringt die Leichen im Karren mit. Ausdauer bringt Unheil. (Das bedeutet, daß der ältere Bruder die Führungsrolle übernehmen sollte. Der jüngere würde großes Unglück heraufbeschwören.)

Sechs an sechster Stelle

大 君 有 命 開
groß, bedeutend Fürst haben Schicksal, Befehl öffnen

國 承 家 小 人 勿 用
Land gründen Familie klein Mensch kein handeln

Ein großer Fürst gibt Befehle, gründet (»öffnet«) das Land und die Familien.
Für diese Handlungen darf kein Geringerer herangezogen werden.

8 比 *Pi* ䷇ Auswahl / Gegenseitige Unterstützung / Vereinigung (auch: auswerten, vergleichen)

Das Urteil

吉 原
Glück Anfang, ursprünglich

筮
Orakel (früher: »beten«, »werfen«, etwa eine Münze)

元 永 貞 无 咎 不
Größe immer Ausdauer kein Makel kein

寧 方 來 後
Gleichmut, Ruhe beinah kommen später

夫
vielleicht (ursprünglich: »männlicher Erwachsener«)

凶
Unheil

Glück.
Am Anfang weissagt das Orakel Größe.
Konstante Ausdauer ist kein Makel.
Es kommt fast zu Instabilität (»kein Gleichmut«).
Später vielleicht Unheil.

Die Linien

Sechs am Anfang (unten)

有 孚 比 之 无 咎
haben Vertrauen unterstützen von, es kein Makel

有 孚 盈 缶 終
haben Vertrauen überfließen Behälter schließlich

來 有 他 吉
kommen haben anderes Glück

Vertrauen führt zu Unterstützung. Kein Makel.
Viel Vertrauen (»überfließen«) am Ende bringt zusätzlich Glück.

Sechs an zweiter Stelle

比 之 自 內 貞
unterstützen von, es von, aus innen Ausdauer

吉
Glück

Unterstützung von innen.
Ausdauer. Glück.

Sechs an dritter Stelle

比 之 匪 人
unterstützen von, es kein Mensch

Man erhält Unterstützung von unerwünschten Personen (»kein Mensch«).

Sechs an vierter Stelle

外 比 之 貞
außen unterstützen von, es Ausdauer

吉
Glück

Unterstützung von außen. Ausdauer. Glück.

Neun an fünfter Stelle

顯 比 王 用
offensichtlich unterstützen König handeln

三 驅 失 前 禽 邑
drei treiben Verlust vorn wilde Vögel Stadt

人 不 誡 吉
Mensch nicht Warnung Glück

Unterstützung offen zeigen.
Der König treibt das Wild von drei Seiten, wobei er eine Seite offen läßt (als Möglichkeit zur Flucht).
Die Bevölkerung braucht nicht gewarnt zu werden.
Glück.
(Dies bedeutet, daß der König in seiner Freundlichkeit Platz genug läßt, um der Gefangennahme zu entrinnen. Daher haben die Untertanen keinen Grund zur Sorge.)

Sechs an sechster Stelle

比 之 无 首 凶
unterstützen von, es kein Führer Unheil

Wenn kein Führer da ist, den man unterstützen kann, führt dies zu Unheil.

9 小畜 *Hsiao Ch'u* ䷈ Eine Weile bleiben Pflegen Zurückhaltung

Das Urteil

亨 密 雲
Gelingen schwer Wolke

Oben: Das Urteil und die Linien von Hexagramm 10 (*Lu:* Treten) sprechen davon, auf den Schwanz eines Tigers zu treten, es bedarf also der Vorsicht. Sesson, Tiger, Stellschirm, sechsteilig, aus einem Paar, Ashikaga-Periode, Tusche auf Papier, Breite ca. 339 cm, Cleveland, The Cleveland Museum of Art

Seite 304/305: Die Linien von Hexagramm 11 (*T'ai:* Harmonie) deuten darauf hin, daß man den Fluß mit Besonnenheit und Sorge für andere durchqueren soll, ein Beispiel gemäßigten Verhaltens. Wu Bin (1591–1626), Die fünfhundert Arhats, Querrolle (Ausschnitt), Ming-Dynastie, Tusche und Farbe auf Papier, Höhe ca. 34 cm, Cleveland, The Cleveland Museum of Art

不 雨 自 我 西 郊
kein Regen von, aus mein Westen Randgebiete

Gelingen.
Dichte Wolken, aber kein Regen aus meinen westchen Randgebieten.
(König Wên kam aus den Vororten, nicht aus der Hauptstadt, wo sich der Hof des tyrannischen Kaisers Chou Hsin befand und wo Wên als Gefangener festgehalten wurde.)

Die Linien

Neun am Anfang (unten)

復 自 道 何
Rückkehr von, aus Tao, richtiger Weg warum

其 咎 吉
der, sein Makel Glück

Rückkehr auf dem rechten Weg, dies kann keinem vorgeworfen werden!
Glück.

Neun an zweiter Stelle

牽 復 吉
ziehen zurückkehren Glück

Zurückziehen und erneut beginnen (»zurückkehren«).
Glück.

Neun an dritter Stelle

輿 說 輻 夫 妻
Karren Verlust, lösen Rad Ehemann Ehefrau

反 目
drehen Auge

Die Räder sind vom Karren gelöst.
Mann und Frau streiten sich (»verdrehen die Augen«).

Sechs an vierter Stelle

有 孚 血 去 惕 出 无
haben Vertrauen Blut gehen sich sorgen aus kein

咎
Makel

Habe Vertrauen. Das Blut (bedeutet: Gefahr) geht.
Sorge Dich nicht.
Kein Makel.

Neun an fünfter Stelle

有 孚 攣 如 富 以
haben Vertrauen halten wie Reichtümer für

其 鄰
der, sein Nachbarn

Habe Vertrauen.
Angebot, seine Reichtümer mit dem Nachbarn zu teilen.

Neun an sechster Stelle

既 雨 既 處 尚
schon Regen schon angehalten folgen

德 載 婦 貞 厲
Moral sorgend Frau Ausdauer Gefahr

月 幾 望 君子 征 凶
Mond fast voll der edle Mensch Angriff Unheil

Regen fällt oder hört auf (je nachdem wie benötigt).
Den moralischen Prinzipien folgen, indem man für eine Frau sorgt.
Ausdauer ist gefährlich.
Der Mond ist beinahe voll.
Handelt der edle Mensch energisch, führt dies zu Unheil. (Eine mögliche Bedeutung ist, daß der Mond bald abnehmen wird. Man soll daher vorsichtig sein.)

10 履 *Lu*

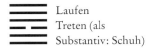

Laufen
Treten (als Substantiv: Schuh)

Das Urteil

虎 尾 不 咥 人 亨
Tiger Schwanz nicht beißen Mensch Gelingen

Wenn man hinter dem Schwanz des Tigers läuft, wird man nicht gebissen.
Gelingen (d. h. der Weg ist offen).

Die Linien

Neun am Anfang (unten)

素 履 往 无 咎
einfach, rein laufen, treten gehen kein Makel

Tritt ehrlich auf. Gehen ohne Makel.

Neun an zweiter Stelle

履 道 坦 坦
laufen, treten Weg eben eben

幽 人 貞 吉
bescheiden, dunkel Mensch Ausdauer Glück

Der Weg ist eben und gerade (»eben, eben«). Der bescheidene Mensch (»dunkle Mensch«) sollte Ausdauer zeigen.
Glück.

Sechs an dritter Stelle

眇 能 視 跛 能 履
Auge (ein) können sehen lahm können laufen, treten

履 虎 尾 咥 人 凶
laufen, treten Tiger Schwanz beißen Mensch Unheil

武 人 爲 于 大 君
kriegerisch Mensch wird, als dein groß Fürst

Der Halbblinde kann sehen (»ein Auge kann sehen«).
Der Lahme kann gehen.
Wenn man hinter dem Schwanz des Tigers läuft, wird man gebissen.
Unheil, wenn ein kriegerischer Mensch dein mächtiger Fürst wird. (In China wurde es nicht gern gesehen, wenn ein Krieger König wurde. »Kriegerisch« bedeutet körperlich stark und mutig, aber nicht unbedingt weise.)

Shchutskii: »Sogar der Blinde kann sehen! Sogar der Lahme kann gehen! Aber wenn du auf den Schwanz des Tigers trittst, so daß er dich beißt, folgt Unheil. Trotzdem handelt der Soldat zum Wohle eines großen Herrschers.«

Neun an vierter Stelle

履 虎 尾 愬 愬
laufen, treten Tiger Schwanz ängstlich ängstlich
終 吉
schließlich Glück

Hinter dem Schwanz eines Tigers zu laufen, ist eine furchterregende Erfahrung.
Schließlich Glück.

Neun an fünfter Stelle

夬 履 貞 厲
entschlossen laufen, treten Ausdauer gefährlich

Geh entschlossen, aber Ausdauer ist gefährlich.

Neun an sechster Stelle

視 履 考 祥
betrachten laufen, treten voraus glückverheißend
其 旋 元 吉
die, seine Rückkehr groß Glück

Betrachte beim Laufen, was vor dir liegt.
Großes Glück.
Betrachte, was hinter dir liegt. Großes Glück.

Eine andere mögliche Deutung: Sieh vor dich. Glück.
Sieh hinter dich (auf deine Vergangenheit). Großes Glück.
(Dies weist darauf hin, daß man auf sein eigenes Verhalten zurückblicken soll.)

11 泰 *T'ai*

Harmonie / offener Weg / Frieden / Yin und Yang im ausgewogenen Verhältnis

Das Urteil

小 往 大 來 吉 亨
klein gehen groß kommen Glück Gelingen

Das Kleine geht; das Große kommt.
Glück. Gelingen.

Die Linien

Neun am Anfang (unten)

拔 茅 茹 以 其
ziehen Bandgras Wurzel mit sein
彙 征 吉
gleiche Art Angriff Glück

Zieh das verschlungene Gras hoch (»Bandgras«) bei den Wurzeln, zusammen mit dem Dazugehörigen.
Fortschritt. Glück.
(Dies bedeutet, daß die miteinander verbundenen Wurzeln auch gemeinsam hochgezogen werden.)

Neun an zweiter Stelle

包 荒 用 馮 河
ertragen wild handeln überqueren Fluß, Wasser
不 遐 遺 朋
nicht entfernt, weit Verlust, verlassen Freund
亡 得 尚 于
verschwinden, sterben bekommen gehen bei, nach
中 行
Mitte Weg

Ertrage die Wildnis (oder das Unangenehme).
Durchwate den Fluß (»überqueren«).
Bleibe nicht fort und verlasse deine Kameraden nicht.
Es ist vorteilhaft, den mittleren Weg zu nehmen.
Wilhelm: »Die Ungebildeten in Milde tragen, entschlossen den Fluß durchschreiten, das Ferne nicht vernachlässigen, die Genossen nicht berücksichtigen: so mag man es fertigbringen, in der Mitte zu wandeln.«

Neun an dritter Stelle

无 平 不 陂 无 往 不
kein Ebene nicht unebenes Gebiet kein gehen nicht
復 艱 貞 无 咎 勿
wiederkehren fest Ausdauer kein Makel nicht
恤 其 孚 于 食
sorgen um sein Vertrauen, Ruf in Essen, Arbeit haben
有 福
haben Glück, Reichtum

Keine Ebene ohne eine unebene Oberfläche.
Kein Gehen ohne Wiederkehr.
Feste Ausdauer ist kein Makel.
Kümmere dich nicht um deinen Ruf.
Behalte deine Arbeitsstelle.
Glück.

Sechs an vierter Stelle

翩 翩 不 富 以 其 鄰
fliegen fliegen nicht reich mit das, sein Nachbar
不 戒 以 孚
nicht Verbot mit Vertrauen, Ehrlichkeit

Hin und her flattern, nicht die Reichtümer vor den Nachbarn zur Schau stellen.
Nicht zurückhaltend sein (»Verbot«) mit Ehrlichkeit.

Sechs an fünfter Stelle

帝 乙 歸
König I (offenbar auf »König I« bezogen) heiraten
妹 以 祉 元 吉
Schwester mit Glück, Wohl groß Glück

Der König kehrt zur Hauptstadt zurück (»Schwester« könnte hier Hauptstadt bedeuten).
Glück.
Es könnten unterschiedliche Bedeutungen vorliegen: Die Hauptstadt der Shang-Dynastie wurde *Mei* genannt, ein Wort, das auch Schwester bedeutet. Einige Forscher glauben, daß das Zeichen I sich auf den ersten Shang-Monarchen bezieht, Ch'eng T'ang (1766 v. Chr.), während andere glauben, daß »Schwester« eine Tochter bedeutet, die entweder mit König Wên, dem Erfinder der Hexagramme, oder mit dem Vater von König Wên verheiratet war.
Eine weitere Interpretation: Der König heiratet die Schwester (Tochter) einer anderen Person.
Blofield: »Indem der Herrscher jemandem die Hand seiner Tochter gab, erhielt er Segen und großes Glück ... Und zwar wegen der Unparteilichkeit, mit der er das ausführte, was er für erstrebenswert hielt. Dies weist darauf hin, wie wichtig Unparteilichkeit bei der Erledigung unserer Angelegenheiten ist.«

Sechs an sechster Stelle

城 復 于 隍 勿 用 師
Mauer zurück nach Graben nicht benutzen Heer
自 邑 告 命
selbst, von Stadt erlassen, kundgeben Befehl
貞 吝
Ausdauer Makel

Die Mauern fallen in den Graben zurück.
Benutze das Heer nicht.
Erlasse Befehle in deinem eigenen Land.
Man kann ausdauernd sein und dennoch Schaden leiden. (Dies bedeutet, daß man innerhalb der eigenen Grenzen bleiben sollte.)

12 否 *P'i* ䷋

Unruhe
Disharmonie
Verschlossenheit
Stillstand

Das Urteil

否 之 匪 人
Disharmonie, Verschlossenheit von, es kein Mensch
不 利 君子 貞
kein Vorteil der edle Mensch Ausdauer
大 往 小 來
groß, bedeutend gehen klein kommen

Disharmonie kommt mit dem Unbedeutenden (»kein Mensch«). Kein Vorteil.
Der edle Mensch harrt aus.
Wenn der Bedeutende geht, kommt der Unbedeutende.

Die Linien

Sechs am Anfang (unten)

拔 茅 茹 以 其 彙
hochziehen Bandgras Wurzeln mit sein gleiche Art
貞 吉 亨
Ausdauer Glück Gelingen

Zieh das Bandgras an den Wurzeln hoch.
Alles kommt zusammen heraus.
Ausdauer. Glück. Gelingen.

Sechs an zweiter Stelle

包 承 小 人 吉
enthalten, ertragen halten klein Mensch Glück groß,
大 人 否 亨
bedeutend Mensch Verschlossenheit, Stillstand Genuß

Sei geduldig. Glück für den Unbedeutenden.
Der Bedeutende mag Stillstand hinnehmen müssen, aber er wird es schaffen.

Sechs an dritter Stelle

包 羞
enthalten, ertragen Schande

Ertrage die Schande.

Neun an vierter Stelle

有 命 无 咎 疇
haben Schicksal kein Makel Gruppe, Kameraden
離 祉
trennen Segen

Folge deinem Schicksal. Kein Makel.
Getrennt sein von der Menge (»Gruppe«).
Segen.

Legge: »Kameraden werden kommen und teilhaben.«

Neun an fünfter Stelle

休 否 大
Stillstand Verschlossenheit, Disharmonie groß, bedeutend
人 吉 其 亡 其
Mensch Glück das, sein Sterben, Verlust das, sein
亡 繫 于 苞
Sterben, Verlust gebunden an tief verwurzelt
桑
Baum (Maulbeere)

Unruhe steht still.
Der Bedeutende wird Glück haben.
Große Gefahr (»sterben sein sterben«). Halte dich fest am Maulbeerbaum (das bedeutet: an etwas Sicherem – dies ist als Warnung zu verstehen).

Neun an sechster Stelle

傾 否
fallend Verschlossenheit, Unruhe

Trigramm *Li* (☲ Feuer) über Trigramm *Ch'ien* (☰ Himmel) ergibt das kraftvolle Hexagramm 14 (*Ta Yu:* große Besitztümer). Unbekannter Künstler, Jigoku Soshi (Höllen-Rollbild), Querrolle (Ausschnitt), frühe Kamakura-Periode, um 1200, Farbe auf Papier, Höhe ca. 26 cm, Tokio, Tokyo National Museum

先 否
Anfang Verschlossenheit, Unruhe
後 喜
später Glück
Unruhe endet.
Am Anfang Unruhe.
Später Glück.

13 同人 ䷌ Leute derselben Art / Gemeinschaft / Gleichheit / Übereinstimmung

T'ung Jen

Das Urteil

同 人 于 野
gleich Leute in Feld
亨 利 涉 大 川
Gelingen Vorteil überqueren groß Wasser
利 君子 貞
Vorteil der edle Mensch Ausdauer
Gemeinschaft im Feld bringt Gelingen.
Es ist vorteilhaft, das große Wasser zu überqueren.
Es ist vorteilhaft für den edlen Menschen, Ausdauer zu zeigen.

Die Linien

Neun am Anfang (unten)
同 人 于 門 无 咎
gleich Leute an Tor kein Makel
Gemeinschaft am Tor. Kein Makel.

Sechs an zweiter Stelle
同 人 于 宗 吝
gleich Leute in Klan Reue
Gemeinschaft im Klan. Reue.

Neun an dritter Stelle
伏 戎 于 莽 升 其
verstecken Kampftruppen an Büsche steigen der, sein
高 陵 三 歲 不 興
hoch Hügel drei Jahre kein Reichtum, Aufsteigen
Kampftruppen sind in den Büschen versteckt.
Steige auf den hohen Hügel.
Drei Jahre lang kein Reichtum.
Wilhelm: »Versteckt Waffen im Dickicht,
steigt auf den hohen Hügel davor.
Drei Jahre lang erhebt er sich nicht.«

Neun an vierter Stelle
乘 其 墉 弗
reiten über, ersteigen die, seine Mauer nicht
克 攻 吉
überwinden Angriff Glück
Steige über die Mauer, aber vollende nicht den Angriff.
Glück.

Neun an fünfter Stelle
同 人 先 號 咷
gleich Leute Anfang laut weinen
而 後 笑 大 師 克
dann später lachen groß Heer überwinden, gewinnen
相 遇
zu einander treffen
Menschen, die sich nahestehen, weinen laut am Anfang, später lachen sie, als das große Heer gewinnt, und treffen sich wieder.

Neun an sechster Stelle
同 人 于 郊
gleich Leute in Randgebiete
无 悔
kein Reue
Gemeinschaft von Menschen in den Randgebieten (oder auf dem Lande).
Keine Reue.

14 大有 ䷍ Große Besitztümer / Große Güter

Ta Yu

Das Urteil

大 有 元 亨
groß Güter groß Freude

Große Besitztümer. Große Freude.

Die Linien

Neun am Anfang (unten)
无 交 害 匪 咎
kein kreuzen, nahe Schaden kein Makel
艱 則 无 咎
Schwierigkeit dann kein Reue
Meide (»kreuze nicht«) das Schädliche.
Kein Makel.
Bleibe beharrlich (»Schwierigkeit« bedeutet, daß größere Anstrengung nötig ist).
Es wird keine Reue geben.

Neun an zweiter Stelle
大 車 以 載 有 攸 往 无
groß Karren mit Ladung haben weit gehen kein
咎
Makel
Der große Karren ist beladen.

Man muß weit gehen.
Kein Makel.

Neun an dritter Stelle

公	用	亨
Edler, Prinz	handeln, anbieten	Gelingen

于	天	子	小	人	弗
in	Himmel	Sohn	klein	Mensch	nicht

克
überwinden, erreichen

Ein Edler gibt dem König (»Himmel Sohn«) ohne Einschränkung.
Ein Geringerer (»kleiner Mensch«) kann dies nicht. (Offiziell gehörten alle Besitztümer dem König. Gemeint ist, daß ein wirklich edler Mensch dieses Prinzip akzeptiert. Ein weniger hochherziger Mensch ist dazu nicht imstande).

Oder: Ein edler Mensch kann freudig mit dem König handeln. Ein engherziger Mensch kann dies nicht.

Neun an vierter Stelle

匪	其	彭	无	咎
nicht	die, seine	reiche Erscheinung	kein	Makel

Zeige deinen Reichtum nicht zu deutlich. Kein Makel.

Wilhelm: »Er macht einen Unterschied zwischen sich und seinem Nächsten. Kein Makel.«

Legge: »Die vierte, durchgehende Linie zeigt, daß jemand seine großen Reichtümer zurückhält. Kein Fehler.«

Sechs an fünfter Stelle

厥	孚	交	如	威	如
Ehrlichkeit	Vertrauen	sich kreuzen	wie	Würde	wie

吉
Glück

Aufrichtigkeit und Vertrauen, wenn sie sich kreuzen (zusammenkommen) mit Würde, führen zu Glück.

Neun an sechster Stelle

自	天	祐	之	吉
von, aus	Himmel	Schutz, Hilfe	das, sein	Glück

无	不	利
kein	nicht	Vorteil

Hilfe kommt vom Himmel. Glück.
Alles ist vorteilhaft (doppelte Verneinung).

Die Trigramme *Kên* (☶ Berg) und *K'un* (☷ Erde) verbinden zwei miteinander harmonierende Aspekte der Natur und formen gemeinsam Hexagramm 15 (*Ch'ien:* Bescheidenheit). Chao Po-Chu (1120–1182), Fluß und Berge im Herbst, Querrolle (Ausschnitt), Tusche und Farbe auf Seide, Höhe ca. 57 cm, Peking, Palace Museum

15 謙 *Ch'ien* ䷎ Bescheidenheit Demut

Das Urteil

謙	亨
Bescheidenheit	Gelingen

君子	有	終
der edle Mensch	haben	Ende

Bescheidenheit, Gelingen.
Der edle Mensch wird ein gutes Ende haben.

Die Linien

Sechs am Anfang (unten)

謙	謙	君子
Bescheidenheit	Bescheidenheit	der edle Mensch

用	涉	大	川	吉
handeln	überqueren	groß	Wasser	Glück

Der äußerst bescheidene edle Mensch kann das große Wasser überqueren (die Wiederholung von »Bescheidenheit« bedeutet äußerste Bescheidenheit).
Glück.

Sechs an zweiter Stelle

鳴
bekannt, singen (wie ein Vogel)

謙	貞	吉
Bescheidenheit	Ausdauer	Glück

Bescheidenheit wird erkannt (wie das Singen eines Vogels).
Ausdauer bringt Glück.

Neun an dritter Stelle

勞	謙
Fleiß	Bescheidenheit

君子	有	終	吉
der edle Mensch	haben	schließlich	Glück

Fleiß. Bescheidenheit.
Der edle Mensch wird schließlich Glück haben.

Sechs an vierter Stelle

无	不	利	撝	謙
kein	nicht	Vorteil	ausbreiten	Bescheidenheit

Es ist vorteilhaft, beim Handeln bescheiden zu sein (»ausbreiten Bescheidenheit«).

Sechs an fünfter Stelle

不	富	以	其	鄰
nicht	reich	nach, mit	der, sein	Nachbar

利 用 侵 伐
Vorteil handeln Invasion Angriff
无 不 利
kein nicht Vorteil
Benutze Reichtum nicht dazu, um vor den Nachbarn anzugeben.
Vorteilhaft ist es, einzumarschieren und anzugreifen.
Alles ist vorteilhaft (doppelte Verneinung).

Sechs an sechster Stelle
鳴
bekannt, singen (wie ein Vogel)
謙 利 用 行
Bescheidenheit Vorteil handeln gehen, Aktivität
師 征
Heer handeln gegen
邑 國
Stadt Land
Bescheidenheit wird erkannt.
Mit den Kampftruppen die (eigene) Stadt, das (eigene) Land angreifen (bedeutet, daß man nicht zu weit gehen soll), ist vorteilhaft.

16 豫 *Yu* — Harmonie, Glück, Begeisterung

Das Urteil

豫 利
Harmonie, Glück, Begeisterung Vorteil
建 侯 行 師
aufbauen Vasall bewegen Heer
Harmonie.
Vorteilhaft ist es, Vasallen (oder Helfer) einzusetzen, um die eigenen Kampftruppen zu bewegen.

Die Linien

Sechs am Anfang (unten)
鳴
singen, ausdrücken
豫 凶
Harmonie, Glück, Begeisterung Unheil
Sein Glück zu verkünden bringt Unheil.
(Chinesen halten Zurückhaltung für eine Tugend.)

Sechs an zweiter Stelle
介 于石 不 終 日
Charakter an Fels nicht Ende Tag
貞 吉
Ausdauer Glück
Ein Charakter wie ein Fels, aber nicht immer (»nicht ganz Tag«).
Ausdauer bringt Glück.

Sechs an dritter Stelle
盱 豫
nach oben schauen (hochnäsig) Harmonie, Glück,
悔 遲 有 悔
Begeisterung Reue Verzögerung haben Reue
Mit Verachtung auf das Glück schauen führt zu Reue.
Zögern bringt Reue.

Wilhelm: »Nach oben blockende Begeisterung schafft Reue. Zögern bringt Reue.«

Legge: »Die dritte, unterbrochene Linie zeigt jemanden, der nach oben blickt (Gefälligkeit sucht), während er sich dem Gefühl von Vergnügen und Befriedigung hingibt. Wenn er doch nur verstehen würde! – Wenn er zu spät versteht, wird er wahrhaftig Grund zur Reue haben.«

Blofield: »Ruhig zu schauen bringt Reue; verzögertes Handeln bringt Reue.«

Neun an vierter Stelle
由 豫
von Harmonie, Glück, Begeisterung
大 有 得 勿 疑
groß, bedeutend haben Gewinn kein Verdacht
朋 盍 簪
Freund gleiche Art zusammen
Die Folge von Begeisterung ist großer Gewinn.
Sei nicht mißtrauisch.
Gleich und gleich gesellt sich gern.

Sechs an fünfter Stelle
貞 疾 恒 不 死
Ausdauer Krankheit immer nicht sterben
Ständig krank; niemals sterben.

Sechs an sechster Stelle
冥
dunkel, unsichtbar
豫
Harmonie, Glück, Begeisterung
成 有 渝 无 咎
Erfolg haben verändern kein Makel
Ungesehenes Glück (oder »verborgenes Glück«).
Erfolg bringt Veränderung.
Kein Makel.

Wilhelm: »Verblendete Begeisterung. Aber wenn man nach der Vollendung zur Änderung kommt, so ist das kein Makel.«

Legge: »Die oberste, unterbrochene Linie zeigt jemanden mit verdunkeltem Gemüt, der Vergnügen und Befriedigung (der Zeit) liebt; doch wenn er seinen Kurs ändert, selbst wenn er (als) beendet (angesehen) werden kann, ist dies kein Fehler.«

Blofield: »Verrückte Ruhe. Glücklicherweise findet eine Veränderung statt, daher liegt kein Makel vor.«

17 隨 *Sui* — Nachfolge

Das Urteil

元 亨 利 貞
Größe Gelingen Vorteil Ausdauer
无 咎
kein Makel
Größe. Gelingen.
Vorteilhaft ist Ausdauer. Kein Makel.

Die Linien

Neun am Anfang (unten)
官 有 渝 貞
Autorität haben verändern Ausdauer
吉 出 門 交 有 功
Glück aus Tür kreuzen haben Verdienst
Die Autorität ändert sich. (Dies bedeutet, daß sich alle Gesetze und Machtverhältnisse ändern.)
Ausdauer bringt Glück.
Geh durch die Tür. Freunde gewinnen wird belohnt (»kreuzen« bedeutet Kontakte knüpfen).

Sechs an zweiter Stelle
係 小 子 失
verknüpfen mit klein Sohn Verlust
丈 夫
groß, bedeutend Mensch
Wenn man sich mit einem Geringeren (»kleiner Sohn«) verbindet, verliert man den Bedeutenderen.

Sechs an dritter Stelle
係 丈 夫 失 小
verknüpfen mit groß, bedeutend Mensch Verlust klein
子 隨 有 求 得 利
Sohn folgen haben bitten erhalten Vorteil
居 貞
siedeln, besitzen Ausdauer
Wenn man sich mit dem Bedeutenderen verbindet, verliert man den Geringeren.
Folgen, um das zu bekommen, was man sucht (»bitten erhalten«).
Vorteilhaft ist es, Ausdauer zu zeigen.

Neun an vierter Stelle
隨 有 獲
folgen haben Verdienst
貞 凶 有 孚 在
Ausdauer Unheil haben Vertrauen an
道 以 明
Tao (richtiger Weg) mit Helligkeit, Aufrichtigkeit
何 咎
wie Makel
Folgen bringt Belohnung.
Ausdauer bringt Unheil.
Vertraue auf den richtigen Weg (»Tao«).
Wenn man aufrichtig bleibt, wie sollte es Makel geben!

Neun an fünfter Stelle
孚 于 嘉
Vertrauen auf Güte
吉
Glück
Vertraue auf Güte.
Glück.

Sechs an sechster Stelle
拘 係 之 乃
gefangen gebunden von, es dann
從 維 之 王 用
folgen, gehorchen Verbindung von, es König handeln
亨 于 西 山
opfern in Westen Berg
Ist man fest gebunden, sollte man die Befehle befolgen (»gehorchen Verbindung«).
Der König opfert am westlichen Berg (dies bedeutet die Hauptstadt oder das Zentrum). Hiermit ist ebenfalls angedeutet, daß das Opfer des Königs aufrichtig ist. In dieser Linie ist eine Allegorie der Chou-Dynastie gesehen worden, als loyale Gefolgsleute des Kaisers belohnt wurden, indem man sie in den Königlichen Tempel der Ahnen auf dem »westlichen Berg« aufnahm.

18 蠱 *Ku*

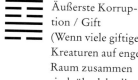

Äußerste Korruption / Gift (Wenn viele giftige Kreaturen auf engem Raum zusammen sind, überlebt die giftigste. Dieses Wesen wird als »Ku« bezeichnet.)

Das Urteil

元 亨 利 涉 大
Größe Gelingen Vorteil überqueren groß

川 先 甲
Fluß, Wasser vor Anfang einer Reihe (erster von

三 日 後
10 himmlischen Gegenständen) drei Tag danach

甲 三 日
Anfang einer Reihe drei Tag

Größe. Gelingen.
Es ist vorteilhaft, das große Wasser zu überqueren.
Vor dem Anfang drei Tage.
Nach dem Anfang drei Tage.

Die Linien

Sechs am Anfang (unten)

幹 父 之 蠱
Baumstumpf, Kraft Vater von, es Gift (schwerer Fehler)

有 子 考 无 咎 厲
haben Sohn toter Vater kein Makel Gefahr

終 吉
schließlich Glück

Ein starker Vater kann schwere Fehler machen.
Wenn er einen Sohn hat, wird dem toten Vater kein Makel anhaften.
Gefahr, aber schließlich Glück.

Neun an zweiter Stelle

幹 母 之 蠱
Baumstumpf, Kraft Mutter von, es Gift (schwerer

不 可 貞
Fehler) nicht mögen, können Ausdauer

Eine starke Mutter kann schwere Fehler machen.
Sie darf nicht beharrlich sein.

Neun an dritter Stelle

幹 父 之 蠱
Baumstumpf, Kraft Vater von, es Gift (schwerer Fehler)

小 有 悔 无 大 咎
klein haben Reue kein groß Makel

Ein starker Vater kann schwere Fehler machen.
Nur wenig Reue. Kein großer Makel.

Sechs an vierter Stelle

裕 父 之 蠱
Muße, leicht Vater von, es Gift (schwerer Fehler)

往 見 吝
weitermachen sehen Makel

Ein freizügiger Vater kann schwere Fehler machen.
Wenn er damit fortfährt, wird ihm Makel anhaften.

Sechs an fünfter Stelle

幹 父 之 蠱
Baumstumpf, Kraft Vater von, es Gift (schwerer

用 譽
Fehler) handeln Ehre

Ein starker Vater kann Fehler machen.
Trotzdem mit Ehre handeln.

Neun an sechster Stelle

不 事 王 侯 高
nicht dienen König Fürst hoch

尚 其 事
Charakter der, sein Arbeit, Dienst

Nicht dem König und den Fürsten dienen.
In der eigenen Arbeit hohe Prinzipien befolgen.

19 臨 *Lin*

Kommen
Annähern

Das Urteil

元 亨 利 貞
Größe Gelingen Vorteil Ausdauer

至 于 八 月 有
Ankunft in acht Monat haben

凶
Unheil

Größe. Gelingen.
Vorteilhaft ist Ausdauer.
Wenn der achte Monat kommt, gibt es Unheil.

Die Linien

Neun am Anfang (unten)

咸 臨 貞 吉
alle kommen, sich nähern Ausdauer Glück

Alle kommen zusammen.
Ausdauer bringt Glück.

Neun an zweiter Stelle

咸 臨 吉 无 不 利
alle kommen, sich nähern Glück kein nicht Vorteil

Alle kommen zusammen. Glück.
Alles ist vorteilhaft (doppelte Verneinung).

Sechs an dritter Stelle

甘 臨 无 攸
süß, leicht kommen, sich nähern kein weit

利 既 憂 之 无 咎
Vorteil schon Sorge von, es kein Makel

Annäherung ist leicht. Nichts ist dauerhaft (»weit«) fördernd.
Wenn man sich bereits sorgt, kein Makel.

Sechs an vierter Stelle

至 臨 无
oben, Ankunft kommen, sich nähern kein

咎
Makel

Annäherung an die Spitze.
Kein Makel.

Sechs an fünfter Stelle

知 臨 大 君 之
Weisheit kommen, sich nähern groß Fürst von, es

宜 吉
harmonisch Glück

Eine weise Annäherung, wie es sich für einen großen Fürsten ziemt, bringt Glück. (Hier ist angedeutet, daß man sich hochgestellten Menschen mit Weisheit nähern sollte.)

Sechs an sechster Stelle

敦 臨 吉
Großzügigkeit kommen, sich nähern Glück

无 咎
kein Makel

Wenn man sich aufrichtig und großzügig nähert, bringt dies Glück. Kein Makel.

20 觀 *Kuan*

Betrachtung
Anblick
Ansicht

Das Urteil

觀 盥 而
betrachten Händewaschen aber, und

不 薦 有 孚
nicht Darbringung haben Vertrauen, aufrichtig

顒 若
Würde, Respekt wie

Vorbereitungen treffen, aber noch nicht mit der Darbringung beginnen.
Aufrichtig und respektvoll sein. (Man wäscht sich die Hände, bevor man ein Opfer darbringt.)

Die Linien

Sechs am Anfang (unten)

童 觀 小 人 无
Kind Betrachtung klein Mensch kein

咎 君子 吝
Makel der edle Mensch Makel

Kindliches Betrachten bringt dem geringen Menschen keinen Makel.
Für den edlen Menschen ist es ein Fehler.

Sechs an zweiter Stelle

闚 觀 利
lugen, durch den Türspalt schauen Betrachtung Vorteil

女 貞
Frau Ausdauer

Hinauslugen, um etwas zu betrachten, kann vorteilhaft sein, wenn die Frau ausdauernd ist.

Sechs an dritter Stelle

觀 我 生 進 退
Betrachtung mein Leben Fortschritt Rückzug

Wenn ich das eigene Leben betrachte, kann ich wählen, ob ich fortschreiten oder mich zurückziehen will.

Sechs an vierter Stelle

觀 國 之 光
Betrachtung Land von, es Licht

利 用 賓 于 王
Vorteil handeln Gast bei König

Wenn man das Licht des Landes betrachtet (im Sinne von: beachten), wird einem die Ehre zuteil, ein Gast des Königs zu werden.

Neun an fünfter Stelle

觀 我 生 君子 无 咎
Betrachtung mein Leben der edle Mensch kein Makel

Wenn er sein eigenes Leben betrachtet, ist der edle Mensch ohne Makel.

Neun an sechster Stelle

觀 其 生
Betrachtung sein Leben

君子 无 咎
der edle Mensch kein Makel

Wenn er das Leben eines anderen betrachtet, ist der edle Mensch ohne Makel. (In den Linien fünf und sechs ist angedeutet, daß man das eigene Verhalten und das der anderen betrachten soll.)

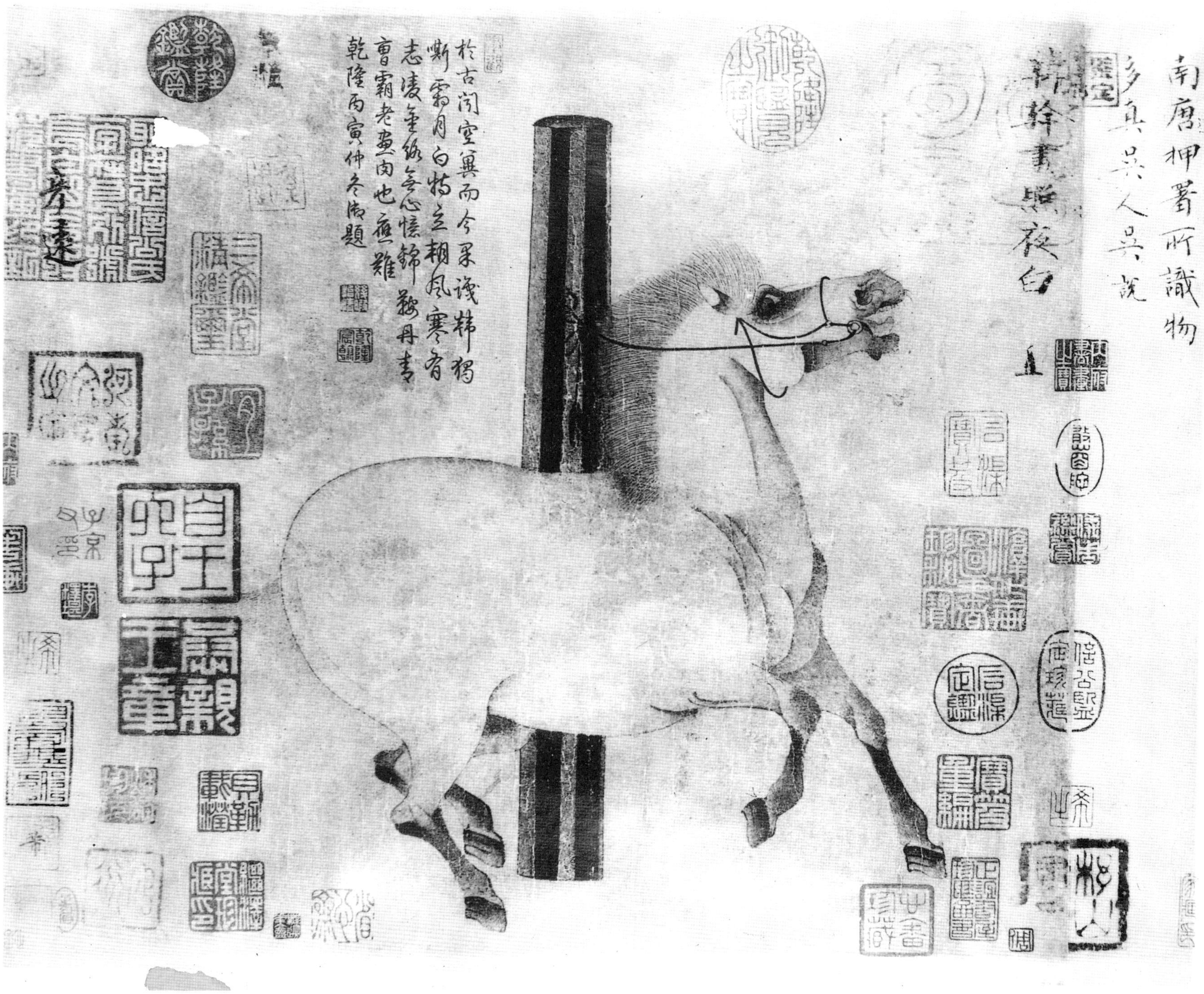

21 噬嗑 ䷔ Beißen Kauen

Shih Ho

Das Urteil

噬 嗑 亨
beißen, kauen, durchbeißen Gelingen

利 用 獄
Vorteil handeln Gefängnis

Durchhalten (»durchbeißen«) macht den Weg frei (»Gelingen«).
Es ist vorteilhaft, sich legaler Einschränkung (»Gefängnis«) zu bedienen.

Die Linien

Neun am Anfang (unten)

屨 校 滅 趾 无 咎
laufen Block, Ketten bedeckt Zeh kein Makel

Die Füße im Block mit bedeckten Zehen (daher Schwierigkeiten beim Laufen), man bleibt ohne Makel.
(Die Füße im Block zu haben war eine weniger schwerwiegende Bestrafung als den hölzernen Halskragen zu tragen, diese Linie deutet also an, daß die Bestrafung, die vor einem liegt, nicht schwer sein wird.)

Sechs an zweiter Stelle

噬 膚 滅 鼻 无
beißen Haut nicht sichtbar Nase kein

咎
Makel

Energisch durchzuhalten (so tief »in die Haut beißen«, daß »die Nase« des Beißenden nicht mehr zu sehen ist), ist kein Makel.

Sechs an dritter Stelle

噬 腊 肉 遇 毒
beißen trocken, hart Fleisch treffen Gift

小 吝 无 咎
klein Demütigung kein Makel

Wenn man bei einem sehr schwierigen Unterfangen durchhält (»beißen in hartes Fleisch trifft Gift«), kann es sein, daß man verletzt wird.
Geringfügige Demütigung. Kein Makel.

Neun an vierter Stelle

噬 乾 胏 得
beißen trocken, hart Fleisch mit Knochen bekommen

金 矢 利 艱
golden Pfeil Vorteil hart, fest

貞 吉
Ausdauer Glück

Links: Die vierte Linie von Hexagramm 22 vergleicht eine Person mit bescheidenen Manieren und guten Absichten mit einem fliegenden Schimmel. Hankan (75 n. Chr.), Der nachtscheinende weiße Hengst, Tang-Dynastie, Albumblatt, Tusche auf Papier, Höhe ca. 29 cm, New York, The Metropolitan Museum of Art

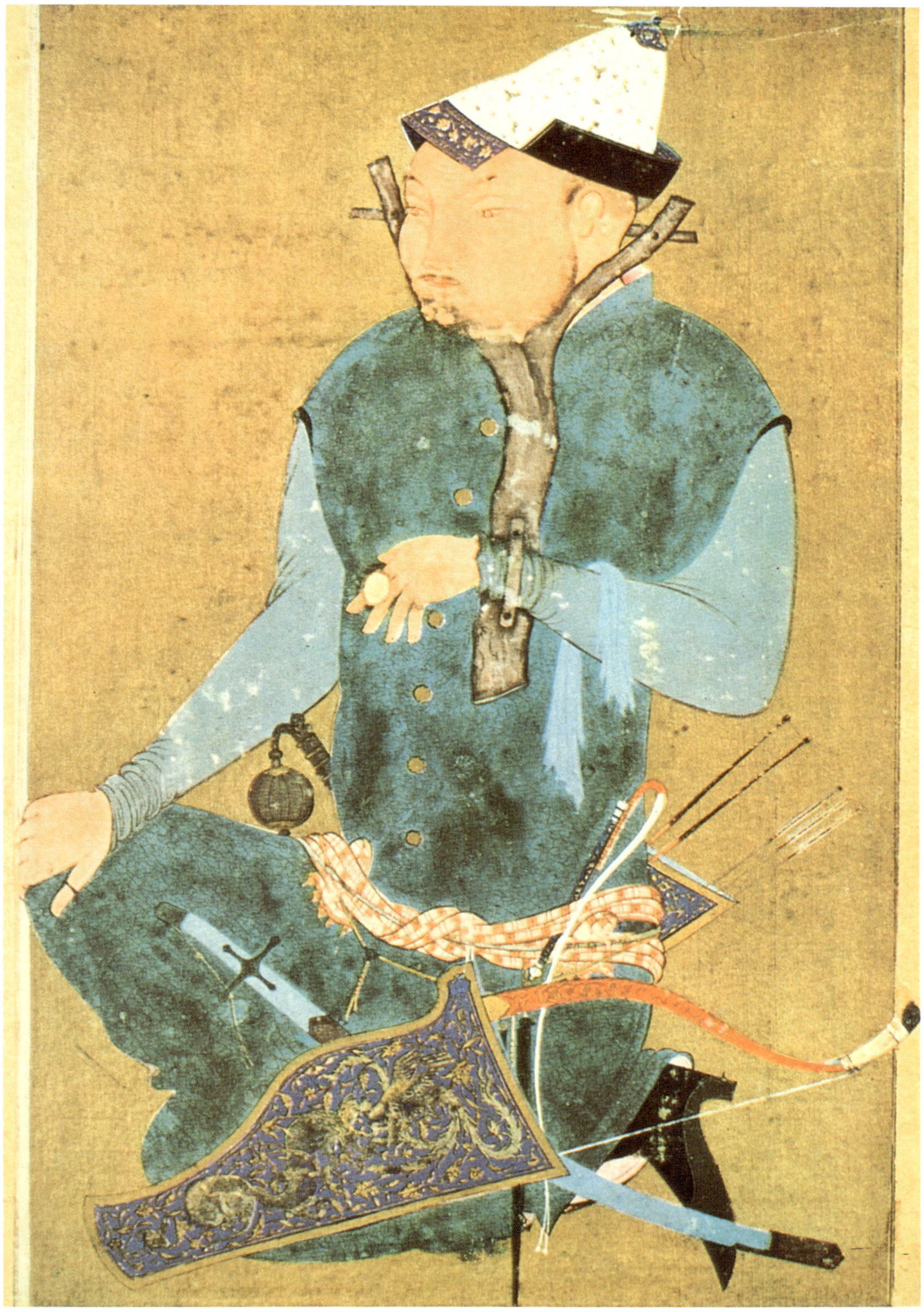

In Hexagramm 21 bezieht sich die sechste Linie auf die extremen Beschränkungen, die man hinnehmen muß, wenn sich der Hals oder die Extremitäten in einem Block befinden. Japan, Militärbeamter mit hölzernem Halskragen, 15. Jahrhundert, Paris, Sammlung Marquis de Ganay

Ein sehr schweres Unterfangen bewerkstelligen (»beißen hartes, knochiges Fleisch«) wird großzügig belohnt werden (»goldener Pfeil«).
Vorteilhaft ist stete Ausdauer. Glück.
Chu Hsi gibt eine andere Deutung: »In der Chou-Dynastie mußte man ein großzügiges Geschenk machen, um eine hochgestellte Persönlichkeit zu erreichen, hier durch den ›goldenen Pfeil‹ symbolisiert.«

Sechs an fünfter Stelle

噬	乾	肉	得	黃
beißen	trocken, hart	Fleisch	gewinnen	gelb
金	貞	厲	无	咎
Gold	Ausdauer	Gefahr	kein	Makel

Ein Unterfangen durchführen (»beißen hartes Fleisch«) wird belohnt werden (»gelbes Gold«). Ausdauer ist gefährlich, aber kein Makel.

Legge: »Die fünfte, unterbrochene Linie zeigt jemanden, der an trockenem Fleisch nagt und gelbes Gold findet. Er soll sich fest und korrekt verhalten, wenn er die Gefahr erkennt (seine Lage). Es wird kein Fehler sein.«

Neun an sechster Stelle

何	校	滅	耳	凶
halten	Block, Ketten	bedeckt	Ohr	Unheil

Den Hals im hölzernen Kragen (in einem »Block«, der groß genug ist, um die Ohren zu verdecken) bringt Unheil. (Der hölzerne Kragen entsprach der Todesstrafe und war daher weitaus schwerwiegender als die Füße im Block zu haben. Es wird darauf hingewiesen, daß größtes Unheil zu erwarten ist.)

22 賁 *Pi* ䷕ Schmuck Glanz

Das Urteil

亨	小	利	有	攸	往
Gelingen	klein	Vorteil	haben	weit	gehen

Gelingen.
Es bringt kleinen Vorteil, weit zu gehen.

Wilhelm: »Im Kleinen ist es fördernd, etwas zu unternehmen.«

Die Linien

Neun am Anfang (unten)

賁 其 趾 舍 車 而
Schmuck der Zeh verlassen Kutsche aber, und
徒
laufen

Schmücke die Zehen. Verlaß die Kutsche und geh zu Fuß. (Dies bedeutet, man soll versuchen, demütig zu sein, indem man die bessere Transportmöglichkeit verschmäht und zu Fuß geht statt zu reiten.)

Sechs an zweiter Stelle

賁 其 須
Schmuck der, sein Gesicht, Bart

Schmücke den Bart. (Dies bedeutet, daß man auf seine äußere Erscheinung achten sollte.)

Neun an dritter Stelle

賁 如 濡 如
Schmuck wie Feuchtigkeit, langes Warten wie
永 貞 吉
immer Ausdauer Glück

Wenn man heiter und geduldig und stets ausdauernd ist, wird einem Glück zuteil.

Chu Hsi interpretiert: »Man kann nicht immer sicher sein. Sei stets beharrlich.«

Sechs an vierter Stelle

賁 如 皤 如 白 馬
Schmuck wie sehr weiß wie weiß Pferd
翰 如 匪 寇
beschleunigen (wie fliegen) wie nicht Räuber
婚 媾
Hochzeit

Geschmückt in Weiß, auf weißem schnellem Pferd, kommt er, weil er um die Hand anhalten möchte, nicht weil er zur Heirat zwingen will. (Dies könnte bedeuten, daß ein in Handlung und Manieren einfacher, »weißer« Mensch in freundlicher Absicht kommt und nicht etwa feindselig gesinnt ist. »Weiß« symbolisiert Reinheit.)

Wilhelm: »Anmut oder Einfachheit?
Ein weißes Pferd kommt wie geflogen:
Nicht Räuber ist er,
Will freien zur Frist.«

Sechs an fünfter Stelle

賁 于 丘 園 束 帛
Schmuck auf Hügel Garten Rolle Seide
戔 戔 吝 終 吉
klein klein Demütigung schließlich Glück

Schmücke die Gärten auf dem Hügel.
Auch wenn die Seidenrolle ärmlich (»klein klein«) und demütigend ist, wird es am Ende doch Glück geben. (Dies könnte bedeuten, daß man versuchen sollte, aus dem, was man hat, das Beste zu machen. Denn selbst wenn man nur sehr wenig hat, darf man mit Glück rechnen.)

Neun an sechster Stelle

白 賁 无 咎
weiß Schmuck kein Makel

Schlichtheit im Stil (»weißer Schmuck«) ist kein Makel.

23 剝 *Po* ䷖ Abschälen Zersplittern

Das Urteil

不 利 有 攸 往
klein Vorteil haben weit gehen

Es ist nicht vorteilhaft, weit zu gehen.

Die Linien

Sechs am Anfang (unten)

剝 牀 以 足 蔑
zersplittern Bett mit Fuß zerstören
貞 凶
Ausdauer Unheil

Das Bett wird zerstört, wenn man die Füße absplittert.
Ausdauer dabei bringt Unheil.

Sechs an zweiter Stelle

剝 牀 以 辨 蔑
zersplittern Bett mit Bein zerstören
貞 凶
Ausdauer Unheil

Das Bett wird zerstört, wenn man die Beine absplittert.
Ausdauer dabei bringt Unheil.

Sechs an dritter Stelle

剝 之 无 咎
zersplittern von, es kein Makel

Es zu zersplittern, ist kein Makel.

Sechs an vierter Stelle

剝 牀 以 膚 凶
zersplittern Bett mit Haut, nahe Unheil

Das Bett bis zur Haut zersplittern bringt Unheil.

Sechs an fünfter Stelle

貫 魚 以 宮 人 寵
verbinden Fisch mit Palast Leute (Frauen) geliebt
无 不 利
kein nicht Vorteil

Viele Palastdamen werden geliebt (verbunden »wie eine Reihe von Fischen«).
Alles ist äußerst vorteilhaft (doppelte Verneinung).
Wilhelm: »Ein Zug Fische. Durch die Palastdamen kommt Gunst. Alles ist förderlich.«
Legge: »Zeigt (wie sich jemand an andere lehnt wie) eine Reihe von Fischen und (ihnen verschafft) die Gunst, die auf den Bewohnern des Palastes ruht. Alles wird günstig sein.«
Blofield: »Eine Reihe von Fischen, welche die große Gunst symbolisieren, die Hofdamen im Palast genießen – alles ist fördernd. (Dies deutet an, daß wir letztendlich völlig frei von Makel sein werden.)«

Neun an sechster Stelle

碩 果 不 食 君子 得
groß Frucht nicht Essen der edle Mensch erhalten
輿 小 人 剝 廬
Kutsche klein Mensch zersplittern Haus

Die große Frucht wird nicht gegessen (hier wird angedeutet, daß man sie zwar anschauen, aber nicht essen sollte).
Der edle Mensch erhält eine Kutsche (er erhält eine Belohnung, weil er nichts nimmt).
Das Haus des geringeren Menschen bricht auseinander. (Dies deutet darauf hin, daß die Omen für den edlen Menschen gut sind, für einen geringeren Menschen jedoch schlecht.)

24 復 *Fu* ䷗ Rückkehr Genesung

Das Urteil

亨 出 入 无 疾 朋
Gelingen aus in hinein kein Krankheit Freund
來 无 咎 反 復
kommen kein Makel umdrehen Rückkehr, Genesung
其 道 七 日 來
der, sein Tao, richtiger Weg sieben Tag kommen
復 利 有 攸 往
Rückkehr, Genesung Vorteil haben weit gehen

Gelingen.
Hinein und hinaus ohne Schaden (»Krankheit«).
Freunde kommen ohne Kritik (»Makel«).
Geh hin und her auf dem richtigen Weg (dem Tao entsprechend).
In sieben Tagen kommt die Genesung.
Vorteilhaft ist es, weiter zu gehen.

Die Linien

Neun am Anfang (unten)

不 遠 復 无 祇 悔 元 吉
nicht weit Rückkehr kein groß Reue groß Glück

Rückkehr aus geringer Entfernung (»nicht weit«).
Keine große Reue.
Großes Glück.

Sechs an zweiter Stelle

休 復 吉
ruhig Rückkehr, Genesung Glück

Ruhige Genesung. Glück.

Sechs an dritter Stelle

頻 復 厲 无 咎
mehrfach Rückkehr, Genesung Gefahr kein Makel

Wiederholte Genesung (oder Rückkehr).
Gefahr, aber kein Makel.

Sechs an vierter Stelle

中 行 獨 復
inmitten gehen einzeln Rückkehr

Man geht in der Menge, aber man kehrt allein zurück.

Sechs an fünfter Stelle

敦 復 无 悔
Aufrichtigkeit Wiederkehr, Genesung kein Reue

Eine direkte Rückkehr bringt keine Reue.

Sechs an sechster Stelle

迷 復 凶 有 災
Verlust Rückkehr, Genesung Unheil haben Katastrophe
眚 用 行 師 終 有
Krankheit handeln Bewegung Heer schließlich haben
大 敗 以 其 國 君 凶
groß Niederlage mit das, sein Land Fürst Unheil
至 于 十 年 不 克 征
ankommen nach zehn Jahr nicht überwinden Angriff

Die Gelegenheit zur Rückkehr nicht zu nutzen, bringt Unheil.
Es wird einem Unglück zustoßen (»Katastrophe und Krankheit«).
Wenn man das Heer nach vorn bewegt, wird man am Ende eine schwere Niederlage erleiden.
Der Fürst des Landes wird Unheil erfahren.
Bis zu zehn Jahre lang wird kein Angriff möglich sein.

25 无妄 *Wu Wang*

Unerwartet
Unschuld
Unerwünscht

Das Urteil

元 亨 利 貞
Größe Gelingen Vorteil Ausdauer

其 匪 正 有 眚
die, seine nicht Rechtschaffenheit haben Schaden

不 利 有 攸 往
nicht Vorteil haben weit gehen

Größe. Gelingen.
Vorteilhaft ist Ausdauer.
Wenn man nicht rechtschaffen ist, folgt Schaden.
Weitergehen ist nicht vorteilhaft.

Die Linien

Neun am Anfang (unten)

无 妄 往 吉
nicht vorhergesehen gehen Glück

Unvorhergesehen.
Weitergehen. Glück.

Sechs an zweiter Stelle

不 耕 穫 不 菑 畬
kein Pflug Ernte kein roden Boden

則 利 有 攸 往
dann Vorteil haben weit gehen

Nicht pflügen, den Herbst abwarten; auch nicht den Boden roden.
Vorteilhaft ist es, wenn man weit gehen muß. (Hier ist angedeutet, daß man sich von dem Land nicht zuviel versprechen sollte. Man sollte vorausschauend sein.)

Sechs an dritter Stelle

无 妄 之 災 或
nicht vorhergesehen von, es Unglück wie

繫 之 牛 行 人 之
Haltestrick von, es Kuh gehen Mensch von, es

得 邑 人 之 災
Gewinn Stadt Mensch von, es Unglück

Unerwartetes großes Unglück.
Wenn die festgebundene Kuh von dem Vorbeigehenden (»gehender Mensch«) mitgenommen wird, ist es dessen Gewinn, aber des Bürgers (»Stadtmensch«) Verlust. Großes Unglück.

Neun an vierter Stelle

可 貞 无 咎
können Ausdauer kein Makel

Wenn man ausdauernd sein kann, gibt es keinen Makel.

Neun an fünfter Stelle

无 妄 之
nicht vorhergesehen von, es

疾 勿 藥 有 喜
Krankheit nicht Medizin haben Wohlsein

Unerwartete Krankheit.
Die Medizin nicht nehmen (oder die Behandlung).
Du wirst wieder gesund werden.

Neun an sechster Stelle

无 妄 行 有
nicht vorhergesehen gehen haben

眚 无 攸 利
Schaden, Augenkrankheit kein weit Vorteil

Unerwartet.
Handlung (»Gehen«) wird schwere Probleme bereiten (»Augenkrankheit«).
Auf lange Sicht ist nichts vorteilhaft.

26 大畜 *Ta Ch'u*

Förderung
Beherrschung des Großen

Ta bedeutet groß. Ch'u bedeutet Kuh, Pferd, Schaf, Huhn, Schwein (als Substantiv) oder folgen, füttern, fördern (als Verb).

Das Urteil

利 貞 不 家 食 吉
Vorteil Ausdauer nicht Heim essen Glück

利 涉 大 川
Vorteil überqueren groß Fluß, Wasser

Vorteilhaft ist Ausdauer.
Nicht zu Hause essen bringt Glück. (Dies könnte als Aufforderung zur Großzügigkeit aufgefaßt werden, da zu Hause essen bedeutet, daß man nicht mit anderen teilen muß.)
Es ist vorteilhaft, das große Wasser zu überqueren.
Eine andere Interpretation bietet Chu Hsi: »Sei nicht abhängig von deiner Familie (›nicht essen zu Hause‹). Geh hinaus (›überquere das große Wasser‹).«

Die Linien

Neun am Anfang (unten)

有 厲 利 已
haben Gefahr Vorteil aufhören

Es wartet Gefahr. Vorteilhaft ist es, einzuhalten.

Neun an zweiter Stelle

輿 說 輹
Wagen Verlust Hauptbalken, Achse

Der Wagen verliert die wichtigste Stütze.

Neun an dritter Stelle

良 馬 逐 利
gut Pferd nachjagen Vorteil

艱 貞 日
fest Ausdauer Tag, Sonne

閑 輿 衛
ruhend, Übung Wagen schützen

利 有
Vorteil haben

攸 往
weit gehen

Ein gutes Pferd versucht, den Anschluß nicht zu verlieren (»nachjagen«).
Vorteilhaft ist feste, stete Ausdauer.
Schütze den Wagen durch tägliches Üben.
Es ist vorteilhaft, weiterzumachen.
(Eine mögliche Bedeutung könnte sein, daß Handhabung und Leistung sich am besten erhalten lassen, wenn man etwas immer wieder benutzt.)

Sechs an vierter Stelle

童 牛 之 牿 元 吉
Kind Kuh, Bulle von, es Schutzbrett groß Glück

Ein Hornschutz (»Schutzbrett«) an einem jungen Bullen bringt großes Glück. (Dies bedeutet, daß man eine potentielle Kraft unter Kontrolle halten soll.)

Sechs an fünfter Stelle

豶 豕 之 牙 吉
kastrierter Eber Eber von, es Zähne, Hauer Glück

Die Hauer eines kastrierten Ebers.
Glück. (Möglicherweise bedeutet dies, daß man durch das Kastrieren des Ebers seine potentiell gefährlichen Hauer ungefährlich macht, daß man sich also durch rechtzeitiges Vorbeugen vor der Gefahr schützen kann.)

Neun an sechster Stelle

何 天 之 衢 亨
wie Himmel von, es breiter Weg Gelingen

Wie breit der Weg zum Himmel ist!
Der Weg steht offen (»Gelingen«).

27 頤 *I*

Mundwinkel
Nahrung
Ernährung

Das Urteil

貞 吉 觀
Ausdauer Glück betrachten

頤
Mundwinkel, Ernährung

自 求 口 實
selbst gewinnen Mund voll

Ausdauer bringt Glück.
Man soll seine eigene Ernährung betrachten und wird dann Nahrung bekommen (»Mund voll« bedeutet, daß man seine eigene Lebensweise betrachten soll, um sich selbst zu verbessern).

Die Linien

Neun am Anfang (unten)

舍 爾 靈 龜 觀
weggeben dein magisch Schildkröte betrachten

我 朵 頤 凶
mein herabhängend Mundwinkel Unheil

Wenn man seine eigene Substanz (»magische Schildkröte« symbolisiert Vermögen und Unabhängigkeit) vergeudet (»weggibt«) und dann auf das schaut, das anderen gehört (»hängende Mundwinkel« bedeutet, daß man bereit ist, mit dem Essen anzufangen), wird Unheil die Folge sein.

Sechs an zweiter Stelle

顛 頤
schwankend Mundwinkel, Ernährung

拂 經 于 丘
Mißachtung Prinzipien auf Hügel

頤 征 凶
Mundwinkel, Ernährung Angriff Unheil

Unsicher (»schwankend«) in der Ernährung.
Mißachtung von richtigen Prinzipien.
Ernährung ist an höheren Stellen (»auf dem Hügel«).
Versuche, das Unheil zu besiegen.
(Einige Übersetzer verstehen darin den Ratschlag, man solle nicht versuchen, von höher oder niedriger Gestellten Nahrung zu bekommen.)

Sechs an dritter Stelle

拂 頤
Mißachtung Mundwinkel, Ernährung

貞 凶 十 年
Ausdauer Unheil zehn Jahre

勿 用 无 攸 利
nicht handeln kein weit Vorteil

Ausdauer bei der Mißachtung der Ernährung bringt Unheil.
Zehn Jahre lang nicht handeln.
Auf lange Sicht ist nichts vorteilhaft.

Sechs an vierter Stelle

顛 頤
schwankend Mundwinkel, Ernährung

吉 虎 視 眈眈 其
Glück Tiger schauen wild schauend das, sein

欲 逐 逐 无 咎
Begehren jagen jagen kein Makel

Unsichere Ernährung. Glück.
Wie ein wild blickender Tiger, wenn man nach vorn springen will, kein Makel. (Dies bedeutet, daß kein Makel vorliegt, wenn die Umstände ungünstig sind und man trotzdem versucht, sich zu verbessern.)

Sechs an fünfter Stelle

拂 經 居
Mißachtung Prinzipien bleiben

貞 吉 不 可 涉 大
Ausdauer Glück nicht können überqueren groß

川
Fluß, Wasser

Wenn man die richtigen Prinzipien mißachtet, aber trotzdem ausdauernd bleibt, wird Glück folgen.
Nicht das große Wasser überqueren.

Neun an sechster Stelle

由 頤
von, abhängen Mundwinkel, Nahrung

厲 吉 利 涉 大
Gefahr Glück Vorteil überqueren groß

川
Fluß, Wasser

Nahrungsaufnahme in Abhängigkeit (abhängig von anderen) ist gefährlich.
Aber es folgt Glück.
Vorteilhaft ist es, das große Wasser zu überqueren.

28 大過 ䷛ Übermaß

Ta Kuo

Das Urteil

棟 橈 利 有
Firstbalken biegen Vorteil haben

攸 往 亨
weit gehen Gelingen

Die tragenden Balken biegen sich.
Vorteilhaft ist es, weit zu gehen.
Der Weg ist offen (»Gelingen«).

Die Linien

Sechs am Anfang (unten)

藉 用 白 茅 无 咎
vertrauen auf handeln weiß Schilf kein Makel

Man soll darauf vertrauen, lauter zu handeln (»benutzen weißes Schilf«). Kein Makel.

Neun an zweiter Stelle

枯 楊 生 稊
verdorrt Pappel wachsen Trieb

老 夫
alt Ehemann

得 其 女 妻
gewinnen sein Mädchen Ehefrau

无 不 利
kein nicht Vorteil

Die verdorrte Pappel bekommt einen Trieb.
Der alte Mann bekommt ein junges Mädchen zur Frau.
Alles ist vorteilhaft (doppelte Verneinung).

Neun an dritter Stelle

棟 橈 凶
Firstbalken biegen Unheil

Der Firstbalken biegt sich durch.
Unheil.

Neun an vierter Stelle

棟 隆 吉
Firstbalken nach oben Glück

有 它 吝
haben andere Makel

Der Firstbalken biegt sich nach oben (damit ist gemeint, daß er verankert ist).
Glück.
Doch es kann andere Makel geben.

Neun an fünfter Stelle

枯 楊 生 華 老 婦 得
verdorrt Pappel wachsen Blüte alt Frau gewinnen

其 士 夫 无 咎 无
der, sein gebildet Ehemann kein Makel kein

譽
Ehre, Lob

Die verdorrte Pappel bekommt Blüten.
Die alte Frau bekommt einen hochgestellten Mann (»gebildet«).
Kein Makel. Kein Lob. (Möglicherweise bedeutet dies, daß die Situation nur vorübergehend besteht.)

Sechs an sechster Stelle

過 涉 滅
Übermaß durchqueren verschwinden

頂 凶 无 咎
Scheitel Unheil kein Makel

Man durchquert (das Wasser) mit dem Kopf unter Wasser (»verschwinden Scheitel«).
Ungünstig, aber kein Makel.
(Hier wird angedeutet, daß es ungünstig ist, wenn man zu sehr über die eigenen Fähigkeiten hinausgeht, aber man kann nicht dafür getadelt werden, daß man es versucht.)

29 坎 ䷜ Falle Abgrund Tiefe

K'an

Das Urteil

習 坎 有 孚
wiederholen Abgrund haben aufrichtig

維 心 亨
nur Herz Gelingen

行 有 尚
gehen haben Ehre, Erfüllung eines Wunsches

Die Gefahr wiederholt sich (»Abgrund wiederholt«).
Wenn man völlig aufrichtig und ehrlich in seinem Herzen ist, gibt es Gelingen.
Weitermachen und sich seinen Wunsch erfüllen.

Die Linien

Sechs am Anfang (unten)

習 坎 入 于
wiederholen Abgrund in hinein an

坎 窞 凶
Abgrund tiefe Falle Unheil

Die Gefahr wiederholt sich (»Abgrund wiederholt«).
Man gerät in eine sehr tiefe Falle.
Unheil.

Neun an zweiter Stelle

坎 有 險 求 小 得
Abgrund haben Gefahr suchen klein Gewinn

Der Abgrund ist gefährlich.
Nach kleinen Gewinnen suchen.

Sechs an dritter Stelle

來 之 坎
kommen, sich nähern von, es Abgrund

坎 險 且 枕 入 于
Abgrund Gefahr und Hindernis in hinein an

坎 窞 勿 用
Abgrund tiefe Falle nicht handeln

Man soll sich dem tiefen Abgrund nähern (»Abgrund, Abgrund«).
Gefahr und Hindernisse warten dort.
Man soll sich in die tiefe Falle begeben (»Abgrund, tiefe Falle«), aber nicht handeln.

Sechs an vierter Stelle

樽 酒 簋
Krug Wein Behälter für Nahrung aus Holz oder Bambus

貳 用
Zweiter, besser, Zweifel Handeln

缶 納 約 自
irdener Krug erhalten Gabe von, aus

牖 終 无 咎
Fenster schließlich kein Makel

Ein Krug Wein. Ein Korb mit Essen.
Oder sogar ein irdener Krug. (Es handelt sich hierbei um einfache Objekte.)
Gaben durch das Fenster in Empfang nehmen (dies bedeutet, daß kein Zeremoniell notwendig ist).
Zum Schluß liegt kein Makel vor. (Gemeint ist, daß einfache Gaben ohne Zeremoniell keine Demütigung bedeuten.)

Neun an fünfter Stelle

坎 不 盈 祇
Abgrund nicht voll respektieren, beten

既 平 无 咎
dann, und eben kein Makel

Der Abgrund ist nicht voll.
Beten um Ruhe (»eben«).
Kein Makel.
Wilhelm: »Der Abgrund wird nicht überfüllt, er wird nur bis zum Rand gefüllt. Kein Makel.«

Sechs an sechster Stelle

係 用 徽 纆 寘 于
gebunden handeln groß Seil setzen, stellen in

叢 棘 三 歲 不 得 凶
Gruppe Dornen drei Jahre kein Gewinn Unheil

Mit großen Seilen gebunden.
In einen dornigen Busch gesetzt (»Gruppe Dornen«).
Drei Jahre lang kein Gewinn.
Unheil.

30 離 ䷝ Feuer Haften Helligkeit

Li

Das Zeichen für Li hat verschiedene Bedeutungen, je nachdem wie es benutzt oder ausgesprochen wird. Ursprünglich hieß es wohl »Schönheit«. Heute wird es auch im Sinn von »getrennt« benutzt. Li bedeutet außerdem »festhalten an«, daher auch »haften«, eine Fähigkeit, die im Chinesischen dem Feuer zugesprochen wird.

Hexagramm 30 (*Li:* Feuer) wird gebildet aus dem verdoppelten Trigramm *Li* (☲ Feuer), was die Leuchtkraft und die Ausdauer des Feuers betont. Unbekannter Künstler, Jigoku Soshi (Höllen-Rollbild), Querrolle (Ausschnitt), frühe Kamakura-Periode, um 1200, Tusche und Farbe auf Papier, Höhe ca. 27 cm, Seattle, Seattle Art Museum

Das Urteil

利 貞 亨 畜
Vorteil Ausdauer Gelingen füttern
牝 牛 吉
männlich Vieh Glück

Vorteilhaft ist Ausdauer. Gelingen.
Den Bullen füttern. Glück.

Die Linien

Neun am Anfang (unten)

履 錯 然 敬 之
gehen, treten falsch, fort wie respektieren es
无 咎
kein Makel

Vermeide es (»geh fort«). Respektiere es. Kein Makel.

Sechs an zweiter Stelle

黃 離 元 吉
gelb Feuer, Licht groß Glück

Gelbes Licht. Großes Glück
(»Gelb« bedeutet Rechtschaffenheit.)

Neun an dritter Stelle

日 昃 之 離 不
Sonne Nachmittag von, es Feuer, Licht nicht
鼓 缶 而 歌 則 大 耋
schlagen Topf und singen dann groß hohes Alter
之 嗟 凶
von, es beklagen Unheil

Im Licht der Nachmittagssonne nicht auf den Topf schlagen und laut singen, während man das Alter beklagt.
Unheil. (Dies bedeutet, daß man lautes Klagen über das Alter vermeiden sollte.)

Neun an vierter Stelle

突 如 其 來 如 焚 如
plötzlich wie es kommen wie brennen wie
死 如 棄 如
sterben wie verzichten auf wie

Es kommt plötzlich, brennt, stirbt und verschwindet wieder. (Genau wie Feuer.)

Sechs an fünfter Stelle

出 涕 沱 若 戚
aus Tränen von der Nase strömen wie Traurigkeit
嗟 若 吉
beweinen wie Glück

Weinen (»aus Tränen von der Nase strömen«).
Traurigkeit und Klagen.
Glück. (Hier wird angedeutet, daß die Zukunft nicht so düster ist, wie es im Moment aussieht.)

Neun an sechster Stelle

王 用 出 征 有 嘉
König handeln aus Angriff haben belohnen
折 首 獲 匪 其
gebrochen Kopf Gefangennahme Räuber der
醜 无 咎
häßlich, gemein kein Makel

Wenn der König dadurch handelt, daß er angreift, wird es Belohnungen und Bestrafungen geben (»gebrochene Köpfe«).
Er wird den gemeinen Räuber fangen.
Kein Makel.

Wilhelm: »Der König gebraucht ihn, auszuziehen und zu züchtigen. Am besten ist es dann, die Häupter zu töten und die Nachläufer gefangen zu nehmen. Kein Makel.«

31 咸 *Hsien* Einfluß

Das Urteil

亨 利 貞 取
Gelingen Vorteil Ausdauer heiraten
女 吉
Frau Glück

Gelingen.
Vorteilhaft ist Ausdauer.
Wenn man eine Frau heiratet, bringt dies Glück.

Die Linien

Sechs am Anfang (unten)

咸 其 拇
Einfluß der, sein großer Zeh

Einfluß ist im großen Zeh (dies könnte bedeuten, daß der Einfluß gerade erst begonnen hat oder nur oberflächlich besteht).

Sechs an zweiter Stelle

咸 其 腓 凶 居
Einfluß das, sein Bein (Unterschenkel) Unheil bleiben
吉
Glück

Der Einfluß ist im Unterschenkel (der Einfluß nimmt immer mehr zu, vom Zeh nach oben).
Unheil. Bleiben bringt Glück.

Neun an dritter Stelle

咸 其 股 執 其
Einfluß der, sein Oberschenkel halten der, sein
隨 往 吝
folgen gehen Makel

Der Einfluß ist im Oberschenkel (er weitet sich aus: vom Zeh zum Unterschenkel, dann zum Oberschenkel). Mache genauso weiter (»folge«).
Wenn man sich anders verhält (weg»geht«), ist dies ein Makel.

Neun an vierter Stelle

貞 吉 悔
Ausdauer Glück bedauern
亡 憧憧 往 來
sterben schwankend gehen kommen
朋 從 爾 思
Freund folgen dein Gedanke

Ausdauer bringt Glück.
Bedauern verschwindet.
Wenn du unentschieden (»schwankend«) und ziellos (»gehen kommen«) bist, werden nur Freunde deinen Gedanken folgen.

Neun an fünfter Stelle

咸 其 脢 无 悔
Einfluß der, sein Rücken kein Makel

Der Einfluß befindet sich im Rücken (dies bedeutet, daß er gestiegen ist und jetzt den oberen Teil des Körpers erreicht hat, aber immer noch nicht die lebenswichtigen Organe). Kein Makel.
Eine andere Übersetzung schreibt dem Rücken Festigkeit und Widerstand gegen Einflüsse zu.

Sechs an sechster Stelle

咸 其 輔 頰 舌
Einfluß der, sein Knochen Wange Zunge

Der Einfluß befindet sich im Kiefer (»Wangenknochen«) und in der Zunge. (Hiermit könnte die Sprache gemeint sein; im alten China waren Denken und Sprechen minderwertig im Vergleich zum Handeln.)

32 恒 *Hêng* Ausdauer Standhaftigkeit Fortführen Erhaltung

Das Urteil

亨 无 咎 利 貞
Gelingen kein Makel Vorteil Ausdauer
利 有 攸 往
Vorteil haben weit gehen

Gelingen. Kein Makel.
Vorteilhaft ist Ausdauer.
Es ist vorteilhaft, weit zu gehen.

Die Linien

Sechs am Anfang (unten)

浚 恒
tief, graben fortführen
貞 凶 无 攸 利
Ausdauer Unheil kein weit Vorteil

Ausdauernd tief graben bringt Unheil.
Kein weitreichender Vorteil. (Es wird darauf hingewiesen, daß es nicht weise ist, zu weit vorzudringen.)

Neun an zweiter Stelle

悔 亡
Reue sterben

Die Reue wird aufhören.

Neun an dritter Stelle

不 恒 其 德
nicht fortführen die, seine Tugend, Moral
或 承 之 羞
oder halten von, es Schande
貞 吝
Ausdauer Makel

Aufgeben (»nicht fortführen«) der eigenen Tugend wird Unheil bringen.
Ausdauer in dieser Richtung bringt Unheil.

Neun an vierter Stelle

田 无 禽
Feld kein Wild, Vögel

Kein Wild im Feld. (Dies deutet darauf hin, daß man nichts erreichen wird.)

Sechs an fünfter Stelle

恒 其
fortführen die, seine
德 貞
Tugend (Traditioneller Herrscher), Moral Ausdauer
婦 人
Frau Mensch
吉 夫 子 凶
Glück Ehemann, Gebildeter Sohn (Herr) Unheil

Wenn eine Frau den traditionellen Regeln der Ausdauer folgt, bringt dies Glück.
Einem Mann würde dies Unheil bringen. (Hier wird angedeutet, daß eine Frau standhaft bei der Befolgung von Regeln sein sollte, ein Mann jedoch nicht.)

Konfuzius empfahl, daß eine Frau bis zum Schluß bei einem einzigen Ehemann bleiben solle, daß jedoch ein Mann mehr als eine Frau haben könne. Andere, allgemeinere Interpretationen gehen davon aus, daß eine Frau unter allen Umständen die Traditionen aufrechterhalten, daß ein Mann sich jedoch den Umständen anpassen soll.

Sechs an sechster Stelle

振
häufige Bewegung

恒 凶
fortführen Unheil

Dauernde Aufregung (»häufige Bewegung«) bringt Unheil.

33 遯 *Tun* Rückzug

Das Urteil

亨 小 利 貞
Gelingen klein Vorteil Ausdauer

Gelingen.
Bei kleinen Dingen ist Ausdauer vorteilhaft.

Die Linien

Sechs am Anfang (unten)

遯 尾 厲 勿 用 有
Rückzug Schwanz Gefahr nicht handeln haben

攸 往
weit gehen

Rückzug nach hinten (»Schwanz«) ist gefährlich.
Nicht weit (oder nicht zu weit) gehen.

Sechs an zweiter Stelle

執 之 用 黃 牛 之 革
halten von, es handeln gelb Vieh von, es Haut

莫 之 勝 說
nicht von, es gewinnen Wort

Wenn man festhält (»Haut von Vieh« bedeutet Ochsenhaut), kann man nicht besiegt werden (»gewinnen Worte«). (»Gelb« könnte sich auf die Mitte oder den besonnenen Weg beziehen. Wenn man auf dem richtigen Weg bleibt, kann man nicht beeinflußt werden.)

Neun an dritter Stelle

係 遯 有 疾 厲 畜
gebunden Rückzug haben schwer Gefahr ernähren

臣 妾
Beamte Konkubine

吉
Glück

Den Rückzug zu verhindern bringt großes Unheil. Sich um diejenigen zu kümmern, die sich an zweiter Stelle befinden (»Beamte, Konkubine«), bringt Glück.
Wilhelm: »Aufgehaltener Rückzug ist peinlich und gefahrvoll. Die Menschen als Knechte und Mägde zu halten, bringt Glück.«
Legge: »Zeigt jemanden, der sich zurückzieht, aber gebunden bleibt an Unglück und Gefahr. (Wenn er sich denjenigen gegenüber, die ihn binden, so verhalten würde wie bei dem) Ernähren eines Dieners oder einer Konkubine, wäre dies für ihn günstig.«
Shchutskii: »Auf denjenigen, der mit Flüchtigen verbunden ist, warten Krankheit und Gefahr. Denjenigen, der männliche und weibliche Bedienstete hat, erwartet Glück.«

Neun an vierter Stelle

好 遯 君子
gut, günstig Rückzug der edle Mensch

吉 小 人 否
Glück klein Mensch ungünstig

Ein guter Rückzug bringt dem edlen Menschen Glück.
Für den geringeren Menschen ist dies ungünstig.
(Hier ist angedeutet, daß der edle Mensch weiß, wann er sich zurückziehen muß.)

Neun an fünfter Stelle

嘉 遯 貞 吉
Lob Rückzug Ausdauer Glück

Lobenswerter Rückzug. Ausdauer bringt Glück.

Neun an sechster Stelle

肥 遯 无 不 利
fett, Muße Rückzug kein nicht Vorteil

Ruhiger Rückzug. Alles ist vorteilhaft (doppelte Verneinung).

34 大壯 *Ta Chuang* Große Stärke

Das Urteil

大 壯 利 貞
groß Stärke Vorteil Ausdauer

Große Stärke. Vorteilhaft ist Ausdauer.

Die Linien

Neun am Anfang (unten)

壯 于 趾 征 凶
Stärke in, an Zeh angreifen Unheil

有 孚
haben Vertrauen

Stärke in den Zehen. Angriff bringt Unheil.
Man soll Vertrauen haben.
Vergleiche dazu die unterste Linie von Hexagramm 31, die sich mit dem »Einfluß in den Zehen« befaßt, der einen neuen Anfang bedeutet. »Zehen« könnte auch den untersten Teil des Körpers meinen und auf symbolischer Ebene die unterste Klasse, der hier geraten wird, nicht auf Gewalt zurückzugreifen.

Neun an zweiter Stelle

貞 吉
Ausdauer Glück

Ausdauer bringt Glück.

Neun an dritter Stelle

小 人 用 壯 君子
klein Mensch handeln Stärke der edle Mensch

用 罔 貞 厲
handeln nichts Ausdauer Gefahr

羝 羊 觸
männlich Ziege stoßen mit den Hörnern

藩 羸 其 角
Hecke eingewickelt das, sein Horn

Der gemeine Mensch gebraucht Stärke.
Der edle Mensch tut dies nicht.
Ausdauer ist gefährlich.
Der Ziegenbock stößt gegen die Hecke, in die seine Hörner verwickelt sind. (Hier ist angedeutet, daß Gewaltanwendung das Gegenteil bewirken kann.)

Neun an vierter Stelle

貞 吉 悔
Ausdauer Glück Reue

亡 藩 決 不
verschwinden Hecke offen nicht

羸 壯 于 大 輿 之
eingewickelt Stärke in groß Karren von, es

輹
Achse

Ausdauer bringt Glück.
Reue verschwindet. Die Hecke öffnet sich ohne Verwicklung.
Die Stärke liegt in der Achse des großen Karrens (und daher in der verborgenen Unterseite des Karrens).

Sechs an fünfter Stelle

喪 羊 于 易
verloren Ziege in Wandel, Wechsel

无 悔
kein Reue

Die Ziege geht unerwartet verloren. Keine Reue.
Legge: »Hier wird gezeigt, wie jemand durch seine bequeme Stellung seinen Ziegenbock verliert (genau wie seine Stärke). (Doch) er wird die Gelegenheit zur Reue haben.«

Sechs an sechster Stelle

羝 羊 觸 藩 不
männlich Ziege stoßen mit den Hörnern Hecke nicht

能 退 不
können rückwärtig nicht

能 遂 无 攸 利 艱
können vorwärts kein weit Vorteil schwere Arbeit

則 吉
dann Glück

Der Ziegenbock stößt gegen die Hecke, er kann weder rückwärts noch vorwärts gehen.
Ausdauer ist vorteilhaft. Danach Glück.

35 晉 *Chin* Aufstieg Fortschritt

Das Urteil

康 侯 用 錫 馬
gesund, reich Fürst handeln geben Pferd

蕃 庶 晝 日 三 接
fremd viele, gemein tagsüber Tag drei empfangen

Der geehrte Adlige (»reich Fürst«) bekommt viele exotische (»fremd«) Pferde, dreimal am Tag (gemeint ist: häufig; eine äußerst günstige Bedeutung).

Die Linien

Sechs am Anfang (unten)

晉 如 摧
Aufstieg, Fortschritt wie zerstören, hindern

如 貞 吉 罔 孚
wie Ausdauer Glück kein Vertrauen

裕 无 咎
weit offen kein Makel

Man kann fortschreiten, aber man wird gehindert werden.
Ausdauernd bleiben. Glück.
Wenn einem kein Vertrauen entgegengebracht wird, offen bleiben. Kein Makel.

Sechs an zweiter Stelle

晉 如 愁
Aufstieg, Fortschritt wie Kummer

如 貞 吉 受 茲
wie Ausdauer Glück erhalten dies

介 福 于 其 王 母
herbeiführen Glück bei die, seine König Mutter

Man kann fortschreiten, aber es könnte Traurigkeit auf einen warten.
Ausdauer bringt Glück.

Sechs an zweiter Stelle in Hexagramm 36 (*Ming I:* Geschwächtes Licht) bedeutet, daß man starke und verläßliche Hilfe suchen soll, wenn man in Not ist, symbolisiert durch ein starkes Pferd. Pferd, Tang-Dynastie (618–903), Ton, glasiert, Höhe ca. 77 cm, Cleveland, The Cleveland Museum of Art

Man soll das Glück annehmen, das von der Ahne kommt (»König Mutter«).

Sechs an dritter Stelle

衆 允 悔 亡
alle zustimmen Reue verschwinden

Alle stimmen zu. Die Reue verschwindet.

Neun an vierter Stelle

晉 如 鼫 鼠
Aufstieg, Fortschritt wie schlecht, ungezogen Nagetier
貞 厲
Ausdauer Gefahr

Fortschreiten wie ein ungezogenes Nagetier (hinterlistig). Ausdauer ist gefährlich.
Wilhelm übersetzt das vierte chinesische Zeichen als »Hamster«, Legge als »Murmeltier«.

Sechs an fünfter Stelle

悔 亡 失 得
Reue verschwinden Verlust Gewinn
勿 恤 往 吉
kein Mitgefühl gehen Glück
无 不 利
kein nicht Vorteil

Reue verschwindet.
Verlieren oder gewinnen, sorge dich darum nicht.
Vorwärtsschreiten. Glück.
Alles ist vorteilhaft (doppelte Verneinung).

Neun an sechster Stelle

晉 其 角 維 用
Aufstieg, Vorrücken das, sein Horn nur handeln
伐 邑 厲 吉 无 咎
bestrafen Stadt Gefahr Glück kein Makel
貞 吝
Ausdauer Makel

Angriff (»Vorrücken der Hörner«) nur um die lokale Region (»Stadt«) zu bestrafen.
Gefahr, aber auch Glück.
Kein Makel.
Ausdauer ist ein Fehler (zu weit zu gehen, ist hier gemeint).

36 明夷 *Ming I*

Geschwächtes Licht
Offensichtliche Verwundung
Abnahme des Verständnisses

Das Urteil

利 艱 貞
Vorteil fest Ausdauer

Vorteilhaft ist feste Ausdauer.

Die Linien

Neun am Anfang (unten)

明 夷 于 飛
Licht vermindert bei fliegen
垂 其 翼 君子 于
fallen, tiefer sein Flügel der edle Mensch bei
行 三 日 不 食 有
gehen, Aktivität drei Tag nicht Essen haben
攸 往 主人 有 言
weit gehen Gastgeber haben Worte

Das Licht nimmt während des Fluges ab.
Senke deine Flügel.
Der edle Mensch macht weiter (»gehen«,) doch er ißt drei Tage lang nichts.
Wenn man weit geht, könnte der Gastgeber dies kritisieren (»haben Worte« bedeutet zanken). (Hier könnte gemeint sein, daß man sich bei ungünstigen Bedingungen an diese anpassen sollte, »seine Flügel senken«. Der edle Mensch geht seinen Weg weiter und würde eher verhungern als etwas Falsches tun.)

Sechs an zweiter Stelle

明 夷
Licht vermindert
夷 于 左 股
vermindert bei links Oberschenkel
用 拯 馬 壯 吉
handeln retten, helfen Pferd stark Glück

Das Licht nimmt ab.
Verwundet im linken Oberschenkel (dies bedeutet eine geringfügige Verletzung).
Hole Hilfe (reite?) mit einem starken Pferd.
Glück.
(Hier könnte auch gemeint sein, daß man auf einem starken Pferd reiten soll. Die chinesischen Zeichen für »reiten« und »helfen« sind sehr ähnlich.)

Neun an dritter Stelle

明 夷
Helligkeit, Verständnis vermindert
于 南 狩 得 其 大
in Süden Jagd bekommen, erhalten der, sein groß
首 不 可 疾 貞
Kopf nicht können äußerst Ausdauer

Die Helligkeit nimmt ab.
In der Wildnis jagen (»Süden«) wird eine große Belohnung einbringen (»großen Kopf«).
Man darf die Ausdauer nicht auf die Spitze treiben.
(Ursprünglich befand sich das zentrale Königreich im Norden. Der Süden wurde daher für wild und rauh gehalten.)

Sechs an vierter Stelle

入 于 左 腹 獲
in hinein in, an links Bauch, Seite bekommen
明 夷 之
Helligkeit, Verständnis vermindert von, es
心 于 出 門 庭
Herz, Geist in, an aus Tor Hof

Man betritt die linke Bauchseite, wo man das Herz der Dunkelheit findet, indem man durch das Tor des Hofes geht. (Man dringt in die Bedeutung der Dunkelheit ein, indem man über seine eigenen Grenzen hinausgeht.)

Sechs an fünfter Stelle

箕 子 之 明
Chi Edler, Prinz von, es Helligkeit, Verständnis
夷 利 貞
falsch Vorteil Ausdauer

Wie bei Prinz Chi könnte das Verstehen falsch sein.
Doch es ist vorteilhaft, wenn man an den eigenen Prinzipien festhält.
(Prinz Chi, ein Weiser, der während der Tyrannei der Chou-Hsin-Dynastie gelebt haben soll, gab vor, wahnsinnig zu sein, um seine kritische Meinung über die Herrscher weiterhin äußern zu können.)

Sechs an sechster Stelle

不 明 晦 初
nicht Licht Dunkelheit Anfang
登 于 天 後 入 于 地
aufsteigen in, an Himmel später in hinein in, an Erde

Vor dir nicht Licht, sondern Dunkelheit.
Man kann zwar in Richtung Himmel steigen, aber man fällt später vielleicht wieder zur Erde zurück.

37 家人 *Chia Jên* Familienmitglied

Das Urteil

利 女 貞
Vorteil Frau Ausdauer

Ausdauer ist vorteilhaft für eine Frau.

Die Linien

Neun am Anfang (unten)

閑 有 家 悔 亡
Einschluß haben Familie Reue verschwinden

Einschluß im Familienkreis.
Reue verschwindet.

Sechs an zweiter Stelle

无 攸 遂 在 中
kein weit vorwärts in zwischen, Mitte
饋 貞 吉
ernähren, bedienen Ausdauer Glück

Man soll sich nicht vorwärtsbewegen, wenn jemand gerade dabei ist zu bedienen.
Ausdauer bringt Glück.
(Dies könnte bedeuten, daß man seinen Pflichten bis zum Ende nachgehen sollte, bevor man etwas Neues beginnt.)

Neun an dritter Stelle

家 人 嗃 嗃 悔
Familie Mensch Strenge Strenge Reue
厲 吉
Ernst Glück
婦
Frau, Ehefrau, Mutter
子 嘻 終
Sohn, Kind herumspielen schließlich
吝
Scham, Reue

Wenn die Familienmitglieder zu streng sind, wird man die Strenge bereuen. Aber es kommt Glück.
Wenn die Mutter mit dem Kind nur herumspielt (zu wenig streng ist), wird das zu Scham und Reue führen. (Die Linien deuten an, daß zu viel Disziplin schlecht, zu wenig aber nicht weise ist.)

Sechs an vierter Stelle

富 家 大 吉
Reichtümer Familie groß Glück

Die Familie bereichern.
Großes Glück.

Neun an fünfter Stelle

王 假 有 家 勿 恤
König auf, zu haben Familie nicht Sorgen
吉
Glück

Der König nähert sich seiner Familie.
Kein Grund zur Sorge. Glück wird kommen. (Dies deutet darauf hin, daß ein König zuerst für seine

Familie sorgen sollte, um dann auch für sein Land sorgen zu können. Genauso sollte sich auch das Familienoberhaupt verhalten.)

Neun an sechster Stelle

有 孚 威 如 終 吉
haben Aufrichtigkeit Würde wie schließlich Glück

Sei aufrichtig und zeige Würde.
Schließlich Glück.

38 睽 *K'uei*

Zwietracht
Gegensatz
Widerspruch
Unterschied

Das Urteil

小 事 吉
klein Ding Glück

In kleinen Dingen liegt Glück.

Die Linien

Neun am Anfang (unten)

悔 亡 喪 馬
Reue verschwinden Verlust Pferd

勿 逐 自 復 見 惡
nicht suchen selbst zurück anschauen böse

人 无 咎
Mensch kein Makel

Reue verschwindet.
Suche nicht nach dem verlorenen Pferd.
Es wird von selbst zurückkommen.
Man kann böse Menschen ruhig ansehen, kein Makel.

Neun an zweiter Stelle

遇 主 于 巷 无 咎
treffen Herr in Seitengasse kein Makel

Wenn man zufällig seinen Herrn trifft (»in einer Seitengasse«), so ist dies kein Makel. (Hier wird angedeutet, daß man nicht erwartet, einen Adligen oder hohen Herrn in einer Umgebung, die seiner Stellung nicht entspricht, zu sehen, aber es braucht einem nicht peinlich zu sein.)

Sechs an dritter Stelle

見 輿 曳 其 牛
sehen Karren umstoßen der, sein Ochse

掣 其 人 天 且
anhalten, nicht bewegen der, sein Mensch Himmel und

劓 无 初 有 終
abgeschnittene Nase kein Anfang haben Ende

Man sieht den Karren, der umgestoßen ist.
Der Ochse kann nicht weitergehen.
Ein Mensch kann zwar nackt sein und bestraft werden (»abgeschnittene Nase«), aber was begonnen wurde wird schließlich enden. (»Mensch Himmel« kann in der chinesischen Umgangssprache »nackt« bedeuten.)

Neun an vierter Stelle

睽 孤 遇 元 夫
Gegensatz allein treffen groß, erster Mann, Ehemann

交 孚 厲 无 咎
Kontakt Vertrauen Gefahr kein Makel

Wenn jemand allein und im Widerspruch zu den anderen ist und dann einen hochgesinnten Mann trifft, sollten beide einander vertrauen.
Gefahr, aber kein Makel.

Sechs an fünfter Stelle

悔 亡
Reue Verschwinden

厥
Unzulänglichkeit (sehr mehrdeutiges Zeichen)

宗 噬 膚 往 何 咎
Ursprung, Ahne beißen Haut gehen wie Makel

Reue verschwindet.
Wenn man sich durch die Haut seiner ehemaligen Unzulänglichkeiten durchbeißt und weitermacht, wie könnte es einem vorgeworfen werden.

Neun an sechster Stelle

睽 孤 見 豕 負 塗
Widerspruch allein sehen Schwein bedeckt Schlamm

載 鬼 一 車 先 張 之
beladen Geist ein Karren früh öffnen von, es

弧 後 說 之 弧 匪 寇
Bogen später lockern von, es Bogen nicht Räuber

婚 媾 往 遇 雨 則 吉
heiraten heiraten gehen treffen Regen dann Glück

Man ist allein und im Widerspruch mit den anderen und sieht ein Schwein, das mit Schlamm bedeckt ist.
Ein ganzer Karren ist mit Geistern beladen (dies könnte bedeuten, daß er leer ist).
Zuerst spannt er seinen Bogen.
Später lockert er seinen Bogen.
Er ist kein Räuber, sondern jemand, der sich mit einem zusammentun möchte (»heiraten, heiraten«).
Weitermachen, zuerst den Regen empfangen, dann Glück. (Dies könnte bedeuten, daß die äußere Erscheinung trügerisch ist. Was feindlich erscheint, könnte in Wirklichkeit freundlich sein.
Oder: Jemand, der sich im Widerspruch mit anderen befindet, die er daraufhin ablehnt, muß feststellen, daß seine Ansicht falsch, die der anderen richtig ist. Regen symbolisiert Erleichterung, aber auch Glück.)

39 蹇 *Chien*

Schwierigkeit
Hindernis

Das Urteil

利 西 南 不 利 東 北
Vorteil Westen Süden nicht Vorteil Osten Norden

利 見 大 人 貞
Vorteil sehen groß, bedeutend Mensch Ausdauer

吉
Glück

Vorteilhaft ist der Südwesten.
Nicht vorteilhaft ist der Nordosten.
Es ist vorteilhaft, den bedeutenden Menschen zu sehen.
Ausdauer bringt Glück. (Es gibt viele unterschiedliche Interpretationen, was die Bedeutung der Himmelsrichtungen im I Ching betrifft. Im allgemeinen bedeutet der Nordosten Gefahr, Schwierigkeiten oder Rückzug.)

Die Linien

Sechs am Anfang (unten)

往 蹇 來 譽
gehen Hindernis kommen Lob, Ehre

Das Trigramm *K'an* (☵ abgründig) unten und *Chên* (☳ Donner) oben formen gemeinsam Hexagramm 40 *(Chieh)*, das Regen, Erleichterung und Befreiung ankündigt. Nonomura Sōsatsu, Wellen bei Matsushima, Stellschirm, frühes 17. Jahrhundert, Papier, Länge ca. 166 cm, Washington, D. C., Freer Gallery of Art

Weitergehen bringt Hindernisse.
Ehre wird einem zuteil.

Sechs an zweiter Stelle

王 臣 蹇 蹇 匪
König Beamter Schwierigkeit Schwierigkeit nicht
躬 之 故
er selbst von, es Grund

Dem Beamten des Königs stellen sich Schwierigkeiten über Schwierigkeiten in den Weg. Er ist nicht daran schuld (»nicht er selbst Grund«).

Neun an dritter Stelle

往 蹇 來 反
gehen Schwierigkeit kommen Rückkehr

Wenn Vorwärtsgehen zu Schwierigkeiten führt, soll man umkehren.

Sechs an vierter Stelle

往 蹇 來 連
gehen Schwierigkeit kommen Verbindung

Wenn Vorwärtsgehen zu Schwierigkeiten führt, sollte man zurückkommen und sich mit den anderen zusammentun.

Neun an fünfter Stelle

大 蹇 朋 來
groß Schwierigkeit Freund kommen

Inmitten der größten Schwierigkeiten kommen Freunde.

Sechs an sechster Stelle

往 蹇 來 碩 吉
gehen Schwierigkeit kommen enorm Glück
利 見 大 人
Vorteil sehen groß, bedeutend Mensch

Vorwärtsgehen führt zu Schwierigkeiten, doch es kommt sehr großes Glück.
Es ist vorteilhaft, den bedeutenden Menschen zu sehen.

40 解 *Chieh* ䷧

Lösung
Erlösung
Erleichterung
Befreiung

Das Urteil

利 西 南 无 所 往 其
Vorteil Westen Süden kein Ort gehen das, sein
來 復 吉 有 攸 往
kommen zurückkehren Glück haben weit gehen
夙 吉
früher Morgen Glück

Vorteilhaft ist der Südwesten.
Wenn man nirgendwo hingehen kann, soll man zurückkehren.
Glück.
Wer weit geht, sollte früh am Morgen aufbrechen.
Glück.

Die Linien

Sechs am Anfang (unten)

无 咎
kein Makel

Kein Makel.

Neun an zweiter Stelle

田 獲 三 狐 得 黃 矢
Feld fangen drei Fuchs gewinnen gelb Pfeil
貞 吉
Ausdauer Glück

Wenn man viele (»drei«) Füchse im Feld fängt, wird man einen gelben Pfeil gewinnen (hier wird eine Belohnung angedeutet).
Ausdauer bringt Glück. (»Fuchs« möglicherweise im Sinne von listig und nicht wünschenswert.)

Sechs an dritter Stelle

負 且 乘 致 寇
tragen und reiten herbeiführen Räuber
至 貞 吝
ankommen Ausdauer Makel, Schaden

Wenn man etwas trägt und dabei reitet, wird dies einen Räuber veranlassen zu kommen.
Ausdauer wird zu Schaden führen.
(Hier wird angedeutet, daß man seine Besitztümer nicht zur Schau stellen sollte.)

Neun an vierter Stelle

解 而
Erleichterung, Befreiung und
拇 朋 至 斯 孚
großer Zeh Freund ankommen dann Vertrauen

Erleichterung am Anfang.
Ein Freund wird kommen. Vertrauen folgt.
(Das Zeichen für »großer Zeh« kann »Anfang« bedeuten oder auch »Daumen«, dann in Verbindung mit »massieren«, daher auch »lindern, besänftigen«.)

Sechs an fünfter Stelle

君子 維 有 解
der edle Mensch nur haben Erleichterung, Befreiung
吉 有 孚 于 小 人
Glück haben Vertrauen bei klein Mensch

Nur der edle Mensch kann sich selbst befreien. Glück.
Geringere Menschen werden ihm dann vertrauen.

Sechs an sechster Stelle

公 用 射 隼
Fürst (hochgestellte Person) handeln schießen Habicht
于 高 墉 之 上 獲 之
auf hoch Mauer von, es oben fangen von, es
无 不 利
kein nicht Vorteil

Der hohe Beamte schießt auf einen Habicht (dies deutet auf ein Problem hin) oben auf einer hohen Mauer, trifft ihn, und alles ist vorteilhaft (doppelte Verneinung).
(Hier wird angedeutet, daß eine hochgestellte Person selbst ein schwieriges Problem gezielt angehen muß und versuchen sollte, es zu lösen. Dies wird sich sehr günstig auswirken.)

41 損 *Sun* ䷨

Verminderung
Verletzung
Schaden
Verwundung

Das Urteil

有 孚 元 吉 无
haben Aufrichtigkeit groß Glück kein

咎 可 貞 利 有 攸 往
Makel können Ausdauer Vorteil haben weit gehen

Sei aufrichtig. Großes Glück. Kein Makel.
Man kann ausdauernd sein.
Vorteilhaft ist es, weit zu gehen.

Die Linien

Neun am Anfang (unten)

巳 事 遄 往 无 咎
Vergangenes Ding schnell gehen kein Makel, Reue

酌 損 之
nachdenken, erwägen vermindern, schaden es, sie

Vergangene Dinge wurden zu rasch erledigt.
Keine Reue.
Darüber nachdenken, ob man andere verletzt hat.
(Oder: Erwäge, deine Ziele einzugrenzen.)

Neun an zweiter Stelle

利 貞 征 凶
Vorteil Ausdauer Angriff Unheil

弗 損 益 之
nicht verringern vermehren es

Vorteilhaft ist Ausdauer.
Angriff bringt Unheil. Nicht vermindern oder vermehren.

Sechs an dritter Stelle

三 人 行 則 損 一
drei Mensch gehen dann vermindern ein

人 一 人 行 則 得
Mensch ein Mensch gehen dann gewinnen

其 友
der, sein Freund

Wenn drei Leute zusammen gehen, kann es sein, daß einer sie verläßt (oder nicht mit den anderen übereinstimmt).
Wenn jemand allein geht, mag er einen Freund finden.

Sechs an vierter Stelle

損 其 疾 使
vermindern die, seine Krankheit, Fehler machen

遄 有 喜 无 咎
schnell haben Freude kein Makel

Wenn man seine Fehler rechtzeitig verringert, wird man Glück finden.
Kein Makel.

Sechs an fünfter Stelle

或 益 之 十 朋 之
mögen, oder vermehren von, es zehn Menge von, es

竈 弗 克
Schildkröte nicht überwinden

違 元 吉
widersprechen, gegen groß Glück

Wenn jemand einem viel Geld gibt (»zehn Menge«), sollte man es nicht ablehnen.
Großes Glück (symbolisiert durch die Schildkröte).
Oder: Wenn dir das Glück begegnet, weise es nicht zurück.
Wilhelm: »Es mehrt ihn wohl jemand. Zehn Paar Schildkröten können dem nicht widerstreben. Erhabenes Heil!«

Neun an sechster Stelle

弗 損 益 之 无 咎 貞
nicht vermindern vermehren es kein Makel Ausdauer

吉 利 有 攸 往 得
Heil Vorteil haben weit gehen bekommen

臣 无 家
Beamter kein Heim, selbst, Familie

Nicht vermindern oder vermehren. Kein Makel.
Ausdauer bringt Glück.
Es ist vorteilhaft, weiter zu gehen.
Man soll sich einen Gehilfen nehmen, der ohne Selbstsucht ist (»keine Familie« weist darauf hin, daß ein Gehilfe oder Beamter erst für andere und dann erst für seine eigene Familie sorgen soll).
Wilhelm übersetzt die letzten vier Zeichen als »man bekommt Diener, aber hat kein besonderes Heim mehr«.
Legge: »Er wird mehr Beamte/Minister finden als von ihrer Klasse gezählt werden können.«

42 益 *I* ䷩ Vermehren

Das Urteil

利 有 攸 往 利 涉
Vorteil haben weit gehen Vorteil überqueren

大 川
groß Wasser

Es ist vorteilhaft, weiter zu gehen.
Es ist vorteilhaft, das große Wasser zu überqueren.

Die Linien

Neun am Anfang (unten)

利 用 爲 大 作 元
Vorteil handeln für groß Tat groß

吉 无 咎
Glück kein Makel

Es ist vorteilhaft, sich große Taten als Ziel zu setzen.
Großes Glück.
Kein Makel.

Sechs an zweiter Stelle

或 益 之 十 朋 之
oder, vielleicht vermehren von, es zehn Menge von, es

龜 弗 克 違 永
Schildkröte nicht überwinden Widerspruch ewig

貞 吉 王 用
Ausdauer Glück König handeln

享 于 帝 吉
Darbringung bei Kaiser Glück

Wenn viel Reichtum kommt (»zehn Menge«), versuche nicht, dich dagegenzustellen.
Ausdauer bringt immer Glück.
Der König bringt Opfer dar in der Hauptstadt.
Glück. (Das Zeichen für »Kaiser« könnte sich auch auf einen Ort beziehen, möglicherweise auf die Hauptstadt; es ist auch mit »Gott« übersetzt worden.)

Sechs an dritter Stelle

益 之 用 凶 事
vermehren von, es handeln Unheil Ding, Geschäft

无 咎 有 孚 中
kein Makel haben Aufrichtigkeit Mitte

行 告 公 用
Weg, Verhalten sagen öffentlich handeln

圭
Insignien aus Jade

Unheilvolle Dinge können günstige Folgen haben.
Kein Makel.
Sei aufrichtig; folge dem rechten Weg (»Mittelweg«).
In der Öffentlichkeit aufrichtig (»Insignien aus Jade«) sprechen.

Sechs an vierter Stelle

中 行 告 公 從 利
Mitte Weg mitteilen Öffentlichkeit folgen Vorteil

用 爲 依 遷 國
handeln für abhängen von bewegen Land, Hauptstadt

Folge dem richtigen Weg (»Mittelweg«).
Sage der Öffentlichkeit, daß sie folgen soll.
Es ist vorteilhaft, die Hauptstadt zu verlegen (oder eine wichtige Aufgabe anzugehen). (Der Chou-Hof zog nach Osten. Diese Zeile deutet an, daß dies die richtige Entscheidung war.)
Wilhelm übersetzt die ersten fünf Zeichen: »Wenn du in der Mitte wandelst und dem Fürsten berichtest, so wird er folgen.«
Legge: »Die Person verfolgt den richtigen Kurs. Der Ratschlag, den er seinem Prinzen gibt, wird befolgt.«

Neun an fünfter Stelle

有 孚 惠 心 勿
haben vertrauen geben, gütig Herz nicht

問 元 吉 有
fragen groß Glück haben

孚 惠 我 德
Vertrauen geben mein Tugend, Moral

Vertraue einem gütigen Herzen.
Frage nicht. Großes Glück.
Vertrauen zu haben, verstärkt die eigene Tugend.

Neun an sechster Stelle

莫 益 之 或 擊 之
nicht verstärken es oder schlagen, verletzen es

立
machen, bauen

心 勿 恆 凶
Gemüt, Herz nicht aushalten Unheil

Weder etwas vermehren noch es verringern (»schlagen«), wenn man ständig seine Meinung ändert, wird Unheil die Folge sein.
Wilhelm: »Er gereicht niemand zur Mehrung. Es schlägt ihn wohl gar jemand. Er hält sein Herz nicht dauernd fest. Unheil!«
Legge: »In der sechsten, durchgehenden Linie sehen wir jemanden, zu dessen Mehrung niemand beitragen wird, viele werden jedoch versuchen, ihn anzugreifen. Er beachtet keine der üblichen Regeln bei der Ordnung seines Herzens. Das Böse naht sich.«

43 夬 *Kuai* ䷪ Entschiedenheit Entschlossenheit Resolutheit

Das Urteil

揚 于 王 庭 孚
ausbreiten, laut sprechen bei König Hof weit

號 有 厲 告 自
rufen haben ernst Bitte eigen

邑 不 利 即
Stadt kein Vorteil sofort

戎 利 有 攸 往
Heer Vorteil haben weit gehen

Verkünde offen deine Meinung am Hof des Königs.
Rufe laut und bitte um dein eigenes Gebiet.
Es ist nicht vorteilhaft, sich sofort zu bewaffnen.
Es ist vorteilhaft, die Angelegenheit weiter zu verfolgen.

Die Linien

Neun am Anfang (unten)

壯 于 前 趾 往 不 勝
Stärke, Einfluß bei vorderer Zeh gehen kein Sieg
爲 咎
als Makel

Es gibt eine gewisse Stärke (»vorderer Zeh« bedeutet eine gewisse Stärke, allerdings weniger als ein ganzer Fuß oder das Bein).
Wenn du fortschreitest, wirst du keinen Sieg erringen.
Man wird dir die Schuld geben.

Neun an zweiter Stelle

惕 號 莫
Alarm Ruf, Laut kein (Abend?)
夜 有 戎 勿 恤
Nacht haben Waffen nicht Sorge

Alarmrufe am Abend und in der Nacht.
Sei bereit (»habe Waffen«). Sei ohne Furcht.

Neun an dritter Stelle

壯 于 頄 有 凶
Stärke in Wangenknochen haben Unheil
君子 夬
der edle Mensch Entschlossenheit
夬 獨 行
Entschlossenheit allein gehen
遇 雨 若 濡 有 慍 无 咎
treffen Regen wenn naß haben Ärger kein Makel

Zu stark (»Stärke in den Wangenknochen«, so daß man seine Stärke zur Schau stellt), Unheil.
Der edle Mensch ist entschieden.
Er geht allein, gerät in den Regen, wird naß, vielleicht wird er ärgerlich.
Kein Makel.
Wilhelm übersetzt die letzten vier Zeichen: »und man murrt wider ihn. Kein Makel.«

Neun an vierter Stelle

臀 无 膚 其 行
Gesäß kein Haut das gehen, verhalten
次 且 牽
schwierig, abnormal und halten, ziehen
羊 悔 亡
Ziege Reue verschwinden
聞 言 不 信
hören Wort nicht glauben

Man ist ungeschützt (»keine Haut am Gesäß«).
Vorwärtsschreiten ist schwierig (»gehen abnormal«).
Sei fest (»halte die Ziege«).
Reue schwindet.
Glaube nicht das, was du hörst.
Sowohl Wilhelm als auch Legge übersetzen das achte und neunte Zeichen (hier: »halten« und »Ziege«) als »sich führen lassen wie ein Schaf«, was bedeute, daß man die Worte dieser Zeile nicht glauben werde, wenn man sie höre.

Neun an fünfter Stelle

莧陸 夬 夬
Amarant entschieden entschieden
中 行 无 咎
Mitte Weg kein Makel

Unkraut (»Amarant«) muß man mit großer Entschlossenheit angehen.
Gehe auf dem Mittelweg.
Kein Makel.
(Die Amarantpflanzen sind zu stark vom Yin-Prinzip bestimmt, daher müssen sie mit Entschlossenheit behandelt werden.)

Sechs an sechster Stelle

无 號 終 有 凶
kein Ruf schließlich haben Unheil

Wenn man seine Meinung nicht laut sagt, wird dies am Ende zu Unheil führen.

Das Trigramm *Sun* (☴ Wind) unter dem Trigramm *Ch'ien* (☰ Himmel) deutet auf weitreichende Auswirkungen hin, etwa das Zusammentreffen von Ereignissen wie in Hexagramm 44 *(Kou)*. Hokusai, Ein Windstoß in Ejiri, Holzdruck aus: »36 Ansichten des Fuji«, Tokugawa Periode, 1823–1839. New York, The Metropolitan Museum of Art

44 姤 *Kou* Treffen

Das Urteil

女 壯 勿 用 取 女
Frau stark nicht handeln heiraten Frau

Die Frau ist zu stark.
Heirate sie nicht.

Die Linien

Sechs am Anfang (unten)

繫 于 金 柅 貞
Haltestrick, gebunden an Gold Bremse Ausdauer
吉 有 攸 往 見 凶
Glück haben weit gehen sehen Unheil
羸 豕 孚 蹢 躅
schwach, dünn Schwein verhalten Huf humpeln

In Schach halten (»mit einer goldenen Bremse gefesselt sein«).
Ausdauer bringt Glück.
Wenn man versucht, weit zu gehen, könnte einem Unheil widerfahren.
Wie ein schwächliches Schwein wird man Schwierigkeiten haben voranzukommen (»Huf humpeln«).
Wilhelm übersetzt die letzten vier Zeichen: »Auch ein mageres Schwein hat die Anlage dazu umherzutoben.«

Neun an zweiter Stelle

包 有 魚 无 咎 不 利 賓
Behälter haben Fisch kein Makel kein Vorteil Gast

Im Behälter sind Fische.
Kein Makel, aber auch nicht vorteilhaft für andere (»Gäste«).
(Fische können eine negative Bedeutung als Yin-Objekt haben, sie könnten sich aber auch auf Geld beziehen.)

Neun an dritter Stelle

臀 无 膚 其 行
Gesäß kein Haut das gehen
次 且 厲 无 大 咎
zweites und, aber Gefahr kein groß Makel

Man ist ungeschützt (»keine Haut am Gesäß«).
Fortschreiten (»gehen«) ist schwierig (»zweites« bedeutet »nicht richtig«).
Gefahr, aber kein großer Makel.

Neun an vierter Stelle

包 无 魚 起 凶
Behälter kein Fisch beginnen Unheil

Kein Fisch im Behälter. Das Unheil hat angefangen.
(Dies kann auch bedeuten, daß man kein Geld in der Brieftasche hat.)

Neun an fünfter Stelle

以 杞 包 瓜 含 章
mit Weide bedeckt Melone enthalten Prinzip, Regel
有 隕 自 天
haben Meteorit von, aus Himmel

Eine gut bedeckte Melone (»mit Weiden«) behält ihre Qualität (»Prinzipien«). Sie fällt einem zu wie ein Meteorit vom Himmel.

Neun an sechster Stelle

姤 其 角 吝 无 咎
treffen das, sein Horn Makel kein Fehler

Er trifft auf Schwierigkeiten (»Hörner«).
Ein gewisser Makel, aber kein großer Fehler.

45 萃 *Ts'ui* Versammlung Zusammenkunft Vereinigung

Das Urteil

亨 王 假 有 廟
Gelingen König ankommen haben Tempel
利 見 大 人 亨
Vorteil sehen groß, bedeutend Mensch Gelingen
利 貞 用 大 牲
Vorteil Ausdauer handeln groß Opfergabe
吉 利 有 攸 往
Glück Vorteil haben weit gehen

Gelingen. Der König kommt in den Tempel.
Es ist vorteilhaft, den bedeutenden Menschen zu sehen.
Gelingen. Vorteilhaft ist Ausdauer.
Eine große Opfergabe bringt Glück.
Vorwärtsgehen ist vorteilhaft.

Die Linien

Sechs am Anfang (unten)

有 孚 不 終 乃
haben Aufrichtigkeit nicht Ende dann
亂 乃 萃 若 號
Chaos dann Vereinigung wenn ausrufen
一 握 爲 笑 勿
ein Griff (mit der Hand) als Lachen nicht
恤 往 无 咎
Sorge gehen kein Makel

Wenn man aufrichtig ist, aber nicht bis zum Schluß, kann dies zu einer Mischung von Chaos und Ordnung führen (»Vereinigung«).
Wenn man ruft, kann ein Griff mit der Hand zum Lachen führen.
Man soll sich nicht sorgen. Ohne Makel fortschreiten.

Sechs an zweiter Stelle

引 吉 无 咎
ziehen Glück kein Makel
孚 乃 利 用 禴
Aufrichtigkeit dann Vorteil handeln Opferdienst

Verursache (»ziehe«) Glück. Kein Makel. Wenn man aufrichtig ist, ist das Opfer vorteilhaft.

Sechs an dritter Stelle

萃 如 嗟 如 无 攸 利
Versammlung wie seufzen wie kein weit Vorteil
往 无 咎 小 吝
gehen kein Makel klein Demütigung

Versammlung und seufzen (deutet auf Traurigkeit hin).
Nichts ist auf Dauer vorteilhaft.
Gehen ist ohne Makel.
Kleine Demütigung.

Neun an vierter Stelle

大 吉 无 咎
groß Glück kein Makel

Großes Glück.
Kein Makel.

Neun an fünfter Stelle

萃 有 位 无 咎
Versammlung haben Position kein Makel
匪 孚 元 永
nicht Aufrichtigkeit Größe immer
貞 悔 亡
Ausdauer Reue verschwinden

Wenn man sich versammelt, während man sich in einer günstigen Lage befindet, kein Makel.
Selbst wenn man nicht aufrichtig ist, dafür aber immer beharrlich bleibt, wird die Reue schwinden.

Legge übersetzt das sechste, siebte, achte und neunte Zeichen: »Wenn man kein Vertrauen zu ihm hat, soll man ihn dafür sorgen lassen, daß (seine Tugend) groß, stetig, fest und recht wird.«

Sechs an sechster Stelle

齎咨 涕洟 无 咎
klagen und seufzen übermäßig weinen kein Makel

Klagen, seufzen und übermäßig weinen bringt keinen Makel.

46 升 *Shêng* Erheben Empordringen

Das Urteil

元 亨 用 見 大
Größe Gelingen handeln sehen groß, bedeutend
人 勿 恤 南 征
Mensch nicht Sorge Süden Angriff
吉
Glück

Größe. Gelingen.
Man soll den bedeutenden Menschen sehen.
Sei ohne Sorge.
Nach Süden vordringen (bedeutet eine weniger entwickelte Gegend).
Glück.

Die Linien

Sechs am Anfang (unten)

允 升 大
erlauben empordringen groß
吉
Glück

Empordringen erlauben.
Großes Glück.

Neun an zweiter Stelle

孚 乃 利 用
Aufrichtigkeit dann Vorteil handeln
禴 无 咎
Opfergabe kein Makel

Aufrichtigkeit ist die beste Opfergabe.
Kein Makel.

Neun an dritter Stelle

升 虛 邑
empordringen leer Stadt

Empordringend erreicht man eine leere Stadt.

Sechs an vierter Stelle

王 用 亨
König handeln Gelingen
于 岐 山 吉 无 咎
an Ch'i Berg Glück kein Makel

Der König bringt Opfer dar am Ch'i Berg (dies deutet darauf hin, daß es sich um die richtige Handlung handelt).
Glück.
Kein Makel.

(Diese historische Anspielung weist darauf hin, daß empordringen belohnt wird.)

Sechs an fünfter Stelle

貞 吉
Ausdauer Glück

升 階
empordringen Stufe, Rang

Ausdauer bringt Glück und Beförderung durch einen höheren Rang (oder Aufstieg).

Sechs an sechster Stelle

冥 升 利
blind, im Dunkeln empordringen Vorteil

于 不 息 之 貞
in, an kein Ruhe von, es Ausdauer

Blind empordringend wirkt sich unaufhörliche (»keine Ruhe«) Ausdauer vorteilhaft aus.

47 困 ䷮ Unterdrückung Erschöpfung Bedrängt

K'un

Das Urteil

亨 貞 大
Gelingen Ausdauer groß, bedeutend

人 吉 无 咎 有
Mensch Glück kein Makel haben

言 不 信
Wort kein glauben

Gelingen. Ausdauer.
Der bedeutende Mensch wird Glück finden.
Kein Makel.
Kritik (»Worte haben« bedeutet streiten) wird nicht geglaubt werden.
Legge übersetzt die letzten vier Zeichen: »Wenn er Reden hält, können seine Worte nicht bewiesen werden.«

Die Linien

Sechs am Anfang (unten)

臀 困 于 株
Gesäß bedrückt an Wurzel

木 入 于 幽 谷 三 歲 不 覿
Baum eintreten in tief Tal drei Jahr nicht sehen

Bedrückt an einem Baumstumpf sitzen (»auf dem Gesäß«), gerät man in eine tiefe Depression (»tiefes Tal«).
Drei Jahre lang kann man nicht heraussehen.
(Dies deutet auf ein tiefes Versunkensein in die eigenen Gedanken hin, so daß man nicht mehr in der Lage ist, über sich selbst hinauszublicken.)

Neun an zweiter Stelle

困 于 酒 食
bedrückt, umgeben in Wein Essen

朱 紱 方 來 利 用
goldrot Seidenband gerade kommen Vorteil handeln

亨 祀 征
Gelingen beten angreifen

凶 无 咎
Unheil kein Makel

Umgeben von Essen und Wein kommen die Edelleute (oder politischen Auszeichnungen) bald. Verehrung ist vorteilhaft. Gelingen. Beten hilft gegen (»angreifen«) Unheil. Kein Makel.
Wilhelm spricht von einem Prinzen mit scharlachroten Kniebinden. Seine Interpretation deutet darauf hin, daß einem von einem Edelmann Hilfe zuteil wird.

Sechs an dritter Stelle

困 于 石
bedrückt, umgeben in Fels

據 于 蒺 蔾 入 于
lehnen an an Dorn Pflanze hinein in

其 宮 不 見 其 妻
der, sein Palast, Heim nicht sehen die, seine Frau

凶
Unheil

Umgeben von Felsen, hält er sich an Disteln fest (dies deutet darauf hin, daß man von etwas verletzt wird).
Er betritt den Palast und sieht seine Frau nicht (dies bedeutet, nicht einmal seine Frau ist da, alles ist verlassen und leer).
Unheil.

Neun an vierter Stelle

來 徐 徐 困
kommen, bewegen langsam langsam bedrückt, umgeben

于 金 車 吝 有 終
in golden Wagen Demütigung haben Ende

Er bewegt sich sehr langsam, ist bedrückt, in einer goldenen Kutsche (das bedeutet, er ist umgeben von Reichtümern oder befindet sich in einer hohen Position am Hof, aber er macht keine besonders guten Fortschritte).
Die Demütigung endet schließlich.

Neun an fünfter Stelle

劓 刖 困
abgeschnittene Nase abgeschnittene Füße Unterdrückung

于 赤 紱 乃 徐 有 說
in tiefrot Seidenband dann langsam haben Freude

利 用 祭 祀
Vorteil handeln beten Opfer

Mit abgeschnittener Nase und abgeschnittenen Füßen (das bedeutet bestraft), von den Vorgesetzten unterdrückt (denjenigen mit »tiefroten Seidenbinden«), wird man dennoch Freude erfahren.
Es ist vorteilhaft, zu beten und Opfer darzubringen.

Sechs an sechster Stelle

困 于 葛 藟
Bedrückt in kriechend Kletterpflanzen

于 臲 卼 曰
in gefährlich Erscheinung sagen

動 悔 有 悔 征
bewegen Reue haben Reue Angriff

吉
Glück

Behindert von Ranken in einer gefährlichen Situation könnte man sagen »sich vorwärts zu bewegen wird Bedauern bringen«. Wenn man Reue fühlt und trotzdem weitermacht, wird man Glück erfahren.

48 井 ䷯ Der Brunnen

Ching

Das Urteil

改 邑 不 改 井 无
verändern Stadt nicht ändern Brunnen kein

喪 无 得 往 來 井
Verlust kein Gewinn gehen kommen Brunnen

井 汔 至 亦 未
Brunnen hochziehen, schöpfen Ankunft auch nicht

繘 井 羸 其 瓶 凶
Seil Brunnen verletzen das, sein Gefäß Unheil

Die Stadt mag sich ändern, die Brunnen ändern sich nicht.
Ob das Wasser weniger oder mehr wird, die Menschen werden kommen und gehen und aus den Brunnen Wasser schöpfen.
Wenn das Seil nicht lang genug ist oder das Gefäß zerbricht, führt dies zu Unheil.

Die Linien

Sechs am Anfang (unten)

井 泥 不 食 舊 井 无
Brunnen Schlamm nicht ernähren alt Brunnen kein

禽
Vogel

Aus dem Brunnen mit schlammigem Wasser kann man nicht trinken. Nicht einmal ein Vogel kann aus einem alten Brunnen trinken.

Neun an zweiter Stelle

井 谷 射 鮒 甕 敝 漏
Brunnen innen schießen Fisch Krug brechen lecken

Man kann in einem Brunnen Fische schießen, aber ein gebrochener Krug leckt.
(Hier wird angedeutet, daß es leicht ist, Fische in einem Brunnen zu schießen, doch wenn man einen zerbrochenen Krug mit Wasser füllt, kann man nicht verhindern, daß es wieder herausrinnt.)

Neun an dritter Stelle

井 渫 不 食 爲 我 心
Brunnen sauber nicht ernähren dienen als mein Herz

惻 可 用 汲 王 明
Sorge mögen benutzen heraufziehen König Erleuchtung

並 受 其 福
beide erhalten, genießen das, sein Glück, Heil

Der Brunnen ist sauber, aber man kann daraus nicht trinken (»dient nicht zum Ernähren«).
Mein Herz ist voll Sorge, denn das Wasser könnte benutzt werden.
Wenn der König erleuchtet ist, wird er gemeinsam mit seinem Volk das Glück genießen.

Sechs an vierter Stelle

井 甃 无 咎
Brunnen glatt kein Makel

Der Brunnen ist repariert worden (»glatt«).
Kein Makel.

Neun an fünfter Stelle

井 洌 寒 泉 食
Brunnen klar kalt Quelle ernähren

Der Brunnen ist klar. Seine Quelle ist kalt. Man kann daraus trinken.

Sechs an sechster Stelle

井 收 勿 幕 有
Brunnen erhalten nicht eingeschlossen haben

孚 元 吉
Aufrichtigkeit groß Glück

Man kann aus einem Brunnen schöpfen, der nicht abgedeckt ist (»eingeschlossen«).
Sei aufrichtig. Großes Glück.
(Hier wird angedeutet, daß man seine Ideen nutzen kann, wenn man sie nicht verborgen hält.)

49 革 *Ko*

Veränderung
Revolution
Erneuerung

Das Zeichen Ko soll ursprünglich die Haut eines Tieres bedeutet haben, die durch ›Mausern‹ ihr Erscheinungsbild verändern konnte.

Das Urteil

巳日 乃 孚 元
späterer Tag danach Vertrauen groß

亨 利 貞 悔
Gelingen Vorteil Ausdauer Reue

亡
verschwinden

Zu angemessener Zeit (»spätere Tage danach«) wird sich Vertrauen einstellen.
Es gibt einen breiten, offenen Weg (»großes Gelingen«).
Vorteilhaft ist Ausdauer.
Reue wird schwinden.

Die Linien

Neun am Anfang (unten)

鞏 用 黃 牛 之
fest, Verteidigung nutzen, mit gelb Vieh von, es

革
erneuern, Haut (Tierhaut)

Sich mit Ochsenhaut verteidigen (dies weist auf Stärke hin). (Hier wird angedeutet, daß man an dem Weg, den man eingeschlagen hat, festhalten sollte. »Gelbes Vieh« ist ein Ausdruck, mit dem Kühe und Ochsen von Wasserbüffeln unterschieden werden.)
Wilhelm nimmt an, daß »gelb« die Farbe der Mitte ist, und »Vieh« bzw. »Kuh« Fügsamkeit bedeutet. In seinem Kommentar rät er, nicht vorzeitig zu handeln.

Sechs an zweiter Stelle

巳日 乃 革 之 征
späterer Tag danach ändern von, es Angriff

吉 无 咎
Glück kein Makel

Zu angemessener Zeit (»spätere Tage danach«) kann man Veränderungen vornehmen.
Vorwärtsschreiten bringt Glück.
Kein Makel.
Oder: Warten, bis die rechte Zeit für Veränderungen gekommen ist.
Glück. Kein Makel.

Neun an dritter Stelle

征 凶 貞
Angriff Unheil Ausdauer

厲 革 言
Gefahr ändern sprechen

三 就 有 孚
drei Mal haben vertrauen

Vorwärtsschreiten bringt Unheil.
Ausdauer ist gefährlich.
Überdenke (»spreche von«) Änderungen wieder und wieder (»dreimal«).
Dann wird man Vertrauen gewinnen.
Wilhelm und Legge übersetzen das letzte Zeichen übereinstimmend als »Glauben«: »Man wird Glauben finden.«

Neun an vierter Stelle

悔 亡 有
Reue verschwinden haben

孚 改 命 吉
Vertrauen korrigieren Befehl Glück

Reue schwindet.
Habe Vertrauen im Ändern der Verhältnisse (»Befehl«).
Glück.
(Das sechste Zeichen ist auch als »Regierungsform« oder »Anordnungen« übersetzt worden.)

Neun an fünfter Stelle

大 人 虎 變 未
groß, bedeutend Mensch Tiger Wechsel nicht

占 有 孚
Vorhersage haben Vertrauen

Der bedeutende Mensch kann große Veränderungen durchmachen (d. h. wie ein Tiger sein, der seine Streifen verändert).
Es ist keine Vorhersage nötig.
Es wird ihm Vertrauen entgegengebracht.

Sechs an sechster Stelle

君子 豹 變
der edle Mensch Panther Wechsel

小 人 革 面 征
klein Mensch ändern Gesicht Angriff

凶 居 貞 吉
Unheil bleiben Ausdauer Glück

Der edle Mensch durchläuft positive Veränderungen (wie ein Panther; Panther symbolisiert Schönheit).
Der geringe Mensch verändert sich nur scheinbar (»ändert Gesicht«).
Vorwärtsschreiten bringt Unheil.
Bleibe. Ausdauer bringt Glück.

50 鼎 *Ting*

Der Kessel

Das Urteil

元 吉 亨
Größe Glück Gelingen

Größe. Glück. Gelingen.

Die Linien

Sechs am Anfang (unten)

鼎 顛 趾 利 出
Kessel umgestoßen Bein Vorteil aus

否 得 妾 以 其
schlecht erhalten Konkubine mit der, sein

子 无 咎
Sohn kein Makel

Der Kessel ist umgekippt (»Beine umgekippt«; dies geschah normalerweise bei der Reinigung des Geräts).
Es ist vorteilhaft, den schlechten Inhalt zu entfernen.
Eine Konkubine nehmen, um mit ihr einen Sohn zu zeugen. Kein Makel.
(Hier wird angedeutet, daß eine unbedeutende Situation sich vorteilhaft auswirken kann.)

Neun an zweiter Stelle

鼎 有 實 我 仇 有
Kessel haben voll mein Feind, Partner haben

疾 不 我 能 即
krank nicht ich können lösen

吉
Glück

Der Kessel ist voll.
Meine Feinde (oder Partner) sind neidisch (»krank«).
Ich kann nichts daran machen.
Glück.

Wilhelm übersetzt das fünfte Zeichen als »Genosse«.

Neun an dritter Stelle

鼎 耳 革 其
Kessel Henkel verändern, beseitigen der, sein

行 塞 雉 膏 不 食 方
Gang behindert Fasan fett nicht Essen gerade

雨 虧 悔 終
Regen fehlen Reue schließlich

吉
Glück

Die Henkel des Kessels sind beseitigt worden.
Der Weg ist versperrt (man kann den Kessel nicht hochheben, um das Essen daraus zu entnehmen).
Das Essen (»Fasan fett«) ist noch nicht gegessen.
Regen wird bald fallen (»gerade Regen«).
Reue ist unvollständig (»fehlen«).
Schließlich Glück.
(Der fallende Regen bedeutet Erleichterung.)

Neun an vierter Stelle

鼎 折 足 覆 公 餗
Kessel zerbrochen Bein umkippen Beamter Essen

其 形 渥 凶
der, sein Form beschmutzt Unheil

Der Kessel, dessen Fuß zerbrochen ist, kippt um, und das Essen des Beamten beschmutzt diesen. Unheil.
(Es ist auch vermutet worden, daß die Zeichen für »Essen«, »Form« und »beschmutzt« gemeinsam die Bedeutung »schwere Bestrafung« haben.)

Sechs an fünfter Stelle

鼎 黃 耳 金 鉉
Kessel gelb Henkel golden Tragestange

利 貞
Vorteil Ausdauer

Der Kessel hat gelbe Henkel und goldene Tragestangen.
Vorteilhaft ist Ausdauer.
(»Gelb« ist im Sinne von Bescheidenheit und Mäßigung zu verstehen. Die goldene Tragestange deutet an, daß die Handlung oder das Verhalten lobenswert ist.)

Neun an sechster Stelle

鼎 玉 鉉 大 吉 无
Kessel Jade Stange groß Glück kein

不 利
nicht Vorteil

Der Kessel hat Tragestangen aus Jade.

Ting (Hexagramm 50: Der Kessel) bezeichnet einen der beiden Gegenstände, die den 64 Hexagrammen ihren Namen geben. Seine Position, sein Inhalt und seine Beschaffenheit werden in den Linien dazu genutzt, gute oder schlechte Bedingungen vorherzusagen. Ting, späte Shang-Dynastie (13.–11. Jahrhundert v. Chr.), Bronze, Höhe ca. 36 cm, San Francisco, Asian Museum of San Francisco, Avery Brundage Collection

Hexagramm 51, das sich aus dem verdoppelten Trigramm *Chên* (☳☳ Donner) zusammensetzt, symbolisiert Gefahr, die jedoch den edlen Menschen nicht vom rechten Weg abbringen darf. Tenjin Engi, Querrolle (Ausschnitt), Kamakura Periode, 13. Jahrhundert, ca. 30 × 861,5 cm, New York, The Metropolitan Museum of Art

Glück. Alles ist vorteilhaft (doppelte Verneinung). (Jade ist sehr hart, sieht jedoch weich aus. Hier wird angedeutet, daß ein starker Mensch, der auch Sanftheit zeigt, Glück finden wird, ganz gleich was passiert.)

51 震 *Chên* ䷲ Beben Schwanken Erschütterungen (auch Donnerschlag)

Das Urteil

亨 震 來
Gelingen Beben kommen
虩 虩 笑 言
»Hu« »Hu« Lachen Worte
啞 啞 震 驚 百
»Ha« »Ha« Beben Schrecken hundert
里 不 喪 匕 鬯
Meilen nicht Schaden Löffel Opferwein

Gelingen.
Ein Beben kommt und ruft Worte der Furcht hervor (»Hu Hu«).
Doch fröhliche Worte können Lachen bewirken (»Ha Ha«).
Beben können hundert Meilen weit Angst und Schrecken verbreiten, doch sie dürfen nicht die notwendigen Handlungen stören (»Löffel und Opferwein« bedeuten Verehrung und Trankopfer).

Die Linien

Neun am Anfang (unten)

震 來 虩 虩 後
Beben kommen »Hu« »Hu« später
笑 言 啞 啞 吉
Lachen Worte »Ha« »Ha« Glück

Ein Beben kommt und bewirkt Worte der Furcht (»Hu Hu«).
Später Lachen (»Ha Ha«).
Glück.

Sechs an zweiter Stelle

震 來 厲 億
Beben kommen Gefahr hunderttausend
喪 貝 躋 于
Verlust Schatz klettern auf
九 陵 勿 逐 七 日 得
neun Hügel nicht verfolgen sieben Tag Gewinn

Das Beben kommt mit Gefahr.
Ein großer (»hunderttausend«) Schatz geht verloren.
Klettere den höchsten Hügel hinauf (»neunten Hügel«).
Verfolge es nicht weiter.
Gewinn wird in sieben Tagen kommen.

Sechs an dritter Stelle

震 蘇 蘇
Beben Furcht Furcht
震 行 无
Beben gehen kein
眚
Augenkrankheit

Das Beben läßt dich zittern (»Furcht« wird wiederholt).
Wenn man vorsichtig weitermacht (»gehen beim Beben«), führt dies nicht zu ernsthaften Problemen (»Augenkrankheit«).

Neun an vierter Stelle

震 遂 泥
Beben reichen zu Schlamm

Das Beben ist im Schlamm gefangen.

Sechs an fünfter Stelle

震 往 來 厲 億
Beben gehen kommen Gefahr hunderttausend
无 喪 有 事
kein Schaden haben Ding

Immer wieder heftiges Beben. Gefahr.
Die vielen werden keinen Schaden erleiden, nur geringfügige Unannehmlichkeiten (»etwas haben«).

Wilhelm übersetzt die beiden letzten Zeichen als »nur gibt es Geschäfte«.

Sechs an sechster Stelle

震 索索 視
Beben beunruhigt, furchtsam schauen
矍 矍 征 凶
Angst Angst Angriff Unheil
震 不 于 其 躬 于 其
Beben nicht an das selbst in der
鄰 无 咎 婚 媾
Nachbar kein Schaden Heirat Verbindung
有 言
haben Wort

Das Beben beunruhigt einen und bewirkt, daß man mit großer Angst umherblickt (»Angst Angst«).
Aggressives Handeln führt zu Unheil.
Wenn das Beben nicht dich trifft, sondern deinen Nachbarn, kein Makel.
In engen Beziehungen (»Heirat Verbindung«) könnte es zu Streit kommen (»haben Wort«).

52 艮 *Kên* ䷳ Stillhalten Berge Angehalten

Das Urteil

艮 其 背 不 獲
stillhalten der, sein Rücken nicht kommen nach
其 身 行 其 庭
der, sein Körper gehen der, sein Hof
不 見 其 人 无 咎
nicht sehen die, seine Mensch kein Makel

Den Rücken stillhalten, keine Beziehung zum (»kommen nach«) eigenen Körper, betritt man den Hof und sieht dort niemanden.
Kein Makel. (Hier wird angedeutet, daß man mit absoluter Selbstkontrolle – so daß man nicht einmal mehr den eigenen Körper fühlt – unberührt bleibt von dem, was um einen herum geschieht.)

Die Linien

Sechs am Anfang (unten)

艮 其 趾 无
stillhalten der, sein Zeh kein
咎 利 永
Makel Vorteil immer
貞
Ausdauer

Stillhalten, noch bevor man anfängt (»die Zehen stillhalten«), kein Makel.
Vorteilhaft ist es, immer so weiterzumachen (»immer Ausdauer«).

Sechs an zweiter Stelle

艮 其 腓 不
stillhalten der, sein Bein nicht
拯 其 隨 其
helfen der, sein folgen das, sein
心 不 快
Herz nicht glücklich

Die Beine stillhalten (oder die Bewegung anhalten), man kann den nicht retten, dem man folgt.
In seinem Herzen ist er unglücklich.

Neun an dritter Stelle

艮 其 限 列
stillhalten die, seine Taille verletzen
其 夤 厲
die, seine Hüfte Gefahr
熏 心
erstickt Herz

Wenn man die Taille stillhält, kann dies die Hüfte schmerzen.
Es besteht die Gefahr, daß das Herz ernsthaft verstört wird.
Wilhelm: »Das Herz erstickt.«
Legge: »Das Herz glüht vor unterdrückter Aufregung.«

Sechs an vierter Stelle

艮 其
stillhalten der, sein
身 无 咎
Rumpf kein Makel

Wenn man seinen Rumpf stillhält, kein Makel.

Sechs an fünfter Stelle

艮 其 輔 言
stillhalten der, sein Kiefer Wort
有 序 悔 亡
haben Ordnung Reue verschwinden

Wenn er den Mund stillhält, haben seine Worte Ordnung.
Reue schwindet.
(Hier wird angedeutet, daß durch die Kontrolle oder Einschränkung dessen, was man sagt – »Kiefer« – die Worte Ordnung haben werden und man nicht bereuen wird, was man sagt.)

Neun an sechster Stelle

敦 艮 吉
Aufrichtigkeit stillhalten Glück

Stillhalten (oder ruhig sein) mit Aufrichtigkeit bringt Glück.

53 漸 *Chien* ䷴ Allmählicher Fortschritt Entwicklung

Das Urteil

女 歸
Frau Heirat
吉 利 貞
Glück Vorteil Ausdauer

Das Mädchen heiratet. Glück.
Vorteilhaft ist Ausdauer.
(Die Grundbedeutung des zweiten Zeichens dieses Urteils ist »Rückkehr«, gemeint ist die Rückkehr zum Heim, dem Ort, an dem man sich wohlfühlt, daher auch Heirat.)

Hexagramm 52, das durch die Verdopplung des Trigramms *Kên* (☶ Berg) entsteht, rät dem Fragenden mehrfach, daß er ruhig und kontrolliert bleiben soll. Unbekannter Künstler, Frühlingslandschaft im Sonnenschein, Stellschirm, sechsteilig, aus einem Paar, Ashikaga-Periode, Tusche, Farbe, Gold und Silber auf grundiertem Papier, Breite ca. 316 cm, Osaka, Kongo-ji

Die Linien

Sechs am Anfang (unten)

鴻 漸 于
Wildgans Entwicklung an

干 小 子 厲 有 言 无 咎
Küste klein Sohn Gefahr haben Wort kein Makel

Die Wildgans zieht zur Küste (allmählicher Fortschritt).
Der Bursche (»kleiner Sohn«) ist in Gefahr.
Er könnte kritisiert werden, aber es liegt kein Makel vor.
(»kleiner Sohn« ähnelt dem deutschen umgangssprachlichen Ausdruck »Junge« oder »Kleiner«.)

Sechs an zweiter Stelle

鴻 漸 于
Wildgans Entwicklung an

磐 飲 食 衎 衎 吉
Fels trinken essen freudig freudig Glück

Die Wildgans fliegt allmählich über die Felsen (oder zur Klippe – d. h. weiter landeinwärts).
Er kann freudig essen und trinken.
Glück.
(Wildgans oder Wassergans könnten eher jemanden in untergeordneter als in übergeordneter Stellung symbolisieren. Die Felsen könnten die Entfernung vom sonstigen Aufenthaltsort am Rande des Wassers anzeigen, man ist aber dennoch nahe dem Heim. Die Wildgans wird auch als Symbol der Treue gesehen.)

Neun an dritter Stelle

鴻 漸 于
Wildgans Entwicklung an

陸 夫 征 不
Landesinnere Ehemann Angriff (Heer) nicht

復 婦 孕 不 育
Rückkehr Frau schwanger nicht Ernährung

凶 利 禦 寇
Unheil Vorteil Abwehr Räuber

Die Wildgans fliegt allmählich landeinwärts.
Der Ehemann ist fort im Heer und kehrt nicht zurück.
Die Ehefrau ist schwanger. Das Kind wird nicht überleben (»keine Nahrung«).
Unheil.
Es ist vorteilhaft, Eindringlinge abzuwehren (»Räuber«).
Wilhelm übersetzt das vierte Zeichen als »Hochebene«.
Legge übersetzt es als »trockene Ebenen«.

Sechs an vierter Stelle

鴻 漸 于
Wildgans Entwicklung an

木 或 得 其 桷
Baum wenn bekommen der, sein flacher Ast

无 咎
kein Makel

Die Wildgans fliegt allmählich zu den Bäumen (oder Wäldern).
Wenn sie auf einem flachen Ast bleibt, ist dies kein Makel.

Neun an fünfter Stelle

鴻 漸 于
Wildgans Entwicklung an

陵 婦 三 歲 不 孕 終
Hügel Frau drei Jahr nicht schwanger schließlich

莫 之 勝 吉
nicht von, es gewinnen Glück

Die Wildgans fliegt allmählich zur Hügelspitze.
Die Frau wird drei Jahre lang nicht schwanger.
Schließlich kann nichts sie mehr am Gewinnen hindern.
Glück.

Neun an sechster Stelle

鴻 漸 于
Wildgans Entwicklung an

陸 其 羽 可 用 爲
Landesinnere die, seine Feder mögen nutzen wie

儀 吉
Zeremonie Glück

Die Wildgans fliegt allmählich weiter landeinwärts.
Ihre Federn können in einer heiligen Zeremonie benutzt werden (d. h. wenigstens die Federn können benutzt werden.)
Glück.
Legge bemerkt, daß die Gans Teil alter chinesischer Trauungszeremonien war und außerdem allmählichen Fortschritt symbolisieren kann. Er übersetzt das vierte Zeichen als »weite Höhen«.
Wilhelm nimmt an, daß die Linien Metaphern für den allmählichen Weg des Menschen durch das Leben darstellen, das schließlich endet. Wenn ein Mensch danach strebt, sich zu verbessern, können andere aus seinem Leben lernen. Er übersetzt das vierte Zeichen mit »Wolkenhöhen«.

Chu Hsi glaubt, daß das vierte Zeichen (das hier wörtlich als das »Landesinnere« übersetzt wurde) sich ursprünglich auf Wolken bezog.

54 歸妹 *Kuei Mei* – Heiratendes Mädchen

Das Urteil

征 凶 无 攸 利
Angriff Unheil kein weit Vorteil

Weitergehen bringt Unheil.
Nichts ist auf lange Sicht vorteilhaft.

Die Linien

Neun am Anfang (unten)

歸 妹 以 娣
heiraten (Rückkehr) Mädchen mit jüngere Schwester

跛 能 履 征 吉
lahm können gehen Angriff Glück

Das heiratende Mädchen ist an untergeordneter Stelle (»jüngere Schwester«).
Aber ein lahmer Mann kann immer noch gehen.
Fortschreiten bringt Glück.
(Im Altertum heiratete die jüngere Schwester nach alter Tradition oft denselben Mann wie ihre ältere Schwester und war daher seine zweite Ehefrau. In einigen Kommentaren wird darauf hingewiesen, daß sie hier als eine Nebenfrau anzusehen ist. Diese Linie deutet daher darauf hin, daß man nicht unbedingt die höchste Stellung erreichen muß, um erfolgreich zu sein.)

Neun an zweiter Stelle

眇 能 視 利 幽
einäugig können sehen Vorteil dunkel

人 之 貞
Mensch von, es Ausdauer

Der Einäugige kann immer noch sehen.
Es ist vorteilhaft für den unerkannten Menschen (»dunkel«), Ausdauer zu zeigen.

Wilhelm übersetzt das fünfte und sechste Zeichen mit »einsamer Mensch«.

Legge spricht von »einsamer Witwe«.

Sechs an dritter Stelle

歸 妹 以 須 反
heiraten Mädchen mit gemeiner Stern (Hsu) umgekehrt

歸 以 娣
heiraten (Rückkehr) mit jüngere Schwester

Das heiratende Mädchen ist ein freches Mädchen (»gemeiner Stern«).
Sie kehrt ins Haus ihrer Eltern zurück (»umgekehrt Rückkehr«).

Wilhelm: »Das heiratende Mädchen als Sklavin. Sie heiratet als Nebenfrau.«
Legge: »Die dritte, unterbrochene Linie zeigt die jüngere Schwester, die in minderwertiger Lage verheiratet wird. Sie kehrt zurück und akzeptiert eine untergeordnete Stellung.«

Neun an vierter Stelle

歸 妹 愆 期 遲 歸
heiraten Mädchen verzögern Frist spät heiraten

有 時
haben Zeit

Das heiratende Mädchen verzögert seine Heirat.
Eine spätere Heirat ist möglich.

Sechs an fünfter Stelle

帝 乙 歸 妹 其
König I heiraten Mädchen der, sein

君 之 袂 不 如 其
Fürst, du von, es Tuch nicht wie die, seine

娣 之 袂 良 月 幾 望
jüngere Schwester von, es Tuch Güte Mond fast voll

吉
Glück

Der König I verheiratet seine Tochter.
Die Kleidung des Fürsten ist nicht so prächtig wie die der jüngeren Schwester.
Der Mond ist fast voll. Glück.
(Hier wird möglicherweise angedeutet, daß sich Würde und Größe nicht in der äußeren Erscheinung spiegeln.)
Chu Hsi interpretiert diese Zeile so, daß der König sich nicht auf seinen Glanz, sondern auf seine edle Gesinnung konzentriert. »Der Mond ist fast voll« verweist auf das edle Prinzip.

Legge: »Die fünfte, unterbrochene Linie erinnert uns daran, daß die jüngere Schwester von (König) Ti Yi verheiratet wurde, als die Ärmel der Prinzessin noch nicht so prächtig waren wie die ihrer (noch) jüngeren Schwester, die sie in untergeordneter Stellung begleitete.«

Wilhelm: »Da waren die gestickten Kleider der Fürstin nicht so prächtig wie die der Dienerin.«

Sechs an sechster Stelle

女 承 筐 无 實 士 刲
Frauen halten Korb nicht voll Soldat töten

羊 无 血 无 攸 利
Ziege kein Blut kein weit Vorteil

Die Frau trägt den Korb, aber er ist leer.
Der Soldat tötet die Ziege. Es fließt kein Blut. (Hier wird angedeutet, daß die Ziege bereits tot ist und das Töten unnötig war.)
Nichts ist auf Dauer vorteilhaft.
(Hier wird angedeutet, daß eine Heirat zwischen den beiden Parteien ungünstig ist. Wenn man an den Namen des Hexagramms denkt, scheint diese sechste Linie zu bedeuten, daß die rituellen Opfergaben des Mannes und der Frau unvollständig sind. Der Korb ist leer und die Ziege bereits geschlachtet, bevor die Zeremonie überhaupt angefangen hat.)

55 豐 *Fêng* – Reichtum Überfluß Fülle

Das Urteil

亨 王 假 之 勿
Gelingen König bekommen von, es nicht

憂 宜 日 中
Sorgen sollen Sonne, Tag Mitte

Gelingen.
Dem König wird Überfluß zuteil (»bekommt es«). Sorge dich nicht.
Sei wie die Sonne am Mittag.

Die Linien

Neun am Anfang (unten)

遇 其 配 主 雖 旬
treffen der, sein Bestimmung Herr obwohl zehn

无 咎 往 有 尚
(Tage oder Jahre) kein Makel gehen haben Erwartung

Treffe den vorbestimmten Führer.
Obwohl es sehr lange dauern kann (»zehn Tage oder Jahre«), ist es kein Makel.
Vorwärtsschreiten mit guten Erwartungen.
Legge übersetzt das letzte Zeichen mit »Zustimmung«.

Sechs an zweiter Stelle

豐 其 蔀 日 中 見
Fülle der, sein bedecken Sonne Mitte sehen

斗 往 得 疑 疾 有
Polarstern gehen bekommen Zweifel Krankheit haben

孚 發 若 吉
Aufrichtigkeit beginnen wie Glück

Fülle bedeckt die Sonne am Mittag (dies bedeutet Dunkelheit).
Man kann den Polarstern sehen (es ist so dunkel, daß ein heller Stern am Mittag gesehen werden kann).
Wenn man weitermacht, wird man Mißtrauen (»Zweifel, Krankheit«) ernten.
Aber es bringt Glück, in Aufrichtigkeit zu beginnen.

Neun an dritter Stelle

豐 其 沛 日
Fülle die, seine Banner Sonne

中 見 沬 折 其 右
Mitte sehen kleiner Stern brechen der, sein rechts
肱 无 咎
Arm kein Makel
Banner verdecken die Sonne am Mittag völlig.
Man kann einen kleinen Stern sehen (es ist so dunkel, daß selbst ein kleiner Stern sichtbar ist).
Es könnte einem ein großes Unglück zustoßen (»brechen rechter Arm«) und doch kein Makel.

Neun an vierter Stelle
豐 其 蔀 日 中 見
Fülle das, sein bedecken Sonne Mitte sehen
斗 遇 其 夷
Polarstern treffen der, sein versteckt
主 吉
Herr Glück
Fülle bedeckt die Sonne am Mittag.
Man kann den Polarstern sehen.
Man trifft den unerkannten (»versteckt«) Führer.
Glück.

Sechs an fünfter Stelle
來 章 有 慶 譽
kommen Helligkeit haben Feier Ehre
吉
Glück

Helligkeit kommt (Dunkelheit schwindet).
Man wird Gratulationen (»Feier«) und Ehre erhalten.
Glück.

Sechs an sechster Stelle
豐 其 屋 蔀 其
Fülle das, sein Haus bedecken das, sein
家 闚 其 戶 闃 其
Heim lugen das, sein Tor ruhig die, seine
无 人 三 歲 不 覿 凶
kein Mensch drei Jahr nicht sehen Unheil
Das Haus ist prächtig (»Fülle«), aber das Heim ist bedeckt.
Wenn man durch das Tor lugt, findet man es friedlich vor, es ist keiner darinnen.
Drei Jahre lang wird man niemanden sehen.
Unheil.
(Hier wird angedeutet, daß man selbst inmitten von Reichtum und Fülle eine Familie braucht. Einige Kommentare gehen davon aus, daß man sich auch inmitten von Überfluß von anderen isolieren kann oder isoliert werden kann.)

56 旅 *Lü*

Reisender
Fremder
Wanderer

Das Urteil

小 亨 旅
klein Gelingen Reisender
貞 吉
Ausdauer Glück
Wenig Freude für den Reisenden.
Ausdauer bringt Glück.

Die Linien

Sechs am Anfang (unten)
旅 瑣 瑣 斯 其
Reisender kleine Dinge kleine Dinge dies der, sein
所 取 災
mit bekommen Unheil
Wenn der Reisende sich in zu viele Kleinigkeiten verstrickt, könnte dies sehr wohl zu großem Unheil führen.

Sechs an zweiter Stelle
旅 即 次 懷 其
Reisender fast bei (nahe) Gasthaus halten das, sein
資 得 童 僕
Geld bekommen Kind Diener
貞
Ausdauer
Wenn der Reisende das Gasthaus erreicht, sollte er sein Geld bei sich tragen und sich einen treuen Diener nehmen.

Neun an dritter Stelle
旅 焚 其 次 喪 其 童
Reisender brennen das Gasthaus Verlust das Kind
僕 貞 厲
Diener Ausdauer Gefahr

Der Reisende stellt fest, daß das Gasthaus brennt.
Er verliert seinen jungen Diener.
Ausdauer ist gefährlich.

Neun an vierter Stelle
旅 于 處 得 其 資
Reisender an Ort bekommen das, sein Geld
斧 我 心 不 快
Axt mein Herz nicht Freude
Der Reisende kommt irgendwo an.
Er mag seine Wertsachen (»Geld Axt«) bekommen.
Und doch ist sein Herz nicht glücklich.
(Hier wird angedeutet, daß er immer noch ein Fremder sein kann.)

Sechs an fünfter Stelle
射 雉 一 矢 亡
schießen Fasan ein Pfeil sterben
終 以 譽 命
schließlich mit Ehre, Lob Leben, Ruhm
Er tötet (»schießen sterben«) den Fasan mit einem Pfeil.
Schließlich wird ihm Ruhm und Lob zuteil.
Legge übersetzt das dritte, vierte und fünfte Zeichen als: »Er wird seinen Pfeil verlieren.«

Neun an sechster Stelle
鳥 焚 其 巢 旅 人
Vogel brennen das, sein Nest Reisender Mensch
先 笑 後 號 咷 喪 牛
Anfang lachen später laut rufen weinen Verlust Vieh
于 易 凶
in Nachlässigkeit, Veränderung Unheil
Das Nest des Vogels brennt.
Der Reisende lacht zuerst, doch später weint er laut.
Durch Nachlässigkeit verliert er seinen Besitz (»Vieh«).
Unheil.
Oder: Er verliert seinen Besitz, während sich die Lage ändert.
Wilhelm nimmt an, daß »Vieh« oder »Kuh« Bescheidenheit und Anpassungsfähigkeit bedeutet.
Legge deutet »Vieh« als »ochsenähnliche Fügsamkeit«.

57 巽 *Sun*

Gehorsam
Nachgeben

Dieses Hexagramm wurde auch »Sanfter, eindringlicher Wind« genannt, der Name des Trigramms *Sun,* das dieses Hexagramm 57 bildet, wenn man es verdoppelt.

Das Urteil

小 亨 利 有
klein Gelingen Vorteil haben
攸 往 利 見 大 人
weit gehen Vorteil sehen groß, bedeutend Mensch
Wenig Freude. (Oder: Erfolg im Kleinen.)
Es ist vorteilhaft, weiter zu gehen.
Es ist vorteilhaft, den bedeutenden Menschen zu sehen.

Die Linien

Sechs am Anfang (unten)
進 退 利 武
vorwärts rückwärts Vorteil Krieger
人 之 貞
Mensch von, es Ausdauer
Hin- und hergehen (dies deutet auf Unentschlossenheit hin).
Vorteilhaft ist es, wie ein Krieger zu reagieren und ausdauernd zu sein.

Neun an zweiter Stelle
巽 在 牀 下 用
gehorsam, nachgeben an Bett unter nutzen
史 巫 紛
offiziell Schamane viele, üppig
若 吉 无 咎
wie Glück kein Makel
Nachgeben in untergeordneter Lage (»am Bett unter«).
Zahlreiche offizielle Magier heranziehen (»benutzen«).
Glück. Kein Makel.
Wilhelm übersetzt das fünfte und siebte Zeichen mit »Priester und Magier«.
Legge spricht von »Wahrsagern und Exorzisten«.

Neun an dritter Stelle
頻
schmerzhafter Ausdruck (kann auch »oft« bedeuten)
巽 吝
gehorsam, nachgeben Makel
Nachgeben, aber mit Klagen, bringt Makel.
(Die beiden ersten Zeichen sind auch als »wiederholtes Eindringen« übersetzt worden.)

Sechs an vierter Stelle
悔 亡 田
Reue verschwinden Feld
獲 三 品
gewinnen drei Rang
Reue schwindet.
Jagen (angedeutet in dem Wort »Feld«) wird zu einem mittleren Ergebnis führen (dem »dritten von fünf Rängen«).
Oder: »Die Jagd ist erfolgreich, weil drei Arten Wild gefangen werden.«

Neun an fünfter Stelle

貞 吉 悔
Ausdauer Glück Reue

亡 无 不 利 无 初
verschwinden kein nicht Vorteil kein Anfang

有 終 先 庚
haben Ende bevor verändern

三 日 後 庚 三 日 吉
drei Tag nach verändern drei Tag Glück

Ausdauer bringt Glück.
Reue schwindet.
Alles ist vorteilhaft (doppelte Verneinung).
Es gibt keinen Anfang, aber ein Ende.
Vor der Veränderung drei Tage.
Nach der Veränderung drei Tage.
Glück. (Hier wird angedeutet, daß wir lange genug nachdenken sollten, »drei Tage«, bevor und nachdem wir eine Veränderung vornehmen. Dies könnte auf einen beliebten Brauch hinweisen, der darin bestand, drei Tage zu warten, bis man eine Regelung kundtat, um so die Bedeutung erklären zu können; dann wiederum drei Tage zu warten, bevor sie befolgt werden mußte, so daß sich das Volk an die neue Situation gewöhnen konnte.)

Neun an sechster Stelle

巽 在 牀
gehorsam, nachgeben in Bett

下 喪 其 資
unter Verlust das, sein Geld

斧 貞 凶
Axt Ausdauer Unheil

In untergeordneter Stellung nachgeben
(d. h. behutsam handeln).
Der Besitz (»Geld Axt«) ist verloren.
Ausdauer bringt Unheil.
Legge: »Eindringen unter einer Couch und der Verlust der Axt, mit der er seine Entscheidungen getroffen hat.«

58 兌 *Tui*

Glück
Freude

Das Urteil

亨 利 貞
Gelingen Vorteil Ausdauer

Gelingen.
Vorteilhaft ist Ausdauer.

Die Linien

Neun am Anfang (unten)

和 兌
Harmonie Freude

吉
Glück

Harmonische Freude.
Glück.

Neun an zweiter Stelle

孚 兌
Aufrichtigkeit Freude

吉 悔 亡
Glück Reue verschwinden

Aufrichtige Freude.
Glück.
Reue schwindet.

Sechs an dritter Stelle

來 兌 凶
kommen Freude Unheil

Freude vorwegzunehmen (d. h. Freude zu erwarten oder jemandem mit einem Hintergedanken bereiten) bringt Unheil.

Neun an vierter Stelle

商 兌 未
abwägen Glück nicht

寧 介 疾
ruhig trennen Fehler

有 喜
haben Freude

Abwägen von Freude ist kein ruhiges Unterfangen.
Wenn man die Fehler aussortiert, wird man Freude haben.

Neun an fünfter Stelle

孚 于 剝
Vertrauen in Verfall

有 厲
haben Gefahr

Vertrauen in Verfall ist gefährlich.
(Hier ist angedeutet, daß man sich vorsehen soll gegen das, was verletzen kann).

Sechs an sechster Stelle

引 兌
ziehen Freude

Freude schaffen (entweder in anderen oder sie auf sich ziehen).

59 渙 *Huan*

Lösung
Auflösung
Trennung
Vereinzelung

Das Urteil

亨 王 假 有 廟
Gelingen König kommen haben Tempel

利 涉 大 川 利 貞
Vorteil überqueren groß Wasser Vorteil Ausdauer

Gelingen.
Der König kommt zum Tempel (zum Beten).
Es ist vorteilhaft, das große Wasser zu überqueren.
Es ist vorteilhaft, ausdauernd zu sein.
(Das dritte Zeichen kann auch »borgen« oder »falsch« heißen, die alte Bedeutung war jedoch »kommen«.)

Die Linien

Sechs am Anfang (unten)

用 拯 馬 壯 吉
nutzen helfen Pferd stark Glück

Ein starkes Pferd benutzen, um zu helfen, bringt Glück.

Neun an zweiter Stelle

渙 奔 其
Auflösung, Trennung rennen die, seine

机 悔 亡
Unterstützung Reue verschwinden

Wenn die Auflösung stattfindet, lauf und hole Verstärkung.
Reue schwindet.
Man könnte diese Linie auch so verstehen, daß Auflösung vom Zufall abhängt.

Sechs an dritter Stelle

渙 其 躬 无
Auflösung, Trennung das, sein Selbst kein

悔
Reue

Sich auflösen (»trennen sein Selbst«).
Keine Reue.
(Dies kann auch als Selbstaufgabe verstanden werden.)

Sechs an vierter Stelle

渙 其
Auflösung, Trennung die, seine

羣 元 吉
Gruppe groß Glück

渙 有 丘 匪
Auflösung, Trennung haben Hügel nicht

夷 所 思
anders, fremd für denken

Die Gruppe auflösen.Großes Glück.
Auflösung führt zu einer anderen Gruppenformierung (»haben Hügel«).
Andere können nicht daran denken (d. h. der gewöhnliche Verstand kann dies nicht erkennen. Hier wird angedeutet, daß die Auflösung der Gruppe dazu führen kann, daß sich die Gruppe später wieder zusammenfindet. Eine andere Interpretation versteht die Auflösung als die Lösung vieler Probleme, »Hügel«).

Neun an fünfter Stelle

渙 汗 其 大
Auflösung, Trennung Schweiß der, sein groß

號 渙 王 居
Ruf, Befehl Auflösung, Trennung König Residenz

无 咎
kein Makel

Mit großem Energieaufwand (»Schweiß«) den lauten Ruf vom Palast des Königs auflösen.
Kein Makel.
Oder: Wenn ein Befehl einmal gegeben wurde, kann er ebensowenig zurückgenommen werden wie ausgetretener Schweiß.
Oder: Ein großer Erlaß bedeutet eine Wende zum Positiven, genauso wie Schwitzen bei einer Erkrankung eine heilsame Krise bedeuten kann. Schweiß kann aber auch eine Angstreaktion sein.
Eine andere Übersetzung sieht darin eine Verbindung zu der Auflösung der königlichen Kornkammer.

Neun an sechster Stelle

渙 其 血
Auflösung, Trennung das, sein Blut

去 逖 出 无 咎
weggehen weit hinaus kein Makel

Gefährliche Dinge auflösen (»Blut« bedeutet Wunde oder seelischer Schock).
Weit fort gehen. Kein Makel.
Oder: Wenn du mit einer Wunde eintrittst, gehe mit Vorsicht hinaus.
Eine andere Deutung geht davon aus, daß »Blut« sich auf die Verwundungen durch Angst bezieht, von denen man sich lösen sollte.
»Blut« kann auch als Gefahr verstanden werden, die man meiden sollte.

Hexagramm 56 (*Lü:* Reisender) verheißt Glück oder Unglück, je nach Haltung des Fragenden: Überbetonung von trivialen Dingen, Festhalten an Besitz, Reaktion auf unvorhergesehene Katastrophe, Zielgerichtetheit. Fukae Roshu (1699–1757), Der Paß über die Berge, Tokugawa-Periode, Höhe ca. 136 cm, Cleveland, The Cleveland Museum of Art

Seite 336/337: Das Trigramm *Tui* (☱ Fluß, See) liegt unter dem Trigramm *Sun* (☴ Holz, Wind). Gemeinsam formen sie Hexagramm 61 (*Chung Fu:* Aufrichtigkeit, Verständnis)

60 節 *Chieh* ䷻

Kontrolle
Selbstbeschränkung
Selbstbeherrschung

Das Urteil

亨 苦
Gelingen bitter

節
Beschränkung

不 可 貞
nicht können Ausdauer

Gelingen.
Übertriebene Selbstkontrolle (»bittere Beschränkung«) kann nicht andauern.

Die Linien

Neun am Anfang (unten)

不 出 戸 庭 无 咎
nicht hinaus Tor Hof kein Makel

Nicht aus dem Haus gehen (»Tor, Hof«) ist kein Makel.

Neun an zweiter Stelle

不 出 門 庭 凶
nicht hinaus Tor Hof Unheil

Nicht zum Tor und zum Hof hinausgehen bringt Unheil.

Sechs an dritter Stelle

不 節 若
nicht Kontrolle wie

則　嗟　若 无　咎
dann Klagen wie kein Makel
Wenn man sich nicht in Selbstkontrolle übt, wird man Grund zu Klagen haben.
Aber es ist kein Makel.

Sechs an vierter Stelle

安　節
Frieden Kontrolle

亨
Gelingen

Friedliche Selbstkontrolle führt zum Gelingen.

Neun an fünfter Stelle

甘　節
süß Kontrolle

吉　往　有　尚
Glück gehen haben Bewunderung

Angenehme (»süß«) Selbstkontrolle bringt Glück.
Vorwärtsschreiten bringt Bewunderung.

Sechs an sechster Stelle

苦　節
bitter Kontrolle

貞　凶
Ausdauer Unheil

悔　亡
Reue verschwinden

Ausdauernde extreme Selbstbeherrschung bringt Unheil.
Reue wird schwinden.

61 中孚 *Chung Fu* ䷼

Wahre Aufrichtigkeit
Verständnis
Innere Aufrichtigkeit

Das Urteil

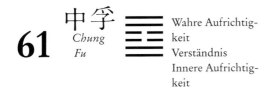

豚	魚	吉	利	涉	大
Schwein	Fisch	Glück	Vorteil	überqueren	großes

川	利	貞
Wasser	Vorteil	Ausdauer

Wahre Aufrichtigkeit beeinflußt sogar diejenigen, die am wenigsten intelligent sind. Glück.
Es ist vorteilhaft, ein großes Unterfangen zu beginnen (»das große Wasser zu überqueren«).
Vorteilhaft ist Ausdauer.
Oder: Verstehen (»Schwein Fisch«) bringt Glück.
Oder: Aufrichtigkeit betrifft alle, ob dumm oder intelligent.
(Die beiden ersten Zeichen sind sehr unterschiedlich ausgelegt worden und können das gesamte Urteil verändern. Der »Schwein Fisch« ist giftig, und man benötigt großes Einfühlungsvermögen, um das Gift zu entfernen, um ihn verzehren zu können. Anderen Deutungen zufolge sind Schweine und Fische die geistlosesten Tiere überhaupt. Andererseits gelten Schweine zuweilen als sehr dumme, Delphine jedoch als äußerst intelligente Tiere. Daher hängt die Übersetzung davon ab, wie man diese beiden Zeichen deutet.)

Die Linien

Neun am Anfang (unten)

虞	吉	有
bedenken	Glück	haben

他	不	燕
anders, draußen	nicht	behaglich

Denke nach (d. h. bevor du handelst). Glück.
Etwas anderes (»draußen«) haben ist beunruhigend (»nicht behaglich«). (Hier wird angedeutet, daß es störend ist, wenn man sein Denken auf etwas anderes konzentriert, das außerhalb des momentanen Unterfangens liegt.)
Legge übersetzt das erste Zeichen mit »ruhen in sich selbst«.
Wilhelm sieht es als »Bereitsein«.

Neun an zweiter Stelle

鳴	鶴	在	陰	其	子
singen, Ruf	Kranich	in	Schatten	der, sein	Sohn

和	之	我	有	好	爵
mit, zusammen	es, ihm	ich	haben	gut	Fürst, Kelch

吾	與	爾	靡	之
ich	mit	drei	teilen, miteinander teilen	von, es

Ein Kranich singt im Schatten.
Sein Junges (»Sohn«) singt mit ihm.
Ich habe eine gute Stellung (»Fürst, Kelch«) und werde sie mit dir teilen.

Sechs an dritter Stelle

得	敵	或	鼓
bekommen	Feind	oder	trommeln (zum Angriff)

或	罷	或	泣
oder	aufgeben	oder	weinen

或	歌
oder	singen

Stelle dich deinem Feind.
Angriff oder Rückzug (»aufgeben«); weinen oder singen.
(Hier wird angedeutet, daß man tun kann, was man will, wenn man den Dingen ins Gesicht sieht. Das zweite Zeichen ist auch im Sinne von »Freund« statt »Feind« übersetzt worden.)

Sechs an vierter Stelle

月	幾	望	馬	匹	亡
Mond	fast	voll	Pferd	Paar, beide	Verlust

无	咎
kein	Makel

Der Mond ist beinahe voll (fast vollkommen).
Es kann zu Verlusten kommen (das »Paar« oder »Gespann Pferde« läuft fort).
Kein Makel.
(Mit Andeutungen wird der Fragende vorbereitet, daß etwas geschieht, wenn alles zu vollkommen erscheint, aber es wird nichts Schlimmes sein.)

Neun an fünfter Stelle

有	孚	攣	如	无	咎
haben	Vertrauen	halten	wie	kein	Makel

Vertrauen haben. Zusammenhalten. Kein Makel.

Neun an sechster Stelle

翰	音	登	于
Feder	Klang, Ruf	nach oben	in

天	貞	凶
Himmel	Ausdauer	Unheil

Der Klang eines Liedes (oder Schreis) fliegt (»Feder«) zum Himmel hinauf.
Aber Ausdauer bringt Unheil.
Hier haben die diversen Übersetzer wieder verschiedene Übersetzungen und Interpretationen angeboten. Zum Beispiel: Klang allein führt zu nichts.
Die beiden ersten Zeichen bedeuten einen Hahnenruf, der zum Himmel dringen kann, aber der Hahn selbst kann nicht zum Himmel fliegen.
»Himmel« bedeutet oft König. Daher wird Unheil die Edelleute und Beamten erwarten, die versuchen, den Ruhm des Königs zu erreichen.
Selbst ein guter Klang kann schlecht sein, wenn er übertrieben wird.

62 小過 *Hsiao Kuo* ䷽

Übergewicht des Unbedeutenden
Kleine Ausschreitung

Das Urteil

亨	利	貞	可	小	事
Gelingen	Vorteil	Ausdauer	können	klein	Ding

不	可	大	事	飛	鳥	遺	之
nicht	können	groß	Ding	fliegen	Vogel	bleiben	von, es

音	不	宜	上	宜
Klang	nicht	richtig	hoch	richtig

下	大	吉
herunter	groß	Glück

Gelingen.
Vorteilhaft ist Ausdauer.
Man kann kleine Dinge unternehmen.
Man kann keine großen Dinge unternehmen.
Ein Vogel mag fortfliegen; der Klang bleibt (sein Einfluß).
Es ist nicht richtig, nach oben zu streben.
Es ist richtig, unten zu bleiben.
Großes Glück.

Die Linien

Sechs am Anfang (unten)

飛	鳥	以	凶
fliegen	Vogel	mit	Unheil

Der fliegende Vogel trifft auf Unheil.

Sechs an zweiter Stelle

過	貞
vorbeigehen	der, sein

祖	遇	其
Vorfahr	treffen	die, seine

妣	不	及	其	君
Vorfahrin	nicht	erreichen	der	Fürst

遇	其	臣	无	咎
treffen	der	Minister	kein	Makel

Wenn man an dem Vorfahr vorbeigeht, dann trifft man die Vorfahrin.
Wenn man den Fürsten nicht erreicht, soll man den Minister treffen.
Kein Makel.
(Hier wird angedeutet, daß man mit der untergeordneten Position zufrieden sein sollte, wenn man die höchste nicht erreichen kann.)

Neun an dritter Stelle

弗	過	防
nicht	übergehen	Vorsichtsmaßnahme

之	從	或	戕	之	凶
von, es	folgen, gehorchen	oder	töten	von, es	Unheil

Man darf Vorsichtsmaßnahmen nicht vernachlässigen.
Jemand könnte dir folgen und dir Schaden zufügen.
Unheil.

Neun an vierter Stelle

无	咎	弗	過	遇	之
kein	Makel	nicht	zuviel	treffen	von, es

往	厲	必	戒	勿	用
gehen	Gefahr	müssen	zurückhalten	kein	handeln

永	貞
immer	Ausdauer

Kein Makel.
Man soll nicht zuviel tun.
Es ist gefährlich, weiterzugehen.
Man muß sich zurückhalten.
Nicht damit fortfahren, ausdauernd zu sein.
Wilhelm kombiniert die Zeichen so, daß sich ein etwas anderer Sinn ergibt: »Man muß sich hüten. Handle nicht. Sei dauernd beharrlich.«

Sechs an fünfter Stelle

密	雲	不	雨	自	我	西
dick	Wolke	nicht	Regen	von, aus	mein	Westen

郊	公	弋
Randgebiete	Fürst	Heer/Schiff in Bewegung

取	彼	在	穴
bekommen	sie	in	Höhle

Dicke Wolken, aber kein Regen.
Von seinen Westgrenzen erreicht das Heer des Prinzen sie an ihrem Versteck (»Höhle«; der Westen war der Ort, wo der Feind sich aufhielt).
Wilhelm versteht diese Linie so, daß der Prinz schießt und den Menschen in der Höhle trifft.

Legge interpretiert, daß ein Pfeil auf einen Vogel in der Höhle abgeschossen wird.

Sechs an sechster Stelle

弗 遇 過 之 飛
nicht treffen zuviel von, es fliegen

鳥 離 之 凶
Vogel trennen, verlassen von, es Unheil

是 謂 災 眚
dies nennen großes Unglück krank

Nicht viel unternehmen.
Der fliegende Vogel macht sich davon. Unheil.
Man kann die Situation »Verwundung und großes Unglück« nennen.

63 既濟 *Chi Chi* — Schon vollendet Nach der Vollendung

Das Urteil

亨 小 利
Gelingen klein Vorteil

貞 初 吉
Ausdauer Anfang Glück

終 亂
schließlich Katastrophe

Genieße das Kleine (oder kleine Erfolge: »Gelingen im Kleinen«). Vorteilhaft ist Ausdauer.
Am Anfang Glück. Am Ende die Katastrophe.

Die Linien

Neun am Anfang (unten)

曳 其 輪 濡 其
bremsen das, sein Rad naß der, sein

尾 无 咎
Schwanz kein Makel

Die Räder bremsen (die Geschwindigkeit drosseln), oder man wird sich den Schwanz naß machen (man wird aufgehalten werden). Kein Makel. (Hier wird angedeutet, daß zu schnelles Vorgehen auf Widerstand stoßen kann.)

Sechs an zweiter Stelle

婦 喪 其 茀 勿
Frau Verlust ihr Schmuck nicht

逐 七 日 得
verfolgen sieben Tag erhalten

Eine Frau verliert ihren Schmuck.
Nicht weiterverfolgen.
In sieben Tagen bekommt sie ihn zurück.
(Mehrere Übersetzer haben das vierte Zeichen als »Vorhang« oder »Wagenvorhang« verstanden und nicht als »Schmuck«.)

Neun an dritter Stelle

高 宗 伐
hoch, glanzvoll Vorfahr Angriff

鬼 方 三 年 克
Teufel Gebiet drei Jahr erobern

之 小 人 勿 用
von, es klein Mensch nicht nutzen

Der König greift das feindliche Gebiet an (»Teufel«).
In drei Jahren wird er es erobern.
Kleine (oder minderwertige/geringe) Menschen sollten nicht dazu hinzugezogen werden.
(»Erlauchter Vorfahr« war ein Herrschertitel.)

Sechs an vierter Stelle

繻 有 衣 袽 終
lecken, Nässe haben Tuch Lumpen ganz

日 戒
Tag wachsam

Wenn es Nässe gibt, soll man einen Lumpen zur Hand haben.
Sei wachsam den ganzen Tag. (Das erste Zeichen ist völlig unterschiedlich übersetzt worden.)
Wilhelm: »Die schönsten Kleider geben Lumpen.«

Neun an fünfter Stelle

東 鄰 殺 牛 不 如
Osten Nachbar schlachten Vieh nicht wie

西 鄰 之 禴 祭
Westen Nachbar von, es gering Opfergabe

實 受 其
wahr erhalten das, sein

福
Belohnung

Der Nachbar im Osten kann ein großes Opfer darbringen (»einen Ochsen schlachten«).
Dies ist nicht besser als das geringe Opfer des Nachbarn im Westen, das wirklich belohnt wird.
(Hier wird angedeutet, daß es nicht die Größe einer Gabe ist, die Lob verdient, sondern die Tatsache, daß sie von Herzen kommt.)

Sechs an sechster Stelle

濡 其 首 厲
naß der, sein Kopf Gefahr

Wenn man sich den Kopf benetzt, gibt es Gefahr.
(Hier wird angedeutet, daß ein Eintauchen des Kopfes in das Wasser gefährlich ist. Damit ist gemeint, daß alles Übertriebene gefährlich ist. Diese Linie wird auch als Warnung aufgefaßt, nicht zurückzublicken, nachdem ein Fluß einmal überquert ist, und nicht wieder ins Wasser zurückzugehen.)

64 未濟 *Wei Chi* — Vor der Vollendung Noch nicht beendet

Das Urteil

亨 小 狐 汔
Gelingen klein Fuchs fast

濟 濡 其
vollendet, beendet naß der, sein

尾 无 攸 利
Schwanz kein weit Vorteil

Gelingen.
Der schlaue Mensch (»kleiner Fuchs«) hat fast sein Ziel erreicht (»fast vollendet«).
Er trifft auf Widerstand (»macht sich den Schwanz naß«). Nichts ist auf Dauer vorteilhaft.

Die Linien

Sechs am Anfang (unten)

濡 其 尾 吝
naß der, sein Schwanz Demütigung

Er macht sich den Schwanz naß. Demütigung.
(Zu dieser Linie gibt es sehr unterschiedliche Deutungen: man dürfe nicht zu schnell gehen; gewarnt seien diejenigen, die nicht genug Erfahrung besäßen; man müsse berücksichtigen, daß die Zeiten unsicher seien.)

Neun an zweiter Stelle

曳 其 輪 貞
bremsen das, sein Rad Ausdauer

吉
Glück

Langsamer werden (»die Räder bremsen«).
Ausdauer bringt Glück.

Sechs an dritter Stelle

未 濟 征 凶
noch nicht vollendet Angriff Unheil

利 涉 大 川
Vorteil überqueren groß Wasser

Wenn man noch nicht vorbereitet (»vollendet«) ist, bringt Angriff Unheil.
Es ist vorteilhaft, das große Wasser zu überqueren (d. h. ein großes Unterfangen zu beginnen).
(Einige Übersetzer haben diese Linie so verstanden, daß man vorwärtsschreiten soll, wenn sich die Möglichkeit bietet. Andere deuten sie so, daß es notwendig ist, innerhalb der eigenen Grenzen zu handeln.)

Neun an vierter Stelle

貞 吉 悔 亡
Ausdauer Glück Reue verschwinden

震 用 伐 鬼
Beben, große Truppe nutzen Angriff Teufel

方 三 年 有 賞 于
Gebiet drei Jahr haben Tribut in

大 國
groß Land

Ausdauer bringt Glück.
Reue schwindet.
Mit einer großen Truppe die Feinde angreifen (»Teufel Gebiet«).
In drei Jahren wird das größere Land Tribut in Empfang nehmen.
(Historisch gesehen war China bei den kriegerischen Auseinandersetzungen das größere Land. Dem Eroberer wurde Tribut gegeben. Daher weissagt diese Linie, daß das größere Land das kleinere in drei Jahren erobert haben wird, wie im Empfang des Tributs angedeutet wird.)

Sechs an fünfter Stelle

貞 吉 无 悔 君子
Ausdauer Glück kein Reue der edle Mensch

之 光 有 孚
von, es Ruhm, Licht haben Aufrichtigkeit

吉
Glück

Ausdauer bringt Glück.
Keine Reue.
Aufrichtigkeit ist der Ruhm des edlen Menschen.
Glück.

Neun an sechster Stelle

有 孚 于 飲 酒 无
haben Vertrauen in trinken Wein kein

咎 濡 其 首 有
Makel naß der, sein Kopf haben

孚 失 是
Vertrauen Verlust Redlichkeit

Wenn man feiert (»Vertrauen in Trinken von Wein«), kein Makel.
Wenn dies allerdings übertrieben wird (»den Kopf naß macht«), verliert man das Vertrauen der anderen und die eigene Redlichkeit. (In den Kommentaren wird auf den Gegensatz zwischen dem vorhergehenden Hexagramm »Schon vollendet« und diesem letzten Hexagramm »Vor der Vollendung« hingewiesen. Das heißt also, daß nichts wirklich zu Ende ist. Die Veränderungen hören nicht auf.)

lesen aus

Teeblättern

Oben: William Sidney Mount (1807–1868), Reste in der Tasse, 1838, Öl auf Leinwand, ca. 107 × 132 cm, New York Historical Society. Offenbar hat die Wahrsagerin in den Teeblättern etwas gesehen, was genau zutrifft, denn ihre elegante Fragestellerin wendet verlegen das Gesicht ab.

Rechts: Klecksbild Nummer 3 aus den zehn standardisierten Bildern des Rorschach-Tests; Farbdruck von Hans Huber; mit freundlicher Genehmigung des Rorschach-Instituts

Lesen aus Teeblättern

Wolkengestalten
Sind nicht vom Himmel geschickt.
Was sie entfalten,
Hab ich in mir selbst erblickt.

Sicherlich hat jeder schon einmal fasziniert den Zug der Wolken beobachtet und in den plastischen Formen Figuren erkannt – und damit, vielleicht ohne es zu wissen, eine jahrhundertealte Methode der Zukunftsdeutung praktiziert. Dabei kann dieselbe Wolkenformation für den einen beispielsweise wie eine Kutsche aussehen, der nächste erkennt in ihr einen Bären, eine Engelschar oder womöglich etwas völlig anderes. Die Bilder sind demnach nicht am Himmel, sondern haben ihren Ursprung im Betrachter. Anfang des 20. Jahrhunderts (1921) wurden verschiedene Tintenkleckse zu einem speziellen Test zusammengestellt, und man ließ Versuchspersonen berichten, was sie in diesen zufälligen Konfigurationen zu erkennen glaubten. Man hat ihre Antworten tabellarisiert, systematisiert und mit den besonderen Persönlichkeitsstrukturen der Betrachter sowie den Ergebnissen des klinischen Verlaufs in Verbindung gesetzt. Dieser Ansatz wurde schließlich formalisiert und Psychiatern als Hilfsmittel für die Aufdeckung von bestimmten Emotionen und Denkmustern der

Patienten zugänglich gemacht. Dieser Test erhielt nach seinem Urheber, dem Schweizer Hermann Rorschach (1884–1922), den Namen Rorschach-Test. Im Grunde ist das Deuten von visuellen Symbolen in zufälligen Mustern, ob es sich nun um Wolken, Pflanzen, Kieselsteine, Sand oder andere Materialien handelt, nichts anderes als eine Art Rorschach-Test.

Dies gilt auch für das Deuten von Tee- oder Kaffeeresten in Tassen. Was wir dort sehen – oder vielmehr zu sehen glauben – spiegelt unseren derzeitigen psychischen Zustand. Häufig erkennen verschiedene Menschen in ein und demselben zufällig entstandenen Muster völlig unterschiedliche Figuren, weil jeder darin genau das wahrnimmt, was ihm gerade wichtig erscheint, auch wenn ihm diese Selektion nicht bewußt ist. Wünsche, Ängste, Vorahnungen, Befürchtungen, Frustrationen, Erlebnisse aus der Vergangenheit können ebenso wie die momentane Stimmung eine Rolle spielen. Die Bilder, die wir sehen, steigen aus unserem eigenen Inneren empor. Für eine objektive Analyse dieser Bildsymbole müßte man einen Psychiater oder Psychologen zu Rate ziehen.

Menschen, die aus Teeblättern lesen, glauben, daß sie die Symbole, die von der betreffenden Person wahrgenommen werden, mit deren Problemen und den daraus resultierenden Erfahrungen in Zusammenhang bringen können. Bis zu diesem Punkt ist das Teeblattorakel mit dem Rorschach-Test noch durchaus vergleichbar. Die Unterschiede werden jedoch deutlich, wenn man feststellt, daß in der Tasseographie, der Wahrsagekunst aus Teeblättern oder Kaffeesatz, ein möglicher wissenschaftlicher Unterbau offenbar unerwünscht ist, denn es existieren keinerlei systematische Studien über die Art und Weise der Assoziationen und deren Zusammenhänge mit der jeweiligen Situation des Fragenden. Völlig voneinander getrennt sind beide Methoden, wenn, wie es beim Teeblattorakel nicht selten geschieht, der Deutende und nicht der Fragende die Bilder findet.

Wenn allerdings der Fragende seine Assoziationen mitteilt, können zuweilen Hinweise zutage treten, die einen Einblick in die psychische und emotionale Verfassung des Betreffenden erlauben. Manchmal werden so seine Hoffnungen und Ängste transparent, was wiederum Rückschlüsse auf Ereignisse zuläßt, die der Fragende für die Zukunft erwartet, oder auf Handlungen, die er denkt ausführen zu müssen. In solchen Momenten kann die betreffende Person durchaus bewußt oder unbewußt weissagen.

Für den Bereich der Tasseographie wurde mit der Zeit ein regelrechtes Lexikon von Symbolen und ihren Bedeutungen zusammengestellt. Die Auflistung der unzähligen möglichen Formen erinnert an die zahlreichen Traumbücher, die sehr ähnlich aufgebaut sind. Hinsichtlich der jeweiligen Deutung ist zu beobachten, daß sich die Symbolik der Tasseographie in vielen Fällen stark von jener der Traumdeutung unterscheidet. Sieht jemand zum Beispiel in den Teeblättern Hunde, dann erwartet man in der Umgebung des Betreffenden zuverlässige Freunde, während die gleichen Tiere in einigen Traumbüchern mit Verrat verbunden werden. Das Bild eines Drachen in einer Teetasse warnt vor Gefahr, verheißt aber gleichzeitig ein gutes Ergebnis. In Traumbüchern steht der Drache gewöhnlich für Reichtum und Fortschritt. Ein galoppierendes Pferd oder ein Pferd mit Reiter verkündet demjenigen, der es in Teeblättern erkennt, bald gute Neuigkeiten. Im Traum interpretiert man dieses Symbol jedoch oft als Geschäftsrisiko; Freudianer sehen darin ein Symbol für Sexualität oder Sexualverkehr speziell. Ein Hase steht in der Tasseographie für die oft mit ihm in Verbindung gebrachte Furchtsamkeit. Traumbücher sehen in diesem Tier die Ankündigung von günstigen Unternehmungen und den Sieg über Feinde. Eine Schildkröte bedeutet falsche Schmeicheleien, während sie im Traumlexikon Glück prophezeit. Das Bild eines Löwen in Teeblättern kündet die Hilfe mächtiger Freunde und günstige Kontakte mit Personen in hohen Positionen an. In der psychiatrischen Traumanalyse steht dasselbe Tier für den Vater oder eine andere Autoritätsfigur.

Eine alte Photographie aus dem 19. Jahrhundert zeigt eine bejahrte Frau, die einer jungen Dame aus Teeblättern die Zukunft deutet.

A. J. Keller

Links: Arthur L. Keller, Frauen beim Tee, um 1890, Wasserfarben auf Papier, ca. 44 × 30 cm, Privatbesitz

Unten: Henri Matisse (1869–1954), Der Tee, 1919, Öl auf Leinwand, 140 × 212 cm, Los Angeles County Museum of Art, Stiftung David L. Loew. Der traditionelle Nachmittagstee ist häufig auch eine Gelegenheit, über ganz persönliche Anliegen zu sprechen.

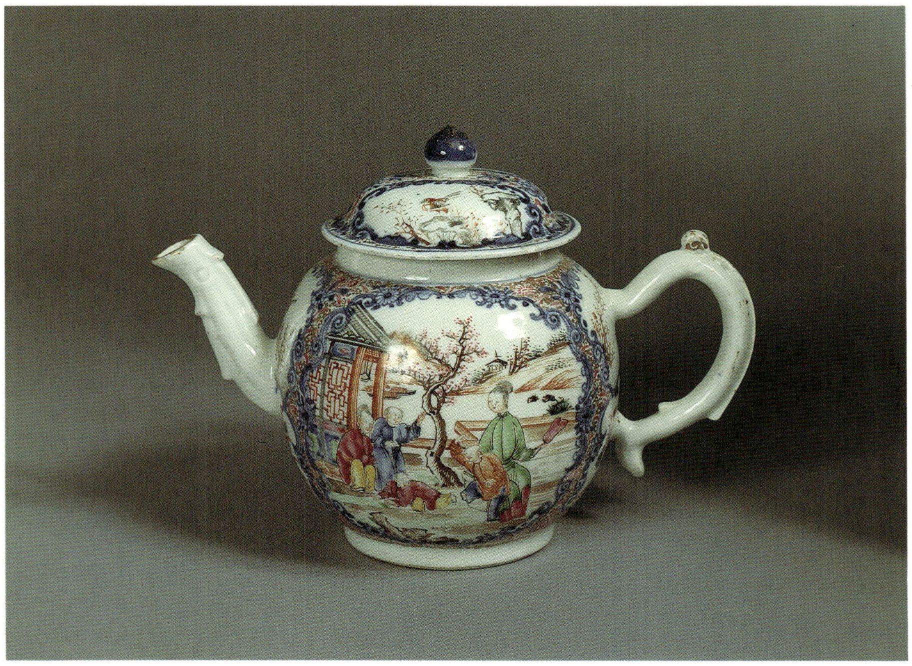

Das Deuten von Teeblättern ist mit diversen Ritualen verbunden, wobei die Teilnehmer Tee kochen und trinken müssen, bevor sie die in der Tasse zurückgebliebenen Reste ansehen dürfen. Dabei wird besonders viel Gewicht auf die einzelnen Gegenstände gelegt, die für den Vorgang benötigt werden. Die abgebildete chinesische Teekanne aus Porzellan stammt aus einem Service, das 1757 nach Mount Vernon geschickt wurde und von George Washington benutzt wurde. Höhe ca. 17 cm, The Mount Vernon Ladies Association Collection

Methode des Teeblattorakels

Für die Divination sollte möglichst nur eine ganz bestimmte Tasse benutzt werden. Es gilt auch zu bedenken, daß die Figuren in allzu fein gebrochenen Teeblättern möglicherweise nicht gut erkennbar sind. Auch das Lesen aus Kaffeesatz erfordert manchmal mehrere Versuche, bis man wirklich deutliche Muster erhält. Die Tasseographie mit Kaffeesatz führt daher oft zu abstrakteren Orakeln, weil die Formen nicht so klar ausgeprägt sind wie bei Teeblättern.

Der Ratsuchende muß sich zunächst von allen störenden Gedanken befreien. Damit er möglichst zuverlässige Informationen über seine Zukunft erhält, bittet ihn der Wahrsager, sich auf eine bestimmte Frage zu konzentrieren. Der Tee wird sofort am Anfang der Sitzung getrunken, wobei ein wenig Flüssigkeit in der Tasse zurückbleiben sollte, damit die Teeblätter sich gut verteilen. Die Tasse wird in der linken Hand gehalten, dreimal geschwenkt, dann umgedreht, damit die restliche Flüssigkeit ablaufen kann, und schließlich wieder aufrecht hingestellt. Wenn die Blätter zu stark gequollen sind, um deutliche Formen ausmachen zu können, sollte der Vorgang mit frischem Tee wiederholt werden. Nach drei vergeblichen Versuchen ist die Sitzung abzubrechen. In diesem Fall entzieht sich die Zukunft jeder Deutung.

»In den Teeblättern steht, daß Sie Versicherungskaufmann werden sollten, aber ich denke, Sie sollten genau das machen, wozu Sie Lust haben.«

Ist die Flüssigkeit abgelaufen, wird sofort mit der Lesung begonnen. Dabei kann die Bedeutung der einzelnen wahrgenommenen Objekte einem Lexikon der traditionellen Symbole entnommen oder intuitiv bestimmt werden. Weltweit stehen insbesondere die Zigeuner in dem Ruf, diese Intuition in hohem Maße zu besitzen und gelten daher als besonders begabte Orakeldeuter. Diese Verknüpfung machen sich in den USA, wo das Lesen aus Teeblättern und Kaffeesatz besonders beliebt ist, viele Besitzer von Tee- und Kaffeelokalen zunutze, indem sie wohlklingende Namen wie »Gypsy Tearoom«, »First Gypsy Teaplace« oder »Authentic Gypsy Tea Tavern« wählen (die dort angestellten Wahrsager sind jedoch selten tatsächlich Angehörige dieser Volksgruppe).

Die Bedeutung des einzelnen Symbols hängt jeweils ab von seiner Deutlichkeit, seiner Position und seiner Umgebung in der Tasse. Liegt ein Muster völlig isoliert, wird dadurch seine Grundbedeutung besonders betont. Ist es allerdings aufgrund des Bodensatzes nur undeutlich zu erkennen, verlagert sich die Bedeutung ins Negative. Ist ein Muster von Punkten umgeben, bekommt die Deutung zusätzliche finanzielle Aspekte. Figuren im oberen Teil der Tasse in der Nähe des Randes haben eine positivere und günstigere Bedeutung als dasselbe Symbol auf dem Grund der Tasse. Außerdem hängt der Wert eines Bildes vom kulturellen Hintergrund und persönlichen Erfahrungshorizont des Fragenden ab: Ein Christ assoziiert mit dem Kreuz vermutlich etwas anderes als ein Muslim oder ein Jude. Jemand, der selbst in einen Verkehrsunfall verwickelt war, verbindet möglicherweise mit dem Bild eines Wagens eher etwas Negatives statt etwas Positives.

Einige Deuter, die mit den Auswertungen des Rorschach-Tests vertraut sind, haben verschiedene allgemeine Grundlagen für die Einschätzung der Persönlichkeit des Fragenden übernommen. Danach ist die Konzentration auf die größten sichtbaren Muster typisch für eine praktische, aber antriebsschwache Persönlichkeit. Die Identifizierung von zahlreichen Bildern überall in der Tasse läßt auf einen aktiven, neugierigen Verstand schließen. Werden sowohl die größten Formen als auch die Einzelheiten beachtet, handelt es sich um eine ausgeglichene Persönlichkeit.

Die folgende Liste mit Symbolen ist aus Abhandlungen über Tasseographie, Deutungen, die auf Zigeuner zurückgehen, und aus Handbüchern über das Wahrsagen zusammengestellt, eine Aufgabe, die durch abweichende Deutungen in der Literatur erschwert wurde. Es steht jedem frei, einzelnen Bildern seine ganz individuelle Bedeutung zuzuweisen.

Tiere

Alligator: Gefahr und Betrug
Biene: Erfolg, Loyalität, Zusammenkommen von Freunden; bei mehreren Bienen Beeinflussung eines Publikums
Drache: Schreckliches steht bevor, doch das Endergebnis ist günstig
Elefant: Beharrlichkeit bringt Erfolg; Weisheit
Ente (auf dem Wasser): Glück
Esel: Treue, Geduld
Fisch: großes Glück, Reise führt über das Wasser
Fledermaus: Täuschung durch Freunde
Frosch oder Kröte: Wichtigtuerei unterlassen
Fuchs: Hinterhältigkeit in der näheren Umgebung
Hase: Ängstlichkeit
Hirsch: Verrat
Huhn oder Hahn: viel Wind um nichts
Hund: zuverlässiger Freund (laufender Hund: erfolgreiches Treffen; liegender Hund: nicht schlecht über einen Freund sprechen)
Katze: übelgesinnter Freund holt zum Schlag aus
Krabbe oder Krebs: ›verwässerte‹ Freundschaften; zurückhaltende Menschen können ›scharfe Zangen‹ haben
Kuh: Trost und Fürsorge
Löwe: Hilfe von mächtigen Freunden; erfolgreiche Unternehmungen stehen bevor
Maus oder Ratte: Raub, Diebstahl; Verlust; Freunde, denen man nicht vertrauen kann
Papagei: Geschwätz und Klatsch
Pfau: Zunahme von materiellen Gütern (radschlagender Pfau: Land oder Immobilien; Pfau, von Punkten umgeben: Geld)
Pferd: Neuigkeiten (laufend, mit Reiter: sehr bald gute Nachrichten; schreitend: Nachrichten lassen auf sich warten)
Schildkröte: Gefahr, sich durch Schmeicheleien täuschen zu lassen
Schlange: Feindseligkeit, Gefahr; Falschheit (am Tassenrand: Überwindung von Täuschung; auf dem Tassenboden: Resignation. Die Schlange ist kenntlich an ihrem Kopf.)
Schmetterling: Freude (von Punkten umgeben: Geldverschwendung)
Schwan: ruhige Zufriedenheit
Schwein: unsicherer Erfolg
Spinne: Schlauheit und Beharrlichkeit
Stier: Aggression und Unsensibilität
Vogel: günstiges Vorzeichen (fliegend: gute Neuigkeiten; ruhend, stehend: ›glückliche Landung‹; die Eule symbolisiert Mißerfolge)
Ziege: versteckte Feinde

Geometrische Formen

Ball: Unsicherheit; Glück oder Pech
Dreieck: Die Bedeutung ist abhängig von der Richtung der Spitze; zum Rand: erfolgreiche Pläne; zum Tassenboden: scheiternde Pläne
Kreis oder Ring: Erfolg, Glück; Ehe
Kreuz: ungünstiges Endergebnis, feindseliger Mensch; drohende Krankheit
Punkt: Geld; meist ein gutes Omen; verleiht anderen Symbolen einen finanziellen Aspekt
Linie oder Straße: eine einzelne Linie: Fortschritt (mit Unterbrechungen, wenn die Linie nicht durchgezogen ist); Straße: Weg in die Zukunft (er kann gewunden oder gerade verlaufen, nähere Aussagen sind abhängig von den Symbolen der Umgebung; Beispiel: Punkte am Weg: finanzieller Fortschritt; Kreuz am Ende: Erwartungen, die sich nicht erfüllen.)
Polygon, Vieleck: Ausgeglichenheit, Balance
Rechteck oder Quadrat: Beschränkungen oder Einengung; Sarg: Tod im Bekanntenkreis oder in der Familie

Buchstaben

Jeder Buchstabe, der wahrgenommen wird, ist der Anfangsbuchstabe des Namens einer Person, die für den Fragenden wichtig ist oder sein wird.

Ziffern

1: Ehrgeiz; Enthusiasmus; Führungskraft
2: Freundschaft; günstige Partnerschaft
3: Aktivität im Bereich der Schriftstellerei, Musik
4: schwere Arbeit; Forschungsprojekt; Schlichten eines Streites
5: wichtige Veränderungen; Unterhaltung
6: Harmonie; gute häusliche Beziehungen
7: geistige Erfahrung; intuitive Entscheidung
8: umsichtige (geschäftliche) Pläne
9: weitsichtige Voraussage; Altruismus

Objekte

Anker: beruflicher, gesellschaftlicher Erfolg; Reisen
Armbanduhr: Angebote – kommerzieller und privater Art
Auster: Reichtum und Freunde
Axt: Probleme, die bewältigt werden müssen
Baum: guter Gesundheitszustand; Pläne werden verwirklicht (zwei Bäume nahe beieinander: enge Beziehung; voneinander entfernt: bevorstehende Trennung; viele Bäume: beste Gesundheit)
Becken (Musikinstrument): gute Neuigkeiten
Berg: hohes Ziel
Bett: Konzentration auf das Geistige (ein klares Bild bedeutet logisches Denken, ein undeutliches verworrene Gedankengänge)
Blätter, Laub: diverse Bedeutungen (fallende Blätter: drohende Krankheit; Farnblatt: eigene Treulosigkeit; Feigenblatt: Verleumdung; Girlande aus Blättern: Ehre; Weinblatt: Wut; mehrere Blätter: günstige Ereignisse; Distel: Warnung vor versteckter Feindseligkeit)
Bleistift: Geschäftsangelegenheit; vorübergehende Einrichtungen
Blume: Erfolg
Boot oder Schiff: Möglichkeit, Probleme abzuwenden
Brief, Umschlag: Neuigkeiten, Informationen
Brotlaib: Schwerpunkt auf materiellen Gütern
Brücke: gute Möglichkeiten liegen vor einem
Brunnen: gutes Omen; Hingabe; Überfluß
Buch: Streit (geöffnet); vergebliche Suche nach Informationen (geschlossen)
Busch: Freunde
Clown: Unterhaltung ohne bestimmten Zweck
Dolch, Messer, Schwert: Gefahr (Spitze zum Tassenrand: Gefahr für die eigene Person; Spitze zum Tassenboden: Gefahr für andere); Voreiligkeit muß bekämpft werden
Drachen (Fluggerät): Spekulation, Vermutung
Dreizack: Erfolg im Geschäftlichen; Reisen
Ei: großes Glück
Eichel: Glück und Gesundheit
Fächer: ein unerklärliches Ereignis wird Belohnung bringen
Feder: Unsicherheit; Mangel an Klarheit
Fee, Engel: Wunsch, Gutes zu tun; unrealistische Erwartungen, aber schließlich Erfüllung
Flagge: Warnung vor bevorstehender Gefahr
Flasche: gesundheitliche Probleme; die Deutung ist abhängig von der Umgebung
Fliege: Problem; Beeinträchtigung
Flügel: wichtige Neuigkeiten
Flugzeug: unerwartete Reise
Früchte: Glück
Füller, Tintenfaß: beunruhigende Nachricht
Garten: Zusammenkunft von Menschen mit angenehmen Absichten
Geldbörse: materieller Gewinn
Gewehr: drohende Feindseligkeit durch die eigene Person oder durch andere
Girlande: Ehre
Glas: Ehrlichkeit und Unbestechlichkeit
Glocke: Neuigkeiten, wichtige Informationen
Gras: Freunde, Leichtigkeit, Ausgeglichenheit, Muße
Hammer: Stärke bei Angriff; Beharrlichkeit bei der Überwindung von Schwierigkeiten; Gefahr der Verunsicherung
Harfe: Friede, Zuneigung
Haus, Gebäude: Sicherheit – häusliche und geschäftliche
Herzform: Liebe und Geld; die Deutung ist abhängig von der Umgebung
Horn (Musikinstrument): Kommunikation
Horn (Tierhorn): Dominieren oder Unterwerfung
Hufeisen: Erbe, Vermächtnis
Hut: neue Möglichkeiten
Joch, Geschirr: Gefahr der Abhängigkeit
Käfig: Gefühl der Einengung; Wunsch, Konventionen zu entfliehen
Kessel, Teekanne, Kaffeekanne: häusliche Ruhe
Kette: Gesetz oder Autorität wird dominieren
Kirche: stärkere Moral; ethische Regeln befolgen
Koffer: Reisevorbereitungen
Kohl: Eifersucht
Krankenschwester: möglicher Krankheitsfall im persönlichen Umkreis
Krone: höchster Erfolg; wertvolle Geschenke
Krug, Vase, Eimer, Topf: Einfluß; Dienst; Großzügigkeit
Lampe, Kerze: Wunsch nach Erleuchtung; Beharrlichkeit bringt Verständnis
Leiter: schrittweiser Fortschritt
Löffel: Bedürfnis nach Geld oder persönlicher Befriedigung
Maschine, Lokomotive: angestaute Energie sucht ein Ventil
Maske: Warnung vor Täuschung
Nadel: Liebesbeziehungen
Nagel: mögliche Ungerechtigkeit
Paket: unerwartetes Ereignis
Pfeife: Befriedigung; unwichtige, aber angenehme Ereignisse
Pfeil: sehr bedeutendes Ereignis, allerdings mit möglicher Gefahr verbunden
Pilz: Ausdehnung; Fortschritt

Im 17. Jahrhundert wurde der erste Tee aus dem Fernen Osten nach Europa gebracht. Wann Teeblätter zum ersten Mal zur Divination benutzt wurden, ist nicht bekannt. Chien Hsuano (1235–1300), Teekenner, Seidenmalerei, Osaka, Municipal Museum

Rad: Erholung nach harter Arbeit oder Krankheit
Rechen: persönliche Angelegenheiten müssen geordnet werden
Säge: drohende Meinungsverschiedenheit, verursacht durch äußere Faktoren
Schere: Meinungsverschiedenheit
Schirm: Hilfe oder Sicherheit wird benötigt (geöffnet: die Sicherheit wird gewährt; geschlossen: weiterhin Unsicherheit)
Schläger (Tennis): Glück für einen Freund; günstiger Ausgang einer Auseinandersetzung
Schloß (Gebäude): Autoritätsgewinn oder Beziehung zu Autoritätspersonen
Schloß (Türschloß): Hindernis
Schlüssel: Einsicht; Erkennen von Bedeutungen und günstigen Gelegenheiten
Schmuck: Aufmerksamkeit (Brosche: Liebesbeziehung; Ohrring: Bedürfnis nach Aufmerksamkeit; Halskette: Bewunderung, die man auf sich zieht)
Sichel: Treue (nur teilweise sichtbar: Gefahr für eine Beziehung)
Spaten, Schaufel: Erfolg nur nach fleißiger Arbeit
Stiefel, Schuh: Geschütztsein vor unerwünschten Ereignissen
Stuhl: Unterbrechung, Ende, Verbesserung der eigenen Position
Stundenglas: Dringlichkeit; die Gegenwart günstig nutzen
Tasse: Introspektion, Zufriedenheit, ruhige Gelassenheit
Teleskop: Beschäftigung mit der Zukunft
Tisch: Zusammenkunft von Menschen, privat oder geschäftlich; die Deutung ist abhängig von der Umgebung
Tor: Möglichkeiten, die vor einem liegen; das Tor ist dabei sowohl ein Eingang als auch ein Ausgang
Trommel: Meinungsverschiedenheit, Verleumdung, Klatsch, Geschwätz
Tür: zur Überwindung des Hindernisses sind bessere Kenntnisse erforderlich
Uhr: unnötige Verzögerung; endgültige Lösung steht bevor
Untertasse: Schulden
Violine: Selbstgenügsamkeit
Vulkan: starke Emotionen, die Gefahren bringen können
Waage: Rechtsstreit; eine faire Entscheidung muß getroffen werden
Wagen: Reisen; Interesse an Eigentum
Wand: Hindernis, aber günstiges Ergebnis
Windmühle: Errungenschaft oder Erfolg durch Anpassungsfähigkeit
Zelt: Liebesbeziehungen mit stürmischen Phasen
Zepter: finanzielle Schwierigkeiten

Körperteile

Auge: Vorsicht ist notwendig
Fuß: Gefahr; Schmerz; Enttäuschung
Gesicht: das eigene oder das eines Bekannten: unsicheres Ergebnis; unbekanntes Gesicht: Glück
Hand: Vorsicht in der Liebe und im Beruf
Nase: Warnung vor Täuschung, Klatsch; Verlust bei Investitionen
Ohr: Geheimnis
Schnurrbart: Mißtrauen, Intrige

Figuren

Baby, Kind, Wiege: kleine Sorgen; jemand wird in die Familie aufgenommen; Liebesbeziehung
Frau: Werbung; Glück
Gehende Person: gutes Geschäft; neue Freundschaft; neue Unternehmungen
Mann: Besucher; jemand, der Geschenke bringt
Meerjungfrau: Unmoral lockt
Reiter oder Wagenlenker: gute Neuigkeiten zu erwarten; ein Ereignis, das mit einer Reise ins Ausland zusammenhängt

Der Himmel

Komet: neue, unerwartete Beziehung
Mond: Liebe (bei Vollmond); Veränderung (bei Halbmond); wenn der Mond bedeckt ist, Hindernisse in der Liebe und in Vermögensangelegenheiten
Sonne: voller Erfolg und Macht
Stern: wechselndes Glück (sechszackig: sehr großes Glück; fünfzackig: günstige, aber unerwartete Entwicklungen; viele Zacken: Erfolg, aber mit Beeinträchtigungen
Wolke: Hindernisse, Zweifel, ungelöste Probleme

Deutungsbeispiel

Die Frage, die der Ratsuchende stellt, lautet: »Werde ich Glück in der Liebe haben?« Die Bilder, die er in den Teeblättern sieht, sind ein L, eine Straße, ein Adler, eine Schlange, ein Schwan, ein Hufeisen, eine schwimmende Ente, ein Baum, ein Mann mit Schild und Schwert und fliegende Vögel.

Der Wahrsager beginnt jetzt mit der Deutung der Symbole. Wenn der Klient dabei ist, eine ganz besondere Liebesbeziehung aufzubauen oder dies erwägt, könnte es sein, daß eine Person, deren Namen mit dem Buchstaben L beginnt, für die Entwicklung der Beziehung wichtig ist, oder daß der Name der geliebten oder verehrten Person mit diesem Buchstaben beginnt. Die Aussichten auf Erfüllung der Wünsche sind sehr gut (Straße, Adler), wobei allerdings mit kleinen Abweichungen vom Ziel zu rechnen ist (die Straße verläuft wellenförmig). Ruhige Zufriedenheit (Schwan) wird eher das Ergebnis sein als feurige Leidenschaft. Das allgemeine Glück (Ente auf dem Wasser) kann sich vielleicht erst später auswirken (Hufeisen). Eine gesunde Beziehung (Baum) ist sehr wahrscheinlich. Allerdings droht von zwei Seiten Gefahr: Es könnte entweder zu einer Täuschung (Schlange) durch das Liebesobjekt selbst kommen, oder es könnte jemand auftreten (der Mann mit dem Schild und dem Schwert), der alles vereitelt, indem er die Aufmerksamkeit der geliebten Person auf sich zieht oder sie sogar verletzt. Dem Ratsuchenden wird dabei allerdings nichts geschehen. Dennoch sind gute Neuigkeiten bereits unterwegs (fliegende Vögel) und werden voraussichtlich sehr bald eintreffen (wenn die Vögel sich näher am Tassenrand befinden als am Tassenboden).

Der Wahrsager kann außerdem eine allgemeine Deutung vornehmen. Da der Ratsuchende nur einzelne klare Bilder beschrieben hat und keine übergreifende Form oder Figur bzw. kein allgemeines Objekt in den Teeblättern erkannt hat (beispielsweise beschrieb eine andere Person, die bei der Lesung anwesend war, ein Gesicht), könnte der Deutende dies so auslegen, daß der Fragesteller sich mehr auf die Teile einer Situation konzentriert als auf die Situation als Ganzes. Der Wahrsager könnte fragen, ob es möglich sei, daß der Ratsuchende zu viel Gewicht auf die erwünschte Romanze selbst legt? Ist er sich wirklich darüber im klaren, was er will? Sucht er nach unmittelbarer Befriedigung? Nach jemandem, der eine bestehende Lücke füllen soll? Oder handelt es sich um einen Menschen, mit dem man einen Monat, ein Jahr oder sogar sein ganzes Leben verbringen möchte?

Verschiedene Personen können in ein und demselben Muster ganz unterschiedliche Bilder erkennen. Darüber hinaus könnte ein anderer Wahrsager bei diesen Mustern unter Zuhilfenahme desselben Lexikons zu einer völlig anderen Deutung gelangen. Die Möglichkeiten sind unbegrenzt.

Die Tasse mit den Teeblättern, die in der oben beschriebenen Lesung benutzt wurde.

Traumdeutung

Traumdeutung

Wer ich auch zu sein vermeine,
Immer bin ich selber bloß.
Mein Traum befreit
Die Wirklichkeit,
Verschlüsselt und doch schonungslos.

Links: Hyman Bloom, Die Erscheinung der Gefahr, 1951, Öl auf Leinwand, ca. 138 × 110 cm, Washington, D.C., The Hirschhorn Museum and Sculpture Garden. Eine Erscheinung ist eine außergewöhnliche Vision im Wachzustand, während ein Traum eine Reihe von Bildern ist, die man im Schlaf sieht. In beiden Fällen werden die Visionen vom Gehirn hervorgerufen.

Ein spezielles Gewand, das von einem Crow-Indianer getragen wurde, um Träume oder Visionen hervorzurufen, die als wichtige Mitteilungen und Symbole angesehen werden. Breite (bei ausgebreiteten Ärmeln) ca. 176 cm. Erworben 1899 von den Crow-Indianern, Montana, durch die Smithsonian Institution, Washington, D.C.

Alle Lebewesen schlafen oder weisen zumindest eine zeitweilige Ruhephase des Bewußtseins und des Bewegungsapparats auf, die dem Zustand ähnelt, den wir als Schlaf bezeichnen. Alle Säugetiere, vor allem die Gattung, zu der sich der Mensch zählt, müssen offenbar früher oder später für kurze oder längere Zeitspannen schlafen (dabei weist jede Spezies ihre eigenen Schlafmuster auf). Warum aber müssen Lebewesen schlafen? Wissenschaftler versuchen seit langem, dieses Phänomen zu ergründen, doch es gibt keine allgemein anerkannte Hypothese, abgesehen von der grundlegenden Annahme, daß die Ausschaltung der physischen Aktivität und des Bewußtseins eine gewisse Wiederaufladung der Kräfte oder vielleicht eine Verarbeitung der erhaltenen Eindrücke ermöglicht.

Untersuchungen über den menschlichen Schlaf haben ergeben, daß Traumphasen manchmal mit sogenannten *Rapid Eye Movements* (REMs; schnelle Augenbewegungen) zusammenfallen. Bei schlafenden Tieren ist man zu ganz ähnlichen Ergebnissen gekommen. REMs sind auch bei Menschen beobachtet worden, die behaupten, niemals zu träumen. Manchmal vergessen wir unsere Träume oder möchten uns lieber nicht an sie erinnern, doch offenbar gehören Träume und Schlaf untrennbar zusammen.

Was die Frage betrifft, warum wir träumen und was unsere Träume uns mitteilen, gibt es seit Menschengedenken unzählige Erklärungsversuche. Wenn wir in

Oben: Frederick Leighton, Flaming June, 1895, Öl auf Leinwand, ca. 121 × 121 cm, Puerto Rico, Museo de Arte de Ponce

Seite 358/359: Illustration zu: »Le Nimi – Jataka«, Burma, 19. Jahrhundert, Gouache auf Papier, Paris, Musée Guimet. In dieser Geschichte aus dem Leben Buddhas wird ein außergewöhnlicher Traum beschrieben.

diesem Kapitel sehr ausführlich auf die Geschichte der Traumdeutung eingehen, so geschieht es deshalb, weil die meisten heute bekannten Systeme sich kaum von denen unterscheiden, die man durch die gesamte Menschheitsgeschichte zurückverfolgen kann. Ein historischer Rückblick kann somit zugleich eine Darstellung moderner Techniken der Traumdeutung sein.

Geschichte der Traumdeutung

Prähistorische Kulturen und Naturvölker

Obwohl wir davon ausgehen, daß auch der prähistorische Mensch geträumt hat, wissen wir natürlich nichts über seine Trauminhalte oder darüber, was er von seinen Traumbildern gehalten hat. Dennoch geben die Sitten und Gebräuche einiger heute noch existierender Kulturen möglicherweise Aufschluß über die Einstellung der frühen Menschen.

In diesen Kulturen unterscheidet man zwischen zwei Traumarten: den Träumen, die für die Gesellschaft von Bedeutung sind, und den Träumen, die für den Träumenden selbst wichtig sind. In beiden Gruppen kann es sich um spontane oder durch besondere Rituale (Fasten, Meditation, bestimmte Nahrungsmittel, Drogen) künstlich hervorgerufene Träume handeln, wobei letzteren eine größere Bedeutung beigemessen wird.

Manchmal spiegeln Träume lediglich die Tätigkeiten des Alltagslebens wider, während andere Trauminhalte mystisch und höchst komplex sind. Im allgemeinen ist man sich der Grenze zwischen der realen Welt und der Welt des Traums bewußt, doch es gibt durchaus Menschen, die beide Welten für gleich wichtig halten. Ein Traum über einen Ehebruch gilt in einigen Kulturen als strafbares Vergehen, das manchmal sogar mit der Entschädigung des gekränkten Gatten geahndet werden muß. Wenn der Schlafende im Traum sieht, wie jemand von einer anderen Person verhext wird, hat er die Pflicht, dies dem potentiellen Opfer mitzuteilen, das daraufhin die Möglichkeit hat, den drohenden Zauber durch Gegenmaßnahmen abzuwehren. Andererseits gibt es aber auch Gemeinschaften, deren Mitglieder ohne irgendwelche Schamgefühle im Traum gegen ethische Prinzipien verstoßen, diese Erfahrungen sogar genießen und versuchen, sie voll auszukosten.

Auch wenn der Geist den Körper während des Schlafs verlassen kann, so muß er doch unbedingt vor dem Aufwachen wieder in den Körper zurückkehren. Oft führt die Reise in die Welt der verstorbenen Ahnen, wo der Träumende möglicherweise von ihnen Ratschläge erhält. Sollte ein Mensch träumen, ihm sei ein großes Unglück zugestoßen oder er sei gestorben, nimmt man an, daß sein Geist dieses Schicksal tatsächlich erlitten hat und daher verloren ist. Nur ein Schamane kann den Geist retten und die Situation wieder in Ordnung bringen. Bei manchen Völkern allerdings können Traumszenen auch das genaue Gegenteil von dem verkünden, was der Schlafende erfährt. Für die Irokesen in Nordamerika kündigen glückliche Träume baldige Traurigkeit an, während Mißgeschicke in Träumen auf gute Neuigkeiten hinweisen. Das Phänomen derartiger Umkehrungen war auch aus Mesopotamien, Griechenland und Rom bekannt.

Im Schlaf kann nicht nur der Geist des Träumenden den Körper verlassen, es können während des Schlafs auch fremde Geister in den Körper eindringen. Steht ein Tier oder Objekt dem Schlafenden derart lebhaft vor Augen, oder läßt es ihm seine Hilfe zukommen, wird es danach für immer zum Totem, Talisman oder Amulett des Träumenden. Der nordamerikanische Stamm der Sioux gibt bösen Geistern die Schuld an Verstößen gegen die Gemeinschaft. Angeblich dringen sie in den Schlaf des Betreffenden ein und veranlassen ihn zu derartig untragbarem Verhalten. Für gewöhnlich ist es jedoch der Schutzgeist des Schlafenden, meist ein verstorbener Ahne, der die Träume beeinflußt und den Betreffenden warnt, ihm Ratschläge erteilt oder ihn heilt.

Ein Teil des Traumwissens früher Kulturen ist heute Gegenstand der Psychotherapie. So glaubten beispielsweise die Huronen in Nordamerika, daß Träume die Wünsche der Seele aufzeigen und durch ihre Enthüllung Befriedigung bringen. Die Kurden in Vorderasien sind der Ansicht, daß ein Mensch, der ein reines Gewissen hat, im Traum durch angenehme Bilder belohnt wird. In einem bestimmten afrikanischen Stamm prophezeit ein Traum, in dem ein Elefant getötet wird, den unmittelbar bevorstehenden Tod des Häuptlings. Man könnte einen derartigen Traum als eine Wunscherfüllung interpretieren.

Die Irokesen und andere Indianerstämme versuchen, unangenehme Bilder loszuwerden, indem sie das, was sie geträumt haben, mit Hilfe von manchmal sehr komplexen Ritualen und Zeremonien nachspielen. Sogar das bloße Berichten der beunruhigenden Traumerfahrung (die meist eindeutig sexueller Art ist) wird als erleichternd empfunden. Schamanen und Medizinmänner ermutigen diese Geständnisse. Man ist sich des therapeutischen Effekts dieser Beichte offenbar völlig bewußt. Dagegen wird in anderen Volksgruppen, etwa bei den Maricopa im Westen der USA, ausdrücklich davor gewarnt, Träume zu verraten, weil eine derartige Preisgabe den Schutzgeist beleidigen und zur Folge haben würde, daß er sich dem Betreffenden nicht mehr mitteilt.

In den meisten traditionsreichen Kulturen der Welt sind Träume von großer Bedeutung. Erlebnisse, die man im Schlaf hat, existieren neben dem Leben im Wachzustand und spielen eine höchst wichtige Rolle für die Ideologie und das Verhalten von Stamm und Individuum.

Der Orient

Sowohl in den Traditionen als auch in den überlieferten Schriften der alten indischen Kultur wurden Träume als wichtiger Teil der Persönlichkeit betrachtet. Der Wirklichkeit dieser Welt, die sich dem Menschen im Wachzustand offenbarte, stand gleichberechtigt eine andere, geistige Wirklichkeit gegenüber, und zwischen beiden lag der Schlaf, in einer mittleren Welt, die für beide Welten offen war und doch zu keiner von ihnen gehörte.

Die Bewußtseinsebenen waren unterschiedlich klassifiziert, je nach Gesellschaft und Religionszugehörigkeit. So

kennen zum Beispiel die Upanishaden, die alten hinduistischen Lehren, vier verschiedene Bewußtseinsebenen. Zum Wachzustand gehörte die Erkenntnis der äußeren Umwelt. Der Traumzustand kennzeichnete das persönliche, geistige Leben, in dem man sein Inneres erkannte. Der Tiefschlaf, in dem Träume fehlen, war eine Integration dieser beiden Erkenntnisebenen. In dieser Phase konnte der Schlafende möglicherweise auch den vierten und höchsten Zustand erreichen, der jenseits aller Erkenntnis lag und in dem er sich mit dem Weltgeist verband.

In der alten indischen Yoga-Tradition setzte sich die menschliche Erfahrung aus sieben Seinsformen zusammen, von denen jede ihre eigene Traumkategorie besaß. Diese Seinsformen mußten durchschritten werden, um die höchste geistige Stufe zu erreichen. In den ersten drei Seinsformen waren die Träume mit körperlichen Bedürfnissen und Wünschen verbunden und spiegelten die Aktivitäten des Tages, handelten von der Astralreise der Seele zu vertrauten und unbekannten Orten und überwanden die Angst vor dem Tod durch Wissen und Verständnis. Die vierte Seinsform enthielt Erkenntnisse und Wahrnehmungen, die mit künstlerischem Schaffen zu tun hatten. Man mußte jedoch der Versuchung widerstehen, sich auf derartige erhabene Aufgaben zu konzentrieren, damit der Geist nicht verleitet wurde, dort zu bleiben und seine geistige Reise zu unterbrechen. Im fünften Körper hatten die Träume ihren Ursprung, und die Person betrat erstmals den Bereich der Universalität, wo die großen Mythen geschaffen und erlebt wurden. In den Träumen der nächsthöheren, sechsten Ebene entstanden die Religionen und wesentlichen Philosophien. Wenn der Geist schließlich den siebten Bereich, das Nirvana, erreichte, gab es keine Gedanken oder Gefühle, keine Bejahung oder Verneinung mehr. Hier herrschte der Traum des Nichtseins. Er war rein geistig und immerwährend.

Alle Traumarten wurden in Indien und in den verwandten Kulturen als Bestandteil des Bewußtseins gesehen; daher glaubte man, daß Wahrnehmungsvermögen und Erkenntnis während des Träumens bestehen blieben. Außerdem war die Seele auf ihrer Reise durch die verschiedenen Bewußtseinsebenen und über die Beschränkungen des physischen Körpers hinaus in der Lage, in die Zukunft zu blicken. Die Kommunikation mit der mystischen Welt des Geistes brachte den Trauminhalt hervor, doch die eigentlichen Bilder konnten entweder aus der nüchternen Alltagswelt oder aus universellen geistigen Verbindungen entwickelt werden. Man glaubte an telepathische Einflüsse von einer Person zur anderen und an die Seelenreise während des Schlafs.

Träume konnten somit die Vergangenheit und Zukunft enthüllen, die charakteristischen Eigenheiten des Träumenden erhellen und die Forderungen des Bewußtseins ausdrücken. Es wurde erwartet, daß ein Mensch selbst versuchte, die Bedeutung seiner Traumbilder zu entschlüsseln. Trotzdem gab es unzählige professionelle Traumdeuter. Über Jahrtausende wurden Traumsymbole in sogenannten Traumbüchern zusammengetragen.

In China war man bestrebt, durch genaue Untersuchung der Traumbilder herauszufinden, was der Träumende dachte und wie er sich in seinem Leben verhalten sollte. Man erkannte darin offenbar eine Art ›unbewußten Geist‹. Die Tendenz, alle Phänomene der Natur und alle menschlichen Aktivitäten zu kategorisieren, führte dazu, daß auch Traumbilder in Kategorien eingeordnet wurden. Da die Zahl 5 im chinesischen Weltbild eine besondere Stellung einnimmt und immer wieder als Gliederungseinheit dient, wurden auch Träume in fünf verschiedene Typen unterteilt: gewöhnliche Träume, beschauliche Träume, Tagträume, freudige Träume und Angstträume. Im Buddhismus, der seine Wurzeln in Indien hatte und in China seine Blütezeit erlebte, wurde dem historischen Buddha durch fünf Träume angezeigt, daß er seine Mission ausführen und der Welt Erleuchtung bringen sollte.

Trotzdem beschäftigte die Frage, was ein Traum überhaupt sei, die Philosophen immer wieder. Im 4. Jahrhundert v. Chr. faßte Chuang Tzu, ein Schüler von Lao Tse, dem Begründer des Taoismus, das Problem in Worte: Könnte es nicht sein, daß wir in dem Leben, was wir für das wirkliche halten, nur träumen, um dann in einem neuen Leben zu erwachen? Während er träumte, er sei ein Schmetterling, war Chuang Tzu sich nicht bewußt, irgend etwas anderes zu sein, doch als er wieder erwachte, fragte er sich, was er nun wirklich sei. War er ein Mensch, der geträumt hatte, er sei ein Schmetterling? Oder war er vielleicht in Wirklichkeit ein Schmetterling, der gerade träumte, ein Mensch zu sein?

In Ägypten nahm man an, daß die menschliche Seele aus zwei Komponenten bestand. Der lebensspendende Funke, der den Körper beseelt, verläßt diese Hülle im Tod und führt ein Geisterdasein, während der ewige Geist, der allgegenwärtig ist, auch noch über dem Körper schwebt, wenn dieser stirbt, und den Menschen ins Jenseits begleitet. Auch in China war die Vorstellung von einer mit dem Körper verbundenen stofflichen Seele verbreitet, die physische Funktionen kontrollierte, aber dann gemeinsam mit dem Körper starb. Eine zweite, geistige Seele *(hun)* hatte jedoch die Möglichkeit, den Körper während des Schlafs zu verlassen und auch nach dem Tode noch weiterzuleben.

Nach chinesischer Auffassung konnte die Traumdeutung von astrologischen Konfigurationen während des Traums beeinflußt werden, aber auch von der körperlichen und geistigen Verfassung des Schlafenden, der Tageszeit, der Jahreszeit und der geographischen Position des Träumenden sowie des Traumdeuters. Darüber hinaus schätzte man den Tempelschlaf (Inkubation), der an einem heiligen Ort stattfand und mit bestimmten Riten vorbereitet wurde. Offenbar war es im späten Mittelalter (Ming-Dynastie) üblich, daß Beamte sich nach den Träumen richteten, die sie hatten, wenn sie an heiligen Stätten schliefen, um sich dort im Traum Rat zu holen, wie sie im Leben handeln sollten. Auch das einfache Volk hat vermutlich auf diese Weise Rat gesucht.

Mesopotamien

Im antiken Mesopotamien (in Babylon, Assyrien und anderen Königreichen) war Traumdeutung ebenfalls anerkannt, und besonders begabte Traumdeuter genossen auch hier offenbar großes Ansehen.

Man glaubte, daß die Fülle normalerweise unsichtbarer Geister im Traum sichtbar würde und man dadurch Hilfe für das Verständnis von ansonsten unverständlichen Zusammenhängen und Ereignissen erhalte. Erst durch Träume war es möglich, einen Platz im allesumfassenden kosmischen System zu erhalten. Astrologische Omen galten fast ausschließlich für die königliche Dynastie, bedeutende Persönlichkeiten und besonders wichtige Ereignisse. Da aber Träume auch von allen anderen Menschen erlebt wurden, hatten sie für jeden eine eigene Bedeutung. Die Traumbilder, die man sah, galten als kausale Verknüpfungen mit der Zukunft und als Botschaften der umgebenden Geister und Gottheiten. Alle Träume wurden im Grunde als das verstanden, was man heute als ›übersinnlich‹ bezeichnen würde.

Eine Traumkategorie, von der die Kommentatoren aus Mesopotamien berichten, bilden jene Träume, in denen die Götter sich dem Menschen mitteilten. In diesen Träumen taten die Götter ihren Willen und ihre Wünsche kund oder gaben Anweisungen für besonders wichtige Fragen, etwa die Instandsetzung eines Tempels oder die Teilnahme an einer speziellen Zeremonie zu Ehren des Gottes. Essentielle Botschaften in Träumen dienten gewöhnlich dazu, glückliche Ereignisse anzukündigen oder den Schlafenden vor möglichem Fehlverhalten zu warnen. Der göttliche Rat konnte dabei in Symbolen verborgen sein, die gedeutet werden mußten. Von ungünstigen Visionen nahm man an, sie seien von Dämonen verursacht worden, doch lieferten sie manchmal durchaus Hinweise oder sogar genaue Instruktionen, wie ein unangenehmes Ereignis abgewehrt werden oder auf welche Weise man böse Geister austreiben konnte. Der Glaube an diese Phänomene entsprach dem der frühen christlichen Autoren, die überzeugt waren, böse Träume würden vom Teufel geschickt. Eine zweite Traumkategorie war eher prosaischer Natur, doch auch diese Träume wurden auf das Einwirken von Geistern zurückgeführt.

Träume, so nahm man an, würden durch verschiedene Faktoren hervorgerufen. Sie konnten aktiv gesucht oder sogar bestellt werden, aber auch ganz spontan erfolgen. Man konnte beispielsweise in einem dem Traumgott geweihten Tempel schlafen, nachdem man um einen guten Traum gebetet hatte. Man konnte Makhir, den Gott der Träume, um eine Traumvision bitten. Es ist sogar ein Fall bekannt, in dem ein Herrscher einem Priester befahl, von der Zukunft des Königshauses zu träumen. In den meisten Fällen stellten sich Träume allerdings ganz spontan ein, manchmal direkt und unverblümt, meist jedoch in derart verschlüsselter Form, daß Experten zur Interpretation herangezogen werden mußten. Priester waren dabei die zuverlässigsten Deuter.

Es gab drei Arten von Priestern, von denen die *baru*, die Seher und Weissager, die wichtigsten waren. Doch auch diverse selbsternannte Magier (bei den Sumerern als *ensi* bekannt) und Wahrsager – darunter viele Frauen – verdienten sich mit dem Deuten von Traumsymbolen und -bildern und Traumereignissen ihren Lebensunterhalt. Die Erklärungen, die ein Priester oder weltlicher Deuter dem Träumenden gab, bewirkten häufig bereits eine spürbare Erleichterung der Angst und befähigten den Klienten, sich aus eigener Kraft von der Schwierigkeit zu befreien, die sich ihm im Traum offenbart hatte – ein Vorgang, der durchaus an die moderne Traumdeutung im Sinne Freuds denken läßt.

Ein Großteil unseres Wissens von den alten babylonischen und assyrischen Kulturen stammt von den erst in diesem Jahrhundert entdeckten Tontafeln aus der Bibliothek des assyrischen Königs Assurbanipal, der im 7. Jahrhundert v. Chr. regierte. Die Zusammenfassungen von Träumen und deren Deutungen, die auf einigen Tafeln erscheinen, gehen jedoch noch sehr viel weiter zurück und reichen offenbar bis in die Zeit um 5000 v. Chr. Einzelne Symbole wurden mit der Zukunft in Zusammenhang gebracht. Die zahlreichen detailliert beschriebenen Einzelheiten sind sorgfältig auf ihre mögliche Bedeutung hin untersucht worden. Ein Traum, in dem jemand die Verstorbenen besuchte, bedeutete eine Verkürzung des eigenen Lebens. Wenn man jedoch davon träumte, die Statue eines Gottes instand zu setzen, bedeutete dies Altern, was möglicherweise als Hinweis auf ein langes Leben des Träumenden zu verstehen war. Fielen einem im Traum Zähne aus oder wurden sie gezogen, kündigte sich eine Krankheit an; ein urinierender Hund im Traum war ein schlechtes Omen; Feuer verhieß Unheil. Allerdings wurde es als gutes Zeichen angesehen, wenn man im Traum Exkremente aß, und ein Traum, in dem Fische vorkamen, wurde mit Stärke in Verbindung gebracht. Die Deutung der Trauminhalte ist dabei natürlich in hohem Maße von den kulturellen Symbolen der jeweiligen Gesellschaft geprägt.

Die Legenden und Mythen des alten Mesopotamien waren überreich an bedeutungsvollen Träumen. Dem sumerischen Halbgott Gilgamesch aus dem archetypischen Heldenepos wurde in drei Träumen, die seine Mutter, eine Priesterin des Sonnengottes, für ihn deutete, Erfolg prophezeit. Die große Flut (die der Sintflut von Noahs Zeit vorausging) wurde im Traum von Utu-napishtim, dem weisen Greis, vorausgesagt. Der sumerische König Gudea aus der Zeit um 2500 v. Chr. errichtete aufgrund eines Traums, in dem ihm der Wunsch des Himmels offenbart worden war, einen riesigen Tempel in Ur. Im 7. Jahrhundert v. Chr. führte König Assurbanipal eine Schlacht fort, weil ihn die Göttin Ischtar im Traum dazu aufgefordert hatte. Die Göttin versicherte dem König, seine Stärke und Entschlossenheit würden ihn nicht verlassen. Der Traum wurde den Truppen mitgeteilt, um sie zum Sieg anzuspornen.

Ägypten

Die Traumlehre im pharaonischen Ägypten erinnert in vielen Punkten an die Mesopotamiens. Einige Forscher haben allerdings aus der biblischen Geschichte von Joseph, der mesopotamisch-hebräischer Herkunft war, geschlossen, daß die Traumdeuter aus Mesopotamien als die überlegeneren angesehen wurden. Wenn der Pharao seine ihn beunruhigenden Träume ernst nahm und eine Interpretation ihres Symbolgehalts wünschte, so deutet dies jedoch auf eine generelle Akzeptanz von Traumwahrheiten auch in Ägypten.

Wie in Babylon wurden viele Träume durch bestimmte Rituale und Beschwörungen hervorgerufen. Man war der Meinung, daß es neben der alltäglichen Welt eine andere Welt gab, in der Götter und Dämonen lebten und die nur im Schlaf wahrgenommen werden konnte, wenn eine gesteigerte Sensibilität den Schlafenden dazu befähigte, Mitteilungen von den Göttern zu erkennen und zu empfangen. Um unangenehme Bilder fernzuhalten und günstige hervorzurufen, wurden komplizierte magische Verfahren angewandt, man legte etwa

Jakobs Traum von der Himmelsleiter, Illustration im Psalter Ludwigs des Heiligen, 1256, Miniatur auf Pergament, Paris, Bibliothèque Nationale. Jakob träumte von einer Himmelsleiter, auf der Engel auf- und niederstiegen – er deutete den Traum so, daß ihm Gott den Betrug an seinem Bruder Esau vergeben hatte.

geschriebene Worte und Sprichwörter in ein totes Tier oder an eine ganz besondere Stelle im Boden. Traumdeutungen konzentrierten sich in der Hauptsache auf zukünftige Ereignisse, Ratschläge und Warnungen – wie in Babylon und Assyrien – und weniger auf den Charakter des Schlafenden selbst. Wenn natürlich der Träumende sich von den Göttern Aufschluß über seine Zukunft erbeten hatte, etwa wie er eine Schwierigkeit überwinden oder sich einen besonderen Wunsch erfüllen konnte, deckte er damit in gewisser Weise psychische Konflikte auf.

Es gibt zahlreiche Beispiele für Botschaften der Götter im Traum. Plutarch berichtet, die Götter hätten den Pharao Ptolemaios Soter angewiesen, ein monumentales Standbild an seinen angemessenen Platz in Alexandria zurückzubringen. Thutmosis IV. wurde die Königswürde versprochen, wenn er den Sand entfernte, der die Sphinx bedeckte. Träume konnten allerdings auch metaphorisch sein. Die Seher deuteten das Auftauchen von zwei Schlangen in einem Traum von Tanutamun als Prophezeiung, daß er eines Tages der Herrscher von Ober- und Unterägypten sein würde.

Heilträume (Träume, durch die Heilungsprozesse in Gang gesetzt werden) waren die Vorläufer der griechischen Inkubationsbehandlung in Asklepios-Tempeln. Imhotep, der angebliche Erbauer der Pyramiden von Sakkara, wurde später zum Gott erhoben (und dann durch den griechischen Gott Asklepios ersetzt) und erschien in Träumen, um Krankheiten zu heilen. Traumheilungen fanden auch in den Tempeln der Isis in Philä, bei den Orakeln in Theben und an anderen heiligen Orten statt.

In den überlieferten ägyptischen Papyri sind Hunderte von Träumen beschrieben. Besonders aufschlußreich für die Wissenschaft war der Chester Beatty Papyrus, der sich heute im British Museum in London befindet. Offenbar wurden Träume jedoch nicht systematisch geordnet, wie dies etwa in Mesopotamien oder später in Griechenland der Fall war. Die meisten aufgezeichneten Traumdeutungen scheinen sich auf das Königshaus bezogen zu haben, doch wurde eingeräumt, daß jeder Mensch zu träumen imstande sei. Soweit wir wissen, gab es offenbar keine direkten Traumenzyklopädien, dafür aber Standardinterpretationen von bestimmten Traumbildern. Ein Traum, in dem man Holz sägte, konnte den Tod von Feinden bedeuten; fielen einem im Traum Zähne aus, prophezeite dies einen Sterbefall in der Familie; träumte man von einem Gesäß, kündigte dies den unmittelbaren Tod eines Elternteils an.

Obwohl es in der mesopotamischen und der ägyptischen Traumlehre zahlreiche Entsprechungen gab, existierten auch beträchtliche Unterschiede bei der Interpretation einzelner Symbole. So wurde beispielsweise in der ägyptischen Begräbniszeremonie von einem Priester am Toten das Ritual der symbolischen Mundöffnung zelebriert, damit der Lebensgeist hinein- oder hinausschlüpfen konnte, als sei dies der erste Schritt für ein Erwachen in einem neuen Leben nach dem Tode. Aus diesem Grund hatten Tote im Traum eine eher positive Bedeutung, sie konnten sogar Glück und ein langes Leben ankündigen. Sexueller Verkehr mit der eigenen Mutter spiegelte in gewisser Weise das Verhalten der Götter und die empfohlene Geschwisterehe der Pharaonen wider. Im Traum wurden derartige Situationen daher positiv als Loyalität der Verwandtschaft ausgelegt, während Inzestmotive in Mesopotamien ein äußerst negatives Vorzeichen darstellten.

Bestimmte allgemein anerkannte Bilder und verbale Ratschläge in Träumen waren derart unmißverständlich, daß sie der Träumende ohne fremde Hilfe verstehen konnte, doch oftmals waren die Visionen ebenso verwirrend wie verschlüsselt, und wie in vielen anderen Kulturen mußten daher spezielle Traumdeuter hinzugezogen werden.

Die Hebräer

Die Hebräer, deren Geschichte mit der Ägyptens und Mesopotamiens verknüpft war, hatten ein ähnliches Verständnis von Träumen wie ihre Herrscher. Einige Träume waren von Gott geschickt und gut. Andere dagegen waren von bösen Geistern verursacht und daher schlecht. Im Traum tat Gott seinen Willen durch Engel oder Stimmen kund, sprach Warnungen aus und heilte die Kranken und Bedrückten. Ebenso wie in der Traumlehre Mesopotamiens und Ägyptens unterschieden die Kommentatoren im Talmud zwischen Visionen einer Gottheit (den bedeutsamen Wahrträumen) und sogenannten bösen Träumen (den bedeutungslosen und falschen Träumen).

Es gab jedoch Merkmale, die für die monotheistischen Hebräer typisch waren. Da sie sich als Volk dazu auserwählt sahen, Gottes Wort zu verkünden, waren sie davon überzeugt, daß Jehova sich ihnen deutlicher offenbarte. Auch andere schienen dieser Meinung zu sein, denn in der Bibel werden Juden als besonders zuverlässige Traumdeuter angesehen. Es ist darauf hingewiesen worden, daß die Träume, von denen die Hebräer berichteten, relativ direkte Mitteilungen ihres Gottes waren, während die meisten Träume von Nicht-Juden im Alten Testament verschlüsselt sind.

Trotzdem wurden nicht alle Träume von Juden genau verstanden, denn es gab viele Wahrsager in Jerusalem und anderen Teilen Palästinas. Ein Talmudist aus der späthellenistischen Zeit schrieb sogar die Deutungen seines eigenen Traums auf, den er von 22 verschiedenen Traumdeutern hatte interpretieren lassen. Um denen entgegenzuwirken, die nicht den einen wahren Gott Jehova, sondern andere Götter anbeteten, hatte man die frommen und echten Propheten. Jeremias schimpfte auf die falschen Deuter von Träumen, die nicht von Gott gesandt waren. Die Bibel enthält Passagen, die Traumdeuter verdammen, die Fehlinterpretationen machen oder falsche Träume zitieren und vorgeben, Prophezeiungen machen zu können, um die Kinder Israels dazu zu verleiten, Götzen anzubeten oder andere Götter neben Jehova zu verehren.

Die meisten Träume, über die in der Bibel berichtet wird, enthalten Ratschläge, Versprechen und Warnungen von Gott oder seinen Botenengeln. So waren im Leben Jakobs zwei Träume besonders wichtig. Auf seiner Flucht aus Kanaan, wo er fälschlicherweise vorgegeben hatte, sein Bruder Esau zu sein, um Isaaks Segen zu erhalten (Gen 27), träumte er von einer Himmelsleiter, auf der Engel auf- und abstiegen (Gen 28). Jakob glaubte, das Erscheinen Gottes sei ein Zeichen für die Absolution seiner Sünde. Im zweiten Traum, als er noch verstört durch seine Schuld war, kämpfte Jakob mit einem Engel in Menschengestalt, den er schließlich besiegte (Gen 32).

Jehova teilte ihm daraufhin mit, daß er sich fortan Israel (Gottesstreiter) nennen solle, »denn mit Gott und Menschen hast du gestritten und hast gewonnen« (Gen 32, 29). Diese Vision ist unter anderem als ein Kampf ausgelegt worden, den Jakob mit sich selbst führte – sein gutes Ich stritt gegen sein schlechtes Ich –, als eine ›Bewältigung‹ seiner früheren Vergehen. Aufgrund dieses Traums konnte Jakob später wieder vor Esau treten, jedoch nicht voll Angst, sondern voll Reue.

Die wohl bekanntesten Träume des Alten Testaments betreffen Joseph, den jüngsten Sohn Jakobs. Als Jüngling hatte er einen Traum, in dem sich die Garben, die seine Brüder gebunden hatten, vor den seinen verbeugten, und in dem sich Sonne, Mond und Sterne ebenfalls vor ihm verneigten (Gen 37, 2–12). Er schien offenbar die Bedeutung des Traums nicht zu verstehen, bis Jakob ihn zurechtwies, daß er sich in eine Position geträumt hatte, die über der seines Vaters, seiner Mutter und seiner Brüder stand. Man hat dieses Traumgeschehen als Darstellung von Josephs eigener Sicht seiner selbst verstanden: Bewußt oder unbewußt sah er sich offenbar als jemand, dem Gott eine Vormachtstellung zugedacht hatte. Die weiteren berühmten Träume in der Josephsgeschichte wurden von anderen geträumt – vom Bäcker, vom Mundschenk und vom Pharao – und von Joseph als Prophezeiungen gedeutet. Besonders die wiederholte Vision von den sieben mageren Kühen, welche die fetten Kühe fraßen, und ähnliche Situationen wurden als Vorankündigung von sieben Jahren des Überflusses, denen sieben Hungerjahre folgten, interpretiert (Gen 41, 1–36). Einige Gelehrte haben sich gefragt, ob nicht vielleicht der Pharao selbst dieselben sorgenvollen Erwartungen für die Zukunft hegte, die Bedeutung des Traums aber nicht erkennen konnte, bis ihn Joseph gedeutet hatte. Die Unfähigkeit des Träumenden, die Bedeutung seiner Traumsymbole zu erkennen, ist nach Angaben der modernen psychoanalytischen Lehren ein häufiges Phänomen.

Träume von Jehova wurden nicht allen geschenkt. Sogar ein mächtiger König wie Saul war nicht in der Lage, sich einen

Links: Auf der ägyptischen Grabstele symbolisiert der Jabiru, ein Storchenvogel, den geistigen Teil eines Menschen, der im Traum frei wird und noch nach dem Tode existiert. Ägypten, 3. Jahrhundert v. Chr., Kopenhagen, Ny Carlsberg Glyptothek

Diese Miniatur aus einer Handschrift mit Texten des kappadokischen Theologen Gregorios von Nazianz (um 329/330–um 390) zeigt im mittleren Bildfeld den Traum Jakobs, in dem er mit dem Engel kämpft. Darüber ist die Opferung Isaaks, darunter die Salbung Davids dargestellt. London, The Courtauld Institute

prophetischen, ratgebenden Traum von Gott zu erbitten. Job (Hiob) dagegen hatte so viele angsterfüllte, erschreckende Alpträume, daß er den Herrn bat, ihm die Bilder zu ersparen (Job 7, 12–16). Viele Visionen der Propheten waren Ankündigungen von Unheil, doch es gab auch Träume, die glückliche Ereignisse verhießen.

Der wohl aktivste Weissager und Traumdeuter in der Bibel war sicherlich Daniel. Die Einzelheiten, mit denen die Geschichten seiner Deutung von Nebukadnezzars Alpträumen wiedergegeben sind, die Erklärung der geheimnisvollen Schrift an der Wand, die er dem König Belschazzar gab, und sein Überleben in der Löwengrube zeugen von seiner hohen Stellung und dem Ruhm, den er an den Höfen seiner babylonischen und persischen Herren genoß. Besonders eindrucksvoll war seine Fähigkeit, Nebukadnezzar dazu zu bewegen, sich wieder an den Traum zu erinnern, in dem eine riesige Bildsäule zerstört wurde. Der Traum hatte den König sehr verstört, weshalb er ihn wohl zum größten Teil wieder vergessen hatte (Dan 2, 27–49). Daniel erklärte, daß dieser Traum die Herausforderung und teilweise Zerstörung des Babylonischen Reiches in vier einzelne Königreiche symbolisiere. Man hat den Stein, der die Bildsäule zerstörte, mit der späteren christlichen Kirche oder auch mit der Kraft Gottes gleichgesetzt. Besonders wichtig für Nebukadnezzars geistiges Wohlergehen war ein Traum, in dem er einen großen Baum sah, der seine Blätter und Früchte verlor und dessen Stamm zerhackt wurde, so daß nur noch der Baumstumpf übrigblieb (Dan 3, 98–4, 34). Daniels Prophezeiung, wonach der König den Verstand verlieren werde und nur dann wieder geheilt werden könne, wenn er sich bereit erklärte, fortan den einen Gott anzuerkennen, bewahrheitete sich.

Daniel selbst hatte ebenfalls Träume, die auf verschiedenste Weise interpretiert wurden. Sein Traum von den vier Tieren, die von einem Menschen besiegt wurden (Dan 7, 1–28), hat angeblich den späteren Messias vorhergesagt. In einem weiteren Traum erschien Daniel der Erzengel Gabriel, um ihm

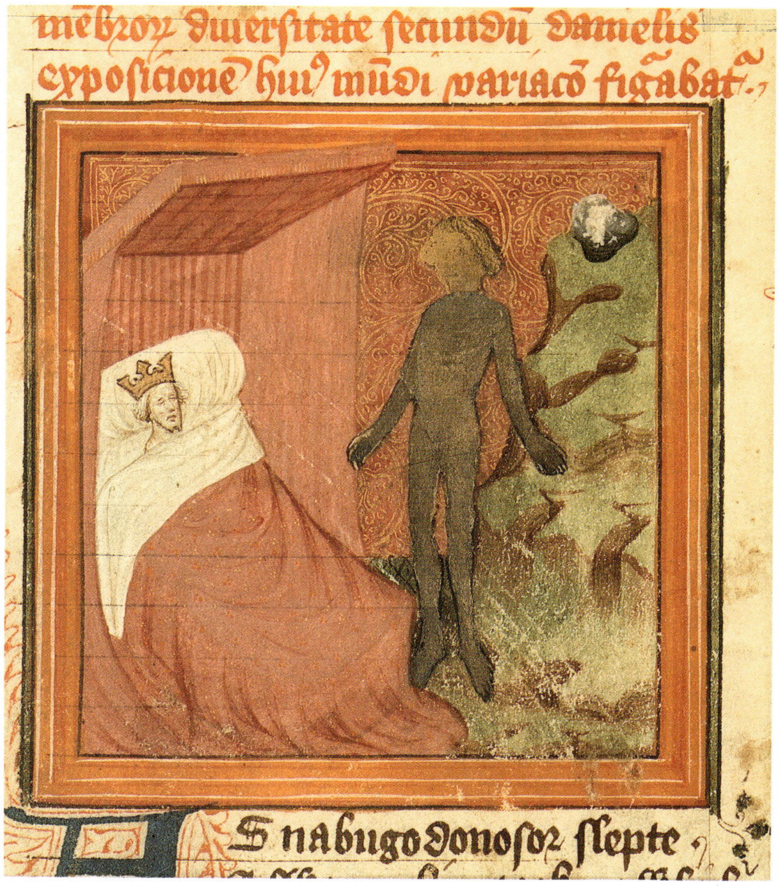

Oben: Nebukadnezzars Traum von der Zerstörung der Bildsäule wird von Daniel als Ankündigung der baldigen Zerstörung des Babylonischen Reiches gedeutet. Oxford, The Bodleian Library

Rechts: John Martin, Das Fest des Belschazzar, 1820, Öl auf Leinwand, 152,5 × 249 cm. New Haven, Yale Center for British Art. Daniel deutet die Schrift auf der Wand als Ankündigung des baldigen Endes von Belschazzar und der anschließenden Teilung des Reiches.

Unten: Karl der Große (reg. 768–814), dessen Reich die Grundlage des Heiligen Römischen Reiches wurde, ließ sich regelmäßig von Traumdeutern seine Träume erklären. Paris, Bibliothèque Nationale

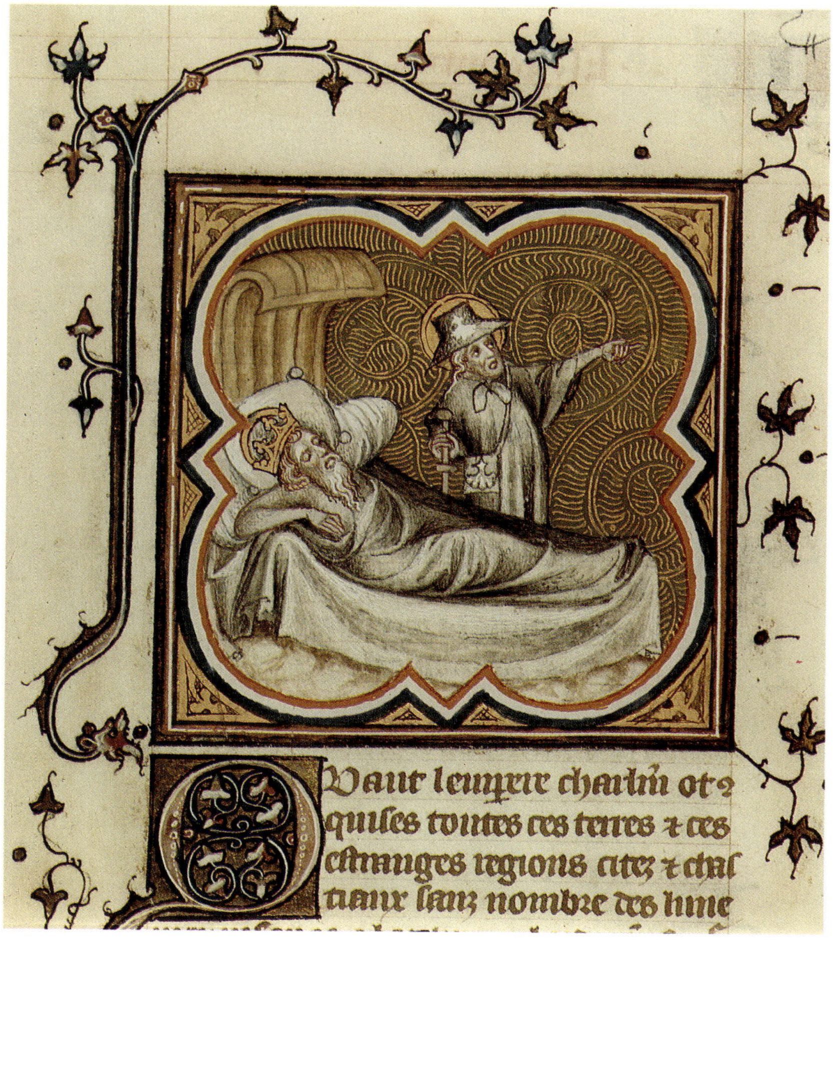

eine Zeit anzukündigen, in der ein Messias kommen werde, um das jüdische Volk zu rächen und Jerusalem wieder aufzubauen. Der Engel warnte auch vor dem Tag des Jüngsten Gerichts. Alle Prophezeiungen Daniels basierten auf seinem Glauben an die Vorherrschaft Jehovas, der sogar die Mächtigsten stürzen, die Niedrigsten erheben und die Frommen vor Schaden bewahren konnte.

Obwohl die Menschen in Mesopotamien, Ägypten und Palästina glaubten, daß die meisten Visionen im Schlaf durch übernatürliche Kräfte verursacht würden, gibt es auch einige Berichte über ›natürliche‹ oder gewöhnliche Träume. Jesaja beispielsweise spricht von der Befriedigung natürlicher Bedürfnisse, wenn ein hungriger oder durstiger Mensch davon träumt, zu essen oder seinen Durst zu stillen. Im Buch Jesus Sirach (Ekklesiastikus) wird berichtet, wie Träume aus alltäglichen Tätigkeiten hervorgehen. Sexuelle Erlebnisse im Traum, dazu gehören auch die erotischen Visionen von Inkubus- und Sukkubus-Dämonen, wurden von den Hebräern offenbar nicht für sündhaft gehalten, eine Haltung, die sicherlich dem Konzept Freuds von unbewußten sexuellen Trieben entspricht.

Kopf des Hypnos, Ägypten (Fundort), 3.–1. Jahrhundert v. Chr., London, The British Museum. Hypnos war der griechische Gott des Schlafs und der Zwillingsbruder des Todes.

Griechenland und Rom

Wahrscheinlich waren es griechische Philosophen und Gelehrte, die erstmals systematisch versuchten, den Traumvorgang zu verstehen, ohne sich dabei mit rein religiösen Erklärungen zufriedenzugeben. Dennoch waren einige ihrer Ansätze nach unseren Maßstäben recht mythisch. Die Existenz der menschlichen Seele wurde nicht angezweifelt, und das Vorhandensein eines kosmischen Weltgeists war ein Dogma, das nicht in Frage gestellt wurde. Man glaubte außerdem, daß die Seele durch den Körper kontrolliert würde, im Schlaf allerdings war die Seele befreit und vermochte sich auszudrücken.

Träume hielt man für Mitteilungen der Götter oder Botschaften der Seele oder sah darin den Ausdruck von Störungen im Inneren des Körpers. Berichte von Träumen und darin enthaltenen Weissagungen wurden gesammelt und aufgeschrieben, um als Interpretationshilfe von Traumbildern zu dienen. Die prophetische Natur von Träumen kann als allgemein anerkannt gelten, wenn auch beispielsweise die Epikureer Träume nur auf leibliche Phänomene zurückführten.

Die einflußreichen Epen Homers (um 800 v. Chr.) und die Gedichte Hesiods (um 700 v. Chr.) geben einen Einblick in die griechische Vorstellungswelt. Man glaubte, daß Traumbilder von den Geschwistern Hypnos (Schlaf), Thanatos (Tod), Ker (Verderben), Moros (Unglück) stammten, Kinder von Nyx (Nacht), die aus Chaos, dem Urprinzip (der klaffende, leere Raum), hervorging. Es handelt sich hierbei um mythologische Figuren, die bereits vor den olympischen Göttern existierten. Der Dramatiker Euripides (um 480–406 v. Chr.), der eine andere Abstammung annahm, verknüpfte Träume mit der Unterwelt und beschrieb sie als »schwarzgeflügelte« Kinder chthonischer Göttinnen. Aischylos (525–456 v. Chr.) führte die Entstehung und Deutung der Träume auf Prometheus zurück, der den Menschen das Feuer brachte und von den anderen Göttern für diese großzügige Tat bestraft wurde.

In der »Odyssee« werden Träume in einem Ort angesiedelt, der genau neben der Wohnstätte der Seelen der Toten und daher in einer Zwischenwelt liegt, die sich nicht mehr bei den Lebenden und noch nicht bei den Toten befand. Homer spricht von zwei Pforten, durch die Träume die Unterwelt verlassen und zu den Menschen gelangen konnten. Die Bilder der Wahrträume kamen durch das Tor aus Horn, die falschen durch das Tor aus Elfenbein.

Später führten römische Schriftsteller die Tradition fort, Träumen übernatürliche Ursprünge zuzuschreiben. Vergil

Prometheus, der hauptsächlich in Verbindung mit der furchtbaren Strafe bekannt ist, die Zeus aus Zorn über ihn verhängte, weil er den Menschen unerlaubt das Feuer brachte – Prometheus wurde an einen Felsen im Kaukasus geschmiedet, und jeden Tag fraß ein Raubvogel an seiner Leber, die sich nachts wieder regenerierte –, lehrte die Menschen auch die Kunst der Traumdeutung. Holzschnitt von Max Weber nach einem Gemälde von Franz Xaver Simm (1853–1918)

(70–19 v. Chr.) beschrieb einen Baum der Träume, der zwischen den Visionen wuchs, die den Schlaf der Menschen störten. Ovid (43 v. Chr.–um 17 n. Chr.) stellte sich den Schlaf als Gott vor, Somnos, der in einem Haus lebte, das von mythischen Dämonen umgeben war und in einem Bereich des Nebels und des Schweigens lag. Für Lukian (um 120–nach 180) befanden sich Träume auf einer Insel, sie waren undeutlich und existierten außerhalb der realen Welt.

Es bestand also eine Verknüpfung von Traum und Dunkelheit – man glaubte, daß Träume durch das Licht und die Sonne (Helios) vertrieben werden konnten.

Die großen Denker

Pythagoras (um 570–um 497/496 v. Chr.), dessen Lehren durch die Werke seiner Schüler und Nachfolger überliefert sind, schrieb bedeutungsvolle Träume den Dämonen, bedeutungslose dagegen Störungen der Körperfunktionen zu. Die Vorstellung einer auch während des Schlafs aktiven Seele war allgemein anerkannt. Selbst der Dichter Pindar (um 518–nach 446 v. Chr.), für den Träume wohl relativ unwichtig waren, glaubte, daß die Seele ihr Urteilsvermögen auch behalte, wenn der Mensch schlafe. Er spielte sogar mit der Idee, das ganze Leben des Menschen könne nichts weiter als ein Traum sein. Für Heraklit (um 550–um 480 v. Chr.) bedeutete das Ruhen der Sinne im Schlaf eine Befreiung der Seele, die sich in Träumen, die nicht unbedingt rational sein oder zu dieser Wirklichkeit gehören mußten, nach ganz eigenen Regeln richte. Da jedoch jede Seele Teil der Weltseele sei, seien Träume in der Lage, die Zukunft vorauszusagen. Seine Sicht war insofern deterministisch, als er von einem allgemeinen Plan für den gesamten Kosmos ausging. Demokrit (um 468–um 380/370 v. Chr.) betrachtete das gesamte Universum als aus unsichtbaren Atomen zusammengesetzt, die in allen Objekten, also auch im Menschen vorhanden waren. Nach seiner These waren auch sämtliche Bilder gewissermaßen allgegenwärtig und konnten ungehindert in den Körper jedes schlafenden Menschen eindringen, um dann in seinen Träumen zu erscheinen.

Platon (427–347 v. Chr.) akzeptierte Dämonen als Urheber von Träumen, glaubte aber die Art des Traums abhängig von dem jeweiligen Teil der Seele des Schlafenden, der gerade im Aufstieg begriffen war. Er unterteilte die Seele in drei Bereiche: Verstand, Leidenschaft (oder Wut) und Verlangen (oder Wünsche). Wenn der Verstand regierte war der Traum wahr, konnte jedoch in unverständlicher Form erscheinen und bedurfte daher der Auslegung. Wenn Leidenschaft oder Verlangen dominierten, geriet das Traumerlebnis außer Kontrolle, und es konnte zu geradezu ungeheuerlichen Szenen kommen, die der Träumer im Wachzustand niemals gutgeheißen hätte. Man hat in dieser Auffassung Hinweise darauf erkennen wollen, daß Platon Traumbilder als die unterdrückten Wünsche und Triebe des Schlafenden verstanden hat. Von derartigen Ausdrucksformen des Unbewußten unterschied er jene Traumereignisse, die tatsächlich Erlebtes verarbeiteten.

Von allen griechischen Philosophen verfaßte Aristoteles (384–322 v. Chr.) die ausführlichsten Erklärungen des Traum-

Ganz links: Platon (427–347 v. Chr.) nahm an, daß Träume übernatürliche Ursachen hätten, doch den Ursprung der Bilder schrieb er der Seele des Schlafenden zu. Porträtbüste, Rom, Vatikanische Museen

Links Mitte: Aristoteles (384–322 v. Chr.) führte Träume auf Störungen des Herzens zurück und nahm an, daß sie auch bisher Unerkanntes enthüllen konnten.

Links: Cicero (106–43 v. Chr.) verspottete diejenigen, die Träume als eine zuverlässige Form der Weissagung ansahen. Porträtbüste, Rom, Museo Capitolino

prozesses. Er glaubte, daß Träume eine Störung des Herzens seien, denn in seiner Philosophie war es das Herz und nicht das Gehirn, in dem die Emotionen und Wahrnehmungen ihren Ursprung hatten. Auch in unserer Sprache besteht diese Verknüpfung von Herz und Gefühl weiter. Wir sprechen noch immer von Herzensgüte, Herzenslust, Herzensangelegenheiten, gebrochenem Herzen oder davon, daß jemand sein Herz verschenkt. Aristoteles hatte eine physiologische Erklärung für die körperliche Ursache des Träumens: Was ein Mensch im Wachzustand sieht, ist auch im Schlaf noch als Bild im Körper vorhanden; dieses Bild wird durch den Blutstrom getragen. Traumbilder entsprechen den unklaren Spiegelungen, die man im Wasser eines vorbeifließenden Baches sieht. Wenn der Blutfluß stark angeregt ist, erscheinen die Bilder verwirrter. Äußere Reize werden dabei verstärkt. Ein leises Geräusch in der Nähe des Schlafenden kann im Traum zu einem lauten Donnerschlag anschwellen. Auch innerkörperliche Reize werden verstärkt, sie können im Traum als Konflikte auftreten, etwa in Form von Feuer-, Flut- oder Kriegsträumen, und auf Veränderungen hinweisen, die das Vorhandensein von körperlichen Störungen andeuten können, die möglicherweise im Wachzustand nicht bemerkt werden. Träume können demnach dem Arzt wichtige Hinweise auf mögliche, bisher unentdeckte Anomalien geben und bei der Prognose helfen. Außerdem können sie allgemein wertvolle Vorhersagen liefern, indem sie bisher ungeahnte Seiten der Persönlichkeit sowie des Verhältnisses zwischen Träumendem und Umwelt aufdecken, die der Wahrnehmung im Wachzustand entgehen. Neben diesen rationalen Definitionen des Träumens enthielt auch die Hypothese des Aristoteles einige religiöse Elemente. So glaubte auch er an eine Verursachung der Träume durch Dämonen, was er damit begründete, daß alle Menschen träumten und die Götter sich sicherlich nicht den unwürdigen Menschen enthüllen würden.

Die Stoiker, Anhänger der um 308 v. Chr. von Zeno aus Kition in Athen gegründeten Philosophenschule, postulierten einen geistigen Ursprung der Träume. Einige waren als göttlich anzusehen, andere das Ergebnis von Emanationen, die von Objekten und Lebewesen ausgingen und sich auf den Schlafenden übertrugen. Diese Auffassung wurzelte in dem Glauben an eine dem Weltganzen innewohnende Gesetzlichkeit, die alles miteinander verband. Die Stoiker akzeptierten daher Divinationspraktiken, zu denen auch die astrologische Beobachtung der Planeten und Sterne des Himmels sowie die Deutung von Träumen gehörten.

Zahlreiche römische Herrscher waren entweder überzeugte Stoiker oder teilten deren Glauben. Plutarch zufolge wurde Calpurnia, die dritte Frau des Julius Caesar, durch einen Traum gewarnt, ihr Mann würde ermordet werden, wenn er zum Senat ginge. Auch Augustus glaubte an die Macht der Träume und erließ ein Gesetz, das die öffentliche Bekanntgabe aller Träume vorschrieb, die sich auf den Staat bezogen. Tiberius, Caligula, Domitian und andere Kaiser sahen angeblich ihren eigenen Tod im Traum voraus. Neros Alpträume, die uns durch seinen Hofwahrsager Artemon überliefert sind, waren offenbar eine einzige Folge schrecklicher Visionen, in denen Ameisen über seinen Körper krochen, er von seiner Frau an einen versteckten Ort gezerrt oder in Götterstatuen eingeschlossen wurde. Aus der Sicht der modernen Psychoanalyse hat man seine Träume als unbewußte Bestrafung für seinen notorischen Sadismus verstanden. Man darf jedoch nicht übersehen, daß die Verbreitung von Träumen, die das Staatswesen betrafen, häufig lediglich Teil geschickter politischer Schachzüge war.

Unter den Gelehrten gab es allerdings auch einflußreiche Persönlichkeiten, die Träumen wenig Wert beimaßen, und sich von der prophetischen Traumdeutung distanzierten. Insbesondere die Epikureer, Anhänger jener auf die Philosophie des Epikur (341–271 v. Chr.) gründenden Schule, lehrten, daß die Wahrheit einzig durch Beobachtung und Wahrnehmung gefunden werden könne. Träume könnten schon deswegen nicht von höheren Wesen geschickt sein, weil Götter nur im Glauben der Menschen existierten und keine eigene Macht hätten. Demnach besäßen Träume keinerlei Weissagekraft, vielmehr repräsentierten sie die physikalischen Kräfte im Körper. Petronius († 66 n. Chr.), der Vertraute und Ratgeber Neros, hielt Träume für individuelle Schöpfungen des menschlichen Geistes und nahm damit heutige Erkenntnisse vorweg. In seinem Roman »Satyricon« dichtete er: »Träume, welche die Sinne mit flatternden Schatten betören, / schicken uns nicht die Tempel der Götter noch Geister des Himmels: / Jedermann schafft sie sich selbst ...«

Cicero (106–43 v. Chr.) war einer der größten Kritiker der prophetischen Traumdeutung (in psychologischer und diagnostischer Hinsicht hielt er Träume dagegen durchaus für hilfreich). Wenn die Götter wünschten, den Menschen die Zukunft zu erhellen, argumentierte er, könnten sie dies genausogut auch tagsüber tun. Sie würden versuchen, den Verstand anzusprechen und den Menschen nicht durch unklare Symbole verwirren. Schon die Tatsache, daß Traumbilder unzählige Bedeutungen hätten, je nachdem, wer sie träumt und wer sie deutet, zeige ihre Wertlosigkeit. Träume seien nicht von den Göttern gesandt, sondern würden aus den Gedanken und Ereignissen des Tages aufsteigen. Obwohl Cicero die weissagende Kraft der Träume nicht anerkannte, schenkte er einem seiner eigenen Träume, der von der Machtübernahme des Octavian (Augustus) handelte, offenbar trotzdem Beachtung.

Eine der bemerkenswertesten Abhandlungen über Träume aus der Zeit nach Cicero stammt von Macrobius (Anfang des 5. Jahrhunderts). Er benutzte den »Traum des Scipio« (»Somnium Scipionis«), eine Darstellung der römischen Ethik, die allgemein Cicero zugeschrieben wird, als Hintergrund für seine eigenen Ansichten. In seinen »Commentarii in somnium Scipionis« unterscheidet er fünf Klassen von Träumen: die weissagende Allegorie (das griechische *oneiros* oder lateinische *somnium*); die klare Voraussage (*horama* oder *visio*); das Traumorakel der Götter (*chrematiomos* oder *oraculum*); die nichtweissagende Allegorie oder das direkte Traumgeschehen (*enhypnion* oder *insomnium*); den nichtweissagenden Alptraum (*fantasma* oder *visium*). Macrobius war überzeugt davon, daß körperliche Zustände den Trauminhalt mitverursachen oder beeinflussen konnten, doch er glaubte auch an den geistigen Ursprung der Träume.

Träume in der Medizin

Die Vorstellung eines Zusammenhangs zwischen Träumen und Gesundheit bzw. Krankheit war sowohl in Griechenland als auch in Rom weit verbreitet. Die Schriften des Hippokrates (um 460–377 v. Chr.) beispielsweise enthalten eine umfangreiche Abhandlung über Träume (die jedoch möglicherweise erst ein Jahrhundert nach Hippokrates verfaßt wurde). Außer dieser Einzeldarstellung, die sich nur mit Träumen befaßt, finden sich in seinem Gesamtwerk immer wieder vereinzelt Empfehlungen an den Arzt, vom Patienten Angaben über seine Visionen während des Schlafs und seine damit verbundenen emotionalen Reaktionen zu erfragen. Mit Hilfe dieser wenigen Informationen könne man Prognosen stellen und die richtige Behandlungsmethode für den Patienten finden.

Man nahm an, daß Art und Zeitpunkt des Traums dessen Bedeutung beeinflußten. Auf dem Höhepunkt einer Krankheit oder während einer Krise waren Bilder von Kälte lediglich von den Fieberschauern des Kranken verursacht. Dasselbe Bild während der Rekonvaleszenz konnte jedoch auf einen bevorstehenden Rückfall oder einen Fieberanfall hinweisen. Einige Berichte des Hippokrates unterstrichen den prodromalen Charakter mancher Träume, das heißt ihre auf eine Krankheit hinweisende Aussagekraft zu einem Zeitpunkt vor Auftreten irgendwelcher sichtbaren Symptome. Wenn beispielsweise ein Sportler von einem Traum berichtete, in dem er im Morast gestanden hatte, hätte sein Trainer daran erkennen müssen, daß sein Schützling zuviel Flüssigkeit im Körper hatte und zur Ader gelassen werden mußte.

Die Hippokratischen Lehren fanden weite Zustimmung und sollten die Medizin noch jahrhundertelang beeinflussen. Der Anatom und Lehrer Herophilos (tätig um 290 v. Chr.), der sich als Anhänger der Schule des Hippokrates verstand, unterschied bei Träumen zwischen gottgesandten Träumen *(theopemptoi)*, Prophezeiungen der Seele *(physikoi)* und Repräsentationen von körperlichen Zuständen, die durch die Säfte hervorgerufen wurden *(synkrimatikoi)*. Rufus von Ephesos (tätig um 100 n. Chr.) war ein weiterer wichtiger Vertreter dieser Tradition. Er betonte die Notwendigkeit, daß jeder erfolgreiche Arzt die Art der Träume seines Patienten in Betracht ziehen müsse.

Die wohl einflußreichste medizinische Autorität der Antike war sicherlich der römische Arzt Galen (um 129–um 199). Er übertrug die Hippokratischen Lehren auf so gut wie alle Aspekte der Medizin und legte besonderen Wert auf die therapeutische Bedeutung von Träumen.

Galen war von der Kraft seiner eigenen Träume und von den Träumen anderer persönlich betroffen. Ein Traum seines Vaters Nikon begründete seine medizinische Laufbahn, denn Nikon träumte von Asklepios, dem Gott der Heilkunst, und ließ seinen Sohn daraufhin von Satyros ausbilden, der in ihrem Heimatort Pergamon ein geachteter Arzt war. Einige Jahre später erschien Asklepios Galen selbst im Traum und wies ihn an, ein Blutgefäß in seiner Hand aufzuschneiden, um eine schwere innere Infektion zu behandeln. Galen berichtete, daß er bald nach diesem Eingriff genas. Wenigstens zwei weitere Male wurde sein Leben durch göttliche Visionen im Schlaf nachhaltig beeinflußt: Ihm wurde geraten, in Rom zu bleiben und seinen Gönner, den Kaiser Marcus Aurelius, nicht auf dessen Feldzug zu begleiten, und er wurde dazu veranlaßt, eine medizinische Abhandlung fertigzustellen, die er begonnen hatte. Galen schenkte auch den Träumen seiner Patienten Beachtung, wenn sie darin angewiesen wurden, bestimmte Tränke zu sich zu nehmen oder ganz besondere Salben zu verwenden.

Galen hielt die allnächtlichen Traumszenen und Traumsymbole eines Schlafenden für überaus bedeutsam und führte sie auf Störungen der Körperfunktionen zurück. Wenn sie richtig gedeutet wurden, so behauptete er, könnten sie auf das Vorherrschen eines oder mehrerer Säfte hinweisen, von deren harmonischer Ausgewogenheit Gesundheit oder Krankheit des Patienten abhing. Galen überarbeitete die anerkannte Vierelementenlehre, die auf den vier Körpersäften (gelbe Galle von der Leber, schwarze Galle von der Milz, Eiter vom Gehirn, Blut im Herzen und in den Gefäßen) und den vier Qualitäten Hitze, Kälte, Trockenheit und Feuchtigkeit basierte, und trug durch seine Schriften zu ihrer weiteren Verbreitung bei. Er verbesserte die Diagnosemöglichkeiten und klassifizierte den

Rechts: Im Rahmen der Schriften, die Hippokrates (um 460–377 v. Chr.) zugeschrieben werden, ist eine Empfehlung an den Arzt erhalten, herauszufinden, wovon der Patient träumt, um dies für die Diagnose und Behandlung zu nutzen. Radierung (Phantasiedarstellung), 1825

Unten: Miniatur mit der Darstellung Galens als Lehrer, Venedig, 1500, London, Wellcome Institute Library. Galen (um 129–um 199) bestätigte die Hippokratische Lehre und betonte die wichtige Rolle von Träumen im Bereich der Medizin.

Medikamentenkanon neu, so daß eine effizientere Behandlung möglich wurde. Galens überragende medizinische und pharmazeutische Autorität sollte bis ins 16. Jahrhundert unangetastet bleiben.

Als Arzt war Galen in erster Linie Pragmatiker. Innerhalb der miteinander konkurrierenden Disziplinen der Medizin – Methodik, Dogmatik, Pneumatik, Empirismus und andere – sah er sich selbst als Eklektiker, der aus allen Theorien das auswählte, was ihm in der jeweiligen Situation am geeignetsten erschien. Träume waren für Galen daher ein wertvolles Mittel, um Aufschluß über das Wesen der Erkrankung eines Patienten und die geeignete Behandlungsweise zu finden.

Die meisten Träume, die Galen analysierte, waren dem Inhalt nach profan. Er hielt den Traumvorgang für ein Eindringen der Seele in das Innere des Körpers und des Geistes, wo sie den physiologischen Zustand des Körpers beobachtete und in entsprechende Bilder kleidete, die der Schlafende dann im Traum sah. Da diese Visionen Manifestationen dessen waren, was man brauchte, um krankhafte Zustände zu verändern, sah Galen sie als Ausdruck der Wünsche der Seele. Von einigen Wissenschaftlern wird diese Haltung als frühe Vorwegnahme des ›Wunschdenkens‹ aufgefaßt – ein Konzept, das uns aus der Freudschen Schule und anderen modernen psychologischen Ansätzen bekannt ist.

Die Heiltempel

Sowohl Ärzte als auch Patienten hielten Visionen, die man im Schlaf in den Heiltempeln des Gottes Asklepios sah, für besonders wichtig.

Diese Haltung spiegelt auf eindrucksvolle Weise die Vermischung von Religion und Rationalität im Bereich des Traumverständnisses. Traumtherapien hatte es bereits in Mesopotamien und Ägypten gegeben, sie fanden sogar in der Bibel Erwähnung. In der griechischen Welt gab es die Heiltempel des Amphiaraos in Oropos und des Trophonios in Lebadia, doch die weitverbreiteten Tempel des Asklepios wurden schließlich die bekanntesten Stätten, zu denen sich Reiche und Arme gleichermaßen aufmachten, wenn die Heilkunst ihnen nicht mehr helfen konnte. Es gab dabei keinerlei Rivalität zwischen den Ärzten und den Priestern des Asklepios, vielmehr verlegten die Ärzte ihre Praxen *(iatraia)* ganz bewußt in die unmittelbare Nähe der Tempelstätten.

Asklepios gilt als der Sohn des Apollon, des Sonnengottes, mit der Sterblichen Koronis, Tochter des Phlegyas, König der Lapithen. Es sind viele voneinander abweichende Mythen über ihn verbreitet worden, immer werden jedoch seine überragenden Heilkräfte erwähnt. Von Athene hatte er sogar ein Mittel zur Wiederbelebung von Toten erhalten, woraufhin sich Hades, der Gott der Unterwelt, schließlich bei Zeus beschwerte, da ihm Asklepios seine Untertanen streitig machte. Zeus tötete Asklepios mit einem Blitz, schenkte ihm jedoch später das Leben erneut, wodurch er letztendlich als Gott bestätigt wurde.

Ganz in der Nähe einiger Tempelanlagen befanden sich Stätten zur Erholung und Unterhaltung (das wohl bekannteste Beispiel ist das Amphitheater von Epidauros). Der Kern der Anlage eines Heiltempels war jedoch immer das Abaton, in dem der heilende Inkubationstraum, der wichtigste Teil der

Das griechische Amphitheater in der Nähe des Asklepios-Tempels in Epidauros (erbaut 380 v. Chr.). Hilfesuchende Patienten besuchten das Theater zur Unterhaltung, bevor sie sich in den Tempel begaben, um dort zu schlafen.

So oder ähnlich muß man sich den Kernbereich des Asklepios-Heiligtums in Epidauros vorstellen. Links ist die Rundhalle (Tholos) dargestellt, ein Bau mit ungewöhnlich reichhaltigem ornamentalen Dekor, aber bisher nicht eindeutig geklärter Funktion; dahinter (Mitte) liegt die Halle für den Heilschlaf (Abaton oder Eukoimeterion), rechts befindet sich der Tempel des Asklepios. Des weiteren umfaßte die Anlage mehrere Bäder, Liegehallen, ein Gästehaus, ein Stadion, eine Palästra (Sporthalle) sowie zusätzliche Tempel und Altäre.

Therapie, stattfand. Hier legte sich der Kranke nach Bädern zum Schlafen nieder, um von Asklepios zu träumen, der ihn behandelte, ihm Ratschläge erteilte oder Prognosen stellte. Es ist nicht erwiesen, ob die Ratsuchenden vorher Drogen zu sich nahmen oder hypnotisiert wurden, doch die Patienten waren sicherlich bereits von den vorbereitenden Ritualen, der eindrucksvollen Architektur und der mystischen Atmosphäre des Halbdunkels zutiefst beeindruckt. Zudem hatten die Tempel einen derart hervorragenden Ruf als erfolgreiche Heilstätten, was durch die zahlreichen sichtbaren Votivgaben und Listen bisheriger Heilerfolge belegt wurde, daß der Patient sich dieser Wirkung sicher kaum entziehen konnte. Wenn der Gott sich dem Patienten schließlich offenbarte, war dieser wahrscheinlich bereits in der richtigen Stimmung, um an die erhoffte Erleichterung seiner Symptome zu glauben.

Man fragt sich heute, ob es tatsächlich immer der Gott war, der dem Kranken im Traum erschien, und nicht etwa der Priester im Gewand des Asklepios – manchmal in Begleitung eines Gefolges von Stellvertretern für dessen Tochter Hygieia und andere Mitglieder der Familie des Gottes – den schlummernden oder im Halbschlaf befindlichen Patienten aufsuchte. In den Traumerlebnissen konnte eine Vielzahl von Behandlungsmethoden verschrieben oder angewandt werden, darunter bestimmte gesundheitsfördernde Aktivitäten, pflanzliche oder tierische Heilmittel. Es konnte zu wirklich scheinenden Handlungen kommen, wie zum Öffnen eines Abszesses, zum Auftragen einer Salbe oder zur Handauflegung. Andere Therapien waren eher symbolischer Natur, beispielsweise wenn die Schlange, die Asklepios begleitete und sein Symbol war, die betroffene Körperstelle leckte. Im Traumzustand waren aber auch vollkommen phantastisch anmutende Aktionen möglich. So konnte dem Patienten etwa der Kopf abgeschlagen und ihm ein neuer Kopf aufgesetzt werden, woraufhin die Symptome seiner Erkrankung verschwanden.

Wenn der Patient am Morgen erwachte, war er überzeugt, von seinem medizinischen Problem befreit zu sein. Vereinzelt gibt es allerdings auch Überlieferungen, die von Mißerfolgen berichten, und es konnte geschehen, daß Patienten viele Male wiederkommen mußten, um endlich geheilt zu werden. Darstellungen von Körperteilen, die geheilt worden waren – zum Beispiel plastische Nachbildungen von Beinen, Händen, Brüsten, Eingeweiden und diversen anderen Körperteilen –, waren in den Tempeln aufgestellt und erfüllten eine psychologische Funktion, indem sie dem Patienten suggerierten, daß er hier, wie so viele andere vor ihm, Heilung finden würde.

Vieles, was wir über die Tempel des Asklepios wissen, stammt aus den Tagebüchern des Aelius Aristides (Ailios Aristeides; 117–189), eines angesehenen Redners, dessen vorrangiges Anliegen im Leben offenbar seine Krankheiten darstellten. Es scheint kein Funktionssystem seines Körpers gegeben zu haben, daß nicht zu irgendeinem Zeitpunkt gestört gewesen wäre. Seine Symptome reichten von Erbrechen zu Diarrhöe, von Husten zu Konstipation, von Kälteschauern und Schwitzen bis hin zu Erschöpfungszuständen und Austrocknung, von Hautwucherungen und -ausschlägen bis zu Kopfschmerzen und Mundbeschwerden, von Angstanfällen bis hin zu gefährlichen Erkrankungen, etwa Pocken. Die Beschreibung der Symptome und der darauffolgenden Behandlungen zeigt, daß einige seiner Leiden durchaus organischer Natur waren, viele andere jedoch heute als psychosomatisch angesehen würden, als offenbar psychisch verursacht. Selbst pathologische Zustände waren oftmals mit emotionalen Reaktionen verknüpft, die Aristides nicht von der Krankheit selbst trennte.

In seiner Schrift »Gottgesandte Orakel« beschreibt Aristides ungefähr 130 Träume in allen Einzelheiten. Die meisten davon hatten in den Asklepios-Tempeln stattgefunden oder handelten zumindest von diesem Gott. Doch Asklepios war nicht der einzige Gott, der Aristides in seinen Träumen beistand. Hilfe und Heilung erfuhr er unter anderen auch von Zeus, Apollon, Athene und sogar von den ägyptischen Göttern Serapis und Isis. Die Träume enthielten zuweilen direkte Anweisungen, ganz bestimmte Medikamente einzunehmen oder anzuwenden oder die verschiedensten Tätigkeiten auszuüben – etwa sich auszuruhen oder sich körperlich zu ertüchtigen. Häufig war das Traumgeschehen jedoch sehr verschlüsselt und mußte erst von Aristides gedeutet werden, um die Behandlung aufnehmen zu können.

So schien Asklepios in einem Traum eine bestimmte salzhaltige Salbe für einen Tumor an der Hüfte zu empfehlen, die dann auch zum Verschwinden des Tumors führte. Ein anderes Mal bestand Aristides gegen die ausdrücklichen Befürchtungen seines Arztes auf einem Einlauf, der ihm im Traum geraten worden war, woraufhin er sich auch sofort wieder erholte. Nach inständigen Bitten um Hilfe für seinen kranken Vater, dessen Zustand sich zunehmend verschlechterte, trug ihm Asklepios auf, einige ganz bestimmte Sätze zu sagen. Kurz darauf wurde der Vater wieder gesund. Manchmal sind die Interpretationen des Aristides recht dunkel. Beispielsweise schloß er aus einem Traum, in dem ein Knochen in seinem Hals festsaß, er solle Blut aus seinem Knöchel abfließen lassen.

Obwohl Aristides ein Zeitgenosse und Anhänger Galens war, hat er ihn wohl nie persönlich getroffen, denn er verachtete Ärzte und spottete über ihre Unfähigkeit. Dabei entsprechen zahlreiche Maßnahmen, die er auf ›Anraten der Götter‹ anwandte, genau den medizinischen Praktiken seiner Zeit.

Auch die meisten bekannten Traumdeuter waren in Aristides' Augen nichts weiter als Scharlatane oder Ignoranten (auch wenn seine eigenen Interpretationen in den meisten Fällen den allgemein anerkannten traditionellen Deutungen entsprechen). Ein Traum, in dem man gefangen oder behindert wurde, bedeutete eine lange Krankheit; eine aufgehende Sonne verhieß den Hoffnungslosen Linderung; das Bild eines Denkmals wurde als Ankündigung der Heilung verstanden. Träumte man davon, eine Leiter hochzusteigen, so bedeutete dies wie in Jakobs Traum im Alten Testament, daß man Fortschritte machte, wobei allerdings noch immer eine gewisse Gefahr bestand; stieg man dagegen die Leiter herunter, kündigte dies eine akute Verschlechterung an, die auch auf eine falsche Behandlung zurückgeführt werden konnte.

Artemidoros von Daldis

Der aus Ephesos stammende Artemidoros (Daldis in seinem ›Künstlernamen‹ ist der Geburtsort seiner Mutter) lebte als professioneller Wahrsager im 2. Jahrhundert n. Chr. Sein Wirken übte nachhaltigen Einfluß aus, und selbst Sigmund Freud befaßte sich mit den »Oneirokritika«, einem fünfbändigen Werk, in dem Artemidoros alle ihm verfügbaren Berichte von Träumen aufzeichnete und sämtliche Theorien und Praktiken der Traumdeutung zusammenfaßte. Artemidoros schrieb: »Was meine Person betrifft, so gibt es kein Buch über Traumdeutung, das ich nicht erworben hätte, weil ich in dieser Hinsicht von einem großen Ehrgeiz erfüllt bin. Außerdem habe ich viele Jahre hindurch mit Wahrsagern, die auf Märkten ihre Kunst anbieten, verkehrt, obwohl sie verschrien sind . . .« Er sah seine Aufgabe darin, denen entgegenzutreten, »die die Weissagekunst und ihre Disziplinen beseitigen wollen«. Er studierte alle Werke über Träume, die er auf seinen zahlreichen Reisen ausfindig machen konnte, und versuchte, den Wert der Traumdeutung als Wahrsagemethode zu beweisen, indem er die Erfüllung von Träumen, die er in historischen Überlieferungen und in eigenen Beobachtungen bestätigt fand, genau beschrieb. Eine andere Aufgabe bestand für ihn darin, denen zu helfen, die Rat benötigten, aber nicht in der Lage waren, ihre Träume angemessen zu deuten. In seinen Schriften bezog er sich außerdem auf andere Arten von Visionen, Orakel, Phantasien und Erscheinungen.

Somit lebten drei der einflußreichsten Befürworter der Traumdeutung gleichzeitig und gegenseitig erreichbar, ohne sich vermutlich jemals persönlich kennengelernt zu haben. Aristides war ein bekannter Redner der Oberschicht, und Galen war möglicherweise der berühmteste Arzt seiner Zeit. Artemidoros dagegen, ein professioneller Wahrsager, war zwar gebildet und verfügte über großes Wissen, stammte jedoch eindeutig aus einer unteren Gesellschaftsschicht. Sein sozialer Status lag so tief unter dem seiner beiden Zeitgenossen, und sein Beruf wurde von ihnen derart verachtet, daß es wohl kaum zu irgendeinem Austausch gekommen ist. Dennoch finden die Krankheitsgeschichte des Aristides und die Traumbücher von Artemidoros in Galens Kommentaren Erwähnung.

Die Arbeit des Artemidoros war für spätere Traumforscher insbesondere deshalb hilfreich, weil er einen nahezu vollständigen Überblick über die Traumdeutung bis zu seiner Zeit lieferte. Im 16. Jahrhundert erschienen die »Oneirokritika« in Venedig (griechisch), Basel (lateinisch) und in Lyon (französisch) im Druck. In den nachfolgenden Jahrhunderten wurde der Text wiederholt neu aufgelegt und in weitere Sprachen übersetzt, wodurch seine ununterbrochene Popularität bis in unsere Zeit gewährleistet wurde.

In Einklang mit einer langen Tradition unterschied Artemidoros zwischen prophetischen und nichtprophetischen Träumen, wobei sein Schwerpunkt bei den prophetischen Träumen lag. Im grundlegenden Unterschied zu seinen Vorgängern versuchte Artemidoros jedoch, die Traumsymbole mit dem zu verknüpfen, was der Träumende anschließend tatsächlich erlebte. Er war stets bemüht, die den geträumten Gegenständen, Personen und Szenarien zugewiesene Bedeutung anhand von späteren Geschehnissen im Leben der betreffenden Personen zu prüfen und gab freimütig eigene Irrtümer oder die Irrtümer anderer bei Prognosen zu.

Träume, in denen ganz offensichtlich zukünftige Ereignisse vorweggenommen wurden, nannte er theorematisch. Hier war ein Wahrsager überflüssig. Doch die Allegorien – Objekte und Szenen, die indirekt, subtil und symbolisch dargestellt wurden – bedurften einer Interpretation. Beide Gruppen waren inhaltlich noch weiter gegliedert. Beispielsweise konnten Allegorien entweder nur von der eigenen Person oder auch von anderen in Verbindung mit der eigenen

Person handeln, aber auch von öffentlichen Plätzen und Einrichtungen, sogar von den kosmischen Geschehnissen des Meeres, der Erde und des Himmels. Der Nachweis der prophetischen Aussagekraft von Traumsymbolen steht im Mittelpunkt seines fünfbändigen Werks.

Für eine richtige Deutung mußten verschiedene Kriterien erfüllt sein. Zuerst einmal mußte ein vollständiger Bericht des Traums vorliegen. Eine zweite Voraussetzung für die richtige Interpretation war die genaue Kenntnis aller Umstände im Umfeld des Träumenden, denn ein und dasselbe Symbol konnte bei unterschiedlichen Personen eine ganz andere, wenn nicht sogar gegenteilige Bedeutung haben, die sowohl vom Wesen des Träumenden als auch von seiner sozialen Einbindung abhing. Die ersten vier Bücher der »Oneirokritika« enthalten daher in der Hauptsache einzelne Symbole und deren Bedeutungen. Nur im letzten Buch finden sich genaue Traumberichte (in Form von Anleitungen zur Methodologie, die an seinen Sohn gerichtet sind).

Wenn die Traumhandlungen dem übrigen Verhalten des Träumenden entsprachen oder mit den Gesetzen der Natur und der Menschen in Einklang standen, war das Omen günstig; war dies nicht der Fall, fiel das Omen ungünstig aus. Tauchten im Traum die üblichen Sitten und Gebräuche auf, hatte dies eine günstige Bedeutung, dazu gehörten beispielsweise folgende Aktivitäten: die Götter verehren, Kinder umsorgen, Geschlechtsverkehr ausüben oder tagsüber wach sein und nachts schlafen. Auch der Name der Person konnte den Traum beeinflussen. Akrostische und numerologische Verbindungen mit dem Namen konnten im Traum eine zugrundeliegende Bedeutung aufdecken, die auf den ersten Blick nicht erkennbar war. Von Bedeutung war auch der Zeitpunkt des Traums, ob er vielleicht kurz vor dem Aufwachen stattfand. Die besondere Beachtung des hypnagogischen Zustands kurz vor dem Erwachen oder bei Sonnenaufgang ging noch auf den Homerischen Mythos von der Pforte aus Horn und der Pforte aus Elfenbein zurück, durch die Träume aus der Unterwelt hindurchgingen, um in den Schlaf eines Menschen zu gelangen. Die Pforte aus Horn öffnete sich erst nach Mitternacht dem Weg der Wahrheit.

Derselbe Traum konnte ganz unterschiedliche Bedeutung haben, je nach finanzieller Lage, Gesundheitszustand, Alter und Status des Träumenden. So neigten beispielsweise hochgestellte Personen offenbar eher zu wichtigen Träumen. Artemidoros berichtet von Regierungsbeamten, die häufig von Vaterland und Staatswesen träumten. Interessant ist auch das Traumerlebnis der Geburt eines Kindes. Für eine relativ mittellose Person bedeutet der Traum ein gutes Omen, denn wie bei einem Säugling wird sich jemand finden, der für ihn sorgt. Für einen reichen Mann ist der Traum ein schlechtes Zeichen. Er wird von anderen dominiert, wie ein kleines Kind, das andere völlig kontrollieren. Ein berufstätiger Mensch wird seine Arbeit verlieren, denn Kinder brauchen nicht zu arbeiten. Ein Sklave wird freundlich behandelt werden, seine Fehler wird man großzügig übersehen, genau wie dies bei Kindern der Fall ist. Doch er wird kein freier Mann werden, weil auch ein kleines Kind von anderen dominiert wird. Da Neugeborene nicht gehen, laufen oder andere körperlich besiegen können, wird ein Athlet, der diesen Traum hat, beim Wettkampf verlieren. Der Reisende wird in sein Heimatland zurückkehren, zu dem Ort, an dem er geboren wurde. Ein Kranker wird sterben, denn ein Leichnam wird wie ein Säugling in Tücher gewickelt und auf den Boden gelegt, das Leben endet also genauso wie es begann. Dem Flüchtling wird die Flucht nicht gelingen, er entspricht dem Kleinkind, das nicht sicher stehen und Hindernisse nicht überwinden kann. Der Kläger in einem Gerichtsverfahren kann den Rechtsstreit nicht gewinnen, denn ein Neugeborenes kann nicht sprechen. Doch der Angeklagte wird den Fall gewinnen oder seine Bestrafung wird sehr gering ausfallen, selbst wenn er überführt wird, ebenso wie man auch Kindern leicht verzeiht.

Artemidoros berücksichtigte in seinen Interpretationen nahezu alle anerkannten Deutungsmechanismen, darunter Entschlüsselung von Wortspielen, Mehrdeutigkeiten, Symbolen und Analogien. Das Traumbild Kamel entsprach beispielsweise der Hüfte, weil die Ableitung für dieses Wort aus dem Griechischen ›gekrümmte Hüfte‹ bedeutete. Artemidoros zitierte Aristander, den Wahrsager von Alexander dem Großen, der den Satyr *(satyros)* im Traum seines Herrn als Prophezeiung deutete, daß Alexander die Stadt Tyros erobern werde. Der Wahrsager erkannte in dem Bild die beiden Worte *sa* (dein) und *tyros* (Tyros), und gelangte daraufhin zu der Deutung, daß Alexander die Stadt erobern werde. Bis heute sind viele der von Artemidoros beschriebenen Traummetaphern in unserer Alltagssprache vorhanden, zum Beispiel die ›hochfliegenden Träume‹ oder das ›Überflügelnwollen‹, Symbole des Ehrgeizes in Flugträumen.

Die Liste von Symbolen und Analogien, die Artemidoros zusammenstellte, ist schier endlos. Flüsse und Bäche symbolisierten den Fluß des Blutes im Körper; verschmutzte Orte und Plätze repräsentierten die Eingeweide. Die Körperteile symbolisierten Objekte und Aktivitäten; der Mund stand für das Haus; die Zähne für Hausbewohner oder Eigentum. Verlor ein Schuldner im Traum seine Zähne, so würde er seine Schulden begleichen. Verspürte er dabei keine Schmerzen, konnte man davon ausgehen, daß er durch Fleiß dazu in der Lage sein würde; Schmerzen bedeuteten dagegen den Verkauf von Besitztümern zur Abtragung der Schulden. Quellen entsprachen Urin, eine ausgetrocknete Quelle verhieß Probleme beim Wasserlassen. Erde stand für den menschlichen Körper, verbrannte Erde im Traum bedeutete daher übermäßige Austrocknung.

Träume, in denen Bärte vorkamen, waren außerordentlich wichtig. Während Bärte in Griechenland Mode gewesen waren, galten sie bei den Römern zunächst als barbarisch, bis schließlich im zweiten nachchristlichen Jahrhundert Kaiser Hadrian, dessen Vorliebe für Griechenland bekannt war, die griechische Barttracht wieder einführte. Ein dichter Bart war ein gutes Omen für einen Philosophen, einen Redner oder einen Kaufmann (als Symbol von Würde und Durchsetzungsvermögen). Wurde einem allerdings im Traum der Bart geschoren oder ausgerissen, war dies ein schlechtes Vorzeichen, es symbolisierte Schande. Für eine Frau, die davon träumte, einen Bart zu haben, kamen verschiedene Deutungen in Frage: Wenn sie verheiratet war, stand ihr eine Trennung bevor, denn sie hatte jetzt die Rolle von Mann und Frau gleichzeitig inne; war sie eine Witwe, bedeutete es eine neue Ehe (sie verschmolz mit dem Ehemann); war sie schwanger, würde sie einen Sohn bekommen, denn sie identifizierte sich

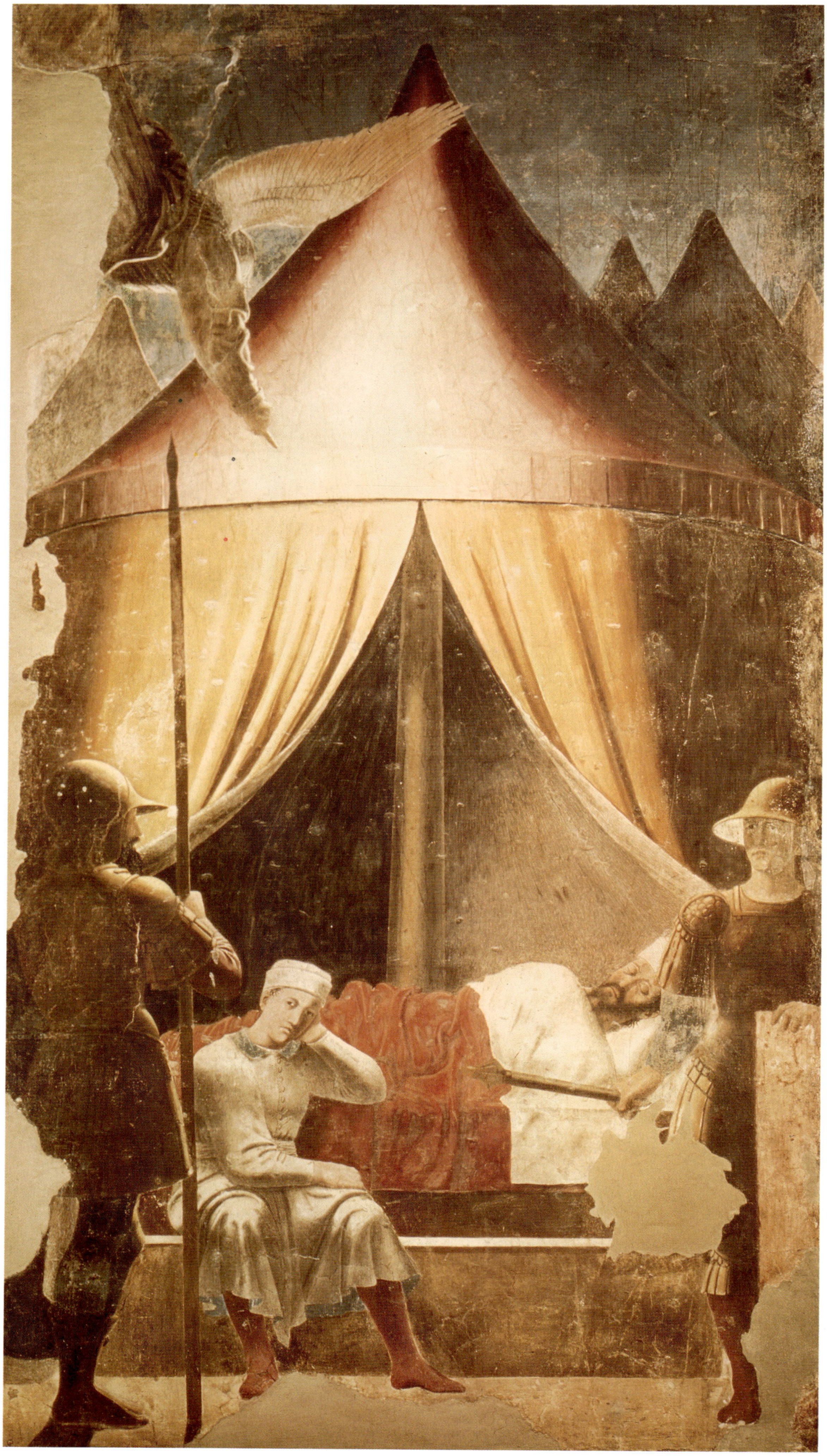

Piero della Francesca (um 1416–1492), Konstantins Traum, Fresko aus dem Zyklus der Legende des heiligen Kreuzes (vollendet 1466), Arezzo, San Francesco. Angeblich wurde der heidnische Herrscher Konstantin zum Christentum bekehrt, nachdem er von einem Flammenkreuz geträumt hatte, das ihm den Sieg über seine Feinde prophezeite.

Rechts: Alexander der Große in Tyros, 332 v. Chr. Der Ausgang der Schlacht von Tyros wurde von Alexanders Wahrsager Aristander in einem Traum vorausgesehen.

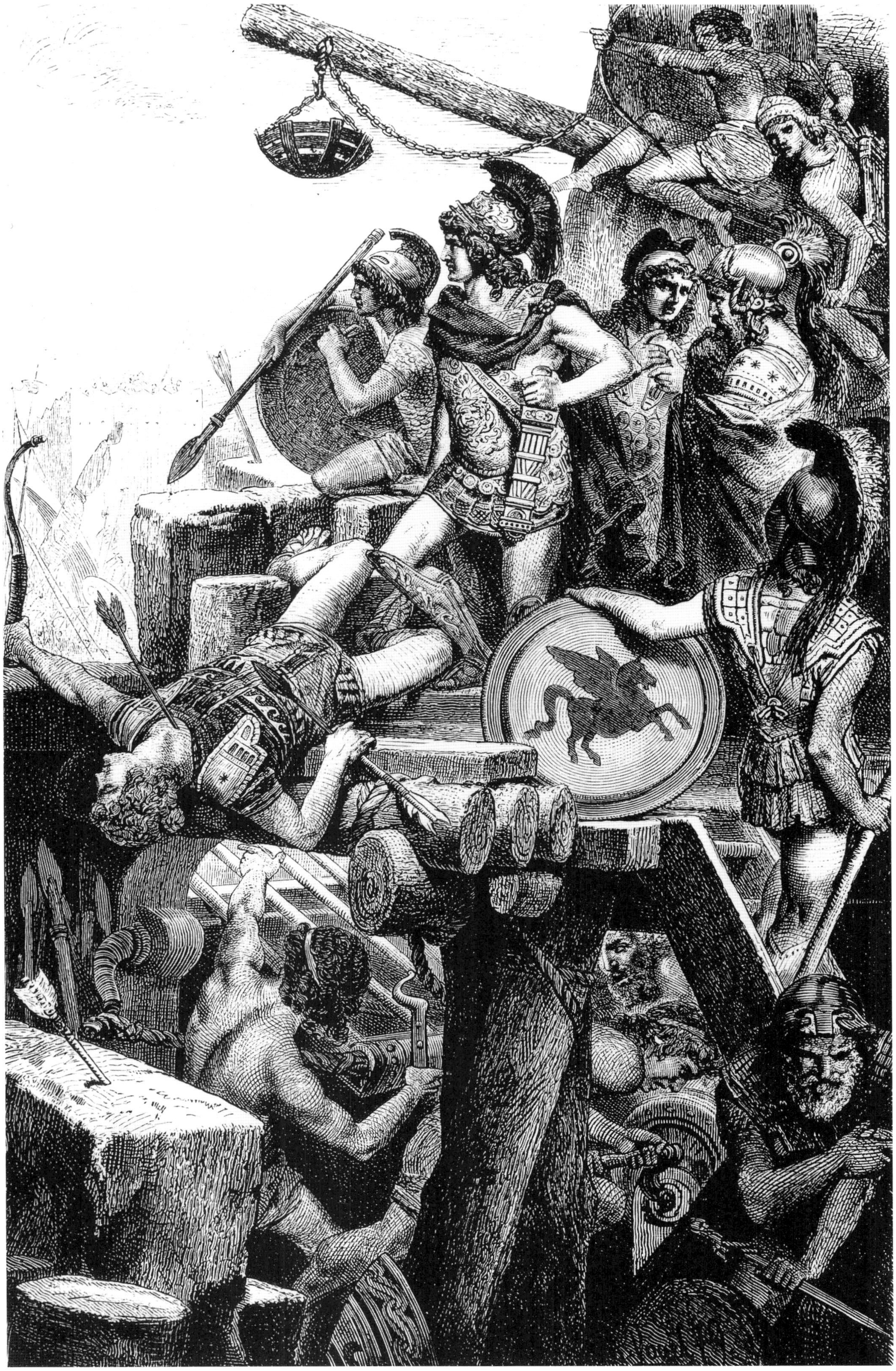

im Traum mit ihrem erwachsenen Sohn, der einen Bart tragen würde; einen Rechtsstreit würde sie gewinnen, denn sie würde vom Gerichtshof hoch geachtet werden.

Schon vor Artemidoros sind Traumsymbole zusammengestellt worden: auf mesopotamischen Tontafeln, auf ägyptischen Papyrusrollen, in sehr frühen griechischen Handbüchern, in den Werken von Aristander (dem Wahrsager von Alexander dem Großen), auf die sich Plinius, Plutarch und auch Artemidoros bezogen, oder in den Schriften von Artemon, dem Wahrsager Neros. Die enzyklopädische Sammlung des Artemidoros blieb in ihrer Reichhaltigkeit jedoch unübertroffen und wurde zum Standardwerk der folgenden Jahrhunderte. Und ebenso wie Artemidoros ältere Bücher über Träume studiert hatte, stellten Traumkundler und Traumdeuter nach ihm ihre eigenen Traumbücher zusammen. Wissenschaftler haben entdeckt, daß man während der gesamten byzantinischen Zeit und darüber hinaus Traumberichte gesammelt hat. Dabei schrieben die Autoren oft voneinander ab und griffen auf altes Textmaterial zurück. Über Datierung, Quellen und Verfasser ist man sich nur selten einig. Es ist ungewiß, wie groß der jeweilige Einfluß dieser Traumbücher war, doch sogar als die Literatur zu diesem Thema während der letzten Jahrhunderte mehr und mehr anwuchs, orientierten sich die meisten Veröffentlichungen noch immer inhaltlich und formal an den Büchern von Artemidoros.

Die Arbeitsweise des Artemidoros läßt sich im Prinzip durchaus mit heutigen wissenschaftlichen Methoden vergleichen, auch wenn in seinen Untersuchungen wesentliche Faktoren noch unberücksichtigt bleiben. Leider zweifelte er auch kaum Berichte über Träume an – aus der Vergangenheit überliefert oder von Klienten beschrieben –, die sich angeblich erfüllt hatten. Ebensowenig wertete er das Verhältnis zwischen erfüllten und nicht erfüllten Träumen aus. Seine Beobachtungen ruhten auf der ungeprüften Annahme, daß die berichteten Visionen und die darauffolgenden Ereignisse tatsächlich miteinander verbunden waren. Skeptizismus und kritische Überprüfung, unabdingbare Voraussetzungen für den wissenschaftlichen Nachweis eines Sachverhalts, fehlen in seinen Werken. Dennoch war sein Versuch, die Verbindung zwischen Symbolen und zukünftigen Ereignissen herzustellen, ein für seine Zeit einzigartiger, bemerkenswerter Ansatz. Selbst in den zynischen Empfehlungen an seinen Sohn, dem er rät, die Klienten zu überzeugen und ihren Bedürfnissen und Wünschen zu entsprechen, war Artemidoros äußerst direkt: Ganz gleich, wie sehr man den Klienten beeindrucke, betonte er, sich selbst dürfe man auf keinen Fall täuschen.

Frühes Christentum

Auch im christlichen Denken spielten Träume eine wichtige Rolle, doch war es für die frühe Kirche, die sich gegen den Einfluß der heidnischen Magie durchzusetzen hatte, nicht einfach zu entscheiden, was sie von prophetischen Träumen zu halten hatte. Welche Träume waren göttlicher Natur und daher wahr, welche dagegen gottlos und falsch? Mitverursacht wurde der Zwiespalt durch die Stellung, die Traumdeutung im Alten und Neuen Testament einnahm. Nach dem Matthäus-Evangelium erscheint Joseph im Traum ein Engel, der ihm verkündet, daß Maria einen Sohn vom Heiligen Geist empfangen wird (Mt 1, 20–24): Ein Engel warnt auch die drei Weisen im Traum davor, zu Herodes zurückzukehren und ihm von der Geburt Jesu zu berichten (Mt 2, 12). In einem weiteren Traum fordert ein Engel die Heilige Familie auf, vor Herodes zu fliehen (Mt 2, 13), und auf die gleiche Weise rät er Joseph, wieder nach Israel zurückzukehren (Mt 2, 19–20). Darüber hinaus leitet Matthäus die Passion damit ein, daß die Frau von Pontius Pilatus ihren Mann aufgrund eines Traums vergeblich bittet, nicht Barabbas, sondern Jesus zu schonen (Mt 27, 19).

Tertullian (um 155–um 222), der im nordafrikanischen Karthago geborene Sohn eines Centurio, wurde vermutlich um 190 zum Christentum bekehrt. In seinen bedeutenden Schriften versuchte er die heidnische Philosophie mit der kirchlichen Lehre zu verbinden. Er unterschied von Gott, von der Natur und von Dämonen stammende Träume. Im Schlaf bleibe die Seele, nachdem sie den Körper in einem todesähnlichen Zustand verlassen hatte, aktiv und in einem Zustand der Ekstase (des ›Heraustretens‹), wobei sie alle Bilder und Emotionen wahrnehme, die im Traum erfahren würden, gleichgültig ob sie nun göttlich oder weltlich seien, sie jedoch nicht verursache. Der Theologe Origines (um 180/185–251/255) räumte ein, daß einige, aber keinesfalls alle Träume von Gott stammten. Er setzte sich gewissenhaft mit dem Problem auseinander und versuchte, zwischen Göttlichem, Weltlichem (mit zum Teil prophetischer Qualität), Törichtem und Bösem in Träumen zu unterscheiden.

Nicht nur die Christen selbst standen der Traumdeutung im Bereich ihrer Religion skeptisch gegenüber, Kritik kam auch aus den Reihen der Gegner des Christentums. Celsus, ein heidnischer Philosoph platonischer Prägung aus dem 2. Jahrhundert (nicht zu verwechseln mit dem römischen Enzyklopädisten aus dem 1. Jahrhundert), lehnte das Christentum ab und erklärte die Vorstellung der von einem christlichen Gott gesandten Träume als eine Täuschung, die noch auf das Alte Testament zurückgehe, in dem sich die Juden als reine Scharlatane erwiesen hätten. Jesus Christus bezeichnete er als verachtenswürdigen Zauberer.

Der bedeutende Kirchenvater Gregorius von Nyssa (um 335–nach 394) versuchte die heidnischen Einwände gegen das Christentum zu widerlegen und Träume rational zu erklären. Er gab jedoch zu, daß seine Analysen der Lehre von Platon und Aristoteles viel verdankten. Einige Träume mochten zwar von Gott stammen, doch die meisten gingen auf Erfahrungen, Gedanken und auf die Nahrung zurück, die man während des Wachzustandes zu sich genommen hatte. Im Einklang mit den frühen griechischen Theorien beschrieb er den Vorgang des Schlafens als vorübergehendes Ruhen des Verstandes und der Gefühle, was der Seele erlaubte, die Kontrolle zu übernehmen. Weil Sinne und Verstand ausgeschaltet waren, konnte man etwas völlig Absurdes, aber auch Szenen aus der Erinnerung sehen, die auf Bilder zurückgingen, die man im Wachzustand wahrgenommen hatte. Darüber hinaus konnten Reize aus dem Inneren des Körpers bisher unerkannte Störungen aufdecken und die Entwicklung des Gesundheitszustandes der betreffenden Person voraussagen, was auch schon Galen und Hippokrates behauptet hatten. Gregorius ging außerdem davon aus, daß Träume den Charakter eines Menschen offenlegen und verborgene Wut- oder Lustgefühle ausdrücken konnten. Den

Die Miniatur aus dem 12. Jahrhundert zeigt den Kirchenvater Augustinus (354–430) thronend und aus seinen Schriften lehrend. Die Bekehrung des Augustinus zum Christentum wurde ihm in einem Traum geweissagt.

Selbsterhaltungstrieben, die für Tiere charakteristisch waren, entsprachen beim Menschen sexuelle und andere sündhafte Begierden und Wünsche, die auf eine Umkehrung von ansonsten tugendhaften Regungen während des Schlafs zurückzuführen waren.

Auch die Theorien anderer Kirchenväter erinnern an die Vorstellungen Platons. Synesios von Kyrene (um 370–um 413) beispielsweise schrieb Anfang des 5. Jahrhunderts in seiner Abhandlung »Über die Träume«, daß die Seele während des Schlafs von Gott befähigt werde, in die Zukunft zu blicken. Der Geist erhalte und speichere Informationen aus dem Wachzustand, doch die Seele werde im Schlaf befreit und könne Zukünftiges voraussehen. Diese Fähigkeit habe der Mensch, so glaubte er, weil seine Seele Teil der Seele des Gesamtkosmos sei, der Gott unterstand.

Ein bemerkenswertes Beispiel für die wichtige Rolle von Träumen in der Geschichte des Christentums war die Bekehrung Konstantins I. (reg. 306–337), ein Ereignis, das einen grundlegenden Einfluß auf die Verbreitung des Christentums in Europa hatte. Vor einer wichtigen Schlacht hatte Konstantin angeblich einen Traum, in dem er ein Flammenkreuz sah, das von den Worten »in hoc signo vinces« begleitet wurde (»unter diesem Zeichen wirst du siegen«).

Der vielleicht einflußreichste aller frühen Kirchenväter war Aurelius Augustinus (354–430), dessen »Confessiones« (»Bekenntnisse«) und besonders sein Werk »De civitate dei« (»Vom Gottesstaat«) die christliche Philosophie nachhaltig prägten. Ihm selbst war in einem Traum seine Bekehrung zum Christentum angekündigt worden. Er setzte sich daher intensiv mit den Zielen und Bedeutungen von Träumen auseinander. Stets um Aufrichtigkeit und Wahrheitsfindung bemüht, mußte er jedoch seine Unfähigkeit eingestehen, die aufgeworfenen Fragen so zu beantworten, daß es für ihn oder andere einleuchtend gewesen wäre. »Ich habe das Problem nicht gelöst, sondern vielmehr noch komplizierter gemacht«, schrieb er. Wenn man nicht einmal in der Lage sei, das ganz gewöhnliche allgemeine Phänomen des Träumens mit relativer Sicherheit zu erklären, so glaubte Augustinus, dürfe man sich erst recht nicht zutrauen, Fragen zu beantworten, die den eigenen Erfahrungshorizont weit überschritten – eine Empfehlung, der weder antike noch moderne Denker besondere Beachtung geschenkt haben. Das Hauptproblem bestand nach Augustinus darin, zwischen den göttlichen und weltlichen Träumen, den von Gott inspirierten und von Dämonen verursachten, den weissagenden und den gewöhnlichen Träumen zu unterscheiden.

Europa im Mittelalter

Auch im Mittelalter stand die Kirche Träumen zwiespältig gegenüber. Papst Gregor II. (reg. 715–731) beispielsweise verbot Traumdeutungen bei Todesstrafe. Das hinderte Vertreter der Kirche allerdings nicht daran, Trauminhalte ernst genug zu nehmen, um sie in Inquisitionsprozessen gegen Häretiker als aussagekräftiges Beweismaterial für deren Umgang mit dem Teufel anzuerkennen.

Zahlreiche Schriften und geschichtliche Zeugnisse deuten darauf hin, daß sowohl das einfache Volk als auch der Adel an die prophetische Macht von Träumen glaubte. Karl der Große besaß sogar einen offiziellen Traumdeuter. Auch die Inkubation, die in heidnischen Zeiten an heilenden Stätten stattfand, war in Höhlen, Kirchen und an geweihten Orten weiterhin üblich: Es reichte offenbar völlig, Asklepios durch die Jungfrau Maria oder andere christliche Heilige zu ersetzen, um heidnische Traditionen fortführen zu können.

Die Literatur des Mittelalters und der Renaissance enthält an vielen Stellen Hinweise auf die wertvollen Ratschläge, die Träumenden im Schlaf zuteil wurden. Das »Rolandslied«, der »Rosenroman« (»Roman de la Rose«), der Sagenkreis um König Artus und seine Tafelrunde, Chaucers »Canterbury-Geschichten« (»The Canterbury Tales«), Boccaccios »Decamerone«, Dantes »Göttliche Komödie« (»Divina Commedia«), die Mirakelspiele und viele andere Werke aus Prosa und Dichtung sind nur einige von vielen Beispielen. Rabelais nahm in seinen Werken »Gargantua« und »Pantagruel« ironisch Bezug auf die Geschichte der Traumdeutung.

Wer über die Ursachen, Mechanismen und Bedeutungen von Träumen schrieb, orientierte sich im allgemeinen an den anerkannten Thesen von Aristoteles und Platon sowie an den Lehren anderer griechischer Philosophen, wie einige Beispiele zeigen werden.

Die Nonne Hildegard von Bingen (1098–1179), Visionärin und Dichterin, verglich den Mond mit der Seele des Menschen. Ebenso wie der Mond die Nacht erhellt, so erleuchtet die Seele den schlafenden Menschen und zeigt ihm oft durch ihre Fähigkeit, die Wahrheit zu erkennen, den Weg, der vor ihm liegt. Ebenso wie Wolken und Stürme das Mondlicht verdunkeln können, ist der Teufel in der Lage, Träume durch anstößige Bilder zu entstellen.

Thomas von Aquin (um 1225–1274) verstand Träume als prophetisch und schrieb ihnen darüber hinaus eine die Zukunft direkt beeinflussende Kraft zu. Schon Aristoteles hatte die These aufgestellt, daß Träume eine Person zu ganz bestimmten Handlungen verleiten konnten und somit auch fähig waren, zukünftige Geschehnisse zu verursachen. Für den Aquinaten konnten der Traum und das zukünftige Ereignis von derselben Ursache herrühren, wobei er an der Theorie von der Verknüpfung von Universum und Individuum festhielt. Traumdeutung hielt er für durchaus vertretbar, denn vorausgesetzt, Gott lehre den Menschen durch Träume, hatte der Mensch die Verpflichtung, die Bedeutung der gottgesandten Bilder zu verstehen.

Der christliche Philosoph und Lehrer Albertus Magnus (um 1200–1280) führte Träume auf anatomische und physiologische Vorgänge zurück. Er postulierte eine ganz besondere Sinneswahrnehmung, die angeblich im Zentrum des Vorder-

Oben: Illustration zu: Guillaume de Lorris und Jean de Meung, »Le Roman de la Rose«, London, The British Museum. Mit dem Stilmittel der Traumallegorie wird in diesem Versroman aus dem 13. Jahrhundert die Suche nach einer Rose als Symbol der Liebe beschrieben.

Links oben: Die Träume des Merowingerkönigs Childerich I. (reg. um 457–482) handelten von verschiedenen Tieren und wurden von seiner Frau so gedeutet, daß seine Kinder edel (Einhörner, Leoparden, Löwen), seine Enkelkinder wild und grausam (Bären) und die letzten Nachkommen (Hunde) lüstern, lasterhaft und miteinander im Streit sein würden, bis ihre Herrschaft gestürzt würde. Paris, Bibliothèque Nationale

Links unten: Die Äbtissin Hildegard von Bingen (1098–1179), Naturwissenschaftlerin und Theologin, hatte zahlreiche Gesichte vom Kosmos, die sie in ihrem berühmten »Liber Scivias« (»Wisse die Wege«) niederschrieb. Die Abbildung zeigt das Universum als Oval, mit der von Wolken umgebenen Erde im Zentrum, und wurde wahrscheinlich unter ihrer Anleitung angefertigt. Die Sonne ist ein großer heller Stern, der von einer Reihe anderer sternförmiger Planeten gekrönt wird. Mit freundlicher Genehmigung der Abtei St. Hildegard, Rüdesheim-Eibingen

Thomas von Aquin, Philosoph und Theologe im 13. Jahrhundert, glaubte an die Weissagekraft und die lehrreiche Bedeutung von Träumen. Fresko, 1438–1445, Florenz, Museo San Marco

Rechts: Schlafender Jüngling unter einer Weide, Persien, Ende 16. Jahrhundert, ca. 210 × 120 mm, The Cleveland Museum of Art, J. H. Wade Collection

hirns lokalisiert war und jeden Menschen mit dem Universum verband. Dort würden Reize, die von den Sinnen wahrgenommen wurden, durch den Blutstrom weitergetragen, eine Vermutung, die dem Mechanismus der Weiterführung von ›Sinneseindrücken‹ entsprach, den bereits Aristoteles angenommen hatte. Albertus Magnus bezeichnete sie als *cellula phantastica* (oder auch *imaginatio*) und nahm an, daß sie die Funktion hatte, Träume hervorzubringen.

Arnaldus von Villanova (um 1240–1311), ein Schüler von Albertus Magnus, teilte die Ansicht seines Mentors und unterschied als Ursachen für nächtliche Visionen äußere, göttliche Ursprünge und innere, körperliche Faktoren. Als Arzt war er sehr interessiert an der medizinischen Bedeutung von Träumen und schrieb die Art der Bilder der Vermischung der vier Körpersäfte zu, wie es auch Hippokrates und Galen getan hatten. Träume, die von Regen und Nässe handelten, symbolisierten einen Überschuß an Schleim; Donner und Sternschnuppen ließen auf gelbe Galle schließen; Schrecken und Untergang auf schwarze Galle; rote Objekte auf Blut.

Islam

Die ambivalente Haltung der christlichen Kirche Träumen gegenüber wurde von der islamischen Geistlichkeit nicht geteilt, denn hier wurden Träume als besonderer Kontakt zwischen Allah und den Menschen angesehen. Göttliche Offenbarungen im Traum finden sich sowohl im Koran als auch in den späteren Kommentaren. Traumdeutung *(tâbir)* war eine Wissenschaft, die in die Medizin integriert war.

Der Prophet selbst deutete wiederholt die nächtlichen Visionen seiner Anhänger und sprach über seine eigenen Träume. Besonders signifikant war Muhammads Traum vom Erzengel Gabriel, in dem der Engel ihm mitteilte, er sei der Gesandte Allahs. Im selben Traum wurde ihm der Koran gezeigt, der ihm dann von Gabriel diktiert wurde. Ein weiterer Traum weissagte außerdem, daß Mekka die heilige Stadt des Islam werden würde.

Es war schwierig, zwischen wahren und falschen Träumen zu unterscheiden, aber man nahm an, daß die falschen Bilder von Personen mit unmoralischer und feindseliger Gesinnung geträumt wurden, ferner von Trunkenbolden, Konsumenten bestimmter Nahrungsmittel (zu denen Linsen und gesalzenes Fleisch zählten) und Kindern, deren Visionen im allgemeinen für bedeutungslos und trivial gehalten wurden – mit Ausnahme von sehr kleinen Kindern, weil ihre Traumgesichte noch nicht von weltlichen Einflüssen verdorben waren.

Um wertvolle und günstige Träume zu erhalten, mußten manchmal ganz bestimmte Regeln befolgt werden. Auf der rechten Seite zu schlafen wurde für besonders wirkungsvoll gehalten und rief angeblich positive Träume hervor; auf der linken Seite zu liegen war weniger günstig (Pythagoras hatte genau das Gegenteil für die Herbeiführung positiver Traumbilder empfohlen). Rücken- und Bauchlage waren in der muslimischen Traumtheorie die ungünstigsten Schlafpositionen. Bevor man sich abends schlafen legte, hielt man es für das beste, zunächst zu Allah zu beten, damit er den Schlaf vor bösen Träumen schützte, die der arglistige Satan schickte, und die Gottheit um günstige, wahre Traumbilder anzuflehen. Andere angeblich erfolgversprechende Vorbereitungen waren

Waschungen, gemäßigtes Essen – weder zuviel noch zuwenig – und das Zitieren des Koran, besonders Stellen, in denen von Sonne, Nacht, Feigen oder Oliven die Rede war.

Sowohl Träumende als auch Traumdeuter hatten besondere Pflichten, wenn es darum ging, die Bedeutung eines Traums herauszufinden. Vom Ratsuchenden wurde erwartet, daß er den Traum genau, wahrheitsgemäß, klar und vollständig mitteilte. Verstellung wurde als Sünde angesehen. Der Traumdeuter hatte sich als Erbe einer heiligen Tradition rechtschaffen, fromm und demütig seiner Position als Stellvertreter Allahs bewußt zu sein, ebenso wie Joseph in Ägypten und Daniel in Babylon es gewesen waren. Das einzige akzeptable Motiv für eine Traumdeutung war die Suche nach der wahren Bedeutung im Sinne der Gottheit. Geschick in der Interpretation von Träumen war eine Gabe, die nur wenige besaßen. Der *moabbir* (Deuter) hatte vor jeder Sitzung genau vorgeschriebene Gebete zu verrichten.

Zur Auswertung des Traums waren beträchtliches Feingefühl und Scharfblick notwendig. Die erste Voraussetzung waren Urteilsvermögen und Takt, das bloße Vertrautsein mit Symbolen und deren traditioneller Bedeutung reichte nicht aus. Jeder, der diese erhabene Kunst ausüben wollte, mußte unbedingt sehr große Kenntnis von Menschen und Dingen besitzen. Das Verständnis der heiligen und profanen Welt, Vertrautheit mit den Wahrsagemethoden verschiedener Länder, mit Sprachen, Sitten, Gesetzen, Religion und sogar der Etymologie von Wörtern waren notwendig, um Träume zu entschlüsseln und ihre Bedeutung im Einzelfall richtig zu erkennen. Am wichtigsten war es, auch über den Ratsuchenden genaue Informationen zu besitzen, wie es schon Artemidoros in der Antike angeraten hatte: Name, Geburtsort, Alter, Stellung, Religion, genaue äußere Umstände, Heim und Gewohnheiten mußten bekannt, die Zuverlässigkeit des Traumberichts mußte gewährleistet sein.

Auch der Ort, an dem die Traumdeutung stattfand, war von Bedeutung. Öffentliche Plätze wurden möglichst gemieden. Sowohl der Traumbericht als auch die Deutung hatten außerhalb der Hörweite von Frauen, Kindern, persönlichen Feinden und Menschen, die möglicherweise mit Eifersucht reagieren konnten, stattzufinden. Die Anwesenheit von Tieren während des Gesprächs war ein gutes Omen, denn der Koran lehrte, daß Allah die Tiere geschaffen hatte. Häufig bezog man sich auch auf lange Passagen aus dem Koran, um herauszufinden, ob ein Traum positive Bedeutung hatte oder nicht. Wenn man vom Koran selbst träumte, hing es ganz davon ab, auf welche Kapitel *(Suren)* sich der Traum bezog. Derartige Träume deuteten meist auf Aufrichtigkeit, Sicherheit und Erfolg hin. Die Einschätzung des Traums hing auch immer vom Geschlecht, dem Familienstand und der finanziellen Lage des Betreffenden ab: Männer hatten häufiger gute Träume als Frauen; keusche verheiratete Frauen hatten bessere Träume als unkeusche unverheiratete; reiche Männer bessere als arme.

Träume konnten von Allah, aber auch vom Satan kommen, oder sie gingen auf Reize innerhalb bzw. außerhalb des Körpers zurück. Eine Vision war sehr häufig als wahr und daher göttlich anzusehen, wenn ein Engel die Botschaft überbrachte, denn Satan und seine Günstlinge hatten nicht genug Macht, um sich als himmlische Gestalten auszugeben. Ein solcher Traum, *ahkám – oneiros* und *somnium* der Antike entsprechend –, konnte eine Erläuterung momentaner Zustände darstellen, die Zukunft voraussagen, vor Gefahren warnen oder Inspiration sein, die den Schlafenden zu einer bestimmten Handlung motivieren sollte. Ein falscher, schlechter Traum, *ahlám* oder *azghás – enhypnion* oder *insomnium* entsprechend –, wurde entweder von Satans bösen Geistern verursacht, die fälschlicherweise eine Prophezeiung vortäuschten, konnte aber auch durch Funktionsstörungen im Inneren des Körpers oder durch Situationen in der Umgebung hervorgerufen werden, etwa durch extreme Hitze oder Kälte, laute Geräusche oder Objekte, die die Haut berührten, durchbohrten oder in anderer Weise auf sie einwirkten.

Während griechische Ärzte davon ausgegangen waren, daß Traumbilder eine wichtige prodromale und diagnostische Bedeutung hatten, sahen ihre muslimischen Kollegen in den Träumen ihrer Patienten persönliche Interessen, Beruf und intensive emotionale Fixierungen einer Person in bestimmten

چون محمد ز جبرئیل براز
گوش کرد آن پیام روح نواز
زان سخن هوش را تمامی داد
گوش را حلقهٔ غلامی داد
آن امین خدای در تنزیل
وین امین خرد بعقل دلیل
آن پیامی که بود شرط پیام
وین شنید آنچه بود پیک کلام
در شب تیره آن چراغ منیر
شد ز نقش مراد نقش پذیر
گردن از طوق آن کمند نتافت
برق کردار بر براق نشست
کبک علوی خرام جست ز جای

Oben: Ein persischer Kashan-Teller aus dem 13. Jahrhundert zeigt das Erwachen eines Schlafenden im hypnagogischen Zustand. Er ist von fünf Prinzen umgeben, welche die fünf Sinne der geistigen Wahrnehmung symbolisieren. Signiert von Sayyid Shans-ad-din al-Hasani; Iran, Durchmesser ca. 33 cm, Washington, D.C., Freer Gallery

Links: Der Aufstieg des Muhammad (auch bekannt als: Die Nachtreise), Illustration zu: Niziami, »Khamsa«, 1539–1543, London, The British Library. Träume spielten eine wichtige Rolle in der Entwicklung der Lehre Muhammads.

damit zusammenhängenden Traumbildern ausgedrückt: Kampf und Waffen bei Soldaten, Handelsgüter bei Kaufleuten, den geliebten Partner bei Menschen mit Liebeskummer, Nahrung bei Hungrigen, Getränke bei Durstigen, erotische Aktivitäten bei sexuell frustrierten Personen.

Traumdeuter gingen auf mögliche Analogien und Wortspiele ein und stellten kulturelle Verbindungen her. Einige Traumbilder sind von den Muslimen viel intensiver erforscht worden als von ihren Vorgängern. So wurden etwa die verschiedenen Tier- und Pflanzenarten und die unterschiedlichen Objekte, die im Traum auftauchen konnten, sorgfältig in bezug auf ihre biologische und technische Klassifizierung untersucht, wobei jedes Detail für die Bedeutung des Traums relevant war. Auch Zahlen spielten eine Rolle. Der dreimalige Ruf eines Vogels konnte eine positive Bedeutung haben, rief er jedoch öfter bzw. weniger oft, war das Vorzeichen ungünstig. Manchmal deckten komplizierte numerologische Zusammenhänge die verborgene Traumbedeutung auf. Die Zahl 3 beispielsweise konnte die Enthüllung eines Geheimnisses ankündigen; die 4 war als Hinweis auf den Himmel und die Sterne zu verstehen; die 6 bezeichnete Engel und das Heilige; die 7 bedeutete Ernte (vielleicht ein fernes Echo des Pharaonentraums im Alten Testament, der von Joseph gedeutet wurde).

Ebenso wie der Prophet Daniel Nebukadnezzar dazu brachte, sich wieder an seinen Traum zu erinnern, hatten auch die muslimischen Traumdeuter oft ihre eigenen Methoden, die Erinnerung an einen vergessenen Traum zu reaktivieren, in der Art freier Assoziationen, die Freud später weiterentwickelte und verfeinerte. Beispielsweise konnte der Ratsuchende dazu aufgefordert werden, seinen Körper an irgendeiner Stelle, die er selbst bestimmte, zu berühren. Von dieser Geste ausgehend wurde eine Liste mit zahlreichen entsprechenden Begriffen aufgestellt, die als Hilfsmittel für die Entschlüsselung der möglichen Traumbedeutung diente. Die Verknüpfung beruhte offenbar auf der Ähnlichkeit einzelner Körperteile mit bestimmten Objekten. Der Kopf entsprach dabei den Bergen, Haare wurden mit Gras, Ohren mit Höhlen und Arme mit Bäumen in Verbindung gebracht. Das Vergessen eines Traums galt als Zeichen von Sündhaftigkeit, Verstocktheit und Unentschlossenheit.

Obwohl einige Symbole in der muslimischen und in der von Artemidoros beeinflußten Traumdeutung gleich oder ähnlich interpretiert wurden (ein Buch beispielsweise wird hier wie dort mit Weisheit in Verbindung gebracht), waren andere nur für die muslimische Kultur typisch, etwa die Verknüpfung von Tiger und Krankheit. Auch das Moment der Umkehrbarkeit fand Beachtung: Traurigkeit konnte Freude, Furcht konnte Freiheit bedeuten – ein Prinzip, das auch in anderen alten Kulturen bei der Traumdeutung häufig angewandt wurde.

Es gab zahllose Traumbücher, in denen man Symbole und Deutungen zusammengetragen hatte. Eins davon (»Tâbir ul Caderi«) war eine Zusammenstellung von 600 Deutungen aus über 7000 anderen Schriften. Das älteste Buch stammt möglicherweise von Ibn Sirin, der Ende des 7. Jahrhunderts als eine der zuverlässigsten und kenntnisreichsten Autoritäten auf diesem Gebiet galt. Ein anderes sehr populäres Werk war das »Große Traumbuch« (»Kámil ul Tâbir«), das für einen Herrscher zusammengestellt worden war. Eine der am häufigsten benutzten Quellen war eine byzantinische Sammlung von Deutungen, die einem gewissen Achmet zugeschrieben werden, über dessen Identität kaum etwas bekannt ist.

Während im christlichen Europa Traumbücher häufig als Teil des Volksglaubens der unteren Bevölkerungsschicht angesehen und als gottlos oder abergläubisch bezeichnet wurden, waren sie in der muslimischen Gesellschaft allgemein anerkannt, und die Traumdeutung zählte zu den angesehenen Professionen.

Reformation und Renaissance

Obwohl der Konflikt zwischen Wissenschaft und Mystik im Laufe des 15. und 16. Jahrhunderts immer größer wurde, nahmen Träume im Grunde eine Sonderstellung ein, denn sie verbanden das Säkulare mit dem Spirituellen. Beispielsweise hielt man trotz des Widerstands gegen den Okkultismus Träume weiterhin für wichtig, und die zunehmende Beliebtheit der Astrologie ging nicht unbedingt mit einer spirituellen Sicht der Bedeutung von Träumen einher. Martin Luthers Versuche, Träume auszuwerten, spiegeln die zwiespältige Haltung der katholischen Kirche. Luther (1483–1546) glaubte, daß der Teufel für sündhafte Bilder in Träumen verantwortlich sei, stieß allerdings auf Schwierigkeiten, als er versuchte, das Göttliche vom Satanischen zu trennen. Der protestantische Führer

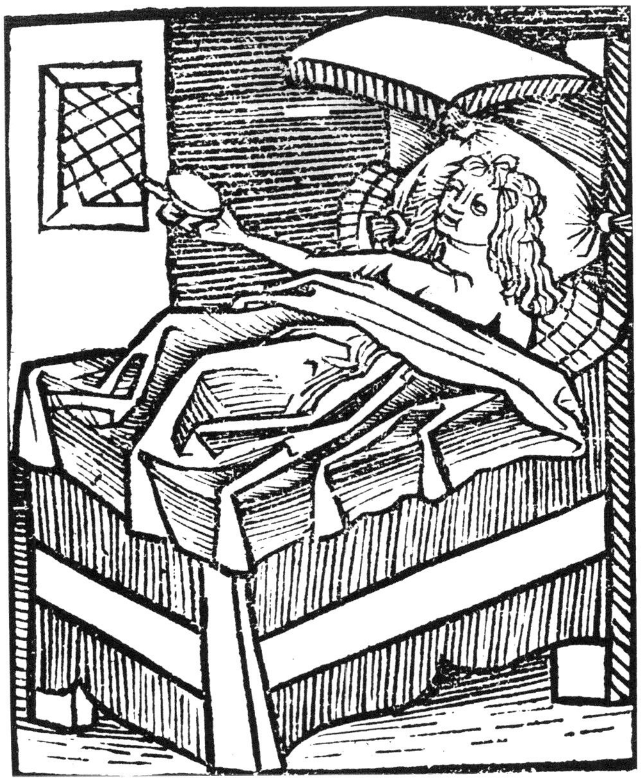

Holzschnitt aus: »Hortus sanitatis«, Mainz 1491, Bethesda, National Library of Medicine. Für angenehme Träume wird empfohlen, vor dem Einschlafen bestimmte Steine oder Edelsteine festzuhalten oder anzusehen, die angeblich magische Kräfte besitzen.

Links: Martin Luther fand die Unterscheidung zwischen göttlichen und satanischen Träumen so schwierig, daß er Gott bat, ihn von Träumen zu befreien. Sir Joseph Paton (1821–1901), Luther in Erfurt, 1861

Oben: Albrecht Dürer (1471–1528), Traumgesicht, 1525, Wasserfarbe auf Papier, 305 × 425 mm, Wien, Kunsthistorisches Museum. Aus der Unterschrift wird deutlich, daß Dürer in diesem Aquarell einen Traum vom 7./8. Juni 1525 festhielt, in dem er von sintflutartigen Regenfällen träumte. Dieses Traumbild ist wiederholt mit Dürers Malaria-Anfällen, aber auch mit seiner Furcht vor einer von Astrologen bereits für das Jahr 1524 angekündigt gewesenen neuen Sintflut in Verbindung gebracht worden.

Rechts: Hieronymus Bosch (1450–1516), Der Garten der Lüste (Mitteltafel des Triptychons), um 1503/1504, Öl auf Holz, 220 × 195 cm, Madrid, Museo del Prado. Freude und Schrecken, Belohnung und Bestrafung, realistische und phantastische Motive – nahezu alle Traumbilder sind hier vertreten.

Johann Calvin (1509–1564) schloß zwar die Übermittlung göttlicher Botschaften an den Schlafenden nicht aus, vermutete in diesen speziellen Träumen aber eine besonders starke symbolische Verschlüsselung.

Mit wiedererwachtem Interesse an den Schriftstellern der Antike wurden die Traumtheorien von Platon, Aristoteles und anderen in der Renaissance einem breiten Publikum zugänglich gemacht. Die Anweisungen des Artemidoros von Daldis galten als absolut zuverlässig, seine Interpretationen als unanfechtbar. Agrippa von Nettesheim (1486–1535), ein okkulter Historiker und Systematiker der abendländischen Magie, beschäftigte sich neben seinen anderen Interessen, zu denen Astrologie, Zauberei, Medizin, Jura und Diplomatie gehörten, auch mit dem Deuten von Träumen. In seinen Auslegungen bezog er sich auf das mikrokosmische und makrokosmische Verhältnis zwischen Seele und Universum, das bereits in der Antike zum wissenschaftlichen und okkultistischen Gedankengut gehört hatte.

Auch der Mathematiker, Schriftsteller und Mystiker Hieronymus Cardanus (Jérôme Cardan; 1501–1576) gehörte zu den Vertretern der Makrokosmos-Mikrokosmos-Lehre, war jedoch davon überzeugt, daß Träume im Schlafenden selbst ihren Ursprung hatten. Er entwickelte sogar Methoden, zu denen auch die Anwendung bestimmter Arzneistoffe gehörte, um verschiedene Arten von Träumen hervorzurufen. Obwohl er meist auf das von Artemidoros und Macrobius entwickelte System zurückgriff, betonte er nachdrücklich die Bedeutung von Emotionen für die Entwicklung verschiedener Traumbilder, insbesondere Furcht, Leidenschaft und Freude. Er war jedoch auch davon überzeugt, daß Träume, die von einer Kombination astrologischer Einflüsse und der geistigen Verfassung des Schlafenden verursacht wurden, in die Zukunft weisen konnten. Sein Werk »Somniorum Libri III« ist eine detaillierte Einführung in seine Theorien und Methoden und enthält außerdem eine Beschreibung einiger seiner eigenen Erfahrungen. Einmal berichtet er, ein beunruhigender Traum habe ihn Nacht für Nacht heimgesucht und angetrieben, sein Buch zu Ende zu schreiben. Ihm seien sogar Plan und Aufbau der Abhandlung gezeigt worden. Nach der Fertigstellung seiner Arbeit hätten auch die Träume aufgehört.

Theophrastus Bombastus von Hohenheim, genannt Paracelsus (1493–1541), einer der einflußreichsten Denker und Ärzte der Renaissance, ließ seine einzigartige Kombination aus mystischen und rationalistischen Elementen in seine bedeutenden medizinischen Theorien und Methoden einfließen. Einige seiner Ideen führten in Medizin und Chemie zu tiefgreifenden Veränderungen, deren Einflüsse noch Jahrhunderte später spürbar waren. Im Bereich der Traumdeutung stützte er sich zum Teil auf die Lehren von Platon und Aristoteles. Der Geist, der während des Schlafs frei wurde, hatte seiner Meinung nach Einblick in die Vergangenheit und Zukunft, denn er gehörte zur Seele des Kosmos – verkörperte den Mikrokosmos in Verbindung mit dem Makrokosmos. Dies befähigte den Menschen, Botschaften von den Geistern der Toten und Lebenden zu empfangen oder an sie weiterzugeben. Darüber hinaus glaubte Paracelsus (ebenso wie einige Naturvölker) an die Seelenwanderung im Traum, nur mußte die Seele unbedingt in den Körper zurückkehren, bevor der Schlafende erwachte, weil er sonst sterben mußte, da ihm die lebensspendende Kraft entzogen war. Offenbar hat er als einer der ersten den Begriff ›unbewußt‹ benutzt. Damit bezeichnete er jenen Teil der menschlichen Psyche, der zwar verborgen war, aber trotzdem auf den Zustand des Menschen einwirkte – Sigmund Freud sollte die gleiche Kraft Jahrhunderte später Unterbewußtsein nennen.

Da weder von kirchlicher noch von wissenschaftlicher Seite eine einheitliche Stellungnahme für oder gegen den Wert von Träumen erfolgte, ist es nicht verwunderlich, wenn die Einstellung in der Bevölkerung äußerst zwiespältig war. Doch immer wieder waren es bestimmte Träume, die besonderes Interesse weckten: Es wurden spezielle Rituale entwickelt, um sündhafte Nachtbilder hervorzurufen. Fledermausblut, Fischknochen, Muscheln, Tierfett, bestimmte Pflanzen – von denen einige möglicherweise narkotische oder halluzinogene Wirkung hatten – wurden äußerlich angewandt oder eingenommen, um derartige Visionen hervorzurufen. Die moderne Psychologie könnte darin den Ausdruck bestimmter Wünsche und Begierden sehen, den Versuch, sich die Befriedigungen zu verschaffen, die sonst nicht möglich waren.

Bestimmte Nächte schienen besonders geeignet für weissagende Träume, vor allem Halloween, Allerheiligen und der Tag der Sommersonnenwende. Am Abend des St.-Agnes-Tages (am 21. Januar, wenn die Sternzeichen Steinbock und Wassermann sich ablösen) hatten Frauen und Mädchen Gelegenheit, im Traum ihren zukünftigen Ehemann zu sehen. Besondere Vorbereitungen vor dem Schlafengehen erhöhten die Aussicht auf Erfolg, etwa das Essen von Heringen oder von Kuchen, die nach einem ganz bestimmten Rezept gebakken worden waren. Erprobte Mittel waren auch Mistelzweige oder handgeschriebene Liebesgedichte unter dem Kopfkissen.

In der Literatur der Zeit finden sich viele Hinweise auf die herausragende Bedeutung von Träumen. Sogar Montaigne, dessen Einstellung zu Träumen eher skeptisch war, stellte ihre Wichtigkeit nicht grundsätzlich in Frage. Schon Dante, Boccaccio, Chaucer und viele andere hatten Träume sowohl inhaltlich als auch formal benutzt, um ihre Ideen darzustellen und Handlungen auszuschmücken. Diese Tradition des Traums als Ausdrucksmittel bleibt während der Zeit der Renaissance und noch danach ungebrochen. In mehreren Dramen Shakespeares spielen Träume eine überaus wichtige Rolle, besonders in »Hamlet«, »Julius Caesar«, »Macbeth« und »Richard III.«. Viele Künstler beschrieben Träume und Träumende. Gleichgültig, welche Einstellung Wissenschaftler, Theologen und führende Persönlichkeiten Träumen gegenüber auch haben mochten, Schriftsteller und Maler enthüllten immer wieder das tiefe Interesse an den Ursprüngen von Träumen und an der Bedeutung des Traumgeschehens, das im Grunde allen Menschen gemeinsam war.

Es erschienen daher immer mehr Bücher und Abhandlungen, in denen die vermeintlich prophetischen Bedeutungen von Traumsymbolen beschrieben wurden. Einige Broschüren gingen angeblich auf die mystischen Schriften biblischer Propheten zurück, auf alte ägyptische Papyrusrollen, berühmte Magier oder orientalische Mystiker, doch die meisten Assoziationen und Rituale stammten eindeutig aus den fünf Büchern des Artemidoros von Daldis aus dem 2. Jahrhundert und aus der späteren Zusammenfassung seiner Werke von Macrobius vom Anfang des 5. Jahrhunderts.

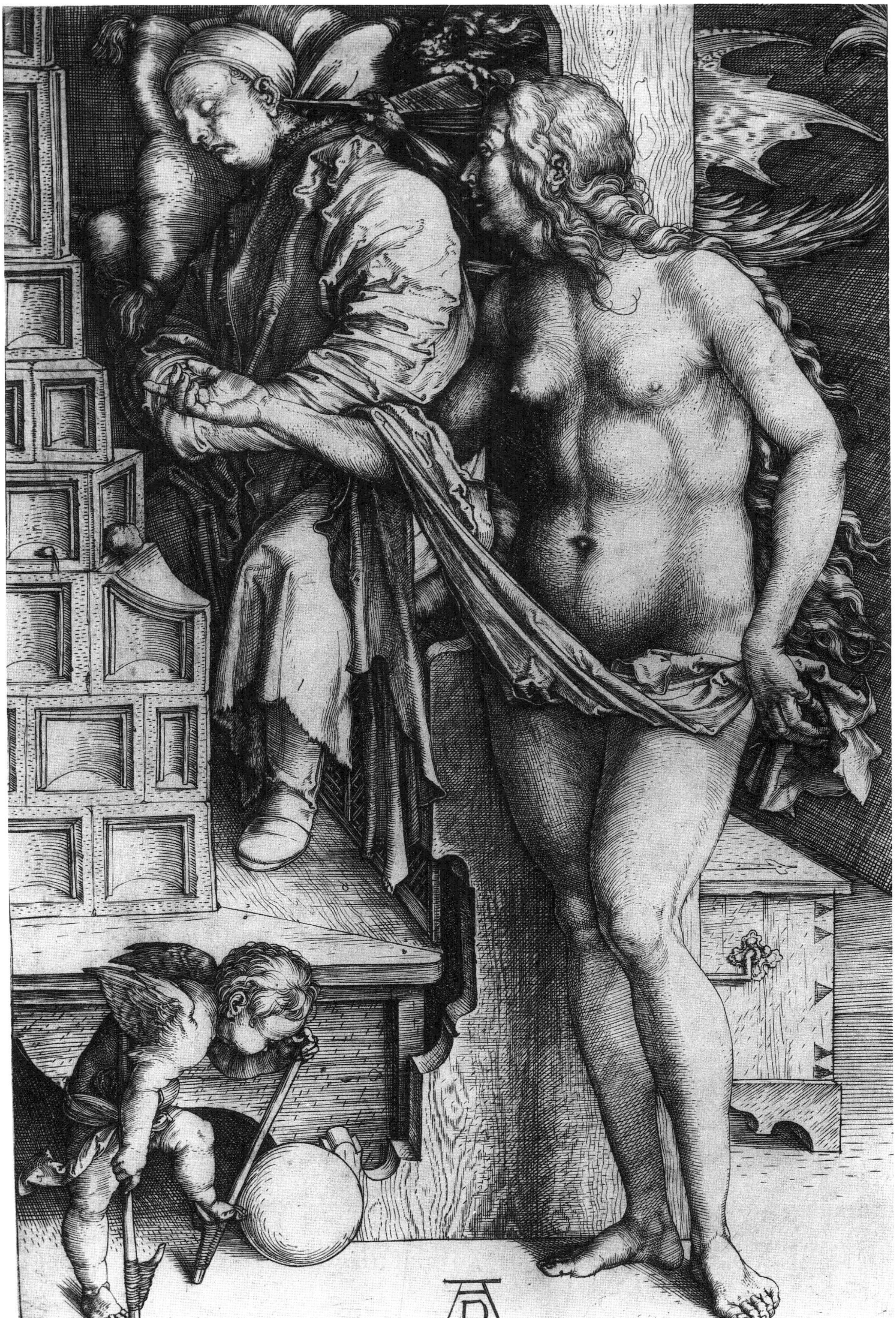

Albrecht Dürer (1471–1528), Der Traum, 1497/1498, Kupferstich, 188 × 119 mm. Der Teufel bläst dem Schlafenden lüsterne Gedanken ein (oben Mitte), die in Gestalt der nackten Frau für den Betrachter sichtbar werden.

Das 17. und 18. Jahrhundert

In einer Zeit der ›Aufklärung‹ durch immer neue Erkenntnisse der Naturwissenschaften nahm die Tendenz, Träume mechanistisch zu deuten, mehr und mehr zu. Nach der Theorie von Kopernikus (1473–1543) hatten die Erde und ihre Bewohner ihren Platz im Zentrum des Universums eingebüßt, und ihre Stellung innerhalb des Kosmos wurde zunehmend unbedeutender. Gleichzeitig hatte jedoch die Renaissance das Interesse am Menschen und damit auch am Aufbau und an der Funktion des menschlichen Körpers wieder neu belebt. Träumen gehörte zu den Aktivitäten, die nicht nur von Wissenschaftlern, sondern auch von Schriftstellern und Philosophen auf profane und geistige Ursachen hin untersucht wurden. Robert Burton (1577–1640) schrieb beispielsweise in seinem Werk »Anatomy of Melancholy« (»Die Anatomie der Melancholie«), daß Träume nicht von Göttern oder Geistern stammten, sondern vom Schlafenden selbst. Der englische Philosoph Thomas Hobbes (1588–1679) beurteilte die Entstehung von Träumen sachlicher und erklärte, die Bilder rührten von äußeren Reizen her – wie bereits Aristoteles und andere angedeutet hatten. Hitzeempfindungen des Körpers fanden in feurigen Traumbildern ihren Ausdruck; Zugwind im Zimmer konnte dazu führen, daß man von einem Sturm träumte.

Im 17. und 18. Jahrhundert gelangen bahnbrechende Entdeckungen im Hinblick auf den menschlichen Körper, etwa was die physikalischen und chemischen Gesetzmäßigkeiten von Atmung, Verdauung, Blutkreislauf und Stoffwechsel sowie die Struktur des Lymphsystems und anderer Systeme betraf. Trotzdem waren auch die Auswirkungen der spekulativen Theorien noch spürbar. William Harvey (1578–1657), der durch geschickte Experimente den Blutkreislauf entdeckte und damit die bisherige Theorie widerlegte, die Galen im 2. Jahrhundert aufgestellt hatte, betrachtete sich als Anhänger Galens. So glaubte er beispielsweise an einen ›lebensspendenden Geist‹ im Herzen des Menschen. Während die Naturwissenschaftler die inneren Vorgänge von lebenden Organismen immer besser verstanden, war der überlieferte Mystizismus in der breiten Öffentlichkeit nach wie vor fest verankert. John Wesley (1703–1791), der Gründer der methodistischen Kirche, glaubte, ganz im Einklang mit dem neuen wissenschaftlichen Geist seiner Zeit, an die somatische und psychische Ursache von Träumen, doch war auch er davon überzeugt, daß Engel und Dämonen bei der Entstehung der Traumbilder eine aktive Rolle spielten.

Obwohl man durch Experimente und Studien viele Körperfunktionen zu entschlüsseln suchte, wurden Träume offenbar eher mit Hypothesen und Vermutungen als mit Untersuchungen angegangen. Selbst die profanen Rationalisten waren offensichtlich nicht in der Lage, eine zufriedenstellende Erklärung der Unterschiede zwischen Wachzustand und Traumerleben zu geben.

Von René Descartes (1596–1650), einem erklärten Anhänger der mechanistischen Lehre, stammt der heute berühmte Satz »je pense donc je suis« (»Ich denke, also bin ich.«). Er konnte jedoch die Frage, ob er nun Traum oder Realität war, nicht lösen. Genaugenommen hätte er seinen berühmten Satz erweitern müssen um »mais qu'est-ce que je suis?« (»Aber was bin ich?«). Wie der mittelalterliche Philosoph und Kirchenvater Augustinus durch einen Traum bekehrt wurde, wie Galens medizinische Karriere mit dem Traum seines Vaters ihren Anfang nahm, so führte auch Descartes seine philosophische Entwicklung auf die Intensität seiner Träume zurück.

Frans Hals (1581/1585–1666), Descartes, 1655, Öl auf Leinwand, ca. 76 × 68 cm, Paris, Musée du Louvre. René Descartes berichtete, daß drei besondere Träume ihm den richtigen Weg für seine philosophischen Betrachtungen gewiesen hätten.

Descartes kam zu dem Schluß, daß alle seine Träume ihm den Weg wiesen, der vor ihm lag: in seiner Persönlichkeit Glauben und intellektuelle Realität in Konkordanz zu bringen, die voneinander unabhängigen Kräfte Gefühl und Verstand zu verbinden, alle Dualitäten des Lebens, sowohl die inneren als auch die äußeren, miteinander zu verknüpfen, und zwar durch die jedem Menschen eigene Fähigkeit, divergierende Kräfte miteinander in Einklang zu bringen. In seinen Bemühungen, eine anatomische Region zu finden, die für jede physiologische Aktivität verantwortlich war, kam er schließlich zu der Schlußfolgerung, daß die Seele in der Zirbeldrüse lokalisiert sei, die am unteren Teil des Gehirns ihren Sitz hat.

Der geniale französische Mathematiker Blaise Pascal (1623–1662) war der Meinung, daß sich die Traumphase vom Wachzustand nur in der Dauer der Betrachtung der Bilder unterschied: Im Schlaf verflüchtigten sich die Bilder schnell, im Wachzustand blieben sie konstant. Wie der chinesische Philosoph Chuang Tzu im 4. Jahrhundert v. Chr. fragte er sich, ob nicht vielleicht das Leben selbst ein Traum sei, aus dem man im Augenblick des Todes erwachte. Ein anderer Mathematiker, Gottfried Wilhelm Leibniz (1646–1716), der beinahe zur gleichen Zeit wie Isaac Newton die Differentialrechnung erfand, sah in Träumen lediglich die Erinnerung von

Titelblatt zu: Robert Burton, »The Anatomy of Melancholy« (1628). Die Abhandlung befaßt sich mit den Ursachen und der Behandlung der Melancholie. Der Autor stellt einfühlsam dar, daß Träume im Inneren des Menschen entstehen und nicht von außen durch Geister oder Götter verursacht werden.

Francisco Goya (1746–1828), Der Traum der Vernunft gebiert Ungeheuer, Cap. 43 aus »Los Caprichos«, 1799, Radierung und Aquatinta, 215 × 150 mm. Während des Schlafens und Träumens ist die Phantasie frei vom Einfluß der Vernunft, von der sie während des Wachzustands kontrolliert wird. Schreckensvisionen und Monster übernehmen die Herrschaft. Goyas Darstellung ist zu einer Bildmetapher für die Aufhebung der Vernunft geworden.

Erfahrungen und Gedanken, die man in der Vergangenheit gemacht hatte und die scheinbar vergessen, aber doch in der Psyche allgegenwärtig waren. Der englische Philosoph und Arzt David Hartley (1705–1757) vertrat ebenfalls diese Theorie, betonte jedoch vor allem die Rolle des Magen-Darm-Trakts für die Bildung von Traumbildern. Außerdem wies er auf die Flüchtigkeit und Widersprüchlichkeit von Träumen hin, wie es auch Pascal getan hatte, und sah darin eine der Ursachen, warum Träume während des Wachzustands so leicht vergessen wurden. Bezeichnenderweise schrieb er Träumen auch eine durchaus positive Funktion zu: die Entwirrung von Bildern und Assoziationen als Schutz vor psychischen Krankheiten. Auch Johann Wolfgang von Goethe (1749–1832) glaubte an die heilende Wirkung von Träumen. Er führte sogar an, daß Träume gelegentlich seine Stimmung heben und ihn von seinen Depressionen befreien konnten.

Derartige wissenschaftliche Ansätze wurden von Philosophen vor und nach der Französischen Revolution weitergeführt. Voltaire (1694–1778) sah in Träumen den Ausdruck menschlicher Wünsche und Ängste, etwas das allen Menschen eigen war, den gebildeten genauso wie den ungebildeten. Auf die Zukunft bezogene Bedeutungen und Prophezeiungen führte er auf Aberglauben zurück und hielt sie für nachträglich hinzugefügt. Angeblich verfaßte er während eines Traums den Teil eines Gedichts, doch er führte dies auf seine eigenen geistigen Kräfte zurück, nicht auf irgendwelche übernatürlichen Ursachen. Seiner Meinung nach erinnerte man sich lediglich, wenn ein Ereignis im Traum richtig vorhergesehen worden war, im gegenteiligen Fall wurde es wieder vergessen. Jean-Jacques Rousseau (1712–1778) interessierte sich mehr für Tagträume als für nächtliche Träume, doch er führte den Inhalt seiner Tagträume auf psychische Faktoren zurück. Thomas Paine (1737–1809), der amerikanische Politikphilosoph, hielt es im Rahmen seiner säkularen, rationalistischen Prinzipien für durchaus möglich, daß Vorahnungen, Visionen und prophetische Träume durch den gesunden Menschenverstand hervorgerufen wurden.

Träume spielten trotzdem eine überaus wichtige Rolle in der Literatur dieser Zeit, sowohl als literarische Symbole – etwa in John Bunyans »The Pilgrim's Progress« (1678–1684; »Die Pilgerreise«) – wie auch als Handlungselemente – zum Beispiel in Shakespeares Dramen –, und ihre okkulte Bedeutung wurde wiederholt von Schriftstellern und Lesern betont. Oft wurde das Erlebnis des Schriftstellers Jacques Cazotte (1719–1792) als Beispiel für prophetische Träume zitiert. Er hatte, lange bevor er während der Französischen Revolution verhaftet und im Jahre 1792 durch die Guillotine hingerichtet wurde, im Traum seinen Tod vorausgesehen. Man kann diesen Fall natürlich auch anders interpretieren, nämlich als eine Vorahnung, die auf realistischen Wahrnehmungen der Umstände der Zeit basierte und von beträchtlichen Angstgefühlen begleitet wurde.

In Europa und Amerika wurden mehr Traumbücher denn je veröffentlicht, doch immer noch stützten sich die meisten auf das von Artemidoros in der Antike entwickelte Traumlexikon. Einige wenige Publikationen hoben hervor, daß jeder Traum unterschiedlich gedeutet werden konnte und daher auch die Möglichkeit einer Selbsttäuschung durch den Träumenden oder eines Betrugs durch den Traumdeuter nicht auszuschließen sei. Die meisten Veröffentlichungen waren allerdings als authentische Methoden zur Zukunftsdeutung angelegt, die angeblich auf uralten Weisheiten basierten und manchmal von Erklärungen anderer Systeme begleitet wurden, etwa Handlesen, Numerologie, Astrologie und einer Vielzahl mystischer Praktiken.

Der englische Arzt Sir Thomas Browne (1605–1682) wies in seinem Buch »Religio medici« darauf hin, daß sich die Wissenschaft nur mit Dingen beschäftige, die sich beobachten und rational erklären ließen. Der Glaube an alles, was der Wahrnehmung widerspricht, gehöre in den Bereich der Religion. Die beiden Denkarten seien voneinander unabhängig, sie bestünden nebeneinander und könnten nicht miteinander in Einklang gebracht werden. Die Überzeugung von der Bedeutung jener Bilder, die einem im Schlaf erscheinen, betrachtete er als Illusion, nicht als eine Sache des Glaubens.

Das 19. Jahrhundert

Im 19. Jahrhundert wurde der Konflikt zwischen der Religion und den Naturwissenschaften immer spürbarer, und die Zuordnung von Träumen in den Bereich des Übernatürlichen

Träume enthalten sowohl Wunscherfüllungen als auch Bilder, die von Schuldgefühlen hervorgerufen werden, wie diese Visionen eines schlafenden Mannes zur Weihnachtszeit zeigen. Our Christmas Dream (Unser Weihnachtstraum), aus: Illustrated London News, 4. Januar 1945

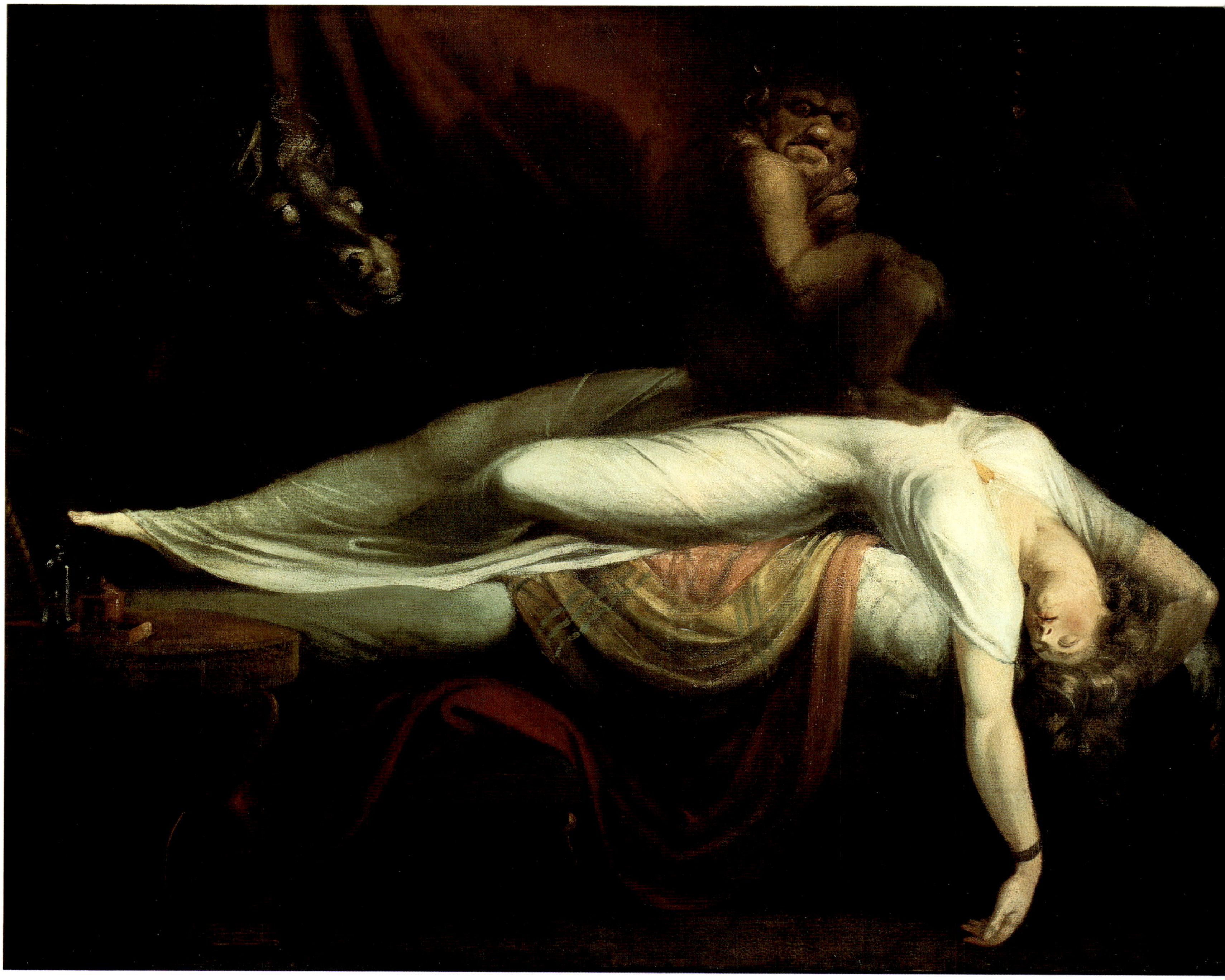

Johann Heinrich Füssli (1741–1825), Die Nachtmahr, 1781, Öl auf Leinwand, 101 × 127 cm, The Detroit Institute of Arts, Stiftung Mr. und Mrs. Bert L. Smokler sowie Mr. und Mrs. Lawrence A. Fleischman

oder Göttlichen wurde zunehmend unhaltbarer – ungehindert eines auch weiterhin festverwurzelten Glaubens an Prophezeiungen durch Wahrsager und Traumbücher. Rein formal wurde die Untersuchung von Träumen langsam systematischer, doch noch immer blieben Spekulationen und Vermutungen sowie nach heutigem Verständnis unwissenschaftliche Beobachtungen und Auswertungen ein wichtiger Bestandteil der veröffentlichten Studien.

Wissenschaftliche Abhandlungen über den Schlaf konzentrierten sich vor allem auf das Sprechen im Schlaf, auf Traumwandeln und ähnliche Phänomene. Beobachter stellten fest, daß es Beziehungen gab zwischen Träumen, dem Unbewußten, Schlaf und Hypnose, doch sie waren noch nicht in der Lage, die Verbindungen genau zu erklären. Franz Anton Mesmer (1734–1815) glaubte an einen ›animalischen Magnetismus‹, der in allen Menschen vorhanden sei und mit geeigneten Methoden genutzt werden konnte, den Bewußtseinsstatus zu ändern, um auf diese Weise Heilerfolge bei bestimmten Erkrankungen zu erzielen. Aus seiner Technik (Mesmerismus), die darin bestand, den Fluß des Magnetismus durch Handauflegen zu lenken und eine geeignete Atmosphäre für die Erwartung von Heilung zu schaffen, entwickelten sich jene Rituale, die wir heute Hypnose nennen. Immer mehr Ärzte, etwa der schottische Chirurg James Braid (1795–1860), benutzten die Hypnose – der Begriff stammt von Braid –, um gegen Schmerzen unempfindlich zu machen. Andere Medizi-

Illustration zu: Franz Anton Mesmer, »L'Antimagnetisme« (1784). In Gruppensitzungen versuchte Franz Anton Mesmer (1734–1815), Patienten mit Hilfe seines Konzepts vom ›animalischen Magnetismus‹ zu helfen. Seine Methoden (die man später als Hypnose bezeichnete) wurden von Traumforschern als traumähnliche Zustände definiert, in denen man Erfahrungen der Vergangenheit wiederaufleben ließ.

ner, so der englische Arzt John Elliotson (1791–1868) und der Franzose Jean Martin Charcot (1825–1893), behandelten Krankheitssymptome und Geisteskrankheiten mit dieser Methode. Mesmer und seine Anhänger verstanden nur wenig von dem, was sie taten, und wurden immer wieder lächerlich gemacht. Sie schwelgten oft in Exzessen, die an Scharlatanerie grenzten. Allerdings entwickelte sich die Hypnose zu einer anerkannten psychologischen Methode, die später auch von Sigmund Freud und anderen angewandt wurde. Die Traumforscher interessierten sich vor allem für die Erinnerung an vergessene Gefühle und Erfahrungen aus der Vergangenheit, die durch die Hypnose wieder zugänglich wurden.

Der deutsche Physiologe und Psychologe Wilhelm Wundt (1832–1920), einer der ersten Experimentalpsychologen, erklärte Träume – ebenso wie Schlaf und Hypnose – unter psychologischen Gesichtspunkten und nahm dabei auch die Theorien von Aristoteles und dessen Vorgängern auf, denenzufolge äußere Reize, innere emotionale Zustände und die Erinnerung an vorangegangene Ereignisse die Traumbilder formten. Andere, etwa James Sully (1842–1943) und Henri Bergson (1859–1941), gehörten zur selben geistigen Schule. Hippolyte Bernheim und Auguste Forel (1848–1931) definierten Schlaf, Hypnose und Träume als Zustände, in denen zwei Bewußtseinsformen gleichzeitig existierten. Ein Schlafender oder eine hypnotisierte Person besaßen beide ein Bewußtsein, das zwar unabhängig, jedoch genauso real war wie das Bewußtsein im Wachzustand. Diese physiologischen Forscher sahen im Somnambulismus eine Verhaltensform, die mit den Halluzinationen vergleichbar war, die von Drogen hervorgerufen wurden. Allerdings stellten Emil Gutheil, Pierre Janet (1859–1947) und einige andere im Jahre 1889 die These auf, daß in einem Menschen, der im Schlaf spricht, umherwandert oder träumt, Triebe wirksam würden, die sein Bewußtsein im Wachzustand nicht akzeptieren könnte. Diese These entsprach in vielen Punkten den späteren Lehren Sigmund Freuds.

Das Unbewußte als unabhängige innere Welt, die sich in jedem Menschen befindet und aufgrund eigener Gesetze und Zielsetzungen funktioniert, fand zunehmende Akzeptanz als Erklärung für den Inhalt von Träumen. Die Bezeichnung ›Unbewußtes‹ in ihrer Bedeutung als tiefere Schicht der

Sean Grandville (Jean-Ignace-Isidore Gérard, 1803–1847), Erster Traum: Verbrechen und Sühne, 1847, Stahlstich, 236 × 150 mm, New York, The Metropolitan Museum of Art, Philip Hofer Collection

menschlichen Psyche begann sich im späten 18. Jahrhundert vor allem in deutschen und englischen Texten durchzusetzen und geht möglicherweise auf eine Formulierung von Paracelsus im frühen 16. Jahrhundert zurück. Die Schriftsteller der Romantik, unter ihnen Jean Paul (Jean Paul Friedrich Richter; 1763–1825), verstanden diese verborgene psychische Welt als eine Art Gedächtnis, in dem Eindrücke und Vorstellungen zwar vorhanden, aber nicht immer, wenn überhaupt, dem Bewußtsein zugänglich waren.

Wie bereits die Gelehrten der Antike gingen auch die Wissenschaftler der Neuzeit davon aus, daß Vorstellungen oder Szenen, die der Träumende normalerweise im Wachzu-

Sean Grandville (Jean-Ignace-Isidore Gérard, 1803–1847), Zweiter Traum: Ein Himmelsspaziergang, 1847, Stahlstich, 235 × 150 mm, New York, The Metropolitan Museum of Art, Philip Hofer Collection

stand nicht zugelassen hätte, ohne Schwierigkeiten im Schlaf erscheinen konnten, wenn die Zensur des Wachbewußtseins fehlte. Einer umstrittenen Theorie zufolge betrachtete der Träumende seine Traumerlebnisse als Verfehlungen gegen seine Moralvorstellungen, doch die meisten Autoren, etwa auch der Pionier der Sexualpsychologie Henry Havelock Ellis (1859–1939) und der Essayist William Hazlitt, waren sich einig in der vorübergehenden Aufhebung des Bewußtseins. William Dean Howells (1837–1920), der amerikanische Romancier und Kritiker, wies darauf hin, daß die Haltung eines Schlafenden durch *Un*moral und nicht durch *Im*moralität charakterisiert sei, eine Auffassung, die einen der Grundsätze Freuds vorweg-

Oben links: George Caleb Bingham (1811–1879), Dull Story (Langweilige Lektüre), Öl auf Leinwand, ca. 128 × 99 cm, Saint Louis Art Museum, Eliza McMillan Fund

Oben rechts: Thomas Couture (1815–1879), Tagträume, Öl auf Leinwand, ca. 120 × 90 cm, Baltimore, The Walters Art Gallery

Links: J. Perry nach einem Gemälde von William Blake (1757–1827), O How I Dreamt of Things Impossible (Wie träumte Ich von unmöglichen Dingen), Radierung, London, The British Museum

nahm. Da Träume in keiner Weise eingeschränkt waren, schloß Howells aufgrund ihrer scharfsichtigen Enthüllungen prophetische Kräfte nicht aus.

Daneben gab es eine rigorose Auslegung der mechanistischen Lehre, deren Anhänger Träume ausschließlich physiologisch erklärten und sie für irrational und bedeutungslos hielten. Francis Crick, der 1962 gemeinsam mit einem anderen Wissenschaftler für seine Erkenntnisse über die Struktur der DNA, des genetischen Code in der Zelle, den Nobelpreis erhielt, vertritt die Ansicht, daß Träume nur eine Schau von Bildern sind, die dazu dienen, die hochkomplexen computerartigen Prozesse zu entwirren, die von den Nervenverbindungen des Gehirns ausgehen. Der Philosoph und Dichter George de Santayana (1863–1952) stellte fest: »Nichts könnte verrückter, verantwortungsloser und gefährlicher sein als diese Orientierung des Menschen an Träumen.« Im Gegensatz dazu riet der bahnbrechende deutsche Wissenschaftler August Kekulé von Stradonitz (1829–1896) seinen Kollegen, die Menschen sollten lernen zu träumen, um so die Wahrheit sehen zu können. Er behauptete, daß die Ringstruktur des Benzols, eine fundamentale Grundlage für die organische Chemie, ihm im Traum erschienen sei. Wenigstens einem Historiker zufolge scheint er allerdings bereits zuvor bildhafte Vorstellungen von dieser Konstruktion gehabt zu haben. Es ist nicht sicher, ob sein folgenreiches Konzept das Ergebnis einer Traumvision, einer plötzlichen Eingebung im Wachzustand oder eine allmähliche Entwicklung war.

Der Experimentalphysiologe François Magendie (1783–1855) lehnte eine Bedeutung von Träumen für die menschliche Psyche grundsätzlich ab. Seine Forschungsarbei-

Ralph Waldo Emerson (1803–1882), der berühmte amerikanische Essayist und Philosoph, vertrat die Ansicht, daß Träume einem Menschen seine Stärken und Schwächen vor Augen führen konnten.

ten führten zu zahlreichen Erkenntnissen, etwa der Differenzierung zwischen den sensorischen und motorischen Nerven des Rückenmarks. In Einklang mit seinen strengen Anforderungen an ein wissenschaftliches Vorgehen – er mied alle Vermutungen und basierte seine Schlußfolgerungen nur auf verifizierbaren Beobachtungen – verurteilte er die übertriebenen Ansprüche an die Bedeutung von Träumen. Andere Forscher suchten nach somatischen Ursachen für Träume. Der amerikanische Psychologe G. T. Ladd (1842–1921) versuchte der Frage nachzugehen, ob Bilder, die man vor dem Einschlafen gesehen hatte, möglicherweise auf der Retina zurückblieben und dann im Traum wieder auftauchten. Eine außergewöhnliche Theorie über die Verbindung zwischen Körper und Traumbildern wurde im Jahre 1886 von Philippe Tissié aufgestellt. Tissié war der Meinung, daß jedes Organ ganz spezifische Träume hervorrufen könne. Funktionsstörungen des Herzens beispielsweise führten zu Angstvisionen; Lungenschwäche zu Erstickungs- und Gefängnisszenen oder zu Fluchterlebnissen; Darmstörungen zu Abscheu; die Sexualorgane verursachten erotische Traumbilder. Zu ganz ähnlichen Schlüssen kamen auch Robert Grey, Robert MacNish und andere Physiologen, die die Rolle von körperlichem Zustand und äußeren Faktoren bei der Entstehung von Traumbildern hervorhoben. Träume selbst verstanden sie als die Erinnerung von Gefühlen und Ereignissen aus der Vergangenheit.

In den 90er Jahren des vorigen Jahrhunderts behauptete Mary Calkins, nachdem sie 375 Träume von zwei Personen über einen Zeitraum von sechs Wochen genauestens untersucht hatte, daß die Trauminhalte sich aus den Erfahrungen und Gedanken herleiteten, die der Betreffende im Wachzustand hatte. Alle Ereignisse und Personen, die in den Träumen vorkamen, waren den Träumenden bekannt. Probleme wurden gelegentlich ganz unmittelbar ausgedrückt, und sie fand keinen Hinweis auf eine verbrämte Darstellung psychologischer Konflikte. Als Ergebnis ihrer Untersuchung glaubte sie eine auf die Psyche des Träumenden ausgerichtete Hinweisfunktion von Träumen ausschließen zu können.

Der französische Gelehrte und Archäologe Alfred Maury (1817–1892) untersuchte seine eigenen Träume, um die Wirkung willkürlicher Reize mit der Entstehung bestimmter Traumvisionen zu verbinden. Beispielsweise stellte er fest, daß er von einer Explosion träumte, nachdem er vor dem Einschlafen einfach direkt neben seinem Gesicht ein Streichholz abgebrannt hatte. Ein zugiges Fenster in seinem Schlafzimmer verursachte ein Traumerlebnis auf hoher See. Der zufällige Druck des Bettgestells an seinem Nacken ließ ihn träumen, durch die Guillotine hingerichtet zu werden. Der Marquis Hervey de St. Denys (1823–1892), der sich intensiv der Erforschung der chinesischen Kultur widmete, führte ähnliche Experimente durch, in denen er durch das Konzentrieren auf bestimmte Gedanken unmittelbar vor dem Einschlafen Träume gezielt hervorzurufen versuchte. Ihm fiel dabei auf, daß im Traumvorgang häufig voneinander unabhängige Erinnerungen willkürlich miteinander verbunden wurden. Der Besuch im Hause eines Malers und später in seinem Atelier, wo er gerade an einer Aktstudie arbeitete, führte zu einem Traum, in dem plötzlich und völlig unpassend eine nackte Frau bei einem Treffen mit Freunden erschien.

Die Romantiker nahmen bei der Erforschung der Ursachen und Strukturen des Traumvorgangs eine extreme Gegenposition ein. Sie glaubten nach wie vor an die tradierte Vorstellung von der Harmonie zwischen der Seele des Individuums und der Seele des Kosmos. Federführend in dieser Ideologie war unter anderen der schwedische Arzt und Philosoph Carl Gustav Carus (1789–1869). Zahlreiche Wissenschaftler, Philosophen und Schriftsteller hielten an der Theorie vom Mikrokosmos und Makrokosmos fest und nahmen an, daß das Unbewußte auf diese Weise mit der Weltseele und dem Weltgeist verbunden war. So überrascht es nicht, wenn ein Mystiker wie William Blake, dessen Bilder sehr oft traumartige Szenen zeigten, behauptete, seine Inspirationen seinen Träumen zu verdanken. Im Jahre 1789 führte er eine wichtige Neuerung in der Technik der Radierung ein, die ihm angeblich sein verstorbener Bruder in einem Traum erklärt haben soll.

Auch Nicht-Romantiker haben sich wiederholt Traumerlebnisse zunutze gemacht. Der Marquis de Condorcet (1743–1794), ein Mathematiker, fand durch eine Traumvision die Lösung einer Gleichung, die er bis zu diesem Zeitpunkt nicht hatte lösen können. Johannes Purkinje (1787–1869), der bahnbrechende tschechische Mikroskopist und Physiologe, sprach von der Erlösung der Seele durch Träume, wodurch sie befähigt werde, nicht nur neue Ideen zu vermitteln, sondern auch Situationen zu schaffen, die den aufgeregten und deprimierten Geist beruhigten und neu belebten. Auch Friedrich Nietzsche (1844–1900) verstand Träume als eine Art Belohnung, die einem im wirklichen Leben versagt blieb.

Dichter, Romanciers, Maler und andere fanden Inspirationen und Anregungen in ihren eigenen Visionen und wiesen Träumen eine wichtige Rolle in ihren Werken zu. Victor Hugo (1802–1885) schrieb in einem seiner Gedichte über Traumsymbole, und auch Edgar Allen Poe (1809–1849) nutzte Träume häufig als Ausgangsmaterial für seine Werke. Der Musiker Guiseppe Tartini (1692–1770) sah und hörte im Traum den Teufel auf der Violine eine Melodie spielen, die er erst viel später komponieren sollte. Maurice Maeterlinck (1862–1949), der im Jahre 1911 den Nobelpreis für Literatur erhielt, glaubte im Traum alle Zeitebenen – Vergangenheit, Gegenwart, Zukunft – einträchtig vereint, um den Menschen zu befähigen, mit dem Kontiuum des Seins Verbindung aufzunehmen. Ralph Waldo Emersons (1803–1882) Transzendentalphilosophie ging davon aus, daß man in sich selbst die Schwächen, aber auch den ›Funken des Göttlichen‹, der in allen Menschen existiert, suchen solle. Er sah diese persönlichen Wahrheiten in Träumen verborgen, es käme nur darauf an, die Träume richtig zu deuten.

Robert Louis Stevenson (1850–1894) ging so weit, daß er sich vor dem Einschlafen durch Konzentration auf ganz bestimmte Gedanken und Bilder dazu brachte, von komplizierten Handlungen und Szenen zu träumen, die er dann für seine Kurzgeschichten und Romane verwendete. Man hat zwar behauptet, seine Visionen seien in Wirklichkeit im Delirium aufgetreten und durch Fieber und chronische Krankheit hervorgerufen worden, doch seine Äußerungen darüber, wie er die Vermischung von Tagträumen, nächtlichen Traumbildern und kreativen Einfällen plante, lassen darauf schließen, daß sie das Ergebnis bewußter Steuerung waren. Dagegen scheinen die Visionen, die den Kupferstecher Giovanni Battista Piranesi (1720–1778) zu seinen Bildern inspirierten, offenbar tatsächlich auf Delirien im Verlauf einer Krankheit zurückzugehen.

Auch Drogen beeinflußten die Kreativität einiger Schriftsteller. Von Thomas De Quincey (1785–1859) weiß man beispielsweise, daß er Opium nahm, wodurch er eigenen Angaben zufolge ganz besondere Träume bekam, die er später in seinen Texten verarbeitete. In seinem Werk »Confessions of an English Opium Eater« (»Bekenntnisse eines englischen Opiumessers«, 1902) aus dem Jahre 1821 beschreibt er diese Erfahrungen ganz genau. Samuel Taylor Coleridge (1772–1834) behauptete sogar, die gesamte Ballade »Kubla Khan« (1797) nach dem Genuß von Opium im Schlaf gedichtet zu haben, wenngleich er sich später nur an einen Teil erinnern konnte, da er nicht alles sofort aufgeschrieben habe. Selbstverständlich war die Wirkung von Drogen auf Traumbilder bereits seit der Antike bekannt. Als man im 19. Jahrhundert die ersten Narkosemittel entwickelte, war man daher von den Träumen der anästhesierten Personen nicht weiter überrascht. Der Chemiker Humphry Davy (1778–1829), der als erster Stickstoffoxid (›Lachgas‹) als Anästhetikum einsetzte, berichtete im Jahre 1799, daß es bei demjenigen, dem es verabreicht wurde, das Gefühl hervorrief, völlig neue und einzigartige Erkenntnisse zu haben. Die Halluzinationen unter dem Einfluß von bestimmten Chemikalien wurden oft als Weg zu einer universellen Weisheit aufgefaßt, die im drogenfreien Zustand nicht erreichbar war. Im 20. Jahrhundert sollte der Einsatz von Drogen zur Bewußtseinserweiterung und Intensivierung der Gefühle seinen Höhepunkt erreichen.

Die vorherrschenden medizinischen und rationalistischen Haltungen in bezug auf Träume faßte der schottische Arzt John Abercrombie (1780–1844) zusammen. Im Gegensatz zu den Aktivitäten im Wachzustand, in denen der Mensch frei über sein eigenes Verhalten entscheiden kann, ist es im Traum unmöglich, die Handlung bewußt zu verändern. Somit stehen sich zwei unterschiedliche Erfahrungswelten gegenüber. Während man schläft und die ablenkenden Stimuli der Gegenwart aufgehoben sind, ist der Geist manchmal in der Lage, bisher unbeachtete Spuren aufzunehmen und die Verbindung zwischen Ereignissen, die sonst nicht miteinander in Zusammenhang gebracht werden, zu erkennen – eine Art der Zukunftsschau, die in etwa der Theorie von Aristoteles entspricht. Einige Wissenschaftler glaubten in Träumen zuweilen verborgene Wünsche des Schlafenden zu erkennen. Man könnte hinzufügen, daß Träume im Volksglauben und nach Ansicht vieler Künstler in zunehmendem Maße eine Verbindung zwischen dem Menschen und den Naturgewalten herstellten.

Robert Louis Stevenson (1850–1894), der bekannte englische Schriftsteller, versuchte, Träume bei sich hervorzurufen, die er als Material für seine Erzählungen und Romane benutzen konnte.

Sigmund Freud (1856–1939)

Das 20. Jahrhundert

Bis zum Ende des 19. Jahrhunderts hatte man trotz diverser Erkenntnisse von philosophischer, medizinischer oder religiöser Seite an den traditionellen Traumkonzepten festgehalten. So schrieb man im medizinischen Bereich Träumen noch immer prognostische Bedeutung zu, eine Haltung, die auf die Anhänger von Hippokrates, Galen und anderen zurückging. Auch die Heilkraft von Träumen, wie sie bereits in der Asklepianischen Lehre und in anderen Inkubationssystemen erfolgreich angewandt worden war, bleib weiterhin unbestritten. Man beschäftigte sich auch intensiv mit der Zusammenstellung und den Erklärungen von Träumen, die Artemidoros von Daldis im 2. Jahrhundert verfaßt hatte. Im wesentlichen berief man sich also auf die anerkannten Autoritäten.

Anfang des 20. Jahrhunderts begann man allmählich, sich mit den Mechanismen des Schlafes, seinen Ursachen, Funktionen und Visionen, zu befassen. Am wichtigsten war jedoch die Tatsache, daß Schriftsteller und selbst Wissenschaftler die Existenz eines unbewußten Lebens im Inneren eines jeden Menschen akzeptiert hatten, dessen Begierden und Wünsche in Träumen ihren Ausdruck fanden.

Trotzdem gab es auch jetzt noch Kreise, in denen Träume als Möglichkeit einer Kommunikation zwischen Gott und Mensch galten, als Repräsentation der alles umfassenden kosmischen Kraft, die in allen Lebewesen gegenwärtig ist. Und die prophetische Bedeutung von Träumen war nach wie vor unbestritten.

Sigmund Freud

Mit der Veröffentlichung von Sigmund Freuds (1856–1939) »Die Traumdeutung« im Jahre 1900 beginnt in der Geschichte der Traumanalyse ein neues, entscheidendes Kapitel. Das in Tausenden von Jahren zusammengetragene Wissen über Träume mündete in ein geradezu revolutionäres Werk, das die gesamte wissenschaftliche Traumforschung nachhaltig beeinflussen sollte.

Freud integrierte traditionelle Erklärungen in seine eigene, völlig neue Betrachtung von Träumen und schuf ein systematisiertes konzeptuelles Gerüst, um die seelischen Vorgänge im Menschen zu verstehen und die beunruhigenden psychischen und emotionalen Symptome zu erleichtern. Freud nahm an, daß psychische Prozesse auf drei Ebenen stattfänden, und unterschied das Unbewußte oder Unterbewußtsein, das Gewissen oder die Zensur und das Bewußtsein. Das Unterbewußtsein, in dem sich unterdrückte Triebe und Ängste befinden, ist permanent aktiv – gleichgültig, ob der Mensch wach ist oder schläft – und prägt unsere täglichen Gedanken und unser Verhalten. Die Zensurinstanz enthält unsere gesellschaftlichen, intellektuellen und emotionalen Moralvorstellungen, die bereits sehr früh im Leben eines Menschen durch die Bestätigung oder den Tadel von Eltern, Familie, Freunden und Lehrern geprägt werden. Konflikte zwischen diesen beiden Bereichen der Psyche beeinflussen und lenken die Entwicklung und Erlebnisse des Ich. Später entwarf Freud ein vertikales Persönlichkeitsschema, zusammengesetzt aus Es (Unterbewußtsein), Über-Ich (Zensur) und Ich.

Sowohl die gesunde als auch die gestörte Psyche greifen auf die gleichen Mechanismen zurück. Dem psychotischen Menschen gelingt es nicht, zwischen der realen und imaginären Welt zu unterscheiden, oder er ist derart beeinträchtigt durch den Kampf zwischen seinem Gewissen und seinen inneren Trieben, daß seine Angst unerträglich wird. Manchmal ist das Gewissen auch so schwach, und die unbewußten Triebe sind so stark, daß das Ich sich den Befehlen des Unbewußten beugt, ohne sich von seinem Gewissen und von gesellschaftlichen Normen zurückhalten zu lassen. Alle drei Bereiche der Psyche sind an der Traumbildung beteiligt. Das Unbewußte drückt sich in Bildern aus, das Über-Ich verändert und verkleidet die Bilder, die aus dem Unbewußten aufsteigen, um sie für das Ich im Wachleben oder Schlafzustand akzeptabel zu machen. In der Welt unserer Träume sind wir nicht etwa der passive Beobachter, als der wir uns oft erleben, sondern vielmehr der Deus ex machina, der selbst die Symbole formt und manipuliert.

Träume spiegeln unterdrückte Wünsche wider, die unerfüllt geblieben sind. Shakespeare schrieb in »Macbeth«: »Die kranke Seele will ins taube Kissen entladen ihr Geheimnis« (5. Aufzug, 1. Szene). Die Visionen steigen sowohl aus der Kindheit als auch aus der unmittelbaren Vergangenheit auf. Die Hauptfunktion des Traums besteht deshalb darin, Bedürfnisse zu befriedigen und Ängste zu lindern. Nach Freud sind so gut wie alle Strebungen und Triebe sexueller oder aggressiver Natur. (Freuds Betonung der Sexualität provozierte Widerstand, Ablehnung und Spott.) Die Grundtriebe des Menschen, wenn nicht sogar aller Lebewesen, waren nach Freud auf das Überleben ausgerichtet: Durch Ernährung wird die Lebensfähigkeit erhalten; die Akzeptanz der Gesellschaft,

Giorgio de Chirico (1888–1978), Gare Montparnasse (Melancholie der Abreise), 1914, Öl auf Leinwand, 140 × 184,5 cm, New York, The Museum of Modern Art, Schenkung James Thrall Soby. Die Surrealisten haben sich wiederholt mit Traumerlebnissen auseinandergesetzt und versucht, in ihren Bildern das Unbewußte festzuhalten.

durch Konformismus erkauft, gewährleistet den sicheren Lebensbereich; die Fortpflanzung stärkt die eigene Gattung. Das Kind konzentriert sich nacheinander in zunehmendem Maße auf die Körperteile, die mit dem jeweiligen Überlebenstrieb verbunden sind. Der Mund nimmt durch das Saugen an der Mutterbrust Nahrung auf. Danach wendet sich das Kind seinen Exkrementen zu, und der Anus wird zum wichtigsten Organ, um den Beifall und die Bewunderung der Eltern zu erlangen. Schließlich widmet es sich ganz seinen sexuellen Regungen und Genitalien. Diese Triebe und die dazugehörigen Körperteile fließen in den Trauminhalt ein.

›Gewöhnliche‹ Träume, in alten Schriften oft auch als ›Durchschnittsträume‹ oder ›weltliche Träume‹ bezeichnet, sind in der Lehre Freuds ebenfalls Erfüllungsträume, doch sie beziehen sich in der Regel auf unmittelbarere Bedürfnisse und sind weniger bedeutungsvoll. Durst kann beispielsweise zu Traumbildern vom Trinken führen; das Bedürfnis, eine wichtige Verabredung einzuhalten, kann dadurch befriedigt werden, daß der Betreffende davon träumt, er befände sich bereits an dem besagten Ort. Eine ganze Reihe von inneren und äußeren Reizen kann im Schlafenden Träume hervorrufen, doch nach der Freudschen Theorie handelt es sich hierbei lediglich um Auslöser, die zwar manchmal in das Traumgeschehen miteinbezogen werden können, die eigentliche Traummitteilung stammt jedoch aus dem Unbewußten.

Freud sah in Traumbildern einen Kompromiß zwischen den Forderungen von unterdrückten, verborgenen Trieben und dem, was das Gewissen zuläßt. Wenn die unbewußte Energie (Libido) in der Lage ist, über die Zensur zu triumphieren, so daß die für den Betreffenden unannehmbaren Gedan-

Carl Gustav Jung (1875–1961) wies auf die Ähnlichkeit von Traumbildern in unterschiedlichen Kulturen hin und hielt sie für biologisch vererbt.

kenbilder Gefahr laufen, hervorzubrechen, wird der Träumende durch die damit verbundene Angst geweckt. Da der Schlaf physiologisch für die Gesundheit von Körper und Geist unbedingt notwendig ist, stellen Träume in der Terminologie Freuds die ›Wächter des Schlafs‹ dar. Zwar gewähren sie Wünschen und Trieben, die während des bewußten Wachlebens unerkannt oder uneingestanden sind, heilsame Befriedigung, doch schützen sie den Träumenden zugleich davor, sich seinen verbotenen Trieben stellen zu müssen, was früher oder später den Schlafenden unweigerlich wecken würde. Manchmal zeigen sich die geheimen Wünsche deutlich genug, um sich in erschreckende Alpträume zu verwandeln. Je näher unsere Träume unseren unannehmbaren Trieben kommen, desto leichter neigen wir dazu, sie zu vergessen bzw. sie zu unterdrücken.

Wenn die unbewußten Triebe die Möglichkeit hätten, sich zu zeigen (Freud nennt dies den ›latenten Traum‹), würden sie also den Schlafenden aufwecken. Daher müssen sie für den ›manifesten Traum‹ so verändert werden, daß sie akzeptabel erscheinen. Dieser Vorgang, in dem die Psyche den latenten Traum (die Repräsentation der unbewußten Triebe) in den manifesten Traum (die eigentlichen Traumbilder, die der Schlafende sieht) umwandelt, wurde von Freud als Traumarbeit bezeichnet. Im wesentlichen handelt es sich bei dieser Methode um eine Konkretisierung von Gedanken in Bilder, die ihrerseits in weniger bedrohliche Gedanken verwandelt werden können.

Die Psyche des Träumenden verknüpft nach Freuds Auffassung häufig verschiedene, widersprüchliche Bilder miteinander – beispielsweise den Kopf einer Person auf dem Körper einer anderen – und verschmilzt verschiedene Szenen zu einer einzigen Gesamthandlung. Diesen Vorgang der Überschneidung und Kombination bezeichnet Freud als Verdichtung. Einen anderen für die Traumarbeit typischen Vorgang nennt er Verschiebung. Hierbei werden die verbotenen Elemente abgeschwächt, während weniger wichtige und neutrale Einzelheiten in den Mittelpunkt rücken, so daß moralisch unannehmbare Gedanken entweder verharmlost werden oder unwichtig erscheinen. Der Analytiker muß daher auf derartige Verschiebungen gefaßt sein und auch nach den Punkten fragen, die im Traum zunächst unwichtig erscheinen. In einem weiteren Prozeß, den Freud als sekundäre Bearbeitung bezeichnet, werden Lücken geschlossen, während der Traum stattfindet oder während man sich später an ihn erinnert und ihn mitteilt. Die Bearbeitung kann das Traumgeschehen auch verunklären, so daß der ursprüngliche Inhalt noch mehr verdeckt wird. Wir können beispielsweise im Schlaf glauben, wach zu sein, und das, was wir gerade erlebt haben, als Traum erkennen, obwohl wir immer noch schlafen und träumen (ein Traum in einem Traum). Diese Mechanismen tragen dazu bei, unannehmbare Wünsche und Triebe aus dem Unbewußten zu verzerren und vor dem Bewußtsein geheimzuhalten.

Traumbilder haben ihre eigene Grammatik. Zeit wird beispielsweise oft durch räumlichen Bezug dargestellt. So kann eine Person oder eine Handlung eher räumlich vor oder hinter einer anderen erlebt werden als in chronologischer Folge. Durch Räume zu gehen, kann den Gang durch Ereignisse der Vergangenheit symbolisieren. Eine Person oder ein Gegenstand kann aufgrund bestimmter gemeinsamer Merkmale für eine völlig andere Person oder einen gänzlich anderen Gegenstand stehen. Auf ähnliche Weise kann Moral durch eine Kirche versinnbildlicht werden, Leidenschaft durch Feuer, Scham durch Nacktheit. Ein Unfall oder eine Behinderung kann dazu dienen, Schwierigkeiten vorwegzunehmen. Traumbilder können außerdem häufig genau das Gegenteil von dem bedeuten, was sie darstellen. Die Vision eines erfüllten Wunsches verdeckt vielleicht lediglich Selbstzweifel. Reichtümer können ein Gefühl der Armut ausdrücken; Stärke ein Gefühl der Schwäche. Zudem fand Freud die schon in der Antike akzeptierte Feststellung bestätigt, daß Wortspiele, Umgangssprache und bestimmte Redewendungen mit Aktionen oder Emotionen verknüpft werden konnten. Das Bild einer Lampe kann etwa die Vorstellung von Freude darstellen, in Anlehnung an die Formulierung der ›aufleuchtenden Augen‹.

Freuds Interesse an den sogenannten primitiven Kulturen und deren Mythen und Artefakte beruhte auf der Erkenntnis, daß oftmals auch Gegenstände aus Mythologie und Volksglauben in Träumen vertreten waren. Seiner Ansicht nach waren menschliche Triebe universell, doch im Gegensatz zu Carl Gustav Jung, einem seiner frühen Schüler, hielt er sie nicht für Konzepte, die auf mystische Ursprünge zurückgingen oder aus einem kollektiven Unbewußten stammten. Für Freud bestand das Unbewußte aus Gefühlen, Gedanken und Ereignissen, die man in der Kindheit erlebt hatte, und nicht aus biologisch vermittelten Symbolen. Die Kultur und nicht die Evolution bestimmte die Art der Traumbilder.

Der Sinn der Traumdeutung lag für Freud darin, zu entdecken, was der Patient verdrängt hatte, um so das Unbehagen, das ihn bedrückte, lindern zu können. Freuds Hauptanliegen war es zu heilen. Als angenehmer Nebeneffekt seiner Untersuchungen über Träume ergab sich ein besseres Verständnis der psychischen Mechanismen von Mensch und Gesellschaft im allgemeinen. Die wissenschaftliche Auswertung der Verknüpfung von manifesten Traumsymbolen und deren latentem, verborgenem Inhalt gehörte nicht zu seinen Hauptanliegen. Aufgrund seiner eigenen Beobachtungen und der Berichte anderer aus den Jahrhunderten vor ihm war er vollkommen überzeugt, daß die Enthüllung bestimmter elementarer unbewußter Wünsche für einen therapeutischen Erfolg unabdingbar war. Träume waren ein wichtiger Anhaltspunkt. Mit Hilfe der von ihm entwickelten Technik der freien Assoziation und geschickten Fragen – Methoden, die darauf abzielten, die Bedeutung der Träume herauszufinden, die man ihm berichtete – hatte der Therapeut die Aufgabe, dem Patienten einen gedanklichen Weg zu eröffnen, der ihn zu Erinnerungen und Erkenntnissen von bisher verdrängten und unerkannten Elementen führen konnte, welche die gestörten Gefühle und Handlungen – das heißt die neurotischen Symptome – verursacht hatten.

Zunächst versuchte Freud auch, das verdeckte Material, die Triebe, die er als zielgehemmt bezeichnete, mit Hilfe von Hypnose aufzudecken, hielt jedoch diese Methode später nicht mehr für geeignet. Die Erforschung des Trauminhalts durch die freie Assoziation erschien ihm weitaus lohnender. Er bat den Patienten, seinen Gedanken freien Lauf zu lassen, wobei auf jeden Einfall scheinbar willkürlich ein weiterer folgt. Freud hielt jedoch diese anscheinend unzusammenhängenden Einfälle keineswegs für ›frei‹, denn es waren schließlich die eigenen Gedanken, aus denen die Verknüpfungen hervorgingen. Früher oder später, so nahm Freud an, würde dieser Prozeß die Erinnerungen ins Bewußtsein zurückbringen, die man vergessen oder vielmehr, wie Freud es nannte, verdrängt hatte. Wenn der Patient eine starke emotionale Regung verspürte oder eine plötzliche Erkenntnis hatte, wenn ihm ein Name, ein Objekt oder eine bestimmte Handlung einfielen, bot sich sowohl dem Betreffenden als auch dem Analytiker die Gelegenheit, zu den Kräften vorzudringen, die den Traum, die geheimen Triebe und Konflikte, hervorgerufen hatten, und mit der Zeit vielleicht sogar die Ereignisse der Vergangenheit zu rekonstruieren.

Freud war insofern organisch orientiert, als er den Denkprozeß als physiochemische Reaktion verstand, eine Definition, die er auch auf neurotische Vorstellungen bezog. Er hielt jedoch die Biologie seiner Zeit für so absolut unfähig, die Ursachen psychischer Störungen physiologisch zu behandeln, daß er es als die Aufgabe der Ärzte ansah, die Manifestationen dieser physiologischen Prozesse zu untersuchen, um den leidenden Patienten helfen zu können.

Freud benutzte seine eigenen Träume und Symptome als Beispiel für die von ihm beschriebenen Mechanismen. Das Problem, so stellte Erich Fromm (1900–1980) später fest, bestehe darin, daß Freud – wie jeder andere Mensch auch – oftmals unwissentlich die erschütternden Enthüllungen des Unbewußten im Bewußtsein verhindert habe. Einige Selbstdarstellungen Freuds müsse man daher sehr wahrscheinlich auch als Rationalisierungen verstehen, das heißt als gesteuerte Fehlinterpretationen wichtiger Zusammenhänge. Und gerade diese Schwäche beweise eindeutig die Richtigkeit der Freudschen Lehre.

Alfred Adler (1870–1937) begründete im Jahre 1913 in der Individualpsychologie eine eigene Schule.

Freuds Einfluß auf andere Forscher

Einige der Schüler und Anhänger Freuds konnten ihm nicht uneingeschränkt zustimmen. Sie kritisierten die Willkür, mit der Freud Träume zur Unterstützung seiner Theorien heranzog, statt sie auf ihre allgemeine Relevanz hin zu überprüfen. Methodisch unhaltbar schien es ihnen, Schlüsse aus neurotischen Zuständen zu ziehen, anstatt gesunde Zustände zu analysieren. Außerdem warfen sie ihm Einseitigkeit vor, da er Symbolen nur sexuelle Bedeutung zusprach und andere Bereiche nicht berücksichtigte.

Alfred Adler (1870–1937), eine der führenden Persönlichkeiten im Kreis um Freud, hielt nicht den Sexualtrieb, sondern den Ehrgeiz für die wichtigste Antriebskraft im Menschen und sah in dem Drang nach ›Selbstbestätigung‹, nicht in unerfüllten Wünschen die prägende Kraft von Trauminhalten. Der Machttrieb war das grundlegende Element. Dies konnte sich als ›Überlegenheitskomplex‹ manifestieren, wenn man zu dominieren oder unter allen Umständen zu gewinnen suchte.

Für Adler bedeuteten Träume vor allem die Möglichkeit, sich anderen überlegen zu fühlen. Symbole sah er daher nicht wie Freud als Verschleierungen, sondern als lebendige und übertriebene Darstellungen. Durch derartige selbstgeschaffene Szenen lernen und planen Menschen, Schwierigkeiten, die sie erkannt haben, zu überwinden. Die unbewußten Triebe sind lediglich der Nachhall von bewußten Trieben, die jeder Mensch hat. Adler war der Meinung, daß Träume vorwegnehmen, wie sich die Person verhalten wird, und daher prädiktive Bedeutung haben. Die Bilder und Traumszenen beeinflussen bestimmte Körperfunktionen – vor allem die Nebennieren und andere Drüsen, die mit der Bildung innerer Sekrete zu tun haben –, was wiederum zu bestimmten Empfindungen und Stimmungen führt. Diese psychischen Zustände erlauben es dem Menschen, unbewußte Impulse auszuleben. Das Konzept von der Interaktion zwischen Organen und Gedanken erinnert an die These von Philippe Tissié aus dem 19. Jahrhundert, der ebenfalls von einer mechanistischen Beziehung zwischen Träumen und bestimmten Organen ausgegangen war. Dieser Theorie zufolge stammen Traumbilder aus dem unbewußten Bereich der Psyche, der auf zukünftiges Verhalten vorbereitet und uns aufzeigt, wie wir den bevorstehenden Problemen oder Krisensituationen begegnen können.

Carl Gustav Jung (1875–1961) wurde einer der heftigsten Kritiker der Freudschen Traumtheorie. Ursprünglich von Freud dazu ausersehen, die psychoanalytische Lehre weit über die Grenzen Österreichs hinauszutragen und überall neue Anhänger zu werben, stellte sich Jung bald entschieden gegen den Ansatz Freuds. Er griff Freuds Lehre von der psychosexuellen kindlichen Entwicklung an und glaubte, daß im Unbewußten Haltungen und Bilder aus frühen prähistorischen Zeiten gespeichert waren. Sowohl Freud als auch Jung akzeptierten den biologischen Ursprung von elementaren psychischen Bedürfnissen des Menschen. Freud faßte sie in dem Bedürfnis zu überleben und sich fortzupflanzen zusammen, das allen infantilen Wünschen innewohnte. Jung dagegen betrachtete diese Gefühle als in der gesamten Menschheitsgeschichte verwurzelt und als prägend für die Psyche eines jeden Menschen. Bilder aus dem Unbewußten, die in Träumen auftauchten, waren für ihn keine Wunscherfüllungen des Individuums. Sie waren Ausdruck von religiösen, geistigen und kulturellen Konzepten, die noch aus der frühesten Zeit der Menschheitsgeschichte stammten.

Auch Jung kategorisierte Traumbilder. Die ›archetypischen‹ Symbole, die er für die wichtigsten hielt, finden sich in allen Kulturen und haben überall ähnliche Bedeutung. Jung definierte beispielsweise das männliche und weibliche Prinzip, das allgegenwärtig ist, und nennt es Animus (männliche Gestalten, die Weisheit und Stärke verkörpern) und Anima (die Frau in den verschiedensten Rollen als Schöpferin, Nährende und Zerstörerin). Andere Beispiele universeller Symbole sind die verschiedenen Repräsentanten des Dämonischen, Dunklen und Verborgenen. Manche Symbole sind allerdings auch individuell geprägt und abhängig von persönlichen Erfahrungen, der Konstellation der Menschen, die uns umgibt, der Vergangenheit, der unmittelbaren gesellschaftlichen Umgebung und der inneren Körperfunktionen. Da das Unbewußte seiner Meinung nach dem Bewußtsein überlegen ist, kann es durchaus Zukünftiges vorhersagen.

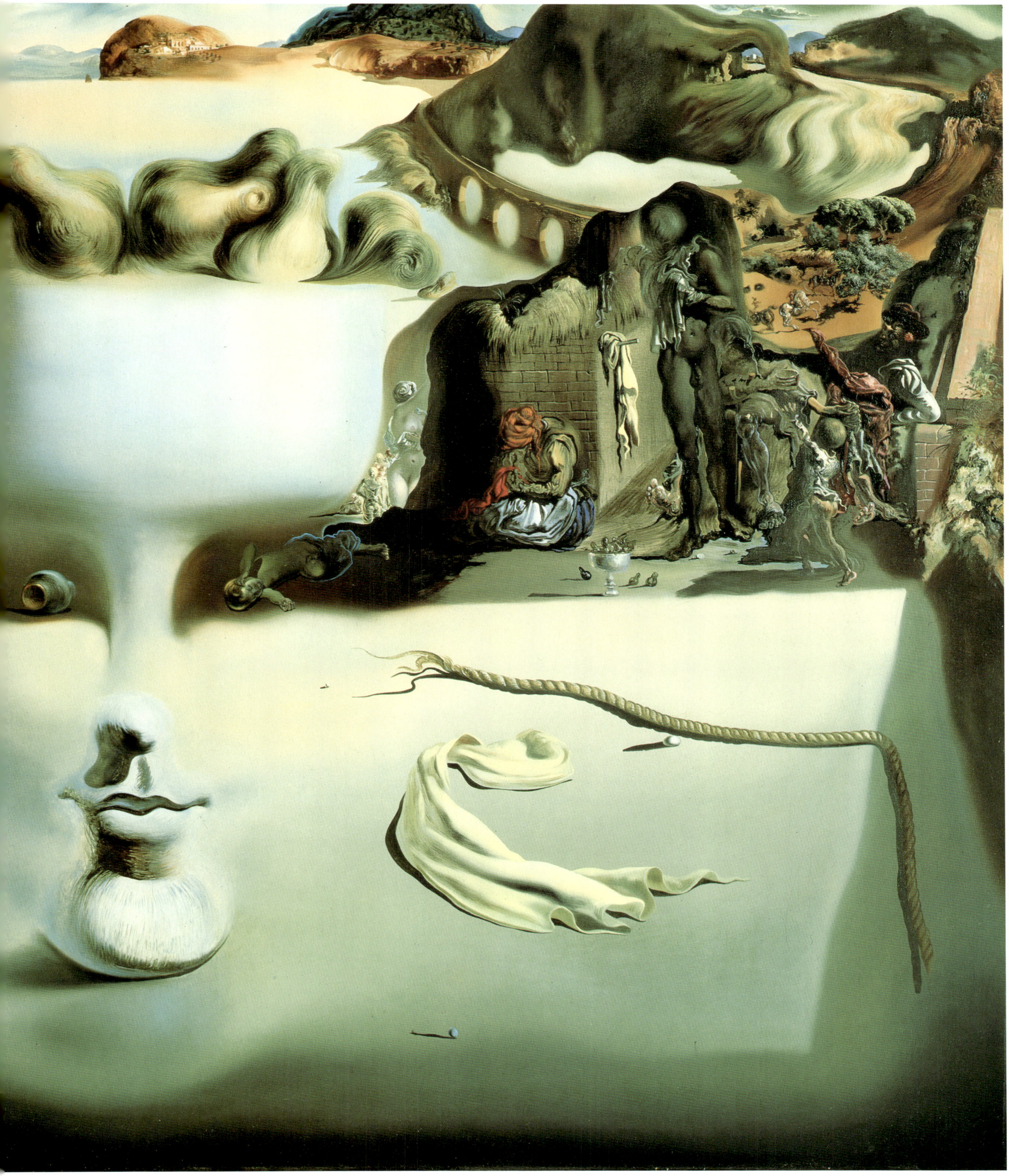

Salvador Dalí (1904–1989), Erscheinung von Gesicht und Obstschale an einem Strand, 1938, Öl auf Leinwand, 114,8 × 143,8 cm, Hartford, Conn., The Wadsworth Atheneum, Sammlung Ella Gallup Sumner und Mary Catkin Sumner

René Magritte (1898–1967), Die durchbohrte Zeit, 1939, Öl auf Leinwand, 147 × 98,5 cm, Chicago, The Art Institute, Winterbotham Collection

Das Jungsche Konzept vom kollektiven Unbewußten ist von einer mythischen Aura umgeben. Weisheit erlangt man durch eine Art Offenbarung und selten dadurch, daß man eigenen Gedanken nachgeht. Eine Stimme, die über die Grenzen des menschlichen Organismus hinausgeht, steigt aus der Weltseele auf, dem Erbe, das allen Menschen durch die Evolution gemein ist. Das Unbewußte, wie es sich in Träumen enthüllt, enthält die wesentliche Wahrheit von Makrokosmos und Mikrokosmos.

Jung geht davon aus, daß das Unbewußte und das Bewußtsein unabhängig voneinander existieren und gemeinsam die Gesamtheit aller psychischen Vorgänge, die psychische Totalität, bilden. Die psychischen Grundfunktionen Denken, Intuieren, Empfinden und Fühlen folgen den Prinzipien der Erhaltung der Energie, dem wichtigsten Gesetz der Thermodynamik. Wenn in einem Teil der Psyche eine dieser vier Bewußtseinsfunktionen nur wenig ausgeprägt ist, wird sie dafür in einem anderen Teil um so größer sein, die Teile verhalten sich also komplementär zueinander. Vor allem Träume gleichen vernachlässigte Funktionen aus und helfen daher dabei, Harmonie zu schaffen.

Im folgenden sollen die Positionen von Freud, Adler und Jung im Hinblick auf Träume gegenübergestellt werden.

Gegenstand des Traums
Freud: Verdrängte Frustrationen von Wunscherfüllungen aus der Vergangenheit.
Adler: Überwindung zukünftiger Hindernisse, die der aktiven Selbstbestätigung im Wege stehen.
Jung: Momentane psychische Probleme, die in unserer biologischen Struktur angelegt sind und das kollektive Unbewußte formen.

Ziel des Traums
Freud: Konflikte zwischen den unbewußten Trieben und den bewußten Forderungen der Realität auszudrücken.
Adler: Probleme, die vor einem liegen, auszuloten und ihre Lösung vorzubereiten.
Jung: Uns mit unserer ererbten psychischen Struktur in Einklang zu bringen.

Ursache des Traums
Freud: Unterdrückung von infantilen Bedürfnissen aus der Vergangenheit.
Adler: Vorwegnahme von zukünftigen Problemen.
Jung: Eingebungen unseres biologischen Erbes.

Funktion des Traums
Freud: Als Wächter des Schlafs gewähren sie Befriedigung und erlauben uns weiterzuschlafen.
Adler: Ratgeber in wichtigen Angelegenheiten.
Jung: Führer durch die Seele des Menschen.

Tätigkeit des Verstandes im Schlaf
Freud: Bearbeitung von Bildern, so daß sie akzeptabel und befriedigend werden.
Adler: Ermöglicht es der Person, Schwierigkeiten klarer zu erkennen.
Jung: Enthüllt die Verbindung von Mensch und Universum.

Wilhelm Stekel (1868–1940), ein weiterer Schüler Freuds, integrierte sowohl die Prinzipien seines Lehrers als auch die von Jung in eine eigene Theorie. Seiner Ansicht nach hatten Träume ebenso oft religiöse wie mystische Inhalte (davon war auch Jung ausgegangen) von ausgesprochen didaktischer Prägung. Gleichzeitig gewährten die trieborientierten Sexualträume (wie Freud herausgestellt hatte) einen Einblick in tradierte gesellschaftsfeindliche, infantile Impulse. Stekel fand Gegensätze in der menschlichen Natur (wie schon Pythagoras und Platon angenommen hatten), die Träume zu harmonisieren versuchten: Gut und Böse, männliches und weibliches Prinzip, Stärke und Schwäche, Fortschreiten und Rückzug, Liebe und Haß.

Zahlreiche Anhänger der Freudschen Lehre entwickelten später ihre eigenen Traumtheorien. Otto Rank (1884–1939) beispielsweise glaubte, daß der Schlaf den Anfängen des Lebens glich, weil beim Schlafenden, wie bei einem ungeborenen Kind, geistige und physische Aktivitäten ruhten. Rank verstand Bilder von Wasser in Träumen als Symbole der Geburt, da der Mensch von Lebewesen abstammt, die ursprünglich im Wasser lebten, und auch vor der Geburt von Flüssigkeit, dem Fruchtwasser, umgeben ist. Andere Schüler und Abtrünnige – unter ihnen auch C. G. Jung – verknüpften Geburt, Tod und Wiedergeburt auf ähnliche Weise. Traumphantasien, etwa der Glaube an ein Leben nach dem Tod, wurden als Sehnsucht nach einer neuen vorgeburtlichen Existenz in der Zukunft verstanden. Für den Psychiater Nandor Fodor (geb. 1895) waren Geburt und Tod im Unbewußten allgegenwärtig, denn ständig könne das Individuum in seiner Umwelt beobachten, wie eine Lebensform stirbt, um einer anderen Platz zu machen.

Die psychobiologische Schule Adolf Meyers (1866–1950) versteht die Persönlichkeit des Menschen als eine Kombination aus biologischen, psychologischen und sozialen Faktoren und aus den Erfahrungen, die man im Laufe seines Lebens macht. Die Freudsche Konzentration auf die infantile psychosexuelle Entwicklung ist nur eine, aber nicht die wichtigste Grundlage. Von Träumen nimmt man daher an, daß sie pluralistische Bedeutung haben. In der ›interpersonalen Psychologie‹ von Harry Stack Sullivan (1892–1949) sind die Interaktionen zwischen Kind und Eltern und die Beziehungen zu anderen Menschen während des Erwachsenwerdens wichtigere Verhaltensdeterminanten als infantile Triebstrebungen. Die Psychiaterin Karen Horney (1885–1952) betonte ebenfalls die Wichtigkeit von sozialen und kulturellen Faktoren für die Ausprägung von Einstellungen und Verhaltensweisen und dementsprechend auch für die individuellen Trauminhalte eines jeden Menschen.

Ein anderer Vertreter der Freudschen Lehre, der sich mit verschiedenen Kernfragen der Traumdeutung befaßt, ist Calvin Hall, ein Verfechter der ›kognitiven Psychologie‹. Er kommt zu dem Schluß, daß die Traumbilder eher dazu dienen, dem Schlafenden innere Triebstrebungen zu verdeutlichen als zu verhüllen, und steht damit in krassem Gegensatz zu der Theorie Freuds. Traumbilder zielen seiner Meinung nach nicht darauf ab, den Träumenden zu täuschen, sondern ihm vielmehr den Ursprung des Konflikts in deutlichen und klar erkennbaren Symbolen vor Augen zu führen. Wie Freud versteht er Symbole als Konkretisierungen von abstrakten

Henri Rousseau (1844–1910), Der Traum, 1910, Öl auf Leinwand, 204,5 × 298,5 cm, New York, The Museum of Modern Art, Schenkung Nelson A. Rockefeller

Ideen und sieht im Traumvorgang eine Regression in Erlebnisse und Triebstrebungen der Kindheit. Auch den Wert der freien Assoziation als Spurensuche auf dem Weg zur Ursache von beunruhigenden Gefühlen erkennt er an, ebenso wie die Feststellung, daß die Bedeutung von Träumen oft in Wortspielen liegt oder sich auf die Mythen der spezifischen Kultur bezieht. Dagegen ist es nach Halls Auffassung der Träumende selbst, der die Bilder auswählt, denn immer entsprechen sie seinem persönlichen Kenntnisstand und verarbeiten seine eigenen Vorurteile. Wenn Wortspiele, Schimpfwörter und Redewendungen in Träumen auftauchen, sind sie gewöhnlich dem Träumenden wohlvertraut und dem täglichen Sprachgebrauch entnommen (beispielsweise Hammer für Phallus oder Dose für Vagina).

Mehrere Vertreter der allgemeinen psychoanalytischen Lehre erarbeiteten eigene Methoden, um die Gesetzmäßigkeiten von Traumsymbolen und -szenen zu definieren. David Foulkes behandelte Traumelemente wie grammatikalische Einheiten in einem Satz. Die gesamte Traumszene entsprach einem vollständigen Satz. Er benutzte seine Grammatik der Traumsprache, um damit die Inhalte zu systematisieren und Interpretationsregeln aufzustellen, die das Verständnis aller Träume ermöglichen sollten. In seinem Ansatz ging er von Freudschen Prinzipien aus, erweiterte jedoch die grundlegenden Lehrsätze, indem er sie eher quantitativ faßte. Die daraus resultierende Auswertung war außerordentlich kompliziert. Obwohl sein grundlegender Ansatz sehr direkt war, entstanden zum Schluß komplizierte Diagramme und ein Netz mathematischer Symbole. Ohne den Wert des Systems in Frage stellen zu wollen, fanden viele Wissenschaftler und Psychoanalytiker dieses System einfach zu komplex.

Andere versuchten Auswertungsmethoden zu entwickeln, mit denen der Trauminhalt durch Buchstaben und mathematische Symbole dargestellt werden konnte, wobei sie bestimmten Traumbildtypen zuweilen auch numerische Werte zuordneten. Calvin Hall und Robert van de Castle faßten viele dieser Wertungssysteme zusammen und präsentierten ihre eigene Auswertung und Einordnung von Handlungen, Emotionen, Szenen, Menschen und Objekten, aus denen sich Träume zusammensetzten. Diese Klassifikationen hatten das Ziel, Trauminhalte zu systematisieren, so daß ihre psychologische Bedeutung ausgewertet und verglichen werden konnte. Zum größten Teil orientierten sich die Analysen an den Grundsätzen der Freudschen Traumtheorie: dem Ursprung im Unbewußten; dem Vorhandensein von Konflikten zwischen Realität und Triebstrebungen; der Befriedigung von Wünschen und Begierden.

Stephen LaBerge geht in seiner Theorie davon aus, daß der Mensch in der Lage ist, ›luzide Träume‹ hervorzurufen, in denen er sich auch im Verlauf des Traums bewußt bleibt, nur zu träumen, was ihn befähigt, den Traum nach seinen Wünschen umzugestalten und zu beeinflussen. Träume werden genau wie in der Freudschen Lehre als Ausdruck unserer Wünsche und Begierden verstanden, doch sie ermöglichen ein Zusammentreffen von Bewußtsein und Unbewußtem. Daher geben sie uns einen besseren Einblick in die Möglichkeiten, wie wir mit unseren Problemen fertig werden können. In diesem Sinn können sie durchaus unsere zukünftigen Reaktionen vorhersagen.

Die physiologische Traumforschung

Die physiologisch orientierten Psychologen konzentrieren sich in der Hauptsache auf die Mechanismen und nicht auf den Inhalt von Träumen. Die ›behavioristische Psychologie‹, die von Thomas B. Watson (1856–1922) eingeführt wurde, geht im wesentlichen auf die Experimente Iwan Pawlows (1849–1936) und seine Theorie von den bedingten Reflexen zurück, die um die Jahrhundertwende entstand. Unsere Einstellungen, Gefühle und Handlungen lassen sich demnach auf der Grundlage ihrer Verknüpfung mit wiederholten äußeren Reizen erklären. Ebenso wie die Pawlowschen Hunde lassen sich auch Menschen konditionieren. Dabei richten sich ihr Denken und ihre Reaktionen nach bestimmten Gewohnheitsmustern. Träume werden in Pawlows Studien allerdings nicht berücksichtigt.

In den 50er Jahren stieß Eugene Aserinsky durch Zufall auf ein äußerst wichtiges Phänomen, das die Traumforschung entscheidend verändern sollte. Er beobachtete bei schlafenden Menschen plötzlich Gipfel elektrischer Ströme im Elektroenzephalogramm (Hirnstrombild), die zur gleichen Zeit auftraten wie die *Rapid Eye Movements* (REMs; schnelle Augenbewegungen) hinter den geschlossenen Augenlidern. Aserinsky, Nathaniel Kleitman und William Dement berichteten, daß diese Augenbewegungen in den Traumphasen stattfänden und jeweils zwischen zehn und 40 Minuten andauerten. Sie würden sich im Laufe der Nacht in etwa einstündigem Abstand wiederholen. Während längerer Schlafphasen waren die Augenbewegungen langsamer oder fehlten ganz und wurden offenbar nur selten von Traumbildern begleitet. Anhand ihrer Untersuchungen konnten sie feststellen, daß etwa 20 % der gesamten Schlafzeit aus REM-Phasen bestehen.

Die Versuchspersonen wurden geweckt und gebeten, sofort ihre Träume mitzuteilen. Die Erinnerung an die Träume während der REM-Phase war gewöhnlich besonders gut, häufig auch sehr lebhaft. Wenn überhaupt Träume in den Schlafphasen ohne Augenbewegungen auftraten, so konnten sie nur noch bruchstückhaft wiedergegeben werden. Natürlich war es den Forschern weder möglich zu klären, ob es sich in diesen Tiefschlafphasen um Gedanken oder Bilder handelte, noch ob der Schlaf einfach zu tief war, um der bewußten Erinnerung im Wachzustand zugänglich zu sein. Dennoch deutete vieles darauf hin, daß es traumfreie Intervalle gab, die lediglich durch langsame elektrische Wellen charakterisiert waren, ebenso wie die aktiven Träume von lebhaften Hirnstromaktivitäten begleitet wurden. Man konnte allerdings nicht mit Sicherheit sagen, ob die REMs Reaktionen auf das darstellten, was der Träumende vor seinem ›inneren Auge‹ sah, oder ob sie lediglich plötzliche Ausbrüche geistiger Aktivitäten waren, die sowohl die Augenbewegungen als auch die Träume erst hervorriefen.

Auf experimentelle Unterbrechungen der REM-Phasen folgten in den nachfolgenden Nächten mehr und längere REM-Phasen, als ob der Organismus die vorherigen Störungen der Traumphasen aufholen wollte. Die gleiche Anzahl von Unterbrechungen der langsameren Schlafphasen führte offenbar zu keiner Veränderung der passiven Schlafzeit. Die Forscher schlossen daraus, daß Traumunterbrechungen zu psychischen Störungen führen konnten. Andere Wissenschaftler stellten nicht nur diese Theorie in Frage, sondern formulierten

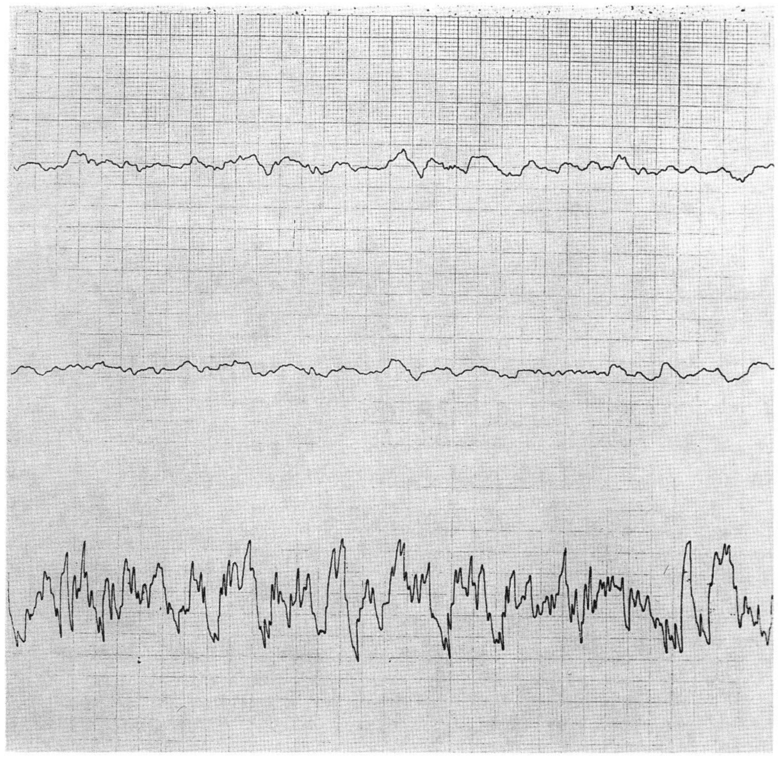

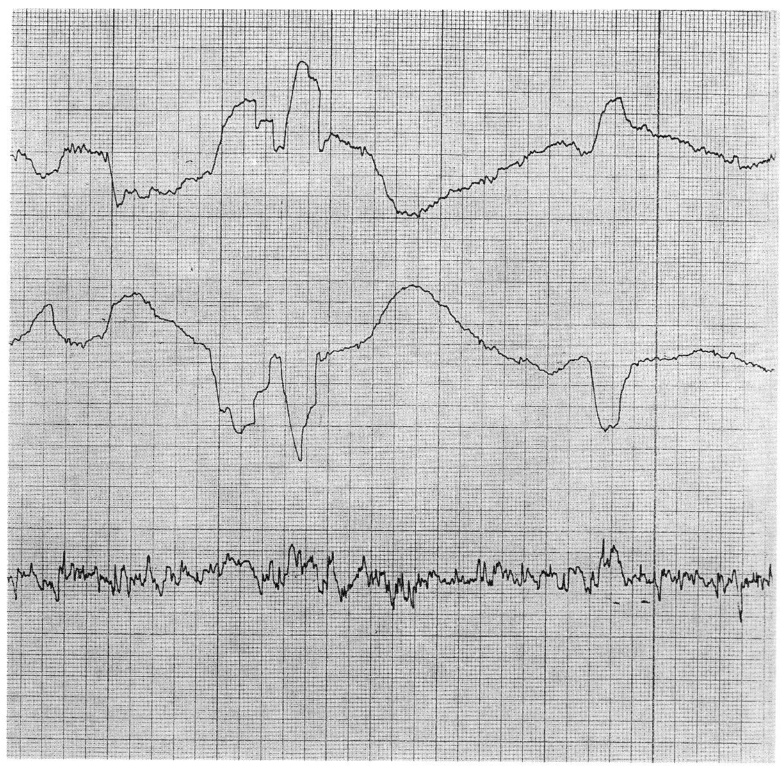

Zwei graphische Aufzeichnungen der Augenbewegungen (REM) des linken und rechten Auges während des Schlafs. Die untere Abbildung zeigt die REM-Aktivität während einer Traumphase, die reduzierten Bewegungen auf der Abbildung oben kennzeichnen die traumlose Phase. Die unterste Kurve auf beiden Blättern ist das Enzephalogramm, das die Hirnstromwellen aufzeichnet (verstärkte Aktivität während der Traumphase, verringerte Aktivität – ausgeprägtere Gipfel und Täler – während der traumlosen Schlafphase). Mit freundlicher Genehmigung des Mount Sinai Medical Center Sleep Lab, Department of Psychiatry, New York eine These, nach der Depressionen gelindert werden konnten, wenn man den Traumprozeß verkürzte.

Ernest Hartmann hat festgestellt, daß Alpträume, die während des REM-Schlafs auftraten und den Schlafenden aufweckten, in lebhafter Erinnerung blieben. Angsterregende Träume in der Phase der langsamen Augenbewegungen hinterließen beim Erwachen ein undefiniertes Gefühl der Angst, und der Schlafende konnte sich an keine konkreten Traumbilder erinnern. Nachdem er in zahlreichen Tests die psychische Struktur derjenigen Versuchspersonen untersucht hatte, die viele, wenige oder überhaupt keine Alpträume hatten, kam Hartmann zu dem Schluß, daß Alpträume ein Zeichen von Kreativität darstellten. Kreative Personen neigten ähnlich wie schizophrene Patienten dazu, Realität und Phantasie zu verschmelzen.

Eine Gruppe von Wissenschaftlern verglich die Aktivität des Gehirns mit der Wirkungsweise eines Computers. Dieser Theorie zufolge ist das Gehirn ein unendlich komplexer Apparat mit diversen neuralen Mechanismen, der Schlafperioden benötigt, um seine überlasteten Verbindungen zu ordnen, ebenso wie ein Computer gelegentlich neu programmiert werden muß, um weiterhin effektiv funktionieren zu können. Während eine Neueinstellung am Computer vorgenommen wird, bleibt das Gerät jedoch weiterhin an das Stromnetz angeschlossen, jedoch in einem Zustand, den man als Off-Line bezeichnet, und ist somit sowohl vor äußeren Einflüssen als auch eigenen Kommunikationen nach außen geschützt. Ähnlich können auch die Träume der REM-Phasen als Abbau von übermäßigen und ungeeigneten Gedächtnisbildern verstanden werden. Der Geist wird somit von unbrauchbarem Material gereinigt und auf die Aufnahme neuer Sinneseindrücke am nächsten Tag vorbereitet, ebenso wie ein Apparat modifiziert oder umprogrammiert wird.

Die Vertreter dieser äußerst mechanistischen Theorie betonten, daß der Vergleich des menschlichen Geistes mit einem Computer und dessen komplexen Programmverknüpfungen nur analog und nicht im Sinne einer Gleichsetzung gemeint sei. Er diene nur einem besseren Verständnis von Träumen und dürfe nicht als absolutes Modell der geistigen Funktionen verstanden werden. Die Übertragung von Nervenimpulsen und der Denkprozeß seien beispielsweise chemische Reaktionen, die daher nicht identisch sein könnten mit der Fortpflanzung von elektrischer Energie durch Kabel, Chips und mechanische Vorrichtungen. Dennoch hat die wachsende Kenntnis der verschiedenen Abläufe im Gehirn, zu denen auch Träume, Gedächtnis und REM gehören, Computerdesignern dabei geholfen, neue Möglichkeiten zu erproben, um immer bessere, komplexere und effizientere Apparate zu entwickeln.

Schon vor Jahrhunderten war bekannt, daß Drogen Halluzinationen hervorrufen konnten. Daher führten einige Wissenschaftler das Auftreten von Visionen im normalen Schlafzustand auf die Wirkung von Hormonen und andere physiochemische Abläufe des Körpers zurück. Nach dieser Theorie sind die zahlreichen physiochemischen Prozesse, die vom Strom neuraler Impulse an den Enden der Nervenzellen im Gehirn ausgelöst werden, verantwortlich für die kurzen Visionen von Szenen und Objekten, die der Schlafende als Traum erlebt – besonders während der REM-Phase. Man stellte fest, daß es auffallende Entsprechungen zwischen den Traumerlebnissen und den zeitlosen, bizarren und unzusammenhängenden Erfahrungen im Drogenrausch gab – etwa bei LSD, Meskalin und anderen Drogen. Drogen würden demnach lediglich eine modifizierende Funktion haben oder die normalen chemischen Transaktionen, durch die Träume hervorgerufen werden, ergänzen oder auslösen.

Mystiker

Wer von der Existenz der Außersinnlichen Wahrnehmung überzeugt ist, glaubt auch an die Wichtigkeit von Träumen als spirituelle Dimension in der menschlichen Psyche. Man stellt sich heute nicht mehr vor, daß Teufel oder Götter im Schlaf in den Geist des Menschen eindringen, wie dies bei einigen früheren Kulturen der Fall war, doch man schreibt jedem Individuum die Fähigkeit zu, mit der Weltseele zu kommunizieren. Wenn auch wohl nur die großen religiösen Mystiker in Träumen göttliche Offenbarungen erhalten haben, so ist doch jeder Mensch mit Hilfe des Mediums Traum in der Lage, die grundlegenden Wahrheiten der Menschheit zu erkennen. Sind die richtigen Bedingungen gegeben und befindet er sich in einer günstigen psychischen Verfassung, so kann der Träumende sogar in die Zukunft schauen. Tatsächlich ist es möglich, Traumgedanken auf telepathische Weise von einer Person zur anderen weiterzugeben, genauso wie es in alten indischen Legenden beschrieben wird. Einige Mystiker halten es in Übereinstimmung mit vielen alten Kulturen weiterhin für bewiesen, daß der geistige Teil des Körpers – der ›Astralkörper‹ – im Schlaf den materiellen Körper verlassen und frei umherschweifen kann.

Typisch für mystische Ansätze in der Traumforschung sind die Theorien von Edgar Cayce, dem einflußreichen Okkultisten, dessen Hauptschriften in den ersten Jahrzehnten des 20. Jahrhunderts veröffentlicht wurden. Cayce war von der Existenz einer universellen Lebenskraft im Kosmos überzeugt. Den Geist bzw. Verstand eines jeden Menschen, der unsere physische Realität schafft, sah er als Ausdruck dieser Energie. Das Bewußtsein war seiner Meinung nach unsere Mentalität. Das Unbewußte war allgegenwärtig und in uns auf zwei verschiedenen Ebenen verborgen. Der unterbewußte Teil enthielt die vergessene und verdrängte Vergangenheit, wozu auch alle Leben gehörten, die wir in der Vergangenheit bereits gelebt hatten, denn unser gegenwärtiges Dasein verstand er lediglich als Teil einer Kette von Existenzen. Über allem lag als überbewußte Ebene des unbewußten Geistes die Weltseele, von der jeder Mensch Teil war. Sie drückte sich in Träumen als Warnung oder Rat aus. Obwohl Cayces Modell dem Schema der dreidimensionalen Psyche von Freud, Adler und Jung in mancher Hinsicht ähnelt, so geht es doch in dem Punkt darüber hinaus, wenn Cayce das Unterbewußte im Unbewußten abermals in drei Ebenen unterteilt: die persönlichen, zuvor gelebten Erfahrungen des Individuums; das kollektive Unbewußte der Rasse, wie wir es von Jung kennen; die telepathischen Beiträge aus dem Geist aller anderen gegenwärtig existierenden Menschen.

Nach Cayce erfolgen Träume aufgrund verschiedener Mechanismen. Das intuitive Denken des Unbewußten versucht, ein einheitliches Bild aus scheinbar unzusammenhängenden Objekten und Szenen zu schaffen, die sich im Schlaf

Johann Heinrich Füssli (1741–1825), Titania liebkost Bottom mit dem Eselskopf, 1780–1790, Öl auf Leinwand, 216 × 274 cm, London, The Tate Gallery

vor unserem inneren Auge abspielen. Die geistigen (überbewußten) und unterbewußten Teile interagieren gemeinsam mit dem bewußten Denken bei ihrer Suche nach einer sinnvollen Verknüpfung der Motive, die durch physische Faktoren im Körper, äußerlich ausgelöste Sinneseindrücke, geistige Prozesse, die noch in unserem Bewußtsein vorhanden sind, und emotionale Probleme aus unserer Kindheit hervorgerufen werden. Unsere Gedanken, die aus all diesen Quellen aufsteigen, werden in unsere Träume projiziert, die somit den Zustand von Körper, Geist und Seele enthüllen.

Den Theorien von Cayce und seinen Nachfolgern zufolge erfüllt ein Traum verschiedene Funktionen. Seine wichtigste Aufgabe besteht darin, dem Träumenden sein wahres Selbst vor Augen zu führen: ihm seine unverhüllten Motivationen zu zeigen und nicht die Rationalisierungen von Wünschen und Verhaltensweisen. In einem der Träume, die Cayce interpretierte, wurde beispielsweise eindeutig zum Ausdruck gebracht, daß der Träumende eine bestimmte Frau körperlich begehrte, was den Betreffenden zwang, seine eigenen Selbsttäuschungen zu durchschauen. Im Wachzustand glaubte er nämlich, dieser Frau völlig neutral gegenüberzustehen. Ein Traum bietet jedem Menschen die Gelegenheit, zwischen mehreren verschiedenen Wegen zu wählen, die alle im Traum erscheinen können. Dem Träumenden kann auch die Lösung eines privaten oder beruflichen Problems aufgezeigt werden. Es wird übrigens behauptet, daß Cayce in der Lage war, den Inhalt komplizierter Bücher zu lernen, indem er sie vor dem Einschlafen unter sein Kopfkissen legte.

Eine wesentliche Funktion von Träumen besteht nach Cayce darin, Einblick in göttliche Gesetze zu geben. Der Traum lehrt den Menschen, moralisch zu denken und zu handeln. Diese tiefe Übereinstimmung mit dem Göttlichen nannte Cayce ›natürlich‹, nicht ›übernatürlich‹, denn aufgrund seiner Lehre hielt er diese Fähigkeit, mit Gott und dem

Universum in Verbindung zu stehen, für eine biologische Anlage, die allen Menschen gemeinsam ist.

Einige Traumdeutungen von Cayce sollen seine Arbeitsweise demonstrieren. Eine Frau träumte, wie sie mit einem Auto über Klippen zu fahren versuchte und dabei nicht fähig war, die Handbremse zu ziehen. Die Deutung lautete: Wenn man die richtige Handlungsweise kennt und sich nicht danach richtet, wird man bestraft. Ein Mann, der davon träumte, sich in der Kirche zu entkleiden und deswegen von der Gemeinde verspottet wurde, sollte diesen Traum als Warnung verstehen, daß er sich durch Veränderungen in seiner Haltung zur Religion lächerlich machen würde. Ein Traum, in dem ein Junge von einem Auto überfahren wurde, verwies den Träumenden auf die Gefahr, sich selbst zu ›überfahren‹. In einem anderen Traum fuhr der Träumende in eine Brandung, stellte dann aber fest, daß er kopfüber im Sand steckte: Der Ozean symbolisierte hier das Leben; sich kopfüber ins Leben zu stürzen, könnte sich als Fehler erweisen. Weiterwaten, aber nicht tauchen, riet Cayce.

Auch in der Trauminterpretation des 20. Jahrhunderts existiert also die rationale, natürliche Analyse Seite an Seite mit der mystischen, übernatürlichen.

Diskussion

Von Anbeginn der Menschheitsgeschichte bis ins letzte Jahrzehnt des 20. Jahrhunderts hat man Träume auf übernatürliche, psychologische und physiologische Art zu deuten versucht – manchmal wurden sogar alle Aspekte gleichzeitig berücksichtigt. Die Mystiker verstanden Träume meist als Mitteilungen von Göttern, als Kontakt mit der kosmischen Weltseele oder als Kommunikation mit der spirituellen Seele des Schlafenden. Alle drei Formen geben dem Träumenden Einblick in die Zukunft. Psychologische Theoretiker sind ebenfalls von der Weissagekraft von Träumen überzeugt, allerdings eher in der Form, daß der Betreffende nach dem Erwachen aufgrund seiner emotionalen Reaktion auf die Traumszene in einer bestimmten Weise handeln wird. Vertreter der physiologischen Traumforschung verstehen Träume als Manifestationen biochemischer Prozesse im Gehirn, die vor dem ›inneren Auge‹ des Schlafenden Bilder erscheinen lassen und von sogenannten REMs (schnellen Augenbewegungen) begleitet werden. Einige Wissenschaftler glauben sogar, einen ganz bestimmten Bereich im Mittelhirn ausgemacht zu haben, die Pons cerebri oder Brücke, in dem die Traumszenen entstehen sollen. Auslöser ist angeblich eine chemische Substanz, Acetylcholin, ein Gewebshormon im menschlichen Körper. Nach dieser mechanistischen Theorie haben Träume eine reinigende Funktion. Die Bilder sind lediglich als Ausschüttung von neuralen Impulsen zu verstehen, die im Laufe des Abbaus einer Überlast von Eindrücken stattfindet und Raum schafft für die Aufnahme neuer Reize am nächsten Tag.

Keinem Traumforscher ist es jedoch bisher gelungen zu erklären, warum wir schlafen. Man nimmt lediglich an, daß der Schlaf notwendig ist, um unsere geistigen Aktivitäten wieder aufzuladen. Auch wissen wir sehr wenig über schlafspezifische Mechanismen und physiologische Veränderungen. Darüber hinaus ist nicht einmal geklärt, ob die Traumbilder zuerst auftreten und die schnellen Augenbewegungen bei der Schau der Bilder erfolgen oder ob die REMs lediglich Teil desselben physiologischen Prozesses sind, wobei sowohl die Augenbewegungen als auch die Traumszenen von denselben Impulsen ausgelöst werden, die durch das Nervengewebe des Hirns jagen.

Was auch immer der Ursprung des Träumens sein mag, Traumdeuter glauben, daß es der eigene Geist des Träumenden ist, der die Bilder aneinanderreiht. Götter oder Geister, chemische Substanzen oder das Bewußtsein können zwar den Bilderfluß auslösen, doch jeder Mensch kreiert seine eigenen individuellen Verbindungen. Sogar wenn die Objekte und Ereignisse rein zufällige Erscheinungen und daher bedeutungslos sein sollten, wie Francis Crick und andere behaupten, verknüpft der Träumende selbst die Bilder und formt die Traumszenen. Die Mystiker sprechen den Göttern oder dem immateriellen Geist des Betreffenden die lenkende Rolle zu, doch der Schlafende selbst ist der Dramatiker. Für die Psychologen ist der Träumende gleichzeitig Regisseur, Schriftsteller, Schauspieler und Publikum. In einigen Kulturen glaubt man sogar daran, daß die Seelen von anderen in den Träumen mitspielen können. Das ›aufgeführte Stück‹ kann man als Anpassung an Kräfte in unserem Inneren, die miteinander in Konflikt geraten, oder auch als deren Lösung verstehen.

Die Interpretation von Träumen hängt daher von den vorgefaßten Prinzipien des Traumdeuters ab. Okkultisten, Psychologen, Physiologen und Träumende, die ihre eigenen Träume deuten, sie alle würden denselben Traum nach ihrer persönlichen Sichtweise unterschiedlich interpretieren. Ein Traum kann daher genausogut sinnlos wie lehrreich oder therapeutisch sein; er kann eine Aufarbeitung der Vergangenheit bedeuten, eine Darstellung der Gegenwart bieten oder ein Blick in die Zukunft sein – oder alles gleichzeitig.

Literaturverzeichnis

Adler, Alfred, Praxis und Theorie der Individualpsychologie, Frankfurt/M. [7]1989
Agrippa von Nettesheim (Heinrich Cornelius), Die Magischen Werke, Wiesbaden 1988
———, De occulta Philosophia, Remagen 1967
D'Allemagne, Henry René, Les Cartes à Jouer du Quatorzième au Vingtième Siècle, Paris 1906
Aratus, Phaenomena (bearb. von Ernst Maass), Zürich [3]1964
Aristides, Aelius, Heilige Berichte (Sacri Sermonei), Heidelberg 1986
Aristoteles, Werke in deutscher Übersetzung (z. T. noch in Vorbereitung), Berlin 1983 ff.
———, The Works of Aristotle Translated into English (hrsg. von W. D. Ross) (Oxford University Press), Oxford 1931
Artemidor von Daldis, Das Traumbuch, München 1979
Aserinsky, E. / Kleitman, N., »Regularly Occurring Periods of Eye Motility, and Concomitant Phenomena During Sleep«, *Science* 118 (1953), S. 273 ff.
Baigent, M. / Compion, C. / Harvey, C., Mundan-Astrologie. Handbuch der Astrologie des Weltgeschehens, Wettswil 1989
Baker, Robert H., Introducing the Constellations, New York 1961
Becker, Udo (Hrsg.), Lexikon der Astrologie, Herrsching 1988
Béguin, A., L'Âme Romantique et le Rêve, Paris 1939
Bischoff, Erich, Babylonisch-Astrales im Weltbilde des Thalmud und Midrasch, Leipzig 1907
Blaskó, G., Grundlinien der astrologischen Weltanschauung nach der Mathesis des Firmincus Maternus, Diss. Innsbruck 1956
Bloch, Raymond, La Divination dans l'Antiquité (Presses Universitaires de France), Paris 1984
Bouché-Leclercq, A., L'Histoire de la divination dans l'Antiquité, 4 Bde, Paris 1879–1882
———, L'Astrologie grecque, Paris 1899
Brainerd, Charles J., Origins of the Number Concept, New York/London 1979
Brinton, Daniel Garrison, »The Origin of Sacred Numbers«, *American Anthropologist* 7 (1894), S. 168 ff.
Brook, Stephen, Oxford Book of Dreams (Oxford University Press), New York 1983
Browne, Alice, »Descartes's Dreams«, *Journal of the Warburg and Courtauld Institutes* 40 (1977), S. 256–273
Budge, E. A. Wallis, Egyptian Magic, New York 1971
Bunker, Dusty, Dream Cycles, Rockport, Mass., 1981
Burke, James T., Ancient Hindu Astrology for the Modern Western Astrologer, Miami 1986
Burkert, W., Weisheit und Wissenschaft. Studien zu Pythagoras, Philolaos und Platon, Nürnberg 1962
Campbell, Joseph, Lebendiger Mythos, München 1988
Capp, Bernard, Astrology and the Popular Press, 1500–1800 (Cornell University Press), Ithaca, N.Y., 1979
Cartwright, Rosalind, Schlafen und Träumen, Frankfurt/M. 1982
Carus, Carl Gustav, Über Grund und Bedeutung der verschiedenen Formen der Hand in verschiedenen Personen, Stuttgart 1848
Case, Paul Foster, The Tarot, Richmond, Va., 1947
Cavendish, Richard, The Tarot, New York 1975
———, Die schwarze Magie, Berlin 1980
Cheiro, Die Handlesekunst, Berlin 1927
———, Das Buch der Zahlen, Freiburg/Br. 1990
Chou, Hung-hsiang, »Chinese Oracle Bones«, *Scientific American* 204 (April 1979), S. 134–147
Christian, Paul, The History and Practice of Magic, New York 1969
Cicero, Marcus Tullius, De re publica. Große Auswahl mit Somnium Scipionis, Bamberg 1984
Cohen, D., Sleep and Dreaming: Origins, Nature and Functions, Elmsford, N.Y., 1981
Constant, Alphonse Louis s. Lévi, Eliphas
Cornell, Howard Leslie, Encyclopedia of Medical Astrology, New York 1972
Craig, Katherine, The Fabric of Dreams, Dream Lore and Dream Interpretation, Ancient and Modern, London (Nachdruck von 1918)
Crowley, Aleister, Das Buch Thoth (Ägyptischer Tarot), Neuhausen 1981
———, Astrologick. Des großen Meisters Studien zur Astrologie. Mit ausführlichen Studien über die Planeten Neptun und Uranus, Basel 1985
———, Liber 777 und andere kabbalistische Schriften, Bergen/Dumme 1989
Culver, Roger B. / Ianna, Philip A., The Gemini Syndrome: Star Wars of the Oldest Kind, Tucson, Ariz. 1980
Cumont, Franz, Astrology and Religion Among the Greeks and Romans, New York 1960
Curry, Patrick (Hrsg.), Astrology, Science and Society, New Hampshire 1987
Davison, Ronald C., The Technique of Prediction, Essex 1979
———, Astrology: The Classic Guide to Understanding Your Horoscope, California, 1988
De Givry, Emile Grillot, Witchcraft, Magic, and Alchemy, New York 1971
DeLuce, Robert, Complete Method of Prediction, New York 1978
Dement, W. C., »A Life in Sleep Research«, in: New Perspectives in Sleep Research, Intra-Science Symposium 3 (Februar 1981)
DeVore, Nicholas, Encyclopedia of Astrology, New Jersey 1976
Dick, Hugh G., »Students of Physic and Astrology. A Survey of Astrological Medicine in the Age of Science«, *Journal of the History of Medicine and Allied Sciences* (Juli 1946), S. 419–433
Diskin, Clay, »An Epicurean Interpretation of Dreams«, *American Journal of Philosophy* 101 (1980), S. 342–365
Doane, Doris Chase / Keyes, King, How to Read Tarot Cards, New York 1968
Döbereiner, Petra, Die chinesische und die abendländische Astrologie, München 1980
Dorlon, Pierre, Secrets of the Gypsies, New York 1977
Douglas, Alfred, Ursprung und Praxis des Tarot, Köln 1986
Dracon, Richard, Napoleon's Book of Fate, Secaucus, N.J., 1977
Dreyer, J. L. E., A History of Astronomy from Thales to Kepler, New York 1953
Dubs, Homer, »The Beginnings of Chinese Astronomy«, *Journal of the American Oriental Society* 57 (1958), S. 295 bis 300
Dummett, Michael, The Visconti-Sforza Tarot Cards, New York 1986
Eliade, Mircea, Kosmos und Geschichte, Frankfurt/M. 1984
Engelhardt, Friedrich Rudolf, Das Wissen von der Hand, München 1987 (Nachdruck von 1932)
Firmici Materni, Iulii, matheseos libri VIII (hrsg. von W. Kroll / F. Skutsch / K. Ziegler), 2 Bde, Stuttgart 1968

Fitzherbert, Andrew, Handlesen als Lebenshilfe, München 1990
Foulkes, David, A Grammar of Dreams, New York 1978
Frazer, James, The Golden Bough, New York 1922
Freeman, Martin, Astrologische Prognosemethoden, Wettswil 1987
French, Peter J., John Dee: The World of An Elizabethan Magus, London 1972
Freud, Sigmund, Die Traumdeutung, Frankfurt/M. 1972
Garfield, Patricia, Frauen träumen anders. Über die Wechselwirkung zwischen Körper und Traum, München 1989
Gauquelin, Michel, Die Wahrheit der Astrologie, Freiburg/Br. 1987
Gérardin, Lucien, Le Mystère des Nombres, St. Jean-De-Braye 1985
Gettings, Fred, The Book of Tarot, London 1973
Gibson, Walter Brown / Gibson, Litzka R., The Complete Illustrated Book of the Psychic Sciences, Garden City 1966
Goldstein, Bernard R., The Arabic Version of Ptolemy's Planetary Hypothesis, Philadelphia: American Philosophical Society, 1967
Graves, F. D., The Windows of Tarot, Dobbs Ferry, N.Y., 1973
Graves, Robert von Ranke-Graves, Griechische Mythologie, Quellen und Deutung, Reinbek 1960
Grinstein, Alexander, Sigmund Freud's Dreams (International University Press), New York 1980
Gulevich, G. / Dement, W. C. / Johnson, I., »Psychiatric and EEG Observation on a Case of Prolonged (264 Hours) Wakefulness«, *Archives of General Psychiatry* 15 (1966), S. 29–35
Gundel, W. und H.-G., Astrologumena. Die astrologische Literatur in der Antike und ihre Geschichte, Wiesbaden 1966
Haining, Peter (Hrsg.), The Magicians: The Occult in Fact and Fiction, New York 1972
Hall, Calvin / Van De Castle, R. L., The Content Analysis of Dreams, New York, 1966
Hamon, Louis (Cheiro), Mysteries and Romances of the World's Greatest Occultists, London 1935
Hand, Robert, Planeten im Composit, Astrologie der Beziehungen, Hamburg 1982
———, Das Buch der Transite, München 1984
———, Das Buch der Horoskopsymbole, München 1990
Hannah, Robert, »Manilius, the Mother of the Gods, and the Megalensiu«, *Labomus* 45 (1986), S. 864–872
Heath, Thomas, Aristarchus of Samos (Oxford University Press), Oxford 1913
Highbarger, E. L., The Gates of Dreams: An Archaeological Examination of the Aeneid (Johns Hopkins University Press), Baltimore 1940
Hoffman, Detlef, Die Welt der Spielkarte. Eine Kulturgeschichte, München 1972
———, Tarot, Tarocke, Tarocchi, Ausstellungskatalog Deutsches Spielkartenmuseum, Leinfelden-Echterdingen 1988
Hofstätter, Hans H., Symbolismus und die Kunst der Jahrhundertwende, Köln 1978
Holden, Ralph William, The Elements of House Division, Essex 1977
Holroyd, Stuart, Magic, Words, and Numbers, Garden City, N.Y., 1975
Hopper, Grace Murray, »The Ungenerated 7 as an Index to Pythagorean Number Theory«, *American Mathematical Monthly* 43 (August–September 1936), S. 409–413
Hopper, Vincent Foster, Medieval Number Symbolism: Its Sources, Meaning, and Influence on Thought and Expression, New York 1969
Howe, Ellie, Urania's Children, The Strange World of the Astrologers, London 1967
Hoyle, Fred, On Stonehenge, San Francisco 1977
Huber, Bruno und Louise, Die astrologischen Häuser, Adliswil 1975
Humboldt Astronomie-Lexikon, München 1990
Innes, Brian, The Tarot, London 1977
Issberner-Haldane, Ernst, Die wissenschaftliche Handlesekunst, Chirosophie – Die Weisheitslehre der Hand, Freiburg/Br. [14]1986
Johannes von Salisbury, Policratus (hrsg. von Webb), 2 Bde, Frankfurt 1965 (Nachdruck der Ausgabe Oxford 1909)
Jones, Marc Edmund, How to Learn Astrology, Boulder, Col., 1977
Jung, Carl Gustav, Der Mensch und seine Symbole, Olten und Freiburg/Br. 1968
———, Psychologie und Alchemie, Olten und Freiburg/Br. 1984
———, Von Traum und Selbsterkenntnis, Olten und Freiburg/Br. 1986
Kaplan, Stuart R., Der Tarot, mit ›Tarot Classic‹ als Beilage. Geschichte, Deutung, Legesystem, München 1984
Kennedy, E. S. / Pingree, David, The Astrological History of Māshā 'Allāh (Harvard University Press), Cambridge, Mass., 1971
Kepler, Johannes, Weltharmonik, München 1982
Kies, Cosette N., The Occult in the Western World: An Annotated Bibliography, Library Professional Publications, 1986
King, Francis, Palmistry, New York 1987
Kleitman, N., Sleep and Wakefulness (Chicago University Press), Chicago, Ill., 1963
Klöckler, Herbert von, Kursus der Astrologie, 3 Bde, Freiburg/Br. 1978
———, Astrologie als Erfahrungswissenschaft, München 1989 (Nachdruck von 1926)
Knapp, Bettina, Dream and Image, Troy, N.Y., 1979
Knappich, Wilhelm, Geschichte der Astrologie, Frankfurt/M. [2]1988
Koestler, Arthur, Die Nachtwandler. Das Bild des Universums im Wandel der Zeiten, Frankfurt/M. 1980
Kopernikus, Nikolaus, Erster Entwurf seines Weltsystems sowie eine Auseinandersetzung Johannes Keplers mit Aristoteles über die Bewegung der Erde, Darmstadt 1986
Krüger, Marlene, Das indische Horoskop, München 1979
Kuper, Adam, »A Structural Approach to Dreams«, *Man* 14 (1979), S. 645–662
LaBerge, Stephen, Hellwach im Traum. Höchste Bewußtheit im tiefen Schlaf. Horizonte des Lebens, Paderborn 1987
Lama Anagarika Govinda, The Inner Structure of the I Ching, New York/Tokyo 1981
Larousse Encyclopedia of Astrology, London 1968
Lau, Theodora, Das große Buch der chinesischen Astrologie, München 1983
Lease, Emory B., »The Number 3: Mysterious, Mystic, Magic«, *Classical Philology* 14 (1919), S. 56–73
Leek, Sybil, Numerology, New York 1969
Legge, James, I Ching: Book of Change, New York 1983
Lemay, R., »The Teaching of Astronomy in Medieval Universities, Principally at Paris in the 14th Century«, *Manuscripta* 20 (1976), S. 197–217
———, »Astrology, a Formal Course in European Universities«, *Clio* 13 (1978), S. 1–13
Leo, Alan Astrologische Lehrbücher in 5 Bdn, Bietingheim-Bissingen 1975–1988
———, Esoterische Astrologie, Hamburg 1989
Leo, Alan / Robson, Vivian E., Alan Leo's Dictionary of Astrology, Albuquerque 1981
Leuenberger, Hans-Dieter, Schule des Tarot, Bd. 1: Das Rad des Lebens; Bd. 2: Der Baum des Lebens; Bd. 3: Das Spiel des Lebens, Freiburg/Br. 1981–1984
Lévi, Eliphas, Geschichte der Magie, Basel 1985
———, Das große Mysterium. Symbolon, Dreieich 1986
———, Transzendentale Magie, Dogma und Ritual, Basel 1987
Lindsay, Jack, The Origins of Astrology, New York 1971
Loewe, Michael / Blacker, Carmen (Hrsg.), Oracles and Divination, Boulder, Col., 1981
Loomis, A. L. / Harvey, E. N. / Hobart, G., »Potential Rhythms of the Cerebral Cortex During Sleep«, *Science* 71 (1935), S. 597f.
Lorenze, Dora Masie, Tools of Astrology: Houses, Topanga, Cal., 1973

Luck, Georg (Hrsg.), Arcana Mundi: Magic and the Occult in the Greek and Roman Worlds (Johns Hopkins University Press), Baltimore, Md., 1985
———, Magie und andere Geheimlehren in der Antike (mit 112 neu übersetzten Quellentexten), Stuttgart 1990
Mackenzie, Norman, Dreams and Dreaming, New York 1965
MacNeice, Louis, Astrology, New York 1964
Macrobius, Commentarii in somnium Scipionis (Opera, Bd. 2), Leipzig 1970
Manilius, Marcus, Astronomica / Astrologie (Lat./Dt.), Stuttgart 1990
Mathers, MacGregor S. L., The Kabbalah Unveiled, London 1951
McIntosh, Christopher, Astrologers and Their Creed: An Historical Outline, London 1969
———, Eliphas Lévi and the French Occult Revival, London 1975
Megary, A. L., An Investigation into the Mystery and the History of Dreams (American Institute for Psychological Research), Albuquerque, N.M., 1985
Merkel, Ingrid / Debus, Allen G. (Hrsg.), Hermeticism and the Renaissance (Associated University Presses), London/Toronto 1988
Morinus, J. B., Morinus System of Interpretation (American Federation of Astrologers), New York 1974–1975
Needham, Joseph / Ling, Wang, Science and Civilization in China, Bd. 3: Mathematics in the Sciences of the Heavens and Earth (Cambridge University Press), Cambridge 1959
Neugebauer, Otto, The Exact Sciences in Antiquity (Brown University Press), Providence, R.I., 1957
Neugebauer, Otto/Van Hoesen, H. B., Greek Horoscopes (American Philosophical Society), Philadelphia 1959
Niehenke, Peter, Kritische Astrologie. Zur erkenntnistheoretischen und empirisch-psychologischen Prüfung ihres Anspruchs, Braunschweig 1987
North, J. D., Horoscopes and History (The Warburg Institute), London 1986
Oberhelman, Steven M., »The Interpretation of Prescriptive Dreams in Ancient Greek Medicine«, *Journal of History of Medicine and Allied Sciences* 36 (1981), S. 416–424
———, »Galen, On Diagnosis From Dreams«, *Journal of History of Medicine and Allied Sciences* 38 (1983), S. 36ff.
———, »The Diagnostic Dream in Ancient Medical Theory and Practice«, *Bulletin of the History of Medicine* 61 (1987), S. 47–60
———, The Oneirocriticon of Achmet (State University of New York), Binghamton, N.Y., 1989
Obermair, Gilbert, Der Schlüssel zum Tarot. Eine Einführung in die Kunst des wiederentdeckten Karten- und Wahrsagespiels, München 1985
Onians, Richard Broxton, The Origins of European Thought About the Body, the Mind, the Soul, the World, Time, and Fate (Cambridge University Press), New York 1988
Panekoek, A., A History of Astronomy, London 1961
Papus (Gérard Encausse), Die Kabbala, Einführung in die jüdische Geheimlehre, Wiesbaden 1985
———, Tarot der Zigeuner zum ausschließl. Gebrauch durch Eingeweihte, Interlaken 1985
———, Das Tarot der Weissagung, Bad Münstereifel 1990
Paracelsus, Pansophische, magische und gabalische Schriften, Studienausgabe Bd. 5, Basel 1976
Parker, Derek, Familiar to All: William Lilly and Astrology in the Seventeenth Century, London 1975
Parker, Derek und Julia, A History of Astrology, London 1983
Pelletier, Robert, Das Buch der Aspekte, München 1989
Poulle, E., »Horoscopes Princiers des 14me et 15me Siècles«, *Bulletin de la société nationale des antiquaires de France* (séance de 12 février 1969), S. 63–77
Préaud, Maxime, Les Astrologues à la Fin du Moyen Age, Paris 1984
Pruckner, H., Studien zu den astrologischen Schriften des Heinrich von Langenstein, Leipzig/Berlin 1933
Ptolemaeus, Claudius, Der Sternkatalog des Almagest. Die arabisch-mittelalterliche Tradition (hrsg. und bearb. von Paul Kunitzsch), Teil 1: Die arabischen Übersetzungen; Teil 2: Die lateinische Übersetzung Gerhards von Cremona, Wiesbaden 1986 und 1990
———, Tetrabiblos (Quadripartitum; Dt.), Berlin-Pankow 1923
——— Robbins, F. E. (Hrsg.), Ptolemy: Tetrabiblos (Loeb Classical Library), London 1940
Putscher, Marielene, »Die Himmelsleiter. Verwandlung eines Traums in der Geschichte«, *Clio* 13 (1978), S. 13–39
Rachleff, Owen, Sky Diamonds, New York 1976
———, Exploring the Bible, New York 1981
Ranke-Graves s. Graves
Ratcliff, A. J., A History of Dreams: A Brief Account of Dream Theories with a Chapter on the Dream in Literature, Darby, Pa., 1979
Regardie, Israel, The Tree of Life: A Study in Magic, New York 1971
———, Das magische System des Golden Dawn in 3 Bdn., Freiburg/Br. 1988
Reiner, E. / Pingree, D., Enuma Anu Enlil Tablet 63, The Venus Tablet of Ammisaduqa, Malibu 1975
Reynolds, Roger E., »At Sixes and Sevens, and Eights and Nines«, *Speculum* 54 (1974), S. 669–684
Rignac, Jean, Les Lignes de la Main, Librairie Générale Française, 1973
Rudhyar, Dane, Das astrologische Häusersystem. Das Spektrum der individuellen Erfahrung, München 1981
———, Astrologischer Tierkreis und Bewußtsein. Eine Interpretation der 360 Tierkreisgrade, München 1984
———, Die Astrologie der Persönlichkeit. Ein neues Verständnis astrologischer Konzepte im Bezug auf zeitgenössische Philosophie und Psychologie, München 1988
———, Astrologie und Psyche. Das Selbst im Spiegel des Kosmos, Mössingen 1990
Rycroft, Charles, The Innocence of Dreams, New York 1979
Saint Germain, Comte C. de., Practical Astrology. The Language of the Stars, Hollywood 1973
Samuelson, Harding V., Numerology for the Millions, Los Angeles 1970
Sandbach, John, Astrology, Alchemy, and the Tarot, Birmingham, Mi., 1982
Sarton, George, A History of Science (Harvard University Press), Cambridge, Mass., 1952
Sasportas, Howard, Astrologische Häuser und Aszendenten, München 1988
Sayce, A. H., »Astronomy and Astrology of the Babylonians with Translations of the Tablets«, *Transactions of the Society of Biblical Archeology* 3 (1874), S. 145–339
Scarborough, John, »Hermetic and Related Texts in Antiquity«, in: Hermeticism and the Renaissance (hrsg. von Ingrid Merkel und Allen G. Debus) (Associated University Press), New Jersey 1988
Schadewaldt, Wolfgang, Sternsagen, Frankfurt/M. 1976
Schiller, Francis, »Semantics of Sleep«, *Bulletin of the History of Medicine* 56 (Herbst 1982), S. 377–391
Scholem, Gershon, Zur Kabbala und ihrer Symbolik, Frankfurt/M. 1989
Schott, Heinz, »Traum und Geschichte zur Freudschen Geschichtsauffassung im Kontext der Traumdeutung«, *Sudhoffs Archiv* 64 (1980), S. 298–312
Seligmann, Kurt, The History of Magic, New York 1948
———, Magic, Supernaturalism, and Religion, New York 1973
Shchutzkii, Iulian K., Researches on the I Ching (Princeton University Press), Princeton, N.J., 1979
Sherrill, Wallace A., Astrologie des I Ging, Köln 1986
Shulman, Sandra, Encyclopédie Illustrée de l'Astrologie, Pully 1977
Shumaker, Wayne, The Occult Sciences in the Renaissance (University of California Press), Berkeley, Cal., 1972

Smith, Richard Furnald, Prelude to Science: An Exploration of Magic and Divination, New York 1975
Spence, Lewis, Encyclopedia of Occultism (University Books), New York 1956
Stekel, Wilhelm, Die Sprache des Traumes, Wiesbaden ²1922
Stern, Jesse, Edgar Cayce – The Sleeping Prophet, New York 1967
de Surany, Marguerite, I-Ging und Kabbala, Freiburg/Br. 1982
Symonds, John, Aleister Crowley – Das Tier 666. Leben und Magie, Basel 1989
Tegtmeyer, Ralph, Tarot, Geschichte eines Schicksalsspiels, Köln 1986
Tester, Jim, A History of Western Astrology, Rochester, N.Y., 1989
Thom, A., »Stonehenge«, *Journal for the History of Astronomy* (1974), S. 71–98
Thomas, Klaus, Träume – selbst verstehen, Stuttgart 1976
Thompson, C. J. S., The Mystery and Romance of Astrology, London 1929
Thorndike, Lynn, A History of Magic and Experimental Sciences (Columbia University Press), New York 1923–1958
Thurston, Mark A., How to Interpret your Dreams, Virginia Beach 1978
Toulmin, Stephen / Goodfield, June, The Fabric of the Heavens: The Development of Astronomy and Dynamics, New York 1961
Van de Kemp, Hendrika, »The Dream in Periodical Literature, 1860–1910«, *Journal of the History of Behavioral Science* 17 (1981), S. 88–113
Vickers, Brian, Occult and Scientific Mentalities in the Renaissance (Harvard University Press), Cambridge, Mass., 1984
Waite, Arthur Edward, »The Great Symbols of the Tarot«, *The Occult Review* 43, Nr. 2 (Feb. 1926), S. 83–91
———, Der Bilderschlüssel zum Tarot, Sauerlach 1986
Walker, Barbara G., Die Geheimnisse des Tarot. Mythen, Geschichte und Symbolik, Südergellersen 1985
Waltham, Clae, I Ching, Arranged from the Work of James Legge, New York 1960
Wang, Robert, Der Tarot des Golden Dawn, Sauerlach 1986
Westcott, William Wynn, Numbers: Their Occult Power and Mystic Virtues, London 1890
Wiesendanger, Harald, Der Streit ums Horoskop, Braunschweig 1990
Wilhelm, Richard, Sinn des I Ging, Köln 1976
———, Die Wandlung. Acht Essays zum I-Ging, Frankfurt/M. 1985
———, I Ging. Text und Materialien, Köln 1990
Wilson, Colin, Das Okkulte, Wiesbaden 1988
Wing, R. L., Das Arbeitsbuch zum I Ging, Köln 1983
Wisdom, J. O., »Three Dreams of Descartes«, *International Journal of Psychoanalysis* 28 (1947), S. 11–18
Wolff, Charlotte, Die Hand als Spiegel der Seele, Reinbek 1988
Wolff, Werner, The Dream, Mirror of Conscience. A History of Dream Interpretation from 2000 B.C. and a New Theory of Dream Synthesis, New York 1952
Yates, Dame F., Die okkulte Philosophie im Elisabethanischen Zeitalter, Amsterdam 1990
Zain, C. C. (Elbert Benjamine), Mundane Astrology, Los Angeles 1962
———, Sacred Tarot, Los Angeles 1969
Zoller, Robert, Astrologie und Zahlenmystik – Die arabischen Punkte im Horoskop, München 1989

Register

Die kursiv gedruckten Seitenzahlen verweisen auf Abbildungen, die halbfett gedruckten auf besondere Informationen zum entsprechenden Stichwort.

G

H

I

J

K

L

M

N

O

P

U

V

W

Y

Z

Abbildungsnachweis

Albertina, Wien: S. 393; Asian Art Museum, San Francisco: S. 336 f.; Berman, David: S. 182 oben links; The Bettmann Archive: S. 16, 105 links, 345; Cartamancie Grimaud: S. 222, 223, 231; Edizioni il Meneghello, Italien: S. 221; The Granger Collection: S. 35 oben rechts, 45, 64 oben, 65 oben, 76, 81, 105 oben, 146, 369 f., 373, 381, 384, 404, 405; Hirmer Fotoarchiv: S. 374; Kepler Kommission, München: S. 72 links; Mary Evans Picture Library: S. 35 oben links, 56 oben, 84 unten, 86, 193, 255 unten, 285, 379; The Metropolitan Museum of Art: S. 328; © Morgan Press, Inc. Illustrated by David Palladini: S. 218 unten; © 1979 Morgan Press, Inc.: S. 218 oben; Courtesy Philosophical Research Society, Los Angeles: S. 41; Photo MAS, Barcelona: S. 99; © »The New Yorker«: S. 348; Fotos von Philip Pocock: S. 214 f., 222 f., 231, 234, 273, 351; Ann Ronan Picture Gallery: S. 35 unten links, 69, 80, 85 oben; The Smithsonian Institution, Washington, D.C.: S. 83; Courtesy of Time, Inc.: S. 32; Underwood, Austin: S. 22; University Museum, University of Pennsylvania: S. 28; UPI/Bettmann Newsphotos: S. 408, 409; U.S. Games Systems, Inc. Illustrated by Robert Wang: S. 210; Copyright U.S. Games Systems, Inc.: S. 210, 214 f., 218 (2. Reihe), 220, 234, 235; Copyrigth © 1971 U.S. Games Systems, Inc.: S. 218 (3. Reihe); Courtesy of World Health Organization: S. 406; Zentralbibliothek, Zürich: S. 180.
Originalzeichnungen von Martin Hardy: S. 33, 37, 96, 108, 127, 140 f., 169, 262, 263–269.

Stetes Werden und Vergehen,
Unser Weg beginnt erst eben.
Wir lernen Menschheit verstehen
in allen und jedem.